Studien zum Strafrecht Band 78

Herausgegeben von
Prof. Dr. Martin Böse, Universität Bonn
Prof. Dr. Gunnar Duttge, Universität Göttingen
Prof. Dr. Dr. h.c. mult. Urs Kindhäuser, Universität Bonn
Prof. Dr. Claus Kreß, Universität Köln
Prof. Dr. Lothar Kuhlen, Universität Mannheim
Prof. Dr. Ursula Nelles, Universität Münster
Prof. Dr. Dres. h.c. Ulfrid Neumann, Universität Frankfurt a. M.
Prof. Dr. Henning Radtke, Universität Hannover
Prof. Dr. Klaus Rogall, Freie Universität Berlin
Prof. Dr. Helmut Satzger, Universität München
Prof. Dr. Brigitte Tag, Universität Zürich
Prof. Dr. Thomas Weigend, Universität Köln
Prof. Dr. Wolfgang Wohlers, Universität Basel
Prof. Dr. Rainer Zaczyk, Universität Bonn

Sven Großmann

Liberales Strafrecht in der komplexen Gesellschaft

Über die Grenzen strafrechtlicher Verantwortung

 Nomos

 DIKE

Die Deutsche Nationalbibliothek verzeichnet diese Publikation in der Deutschen Nationalbibliografie; detaillierte bibliografische Daten sind im Internet über http://dnb.d-nb.de abrufbar.

Zugl.: Hamburg, Univ., Diss., 2016

ISBN 978-3-8487-3560-0 (Print)
ISBN 978-3-8452-7924-4 (ePDF)

ISBN 978-3-03751-863-2 (Dike Verlag Zürich/St. Gallen)

Ich möchte mich herzlich für die wissenschaftliche Förderung durch die Forschungsstelle Kultur- und Kollektivwissenschaft an der Universität Regensburg und die finanzielle Förderung durch die Hansen-Stiftung bedanken.

Danksagung

Die vorliegende Arbeit wurde im Juli 2016 von der rechtswissenschaftlichen Fakultät der Universität Hamburg als Dissertation angenommen. Sie ist für die Drucklegung geringfügig überarbeitet und aktualisiert worden.

Mein besonderer Dank gilt meinem Doktorvater Herrn Prof. Dr. *Jochen Bung*. Die Zeit, die über die Erstellung dieser Arbeit verging, war für mich eine sehr lehrreiche und intensive. Ich möchte ihm herzlich dafür danken, dass er mir dabei stets wohlwollend und fördernd zur Seite stand. Auch für die kritische und hilfreiche Durchsicht des ersten Manuskripts möchte ich mich nochmals bedanken.

Herrn Prof. Dr. Dr. *Milan Kuhli* möchte ich danken für die zügige Erstellung des Zweitgutachtens sowie für den sehr netten Kontakt bei der Disputation.

Besonders bedanken möchte ich mich auch bei Herrn Prof. Dr. *Peter Wetzels*, dem Vorsitzenden des Promotionsausschusses der rechtswissenschaftlichen Fakultät der Universität Hamburg. Er unterstützte mein Promotionsvorhaben im Rahmen des Hochschulwechsels meines Doktorvaters, so dass ich dadurch keinen Zeitverlust erlitt. Vor allem aber bin ich ihm sehr dankbar für sein großes Interesse und seinen Einsatz für meine Arbeit.

Bei Frau *Johanna Clausen*, Herrn *Lucian Becher*, Herrn *Moritz Rudolf* und Herrn *Ferdinand Schaff* möchte ich mich für die unzähligen, langen, bereichernden Gespräche, ihre Hilfe und ihre Freundschaft bedanken.

Frau *Amelie Schroth der Zweite* möchte ich von Herzen für das wundervolle Zuhause danken, das sie mir in den Jahren der Entstehung dieser Arbeit war. Ihre Ruhe und ihr Vertrauen in mich halfen mir sehr dabei, auch allen Zweifeln mit Kraft und Gelassenheit zu begegnen.

Ganz herzlich bedanken möchte ich mich auch bei meinem Bruder Herrn *Marc Großmann* sowie bei Herrn Dr. *Horst Lauenstein*, die mich während dieser Zeit ebenfalls immer wieder unterstützt und durch ihren Zuspruch bestärkt haben.

In tiefer Dankbarkeit soll diese Arbeit schließlich meiner Mutter, Frau Dr. *Uta Lauenstein*, gewidmet sein. Ihre bedingungslose Liebe, ihre nicht in Worte zu fassende Unterstützung, ihre Energie und ihr stets pragmatischer Optimismus ließen sie auf einem unglaublichen Fundament entstehen.

Berlin, im Oktober 2016   *Sven Großmann*

Inhaltsverzeichnis

Abkürzungsverzeichnis

A

a. A.	anderer Ansicht
a. a. O.	am angegebenen Ort
Abh.	Abhandlung
ABl. EG/EU	Amtsblatt der Europäischen Gemeinschaft / Europäischen Union
Abs.	Absatz
Abschn.	Abschnitt
a. D.	außer Dienst
AE	Alternativentwurf
AEUV	Vertrag über die Arbeitsweise der Europäischen Union
a. F.	alte Fassung
AG	Aktiengesellschaft
AIDP	Internationale Strafrechtsgesellschaft
AK-	AnwaltKommentar zum
AktG	Aktiengesetz
allg.	allgemein
Alt.	Alternative
a. M.	am Main
AMG	Arzneimittelgesetz
Anm.	Anmerkung
Art.	Artikel
AT	Allgemeiner Teil
Aufl.	Auflage

B

Bearb.	Bearbeiter
BeckOK-	Beck'scher Online Kommentar zum
BeckRS	Beck-Rechtsprechung
Begr.	Begründer
Beschl.	Beschluss

BGB	Bürgerliches Gesetzbuch
BGBl.	Bundesgesetzblatt
BGH	Bundesgerichtshof
BGHSt	Entscheidungssammlung des BGH in Strafsachen
BimSchG	Bundes-Immissionsschutzgesetz
BKA	Bundeskriminalamt
BMJ	Bundesministerium der Justiz
BRAK	Bundesrechtsanwaltskammer
BRAO	Bundesrechtsanwaltsordnung
BRD	Bundesrepublik Deutschland
BR-Drs.	Drucksache des Bundesrats
Bsp.	Beispiel
bspw.	beispielsweise
BT	Besonderer Teil
BT.-Drs.	Drucksache des Bundestags
BtM	Betäubungsmittel
BtMG	Betäubungsmittelgesetz
BT-Prot.	Stenographische Berichte des Deutschen Bundestages
BVerfG	Bundesverfassungsgericht
BVerfGE	Entscheidungssammlung des Bundesverfassungsgerichts
BVerwG	Bundesverwaltungsgericht
bzgl.	bezüglich
bzw.	beziehungsweise

C

ca.	circa
CDU	Christlich Demokratische Union [Deutschlands]
CO2	Kohlenstoffdioxid
CSU	Christlich-Soziale Union [in Bayern]

D

ders.	derselbe
d. h.	das heißt
dies.	dieselbe(n)
diff.	differenzierend

DJT	Deutscher Juristentag
DNA	Desoxyribonukleinsäure

E

Ebd.	Ebenda
Ed.	Edition
EG	Europäische Gemeinschaft
EGGVG	Einführungsgesetz zum Gerichtsverfassungsgesetz
EGMR	Europäischer Gerichtshof für Menschenrechte
Einl.	Einleitung
Einf.	Einführung
EMRK	Europäische Konvention zum Schutze der Menschenrechte und Grundfreiheiten
etc.	et cetera
EU	Europäische Union

F

f./ff.	folgende Seite(n)
FAZ	Frankfurter Allgemeine Zeitung
FDP	Freie Demokratische Partei
FG	Festgabe
Fn.	Fußnote
FS	Festschrift
G	Gesetz

G

GA	Goltdammers Archiv für Strafrecht
gem.	gemäß
GewO	Gewerbeordnung
GG	Grundgesetz
ggf.	gegebenenfalls
GGK	Grundgesetz Kommentar
GmbH	Gesellschaft mit beschränkter Haftung
GmbHG	Gesetz betreffend die Gesellschaften mit beschränkter Haftung
GS	Gedächtnisschrift

GVG	Gerichtsverfassungsgesetz
GVVG	Gesetz zur Verfolgung der Vorbereitung von schweren staatsgefährdenden Gewalttaten
GWB	Gesetz gegen Wettbewerbsbeschränkungen

H

h. L.	herrschende Lehre
h. M.	herrschende Meinung
HRRS	Onlinezeitschrift für Höchstrichterliche Rechtsprechung zum Strafrecht
Hrsg.	Herausgeber

I

i. E.	im Ergebnis
i. e. S.	im engeren Sinn
i. d. R.	in der Regel
insb.	insbesondere
IS	Islamischer Staat
i. S. d.	im Sinne des
i. S. v.	im Sinne von
i. V. m.	in Verbindung mit
i. w. S.	im weiteren Sinne

J

JA	Juristische Ausbildung
JR	Juristische Rundschau
JuS	Juristische Schulung
JZ	Juristenzeitung
JZ-GD	JZ-Gesetzgebungsdienst

K

Kap.	Kapitel
KG	Kammergericht Berlin
KJ	Kritische Justiz
KK-	Karlsruher Kommentar zum

krit.	kritisch
KritV	Kritische Vierteljahresschrift für Gesetzgebung und Rechtswissenschaft

L

lat.	lateinisch
LG	Landgericht
lit.	littera (Buchstabe)
LK-	Leipziger Kommentar zum
LPK-	Lehr- und Praxiskommentar zum

M

MüKo-	Münchener Kommentar zum
m. w. N.	mit weiteren Nachweisen

N

n. F.	neue Fassung
NJOZ	Neue Juristische Online-Zeitschrift
NJW	Neue Juristische Wochenschrift
NK	Neue Kriminalpolitik
NK-	Nomos Kommentar zum
Nr.	Nummer
NRW	Nordrhein-Westfalen
NStZ	Neue Zeitschrift für Strafrecht
NStZ-RR	NStZ-Rechtsprechungsreport

O

OECD	Organisation für wirtschaftliche Zusammenarbeit
ÖJZ	Österreichische Juristenzeitung
OK	Organisierte Kriminalität
OLG	Oberlandesgericht
OrgKG	Gesetz zur Bekämpfung des illegalen Rauschgifthandels und anderer Erscheinungsformen der Organisierten Kriminalität
östVbVG	(Österreichisches) Bundesgesetz über die Verantwortlichkeit von Verbänden für Straftaten

OWiG	Gesetz über Ordnungswidrigkeiten
OWiR	Ordnungswidrigkeitenrecht

R

RAF	Rote Armee Fraktion
RAO	Reichsabgabenordnung
RAussch.-Prot.	Protokolle des Rechtsausschusses des Bundestags
RGBl.	Reichsgesetzblatt
Rn.	Randnummer
RStGB	Reichsstrafgesetzbuch

S

S.	Satz / Seite
s. a.	siehe auch
schwStGB	Schweizerisches Strafgesetzbuch
SEV	Sammlung der Europaratsverträge
SJZ	Schweizerische Juristen-Zeitung
SK-	Systematischer Kommentar zum
sog.	sogenannt
SPD	Sozialdemokratische Partei Deutschlands

St

StÄG	Strafrechtsänderungsgesetz
StGB	Strafgesetzbuch
StPO	Strafprozessordnung
StraFo	Strafverteidiger-Forum
StV	Strafverteidiger
StVollzG	Strafvollzugsgesetz

T

TierSchG	Tierschutzgesetz
Tit.	Titel

U

u.	und

u. a.	und andere / unter anderem
UN	Vereinte Nationen
Urt.	Urteil
USA	Vereinigte Staaten von Amerika
usw.	und so weiter
u. U.	unter Umständen

V

v.	vom / von / vor
Var.	Variante
VerbStrG-E	Entwurf eines Gesetzes zur Einführung der strafrechtlichen Verantwortlichkeit von Unternehmen und sonstigen Verbänden
vgl.	vergleiche
Vor.	Vorbemerkung
VVDStRL	Veröffentlichungen der Vereinigung der Deutschen Staatsrechtslehrer

W

WiKG	Gesetz zur Bekämpfung der Wirtschaftskriminalität
wistra	Zeitschrift für Wirtschaft, Steuer, Strafrecht

Z

z. B.	zum Beispiel
ZfW	Zeitschrift für Wasserrecht
ZIS	Zeitschrift für Internationale Strafrechtsdogmatik
ZRP	Zeitschrift für Rechtspolitik
ZStrR	Schweizerische Zeitschrift für Strafrecht
ZStW	Zeitschrift für die gesamte Strafrechtswissenschaft

Erstes Kapitel: Einführung

> „Alles Recht ist vorhanden um der
> sittlichen, jedem einzelnen Menschen
> inwohnenden Freiheit willen."[1]
> *Friedrich Carl von Savigny (1840)*

Die Komplexität unserer modernen, ausdifferenzierten Gesellschaft stellt unseren Staat vor immense Herausforderungen: Wie soll umgegangen werden mit der stetig wachsenden Zahl transnational agierender Unternehmen und der sich nicht zuletzt hieraus ergebenden immer häufigeren Einbettung individueller Handlungen in übergeordnete Kollektivzusammenhänge? Wie soll den weitverzweigten Netzwerken krimineller und terroristischer Vereinigungen begegnet werden, deren Organisierung in erheblichem Umfang auf den Möglichkeiten des schnellen digitalen Informations- und Datenaustauschs fußt? Wie soll den Schädigungen durch systemisches Massenhandeln entgegengewirkt werden, die sich etwa in den Folgen der Umweltverschmutzung durch den kontinuierlich anwachsenden Personen- und Warenverkehr äußern?

Die Beantwortung dieser Fragen wird insbesondere dadurch erschwert, dass die Komplexitätssteigerungen der Moderne eine exakte Festlegung der Reichweite von Verantwortungsbereichen häufig sehr kompliziert machen. Es lässt sich folglich immer seltener genau bestimmen, welche Maßnahmen zur Eindämmung jener Bedrohungen überhaupt geeignet sind.

Die Unüberschaubarkeit der Kausalabläufe in der komplexen Gesellschaft trägt jedoch zu einer großen Verunsicherung der in ihr lebenden Menschen bei und lässt den Ruf nach Verantwortung gerade dort laut erklingen, wo deren Bestimmung besonders problematisch ist.

Betrachtet man die kriminalpolitischen Entwicklungen der vergangenen Jahrzehnte, zeigt sich, dass der Gesetzgeber in großem Umfang versucht, dem wachsenden Bedrohungsempfinden der Gesellschaft vor kollektiv verursachten Gefahren mit dem Strafrecht zu begegnen.

---

1 *von Savigny*, System (Band 2), S. 2.

Mit dem Ziel in die Fragestellung dieser Arbeit einzuführen, möchte ich in der folgenden Einleitung die gesellschaftspolitischen Rahmenbedingungen dieser Entwicklung erörtern. Hierzu werde ich zunächst das in der Soziologie seit den 1980er Jahren thematisierte Konzept der Risikogesellschaft vorstellen und sodann näher auf das Problem der Verantwortungszuschreibung in komplexen Sachzusammenhängen eingehen. Schließlich werde ich mich dem bedenklichen Zusammenhang zwischen der Verunsicherung der Gesellschaft und der Ausweitung strafrechtlicher Verantwortungsbereiche widmen und skizzieren, vor welch enorme Schwierigkeiten das klassische Individualstrafrecht gestellt wird, soll es zur Lösung bzw. zum Schutz vor diesen neuen Bedrohungsformen herangezogen werden.

A. Gesellschaftliche Unsicherheit und Strafrecht

I. Die Risikogesellschaft

Entscheidend geprägt hat die Debatte um die Risikogesellschaft der Münchener Soziologe *Beck*, der sich eingehend mit den modernen Risiken und deren Auswirkungen auf Gesellschaft und Natur auseinandergesetzt hat.[2] *Beck* ist der Auffassung, dass sich unsere heutige Gesellschaft in einem Epochenwandel befindet, wobei die traditionelle Industriegesellschaft mehr und mehr von der Risikogesellschaft abgelöst wird.[3] Entscheidend hierfür sei die Qualität der neuen Risiken, die im technischen Fortschritt des Industriezeitalters wurzelten und der sich die moderne Gesellschaft nun ausgesetzt sehe. Mit den Jahren hat *Beck* seine Idee der „Risikogesellschaft" immer weiter präzisiert.

In „Risikogesellschaft" aus dem Jahre 1986 beschrieb er die neuen Bedrohungsformen der industriellen Gesellschaft zunächst allgemein als allumfassend, „meist unsichtbar", und „oft irreversibel". Der immer weiter fortschreitende technische Modernisierungsprozess habe systemische Gefahren hervorgebracht, deren Zerstörungspotenzial bis hin zur Vernichtung allen Lebens auf der Erde reiche.[4] Der moderne Mensch werde dabei ins-

---

2 Vgl. u. a. die folgenden Werke *Becks*: Risikogesellschaft (1986); Gegengifte (1988); Politik in der Risikogesellschaft (1991); Weltrisikogesellschaft (2007).
3 *Beck*, Risikogesellschaft, S. 13.
4 *Beck*, Risikogesellschaft, S. 28 f.

besondere durch atomare, chemische, ökologische und gentechnische Risiken bedroht.[5]

Dies konkretisierte er 1988 in seinem Werk „Gegengifte", indem er bezugnehmend auf seine Thesen aus der „Risikogesellschaft" ein Hypothesen-Set zu den unterschiedlichen Gefahren und Risiken[6] skizzierte, denen Gesellschaften je nach Entwicklungsstand ausgesetzt seien.[7] Das Novum in der industriellen Risikogesellschaft sei dabei, dass sie sich erstmals durch künstliche Katastrophen selbst gefährden könne. Sollte ein derartiger Katastrophenfall eintreten, wäre er zwar auf die Menschheit als Urheber zurückführbar, ließe sich aber durch individuelles Verhalten nicht vermeiden. Dies mache den Unterschied zu den Risiken des klassischen Industriezeitalters aus: Sie sind kaum noch klar zurechenbar[8] und weder in örtlich-zeitlicher Hinsicht noch sozial zu begrenzen.[9]

Lau hat sich darum bemüht den Begriff der „neuen Risiken" weiter zu präzisieren.[10] Ihm zufolge sind „traditionelle", „industriell-wohlfahrtsstaatliche" und eben jene „neuen" Risiken voneinander zu unterscheiden:[11]

Traditionelle Risiken seien solche, die man grundsätzlich freiwillig eingehe. Oft seien diese von einem gemeinschaftsstiftenden Ethos getragen, wie etwa die Berufsrisiken eines Arztes oder Soldaten. Darüber hinaus seien sie individuell zurechenbar und in zeitlicher Hinsicht begrenzt.[12]

Seit der industriell-wohlfahrtsstaatlichen Gesellschaft würden die Kosten der von Einzelpersonen oder von Personenmehrheiten eingegangenen und damit weiterhin eingrenz- und zurechenbaren Risiken durch Schaffung solidargemeinschaftlicher Versicherungen von der Allgemeinheit getragen. Dies habe aus Risiken „Kostenfaktoren individueller, betrieblicher

---

5 *Beck*, Risikogesellschaft, S. 29; *Beck*, Politik in der Risikogesellschaft, S. 10.
6 Zu *Becks* Risikobegriff vgl. *Prittwitz*, Strafrecht und Risiko, S. 55 ff. m. w. N.; vgl. ferner zu verschiedenen Differenzierungsmodellen von Risiko und Gefahr *Kim*, Umweltstrafrecht in der Risikogesellschaft, S. 9 ff.
7 Vgl. Übersicht in *Beck*, Gegengifte, S. 121 f.
8 Vgl. hierzu auch *Beck*, Politik in der Risikogesellschaft, S. 15.
9 Bereits in *Beck*, Risikogesellschaft, S. 28 ff.
10 *Hilgendorf*, Produzentenhaftung, S. 23; *Kim*, Umweltstrafrecht in der Risikogesellschaft, S. 19; *Mewes*, Risikogesellschaft, S. 15.
11 *Lau* in Soziale Welt 1989, 418.
12 *Lau* in Soziale Welt 1989, 418, 420 ff.

und staatlicher Kalkulation" gemacht und führe letztlich zu einer „Sicherheitsgesellschaft".[13]

Mit neuen Risiken meint *Lau* dagegen „Mischformen aus industriell-wohlfahrtsstaatlichen Risiken und den nicht als Risiken begriffenen allgemeinen Lebensgefahren". Sie beruhten zwar auf menschlichen Entscheidungen und Handlungen, würden aber nicht mehr freiwillig eingegangen, vielmehr sei man unfreiwillig von ihnen „betroffen". *Lau* versucht dies durch die „nicht intendierten kollektiven Effekte vieler Individualhandlungen", wie etwa das Waldsterben oder die Verursachung von Lebensmittelvergiftungen, sowie durch das „systemische Auseinanderfallen von Risikoverursachung und Risikobetroffenheit" zu erläutern.[14] Obwohl eine Risikoabwägung auch in Hinblick auf die neuen Risiken theoretisch möglich erscheine, sei sie aufgrund des potenziell enormen Schadensausmaßes bei Realisierung einer solchen neuartigen technologischen Großgefahr sehr problematisch.[15]

Im Ergebnis teilen *Beck* und *Lau* eine ähnliche Auffassung über die gesellschaftliche Konsequenz der Bedrohung durch die „neuen Risiken". Insbesondere die fehlende soziale Begrenzbarkeit der beschriebenen Risiken rechtfertigt für *Beck* die Bezeichnung „Risikogesellschaft"[16]: „Not lässt sich ausgrenzen, die Gefahren des Atomzeitalters nicht mehr." Ein atomarer Super-GAU betreffe alle Menschen grundsätzlich unabhängig von ihrem sozialen Status, sodass „alle Schutzzonen und Differenzierungen der Moderne" aufgehoben würden.[17] Hierbei übersieht *Beck* jedoch nicht, dass Not auch Gefahr anziehe[18] und damit in der Regel sozial Schwächere auch härter durch Katastrophen getroffen würden: „Reichtümer sammeln sich oben, Risiken unten", was dafür sprechen könnte, dass die Gefahren der Moderne die Gräben der Klassengesellschaft weiter vertiefen, anstatt sie zu überwinden.[19] Aufgrund des „Bumerang-Effektes" höben sich diese temporären Ungleichheiten jedoch wieder auf, wenn die Verursacher und Profiteure der Modernisierung selbst Opfer der von ihnen

---

13 *Lau* in Soziale Welt 1989, 418, 422 f.
14 *Lau* in Soziale Welt 1989, 418, 423.
15 *Lau* in Soziale Welt 1989, 418, 424 ff.
16 *Treibel*, Soziologische Theorien, S. 248.
17 *Beck*, Risikogesellschaft, S. 7.
18 *Beck* in: Modernisierung, S. 46.
19 *Beck*, Risikogesellschaft, S. 46.

erzeugten Gefahren würden.[20] So hingen bereits „bei der Wasserversorgung (...) alle sozialen Schichten an derselben Leitung".[21] Die Universalität der Gefährdungen bleibt damit für *Beck* das prägende Kennzeichen der Risikogesellschaft,[22] welche er im Hinblick auf die globalen Dimensionen der Bedrohungen, etwa durch Finanzkrisen und den internationalen Terrorismus, später auch als „Weltrisikogesellschaft" bezeichnete.[23]

Auch *Lau* unterstreicht die in gesellschaftlicher Hinsicht „egalisierende" Wirkung, die von den neuen Risiken ausgeht. Im Angesicht dieser allumfassenden und völlig unbestimmbaren Bedrohungslage verlören Kategorien wie Klasse, Geschlecht oder Generation ihren wesentlichen Bedeutungsinhalt: Der Alltag jedes Mitglieds der Gesellschaft werde unfreiwillig zum Risiko.[24]

II. Verantwortung, Verunsicherung und das Strafrecht

Diese soeben skizzierte Beschreibung unserer Gesellschaft als „Risikogesellschaft" ist selbstverständlich nicht abschließend und erst recht nicht unumstritten. Besonders *Prittwitz*[25] und in jüngerer Zeit *Kim*[26] haben in ihren umfassenden Zusammenstellungen deutlich gemacht, wie diffus und uneinheitlich dieses soziologische Konzept ist.

So sei etwa nach Meinung der sog. traditionellen Risikoforscher Risiko schon immer „ubiquitär, unausweichlich und tendenziell fortschrittlich gewesen". Verfolge man diese von zeitlichen Gegebenheiten unabhängige Sicht auf das Risiko, so erscheine es unpassend, gerade heute von einer Risikogesellschaft zu sprechen.[27] Im Vergleich zu früheren Zeiten sei das Leben der Einzelnen in vielerlei Hinsicht deutlich sicherer geworden.[28] Hierzu habe gerade auch der technische Fortschritt beigetragen, man den-

---

20 *Beck*, Risikogesellschaft, S. 30, 48 ff.
21 *Beck*, Risikogesellschaft, S. 47.
22 *Treibel*, Soziologische Theorien, S. 250.
23 Vgl. hierzu *Beck*, Weltrisikogesellschaft.
24 *Lau* in Soziale Welt 1989, 418, 424 ff.; *Kim*, Umweltstrafrecht in der Risikogesellschaft, S. 21.
25 *Prittwitz*, Strafrecht und Risiko, S. 49 ff.
26 *Kim*, Umweltstrafrecht in der Risikogesellschaft, S. 13 ff.
27 *Prittwitz*, Strafrecht und Risiko, S. 68.
28 *Prittwitz*, Strafrecht und Risiko, S. 65 ff.; *Schünemann* in GA 1995, 201, 211 m. w. N.

ke nur an die verbesserte Sicherheit im Straßenverkehr oder die moderne Medizintechnik.[29] Allerdings, so das Credo der Risikoforscher, sei das 20. Jahrhundert (was sicherlich ebenso für das noch am Anfang stehende 21. Jahrhundert gilt) aufgrund der besseren Möglichkeiten zur Risikowahrnehmung und des darauf beruhenden Risikoverhaltens der Bevölkerung, von Angst und Unsicherheit geprägt. Der Mensch habe noch nie so viel über (vermeintliche) Risiken gewusst, sei aber unfähig, diesen in adäquater Weise zu begegnen. Laut *Prittwitz* kann es daher doch auch für die Risikoforscher durchaus sinnvoll sein, die Bezeichnung „Risikogesellschaft" zu verwenden.[30]

Evers und *Nowotny* beschreiben im Unterschied zu *Beck* die Unsicherheit als eine „dauerhafte Grundproblematik menschlichen Daseins". Sie sehen zwar auch in der aktuellen Lage eine Zeit des Umbruchs, aber während *Beck* die Einmaligkeit jener betont, vergleichen sie die derzeitige Situation mit derjenigen während der „großen Verunsicherungsphase des historischen Durchbruchs des Markt- und Industriesystems im vorigen Jahrhundert (Anm. 19. Jahrhundert)".[31]

Schünemann sieht den Begriff insgesamt sehr kritisch. Insbesondere bezweifelt er, dass gerade das Risiko der prägende Charakterzug unserer Gesellschaft sei. Seiner Auffassung nach ist das Lebensrisiko des Einzelnen heute deutlich geringer als zur frühen Neuzeit. Ferner seien die von *Beck* beschriebenen industriellen Großrisiken durchaus schon im 19. Jahrhundert vorhanden gewesen. Vielmehr müsse man heute von einer „Verschwendungs-, Verplemperungs- oder Vergeudungsgesellschaft sprechen", da die Ressourcenvernichtung eine erheblich größere Bedeutung für die Gesellschaft habe als die bloße Ressourcengefährdung.[32]

Zwar kann der hier aufgeführten Kritik in einzelnen Aspekten sicherlich zugestimmt werden, doch war mir mit der Vorstellung der Risikogesellschaft nicht daran gelegen, mich an dieser mir fachfremden Diskussion zu beteiligen. Die Bedeutung der Risikogesellschaft für die vorliegende Arbeit sehe ich vielmehr darin, dass dieses Konzept in prägnanter Weise zwei zentrale Merkmale jener in der Komplexität der Moderne begründeten neuartigen Bedrohungsformen umschreibt, denen sich die Gesellschaften unserer Tage ausgesetzt sehen:

---

29 *Reus*, Das Recht in der Risikogesellschaft, S. 18.
30 *Prittwitz*, Strafrecht und Risiko, S. 75.
31 *Evers/Nowotny*, Unsicherheit, S. 13.
32 *Schünemann* in GA 1995, 201, 211.

zum einen den durch den technischen Fortschritt möglich gewordenen immensen Schädigungspotentialen, zum anderen der erheblichen Schwierigkeit, diese regelmäßig kollektiv verursachten Beeinträchtigungen individuellen Gesichtern zuordnen und damit individualstrafrechtlich erfassen zu können. Um diese Punkte etwas näher zu erläutern, möchte ich zunächst auf den ambivalenten Verantwortungsbegriff eingehen, um mich sodann dem Einfluss der gesellschaftlichen Verunsicherung auf die aktuelle Strafgesetzgebung zu widmen.

1. Zur Verantwortung in komplexen Gesellschaften

a. Der Verantwortungsbegriff

Betrachtet man die zentralen soziologischen und system- bzw. moralphilosophischen Diskussionen der vergangenen Jahrzehnte, so kann der bereits oft getroffenen Feststellung, der Verantwortungsbegriff habe „Konjunktur"[33], nur zugestimmt werden. Verantwortung erscheint in gewisser Hinsicht als geisteswissenschaftlicher Zentralbegriff der Gegenwart. „Disziplin, Pflicht, Haftung, Schuld, Gewissenhaftigkeit, Ehrbarkeit und Sittlichkeit" wirken im modernen Sprachgebrauch veraltet und unzureichend, jene Sachverhalte, in denen heute von „Verantwortung" bzw. „Verantwortlichkeit" die Rede ist, adäquat erfassen zu können.[34] Die 1979 erschienene Schrift von *Jonas* über das „Prinzip der Verantwortung", in der er die Einführung einer neuen Ethik der Verantwortung fordert,[35] hat maßgebend zur Verbreitung dieses Begriffs beigetragen. Seiner Auffassung nach hat die moderne Technik Handlungen von so neuer Größenordnung und so neuartigen Folgen eingeführt, dass der Rahmen früherer Ethik sie nicht mehr fassen kann.[36] Während die Auseinandersetzung mit der Verantwortung in diesem Werk, wie allgemein in den Diskussionen der siebziger und achtziger Jahren vorrangig „auf die Fortschrittsprobleme der technologi-

---

33 So *Heidbrink*, Handeln, S. 9, 16; *ders.*, Kritik der Verantwortung, S. 35 ff.; *Kaufmann*, Der Ruf nach Verantwortung, S. 9; *Dreier* in: Verantwortung in Recht und Moral, S. 9 ff. m. w. N.

34 So *Kaufmann*, Der Ruf nach Verantwortung, S. 47; vgl. hierzu auch *Merten* in VVDStRL 55 (1996), 7, 8.

35 Vgl. *Jonas*, Das Prinzip Verantwortung, S. 15 f.

36 *Jonas*, Das Prinzip Verantwortung, S. 8 f. und 26.

schen Zivilisation gerichtet war, stehen heute soziale und ökonomische Fragen im Vordergrund"[37]. Aber nicht nur im oftmals reichlich abgeschotteten Elfenbeinturm philosophischer Erörterungen ist der Begriff in aller Munde, er scheint, wie *Dreier* vermutet, überall heimisch zu werden: „In Politik und Pädagogik, in der Rhetorik protestantischer Landpfarrerpredigten und rechter wie linker Wahlkampfreden (...)."[38] In der Suche nach „Verantwortung", die fast alle Sphären menschlichen Lebens erfasst, äußert sich offenbar die Sehnsucht nach klaren Ordnungen in einer immer unübersichtlicher werdenden Welt. Jedenfalls traue man diesem Begriff wohl ein hohes Maß an analytischem Potential und Problemlösungskapazität zu.[39]

Im gleichen Maß, wie der „Ruf nach Verantwortung"[40] stetig lauter zu werden scheint, wird jedoch in den vielschichtigen modernen Gesellschaften eine individuelle Verantwortungszurechnung im Einzelfall schwieriger. Hochkomplexe Handlungsabläufe und eine oftmals unüberschaubare Zahl daran beteiligter Akteure prägen unsere technisierte, digitalisierte und globalisierte Gegenwart. Eine erfolgreiche Ausbreitung des Verantwortungsbegriffs ist daher nur über dessen gleichzeitige Anpassung an diese veränderten Gegebenheiten zu erreichen. Es steht dabei jedoch zu befürchten, dass der Verantwortungsbegriff infolge dieser auf größtmögliche Expansion von Verantwortlichkeiten zielenden Modifikationen insgesamt ins Willkürliche abgleitet und so seine charakteristische Trennschärfe einbüßt.[41]

Heidbrink hat sich in seiner „Kritik der Verantwortung" intensiv mit diesem Spannungsverhältnis des Verantwortungskonzepts in komplexen Kontexten auseinandergesetzt. So sind, seiner Ansicht nach, hochmoderne Gesellschaften durch eine Reihe struktureller Veränderungen gekennzeichnet, die für das Problem der Verantwortung eine wesentliche Rolle spielen. Die „Diffusion des Verantwortungsprinzips" lasse sich dabei als Konsequenz der zunehmenden Ausweitung humaner Handlungs- und Wissens-

---

37 So *Heidbrink*, Handeln, S. 9.
38 *Dreier* in: Verantwortung in Recht und Moral, S. 11.
39 *Dreier* in: Verantwortung in Recht und Moral, S. 10.
40 Vgl. etwa *Kaufmann*, Der Ruf nach Verantwortung; s. a. *Zwierlein* in: Verantwortung in der Risikogesellschaft, S. 22.
41 *Dreier* in: Verantwortung in Recht und Moral, S. 11; *Depenheuer* in VVDStRL 55 (1996), 90, 104; s. hierzu Bsp. bei *Lübbe*, Verantwortung, S. 152 f.; *Merten* in VDStRL 55 (1996), 7, 15; s. a. *Heidbrink*, Kritik der Verantwortung, S. 22, der weniger in den Modifikationen des Verantwortungskonzepts, als vielmehr in dessen fragloser Anwendung selbst das eigentliche Problem vermutet.

bereiche beobachten.[42] Es sei üblich geworden, die Modernisierung von Gesellschaften als Prozess der funktionalen Ausdifferenzierung eigensinniger Subsysteme[43] zu beschreiben.[44] Auf der einen Seite habe diese Ausdifferenzierung eine Reihe von Kommunikationsschwierigkeiten der Subsysteme untereinander zur Folge, auf der anderen Seite komme es zu erheblichen Überschneidungen zwischen den einzelnen Funktionsbereichen (Technik, Wirtschaft, Kultur, Recht etc.), da diese nicht voneinander abgeschottet seien, sondern offene und flexible Sphären bildeten, aus denen unterschiedlichste Wert- und Zielvorgaben in das soziale Handeln einflössen. Menschliches Handeln unter der Bedingung ausdifferenzierter Sozialsysteme finde daher in einem Netz von Beziehungen statt, in dem Informationen und Orientierungen verarbeitet würden, ohne dass eine übergreifende Regel der Verknüpfung existiere.[45] Die Zufälligkeit von Entscheidungen in komplexen Zusammenhängen sei die Folge eines fehlenden Zentrums, durch das sich Handlungsalternativen abwägen ließen.[46] Eine wichtige Konsequenz hiervon sei es, dass die Zahl der sekundären Effekte in komplexen und vernetzten Systemen ungleich größer sei als die Zahl der primären Effekte, die Nebenfolgen mithin an Bedeutung gewönnen. Ferner nehme dort, wo arbeitsteilige und hochspezialisierte Strukturen dominierten, die Summe der personal Handelnden stetig ab. An die Stelle von Personen, denen sich die Folgen ihrer Entscheidungen unmittelbar zurechnen ließen, würden Verbände, Organisationen und Institutionen treten, deren Aktivitäten sich nicht mehr ohne Weiteres mit individualistischen Kategorien bewerten ließen. Die Verschleifung von Zuständigkeitszonen bei kollektiven Handlungsvollzügen mache aus dem Individuum eine Art Schaltstelle von Ereignisketten, die über den Horizont des Antizipierbaren hinausreiche.[47] Auch komme es zu einer „Entdifferenzierung der Hand-

---

42 *Heidbrink*, Kritik der Verantwortung, S. 27.
43 Vgl. hierzu etwa *Luhmann*, Soziale Systeme, S. 30 ff.; *ders.*, Gesellschaft, S. 700 ff.; zum Überblick vgl. *Schimank*, Theorien.
44 *Heidbrink*, Kritik der Verantwortung, S. 27.
45 *Heidbrink*, Kritik der Verantwortung, S. 27 f.; vgl. zu dieser sog. „Kontingenz" auch *Luhmann*, Soziale Systeme, S. 148 f.
46 *Heidbrink*, Kritik der Verantwortung, S. 28 f.
47 *Heidbrink*, Kritik der Verantwortung, S. 31; s. a. *ders.* in Information Philosophie Heft 3 (2000), 18, 25 ff.; vgl. hierzu ferner *Zwierlein* in: Verantwortung in der Risikogesellschaft, S. 22 f., der bezogen auf die speziellen Gefahren der Risikogesellschaft ausführt, dass obwohl diese grundsätzlich auf menschlichen Entscheidungen beruhten, die kausale Zurechenbarkeit für einen Schädiger häufig ver-

lungszonen", so *Heidbrink* weiter, durch die das traditionelle Gefüge von Raum und Zeit gravierenden Änderungen unterworfen werde. Der Raum büße mit der voranschreitenden technologischen und kommunikativen Vernetzung seine geographischen Besonderheiten ein.[48] Durch die Rasanz und Perfektion der Datenverarbeitung verwandelten sich Vergangenheit und Zukunft in flexible Größen.[49]

> „Das, was später geschieht, und das, was sich woanders ereignet, wird gewissermaßen als eine Erweiterung des Hier und Jetzt wahrgenommen. (...) Weil das Bewusstsein der Zusammenhänge auch das Entfernte und Andersartige umfaßt, sind die Resultate schon in den Ursachen enthalten, die Konsequenzen nur eine Entfaltung der Ausgangsposition. Je stärker die Verfügungsmacht über die Widerstände in Zeit und Raum zunimmt, umso größer wird die Aufmerksamkeit für die in Gang gesetzten Folgen und Nebenfolgen."[50]

Diese Aufmerksamkeit für langfristige Entwicklungen habe letztlich zu einem erweiterten Zurechnungsbegriff geführt, der auch das noch einschließe, was nicht durch Akteure kausal verursacht werde.[51]

Wenn ich die Analyse *Heidbrinks* richtig deute, so führt insbesondere die fortschreitende Technisierung nahezu aller Bereiche des menschlichen Lebens sowie die im wechselseitigen Bezug hierzu stehende zunehmende Ausdifferenzierung der Gesellschaft in eine Vielzahl einzelner Subsysteme dazu, dass grundlegende Faktoren zur Eingrenzung bestimmter Verantwortungsbereiche und zur Abgrenzung der hierfür jeweils verantwortlichen Akteure aufgeweicht werden. Dass gerade in dieser Zeit der Grenzverschiebungen und -verwischungen der „Ruf nach neuen Verantwortlichkeiten"[52] ertönt, kann daher nur als Äußerung tiefgreifender gesellschaftlicher Verunsicherung verstanden werden:

> „Der Siegeszug des Verantwortungsbegriffs ist in erster Linie nicht Ausdruck ethischer Souveränität, kein Indiz für die Zuverlässigkeit und Stabilität mora-

---

schwimme, wo die einzelne Schädigung über Zeitverzögerung und Aufsummierung mit anderen Schadensquellen nicht mehr kontrolliert zurückverfolgt werden könne. Der konkrete Schädiger verliere sich folglich unidentifizierbar in einem anonymen Schädigerkollektiv.

48 *Heidbrink*, Kritik der Verantwortung, S. 32.
49 *Heidbrink*, Kritik der Verantwortung, S. 33.
50 *Heidbrink*, Kritik der Verantwortung, S. 34.
51 *Heidbrink*, Kritik der Verantwortung, S. 34.
52 *Heidbrink*, Handeln, S. 17.

lischer und rechtlicher Regeln, sondern vielmehr das Symptom der normativen Ratlosigkeit hochkomplexer Gesellschaften."[53]

Das zunehmend allgemein verfügbare Wissen und die immer schnellere Verbreitung von Informationen auf allen Medienkanälen tragen darüber hinaus zu einer deutlich gesteigerten Aufmerksamkeit der Gesellschaft für die Folgen komplexer Sachzusammenhänge bei.[54] Dass das Ergebnis eines Handelns zwar erkannt bzw. seine Auswirkungen nachvollzogen werden können, ändert jedoch nichts daran, dass zwischen dem jeweiligen Handlungserfolg und seinem vermeintlich singulären Ursprung ein oftmals nicht zu durchdringendes Dickicht an (Hoch-)Komplexität liegt. Die hieraus folgende erhebliche Diskrepanz zwischen den (scheinbaren) Gewissheiten über die Konsequenzen menschlichen Handelns und den fehlenden Möglichkeiten der Verantwortungszuschreibung, erscheint der Öffentlichkeit vielfach nicht hinnehmbar:

> „Es muss der Katastrophe, mag sie als Unberechenbare und kaum Wahrscheinliche noch so weit herausragen, das Urteil gesprochen werden – damit man sie hinter sich bringen kann. Sie darf nicht ins Numinose entrückt bleiben, darf nicht bloßes Schicksal bedeuten."[55]

Mit der häufig zum bloßen Schlagwort degenerierten „Verantwortung" wird gemeinhin die Hoffnung verbunden, das eben genannte Dilemma auflösen zu können. Um den Verantwortungsbegriff an die veränderten Gegebenheiten der modernen hochkomplexen Gesellschaften anzupassen, müsse aber, so *Zwierlein*, die vom traditionell eher engen Verantwortungsbegriff[56] beschriebene „individuell zurechenbare Nah- bzw. Mikroethik" notwendigerweise ergänzt und erweitert werden.[57] Drei Bereiche, in denen

---

53 So zutreffend *Heidbrink*, Kritik der Verantwortung, S. 19; ähnlich: *Luhmann*, Gesellschaft, S. 133: „Die verbreitete Neigung, in dieser Lage ‚Verantwortung' anzumahnen, kann nur als Verzweiflungsgeste beobachtet werden."

54 *Heidbrink*, Kritik der Verantwortung, S. 41; *Koch* in Merkur 56 (2002), 1002 ff.

55 *Koch* in Merkur 56 (2002), 1002, 1003.

56 Nach *Heidbrink*, Kritik der Verantwortung, S. 305, werde nach der traditionellen Grundstruktur der Verantwortung zunächst ein Subjekt für ein Objekt aufgrund bestimmter Bewertungsregeln verantwortlich gemacht. Des Weiteren werde diese durch den Handlungstypus der Verantwortung gekennzeichnet, der sich wiederum in Selbst-, Fremd-, und Sozialverantwortung unterteilen lasse. Schließlich erfasse die Grundstruktur der Verantwortung noch die Verantwortungsarten, die auf den Handlungsweisen beruhen, die zur Bewertung stehen: Kausale, moralische und rechtliche Verantwortung.

57 So *Zwierlein* in: Verantwortung in der Risikogesellschaft, S. 20 u. 24.

derartige Erweiterungen stattfinden, sind dabei von besonderer Bedeutung, sodass der weitere Verlauf dieser Arbeit durch die Auseinandersetzung mit diesen Aspekten maßgebend geprägt ist:

Erstens soll der Verantwortungsbegriff sowohl räumlich als auch inhaltlich immer neuere Bereiche umfassen, die weit über das hinausgehen, was noch als „individuell zurechenbare Nah- bzw. Mikroethik" bezeichnet werden kann. Nach *Heidbrink* wüchsen parallel zur eingangs beschriebenen funktionalen Ausdifferenzierung der Handlungsbereiche („systemische Selbstorganisation") auch die operativen Bereiche an, für die Verantwortungsübernahmen eingefordert würden. So seien es vor allem die unabsehbaren Auswirkungen der wirtschaftlichen und industriellen Entwicklungen, der technologischen und wissenschaftlichen Fortschritte, der ökologischen und genetischen Eingriffe in die Natur, der sozialen und politischen Umwälzungen der spätkapitalistischen Gesellschaft, die zur moralischen Diskussion stünden.[58]

Dies hat *zweitens* eine erhebliche Ausdehnung der Verantwortungskategorie in zeitlicher Hinsicht zur Folge:[59] „Verantwortbar soll nicht nur das sein, was innerhalb eines absehbaren Zeitrahmens geschieht bzw. geschehen ist, sondern auch das, was sich in historischer Vergangenheit ereignet hat und in ferner Zukunft eintreten wird." Zukunft und Vergangenheit würden auf diese Weise in den aktuellen Verantwortungsraum miteinbezogen.[60] Als Beispiel hierfür kann die sich alljährlich im Rahmen der UN-Weltklimakonferenz wiederholende Mahnung zu einem verantwortungsvollen Umgang mit den natürlichen Ressourcen im Interesse künftiger Generationen genannt werden.

Und schließlich ist *drittens* auch „eine Ausweitung der Verantwortungsgeltungsbereiche auf Ebene der Akteure"[61] zu verzeichnen. In Zeiten arbeitsteiliger Strukturen und vernetzter Systembereiche hochgradig ausdifferenzierter Gesellschaften sei die Anwendung individualistischer Moralbegriffe zusehends problematisch geworden. Die Ausweitung von Verant-

---

58 *Heidbrink*, Kritik der Verantwortung, S. 36 und im Einzelnen S. 213 ff.
59 Vgl. *Heidbrink*, Kritik der Verantwortung, S. 225 ff.; *Zwierlein* in: Verantwortung in der Risikogesellschaft, S. 25 f.; *Koch* in Merkur 56 (2002), 1002, 1004; *Jonas*, Das Prinzip Verantwortung, S. 45 f. u. 84 ff.; *Dreier* in: Verantwortung in Recht und Moral, S. 35 f.
60 *Heidbrink*, Kritik der Verantwortung, S. 35 f.
61 So *Heidbrink*, Kritik der Verantwortung, S. 37; vgl. hierzu *Maring* in Conceptus XXIII 1989, 25 ff.

wortungsforderungen auf höherstufige Akteure (Verbände, Staaten, Organisationen etc.) sei unmittelbar an veränderte Handlungskonzepte geknüpft, wonach mittlerweile auch Korporationen und Kollektive als handlungsfähig betrachtet würden.[62] Es bedarf folglich in derartigen Strukturen einer „Verantwortung für den Gesamtablauf"[63], welche vom einzelnen Individuum allein nicht mehr umfassend zu gewährleisten ist. Dem Gewissen des Einzelnen soll dabei allerdings grundsätzlich noch eine entscheidende Funktion als „unersetzbare Prüfinstanz für die Gutheit von Handlungen"[64] zukommen, mithin an der „personalistischen Basis verantwortungsbewussten Handelns festgehalten"[65] werden.

Das große Problem, das sich der Verantwortungsethik aktuell stellt, ist, dass der mit der Industrialisierung eingesetzte rasante technische Fortschritt der letzten Jahrhunderte eine Vielzahl neuer Handlungsmöglichkeiten hervorgebracht hat, deren Konsequenzen nicht mehr ansatzweise von den klassischen Verantwortungskategorien erfasst werden können. Die Menschheit ist heute etwa dazu in der Lage, zur kurzfristigen Energiegewinnung radioaktive Abfälle zu produzieren, deren sichere Endlagerung sie für die nächsten eine Million Jahre gewährleisten muss.[66] Bei der Suche und Errichtung eines geeigneten Endlagers wird also bereits den heute Handelnden die Verantwortung für einen Zeitraum zuteil, der die gesamte bisherige Geschichte des *homo sapiens* um ein Vielfaches übersteigt. Dass die Menschheit in Anbetracht dieses zugegebenermaßen drastischen Beispiels eines angepassten, modernen Verantwortungskonzepts bedarf, das sich auch jenseits der traditionellen auf Individuen zugeschnittenen Mikroethik bewegen kann, ist daher nicht zu bezweifeln. Denn wird der Versuch aufgegeben, menschliche Verantwortung auch in diesen komplexen Strukturen der Moderne mit seinen oftmals zeitlich kaum mehr überschaubaren Kausalverläufen zu definieren und zuzuteilen, so besteht die große Gefahr, dass Fortschritt und Entwicklung als etwas vom Menschen selbst Losgelöstes und deren Verlauf und Folgen als unkontrollierbar erschei-

---

62 *Heidbrink*, Kritik der Verantwortung, S. 37; *ders.* in Information Philosophie Heft 3 (2000), 18, 26; siehe hierzu auch *Schünemann* in GA 1995, 201, 211.

63 Vgl. Bsp. bei *Kaufmann*, Der Ruf nach Verantwortung, S. 48 ff.

64 *Zwierlein* in: Verantwortung in der Risikogesellschaft, S. 24.

65 *Heidbrink*, Kritik der Verantwortung, S. 38.

66 Vgl. etwa *Fraunhofer-Gesellschaft*, Virtuelles Untertagelabor hilft bei der Endlagersuche (frauenhofer.de).

nen.[67] Die Schaffung neuer, tragbarer Verantwortungskonzepte stellt daher fraglos eine der dringlichsten Herausforderungen der modernen Ethik dar. Dabei besteht jedoch das größte Problem darin, den neuen Verantwortungsbegriff auch tatsächlich mit eigener Trennschärfe auszustatten, denn nur dann kann er seine Aufgabe erfüllen. Eine Gesamtverantwortlichkeit aller ist dagegen nicht mehr als ein Synonym für allgemeine Unverantwortlichkeit.[68] Es bedarf insgesamt wieder eines zurückhaltenderen Umgangs mit Verantwortung, damit sie ihrem Zweck gerecht werden kann oder mit den Worten *Heidbrinks*:

> „Wir brauchen eine Diätetik der Verantwortung, um ihren Wert und Gehalt besser einschätzen zu können: Verantwortliches Handeln muß auf die Bereiche limitiert werden, in denen es seine Wirksamkeit ohne riskante Anleihen oder Hypotheken entfalten kann."[69]

b. Kollektiv verursachte moderne Bedrohungsformen

Die soeben skizzierte Tendenz der Verantwortungsexpansion wird maßgeblich von einer großen gesellschaftlichen Sehnsucht nach Verantwortung getragen. Die Moderne wirkt in vielerlei Hinsicht als eine Zeit massiver Verunsicherung. Innerhalb funktional ausdifferenzierter Gesellschaften steht der Einzelne den dort ablaufenden komplexen Prozessen oftmals rat- und machtlos gegenüber. Entgegen seiner traditionell wichtigen Rolle als maßgebender Bezugspunkt in nahezu allen Wissenschaftsbereichen verliert individuelles Handeln in dieser Zeit der Komplexität zusehends an Bedeutung gegenüber kollektiven Verhaltensweisen.[70] So kann der Einzelne heute die meisten seiner Interessen, seien sie politischer, kultureller oder wirtschaftlicher Natur, in aller Regel nur durch Einbeziehung in Organisationen umfassend verwirklichen. Durch die in der Folge hieraus wachsenden Zahl an Organisationen sowie durch deren immer größer werdenden Macht sieht sich unsere Gesellschaft zugleich mit erheblichen Schädigungspotentialen konfrontiert, die in den überindividuellen Hand-

---

67 Ähnlich *Heidbrink*, Handeln, S. 14.

68 Vgl. hierzu *von Hayek*, Die Verfassung der Freiheit, S. 102; *Depenheuer* in VVDStRL 55 (1996), 90, 104; *Dreier* in: Verantwortung in Recht und Moral, S. 11; *Zwierlein* in: Verantwortung in der Risikogesellschaft, S. 28: „Weltverantwortung kippt rasch um in ein Refugium anspruchsvoller Apathie."

69 *Heidbrink*, Kritik der Verantwortung, S. 23.

70 *Maring* in Conceptus XXIII 1989, 25.

lungsmöglichkeiten jener Kollektive begründet sind.[71] Nach zutreffender Auffassung von *Lübbe* zeigt sich Letzteres darin, dass die meisten Schäden und Risiken, um die es in der aktuellen Verantwortungsdebatte geht, kollektiv verursacht sind:

> „Viele Entscheidungen, viele Handlungen verschiedener Subjekte sind beteiligt. Von einer einzelnen oder gar von jeder einzelnen Entscheidung oder Handlung läßt sich dabei gar nicht sagen, sie sei die auslösende Ursache oder auch nur eine notwendige Bedingung des betreffenden Ereignisses."[72]

Seien es internationales organisiertes Verbrechen und Terrorismus oder illegale Aktivitäten multinationaler Großunternehmen, der Klimawandel oder globale Finanzkrisen, dem Verständnis und der Kontrolle des Einzelnen bleiben sie alle größtenteils unzugänglich. Hinzu kommt, dass diese kollektiv verursachten Bedrohungen und Schädigungen, nicht zuletzt bedingt durch die Möglichkeiten des technischen Fortschritts, in der Regel erheblich weitreichender sind als singuläre Handlungen einzelner Individuen. Mit dem Ziel jene kollektiven Bedrohungsformen einer Verantwortungszuschreibung zugänglich zu machen, werden sie in der Verantwortungsdiskussion grob in zwei Gruppen unterteilt: in solche, die durch korporatives Handeln verursacht werden und solche, denen nicht-korporativ organisiertes, einfaches Kollektivhandeln zugrunde liegt.[73]

Letzteres stellt typischerweise sog. *Massenhandeln* dar, also eine „Vielheit von Handlungen".[74] Kennzeichnend für diese ist neben ihrer im Unterschied zum korporativen Handeln ungeregelten Handlungsweise, die Parallelität der innerhalb einer Gruppe stattfindenden Einzelhandlungen. Diese führt häufig zu einer sog. „Zirkularstimulation", also einer wechselseitigen Anregung der Einzelnen untereinander, was insgesamt eine gefährliche „Verstärkungsspirale" zur Folge haben kann.[75] Während das Verhalten des einzelnen Gruppenmitglieds noch verkraft- bzw. vernachlässig-

---

71 Einleitend zur Bedeutung kollektiver Intentionalität: *Schmid/Schweikard* in: *Schmid/Schweikard* (Hrsg.), Kollektive Intentionalität, S. 11 ff.; eingehend *Schimank* in: Organisation, S. 33 ff.; s. a. Ausführungen zur „Organisationsgesellschaft" im NRW-VerbStrG-E, S. 1 f. und S. 20 ff. m. w. N. (justiz.nrw.de); *Rotberg* in: Deutsches Rechtsleben, S. 195 f.

72 *Lübbe*, Verantwortung, S. 17; vgl. hierzu auch *Heine*, Verantwortlichkeit, S. 35 ff.; *Heine/Weißer* in: Schönke/Schröder, Vor. § 25 Rn. 128.

73 *Maring* in Conceptus XXIII 1989, 25 f.; vgl. zu einer genaueren Unterteilung etwa *Lenk*, Konkrete Humanität, S. 398 ff.

74 So *Lübbe*, Verantwortung, S. 17.

75 *Lenk*, Konkrete Humanität, S. 398; *Heidbrink*, Kritik der Verantwortung, S. 201.

bar ist, führt das massenweise Auftreten und die gegenseitige Anregung und Bekräftigung der Mitglieder zu derartigen Handlungsweisen untereinander zu einer immensen Bedrohungslage. Als wichtigstes Beispiel für ein solches schädigendes Massenhandeln ist die Umweltverschmutzung zu nennen. Jeweils für sich genommen sind die einzelnen Handlungen der jeweiligen Gesellschaftsmitglieder für das globale Ökosystem zumeist ohne jede Relevanz für die Lebensgrundlagen auf diesem Planeten. So hat eine zum Vergnügen durchgeführte Spritztour mit dem Auto kaum messbare negative Auswirkungen auf die Umwelt zur Folge. Erst der massenhaft durchgeführte Privatverkehr in seiner Gesamtheit entfaltet eine kumulative Wirkung, die ein enormes Schädigungspotential aufweisen kann.[76] Als weitere Beispiele in diesem Zusammenhang können die Verursachung und Ausbreitung von Tierseuchen durch industrielle Massentierhaltung oder die in den letzten Jahren sicherlich unzählige Male zitierte Finanzkrise mit all ihren weitreichenden, unkontrollierbaren Nebenfolgen herangezogen werden.

Im Unterschied hierzu zeichnet sich *korporatives Handeln* durch strukturiert und zielgerichtet ausgeführte überindividuelle Handlungsformen korporativer Handlungssubjekte wie Organisationen oder Institutionen aus.[77] Korporatives Handeln ist nach *Lenk* ein Handeln, das zwar meistens auf Primärhandlungen von Individuen bezogen, aber nicht auf dieses reduzierbar ist. Korporationen handelten in einem höherstufigen Sinn dadurch, dass sie sekundäre Handlungen durch repräsentative Vertreter und deren primäre Handlungen ausführen ließen.[78] Anders als bloßes Massenhandeln setzt sich korporatives Handeln also nicht nur aus einer Vielzahl von Einzelhandlungen zusammen, sondern stellt selbständige „Handlungen einer Vielheit"[79] dar. Die Gründe für die im Verhältnis zu Handlungen Einzelner gesteigerte Gefährlichkeit korporativen Handelns sind vielfältiger Natur: Zentral ist dabei zunächst die besondere Gefährlichkeit gruppendynamischer Prozesse, durch die das Verantwortungsgefühl eines in korporative Strukturen eingebetteten, primär Handelnden erheblich reduziert ist, was die Begehungswahrscheinlichkeit fremdschädigender Handlungen aus

---

76 Vgl. hierzu *Kuhlen* in GA 1986, 389; *ders.* in ZStW 105 (1993), 697; *Kaufmann*, Der Ruf nach Verantwortung, S. 17 f.: „Alltäglichkeit des schädlichen Verhaltens".

77 *Maring* in Conceptus XXIII 1989, 25 f.; *Heidbrink*, Kritik der Verantwortung, S. 201.

78 *Lenk*, Konkrete Humanität, S. 399.

79 So *Lübbe*, Verantwortung, S. 17.

einer Korporation heraus deutlich erhöht.[80] Ferner fallen Entscheidungs- und Handlungssubjekt in Korporationen häufig auseinander, wodurch sich der letztlich Ausführende in der Regel nicht über die Reichweite seines Handelns bewusst und zudem oftmals fungibel ist.[81] Hinzu kommt, dass Korporationen aufgrund ihrer komplexen Strukturen über weitreichende Möglichkeiten der Arbeitsteilung verfügen, womit sie ihr Handeln effizienter, zielgerichteter und schneller durchsetzen können. Schließlich akkumulieren sich in einer Korporation ökonomische Stärke, Fachwissen und Arbeitskraft insgesamt zu einer eigenständigen Macht, die weit über die bloße Summe ihrer „Einzelteile" hinausgeht und ihr erhebliche Möglichkeiten verschafft, auf legalem und illegalem Wege Druck auszuüben.[82] Als Beispiele können hier korporativ-organisiertes Handeln im Rahmen von Wirtschafts- und Unternehmenskriminalität, ebenso wie das organisierte Verbrechen und der Terrorismus genannt werden. Aber auch jenseits dieser zielgerichteten Formen korporativer Kriminalität sind in diesem Zusammenhang die erhöhten Gefährdungspotentiale, die von einem lediglich fahrlässigen Umgang mit hoch riskanten, korporativ-betriebenen Anlagen (z. B. Chemiewerke, Atomkraftwerke etc.) ausgehen können, zu erwähnen.

Dass kollektiv verursachten Bedrohungen, ob sich diese nun als Massenhandeln oder als Handlungen eines korporativ strukturierten überindividuellen Handlungssubjekts darstellen, in modernen Gesellschaften eine im Verhältnis zu Handlungen Einzelner gesteigerte Rolle zukommt, zeigt sich auch, wenn man sich die typischen Felder moderner Strafgesetzgebung ansieht. So waren in den vergangenen Jahrzehnten die größten gesetzgeberischen Aktivitäten und Neuerungen im Umweltstrafrecht, in unternehmerisch motivierter Kriminalität, dem organisierten Verbrechen und dem Terrorismus zu verzeichnen.[83] Alles Bereiche, in denen die wahren Bedrohungen in aller Regel weniger von singulären Handlungen Einzelner ausgehen, als vielmehr von dem kollektiven Fundament, auf dem diese fußen. Die Widersprüchlichkeit, dass gerade das grundsätzlich strikt an das Prinzip der Einzeltatschuld gebundene Individualstrafrecht mittlerweile in großem Umfang zur Regelung dieser Bereiche herangezogen wird und die

---

80 Vgl. *Rudolphi/Stein*, SK-StGB, § 129 Rn. 3.
81 *Maring* in Conceptus XXIII 1989, 25, 26; *Joecks* in: MüKo-StGB, § 25 Rn. 135.
82 Vgl. hierzu insgesamt *Maring* in Conceptus XXIII 1989, 25, 26 m. w. N.
83 Vgl. etwa *Hassemer* in ZRP 1992, 378, 381; *ders.* Strafrechtswissenschaft, S. 298 f.; zur Übersicht vgl. etwa *Eser/Hecker* in: Schönke/Schröder, Einf. Rn. 1 ff.

Frage, was für Folgen dies für das Strafrecht insgesamt hat, wird einen bestimmenden Teil dieser Arbeit ausmachen.

2. Das Strafrecht in der „Gesellschaft der Angst"

a. Die verunsicherte Gesellschaft

Die Komplexität moderner Gesellschaften führte zu einem merklichen Bedeutungsverlust der Handlungen Einzelner zugunsten kollektiver Handlungsformen. Letztere bergen Bedrohungspotentiale für die Gesamtgesellschaft in sich, die weit über diejenigen einzelner Individuen hinausgehen. Gerade in Verbindung mit den Möglichkeiten, die die moderne Hochtechnologie bietet, sieht sich die Menschheit somit heutzutage Katastrophenrisiken in einem ihr bislang unbekannten Maße ausgesetzt.

Es ist jedoch zu beachten, dass es große Schwierigkeiten bereitet, konkret zu benennen, wie diese Risiken dabei im Einzelnen überhaupt beschaffen sind. Bei ihrer Bewertung kommt es weniger auf objektiv berechenbare Schadenswahrscheinlichkeiten und -größen an, als vielmehr auf eine kulturabhängige Betrachtungsweise:

> „Was als Risiko gilt und welche Risiken zumutbar sind, ist (...) von individuellen und kollektiven Wertungen wie auch von vorherrschenden Vorstellungen über mögliche Kausalitäten und Schadensverläufe abhängig."[84]

Auch wenn sich ganze Wirtschaftszweige mit Wegen einer mathematischen Berechnung von Risiken befassen und sie dabei sicherlich zu in sich schlüssigen Ergebnissen kommen, so hängt die Interpretation dessen, welches Maß an Risiko als noch verkraftbar erscheint, entscheidend von der Risikofreudigkeit der bewertenden Gesellschaft selbst ab.

Insbesondere der Umstand, dass die schwerwiegendsten Bedrohungen moderner Gesellschaften kollektiv verursacht sind, deren genaue Hintergründe aber aufgrund der ihnen zugrunde liegenden komplexen Strukturen zumeist im Unklaren bleiben bzw. die Urheberschaft dieser kollektiv verursachten Bedrohungen nur in äußerst begrenztem Maße einzelnen Individuen zugeschrieben werden kann, erzeugt eine allgemeine Stimmung der

---

84 *Kaufmann*, Der Ruf nach Verantwortung, S. 19 f.; vgl. auch *Frankenberg* in KJ 1977, 353, 355.

Ohnmacht und Verunsicherung.[85] Denn je weniger sichtbar „Feind“ und „Gefahr“ im Gegenständlichen sind, desto größer und mächtiger erscheinen sie in der Gedankenwelt. Gerade die Nichtgreifbarkeit des Bezugsobjekts dieser Angst hat daher großen Einfluss darauf, dass es um die Risikoakzeptanz der Gesellschaft derzeit nicht allzu gut bestellt ist.

Es erscheint mir daher äußerst nachvollziehbar, dass in aktuellen Debatten immer häufiger von der „Gesellschaft der Angst“ die Rede ist. Der Angst kann heutzutage eine geradezu identitätsstiftende Funktion zugesprochen werden, da sie diejenige Empfindung ist, auf die sich die Mitglieder einer immer ausdifferenzierteren Gesellschaft wohl am leichtesten verständigen können.[86] *Luhmann* meint in der Angst sogar ein funktionales Äquivalent für Sinngebung erkennen zu können, da sie durch kein Funktionssystem weggeregelt, rechtlich nicht reguliert und wissenschaftlich nicht widerlegt werden könne.[87] Angst sei, da sie die Ungewissheit der Sachlage in die Gewissheit der Angst transformiere, ein selbstsicheres Prinzip, das keines theoretischen Fundaments bedürfe.[88] Sie widerstehe jeder Kritik der reinen Vernunft und sei daher das moderne Apriori.[89]

Und dennoch fristet das Thema „Angst“ in den derzeit geführten rechtswissenschaftlichen Diskussionen, trotz all seiner Bedeutung für das Leben bzw. das Zusammenleben in der modernen Gesellschaft, ein Schattendasein. Auf diesen Umstand weist *Bung* in einem Aufsatz zum Umgang der Gesellschaft mit den Phänomenen des Terrorismus hin: Es komme in der Frage des Terrorismus ganz entscheidend „auf uns selbst“ an, darauf, wie „wir“ uns zu ihm verhielten, denn Terrorismus lasse sich nicht unabhängig vom Bewusstsein derer, die er terrorisiert, erörtern.[90] In der im Rahmen des Terrorismusstrafrechts immer wieder aufkommenden Debatte um Freiheit und Sicherheit werde das Angstproblem aber erstaunlicherweise nicht diskutiert,[91] dabei sei es unsere Angst, die den Rechtsstaat und seine Freiheitsgarantien am meisten bedrohe.[92]

---

85 Vgl. *Heidbrink*, Kritik der Verantwortung, S. 17.
86 Vgl. etwa *Bude*, Gesellschaft der Angst, S. 10 ff.
87 *Luhmann*, Ökologische Kommunikation, S. 238.
88 *Luhmann*, Ökologische Kommunikation, S. 246.
89 *Luhmann*, Ökologische Kommunikation, S. 240.
90 *Bung* in WestEnd: Neue Zeitschrift für Sozialforschung 2006, 64, 65.
91 Vgl. aber *Frankenberg* in KJ 1977, 353.
92 *Bung* in WestEnd: Neue Zeitschrift für Sozialforschung 2006, 64, 66; Darauf, dass sich keine wissenschaftliche Disziplin der Diskussion des Angstproblems entziehen sollte, wies bereits *Neumann* hin: vgl. *Neumann*, Angst und Politik, S. 7.

Ein wesentlicher Teil jenes Aufsatzes beschäftigt sich daher mit der Frage, was überhaupt unter „Angst" zu verstehen ist. *Bung* führt hierzu aus, dass die Unterscheidung von „Furcht" und „Angst" zu den konstitutiven Elementen der Angsttheorie gehöre. Auch wenn diese Differenzierung bereits umgangssprachlich angelegt sei, könne sie vor allem auf die Existenzphilosophen *Kierkegaard* und *Heidegger* zurückgeführt werden:[93]

„Furcht und ähnliche Zustände" bezögen sich nach *Kierkegaard* „stets auf etwas Bestimmtes, während die Angst die Wirklichkeit der Freiheit als Möglichkeit vor der Möglichkeit ist."[94] Etwas umfangreicher führt *Heidegger* in seinem Werk „Sein und Zeit" zu den „Grundbefindlichkeiten der Angst" aus:

> „Das Wovor der Angst ist völlig unbestimmt. Diese Unbestimmtheit lässt nicht nur faktisch unentschieden, welches innerweltlich Seiende droht, sondern besagt, daß überhaupt das innerweltlich Seiende nicht ‚relevant' ist. (...) Daher sieht die Angst auch nicht ein bestimmtes ‚Hier' und ‚Dort', aus dem sich das Bedrohliche nähert. Daß das Bedrohende nirgends ist, charakterisiert das Wovor der Angst. Diese ‚weiß nicht', was es ist, davor sie sich ängstigt. (...) Das Drohende kann sich deshalb auch nicht aus einer bestimmten Richtung her innerhalb der Nähe nähern, es ist schon ‚da' – und doch nirgends, es ist so nah, daß es beengt und einem den Atem verschlägt – und doch nirgends. (...) Was beengt, ist nicht dieses oder jenes, aber auch nicht alles Vorhandene als Summe, sondern die Möglichkeit von Zuhandenem überhaupt, das heißt die Welt selbst."[95]

Dieser existenzphilosophischen Unterteilung von „Angst" und „Furcht" zufolge sei der Terrorismus, so *Bung*, damit eher als Phänomen einer Phänomenologie der Angst als einer solchen der Furcht anzusprechen. Es sei gerade jene Unheimlichkeit aus Unbestimmtheit, die das Wesen der terroristischen Bedrohung ausmache, da der Terror nichts und nirgends sei und dennoch phänomenal anwesend in der Befindlichkeit der Angst.[96]

Während die Unterscheidung von „Furcht" und „Angst" also letztlich am Grad der Bestimmbarkeit der Bedrohung bzw. anhand ihrer Gegenständlichkeit getroffen werden könne, sei, so *Bung* weiter, die Angsttheorie nach *Freud* mit ihrer Unterscheidung von „Realangst" und „neuroti-

---

93 *Bung* in WestEnd: Neue Zeitschrift für Sozialforschung 2006, 64, 68 f.; vgl. aber auch bereits *Eser* in: Deutsche Strafrechtswissenschaft, S. 445 (Fn. 3).

94 *Kierkegaard*, Angst, S. 36; vgl. hierzu auch *Neumann*, Angst und Politik, S. 14 (Rn. 13).

95 *Heidegger*, Sein und Zeit, S. 247 f.

96 *Bung* in WestEnd: Neue Zeitschrift für Sozialforschung 2006, 64, 69.

scher Angst" von deutlich größerer Komplexität. Der entscheidende Gradmesser zu ihrer Unterscheidung sei dabei die Rationalität, was sie für eine
Untersuchung der Terrorangst interessant mache:[97]

> „Realgefahr ist eine Gefahr, die wir kennen, Realangst die Angst vor einer
> solchen bekannten Gefahr. Die neurotische Angst ist Angst vor einer Gefahr,
> die wir nicht kennen. Die neurotische Gefahr muß also erst gesucht werden
> (...)."[98]

„Die Realangst", so *Freud* an anderer Stelle, „erscheint uns (...) als etwas
sehr Rationelles und Begreifliches, (...) man darf sie als Äußerung des
Selbsterhaltungstriebs ansehen."[99] Dagegen sei neurotische Angst, in
Form der sog. Erwartungsangst,[100] eine

> „frei flottierende Angst, die bereit ist, sich an jeden irgendwie passenden Vor-
> stellungsinhalt anzuhängen, die das Urteil beeinflußt, die Erwartungen aus-
> wählt, die auf jede Gelegenheit lauert, um sich rechtfertigen zu lassen."[101]

Zwar vermengten sich Realangst und neurotische Angst häufig, womit
sich auch die Frage nach der Zweckmäßigkeit der Angst einer eindeutigen
Antwort verschlösse, doch trotz der hieraus folgenden Unmöglichkeit,
trennscharf gesunde von pathologischen Formen der Angst unterscheiden
zu können, stelle die „frei flottierende Angst" im politischen Raum, nach
Ansicht *Bungs,* die größte Gefahr dar und müsse in vernünftigen Grenzen
gehalten werden. Viele der im Zusammenhang mit der Bedrohung durch
den Terror oder den Terrorismus artikulierten Ängste seien ganz ohne
Zweifel irrational.[102]

Diese auf den Terrorismus bezogenen Aussagen lassen sich durchaus
auch ganz generell auf den Umgang unserer komplexen Gesellschaft mit
den eingangs erwähnten modernen Bedrohungsformen übertragen. Es sei

---

97 *Bung* in WestEnd: Neue Zeitschrift für Sozialforschung 2006, 64, 69.
98 *Freud*, Hemmung, S. 107.
99 *Freud*, Vorlesungen, S. 376.
100 Zur neurotischen Angst in Form von Phobien vgl. *Freud*, Vorlesungen, S. 380 ff.
101 *Freud*, Vorlesungen, S. 379 f.
102 *Bung* in WestEnd: Neue Zeitschrift für Sozialforschung 2006, 64, 70 f.; vgl. hier-
    zu auch allgemein *Frankenberg* in KJ 1977, 353, 355: „Neurotische Ängste sind
    aktuell unangemessen motiviert; sie werden von Ereignissen ausgelöst, die keine
    oder keine ernsthafte Gefahr darstellen. Ausschlaggebend für das Hervorrufen
    neurotischer Ängste sind weniger die tatsächliche Gefährlichkeit einer Situation
    oder eines Ereignisses als vielmehr die Bedrohtheitserlebnisse und -vorstell-
    ungen, die von ihnen wachgerufen werden."

zwar zugegeben, dass in der Tatsache, dass der Terrorismus im Rahmen seiner sog. „Kommunikationsstrategie"[103] geradezu zentral auf die Verunsicherung der Gesellschaft abzielt, ein deutlicher Unterschied zu solchen Bedrohungsformen liegt, die nicht unmittelbar auf das Hervorrufen gesellschaftlicher Verunsicherungen gerichtet sind, sondern diese nur als Nebenprodukt verursachen. Die Fragen nach Bestimmtheit und Gegenständlichkeit der Gefahr sowie nach der Rationalität der durch sie ausgelösten Verunsicherung stellen sich jedoch gleichermaßen.

Mir scheint daher die Annahme durchaus plausibel, dass sich die durch die nur noch schwer zu erfassende Komplexität der modernen Welt allgemeinhin erschöpfte Gesellschaft geradezu bereitwillig auf jene kollektiv verursachten und damit selbst kaum greifbaren Bedrohungsszenarien stürzt, um ihre diffuse Verunsicherung auf diesem Wege zumindest oberflächlich kanalisieren und benennen zu können. Ob es sich dabei um Handlungsformen weit verzweigter, international agierender Terrororganisationen, den weder in seinen Ursachen noch in seinen Folgen für Laien tatsächlich nachvollziehbaren Klimawandel oder um das unüberschaubare Treiben auf den internationalen Finanzmärkten handelt, ist letztlich von untergeordneter Bedeutung. Wirklich problematisch ist, dass die durch die genannten Szenarien vermittelten Empfindungen, also die erlebten Bedrohungsgefühle, oftmals in keinem Verhältnis zu den für das Leben des Einzelnen tatsächlich vorliegenden Gefährdungen stehen, weil es sich hier eben in aller Regel um keine einzelfallbedingte, konkrete Furcht handelt, sondern sich eine abstrakte, allgemeine Angst vor einer nicht mehr nachvollziehbaren Welt am vermeintlich Konkreten entlädt.

In engem Zusammenhang zu dieser den Umgang mit modernen Bedrohungen maßgeblich prägenden Irrationalität stehen die in komplexen Gesellschaften ablaufenden Kommunikationsprozesse, die in erheblicher Weise dazu beitragen, jene nicht näher greifbaren Bedrohungsahnungen zu vermeintlich konkret erlebbaren Realrisiken heraufzukommunizieren.[104] Zwar führt die allgegenwärtige, mediale Konfrontation mit Katastrophen aller Art auch zu einer gewissen Abnutzung der Bilder und der durch sie unmittelbar hervorgerufenen Emotionen. Durch ihre ständige Präsenz setzen sie sich jedoch zugleich tief im Bewusstsein fest und verzerren die Einschätzung über die Wahrscheinlichkeit des Eintritts solcher Katastro-

---

103 Vgl. *Cancio Meliá* in GA 2012, 1, 10 oder *Zöller* in GA 2010, 607, 612 f.; sowie unten S. 228 ff.

104 Vgl. hierzu etwa *Koch* in Merkur 56 (2002), 1002 ff.

phen im Leben des einzelnen Beobachters noch weiter. Hinzu kommt, dass, wie *Luhmann* zutreffend festhielt, „angstbezogene Kommunikation ein Resonanzprinzip ist, das Bestimmtes vergrößert und anderes abdunkelt". Diese Differenz werde nicht zuletzt durch eine gezielte öffentliche Rhetorik der Angst gesteigert, die die Aufgabe übernehme, Angst erst einmal durchzusetzen. Zu diesem Zwecke müsse sie selektiv vorgehen, d. h. gerade die Entwicklung zum Schlimmeren betonen und bemerkenswerte Fortschritte zum Besseren verschweigen.[105] Die besondere Problematik des Kommunikationsgegenstandes „Angst" sieht *Luhmann* letztlich darin, dass, wenn Angst kommuniziert werde und im Kommunikationsprozess (aus den eingangs erwähnten Gründen) nicht bestritten werden könne, sie eine moralische Existenz gewinne, die es zur Pflicht mache, sich Sorgen zu machen und zum Recht, Anteilnahme an Befürchtungen zu erwarten und Maßnahmen zur Abwendung der Gefahren zu fordern.[106]

b. Strafrecht in Zeiten gesellschaftlicher Verunsicherung

Es soll durch das soeben Gesagte nicht in Abrede gestellt werden, dass sich unsere Gesellschaft heute deutlich weitreichenderen Gefahren ausgesetzt sieht als noch zu Zeiten des Erlasses des StGB. Deren unkonkrete Gestalt führt jedoch vielfach zu einem hochgradig irrationalen Risikoempfinden, das weitreichende Folgen für den Umgang mit ihnen hat. Insbesondere die von *Luhmann* zutreffend hervorgehobene vermeintliche moralische Überlegenheit der Angst[107] hat dabei häufig eine überzogene Erwartungshaltung der Gesellschaft in Bezug auf den Staat zur Folge.

In der Gesellschaft herrscht allgemeinhin der Glaube vor, dass ihrer Verunsicherung durch Einführung immer umfassenderer Regelungen beizukommen sei.[108] Dem Staat kommt dabei die Rolle als „Garant des Allgemeininteresses"[109] zu, gegen den Forderungen aller Art gerichtet werden und die den Gesetzen des Stimmungsmarktes unterworfene Politik[110]

---

105 *Luhmann*, Ökologische Kommunikation, S. 243 f.
106 *Luhmann*, Ökologische Kommunikation, S. 245.
107 *Luhmann*, Ökologische Kommunikation, S. 237 f.
108 *Hassemer* in ZRP 1992, 378, 380.
109 *Frankenberg* in KJ 1977, 353, 359.
110 *Naucke* in KritV 1999, 336, 353.

meint, all diesen Forderungen auch gerecht werden zu müssen. Bei *Frankenberg* heißt es hierzu pointiert:

> „Diffuse Bedrohungsgefühle und Kriminalitätsfurcht verdichten sich zu einem Bedürfnis nach ‚Daseinsgewissheit'. Im Verbund mit den hoheitlichen Sicherheitsverheißungen drängen sie das ohnehin nicht übermäßig populäre, weil mit Anstrengungen und Befürchtungen verbundene Erproben und Aushalten der Normalrisiken von Freiheit in die Defensive."[111]

Jenes Bedürfnis nach „Daseinsgewissheit" soll offensichtlich insbesondere durch eine Ausweitung des Strafrechts befriedigt werden.[112] Zu jedem nur vorstellbaren Zweck wird es herangezogen und dient in der Parteipolitik häufig dazu, Handlungsfähigkeit des Staates zu suggerieren und zu verschleiern, dass man die eigentlichen Problemursachen nicht angehen kann oder zu will.[113] Hier zeigt sich, dass nicht nur die Bevölkerung, sondern auch die parteipolitischen Repräsentanten des Staates selbst von Angst (oder ist es Furcht?) getrieben werden, und zwar davor, für Fehlentwicklungen und Katastrophen *verantwortlich* gemacht zu werden.[114] Sie suchen daher in immer größerem Umfang Zuflucht in der vermeintlich klaren, vor allem aber günstig und schnell zu erlangenden Verbotswelt des Strafrechts, um im Fall der Tragödie zumindest darauf verweisen zu können, ihren Eintritt strafbewehrt zu haben.

Bereits *Nietzsche* hat eindringlich auf den engen Zusammenhang hingewiesen, der zwischen gesellschaftlicher Verunsicherung und expansiver Strafrechtspolitik besteht:

> „Mit erstarkender Macht nimmt ein Gemeinwesen die Vergehungen des Einzelnen nicht mehr so wichtig, weil sie ihm nicht mehr in gleichem Maasse wie früher für das Bestehen des Ganzen als gefährlich und umstürzend gelten dürfen. (...) Wächst die Macht und das Selbstbewusstsein eines Gemeinwesens, so mildert sich immer auch das Strafrecht; jede Schwächung und tiefere Gefährdung von jenem bringt dessen härtere Formen wieder an's Licht."[115]

---

111 *Frankenberg* in KJ 2005, 370, 374.
112 *Naucke* in KritV 1990, 244, 258; *Hassemer* in ZRP 1992, 378, 380 f.; *Landau* in ZStW 121 (2009), 965, 966.
113 Zur parteipolitischen Nutzung des Strafrechts auch *Naucke* in KritV 1993, 135, 154 ff.; s. a. *Zöller* in GA 2010, 607, 619 f.
114 *Zöller* in GA 2010, 607, 619.
115 *Nietzsche*, Zur Genealogie der Moral, S. 64 (2. Abh. 10. Abschn.).

Blickt man unter Zugrundelegung dieser Passage auf die gegenwärtigen Entwicklungen im Strafrecht, so gibt unsere Gesellschaft tatsächlich ein alles andere als selbstsicheres Bild ab:[116]

War das Strafrecht einst als *ultima ratio*[117] des freiheitlichen Rechtsstaats, als sein berühmtes schärfstes Schwert, konzipiert, das ihm von den Bürgern übergeben wurde, um ihre Freiheit damit im äußersten Notfall zu verteidigen, so stellt sich modernes Strafrecht immer häufiger geradezu umgekehrt als *prima ratio* dar.[118] Das Strafrecht verkomme, nach Auffassung *Hassemers*, zunehmend zu einem flankierenden Instrument der Innenpolitik, das entgegen den Prinzipien der Subsidiarität überall dort eingesetzt werde, wo sich ein politischer Gewinn mit diesem Einsatz erzielen lasse.[119] Auch *Naucke* konstatiert, dass sich das Strafrecht von einem begrenzten Mittel zu einem absoluten Zweck der Freiheitssicherung zu einem unbegrenzten Mittel für jeden politischen Zweck ändere.[120] In einer durch diffuse Bedrohungsszenarien verwirrten Gesellschaft stellt Sicherheit dabei das prägende Leitmotiv dar, dem alles andere untergeordnet wird, insbesondere auch der für das liberale Strafrecht konstitutive Gedanke, dass der Staat Freiheit nicht nur *durch* das, sondern vor allem auch *vor* dem Strafrecht zu gewähren hat.[121]

So ist festzustellen, dass sich das kriminalpolitische Klima, unter Abkehr von der freiheitswahrenden Zurückhaltung vergangener Jahre, insgesamt wieder „punitiver" präsentiert.[122] Dies führt nicht nur zu einer spürbaren Verschärfung der Strafandrohungen, sondern das Strafrecht dringt zugleich vermehrt in Bereiche vor, für die es nach seiner liberalen Grundausrichtung nicht geschaffen wurde. Besonders hervorzuheben ist dabei die zunehmende Vereinnahmung des klassischen Gefahrenabwehrrechts durch das Strafrecht.[123] Unter weitreichender Abkehr des strafrechtsein-

---

116 So auch *Bung* in ZStW 119 (2007), 120, 128.
117 Vgl. unten S. 59.
118 *Wohlers*, Deliktstypen, S. 33 m. w. N.; *Hassemer* in ZRP 1992, 378, 381; *ders.* in NStZ 1989, 553, 558.
119 *Hassemer* in ZRP 1992, 378, 381; vgl. zur „Innenpolitisierung des Strafrechts" auch *Herzog*, Gesellschaftliche Unsicherheit, S. 65 ff.; *Weigend* in: FS-Triffterer (1996), S. 708.
120 *Naucke* in KritV 1993, 135, 154.
121 So auch eindringlich *Roxin* in JuS 1966, 377, 382; vgl. auch *Frankenberg* in KJ 2005, 370, 374 f.
122 *Bung* in ZStW 119 (2007), 120, 122 m. w. N.; *Frankenberg* in KJ 2005, 370, 374.
123 Vgl. unten S. 184.

schränkenden Einzeltatschuldprinzips soll das Strafrecht nunmehr präventiv konkrete Einzelgefahren abwehren bzw. bereits deren Entstehung verhindern.[124] Die allem voran durch die verstärkte Einführung abstrakter Gefährdungsdelikte und die Kriminalisierung bloßer Vorbereitungsdelikte erreichte Präventionsorientierung des modernen Strafrechts habe aber, so *Hassemer*, vielfach kaum überwindbare Vollzugshindernisse zur Folge, wodurch das Strafrecht zunehmend einen rein symbolischen Charakter erhalte.[125] Da die besagten Deliktskategorien keinen Schaden mehr voraussetzen, es sich oftmals um opferverdünnte bzw. opferlose Inkriminierungen handele, gehe dem Strafrecht zudem die Sichtbarkeit und Fühlbarkeit des Unrechts verloren.[126]

Wie tiefgreifend dieser Paradigmenwechsel die wesensbestimmenden Grundfesten des Strafrechts zu erschüttern im Stande ist, muss deshalb deutlich hervorgehoben werden:

> „Statt auf die Antwort auf ein Unrecht und dessen Ausgleich mittels gerechter Reaktion kommt es nun auf Prävention künftigen Unrechts oder gar auf Bewältigung künftiger Großstörungen an. Plakativ gesprochen, geht es auch im Strafrecht nunmehr nicht mehr um eine angemessene Antwort auf Vergangenheit, sondern um Bewältigung von Zukunft."[127]

Parallel hierzu zeichnet sich ein Wandel in der Funktion des Rechtsgüterschutzes ab. War das Rechtsgutkonzept gerade in vorkonstitutioneller Zeit ein Mittel, dem Strafgesetzgeber kritisch seine Grenzen aufzeigen zu können, wenn dieser Strafgesetze einführen wollte, ohne dabei in legitimer Weise den Schutz von Rechtsgütern zu verfolgen, dient das Rechtsgut heute dazu, den Gesetzgeber auffordern zu können, die Kriminalisierung aller möglichen Verhaltensweisen voranzutreiben. Nach *Hassemer* wandele sich das Prinzip des Rechtsgüterschutzes von einem bedingten Bestrafungsverbot in ein Bestrafungsgebot, von einem negativen in ein positives Kriterium richtiger Kriminalisierung.[128] Verstärkt wird diese Tendenz durch die ausufernde Schaffung immer neuer Rechtsgüter, die häufig in

---

124 Vgl. hierzu *Hassemer* in WestEnd: Neue Zeitschrift für Sozialforschung 2006, 75, 77 f.; *ders.* in ZRP 1992, 378, 380 f.; *Naucke* in KritV 1993, 135, 136.
125 *Hassemer* in NStZ 1989, 553 ff.; *ders.* in ZRP 1992, 378, 382; *ders.* in JuS 1992, 110, 112 f.
126 *Hassemer* in ZRP 1992, 378, 381.
127 *Hassemer* in ZRP 1992, 378, 381; *Landau* in ZStW 121 (2009), 965, 966.
128 *Hassemer* in ZRP 1992, 378, 381; s. a. *ders.* in NStZ 1989, 553, 557.

der Gestalt „wolkiger"[129] Allgemeininteressen daherkommen. Rechtsgüterschutz werde im modernen Strafrecht folglich zum Institutionenschutz.
Es gehe nicht mehr um den Schutz von Individual-, sondern um den
Schutz von Universalrechtsgütern, deren vage und großflächige Formulierung dazu führte, dass es kaum noch menschliche Verhaltensweisen gebe,
die man mit Berufung auf das Prinzip des Rechtsgüterschutzes entkrimina-
lisieren müsste.[130] Es spricht vieles für die Vermutung von *Weigend*, dass
dem Rechtsgutskonzept im modernen Strafrecht sein kritisches Potential
abhandengekommen ist und der Funktionalismus die Existenz eines irgendwie beschreibbaren Rechtsguts stillschweigend von einer *notwendigen* in eine *hinreichende* Bedingung für die Kreation von Straftatbeständen verwandelt hat (*nullum bonum sine poena*).[131]

Die Ausweitung des Strafrechts als Reaktion auf die Verunsicherung
der modernen Gesellschaft zeichnet im Ergebnis ein geradezu paradoxes
Bild und hat weitreichende Gefahren für die Legitimation des rechtsstaatlichen Strafrechts insgesamt zur Folge:

Dem oben dargestellten Dilemma der gegenwärtigen Verantwortungsethik zum Trotz zeigen die aktuellen Tendenzen im Strafrecht deutlich,
dass „soziale Konflikte vermehrt und verstärkt durch den Zugriff aufs Individuum" aufgelöst werden sollen.[132] Doch wenn eine individuelle Verantwortungszurechnung besagter Großstörungen bereits den rein philoso-
phisch-soziologischen Verantwortungsdiskurs vor kaum überwindbare
Probleme stellt, dann ist dies eine Aufgabe, die vom klassischen Individualstrafrecht, mit seiner engen, strikt am Prinzip der Einzeltatschuld ausgerichteten Zurechnungssystematik erst recht unmöglich zu lösen sein dürfte. Das Schuldprinzip und andere eine enge Zurechnung von Unrecht sowie eine restriktive Anwendung des Strafrechts insgesamt bedingende
Prinzipien des materiellen Strafrechts werden daher im aktuellen strafrechtlichen Diskurs vielfach als „altbacken bis hinderlich" wahrgenom-
men, da sie „den Interessen und Instrumenten effektiver Kriminalpolitik
im Wege" stünden. Modernes Strafrecht zeichnet sich zentral durch „eine
Flexibilisierung seines Instrumentariums im Interesse einer schmiegsamen

---

129 *Hassemer* in JuS 1990, 850; *ders.* in: Die Rechtsgutstheorie, S. 64; s. a. *Weigend*
   in: FS-Triffterer (1996), S. 699 („luftig").
130 *Hassemer* in ZRP 1992, 378, 381.
131 *Weigend* in: FS-Triffterer (1996), S. 708 f.
132 So *Bung* in ZStW 119 (2007), 120, 127.

Anpassung an wachsende und wechselnde gesellschaftliche Bedrohungserfahrungen und Schutzbedürfnisse" aus.[133]

Auch wenn die Rechtswissenschaft sicherlich wie kaum eine andere Disziplin auf eine ständige Anpassung an gewandelte gesellschaftliche Gegebenheiten angewiesen ist, Flexibilität also ein bestimmendes Merkmal des Rechts ist, so sind die aktuell zu verzeichnenden Flexibilisierungstendenzen im Strafrecht derart weitgehend, dass sie dazu geeignet sind, dessen Legitimationsgrundlagen tiefgreifend zu gefährden. Ursprünglich wurden dem Strafrecht einzig zur Ermittlung und Ahndung schwersten, individuell zurechenbaren Unrechts, Instrumente an die Hand gegeben, mit deren Hilfe es umfassend in die Freiheitsrechte seiner Bürger eingreifen konnte. Derzeit entfernt sich das moderne Strafrecht in großen Schritten von diesem engen Anwendungsbereich, ohne zumindest proportional dazu auch die Intensität seiner Mittel zurückzufahren. Diese dem Staat durch das Strafrecht zur Verfügung gestellten hochgradig grundrechtsintensiven Instrumente ziehen aber ihre Legitimation gerade aus dem Umstand, nur auf einen stark begrenzten Bereich anwendbar, eben *ultima ratio* zu sein. Jene „altbackenen" Prinzipien des liberalen Strafrechts stellen dies sicher und können deshalb nicht missachtet werden, ohne dass dadurch zugleich das Wesen des Strafrechts insgesamt in Frage gestellt wird:

> „Nur wenn eine strafrechtliche Verurteilung trotz dieser einschränkenden Voraussetzungen gelingt, kann sie die besondere sozialethische Überzeugungskraft beanspruchen, die herkömmlich mit dem Einsatz des Strafrechts verbunden wird. Wer hier Abstriche macht, opfert nicht nur rechtsstaatliche Traditionen, sondern setzt letztlich auch die soziale Wirksamkeit des Strafrechts aufs Spiel."[134]

Es sind nicht jene Grundsätze selbst, die im modernen Zeitalter eines Effektivitätserwägungen unterworfenen, ausufernden Strafrechts unmodern geworden sind, sondern die ihnen zugrunde liegende Überzeugung, dass es der Staatsgewalt untersagt sein muss, gesellschaftliche Probleme in beliebiger Weise durch höchstintensive Eingriffe in die Grundrechte einzelner Bürger lösen zu wollen.[135] Dies ist es, woran die Mahnung zur Einhaltung der Prinzipien des klassischen Strafrechts eigentlich erinnern möchte.

---

133 *Hassemer*, Einführung, S. 274.
134 *Weigend* in: FS-Triffterer (1996), S. 711.
135 So auch *Hassemer* in JuS 1987, 257, 264.

Ungeachtet dieser für die Legitimationsgrundlage des Strafrechts hochgradig problematischen Konsequenzen scheinen die aktuellen Ausweitungstendenzen im Strafrecht aber auch überhaupt nicht dazu geeignet zu sein, die in sie gesetzten Erwartungen zu erfüllen. Stattdessen gibt es gute Gründe zur Annahme, dass die Verunsicherung der Gesellschaft durch den beinahe ungezügelten Aktionismus des Strafgesetzgebers eher noch bekräftigt wird.[136] Durch Schaffung jener Strafnormen wird zum einen den irrationalen Ängsten ein normatives Fundament geliefert und zum anderen die Möglichkeit einer individuellen Verursachung *von* und einer individuellen Verantwortungszurechnung *für* jene Großstörungen suggeriert.

Auch wenn der Feststellung *Hassemers*, dass nicht die reale Bedrohung durch das Verbrechen, sondern die gefühlte Bedrohung, die Verbrechensfurcht, der Wählerinnen und Wähler über die reale Kriminalpolitik entscheide,[137] von ihrem demokratischen Ansatz her kaum zu widersprechen ist, stellt sich die Frage, ob sich die Kriminalpolitik eines souveränen Rechtsstaats tatsächlich hierin erschöpfen sollte oder ob ihr nicht vielmehr daran gelegen sein müsste, dazu beizutragen, die Irrationalität jener Ängste aufzuzeigen und zu versuchen, auf eine Angstbefreiung der Gesellschaft hinzuwirken? Das derzeitige Vorgehen, erscheint in gleichem Maße unergiebig, wie es für das Wesen des rechtsstaatlichen Strafrechts, nach dem Einzelne vor willkürlichen, überzogenen und ungerechtfertigten Eingriffen zu schützen sind, gefährlich ist.

Es wird kaum jemanden geben, der noch nicht erfahren hat, welch massiven Einfluss Angst auf das eigene Er-/Leben und die eigene Entscheidungsfreiheit haben kann. In gleicher Weise gilt dies auch für die Gesellschaft insgesamt: Angst verwirrt, lähmt und erzeugt gefährliche Abhängigkeiten.[138] Es ist daher, um es mit dem berühmten *aperçu Rossevelts* zu sagen, die Angst, die als Einziges von einer freien Gesellschaft wirklich

---

136 Ähnlich *Luhmann*, Ökologische Kommunikation, S. 242: „Wenn man der Angst abzuhelfen sucht, nimmt sie zu. Gerade die offizielle Politik, gerade die ständige Bemühung um eine Verbesserung der Verhältnisse kann angststeigernd wirken (...).“

137 Vgl. *Hassemer* in WestEnd: Neue Zeitschrift für Sozialforschung 2006, 75, 78.

138 Vgl. hierzu auch *Bude*, Gesellschaft der Angst, S. 14.

gefürchtet werden muss.[139] Denn sie ist es, die die mit Abstand größte Bedrohung für unsere Freiheit darstellt.[140]

Eine diese Arbeit zentral prägende Grundauffassung ist es deshalb, dass ein humanistischen Werten verpflichteter Gesetzgeber darauf achten sollte, gesellschaftliche Ängste nicht allzu freigiebig mithilfe des Strafrechts zu bedienen. Vielmehr sollte er den Wert des Schicksalhaften für die Freiheit betonen und es den Bürgern ermöglichen, sie zugleich dazu antreiben, Erfahrungen zu sammeln, die ihren Ängsten die Grundlage nehmen.[141] Auch wenn *Nietzsches* Idee einer absolut souveränen und machtbewussten Gesellschaft, die sich den „vornehmsten Luxus gönnen dürfte, den es für sie gibt, – ihren Schädiger straflos zu lassen,"[142] bis auf Weiteres Utopie bleiben wird, so scheint es doch an der Zeit, sich daran zu erinnern, wie viel mehr Stärke und Größe es zur „Gnade" bedarf (und sei damit nur die Sicherstellung eines rechtsstaatlich einwandfreien Umgangs mit unseren „Schädigern" gemeint), als dazu, den alttestamentarischen Sündenbock[143] in die Wüste zu treiben.

B. Fragestellung dieser Arbeit

Um nun zum Schluss der Einführung die Fragestellung dieser Arbeit vorzustellen, sei zunächst noch einmal an *Heidbrinks* Apell erinnert, nach dem es in modernen, hochkomplexen Gesellschaften einer „Diätetik der Verantwortung" bedürfe: Verantwortliches Handeln müsse auf die Bereiche limitiert werden, in denen es seine Wirksamkeit ohne riskante Anleihen oder Hypotheken entfalten könne.[144]

In besonderer Weise gilt dies fraglos für das rechtsstaatliche Strafrecht. Es ist zwar richtig, wenn *Heidbrink* an anderer Stelle betont, dass es von entscheidender Bedeutung sei, die in der modernen und technisierten Ge-

---

139 Vgl. *Roosevelt*, The Public Papers, S. 11: „So, first of all, let me assert my firm belief that the only thing we have to fear is fear itself – nameless, unreasoning, unjustified terror which paralyzes needed efforts to convert retreat into advance."
140 So auch *Bung* in WestEnd: Neue Zeitschrift für Sozialforschung 2006, 64, 66.
141 Ähnlich *Bung* in WestEnd: Neue Zeitschrift für Sozialforschung 2006, 64, 72: Angstfreiheit könne nur dadurch hergestellt werden, dass man lerne, ohne Angst zu leben.
142 *Nietzsche*, Zur Genealogie der Moral, S. 65 (2. Abh. 10. Abschn.).
143 So das schöne Bild bei *Haffke* in KJ 2005, 17, 19.
144 *Heidbrink*, Kritik der Verantwortung, S. 23.

sellschaft ablaufenden Prozesse wieder in den Zuständigkeitsbereich des Menschen zurückzuholen, um weiterhin die Kontrolle über gesellschaftliche Prozesse behalten zu können.[145] Fraglich ist jedoch, ob gerade das Strafrecht hierzu einen Beitrag leisten sollte oder überhaupt wirksam dazu in der Lage ist.

Das Problem, das sich speziell dem Strafrecht stellt, liegt darin, eine „individuelle Verantwortung für kollektive Prozesse"[146] zu finden, was aber aufgrund seiner ausschließlichen Individualbezogenheit große Schwierigkeiten bereitet. Die gesamte Systematik des klassischen Individualstrafrechts ist von einer zurückhaltenden Verteilung von Verantwortung geprägt.

Trotz seines daher grundsätzlich eher „innovationsfeindlichen" Charakters macht die aktuelle Expansion des Verantwortungsbegriffs auch vor dem Strafrecht nicht halt. Während „Verantwortung" zwar als strafrechtliche Kategorie weitgehend unbekannt ist, zeichnet sich hier eine kaum zu bremsende „Zurechnungsexpansion" ab.[147] Wie die Verantwortungsdiskussion allgemein, so ist auch das Strafrecht im Speziellen vor die Aufgabe gestellt, ob und wie es die modernen, komplexen Sachverhaltskonstellationen erfassen kann. Die derzeitige Entwicklung gibt jedoch leider Anlass zur Befürchtung, dass dabei die Frage nach dem „ob" kaum mehr nennenswerte Beachtung findet. Es scheint vielmehr, dass sich das Strafrecht einem Modernisierungs- und Flexibilisierungszwang ausgesetzt sieht, ohne dass hierbei noch ernsthaft hinterfragt wird, wo notwendige Anpassung an veränderte gesellschaftliche Gegebenheiten endet und Selbstzerstörung beginnt.

Diese Tendenzen sollen im weiteren Verlauf dieser Arbeit dargestellt und kritisch erörtert werden. Dabei ist es jedoch der Komplexität dieses Themas geschuldet, dass im vorliegenden Rahmen keine umfassende Erörterung aller Aspekte dieser Frage geleistet werden kann. Ich habe mich daher dazu entschieden, mich dieser Problematik auf zwei Ebenen zu nähern:

Zunächst möchte ich hierzu die strafrechtliche Zurechnungsexpansion im aktuell geltenden Individualstrafrecht am Beispiel des Rechtsgüterschutzes aufzeigen und kritisch beleuchten. Der subsidiäre Rechtsgüterschutz, als originäre, sich selbst begrenzende Aufgabe des Strafrechts

---

145 *Heidbrink*, Handeln, S. 14.
146 Vgl. hierzu *Seelmann*, Kollektive Verantwortung, S. 8 ff.
147 So zutreffend *Lübbe*, Verantwortung, S. 21.

scheint mir in vielfacher Form bedenklichen Expansionstendenzen ausgesetzt zu sein. Besonders deutlich zeigt sich dies durch die immer umfassendere Ausweitung und Aushöhlung des Rechtsgutsbegriffs mit dem Ziel, ihn auf nahezu alle Aspekte menschlichen Lebens anwendbar zu machen. Parallel zur Ausweitung des Rechtsgutsbegriffs lässt sich eine Expansion strafrechtsrelevanter Verhaltensweisen feststellen, die über ein zunehmendes Absenken des Rechtsgutsbeeinträchtigungsgrades individueller Handlungen erreicht wird. Dies zeigt sich sowohl daran, dass die zur Auslösung strafrechtlicher Sanktionen erforderlichen Rechtsgutsbeeinträchtigungen immer häufiger nur von geringer Intensität sein müssen (abstrakte Gefährdungsdelikte), als auch daran, dass vermehrt Verhaltensweisen kriminalisiert werden, die tatsächlichen Rechtsgutsbeeinträchtigungen zeitlich weit vorgelagert und somit in strafrechtlicher Hinsicht, bezogen auf das zu schützende Rechtsgut, als neutral anzusehen sind (Strafbarkeit bloßer Vorbereitungshandlungen).

Im Anschluss an die Betrachtung der aktuellen Situation des Rechtsgüterschutzes im geltenden Individualstrafrecht möchte ich mich der derzeit wieder lauter zu vernehmenden Forderung nach Einführung eines Verbandsstrafrechts widmen. Es wird dabei insbesondere kritisch zu hinterfragen sein, inwiefern eine solche Ausweitung mit dem Wesen unseres schuldabhängigen Strafrechts in Einklang zu bringen ist und was die Einführung eines Verbandsstrafrechts für Auswirkungen auf den *ultima ratio*-Grundsatz des Individualstrafrechts haben könnte.

Dieser zweigliedrige Aufbau geht auf die ursprüngliche Fragestellung dieser Arbeit zurück. Anfangs hatte ich beabsichtigt zu analysieren, ob durch Einführung eines Verbandsstrafrechts den derzeitigen Ausuferungstendenzen individualstrafrechtlicher Haftung ggf. entgegengewirkt werden könnte. Nach intensiver Beschäftigung mit den Grundsätzen des klassischen Individualstrafrechts gelangte ich jedoch zu der Überzeugung, dass die Einführung eines Verbandstrafrechts nicht die Lösung des Problems der strafrechtlichen Verantwortungsexpansion, sondern ein weiteres ihrer Symptome darstellen würde.

Zentral orientieren wird sich diese Arbeit stets an den Prinzipien des liberalen, dem strafrechtsbeschränkenden Prinzip der individuellen Einzeltatschuld verpflichteten rechtsstaatlichen Strafrechts und der Überzeugung, dass dieses Instrument aufgrund der mit keinem anderen staatlichen Sanktionsmittel vergleichbaren Intensität seiner Rechtsfolgen niemals zu einem beliebigen Mittel zur oberflächlichen Problemlösung degenerieren darf.

Zweites Kapitel: Die Grundlagen des liberalen Strafrechts

Im folgenden Kapitel sollen das Fundament des liberalen Strafrechts erläutert sowie dessen wesentliche Elemente vorgestellt werden. Diese Grundlagen werden bei der im weiteren Verlauf dieser Arbeit durchzuführenden Analyse der Ausdehnungstendenzen des modernen Strafrechts als Bewertungsmaßstab dienen.

A. Die Philosophie des Gesellschaftsvertrages

Strafe ist für die Menschheit seit jeher ein wesentliches Instrument zur Regelung ihres Miteinanders. Gerechtfertigt wurde der Erlass strafender Normen einst mit dem Willen Gottes, dem des jeweiligen Herrschers oder damit, dass sie im Natur- oder Gottesrecht „gefunden" wurden.[148] Wie *Radbruch* hierzu zutreffend festhielt, sei eine tiefergehende Begründung solchen Rechts nicht vonnöten gewesen, denn „so lange das Strafrecht im Namen göttlicher oder sittlicher Gesetze ausgeübt wurde, konnte man mit gutem Gewissen strafen."[149]

Die Erkenntniskritik der idealistischen Aufklärungsphilosophie setzte diesem guten Gewissen ein Ende: Seit *Kant* in seiner Kritik der reinen Vernunft erläuterte, dass keine inhaltlichen Aussagen über sittliche Werte als *a priori* richtig gelten könnten,[150] ist bei der Schaffung strafrechtlicher Normen eine ausschließliche Berufung auf das Naturrecht zur Gesetzesbegründung nicht mehr möglich.[151] Während man sich vor der Erkenntniskritik dahinter verstecken konnte, das ohnehin schon bestehende Sittengesetz lediglich auf die aktuellen sozialen und politischen Gegebenheiten anzuwenden, sah man sich nun einem gänzlich neuen Rechtfertigungszwang unterworfen. Es galt, gesetzgeberische Entscheidungen zu begründen, oh-

---

148 *Jareborg* in: FS-Eser (2005), S. 1341; *Hassemer*, Theorie, S. 29.
149 *Radbruch*, Einführung, S. 132.
150 Vgl. *Kant*, Kritik der reinen Vernunft, S. 203 (B 166): „Folglich ist uns keine Erkenntnis a priori möglich, als lediglich von Gegenständen möglicher Erfahrung."
151 *Hassemer*, Produktverantwortung, S. 4; *ders.*, Theorie, S. 29; *Kaufmann* in: *Kaufmann/Hassemer/Neumann*, Rechtsphilosophie, S. 59; *ders.*, Rechtsphilosophie, S. 26.

ne dabei auf einen übermenschlichen Sittengesetzgeber verweisen zu können, was letztlich auch zu einem neuen Menschenbild führte: Der vernünftige Mensch wurde zum „Träger der Wertentscheidung", der seine Normen von da an selbst zu rechtfertigen und zu verantworten hatte.[152]

Wie *Hassemer* in seiner „Theorie und Soziologie des Verbrechens" darstellte, folgte der Erkenntniskritik die politische Philosophie, die im sog. Gesellschaftsvertrag[153] ihre entscheidende rechtstheoretische Grundlage fand.[154] Hiernach sollte das Recht einzig durch die *volonté générale* aller durch das Recht Betroffenen legitimiert werden.[155] *Hassemer* legte dieser These keine spezielle Konzeption des Gesellschaftsvertrags zugrunde.[156] Er verwies später auch zu Recht darauf, dass „der Sozialvertrag kein reales Vorkommnis in der Zeit" sei.[157] Es darf aber festgehalten werden, dass es ihm im Wesentlichen darum ging, aufzuzeigen, dass die Erkenntnisse der Aufklärung den Menschen zum „Herren über seine Sollensordnung" gemacht haben.[158] Diese aufgeklärten Menschen,[159] die erkannt haben, dass nur sie dazu in der Lage sind, menschliche Wertentscheidungen zu treffen, sollten sich in einer Gesellschaft vereinigen, in der die Gesetzgebung eine Leistung und Verantwortung aller ist.[160] Auch wenn die von *Hassemer* an anderer Stelle angestrengte radikale Gegenüberstellung von Aufklärung und Naturrecht, welche sich etwa in der Äußerung zeigt, dass sich das klassische[161] Strafrecht aus dem Tod des Naturrechts entwickelt

---

152 *Hassemer*, Theorie, S. 29 f.; siehe hierzu auch *Roxin*, Grundlagenprobleme, S. 12 ff.

153 Die Gesellschaftsvertragstheorien besagen im Wesentlichen, dass die Gründung einer sozialen Einheit jenseits des menschlichen Naturzustandes (bspw. eines Staates) auf einem Vertragsschluss seiner künftigen Mitglieder beruhen müsse; vgl. hierzu *Mahlmann*, Rechtsphilosophie und Rechtstheorie, S. 69 ff.

154 *Hassemer*, Theorie, S. 29.

155 *Hassemer*, Theorie, S. 32.

156 Obwohl er sich wohl primär auf die kantische Philosophie bezog, vgl. *Hassemer*, Theorie, S. 31 (Fn. 43).

157 *Hassemer*, Produktverantwortung, S. 4.

158 *Hassemer*, Theorie, S. 31.

159 *Kant*, Was ist Aufklärung?, S. 55: „Aufklärung ist der Ausgang des Menschen aus seiner selbstverschuldeten Unmündigkeit. Sapere aude! Habe Mut dich deines eigenen Verstandes zu bedienen."

160 *Hassemer*, Theorie, S. 30 ff.; siehe hierzu auch *Hassemer/Kargl* in: NK-StGB, § 1 Rn. 10 m. w. N.

161 Mit „klassisch" meint *Hassemer* in der Tradition der politischen Philosophie der Aufklärung stehend, vgl. *Hassemer*, Produktverantwortung, S. 3.

habe,[162] zu Recht zu kritisieren ist,[163] gilt es vorliegend, die allgemeine Bedeutung des Konzepts „Gesellschaftsvertrag" für das moderne Strafrecht hervorzuheben. In ihm wird von vielen Seiten die Grundlage unseres heutigen Staats- und damit auch Strafrechtsverständnisses gesehen.[164] Aussagen über eine möglichst freiheitliche Ausrichtung des Strafrechts lassen sich von dem bloßen Verweis auf die Theorie des Gesellschaftsvertrags indes natürlich noch nicht ableiten. Entscheidend hierfür ist der Inhalt der jeweiligen *volonté générale*. Bereits ein Blick in die ersten 19 Artikel des Grundgesetzes zeigt jedoch, dass dieser in unserer heutigen Gesellschaft zentral im Schutz der bürgerlichen Freiheit liegt.

Nach *Kants* Gesellschaftsvertragskonzept habe das Streben nach einer Vereinigung der „Willkür des einen mit der Willkür des anderen nach einem allgemeinen Gesetze" im Zentrum zu stehen.[165] Dieses Verständnis des Gesellschaftsvertrags hat folglich eine Doppelfunktion. Es konkretisiert sowohl die Beziehung der „Vertragspartner" als auch die Rolle des Staates. Unter Zugrundelegung einer freiheitlich orientierten *volonté générale* ist dies für ein liberales Strafrechtsverständnis von konstitutiver Bedeutung:[166]

Das *horizontale* Verhältnis der Bürger untereinander lässt sich auf die einfache Formel herunterbrechen, dass die Grenze der Freiheit des einen

---

162 *Hassemer*, Produktverantwortung, S. 4.

163 Dass sich die Gesellschaftsvertragstheorien und das Naturrecht alles andere als gegenseitig ausschließen, zeigt sich auch in *Hassemers* eigenen Ausführungen, wonach der vernünftige Mensch zum „Träger der Wertentscheidung" geworden sei (vgl. bei Fn. 152). Gerade hier tritt ein durchaus naturrechtliches Konzept zutage. Siehe hierzu allg. *Schünemann* in GA 1995, 200, 204; vgl. auch *Kaufmann* in: *Kaufmann/Hassemer/Neumann*, Rechtsphilosophie, S. 48, wonach die Idee des Gesellschaftsvertrags gerade auch zur Begründung eines *rationalistischen* Naturrechtsbegriffs herangezogen worden sei.

164 *Dannecker* in: LK-StGB, § 1 S. 68 ff.; *Yoon*, ultima ratio, S. 9; *Roxin* in JuS 1966, 377, 381; *ders.*, Strafrecht AT I, S. 16 f.; *Schünemann* in: Die Rechtsgutstheorie, S. 137 f.

165 *Kant*, Metaphysik der Sitten, Einleitung in die Rechtslehre, § B (230); siehe hierzu allerdings auch *Schünemann* in: Die Rechtsgutstheorie, S. 139, der aufzeigt, dass von *Kant* mit dieser Aussage keine Begrenzung des Anwendungsbereichs des Strafrechts beabsichtigt war.

166 Vgl. auch *Naucke* in KritV 1993, 135, 137: „Das philosophisch richtige Strafrecht ist die Summe der Regeln, die gegen die Machtausübung durch den Straftäter und gegen die Machtausübung durch den Staat, also gegen Straftat und Strafe, schützen."; ferner a. a. O. S. 139.

die Freiheit des anderen ist. Um als freier Bürger in einer liberalen Gesellschaft leben zu können, ist dieser Freiheitsverzicht unerlässlich.[167]

In *vertikaler* Hinsicht, also im Verhältnis der Bürger zum Staat, geht es um die Sicherstellung der Einhaltung dieser Freiheitsverzichte durch staatliche Einrichtungen. Die entscheidende Erkenntnis dabei ist, dass dieser Staat niemals um seiner selbst willen handeln darf, da es sich bei ihm lediglich um eine von dieser Aufgabe her abgeleitete Institution handelt. Dadurch werden dem Gewaltmonopol des Staates eindeutige Grenzen gesetzt, deren Übertretung niemals vom Gesellschafsvertrag gedeckt wäre und daher zwingend Unrecht darstellt.[168]

Eine solche Konzeption des Gesellschaftsvertrags beschränkt damit die Freiheit der Bürger, um sie überhaupt erst zu ermöglichen. Zur Wahrung dieser Freiheit bedarf es eines Staates, der peinlich genau darauf bedacht ist, sich einzig innerhalb der Grenzen seiner ihm hierzu von den Bürgern zur Verfügung gestellten Interventionsmöglichkeiten zu bewegen, weil er sich sonst selbst seiner legitimierenden Grundlage entledigen würde. In besonderem Maße gilt dies für das autoritärste Machtmittel, das die Bürger dem Staat überlassen haben, dem Strafrecht. So wie die Gesellschaft zum Schutze ihrer Freiheit des Staates und seines Strafrechts bedarf, benötigt sie die Rechtsstaatlichkeit, um das dem Staat verliehene Gewaltmonopol begrenzen und kanalisieren zu können. Hierzu dienen eine Reihe elementarer Grundsätze, wie beispielsweise der Bestimmtheitsgrundsatz oder das Schuldprinzip. Werden sie missachtet, verliert das durch den Gesellschaftsvertrag festgelegte, fein austarierte Machtverhältnis zwischen den Bürgern und ihrem(!) Staat sein Gleichgewicht: Der machttrunkene Staat benutzt sein schärfstes Schwert fortan nicht mehr nur dazu, die individuelle Freiheit seiner Bürger zu verteidigen, sondern um genau diese zu beschneiden. Die antiliberalen Strömungen des vergangenen Jahrhunderts haben in erschreckender Weise offenbart, wie wenig es dazu bedarf, diese Grundsätze zu korrumpieren und aus dem Strafrecht ein Mittel zur Durchsetzung totalitärer Ziele zu machen.[169]

---

167 *Yoon*, ultima ratio, S. 10.
168 *Hassemer*, Produktverantwortung, S. 4 f.; *Marxen*, Kampf, S. 22 f., 266; *Yoon*, ultima ratio, S. 16; *Roxin*, Grundlagenprobleme, S. 12 ff.
169 Vgl. ausführlich *Werle*, Justizstrafrecht; *Marxen*, Kampf; *Naucke*, Zerbrechlichkeit, S. 301 ff.; *Schmidhäuser*, Vom Sinn der Strafe, S. 85.

B. Das ultima ratio-Prinzip

Jener liberale Charakter unseres Strafrechts hat im *ultima ratio*-Prinzip seinen zentralen Niederschlag gefunden. Diesem Prinzip zufolge soll das Strafrecht dem Gesetzgeber, aber auch dem Rechtsanwender, nur als letztmögliches Mittel zur Verfügung stehen: „Im äußersten Fall das äußerste Mittel."[170]

Entscheidend ist dabei die Erkenntnis, dass das Strafrecht, im Verhältnis zu den übrigen Eingriffsmöglichkeiten des Staates in die persönlichen Freiheiten seiner Bürger, am schwersten wiegt und sein Gebrauch daher nur ausnahmsweise gestattet sein soll.[171] Die genaue Bedeutung dieses so oft verwendeten Begriffs ist jedoch erstaunlich unklar. In der Literatur wird er zumeist nur als Schlagwort gebraucht, in dessen Zusammenhang häufig auch vom sog. „Subsidiaritätsprinzip" des Strafrechts[172] sowie dessen „fragmentarischem Charakter"[173] die Rede ist.[174] Teilweise werden diese Begriffe auch synonym verwendet,[175] was insgesamt zu einer terminologischen aber auch inhaltlichen Unklarheit führt:

So sieht *Roxin* im Strafrecht „die letzte unter allen in Betracht kommenden Schutzmaßnahmen" der Rechtsordnung. Es sei daher die „*ultima ratio* der Sozialpolitik", deren Aufgabe im subsidiären Rechtsgüterschutz liege. Da hieraus folge, dass das Strafrecht nicht alle erdenklichen Rechtsgüter und mögliche Angriffsformen umfassen soll, habe es ferner eine fragmentarische Natur. Die verfassungsrechtliche Grundlage des Subsidiaritätsprinzips sei der Verhältnismäßigkeitsgrundsatz.[176]

Auch *Rengier* erblickt im Strafrecht das „schärfste Machtmittel ... über das die Staatsgewalt verfügt." Allerdings beruht seiner Ansicht nach das *ultima ratio*-Prinzip auf dem Verhältnismäßigkeitsgrundsatz, der seinerseits im Rechtsstaatsprinzip des Art. 20 Abs. 3 GG wurzelt. Das *ultima ra-*

---

170 *Naucke*, Strafrecht, S. 39.

171 *Wessels/Beulke/Satzger*, Strafrecht AT, Rn. 9.

172 Siehe hierzu etwa *Kaufmann* in: FS-Henkel (1974), S. 89 ff.

173 So erstmals *Binding*, der hierin jedoch gerade einen großen Mangel des StGB sah; vgl. *Binding*, Lehrbuch BT 1 (1902), S. 20; *Maiwald* in: FS-Maurach (1970), S. 9 ff.

174 *Yoon*, ultima ratio, S. 22; *Jareborg* in: FS-Eser (2005), S. 1345; *Prittwitz* in: Vom unmöglichen Zustand des Strafrechts, S. 387 ff.

175 Vgl. etwa *Hassemer/Neumann* in: NK-StGB, Vor. § 1, Rn. 71; *Roxin* in JuS 1966, 377, 382.

176 *Roxin*, Strafrecht AT I, S. 45; s. a. *Jakobs*, Strafrecht AT, S. 48 f.

tio-Prinzip zwinge so dazu, milderen (ergo nicht-strafrechtlichen) Mitteln den Vorrang zu geben.[177]

Nach der Auffassung von *Kühl* mache dagegen erst das Subsidiaritätsprinzip das Strafrecht zur *ultima ratio* und die fragmentarische Natur des Strafrechts sei es, die den Gesetzgeber dazu auffordere, „nur solche Lücken im strafrechtlichen Schutz von Rechtsgütern zu schließen, die unabweisbar" seien.[178] Eine ähnliche Sicht scheint *Naucke* zu haben, wenn er sagt, dass „der fragmentarische Charakter des Strafrechts zur Zurückhaltung bei der Strafgesetzgebung" zwinge.[179]

Schließlich sei noch die These *Vormbaums* genannt, nach der das Subsidiaritätsprinzip etwas gänzlich anders beschreibt:[180]

> „Strafrecht soll nicht irgendwelche Güter, sondern Rechtsgüter schützen. Es findet also Rechtsgüter nicht autonom, sondern findet sie als von der Rechtsordnung bereits anerkannte Güter vor. Strafrecht ist – anders ausgedrückt – subsidiär."[181]

Dieser kleine Ausschnitt, durch den die Bedeutungsvielfalt dieses Begriffs skizziert werden sollte, zeigt, wie notwendig es ist, darzulegen, was im Folgenden unter dem *ultima ratio*-Prinzip verstanden werden soll. Meiner Ansicht nach stehen die Begriffe *ultima ratio*, *Subsidiarität* und *fragmentarischer Charakter* in einer Art Stufenverhältnis zueinander: Das *ultima ratio*-Prinzip führt demnach zu einer nachrangigen, einer subsidiären Anwendung des Strafrechts, was schließlich dessen lediglich fragmentarische Schutzfunktion zur Folge hat.

Dem Staat steht eine Vielzahl an Regulierungsmöglichkeiten zur Verfügung. Zur Sicherstellung, dass er sich bei der Auswahl eines Mittels rechtmäßig verhält, verpflichtet das Rechtsstaatprinzip aus Art. 20 Abs. 3 GG zur Durchführung einer Verhältnismäßigkeitsprüfung.[182] Danach ist grundsätzlich das mildeste, gleich geeignete Mittel zur Erreichung eines legitimen Zwecks zu wählen, solange es nicht außer Verhältnis zum angestrebten Zweck steht.[183]

---

177 *Rengier*, Strafrecht AT, S. 9.
178 *Kühl* in: Lackner/Kühl, Vor. § 13 Rn. 3.
179 *Naucke*, Einführung, S. 78.
180 Vgl. *Jareborg* in: FS-Eser (2005), S. 1351.
181 *Vormbaum* in ZStW 107 (1995), 734, 757.
182 BVerfG NJW 1975, 573, 576 f.; NJW 1993, 1751, 1754; NJW 1998, 443.
183 *Grzeszick* in: Maunz/Düring, Art. 20 (VII: „Art. 20 und die allgemeine Rechtsstaatlichkeit") Rn. 110 ff.; *Huster/Rux* in: BeckOK-GG, Art. 20 Rn. 192 ff.

Die Besonderheit des Strafrechts besteht dabei in seiner besonders hohen Grundrechtsintensität,[184] die sich etwa in den Eingriffsmöglichkeiten der Strafverfolgungsbehörden gegenüber Beschuldigten, im Zwang vor Gericht erscheinen zu müssen und schließlich im drohenden Vollzug von Untersuchungshaft und Freiheitsstrafe äußert.[185] Keinem anderen Rechtsgebiet sind gleichartige Eingriffsformen, mit so weitreichenden und oftmals vernichtenden Auswirkungen für die jeweilige bürgerliche Existenz, eigen. Dies macht es unter allen dem Staat zur Verfügung stehenden Mitteln zum schwerwiegendsten, da der einzelne Bürger dem Staat nirgendwo sonst derart machtlos gegenüber tritt.[186] Daher ist es auch nur von untergeordneter Bedeutung, wenn der jeweils „Betroffene" durch verwaltungsrechtliche Eingriffe möglicherweise intensiver oder härter belastet wäre, von ihm im konkreten Einzelfall das Strafrecht also als milder empfunden würde. Entscheidend ist, dass das Strafrecht stets den „Kernbereich der bürgerlichen Freiheit" treffen kann.[187] Dies hat zur Konsequenz, dass das Strafrecht dasjenige Mittel sein muss, welches einem zur Rechtsstaatlichkeit verpflichteten Staat stets nur als letztes, als *ultima ratio* zur Verfügung stehen darf.[188] Das Strafrecht kann nur in Ausnahmefällen das relativ mildeste Mittel darstellen und so geeignet sein, dem Rechtsgüterschutz zu

---

184 BVerfG NJW 1993, 1751, 1754; NJW 1998, 443.
185 *Jareborg* in: FS-Eser (2005), S. 1346; *Prittwitz* in: FS-Roxin (2011), S. 28; *Hassemer* in NStZ 1989, 553.
186 Vgl. *Maurach/Zipf*, Strafrecht AT I, S. 21; *Roxin*, Grundlagenprobleme, S. 13 f.
187 *Prittwitz* in: FS-Roxin (2011), S. 28 f. und 36 f.; s. a. *Schünemann* in: Die Rechtsgutstheorie, S. 143 f.
188 In besonders gelagerten Grenzfällen erkennt das BVerfG in der *ultima ratio*-Funktion des Strafrechts hingegen eine „*relative* Verpflichtung des Gesetzgebers zur Benutzung der Strafandrohung" und so ein zu recht in der Strafrechtswissenschaft sehr kritisch aufgenommenes Poenalisierungsgebot, siehe hierzu *Hassemer* in: Die Rechtsgutstheorie, S. 62 m. w. N. und vgl. BVerfG NJW 1975, 573, 576 f.: „Im äußersten Falle, wenn nämlich der von der Verfassung gebotene Schutz auf keine andere Weise zu erreichen ist, kann der Gesetzgeber verpflichtet sein, zum Schutze des sich entwickelnden Lebens das Mittel des Strafrechts einzusetzen. Die Strafnorm stellt gewissermaßen die ‚ultima ratio' im Instrumentarium des Gesetzgebers dar. Nach dem das ganze öffentliche Recht einschließlich des Verfassungsrechts beherrschenden rechtsstaatlichen Prinzip der Verhältnismäßigkeit darf er von diesem Mittel nur behutsam und zurückhaltend Gebrauch machen. Jedoch muss auch dieses letzte Mittel eingesetzt werden, wenn anders ein effektiver Lebensschutz nicht zu erreichen ist. ...‟; beachte hierzu auch die abweichende Meinung der Richterin *Rupp-v. Brünneck* und des Richters *Dr. Simon*: BVerfG NJW 1975, 573, 584.

dienen.[189] Erst hieraus ergibt sich, dass alle übrigen Mittel dem Strafrecht gegenüber grundsätzlich vorrangig sind, das Strafrecht mithin subsidiär ist. Das Subsidiaritätsprinzip ist daher nicht mit dem *ultima ratio*-Prinzip gleichzusetzen. Vielmehr führt die konsequente Anwendung des *ultima ratio*-Grundsatzes zur Subsidiarität des Strafrechts und macht aus demselben einen fragmentarischen Flickenteppich der Rechtsstaatlichkeit.

So wird deutlich, warum eingangs gerade der *ultima ratio*-Grundsatz als das konstitutive Element des liberalen Strafrechts vorgestellt wurde. Er ist der zentrale Fixpunkt einer um Strafbegrenzung bemühten liberalen Dogmatik,[190] einer „Strafbegrenzungswissenschaft".[191] Das Subsidiaritätsprinzip ist nur eines (wenn auch durchaus gewichtiges) von mehreren auf dem *ultima ratio*-Grundsatz basierender und auf diese Weise der Strafbegrenzung dienender Prinzipien; der fragmentarische Charakter des Strafrechts hingegen die Beschreibung eines erstrebenswerten Zustandes.

Zusammenfassend stellt der *ultima ratio*-Grundsatz *das* grundlegende Prinzip zur Strafbegrenzung dar, indem er die Schärfe des Strafrechts betont und auf jeder Ebene zu dessen restriktiver Anwendung mahnt. Er beschränkt sich dabei nicht auf die Frage, ob andere Instrumente der Sozialkontrolle dem Strafrecht vorzuziehen sind oder nicht. Diese Aufgabe wird dem Subsidiaritätsprinzip zuteil, das somit die Rolle des Erstgeborenen von Mutter *ultima ratio* einnimmt. Sobald das Subsidiaritätsprinzip das Strafrecht zur Anwendung durchwinkt, treten weitere Abkömmlinge des *ultima ratio*-Prinzips auf den Plan, die der konkreten Anwendung des Strafrechts im Einzelfall enge Grenzen setzen sollen. Man könnte somit von *Strafrechtsanwendungsbegrenzungsprinzipien* erster und zweiter Stufe sprechen, die vom *ultima ratio*-Prinzip mit gleichlautendem Auftrag aber unterschiedlichen Einsatzgebieten ausgestattet wurden.

C. Zentrale Ausprägungen des ultima ratio-Prinzips

Mit dieser Schrift soll der Versuch unternommen werden, anhand ausgewählter Beispiele aufzuzeigen, wie weit die Strafgewalt eines rechtsstaatlichen Strafrechts in komplexen Zusammenhängen gehen darf, ohne dabei

---

189 *Rudolphi* in: SK-StGB, Vor. § 1 Rn. 14; *Rudolphi* in ZStW 83 (1971), 105, 114 f.
190 *Naucke* in ZStW 94 (1982), 525, 546.
191 *Vormbaum* in ZStW 107 (1995), 734, 744 ff.; *Naucke* in ZStW 94 (1982), 525, 546.

Grundsätze zu verletzen, die für dessen liberalen Charakter von konstitutiver Bedeutung sind. Um herauszufinden, um welche Prinzipien es sich dabei handelt, bietet es sich an, zunächst festzulegen, welche Erwartungen an das geltende Individualstrafrecht insofern zu stellen sind. Hierzu die nachstehenden Leitlinien:

Strafrecht ist in seiner Anwendung repressiv.
Es hat retrospektiv zu beurteilen, ob durch Verhaltensweisen natürlicher Personen zum Tatzeitpunkt gesetzlich konkret bestimmte Straftatbestände in Form von Rechtsgutsbeeinträchtigungen erfüllt wurden.

Präventive Ziele können durch das Strafrecht nur mittelbar, langfristig verfolgt werden.
Unter keinen Umständen dürfen sie zum Leitmotiv von Strafgesetzgebung und -rechtsanwendung werden.

Eine Bestrafung von Individuen muss ausscheiden, sofern ihnen die Tat nicht zweifelsfrei persönlich zugerechnet werden kann.
Es muss durch restriktive Anwendung strafrechtlicher Zurechnungskriterien ein individuell feststellbarer Täter gefunden werden, der persönlich, rechtswidrig und schuldhaft einen Straftatbestand verwirklicht hat.

Die Bestrafung eines Kollektiv- oder Systemunrechts, kann durch ein auf natürliche Personen zugeschnittenes Strafrecht nicht erreicht werden.
Dies darf auch nicht unter Aufweichung oder Umgehung wesentlicher Prinzipien des liberalen Strafrechts durch Bestrafung Einzelner versucht werden.

Von diesen vier Punkten ausgehend, möchte ich im folgenden Abschnitt diejenigen Prinzipien des liberalen Strafrechts vorstellen, die elementar zur Gewährleistung einer sauberen Trennung von verfolgbarem Individualunrecht und dem durch unser Strafrecht *de lege lata* nicht zu erreichendem Kollektivunrecht beitragen, und deren möglicherweise bereits stattfindende Erosion[192] im Laufe dieser Arbeit darzustellen sein wird.

---

192 Vgl. *Fischer*, StGB, Einl. Rn. 12b m. w. N.

I. Subsidiaritätsprinzip

1. Subsidiärer Rechtsgüterschutz als Aufgabe des Strafrechts

Wie bereits dargelegt,[193] stellt das Subsidiaritätsprinzip als Strafrechtsanwendungsbegrenzungsprinzip erster Stufe das Eingangstor zur Überprüfung einer möglichen Überforderung des Individualstrafrechts in kollektiven Zusammenhängen dar. Dieses Prinzip hat die Aufgabe zu klären, wann das Strafrecht trotz seiner sich aus dem *ultima ratio*-Grundsatz ergebenden Nachrangigkeit anzuwenden ist.

Grundsätzlich sind alle anderen staatlichen Mittel der Sozialkontrolle dem Strafrecht vorzuziehen, seien sie verwaltungs- oder zivilrechtlicher Natur. Zu den harten Sanktionsinstrumenten des Strafrechts darf erst gegriffen werden, soweit Beeinträchtigungen des gesellschaftlichen Zusammenlebens eine solche Intensität erreichen, dass die übrigen Wege zur Wahrung oder Wiederherstellung des öffentlichen Friedens versagen. In diesem Sinne ist liberales Strafrecht nicht mehr, aber auch nicht weniger, als das subsidiäre Mittel zur Sozialkontrolle.[194]

So viel dies über die Stellung des Strafrechts im Gesamtrechtssystem aussagen mag, so wenig wird hierdurch klar, worin die eigentliche Aufgabe des Strafrechts liegt. Im Sinne einer liberalen Strafrechtsauffassung kann diese einzig im *subsidiären Rechtsgüterschutz* gesehen werden.[195] Dabei ist wichtig zu betonen, dass Rechtsgüterschutz keine rein strafrechtsspezifische Aufgabe ist, sondern die Verhaltensvorschriften der übrigen Rechtsordnung diesem Ziel ebenfalls unterworfen sind und, wie gesehen, dem Strafrecht vorzuziehen sind.[196] Die liberale Strafrechtslehre versucht, die Subsidiarität des strafrechtlichen Rechtsgüterschutzes sowohl durch eine Begrenzung auf wenige, für das Strafrecht relevante, schützenswerte Rechtsgüter und der Betonung des Erfordernisses tatsächlicher Rechtsguts*beeinträchtigungen* zur Auslösung strafrechtlicher Eingriffs-

---

193 Vgl. S. 59 ff.
194 Vgl. *Roxin*, Grundlagenprobleme, S. 13 f.
195 *Roxin*, Strafrecht AT I, S. 14, 45; *ders.* in JuS 1966, 377, 382; *Rudolphi* in: SKStGB, Vor. § 1 Rn. 2, 14; *Hassemer/Neumann* in: NK-StGB, Vor. § 1, Rn. 72, 151; *Hassemer* in: Die Rechtsgutstheorie, S. 60.
196 *Lagodny*, Schranken, S. 146 f.; *Hassemer/Neumann* in: NK-StGB, Vor. § 1, Rn. 152 ff.

mittel herbeizuführen,[197] als auch durch eine klare Abgrenzung zu den Schutzfunktionen und Aufgaben des Gefahrenabwehrrechts.[198]

Wie es *Roxin* zutreffend zum Ausdruck gebracht hat, folgt aus der Subsidiarität des Rechtsgüterschutzes letztlich, dass das Rechtsgut nicht nur *durch* das Strafrecht, sondern eben auch *vor dem* Strafrecht geschützt wird.[199] Sie ist daher von unschätzbarem Wert zum Schutz vor willkürlicher Strafgewalt und folglich elementar zur Bestimmung der Grenzen des für unser heutiges Strafrecht allein erheblichen *individuellen* Unrechts. Jenes darf einzig in Form von Rechtsgutbeeinträchtigungen bestehen, die durch natürliche Personen verursacht und diesen zweifelsfrei zurechenbar sind.

2. Das Rechtsgüterschutzprinzip

a. Die strafrechtliche Rechtsgutsdiskussion

Auf der Suche nach einem materiellen Verbrechensbegriff, der dem Gesetzgeber als Maßstab bestrafungswürdigen Unrechts dienen sollte, spielte das Rechtsgut schon seit Beginn des 19. Jahrhunderts eine entscheidende Rolle in der wissenschaftlichen Diskussion.[200]

Bereits bei *Feuerbach*, der, ausgehend vom Konzept des Gesellschaftsvertrages, die Strafgewalt des Staates nur bei Verletzungen subjektiver Rechte zur Anwendung kommen lassen wollte, war es im Kern angelegt.[201] Von *Birnbaum* terminologisch und inhaltlich als „Gut" ausgestal-

---

197 Vgl. *Hassemer/Neumann* in: NK-StGB, Vor. § 1, Rn. 62 ff.; *Appel*, Verfassung und Strafe, S. 340 ff. m. w. N.

198 Zur Abgrenzung zum OWiR vgl. *Roxin*, Strafrecht AT I, S. 57 ff.

199 *Roxin* in JuS 1966, 377, 382.

200 Vgl. hierzu die ausführlichen Darstellungen bei *Sina*, Dogmengeschichte sowie bei *Amelung*, Rechtsgüterschutz, S. 16 ff.; ferner *Jescheck/Weigend*, Strafrecht AT, S. 257 m. w. N.; *Hassemer*, Theorie, S. 25 ff.; *Schünemann* in: Die Rechtsgutstheorie, S. 141 f.; *Stratenwerth/Kuhlen*, Strafrecht AT, S. 25; *Appel*, Verfassung und Strafe, S. 337 ff.

201 *Feuerbach*, Lehrbuch (1847), § 21: „Wer die durch den Staatsvertrag verbürgte, durch Strafgesetze gesicherte Freiheit verletzt, begeht ein Verbrechen. Dieses, im weitesten Sinne, ist daher eine unter einem Strafgesetze enthaltene Beleidigung oder eine durch ein Strafgesetz bedrohte, dem Rechte eines Anderen widersprechende Handlung."

tet,[202] hat *Binding* die Bedeutung des Begriffs weiter befördert, indem er den Strafgesetzen den Rechtsgüterschutz als Aufgabe zugewiesen hat.[203] Allerdings verstand *Binding* das Rechtsgut als Ausgestaltung einer gesetzgeberischen Entscheidung und verfolgte damit einen formalen, positivistischen und letztlich deskriptiven Ansatz.[204] *Von Liszt* bezeichnete Rechtsgüter dagegen als Interessen, die nicht durch die Rechtsordnung, sondern das Leben selbst hervorgebracht werden, von ersterer aber zu schützen seien.[205] Ob *von Liszt* hiermit im streng dogmatischen Sinne ein vorpositivistisches Rechtsgutsverständnis vertrat,[206] scheint zweifelhaft, muss an dieser Stelle aber nicht weiter vertieft werden.

Wesentlich ist, dass die unterschiedlichen Auffassungen *Bindings* und *von Liszts*, bzw. das, was die Jahrzehnte lange Diskussion und Instrumentalisierung ihrer Positionen an Antagonistischem aus ihren Lehren gezogen hat, zwei dogmatische Hauptrichtungen zur Folge hatte:[207] Auf der einen Seite diejenige, die im Rechtsgut lediglich die Möglichkeit sieht, durch ein „hermeneutisches Verfahren" den Willen des Gesetzgebers auslegen zu können und damit ein rein „systemimmanentes" Verständnis von Rechtsgütern vertritt. Auf der anderen Seite die sog. „soziologische Richtung", welche über die Festlegung schutzwürdiger Rechtsgüter beabsichtigt, strafbares Verhalten positiv bestimmen zu können.

Als Mittel zur kritischen Betrachtung des Strafrechts ist allein letztere von Interesse. Nur in ihr werden Wege zur Strafbegrenzung durch Beschränkung des Strafrechts auf bestimmte Rechtsgüter diskutiert. Gerade

---

202 *Birnbaum* in Archiv des Criminalrechts, Neue Folge 1834, 149 ff.

203 *Lagodny*, Schranken, S. 148.

204 Vgl. *Binding*, Normen I, S. 340, 353 ff.; *Wohlers*, Deliktstypen, S. 218; *Appel*, Verfassung und Strafe, S. 342 f.

205 So in *von Liszt*, Lehrbuch (1900), S. 53: „Die durch das Recht geschützten Interessen nennen wir Rechtsgüter, Rechtsgut ist also das rechtlich geschützte Interesse. Alle Rechtsgüter sind Lebensinteressen, Interessen des einzelnen oder der Gemeinschaft. Nicht die Rechtsordnung erzeugt das Interesse, sondern das Leben; aber der Rechtsschutz erhebt das Lebensinteresse zum Rechtsgut." Ferner *von Liszt* in ZStW 8 (1888), 133, 141 f.

206 So *Stratenwerth/Kuhlen*, Strafrecht AT, S. 25; *Amelung*, Rechtsgüterschutz, S. 84 f.; vgl. dagegen die wohl zutreffende a. A. *Frommel*, Präventionsmodelle in der deutschen Strafzweck-Diskussion, S. 119 ff.; *Lagodny*, Schranken, S. 149.

207 Zu dieser Unterteilung vgl. *Frommel*, Präventionsmodelle in der deutschen Strafzweck-Diskussion, S. 115 f.; vgl. ferner die Trennung „systemimmanenter" und „systemtranszendenter bzw. -kritischer" Rechtsgutkonzepte bei *Hassemer*, Theorie, S. 19 f. sowie bei *Wohlers*, Deliktstypen, S. 218 f.

hierin ist das liberale Potenzial der von den bis heute wohl vorherrschenden systemkritischen Rechtsgutslehren vertretenen Aussage begründet, dass das Strafrecht vom Gesetzgeber ausschließlich zum Schutz von Rechtsgütern angewendet werden darf.[208]

Aber so lange und so vielschichtig das Vorhaben auch verfolgt wurde, mit Hilfe des Rechtsgutsbegriffs eine die Freiheit der Bürger sichernde Strafbegrenzung zu erreichen, so wenig ist es bis heute gelungen, allgemeingültige Kriterien zur Bestimmung strafrechtlich schützenswerter Rechtsgüter festzulegen.[209] Diese vermeintliche Fruchtlosigkeit der Diskussion hat dazu geführt, dass sowohl die dogmatische Bedeutung des Rechtsguts für die Strafrechtswissenschaft an sich, als auch die von weiten Teilen des Schrifttums vertretene Auffassung, dass strafrechtlich relevantes Unrecht grundsätzlich nur in Form einer Rechtsgutsbeeinträchtigung[210] vorliegen kann, zunehmend in Zweifel gezogen werden. Auch wenn er wohl noch nicht auf dem Sterbebett vermutet werden muss,[211] so kann aber sicherlich eine enorme Überforderung des Rechtsgutsbegriffs festgestellt werden. Insbesondere in der neueren Lehre scheint sich daher zunehmend eine gewisse „Rechtsgutsmüdigkeit" einzustellen.[212]

Selbstverständlich kann die beinahe endlose Rechtsgutsdebatte an dieser Stelle nicht umfassend dargestellt werden. Es sollen im Folgenden bloß die verfassungsrechtliche Stellung des Rechtsgutprinzips erläutert, einige Literaturmeinungen stellvertretend für das breite Spektrum an Gegenstimmen skizziert sowie ein Zwischenfazit zur Bedeutung einer liberalen Rechtsgutslehre gezogen werden.

---

208 Vgl. *Wohlers*, Deliktstypen, S. 219; siehe *Rudolphi* in: SK-StGB, Vor. § 1 Rn. 2; *Hassemer/Neumann* in: NK-StGB, Vor. § 1 Rn. 62; *Fischer*, StGB, Vor. § 13 Rn. 12; *Roxin*, Strafrecht AT I, S. 13 f.; *Appel*, Verfassung und Strafe, S. 336 f. (Fn. 118).

209 Vgl. nur *Roxin*, Strafrecht AT I, S. 14.

210 Vgl. *Roxin*, Strafrecht AT I, S. 53; *ders.* in ZStW 116 (2004), 929 ff.; *Jescheck/ Weigend*, Strafrecht AT, S. 7 f., 256 f.; *Schünemann* in: Die Rechtsgutstheorie, S. 141 f. u. 154: „... repräsentiert das Rechtsgüterschutzprinzip in meinen Augen sogar den harten Felsen des liberalen Denkens ..."

211 So etwa *Hefendehl* in: Die Rechtsgutstheorie, S. 119; *ders.* in StV 2005, 156, 159; vgl. zudem umfangreiche Nachweise bei *Schünemann* in: Die Rechtsgutstheorie, S. 133 (Fn. 1); *Hassemer* in NStZ 1989, 553, 557 f.

212 So *Roxin*, Strafrecht AT I, S. 53 m. w. N; vgl. hierzu auch *Engländer* in ZStW 127 (2015), 616 ff.

aa. Verfassungsrechtliche Stellung des Rechtsgüterschutzprinzips

In der Rechtsprechung des BVerfG finden die strafrechtlichen Rechtsgutslehren keinen Anklang.[213] Nach Auffassung des BVerfG bedarf es zur Wahrung der Verfassungsmäßigkeit eines Strafgesetzes lediglich der Verfolgung eines verfassungsrechtlich legitimen Zwecks, wobei es allerdings nicht auf einen Kanon ausschließlich schützenswerter Rechtsgüter abstellt.[214] Vom BVerfG, das (wie die h. L.) im Strafrecht die *ultima ratio* des Rechtsgüterschutzes erblickt,[215] werden somit beim Erlass von Strafgesetzen grundsätzlich keine strengeren Voraussetzungen als bei anderen gesetzgeberischen Entscheidungen verlangt. Ausdrücklich wurde dies beispielsweise im Rahmen der Verhältnismäßigkeitsprüfung bei der sog. Inzest-Entscheidung vorgetragen:

> „Es ist grundsätzlich Sache des Gesetzgebers, den Bereich strafbaren Handelns unter Berücksichtigung der jeweiligen Lage festzulegen. Das BVerfG hat lediglich darüber zu wachen, dass die Strafvorschrift materiell in Einklang mit den Bestimmungen der Verfassung steht und den ungeschriebenen Verfassungsgrundsätzen sowie Grundentscheidungen des Grundgesetzes entspricht. Strafnormen unterliegen von Verfassungs wegen keinen darüber hinausgehenden, strengeren Anforderungen hinsichtlich der mit ihnen verfolgten Zwecke. Insbesondere lassen sich solche nicht aus der strafrechtlichen Rechtsgutlehre ableiten.“[216]

Auch in anderen Entscheidungen stellte das BVerfG nicht auf die Frage der strafrechtlichen Schutzwürdigkeit von Rechtsgütern ab, sondern untersuchte, ob der Gesetzgeber bei Erlass des Gesetzes „Gemeinwohlinteressen“[217] bzw. „Gemeinschaftsbelange“[218] verfolgt hat. Danach scheiden nur solche Zwecke aus, die verfassungsrechtlich untersagt sind. Im Ergebnis

---

213 Vgl. hierzu: *Schünemann* in: Die Rechtsgutstheorie, S. 142 ff.; *Appel* in KritV 1999, 278, 300 ff.; *Lagodny*, Schranken, S. 146 f.

214 So sollen bspw. auch das „abstrakte Vertrauen etwa in die Ordnungsmäßigkeit von Bilanzen oder in die Richtigkeit der Wirtschaftswerbung“ schutzwürdige Rechtsgüter darstellen, vgl. *Lagodny*, Schranken, S. 145 f. mit Bezugnahme auf *Tiedemann* in ZStW 87 (1975), 253, 273.

215 BVerfG NJW 1975, 573, 576 f.; NJW 1993, 1751, 1754; NJW 1998, 443; NJW 2008, 1137, 1138.

216 BVerfG NJW 2008, 1137, 1138.

217 Vgl. *Lagodny*, Schranken, S. 138 ff.; BVerfG NStZ 2010, 265.

218 Vgl. *Schünemann* in: Die Rechtsgutstheorie, S. 147; BVerfG NJW 1994, 1577, 1579; NJW 2004, 1305, 1310.

ist daher nur eine negative Bestimmung der Rechtsgüter durch die Verfassung möglich.[219]

Aus verfassungsrechtlicher Sicht ist dies nicht zu beanstanden. Im Gegenteil, der Gesetzgeber hat sich, gemäß den aus Art. 1 Abs. 3 GG und Art. 20 Abs. 3 GG folgenden Verpflichtungen, „nur" an die Vorgaben des Grundgesetzes zu halten und das BVerfG lediglich dies zu überprüfen. Solange durch ein Strafgesetz nicht in unzulässiger Weise in Grundrechte eingegriffen wird, hat dem Gesetzgeber im Sinne der Gewaltenteilung eine weite Einschätzungsprärogative zuzustehen, die weder durch die Judikative noch durch Theorien der Strafrechtswissenschaft beschränkt werden darf. Zur Überprüfung, ob ein Eingriff gerechtfertigt ist, können und müssen die besonderen Folgen, die mit einer strafrechtlichen Verurteilung einhergehen, berücksichtigt werden. Nicht aber, ob sich der Gesetzgeber an einen nicht näher definierten Katalog schützenswerter Rechtsgüter gehalten hat.[220] Auch wenn zuzugeben ist, dass sich der Gesetzgeber nicht immer durch die Vorgaben der Verfassung beschränken, sondern sich teils auch von extrakonstitutionellen Erwägungen leiten lässt,[221] ist eine verbindliche Beschränkung seiner Gesetzgebungskompetenz mittels außerhalb der Verfassung liegender Grundsätze nicht möglich. Ein Rechtsgutsverständnis, welches legislatorische Entscheidungen durch einen von demokratisch nicht legitimierten Strafrechtswissenschaftlern festgesetzten Rechtsgutsbegriff vorpositivistisch leiten und begrenzen will, ist weder mit dem Grundsatz der Gewaltenteilung noch mit dem Demokratieprinzip zu vereinbaren und daher verfassungsrechtlich abzulehnen.[222]

bb. Kritik am Rechtsgüterschutzprinzip

Auch in der Wissenschaft sieht sich das Rechtsgüterschutzprinzip vielfältiger Kritik ausgesetzt. So wird von Teilen der Literatur zunächst die soeben geschilderte fehlende bzw. unzureichende verfassungsrechtliche Fundie-

---

219 *Pieroth/Schlink/Kingreen/Poscher*, Grundrechte, Rn. 290; *Gentz* in NJW 1968, 1600, 1602; *Schnapp* in JuS 1983, 850, 854; zu „unzulässigen Gemeinwohlinteressen" vgl. *Lagodny*, Schranken, S. 140 ff.

220 So auch *Appel*, Verfassung und Strafe, S. 206 f.

221 Etwa bei § 1631d Abs. 2 BGB vgl. *Großmann* in HRRS 2013, 515, 518 f.

222 Zum Ganzen vgl. *Lagodny*, Schranken, S. 138 ff. m. w. N.; *Appel*, Verfassung und Strafe, S. 339; siehe Überlegungen von *Lüderssen*, eine verfassungsrechtliche Fixierung der Rechtsgüter zu erarbeiten: *Lüderssen* in StV 2004, 97, 100.

rung des strafrechtlichen Rechtsguts hervorgehoben. Insbesondere die Haltung des BVerfG wird dabei verteidigt und als unterstützendes Argument, das Rechtsgutprinzip zu verwerfen, herangezogen. Vielfach wird dabei die für den Gesetzgeber fehlende Verbindlichkeit strafrechtlicher Rechtsgutslehren betont und die kritische Potenz der Rechtsgutslehren in Abrede gestellt.[223]

So meint etwa *Lagodny* feststellen zu können, dass sich das materielle Strafrecht „in nahezu genialer Weise einer verfassungsrechtlichen Kontrolle" entziehe.[224] Auch *Appel* spricht der Rechtsgutlehre in Zeiten eines auf einer Verfassung basierenden Rechtsstaats jegliche Funktion als Mittel zur Strafbegrenzung ab.[225]

Aber nicht nur hinsichtlich seiner Stellung in der Gesamtrechtsordnung, auch inhaltlich wird das Rechtsgüterschutzprinzip vielfach kritisch gesehen. Eine Reihe strafrechtlicher Lehrmeinungen verzichtet mittlerweile gänzlich oder zumindest in „eng begrenzten Ausnahmefällen"[226] auf den Rechtsgutsbegriff. Zur Begründung wird dazu beispielsweise ausgeführt, dass nicht hinreichend klar bestimmt sei, was ein Rechtsgut im strafrechtlichen Sinne ausmache,[227] eine Vielzahl von Strafgesetzen bei Anwendung des Rechtsgutsprinzips nicht zu erklären seien[228] oder dieses ohnehin „keinen genuin liberalen Gehalt" beinhalte.[229]

Zur Rechtfertigung von Strafe werden dem Rechtsgüterschutzprinzip deshalb unter anderem gesellschaftstheoretische Ansätze entgegengestellt. So vertritt *Jakobs* die Auffassung, dass die Aufgabe des Strafrechts in der Verhinderung von Normgeltungsschäden, nicht im Schutz von Rechtsgütern liegt. Nach dieser an *Hegels* Straftheorie erinnernden[230] Sicht soll Strafe dazu dienen zu verhindern, dass die durch den Täter gebrochene Strafnorm dauerhaft beschädigt wird. Mit der Bestrafung des Täters soll der Gesellschaft gezeigt werden, dass die Garantiefunktion der jeweiligen

---

223 Vgl. hierzu *Wohlers*, Deliktstypen, S. 218 ff.
224 *Lagodny*, Schranken, S. 536.
225 *Appel*, Verfassung und Strafe, S. 390.
226 So *Hefendehl* in: Die Rechtsgutstheorie, S. 128.
227 Vgl. *Frisch* in: Die Rechtsgutstheorie, S. 216 ff.; *Stratenwerth/Kuhlen*, Strafrecht AT, S. 26; *Wohlers*, Deliktstypen, S. 219.
228 *Jakobs*, Strafrecht AT, S. 41; *Stratenwerth/Kuhlen*, Strafrecht AT, S. 27.
229 So *Jakobs* vgl. *Roxin*, Strafrecht AT I, S. 50; s. a. *Wohlers* in: Die Rechtsgutstheorie, S. 281.
230 Strafe als „Negation der Negation des Rechts" vgl. hierzu bereits *Roxin* in JuS 1966, 377.

Norm auch in Zukunft gelten wird. Diese Auffassung verzichtet bewusst darauf zu erklären, wann eine Strafnorm als rechtsstaatlich legitim anzusehen ist. Sie nimmt Strafgesetze schlicht als politische Wirklichkeiten hin, die nur auf diesem Wege zu kritisieren seien. *Jakobs* verwirft dabei die von weiten Teilen der Strafrechtswissenschaft mit dem Konzept des Rechtsgüterschutzes verfolgte Motivation einer internen Systemkritik, weil eine solche, seiner Meinung nach nicht wissenschaftlicher Natur sein kann.[231]

Ebenfalls gesellschaftstheoretischer Art ist der Ansatz *Amelungs*. Zur Begründung eines materiellen Verbrechensbegriffs stellt er nicht auf das Rechtsgutskonzept ab, sondern „auf die soziale Systemtheorie".[232] Demnach solle die Sozialschädlichkeit einer Schädigung nicht aus Sicht des betroffenen Individuums begriffen werden, sondern aus Sicht der Gesellschaft, was zur Folge habe, dass eine Person nicht um ihrer selbst, sondern um der Gesellschaft willen geschützt werden müsse. Zwar gesteht *Amelung* ein, dass hierin ein Widerspruch zum „liberalen Prinzip des Eigenwertes des Person" liege, möchte dem aber nicht durch Rechtsgüterlehre begegnen, sondern durch Anwendung der in Art. 1 und 2 GG verankerten verfassungsrechtlichen Wertentscheidungen.[233]

Schließlich sei noch auf die Auffassung *Stratenwerths* hingewiesen, nach der sich Strafgesetze ebenfalls nicht am Rechtsgüterschutzgedanken orientierten, sondern als bloße Verhaltensregeln zu verstehen seien.[234] Der einzige Grund zur Schaffung neuer Straftatbestände bestehe demnach darin, dass ein bestimmtes Verhalten unerwünscht sei. Wann dies der Fall sei, gebe die jeweils „gesellschaftliche und gesetzgeberisch anerkannte Grundhaltung" vor.[235] In einer liberalen Gesellschaft sei die Sicherung individueller Freiheit „Teil des normativen Grundkonsenses" und müsse daher nicht über Rechtsgutskonstruktionen verfolgt werden.[236]

---

231 Vgl. Darstellung bei *Roxin*, Strafrecht AT I, S. 49 ff. unter Bezugnahme auf den Beitrag *Jakobs* in der Festschrift für Saito (2003), S. 17 ff.
232 So die Interpretation *Roxins* in *Roxin*, Strafrecht AT I, S. 51.
233 *Amelung*, Rechtsgüterschutz, S. 389 ff.
234 Vgl. *Roxin*, Strafrecht AT I, S. 52.
235 *Stratenwerth* in: Die Rechtsgutstheorie, S. 299 f.
236 Vgl. *Wohlers* in: Die Rechtsgutstheorie, S. 284.

b. Stellungnahme

aa. Das Rechtsgut als kriminalpolitisches Werkzeug

Die soeben getroffenen Feststellungen könnten dazu verleiten, die Rechtsgutslehren insgesamt verwerfen zu wollen. Sie erscheinen zu unbestimmt und uneinheitlich, sind für den Gesetzgeber verfassungsrechtlich unverbindlich und so als Mittel zur Strafbegrenzung zu kraftlos. Doch trotz des nicht zu leugnenden Vorrangs des Grundgesetzes und der nicht nur insoweit durchaus berechtigten Kritik, bin ich überzeugt, dass es sinnvoll ist, auch weiterhin grundsätzlich an der zentralen Rolle des Rechtsguts zur Bestimmung strafrechtlich relevanten Unrechts festzuhalten.

Das Rechtsgutsprinzip, als Systemkritik verstanden, ist seinen Ursprüngen nach ein wichtiges Instrument zur Strafrechtseinschränkung:[237] Die Strafrechtswissenschaft suchte in Zeiten, in denen es keine Verfassung und folglich auch keine Bindung des Gesetzgebers an Grenzen selbiger gab, den Anwendungsbereich des Strafrechts aus sich heraus zu beschränken. So können die Bestrebungen der strafrechtlichen Rechtsgutslehren, den legislatorischen Handlungsspielraum verkleinern zu wollen, auch als liberale Notwendigkeit verstanden werden: zu verhindern, dass der Gesetzgeber menschliches Verhalten willkürlich mit Strafe bedroht.[238]

Wie das eingangs[239] beschriebene Konzept des Gesellschaftsvertrags verdeutlicht, dessen wesentliche Aussagen für unser Staats- und Strafrechtsverständnis von kaum zu bestreitender Aktualität sind, muss eine moderne Strafrechtswissenschaft, trotz unseres mittlerweile strikt an die Verfassung gebundenen Gesetzgebers, weiterhin darauf erpicht sein, nach mehr zu streben, als die Entscheidungen des Gesetzgebers bloß zu verwalten und zu katalogisieren.[240] Sie sollte nicht müde werden zu betonen, dass Strafgesetze niemals nur aus ihrer eigenen Selbstherrlichkeit heraus oder um unliebsame Verhaltensweisen unterbinden zu wollen erhaltenswert sind,[241] sondern einzig, um die Freiheit der ihnen unterworfenen

---

237 *Hassemer* in: Die Rechtsgutstheorie, S. 59.
238 Vgl. *Sina*, Dogmengeschichte, S. 89 ff.
239 Vgl. oben S. 55 ff.
240 *Schünemann* in: Die Rechtsgutstheorie, S. 143; *Hassemer* in: FS-Kaufmann (1989), S. 88 f.
241 Vgl. hierzu die Kritik *Roxins* an den Konzepten *Stratenwerths* und *Jakobs* in: *Roxin*, Strafrecht AT I, S. 49 f. u. 52.

Menschen zu sichern. Frei ist man als Gesellschaftsmitglied aber nur, soweit es einem möglich ist, seine eigenen Interessen ohne Zwang und Be-
schränkungen von außen durchsetzen zu können. Damit jedes Mitglied der
Gesellschaft möglichst weitreichend hierzu in der Lage ist, kann dieses
Ziel nicht absolut, sondern nur im Verhältnis zu den Freiheitssphären der
anderen verfolgt werden. Auf rechtlicher Ebene spiegeln die „Rechtsgüter" eben jene Interessen[242] wider und sind damit *partielle Verkörperungen
der individuellen Freiheit* jedes Einzelnen. Indem die Freiheit durch sie
offenbar wird, wird sie so zugleich auch der Gefahr einer Verletzung
durch andere ausgesetzt. Dies gilt es durch das Strafrecht subsidiär zu verhindern.

Um festzustellen, ob ein Strafgesetz auch tatsächlich Strafrechtswürdi-
ges pönalisiert, ist daher, jedenfalls sofern man mit der absolut herrschenden Ansicht in Lehre und Rechtsprechung die Aufgabe des Strafrechts im
subsidiären Schutz von Rechtsgütern sieht, eine Erörterung der Frage,
welche Interessen bzw. Rechtsgüter hiermit geschützt werden sollen, unerlässlich. Das Rechtsgut muss primärer Anknüpfungspunkt zur Beantwortung dieser Frage sein, da das stets zwingend dahinterliegende und bei genauer Betrachtung durch die Rechtsordnung wohl allein zu schützende
Gut, die Freiheit des Einzelnen, in ihm nach außen tritt.

Die Subsidiarität dieses Rechtsgüterschutzes wird zu einem bedeutenden Teil durch eine Beschränkung auf wenige dem Strafrecht zugänglich
zu machende Rechtsgüter zu erreichen versucht. Diese Begrenzung ist
zentral für die Wahrung des liberalen Subsidiaritätsprinzips. So ist es heute beispielsweise nahezu unstrittig, dass bloße Moralvorstellungen keine
strafrechtlichen Rechtsgüter sein dürfen.[243] Aber gleich, wie vielschichtig
und diffizil einzelne Rechtsgutskonzepte auch sein mögen, einen demokratisch legitimierten und allein verfassungsrechtlich gebundenen Gesetzgeber können sie in seiner legislatorischen Macht niemals beschneiden.
Daran ändern weder die vielfach geäußerte Kritik an der Rechtsprechung

---

242 Ähnlich *Hassemer/Neumann* in: NK-StGB, Vor. § 1 Rn. 144: „strafrechtlich
     schutzwürdiges Interesse"; zu unterschiedlichen Auffassungen hinsichtlich des
     Bedeutungsinhalts des Rechtsgutsbegriffs vgl. *Joecks* in: MüKo-StGB, Einl.
     Rn. 35.
243 *Rudolphi* in: SK-StGB, Vor. § 1 Rn. 10; *Joecks* in: MüKo-StGB, Einl. Rn. 27;
     Roxin, Strafrecht AT I, S. 19 f.

des BVerfG etwas, noch die Möglichkeit, eine Verbindung des Rechtsguts-
konzepts mit den Grundrechten herzuleiten.[244]

Dennoch ist die in der Strafrechtswissenschaft geführte Diskussion um
Maß und Inhalt von Strafrechtsgütern nicht überflüssig geworden, auch
wenn sie sich verlagert und dadurch zugegebenermaßen an Stärke verloren
hat.[245] Es muss auch weiterhin eine wesentliche Aufgabe liberaler Strafrechtswissenschaft sein, sich an der Diskussion um eine Beschränkung des
strafrechtlichen Rechtsgutsbegriff zu beteiligen, will sie ihren Wesenskern
und die daraus resultierende Aufgabe, aus sich heraus Wege zur Strafbegrenzung zu finden, nicht aufgeben. Die Rechtsgutsdiskussion muss sich
dabei den gewandelten Umständen anpassen und sich bewusst werden,
dass sie einzig auf dem Boden der Kriminalpolitik[246] geführt werden
darf,[247] um ihr Potential sinnvoll ausschöpfen zu können und um nicht des
Verdachts der System- oder Verfassungswidrigkeit ausgesetzt[248] zu sein.
Anders als auf verfassungsrechtlicher Ebene wird hier nicht nur gefragt,
ob sich ein Gesetzgebungsvorhaben bzw. ein bereits erlassenes Strafgesetz
im Rahmen des grundgesetzlich Erlaubten bewegt, sondern ob es zudem
aus strafrechtlicher und gesellschaftspolitischer Sicht sinnvoll und er-
wünscht ist. Genau an dieser Stelle kann die strafbegrenzende Funktion
der Rechtsgutslehren immer noch fruchtbar ansetzen. So sollten die Konzepte den kriminalpolitischen Diskurs bereichern und energisch auf etwaige Fehlentwicklungen hindeuten, ohne dabei der Hybris zu verfallen zu
glauben, den Gesetzgeber auf diese Weise ernsthaft beschränken zu können. Sobald ihnen letzteres vorzuwerfen ist, verlieren sie tatsächlich ihre
kritische Potenz, weil sie im Kampf um ihren eigenen Erhalt beginnen,
sich um sich selbst zu drehen.

---

244 So etwa *Schünemann*, der Möglichkeiten sieht, das Rechtsgüterschutzprinzip im
     GG zu verankern: *Schünemann* in: Die Rechtsgutstheorie, S. 142 ff.; ferner *Has-
     semer* in: Die Rechtsgutstheorie, S. 59; *Hörnle* in NJW 2008, 2085; vermittelnd
     Roxin, Strafrecht AT I, S. 42.
245 Vgl. *Appel*, Verfassung und Strafe, S. 390.
246 Zum Begriff der „Kriminalpolitik" vgl. *Hassemer/Neumann*, in: NK-StGB, Vor.
     § 1 Rn. 49 ff.; siehe ferner *Hassemer* in: Die Rechtsgutstheorie, S. 61.
247 So auch *Roxin*, Strafrecht AT I, S. 42 f. u. 50; vgl. hierzu auch die Ausführungen
     bei *Hassemer/Neumann*, in: NK-StGB, Vor. § 1 Rn. 57 ff. und 119a.
248 In diesem Sinne bedenklich erscheint bspw. die Aussage *Rudolphis*, der einen
     dem Strafgesetzgeber vorgegebenen „Kreis der möglichen Schutzgüter strafrecht-
     licher Normen" erkennen will, vgl. *Rudolphi* in: SK-StGB, Vor. § 1 Rn. 5.

bb. Rein negative Ausgrenzung von Rechtsgütern

Wie die seit Jahrhunderten andauernde und bislang allenfalls rudimentär geglückte Suche nach festen Kriterien, die ein strafrechtliches Rechtsgut ausmachen sollen, zeigt, scheint das Streben nach einer positiven Umschreibung des selbigen und einem darauf aufbauenden Katalog einzig möglicher Strafrechtsgüter nicht sonderlich gewinnbringend zu sein. Mir erscheint es daher auch für die Zwecke dieser Arbeit erfolgsversprechender, sozusagen als Minimum, lediglich zu beschreiben, wie ein Rechtsgut im Strafrecht jedenfalls *nicht* beschaffen sein sollte. Zur Begründung, warum gewisse Rechtsgüter nicht durch das Strafrecht zu schützen sind, wäre es im Ergebnis zwar sicherlich befriedigender, eine unumstößliche Rechtsgutsdefinition zu finden, für das hier verfolgte Ziel bedarf es einer solchen aber nicht zwingend. Jedoch kann auch dieser rein negative Diskurs vorliegend selbstverständlich nicht abschließend geführt werden, sondern muss kontextual begrenzt erfolgen. So muss er darauf reduziert werden festzustellen, welchen Rechtsgütern in einem liberal-restriktiven *Individual*strafrecht der Schutz versagt werden muss, da sie weder einen durch das Strafrecht zu schützenden „Träger" aufweisen, noch von einem natürlichen Täter wirklich zu beeinträchtigen sind.[249] Dabei werden die folgenden Fragestellungen bei der weiter unten durchzuführenden Betrachtung von hinsichtlich ihres Potentials zum Rechtsgüterschutz fragwürdigen Straftatbeständen von entscheidender Bedeutung sein:

Wessen Rechtsgut soll durch das Strafgesetz geschützt werden?
Bei der kritischen Betrachtung von Rechtsgütern muss zunächst untersucht werden, ob ein hinreichend konkreter Bezug zur individuellen, bürgerlichen Freiheit besteht.[250] Wie die oben dargestellte Verwurzelung des liberalen Strafrechts im Gesellschaftsvertrag zeigt, ist dieser Bezug dringend erforderlich, da andernfalls nicht ersichtlich wird, inwiefern das Strafrecht seiner Aufgabe, den Schutz der Freiheitssphären der Bürger untereinander zu gewährleisten, nachkommt. Sobald sich das Strafrecht Rechtsgütern zuwendet, die keinen strafrechtsschutzwür-

---

249 Siehe hierzu auch *Lüderssen* in StV 2004, 97, 100.
250 Im Sinne einer „personalen Rechtsgüterlehre", siehe hierzu unten S. 104 ff.; vgl. ferner *Hassemer* in: FS-Kaufmann (1989), S. 85 ff.; *Marx*, Rechtsgut, S. 79 ff.; *Hassemer/Neumann* in: NK-StGB, Vor. § 1 Rn. 128; *Roxin*, Strafrecht AT I, S. 17 f.

digen „Träger" aufweisen, läuft es Gefahr, den ihm gesetzten Rahmen zu sprengen.

Ist eine Beeinträchtigung des Rechtsguts durch natürliche Täter möglich?
Ferner muss ein natürlicher Täter als derzeit einzig erhebliches Subjekt unseres Strafrechts dazu in der Lage sein, das dem jeweiligen Strafgesetz zugrundeliegende, da von diesem zu schützende Rechtsgut, allein oder durch bewusst gemeinschaftliches Verhalten gemeinsam mit anderen zu beeinträchtigen. Ein Strafgesetz ist insoweit nur dann gerechtfertigt, wenn eine von natürlichen Personen ausgehende Beeinträchtigung eines Rechtsguts tatsächlich droht und einen dahingehenden Schutz erforderlich macht. Sofern festgestellt wird, dass eine derartige Gefährdungslage auszuschließen ist, sollte das Gesetz nicht aufrechterhalten werden, da es nicht dem subsidiären Rechtsgüterschutz dient.

3. Die Bedeutung des Tatstrafrechts und des Verletzungsdelikts

Wie soeben bereits angeschnitten, äußert sich die Subsidiarität des strafrechtlichen Rechtsgüterschutzes nicht nur in der Begrenzung seiner Schutzobjekte, sondern auch in der Begrenzung der strafrechtserheblichen Eingriffsformen. Da es sich bei liberalem Strafrecht um ein retrospektiv-repressiv ausgerichtetes Tatstrafrecht handelt, dürfen von diesem auch nur tatsächlich rechtsgutsbeeinträchtigende Handlungsweisen erfasst werden.[251] Dem Verletzungsdelikt kommt hierbei eine maßgebende Rolle als wichtiger Orientierungspunkt zu.

a. Das Tatstrafrecht

Das geltende deutsche Strafrecht ist im Wesentlichen ein Tatstrafrecht. Danach ist Grundlage jeder Bestrafung ein Verhalten durch das ein gesetzlich umschriebener Straftatbestand erfüllt wird. Zur Strafbegründung wird damit primär auf eine konkrete Einzeltat und nicht auf die Persönlichkeit des Täters abgestellt.[252] Dies entspricht bereits dem *nulla poena sine lege-*

---

251 *Rudolphi* in: SK-StGB, Vor. § 1 Rn. 11a.
252 *Eisele* in: Schönke/Schröder, Vor. §§ 13 ff. Rn. 3.

Grundsatz, denn anders als Handlungsbeschreibungen kann ein alleiniges Abstellen auf die Persönlichkeitsstruktur des Täters zur Strafbegründung den strengen Anforderungen des verfassungsrechtlichen Bestimmtheitsgrundsatzes nicht gerecht werden.[253]

Gleichwohl gilt und galt das Prinzip des Tatstrafrechts im deutschen Strafrecht nie absolut. Insbesondere seit *von Liszt* haben spezialpräventive und damit täterbezogene Erwägungen starken Einfluss auf das Strafrecht genommen.[254] Zwar wollte auch *von Liszt* zu keinem Zeitpunkt gänzlich auf eine Anknüpfung an eine vom Täter begangene Tat verzichten, doch sollte der Täterpersönlichkeit insbesondere auf Rechtsfolgenseite eine größere Bedeutung zukommen.[255] Dieser Ansatz führte u. a. zu der bis heute bestehenden Zweispurigkeit des strafrechtlichen Sanktionssystems:

Die in den Weimarer Reformdiskussionen immer wieder erhobene und speziell von *von Liszt* vertretene Forderung, dass

„gemeingefährliche Verbrecher, die wegen Unzurechnungsfähigkeit freigesprochen oder wegen verminderter Zurechnungsfähigkeit zu milderer Strafe verurteilt werden, (...), durch den Strafrichter in Heil- oder Pflegeanstalten zu verweisen"

seien,[256] wurde durch das GewohnheitsverbrecherG vom 24.11.1933[257] umgesetzt. Hierauf basiert auch der sechste Teil der heute geltenden Fassung des StGB über die Maßregeln der Besserung und Sicherung.[258]

Besonders deutliche täterstrafrechtliche Tendenzen zeigten sich in der nationalsozialistischen Strafrechtslehre, die jedoch nicht wie *von Liszt* maßgebend von der Idee der Spezialprävention geleitet war, sondern von der Ablehnung des als zu liberal empfundenen Strafrechts der Weimarer Republik und daher eine autoritäre und subjektivierte Idee von Strafrecht verfolgte.[259] Dies äußerte sich insbesondere in einem neuen materiellen Verbrechensbegriff, in dessen Mittelpunkt nicht mehr die Verletzung des Gesellschaftsvertrags resp. die Rechts- bzw. Rechtsgutsverletzung stand,

---

253 *Roxin*, Strafrecht AT I, S. 179; *Hassemer/Kargl*, in: NK-StGB, § 1 Rn. 8.

254 *von Liszt* in: Band 2 (1905), S. 409: „Für Bestimmung der Strafe nach Art und Maß ist in erster Linie nicht der äußere Erfolg der Tat, sondern die verbrecherische (antisoziale) Gesinnung des Täters ausschlaggebend."

255 *von Liszt,* in: Band 2 (1905), S. 16; *Joecks* in: MüKo-StGB, *Roxin*, Strafrecht AT I, S. 179 f.

256 *von Liszt* in: Band 2 (1905), S. 409 f.

257 RGBl. I 995.

258 *Fischer*, StGB, Vor. § 61 Rn 1.

259 *Roxin*, Strafrecht AT I, S. 181.

sondern die Verletzung der Rechtsordnung der Gemeinschaft. Verbrecher wurden fortan als „Volksschädlinge" aufgefasst, die es zu beseitigen galt. Nach diesem Verständnis wurde die Einstellung des Täters zur Tat zur zentralen Pönalisierungsgrundlage und das Strafrecht entwickelte sich zunehmend zu einem Gesinnungsstrafrecht. Die konkret verwirklichte Tat wurde nur noch als nach außen getretene Bestätigung der im Täter verankerten gemeinschaftsschädlichen Gesinnung verstanden und das Verbrechen letztlich als eine Pflichtverletzung bzw. als ein Verrat an der Gemeinschaft definiert.[260]

Wenngleich es selbst im Nationalsozialismus nie zu einer kompletten Umgestaltung des Strafrechts zu einem reinen Täterstrafrecht gekommen ist,[261] können die dort diskutierten und zum Teil auch verwirklichten Umgestaltungen des Strafrechts als mahnende Beispiele dienen, um den Wert eines tatbezogenen Strafrechts zum Schutz des Individuums vor einer willkürlichen Ausübung staatlicher Strafgewalt zu verdeutlichen:

Ein Täterstrafrecht bietet keinen verlässlichen, objektiven Maßstab zur Beurteilung der dort strafbegründenden Persönlichkeit des Täters. Diese Feststellung würde ausschließlich dem Ermessen des urteilenden Richters unterliegen, wobei dessen Bewertung mangels objektiv bestimmbarer Merkmale wiederum jeglicher Kontrolle entzogen wäre. In seiner radikalsten Ausprägung würde ein Täterstrafrecht nur noch das schlichte „So-Sein" des Täters bestrafen und damit allem, was einen freiheitlichen Rechtsstaat ausmacht, zuwiderlaufen.[262] Die konkrete Tat muss daher stets der entscheidende, begrenzende Maßstab zur Bewertung des zu bestrafenden Unrechts darstellen.

Heute dürfte das Tatstrafrecht der allgemeinen Ansicht in der Lehre entsprechen, wobei dies sowohl mithilfe subjektiver, als auch mithilfe objektiver Modelle begründet wird:[263]

Nach den subjektiven Theorien wird das Verbrechen hauptsächlich als Pflichtverletzung verstanden. Dabei finden sich Stimmen, die die Notwendigkeit der Rechtsgutsbeeinträchtigung zur Unrechtsbegründung ablehnen. Zu nennen ist in diesem Zusammenhang beispielsweise die von *Armin*

---

260 *Vormbaum*, Einführung, S. 186 f. vgl. u. a. *Schaffstein* in: Grundfragen (1935), S. 112 ff., 120 ff. und *Dahm,* Nationalsozialistisches und faschistisches Strafrecht, S. 17 f.
261 *Vormbaum*, Einführung, S. 198 ff.
262 Vgl. hierzu *Baumann/Weber/Mitsch*, Strafrecht AT, S. 42.
263 *Joecks* in: MüKo-StGB, Einl. Rn. 42 ff.

Kaufmann begründete[264] sog. monistisch-subjektive Auffassung,[265] die auf eine Rechtsgutsbeeinträchtigung als strafbegründendes Tatbestandsmerkmal gänzlich verzichten möchte. Hiernach soll sich (grob zusammengefasst) das strafrechtlich relevante Unrecht im Handlungswillen des Täters erschöpfen. Ein Erfolg in Form einer tatsächlich eingetretenen Rechtsgutsbeeinträchtigung soll nach dieser Lehre nicht mehr erforderlich, sondern bloß objektive Bedingung der Strafbarkeit sein. Im Ergebnis soll bereits mit dem beendeten Versuch auch die Beendigung der Straftat vorliegen.[266] Begründet wird dies damit, dass das Strafrecht lediglich Handlungsweisen und keine Erfolge verbieten könne und ein Abstellen auf eine Rechtsgutsbeeinträchtigung letzten Endes einer Zufallshaftung gleichkäme, da der konkrete Erfolgseintritt nach Beendigung des Versuchsstadiums nicht allein vom Täter abhänge.[267]

Dieser Auffassung wird in der Literatur jedoch zu Recht entgegengetreten.[268] So erklärt *Roxin*, dass man „Erfolge zwar nicht als rein kausale Ereignisse" verbieten könne, „wohl aber als Verwirklichung unerlaubter Risiken". Ferner könne der Erfolg dem Täter im Wege der objektiven Zurechnung durchaus als sein Werk angelastet werden.[269] Das zentrale Gegenargument gegen diese Unrechtsauffassung ist aber, dass sie, konsequent angewandt, zu einer uferlosen Ausdehnung der Strafgewalt führen würde.[270] Eine Beschränkung des Unrechtsvorwurfs auf den inneren Bereich des Täters, dem sog. Intentionsunwert, kommt einem Gesinnungsstrafrecht zumindest gefährlich nahe.[271] Unrecht muss in aller Regel auch

---

264 Vgl. *Kaufmann* in ZStW 80 (1968), 34 ff.; *Kaufmann* in: FS-Welzel (1974), S. 393 ff.

265 Zum Begriff vgl. *Gallas* in: FS-Bockelmann (1979), S. 155 ff.

266 So *Kaufmann* in ZStW 80 (1968), 34, 50 f.; *Zielinski*, Handlungs- und Erfolgsunwert, S. 128 ff., 205 ff.; *Sancinetti*, Subjektive Unrechtsbegründung; vgl. hierzu ferner Darstellungen bei *Roxin* in ZStW 116 (2004), 929, 937 ff.; *Hirsch* in: FS-Lampe (2003), S. 520 f.; *Jescheck/Weigend*, Strafrecht AT, S. 239 f.

267 Vgl. Darstellung bei *Roxin* in ZStW 116 (2004), 929, 938.

268 Vgl. zur Übersicht über h. M. Fn. 29 bei *Jescheck/Weigend*, Strafrecht AT, S. 240.

269 So *Roxin* in ZStW 116 (2004), 929, 938.

270 *Roxin* in ZStW 116 (2004), 929, 938.

271 *Gallas* in: FS-Bockelmann (1979), 162 ff.; *Hirsch* in: FS-Lampe (2003), S. 521; *Hirsch* in ZStW 94 (1982), 239, 241 ff.; Wenngleich in dieser Lehre wohl kein Gesinnungsstrafrecht im engeren Sinne zu erblicken ist, da sich, so *Roxin* zutreffend, immerhin eine Normverletzung im Handlungsunwert manifestiere, vgl. *Roxin* in ZStW 116 (2004), 929, 938.

nach außen in Erscheinung treten, um eine Einschränkung bürgerlicher Freiheit durch das Strafrecht rechtfertigen zu können.[272]

Im Sinne eines subsidiär verstandenen strafrechtlichen Rechtsgüterschutzes sind die objektiv ausgerichteten Tatstrafrechtsmodelle damit grundsätzlich vorzugswürdig. Nicht in der inneren Einstellung des Handelnden zu seiner Handlung, sondern in der durch diese erreichte, wahrnehmbare Beeinträchtigung strafrechtsrelevanter Rechtsgüter liegt der Kern des Unrechtsvorwurfs im liberalen Strafrecht. Jedoch würde eine radikale Beschränkung auf den äußerlich sichtbaren Tatbestandserfolg im Ergebnis ebenfalls zu nicht hinnehmbaren Ausuferungen führen.[273] Daher ist auch die Berücksichtigung täterbezogener, subjektiver Elemente, insbesondere der Schuld, im Sinne eines freiheitlichen Strafrechtsverständnisses von elementarer Bedeutung.[274]

b. Das Verletzungsdelikt

Auch wenn sich die soeben skizzierte radikale Position *Kaufmanns* nicht durchsetzen konnte, ist in der Strafgesetzgebung der vergangenen Jahrzehnte dennoch eine schleichende Abkehr von der äußerlich nachweisbaren Rechtsgutsbeeinträchtigung als dem entscheidenden strafrechtlichen Unrechtsmerkmal zu verzeichnen. Dies äußert sich insbesondere in der Tatsache, dass das abstrakte Gefährdungsdelikt zu einer sehr beliebten Pönalisierungsform[275] im modernen Strafrecht avanciert ist.[276] Das Strafrecht setzt auf diese Weise immer früher an, verliert damit aber zugleich eine für sein subsidiäres Wesen konstitutive Voraussetzung: das Opfer.

---

272 *Jescheck/Weigend*, Strafrecht AT, S. 240; *Roxin* in ZStW 116 (2004), 929, 938; *Mylonopoulos*, Handlungs- und Erfolgsunwert, S. 129.

273 Vgl. etwa zur Erfolgshaftung im frühen Mittelalter: *E. Kaufmann*, Die Erfolgshaftung.

274 *Baumann/Weber/Mitsch*, Strafrecht AT, S. 42; *Joecks* in: MüKo-StGB, Einl. Rn. 46.

275 Vgl. hierzu etwa *Hamm* in NJW 2016, 1537 ff.

276 Vgl. allgemein zu den Entwicklungen im modernen Strafrecht: *Prittwitz*, Strafrecht und Risiko, S. 368 ff.; *Wohlers*, Deliktstypen, S. 33 ff.; *Herzog*, Gesellschaftliche Unsicherheit, S. 38 ff.; *Hefendehl*, Kollektive Rechtsgüter, S. 2; *Zieschang*, Gefährdungsdelikte, S. 13; *Hassemer*, Produktverantwortung, S. 10; *ders.* in ZRP 1992, 378, 381; *ders.* in HRRS 2006, 130, 134 ff. (insb. 136 f.); *Kindhäuser*, Gefährdung, S. 225 ff.

Jene „opferlosen Inkriminierungen"[277] haben zur Folge, dass Verhaltensweisen bestraft werden, bei denen mangels Verletzung oder zumindest konkreter Gefährdung kein Nachweis der tatsächlichen Intensität der jeweiligen Rechtsguteinwirkung erbracht werden muss. Es fehlt schlicht ein nach außen sichtbares Ergebnis der jeweiligen Handlung, das als Maßstab zu ihrer Bewertung herangezogen werden kann. Stattdessen bemisst sich die Strafwürdigkeit bei derartigen Delikten zwangsläufig allein nach der subjektiven Einschätzung des jeweiligen Richters. Dies wiederum hat zur Folge, dass die Verteidigungsmöglichkeiten[278] des Angeklagten hinsichtlich des zentralen Unrechtsaspekts der zur Erörterung stehenden Handlungsweisen auf die Fälle offenkundig rechtswidriger Willkürentscheidungen beschränkt sind.

Hassemer macht in diesem Zusammenhang noch auf einen weiteren, nicht zu unterschätzenden Umstand aufmerksam, die langfristige Verminderung der „Sichtbarkeit des Unrechts:"[279]

> „Im Strafrecht abstrakter Gefährdungen verschwindet das Unrecht, um das es dem Strafrecht doch geht, verschwimmt die Schuld, das Dafür-Können der handelnden Person, auf die das Strafrecht doch antwortet. Das Verletzungsdelikt ist nicht zufällig die zentrale kriminelle Handlungsform; an der Verletzung entzündet sich das Erschrecken und nährt sich der Konflikt, für dessen schonende und grundrechtsfreundliche Verarbeitung die Garantien des Strafrechts und des Verfassungsrechts stehen."[280]

Gleichwohl wäre es sicherlich naiv, davon auszugehen, es sei möglich, im modernen Strafrecht gänzlich auf abstrakte Gefährdungsdelikte zu verzichten.[281] Im Sinne eines freiheitlichen Verständnisses von Strafe, sollte die abstrakte Gefährdungsstrafbarkeit jedoch eine Besonderheit, eine Ausnahme darstellen und der Gesetzgeber sollte diesem Ausnahmecharakter auch bei der Ausgestaltung jener Normen Rechnung tragen und sich an der Wirkweise und Schutzrichtung des klassischen Verletzungsdelikts ausrichten:

Die gesetzgeberische Motivation zum Erlass abstrakter Gefährdungstatbestände sollte daher nicht in der Unmöglichkeit des Erlasses von Verlet-

---

277 *Hassemer* in ZRP 1992, 378, 381.
278 Vgl. auch hierzu Ausführungen bei *Hassemer* in ZRP 1992, 378, 381; *ders.* in HRRS 2006, 130, 136 f.
279 *Hassemer* in ZRP 1992, 378, 381.
280 *Hassemer* in HRRS 2006, 130, 136 f.
281 Dies tut auch *Hassemer* selbstverständlich nicht, vgl. *ders.* in HRRS 2006, 130, 136.

zungsdelikten mit gleichlautender Schutzrichtung bzw. in deren vermeintlich fehlender Praktikabilität liegen, sondern einzig darin, dass bereits der Vornahme jener Handlungen ein strafwürdiger Gefährdungsgrad innewohnt. Zur Bestimmung dessen sollte sich am Verletzungspotential der zu pönalisierenden Verhaltensweise orientiert werden. Nur bei Handlungen, die überhaupt theoretisch dazu in der Lage sind, das jeweils zu schützende Rechtsgut verletzen zu können, sollte die Möglichkeit einer Bestrafung erörtert werden. Fehlt es bereits hieran, dann kann eine Inanspruchnahme des lediglich subsidiären strafrechtlichen Rechtsgüterschutzes nicht legitimiert werden, da es eines derartigen Schutzes vorliegend offenkundig nicht bedarf. Dies spielt insbesondere beim Schutz von Universalrechtsgütern durch abstrakte Gefährdungsdelikte[282] eine zentrale Rolle.

Ferner ist bei der gesetzgeberischen Ausgestaltung abstrakter Gefährdungstatbestände auf eine höchst genaue Beschreibung der zu bestrafenden Handlungsweisen zu achten.[283] Unter Hinweis auf die hohe Bedeutung des fragmentarischen Charakters des liberalen Strafrechts, muss dabei insbesondere das „Risiko" von Strafbarkeitslücken bewusst in Kauf genommen werden. Unter keinen Umständen darf es dagegen das Ziel sein, über eine bewusst vage Formulierung eine möglichst große Vielzahl an Lebenssachverhalten erfassen zu können. Im Gegenteil bedarf es gerade aufgrund der Tatsache, dass abstrakte Gefährdungsdelikte, die wegen der bei ihnen, anders als bei Verletzungsdelikten, oftmals fehlenden Überprüfbarkeit der Rechtsgutsbeeinträchtigung, per se ein hohes Maß an Unbestimmtheit aufweisen, einer umso genaueren Beschreibung der zu bestrafenden Verhaltensweisen.

c. Keine reine Präventionsorientierung

Anhand der prägenden Rolle des Verletzungsdelikts für das liberale Strafrecht lässt sich auch seine repressive und retrospektive Grundausrichtung und damit seine im Vergleich zum ebenfalls auf Rechtsgüterschutz ausgerichteten Gefahrenabwehrrecht unterschiedliche Zielsetzung erläutern:

Anders als das klassische Gefahrenabwehrrecht, welches u. a. in den Polzeigesetzen der Länder geregelt ist, soll ein liberales Strafrecht die Ge-

---

282 Vgl. unten S. 135.
283 Vgl. hierzu *Hassemer* in HRRS 2006, 130, 137.

sellschaft nicht vor unmittelbar bevorstehenden Bedrohungen schützen. Strafrecht, im hier vertretenen Sinne, ist ein Mittel zur Feststellung und individuellen Zurechnung *bereits begangenen* Unrechts und stellt hierfür die adäquaten Reaktionsmöglichkeiten zur Verfügung. Während ersteres zur Aufgabe hat, präventiv einer konkreten Gefahrenlage entgegenzutreten, kommt das Strafrecht für den konkreten Einzelfall stets zu spät, da es überhaupt erst dann ansetzen kann, wenn „das Kind bereits in den Brunnen gefallen" ist.[284] Das Vorliegen einer Rechtsgutsbeeinträchtigung, die, wie gesehen, beim Verletzungsdelikt am deutlichsten zutage tritt, ist die notwendige Voraussetzung dafür, dass die Strafverfolgungsbehörden und die Justiz die ihnen an die Hand gegebenen strafrechtlichen Machtinstrumente überhaupt gegen den Beschuldigten bzw. den Täter richten dürfen.[285]

Dieses Verständnis von Strafe als *R*eaktionsmittel des Staates, das sich in der Erforschung, Betrachtung und schließlich im Umgang mit bereits begangenem Unrecht erschöpft, steht auch nicht im Widerspruch zur eingangs dargestellten Aufgabe des Strafrechts, dem subsidiären Rechtsgüter*schutz*. Auch dem dieser Arbeit zugrundeliegenden Strafrechtsverständnis ist selbstverständlich nicht jeder Zweckgedanke im Strafrecht fremd. Im Gegenteil würde ein rein auf repressive Vergeltung ausgerichtetes Strafrecht den jeweils zu Bestrafenden zu einem bloßen Objekt staatlicher Gewalt herabsetzen.[286] Die mit der Strafandrohung allgemein bzw. mit der konkreten Bestrafung im Einzelfall verbundenen präventiven Zielsetzungen sind auf eine Ermahnung der Gesellschaft, rechtsgutsbeeinträchtigende Eingriffe zu unterlassen bzw. auf eine positive Entwicklung des einzelnen Täters gerichtet, um die Gesellschaft auf lange Sicht vor derartigen Rechtsgutsbeeinträchtigungen zu schützen. Dies darf jedoch nicht mit einer kurzfristigen Abwehr vermeintlich bevorstehender Gefährdungen verwechselt werden.

Damit sich das Gefahrenabwehrrecht in seinem Streben nach Sicherheit nicht uferlos ausdehnt, braucht es von außen auf sich einwirkende Begrenzungen. Aus seiner Zielsetzung, der Gefahrenverhütung und damit der Prävention in seiner unmittelbarsten Form, kann noch keine Begrenzung

---

284 *Freund* in: MüKo-StGB Nebenstrafrecht I, Vor. §§ 95 ff. AMG, Rn. 2; *Jescheck/ Weigend*, Strafrecht AT, S. 4.

285 Vgl. hierzu *Fischer* in Die Zeit 10/2014, S. 4.

286 Vgl. etwa *Hassemer* in WestEnd: Neue Zeitschrift für Sozialforschung 2006, 75, 77.

entnommen werden,[287] da es einen Zustand absoluter Sicherheit, der weitere präventive Maßnahmen überflüssig machen würde, niemals geben kann. Im Gegensatz hierzu ist der retrospektiv-repressive Ansatz des klassischen liberalen Strafrechts selbst bereits Ausfluss einer internen Begrenzung, die für den *ultima-ratio*-Charakter dieses Rechtsgebiets von konstitutiver Bedeutung ist. Eine Anpassung des Strafrechts an die präventiven Ziele des Gefahrenabwehrrechts,[288] etwa in Form einer Kriminalisierung rechtsgutsneutraler Vorbereitungshandlungen, würde den Charakter des Strafrechts daher so grundlegend verändern, dass die auf der Zurückhaltung jenes Rechtsgebiets basierende Intensität seiner Mittel nicht mehr zu legitimieren wäre.[289]

II. Das Gesetzlichkeitsprinzip

In Art. 103 Abs. 2 GG und dem gleichlautenden § 1 StGB ist das Gesetzlichkeitsprinzip als verfassungsrechtliche Regelung festgelegt.[290] Hierin wurde der *Feuerbach*'sche Satz *nulla poena sine lege* kodifiziert.[291] Das Gesetzlichkeitsprinzip vereint in sich zwei Hauptaussagen: Zunächst besagt es, dass es jedem Strafunterworfenen möglich sein soll, vorherzusehen, welches Verhalten strafwürdig ist. Nur der Gesetzgeber, nicht die Judikative oder Exekutive, darf bestimmen, welches Verhalten strafbar sein soll.[292] Ferner soll hiermit im Sinne des *ultima ratio*-Prinzips das Vertrau-

---

287 Siehe hierzu etwa *Cancio Meliá* in GA 2012, 1, 5 f. mit Hinweis auf *Jakobs* in ZStW 97 (1985), 751, 753.
288 Vgl. *Hassemer/Neumann*, in: NK-StGB, Vor. § 1 Rn. 71.
289 Vgl. unten S. 224 ff.
290 *Fischer*, StGB, § 1 Rn. 1; vgl. auch Art. 49 Abs. 1 S. 1, 2 EU-Grundrechtecharta, Art. 7 EMRK, Art. 15 Abs. 1 IPBPR.
291 Vgl. *Feuerbach,* Lehrbuch (1801), § 24; *Schmitz* in: MüKo-StGB, § 1 Rn. 1.
292 Vgl. hierzu: BVerfG NJW 1978, 933, 934: „Es geht einerseits um den rechtsstaatlichen Schutz des Normadressaten: Jedermann soll vorhersehen können, welches Verhalten verboten und mit Strafe bedroht ist. (...) Im Zusammenhang damit soll andererseits sichergestellt werden, daß der Gesetzgeber über die Strafbarkeit entscheidet: Würde die Entscheidung über die Strafbarkeit eines Verhaltens der vollziehenden oder der rechtsprechenden Gewalt überlassen, so wäre dies unvereinbar mit dem Prinzip des Grundgesetzes, daß die Entscheidung über die Beschränkung von Grundrechten oder über die Voraussetzung einer Beschränkung dem Gesetzgeber und nicht den anderen staatlichen Gewalten obliegt."; s. a. BVerfG NJW 1987, 3175; NJW 1995, 1141; NJW 2010, 3209, 3210.

en der Gesellschaft in die Berechenbarkeit der Strafgewalt gewahrt und die bürgerliche Freiheit vor richterlicher Willkür geschützt werden.[293]

Nach allgemeiner Ansicht ist das Gesetzlichkeitsprinzip in vier Geboten speziell ausgeformt:[294] Dem Bestimmtheitsgebot (*lex certa*), das den Gesetzgeber[295] beim Erlass von Strafgesetzen bindet; dem Rückwirkungsverbot (*lex praevia*), das sowohl vom Gesetzgeber als auch vom Strafrichter zu befolgen ist; sowie dem Analogieverbot (*lex stricta*) und dem Verbot strafbegründenden bzw. -verschärfenden Gewohnheitsrechts (*lex scripta*), welche die Judikative in der Rechtsanwendung beschränken. Im Hinblick auf die Problemstellung der vorliegenden Arbeit wird insbesondere dem Bestimmtheitsgebot und dem Analogieverbot große Bedeutung beizumessen zu sein.

1. Das Bestimmtheitsgebot: „Nulla poena sine lege certa"

Das Bestimmtheitsgebot zwingt die Legislative dazu, die von ihr erlassenen Strafgesetze so weit wie möglich zu präzisieren, um zum einen die Bürger genauestens wissen zu lassen, was für ein Verhalten von ihnen erwartet wird, und zum anderen, dem Strafrichter eine klar abgegrenzte Anwendungsanweisung an die Hand zu geben.[296]

Der Wunsch nach einem reinen „Gesetzesstaat", den etwa *Montesquieu* mit dem Satz äußerte, der Richter solle niemals mehr sein als „der Mund des Gesetzes", wird jedoch niemals derart apodiktisch zu verfolgen sein.[297] In einer lebendigen Rechtskultur ist selbst im Strafrecht ein gewisses Maß an gesetzgeberischer Vagheit nötig, die den Richtern eng be-

---

293 *Eser/Hecker* in: Schönke/Schröder, § 1 Rn. 2; *Roxin*, Strafrecht AT I, S. 138 ff.; *Jescheck/Weigend*, Strafrecht AT, S. 132.

294 *Hassemer/Kargl* in: NK-StGB, § 1 Rn. 13 ff.; *Schmitz* in: MüKo-StGB, § 1 Rn. 19 ff.; *Roxin*, Strafrecht AT I, S. 141 ff.; *Maurach/Zipf*, Strafrecht AT I, S. 105 f.; *Jescheck/Weigend*, Strafrecht AT, S. 134 ff.

295 Anders das BVerfG, das einen Verstoß gegen das Bestimmtheitsgebot auch in einer unzureichenden gerichtlichen Subsumtion von Tatbestandsmerkmalen erkennen will: BVerfG in NJW 2010, 754, 756; hierzu krit. *Schmitz* in: MüKo-StGB, § 1 Rn. 48; *Hassemer/Kargl* in: NK-StGB, § 1 Rn. 14a; s. a. *Kuhlen* in: FS-Otto (2007), S. 93 f.; *Herzberg* in: Schünemann-Symposium (2005), S. 31.

296 *Roxin*, Strafrecht AT I, S. 172; *Schmitz* in: MüKo-StGB, § 1 Rn. 39; *Jescheck/Weigend*, Strafrecht AT, S. 136 f.

297 *Montesquieu*, Esprit des Lois (1755), liv. XI chap. VI, S. 318: „La bouche qui prononce les paroles de la loi." zitiert nach *Schmitz* in: MüKo-StGB, § 1 Rn. 40.

grenzte Auslegungsspielräume zugesteht.[298] Nur so können abstrakt-generelle Strafnormen in zufriedenstellender Weise auf konkret-individuelle Einzelfälle anwendbar gemacht werden.[299] Eine Grenze dürfte aber jedenfalls dort überschritten sein, wo der Gesetzgeber bewusst eine unbestimmtere Tatbestandsformulierung einer ihm möglichen bestimmten Alternative vorzieht. Dies kann i. S. v. Art. 103 Abs. 2 GG nicht zulässig sein.[300]

2. Das Analogieverbot: „Nulla poena sine lege stricta"

Wie soeben konstatiert, ist eine gewisse Offenheit im Wortlaut vonnöten, um Strafgesetze für zukünftige, ungewisse Sachverhalte überhaupt anwendbar zu machen. Diese Aufgabe wird dem Strafrichter zuteil, der im Wege der Auslegung die Gesetze mit „Leben" zu erfüllen hat. Der höchstrichterlichen Rechtsprechung zufolge darf die Auslegung auch durchaus weit ausfallen.[301] Eine analoge Auslegung von Strafgesetzen zulasten des Betroffenen im Sinne einer Neuschöpfung oder Ausweitung von Tatbestandsmerkmalen ist aber gem. Art. 103 Abs. 2 GG unzulässig.[302] Der Begriff „Analogie" geht in diesem Zusammenhang über seine übliche Verwendung im juristischen Sprachgebrauch hinaus.[303]

Grundsätzlich ist nach herrschender Meinung die Grenze einer noch zulässigen Auslegung von Strafgesetzen vor der Überschreitung des möglichen Wortsinnes zu ziehen.[304] Was dies jedoch konkret bedeutet, bleibt

---

298 Vgl. *Landau* in ZStW 121 (2009), 965, 974; BGH NJW 1957, 718, 719: „Kein Gesetz verträgt eine starre Begrenzung seiner Anwendbarkeit auf solche Fälle, die der vom Gesetzgeber ins Auge gefassten Ausgangslage entsprechen; denn es ist nicht toter Buchstabe, sondern lebendig sich entwickelnder Geist, der mit den Lebensverhältnissen fortschreiten und ihnen sinnvoll angepasst weitergelten will, solange dies nicht die Form sprengt, in die er gegossen ist."

299 *Hassemer/Kargl* in: NK-StGB, § 1 Rn. 17a ff. m. w. N.; *Vogel*, Norm und Pflicht, S. 328 f.

300 Vgl. *Lenckner* in JuS 1968, 304, 305; *Löwer* in JZ 1979, 621, 625; *Spatscheck/Wulf* in NJW 2002, 2983, 2984; BGH NJW 2004, 2990, 2991.

301 Vgl. BVerfG wistra 2004, 99; s. a. Bsp. bei *Hassemer/Kargl* in: NK-StGB, § 1 Rn. 92.

302 *Jescheck/Weigend*, Strafrecht AT, S. 134; *Fischer*, StGB, § 1 Rn. 21.

303 Vgl. BVerfG NJW 1986, 1671, 1672; *Jescheck/Weigend*, Strafrecht AT, S. 135 m. w. N.

304 Ausführlich *Hassemer/Kargl* in: NK-StGB, § 1 Rn. 76 ff.; *Dannecker* in: LK-StGB, § 1 Rn. 250 m. w. N.; *Roxin*, Strafrecht AT I, S. 148 ff., s. a. Bsp. S. 150 f.;

weithin unklar.[305] Das erklärt sich auch dadurch, dass eine Orientierung am „Wortsinn" wenig weiterhilft, wenn dieser gerade auszulegen ist. Genau genommen, ist so alles eine Frage der Auslegung.[306]

Die vagen Versuche der Lehre, die erforderliche Grenzziehung zu präzisieren, werden in Zeiten immer größerer Unbestimmtheit des auszulegenden Gesetzesmaterials, zusätzlich verwischt.[307] Dies führt letztlich dazu, dass das Analogieverbot in der Praxis trotz seiner grundsätzlichen Anerkennung als quasi irrelevant behandelt (mit Ausnahme einiger Extremfälle) und eine sinn- und zweckgetreue Auslegung einer konsequenten Beachtung des Analogieverbotes vorgezogen wird.[308] Die Lehre scheitert daran, der Rechtsprechung ein hilfreicher Wegweiser dabei zu sein, das Analogieverbot praxistauglicher auszugestalten. Ihre Lösungsansätze präsentieren sich dafür als zu diffus und uneinheitlich.[309]

Überflüssig ist das Analogieverbot trotz allem nicht. Es garantiert die Durchsetzung des Bestimmtheitsgebots auf Rechtsanwendungsebene und fungiert so als dessen „Verlängerung".[310] Zweifel an der Praxistauglichkeit des Analogieverbots dürfen daher keinesfalls dazu führen, auf selbiges verzichten wollen. Vielmehr sollte es als ein stets zur restriktiven Auslegung mahnender Zeigefinger verstanden werden.

III. Prinzip der individuellen Schuld: „Nulla poena sine culpa"

Jede Strafe setzt Schuld voraus. Dieser über Art. 20 Abs. 3 GG i. V. m. Art. 1 Abs. 1 GG verfassungsrechtlich verankerte[311] Grundsatz ist für die Idee eines zurückhaltenden, liberalen Strafrechts von herausragender Be-

---

Fischer, StGB, § 1 Rn. 21; *Schmitz* in: MüKo-StGB, § 1 Rn. 63; BVerfG NJW 1986, 1671, 1672; NJW 1995, 1141; NJW 2010, 3209, 3210.

305 Vgl. *Hassemer/Kargl* in: NK-StGB, § 1 Rn. 83 ff.

306 *Schmitz* in: MüKo-StGB, § 1 Rn. 63.

307 So *Welzel*: „Die eigentliche Gefahr droht dem Grundsatz nulla poena sine lege nicht von der Analogie, sondern von unbestimmten Strafgesetzen", vgl. Zitat bei *Roxin*, Strafrecht AT I, S. 173; *Hassemer/Kargl* in: NK-StGB, § 1 Rn. 70b.

308 *Fischer*, StGB, § 1 Rn. 21; *Hassemer/Kargl* in: NK-StGB, § 1 Rn. 90 und 94; *Grünwald* in ZStW 76 (1964), 1, 2 ff.

309 Vgl. *Hassemer/Kargl* in: NK-StGB, § 1 Rn. 82 und 94 m. w. N.

310 *Hassemer/Kargl* in: NK-StGB, § 1 Rn. 70.

311 Vgl. BVerfGE 20, 323, 331; 80, 244, 255; 86 288, 312 f.; 95, 96, 140; 123, 267, 413; vgl. auch *Lagodny*, Schranken, S. 386.

deutung. In ihm wird die Sonderrolle der strafrechtlichen Sanktion gegenüber anderen staatlichen Eingriffsformen, etwa den strafschuldunabhängigen Maßregeln, besonders deutlich.[312] Strafe darf sich nicht in rein präventiven Erwägungen erschöpfen, sondern nur dann verhängt werden,
wenn dem Täter die Begehung einer rechtswidrigen Tat auch vorgeworfen
werden kann, er schuldhaft gehandelt hat.[313]

Zur Konkretisierung der strafrechtlichen Schuld werden drei Ausprä-
gungsformen von ihr unterschieden: Die *Schuldidee* zur Legitimierung
staatlicher Bestrafung, die *Strafbegründungsschuld* zur Festlegung, unter
welchen Voraussetzungen die Tat dem Täter in vorwerfbarer Weise zugerechnet werden kann, sowie die *Strafzumessungsschuld* zur Bemessung
der konkret zu verhängenden Strafe.[314]

Im Folgenden sollen in gebotener Kürze die Problemfelder des Schuldbegriffs angeschnitten sowie die Funktionen des Einzeltatschuldprinzips
vorgestellt werden.

1. Zum Schuldbegriff

Die strafrechtliche Schuld ist seit jeher Gegenstand großer Diskussionen.
Spätestens seit der *Carolina* ist sie zur Grundlage der Anwendung staatlicher Strafgewalt geworden. Hierdurch wurde es möglich, das Strafrecht
endgültig von der im deutschen Mittelalter lange Zeit präsenten Idee einer
Erfolgshaftung zu lösen, was einen großen zivilisatorischen Fortschritt be-
deutete.[315] Doch auch wenn es seitdem grundsätzlich anerkannt ist, dass es
zur Bestrafung maßgeblich auf eine Verantwortung des Täters für den Tat-
erfolg ankommt, blieb es bis heute umstritten, was diese Verantwortung in
ihrem Kern ausmachen soll. Die Debatte um Inhalt und Maß des strafrechtlichen Schuldbegriffs stellt eines der größten Probleme der deutschen
Strafrechtswissenschaft dar:

Lange war der sog. psychologische Schuldbegriff vorherrschend. Hiernach wurde strafrechtliche Schuld allein als psychische Verbindung zwi-

---

312 *Rudolphi* in: SK-StGB, Vor. § 19 Rn. 1.
313 *Rudolphi* in: SK-StGB, Vor. § 19 Rn. 1; *Kühl* in: Lackner/Kühl, Vor. § 13 Rn. 22.
314 *Kühl* in: Lackner/Kühl, Vor. § 13 Rn. 22; *Eisele* in: Schönke/Schröder, Vor.
     §§ 13 ff., Rn. 107 ff.; *Walter* in: LK-StGB, Vor. § 13 Rn. 172.
315 *Ebel/Thielmann*, Rechtsgeschichte, S. 293; vgl. ferner zum Problem der Erfolgs-
     haftung im frühen Mittelalter *E. Kaufmann*, Die Erfolgshaftung.

schen Täter und Tat verstanden, die sich im Vorsatz oder in der Fahrlässigkeit des Täters äußerte.[316] Anfang des 20. Jahrhunderts wurde der psychologische Schuldbegriff langsam durch den bis heute als herrschend anzusehenden normativen Schuldbegriff abgelöst.[317] Als wesentliche Neuerung wurde hierdurch das Merkmal der Vorwerfbarkeit ins Zentrum gerückt.[318] In einer 1907 erschienenen Schrift wies *Frank* daraufhin, dass Schuldausschließungsgründe nicht durch einen rein psychologischen Schuldbegriff zu erklären seien.[319] Hierzu sei ein wertendes Element erforderlich. Ein Verhalten sei jemandem dann zur Schuld anzurechnen, wenn man ihm einen Vorwurf daraus machen könne, dass er es eingeschlagen habe.[320]

Obwohl der normative Schuldbegriff und die damit verbundene Einsicht, dass die Schuld neben der subjektiven Einstellung des Täters zur Tat noch ein wertendes Element benötigt,[321] mittlerweile allgemeine Anerkennung gefunden haben, wurde zu keinem Zeitpunkt eine explizite Definition der Schuld im StGB niedergeschrieben.[322] Die wohl bis heute einflussreichste Beschreibung des normativen Schuldbegriffs wurde vom BGH in einer Entscheidung aus dem Jahre 1952 aufgestellt:

> „Strafe setzt Schuld voraus. Schuld ist Vorwerfbarkeit. Mit dem Unwerturteil der Schuld wird dem Täter vorgeworfen, daß er sich nicht rechtmäßig verhalten, daß er sich für das Unrecht entschieden hat, obwohl er sich rechtmäßig verhalten, sich für das Recht hätte entscheiden können. Der innere Grund des Schuldvorwurfes liegt darin, daß der Mensch auf freie, verantwortliche, sittliche Selbstbestimmung angelegt und deshalb befähigt ist, sich für das Recht und gegen das Unrecht zu entscheiden, sein Verhalten nach den Normen des rechtlichen Sollens einzurichten und das rechtlich Verbotene zu vermeiden, sobald er die sittliche Reife erlangt hat und solange die Anlage zur freien, sittlichen Selbstbestimmung nicht (...) vorübergehend gelähmt oder auf Dauer zerstört ist."[323]

---

316 *Roxin*, Strafrecht AT I, S. 855 f.; *Baumann/Weber/Mitsch*, Strafrecht AT, S. 431; *Eisele* in: Schönke/Schröder, Vor. §§ 13 ff., Rn. 113; *Achenbach*, Schuldlehre, S. 62 ff.; so etwa vertreten von *von Buri* (Ueber Causalität und deren Verantwortung), *Löffler* (Die Schuldformen des Strafrechts) und *von Liszt* (z. B. im Lehrbuch (1919)).
317 *Roxin*, Strafrecht AT I, S. 856.
318 *Baumann/Weber/Mitsch*, Strafrecht AT, S. 432; *Eisele* in: Schönke/Schröder, Vor. §§ 13 ff., Rn. 113.
319 *Frank*, Schuldbegriff, S. 6.
320 *Frank*, Schuldbegriff, S. 12.
321 *Baumann/Weber/Mitsch*, Strafrecht AT, S. 432; *Roxin*, Strafrecht AT I, S. 858.
322 *Kindhäuser* in: FS-Hassemer (2010), S. 761.
323 BGHSt 2, 194, 200.

Obwohl diese Entscheidung des BGH unzählige Male als Schulddefinition zitiert wurde, ist der konkrete Inhalt des Schuldvorwurfs in der Literatur umstritten geblieben:[324] Teilweise wird auf die „Zumutbarkeit normgemäßen Verhaltens"[325] oder auf das „Andershandelnkönnen" des Täters[326] abgestellt. Andere wollen eine sich in der Tat offenbarte „rechtlich missbilligte Gesinnung"[327] mitberücksichtigen. Zu erwähnen ist hier auch der in jüngerer Zeit von *Hörnle* unternommene Versuch, den Begriff der Schuld aus dem Strafrecht zu entfernen und den geltenden Schuldvorwurf durch einen Unrechtsvorwurf zu ersetzen.[328]

Da der Schuldbegriff nicht auf die bloße Vorwerfbarkeit (die nur *eine* Eigenschaft der Schuld sei) zu reduzieren sei, wird von der h. L. ein sog. komplexer Schuldbegriff[329] favorisiert. Dieser enthalte objektive und subjektive, deskriptive und normative, positive und negative Merkmale:[330] „In der Zusammenfassung von Objekt der Wertung und Wertung des Objekts ist der Schuldbegriff (...) notwendig komplexer Natur."[331]

Aber auch wenn Schuld nach Ansicht der h. L. nicht mit Vorwerfbarkeit gleichzusetzen ist, so ist dies dennoch das Merkmal, an dem sich die intensivste Debatte zur Legitimität strafrechtlicher Schuld entfacht. Hier wird die Frage nach der Willensfreiheit des Menschen berührt, auf die der BGH ganz ausdrücklich seinen Schuldvorwurf stützt. Nur über das, was als für den Täter individuell vermeidbar angesehen werden kann, soll überhaupt ein Vorwurf erhoben werden können.[332] Jene ewige Diskussion über In- bzw. Determinismus menschlichen Verhaltens wurde in den letzten Jahrzehnten durch die Ergebnisse der Hirnforschung weiter befeuert

---

324 *Kindhäuser* in: FS-Hassemer (2010), S. 761 f.; *Eisele* in: Schönke/Schröder, Vor. §§ 13 ff. Rn. 115; *Hörnle*, Kriminalstrafe, S. 57.
325 Vgl. Fundstellen bei *Eisele* in: Schönke/Schröder, Vor. §§ 13 ff. Rn. 116.
326 Siehe Darstellung bei *Roxin*, Strafrecht AT I, S. 860.
327 *Gallas* in ZStW 67 (1955), 1, 45 f.
328 *Hörnle*, Kriminalstrafe, S. 49 ff.; hierzu kritisch und i. E. zutreffend *Herzberg* in GA 2015, 250, 251 f.: „Ich vermag zwischen „vorwerfbar begangenem Unrecht" und „schuldhaft begangenem Unrecht" keinen Unterschied zu erkennen. Von der herrschenden schuldstrafrechtlichen Betrachtungsweise weicht erst ab, wer generell darauf verzichtet, den Menschen ihre Taten zum Vorwurf zu machen."
329 Vgl. allgemein *Baumann/Weber/Mitsch*, Strafrecht AT, S. 435.
330 So *Kaufmann*, Schuldprinzip, S. 182.
331 *Eisele* in: Schönke/Schröder, Vor. §§ 13 ff., Rn. 114.
332 *Hirsch* in ZStW 106 (1994), 746, 749 f.

und es macht den Anschein, als habe die deterministische Sichtweise verstärkt Zulauf erhalten.[333]

Nicht zuletzt, um diese Problematik zu umgehen, wird von Teilen der Lehre daher der Versuch unternommen, dem normativen Schuldbegriff einen funktionalen entgegenzusetzen.[334] Als ein Beispiel hierfür sei etwa der Ansatz *Jakobs'* genannt, wonach sich der Inhalt der Schuld am Zweck der Strafe orientieren soll, den *Jakobs* in der Generalprävention sieht. Nach diesem auf Grundlage der *Luhmann'*schen Systemtheorie entwickelten Schuldbegriff ist Schuld lediglich ein Derivat der Generalprävention:[335]

> „Präveniert wird dabei dem Verlust der normativen Struktur der Gesellschaft, und das heißt, es soll gesichert werden, dass die deliktische Bedeutung eines Verhaltens weiterhin als nicht anschlussfähig zu gelten hat."[336]

Hiernach soll strafrechtliche Schuld nur dann vorliegen, wenn eine Bestrafung unter generalpräventiven Gesichtspunkten erforderlich erscheint.[337]

Dieser Reduzierung der Schuld auf bloße Zweckmäßigkeitserwägungen wird zu Recht vehement widersprochen: Schuld sei nicht die Folge, sondern die Ursache des Präventionszweckes der Strafe, womit Präventionsbedürfnisse Schuld weder begründen noch beseitigen könnten.[338] Werde Schuld an der Generalprävention und nicht diese an jener ausgerichtet, dann verliere der Schuldgedanke seine eigenständige Bedeutung, die u. a. darin liege, dass er der generalpräventiven Einwirkung Grenzen setze.[339] Damit gebe diese Lehre die strafbarkeitseinschränkende Funktion des Schuldprinzips im Hinblick auf die Generalprävention preis. Die Strafbarkeit des Einzelnen richte sich nicht mehr nach Umständen, die in seiner Person lägen, sondern danach, was vermeintlich zur Einübung der Bürger

---

333 *Hirsch* in ZStW 106 (1994), 746, 751 m. w. N.; vgl. hierzu *Eisele* in: Schönke/Schröder, Vor. §§ 13 ff. Rn. 110 ff.; *Kindhäuser* in: FS-Hassemer (2010), S. 762 m. w. N.; *Kühl* in: Lackner/Kühl, Vor. § 13 Rn. 26a; *Hörnle*, Kriminalstrafe, S. 15 ff.

334 *Hirsch* in ZStW 106 (1994), 746, 752; *Walter* in: LK-StGB, Vor. § 13 Rn. 172.

335 *Jakobs*, Schuld und Prävention, S. 8 ff.; *ders.* in ZStW 101 (1989), 516; *ders.* in ZStW 118 (2007), 831, 852 ff.; *ders.* in: FS-Kühl (2014), S. 282; vgl. auch Darstellung bei *Roxin*, Strafrecht AT I, S. 866 f.

336 *Jakobs* in: FS-Kühl (2014), S. 282.

337 Vgl. hierzu *Herzberg* in GA 2015, 250, 255.

338 *Baumann/Weber/Mitsch*, Strafrecht AT, S. 436.

339 *Eisele* in: Schönke/Schröder, Vor. §§ 13 ff. Rn. 117.

in Rechtstreue, zur Stabilisierung ihres Ordnungsvertrauens notwendig sei.[340]

Ohne nun weiter auf die Diskussion um die genaue Gestalt des strafrechtlichen Schuldbegriffs eingehen zu wollen und erst recht ohne einen eigenen umfassenden Schuldbegriff präsentieren zu können, ist es mir an dieser Stelle nur daran gelegen, hervorzuheben, dass es für ein freiheitliches Verständnis von Strafe von fundamentaler Bedeutung ist, den Schuldvorwurf zentral an der Frage der individuellen Vermeidbarkeit[341] zu orientieren:

Es mag eine Vielzahl philosophischer oder neurologischer Gründe dafür geben, die Existenz eines freien Willens des Menschen in Zweifel zu ziehen. Wer menschliche Entscheidungen danach als determiniert erachtet, der müsste sich aber auch konsequenterweise für die Abschaffung der Strafe zugunsten eines umfassenden Systems staatlicher Zwangstherapien und Verwahrstellen einsetzen.[342] Soll jedoch weiterhin auf rechtsstaatliche Weise Strafe verhängt werden, dann wird dies nicht ohne einen Schuldvorwurf möglich sein, der den Aspekt der Vermeidbarkeit umfasst. Dies gilt unabhängig davon, ob sich das Bestehen einer Willens- oder Entscheidungsfreiheit des Menschen letztlich empirisch beweisen lässt oder nicht, da auf dieser Annahme nicht nur das hergebrachte Verständnis von Strafschuld basiert, sondern unsere gesamte Gesellschaftsordnung sowie das Er-/Leben jedes Einzelnen.[343]

Sollte sich der Gedanke der Willensfreiheit einst tatsächlich als Illusion herausstellen und gesamtgesellschaftlicher Konsens darüber bestehen, dass der Einzelne keinen näheren Einfluss auf sein Verhalten hat, dann wird dies eine so grundlegende Umstrukturierung des gesamten menschlichen Zusammenlebens zur Folge haben, dass die sich in einem rechtsstaatlichen Strafrecht stellenden Fragen gänzlich bedeutungslos würden. Solange aber die Willensfreiheit als soziale Realität anerkannt ist,[344] würde die Bestrafung von für den Täter Unvermeidbarem weder in Hinblick auf die in einem Rechtsstaat mit der Strafe verfolgten Zwecke legitimierbar

---

340 *Roxin*, Strafrecht AT I, S. 866.
341 So auch *Hirsch* in ZStW 106 (1994), 746, 750; *Jescheck* in: LK-StGB (11.Aufl.), Vor. § 13 Rn. 73 m. w. N.
342 Vgl. *Kindhäuser* in: FS-Hassemer (2010), S. 763.
343 Vgl. *Walter* in: LK-StGB, Vor. § 13 Rn. 163 m. w. N.
344 Und damit nicht nur als bloße Fiktion: Vgl. *Hirsch* in ZStW 106 (1994), 746, 764 f.; *Schünemann* in GA 2015, 274, 278 f.

sein,[345] noch ließe sich so eine Grenze zwischen strafbarer und strafloser Erfolgsherbeiführung ziehen, bei der das Individuum nicht zu einem bloßen Objekt staatlicher Machtinteressen[346] verkommen würde. Darin, dass es nach dem normativen Schuldverständnis dem Staat nur dann möglich sein soll, einen Strafvorwurf gegenüber einem seiner Bürger zu erheben, wenn er es vermag, diesem nachzuweisen, dass der fragliche Erfolgseintritt für ihn vermeidbar gewesen wäre, liegt letztlich eine der bedeutendsten Schutzmauern gegen den Missbrauch staatlicher Strafgewalt und damit ein Kernstück liberalen Strafrechts.

2. Die individuelle Einzeltatschuld

Aus dem geltenden Schuldprinzip folgt, dass die strafrechtliche Schuld niemals mehr als die individuelle Einzeltatschuld erfassen darf.[347] Hieraus lassen sich drei wichtige Konsequenzen ziehen, die die strafrechtseinschränkende Funktion des Schuldelements deutlich machen:

a. Keine Beurteilung des Charakters oder der Lebensführung

Zunächst wird über die Beschränkung der Schuld auf die konkrete Einzeltat all den Versuchen, mithilfe des Strafrechts Urteile über den Charakter oder die Lebensführung des Handelnden fällen zu wollen, eine klare Absage erteilt.

Bereits aus der oben getroffenen Feststellung,[348] dass es sich bei unserem Strafrecht nicht um ein Täter- sondern um ein Tatstrafrecht handelt, ergibt sich, dass durch die Bestrafung eines Täters nicht seine Person, sondern ausschließlich sein rechtsgutbeeinträchtigendes Verhalten bewertet

---

345 Vgl. hierzu Ausführungen bei *Schünemann* in GA 2015, 274, 278.

346 Vgl. hierzu auch das i. E. gesellschaftsvertragliche Argument von *Kindhäuser* in: FS-Hassemer (2010), S. 774.

347 *Baumann/Weber/Mitsch*, Strafrecht AT, S. 437; *Eisele* in: Schönke/Schröder, Vor. §§ 13 ff. Rn. 105/106; *Maurach/Zipf*, Strafrecht AT I, S. 471 ff.; *Kaufmann*, Schuldprinzip, S. 187 ff.

348 Vgl. oben S. 76.

werden soll. Hierzu analog ist der „Anknüpfungspunkt für das Schuldurteil die konkrete Tat und die in ihr aktualisierte Schuld."[349]

Durch diese Beschränkung des strafschulderheblichen Sachverhalts auf die konkrete Einzeltat wird sichergestellt, dass das, was der Staat für strafwürdig erachtet, objektiv bestimmbar bleibt und die Schuldfeststellung nicht einer willkürlichen Bewertung der Lebensführung bzw. des Charakters des Täters durch die Gerichte unterliegt.[350] Abgesehen von der Tatsache, dass eine solche Bewertung nach rechtsstaatlichen Maßstäben ohnehin nicht zu realisieren wäre, würde sie zudem in eklatantem Widerspruch zur freiheitlichen Grundausrichtung unseres Staates stehen und damit auch der subsidiären Ausrichtung des Strafrechts zuwiderlaufen: Der Staat darf die ihm durch das Strafrecht zustehenden Mittel der Freiheitseinschränkung nur bei einer Verletzung strafrechtlicher Verhaltensnormen einsetzen, nicht bereits, wenn die Lebensweise eines „Täters" im Widerspruch zur Mehrheitsmeinung steht oder er allein aufgrund derselben als gefährlich eingestuft wird. Zur Strafbegründung ist der Staat damit auf die Frage reduziert, ob ein Straftatbestand verwirklicht wurde und ob dies dem jeweiligen Täter auch vorgeworfen werden kann. Hiervon unberührt bleibt indes die Möglichkeit, bei der nachrangig zu klärenden Frage der Strafzumessung auch den Lebenshintergrund des Täters mit zu berücksichtigen.[351]

b. Keine sittliche Schuld

Daraus, dass die Erörterung über die Schuld zwingend erst nach Feststellung der tatbestandsmäßigen, rechtswidrigen Erfüllung eines Straftatbestandes und nur hierüber geführt werden kann, ergibt sich ferner, dass es sich bei der Schuld nicht um einen sittlichen, sondern allein um einen strafrechtlichen Vorwurf handeln kann.[352] So lassen sich unzählige Beispiele für „unsittliche" Verhaltensweisen finden, die aufgrund ihrer fehlenden Normierung strafrechtlich irrelevant sind. Auf der anderen Seite wird

---

349 *Eisele* in: Schönke/Schröder, Vor. §§ 13 ff. Rn. 105/106; *Kaufmann*, Schuldprinzip, S. 189.
350 *Roxin*, Strafrecht AT I, S. 880; *Baumann/Weber/Mitsch*, Strafrecht AT, S. 440.
351 *Maurach/Zipf*, Strafrecht AT I, S. 473; *Eisele* in: Schönke/Schröder, Vor. §§ 13 ff. Rn. 105/106; *Baumann/Weber/Mitsch*, Strafrecht AT, S. 440.
352 *Hirsch* in ZStW 106 (1994), 746, 747; *Maurach/Zipf*, Strafrecht AT I, S. 415.

hierdurch ermöglicht, auch sittlich neutrale Verhaltensweisen, wie sie etwa bei lediglich fahrlässig realisierten Rechtsgutsbeeinträchtigungen vorliegen können, einer strafrechtlichen Bewertung zuzuführen.[353]

c. Keine täterfremde Schuld

Schließlich hat die Beschränkung des Schuldurteils auf die individuelle Einzeltat zur Folge, dass nur die im Unrecht dieser Tat zutage getretene Schuld des Täters selbst Berücksichtigung finden darf. Eine Zurechnung fremder Schuld widerspricht dem höchstpersönlichen Charakter des Schuldvorwurfs.[354]

Ausdrücklich ist dies in der in § 29 StGB festgelegten selbständigen Strafbarkeit des Beteiligten festgeschrieben. Nach dem in § 29 StGB festgelegten Prinzip der limitierten Akzessorietät kann den Tätern bzw. Teilnehmern an einer Straftat zwar das von anderen Beteiligten realisierte Unrecht zugerechnet werden, nicht dagegen deren Schuld. Diese ist bei jedem Beteiligten individuell zu bestimmen.[355]

Was unter Beteiligten ausdrücklich festgeschrieben ist, muss erst recht dort gelten, wo nicht einmal die besonderen Voraussetzungen einer Beteiligungsstrafbarkeit vorliegen. Daher muss auch eine Bestrafung für gänzlich fremdes Unrecht (sog. Bestrafung *ex iniuria tertii*)[356] zwingend ausscheiden, da hier mangels Zurechenbarkeit des Unrechts selbst niemals eine individuelle Bestimmbarkeit der Schuld möglich sein kann.

D. Zusammenfassung

Die Vorstellung des liberalen Ursprungs unseres Strafrechts und seiner hieraus entspringenden Grundsätze, der dieser Abschnitt gewidmet war, sollte nicht dazu dienen, jegliche Modifikation des Strafrechts verhindern oder stur eine antiquierte Rechtsauffassung konservieren zu wollen. Ziel war es, zu verdeutlichen, dass jede Anpassung an die Umstände, die der

---

353 *Baumann/Weber/Mitsch*, Strafrecht AT, S. 441.
354 *Eidam*, Straftäter Unternehmen, S. 116; *Sachs* in: Unternehmensstrafrecht, S. 200.
355 *Kühl* in: Lackner/Kühl, § 29 Rn. 1 f.; *Schünemann* in: LK-StGB, § 29 Rn. 1.
356 *Roxin*, Strafrecht AT I, S. 39.

gesellschaftliche Wandel mit sich bringt, auf dem Boden der Liberalität erfolgen sollte. Nur dann und nur soweit kann das Strafrecht seine freiheitsstiftende und freiheitssichernde Funktion auch weiterhin erfüllen und damit seiner Rolle in der Gesamtrechtsordnung unseres Rechtsstaates gerecht werden.

Dies gilt auch und speziell im Hinblick auf die Spannungen, die sich aus der zunehmenden Komplexität unserer modernen Gesellschaft auf der einen und der rein individualistischen Ausrichtung des geltenden deutschen Strafrechts auf der anderen Seite ergeben. So darf insbesondere die Unmöglichkeit, auf Personenverbände strafrechtlich zugreifen zu können, nicht zu einer Verwischung derjenigen Prinzipien verleiten, die für dessen liberale Grundausrichtung von konstitutiver Bedeutung sind. Der fragmentarische Charakter des Individualstrafrechts ist auch hier weiterhin Ausdruck eines Schutzes des Individuums vor ungerechtfertigter strafrechtlicher Inanspruchnahme und darf nicht allgemein als zu behebende Strafbarkeitslücke missverstanden werden.

Die Grundsätze des liberalen Strafrechts haben u. a. in der Philosophie des Gesellschaftsvertrages ihren Ursprung und im *ultima ratio*-Prinzip ihre gemeinsame Grundlage. Danach hat das Strafrecht lediglich subsidiär, als letztes Mittel der Sozialkontrolle, den Schutz von Rechtsgütern sicherzustellen. Um die Einhaltung dieses subsidiären Charakters des Strafrechts aus sich heraus zu gewährleisten, ist es eine zentrale, kriminalpolitische Aufgabe liberaler Strafrechtswissenschaft, kritisch zu hinterfragen, welche Rechtsgüter überhaupt in legitimer Weise den Schutz des Strafrechts in Anspruch nehmen dürfen. Hierzu bietet es sich zum einen an zu überprüfen, ob das fragliche Rechtsgut einen schutzwürdigen Träger aufweist, zum anderen, ob davon auszugehen ist, dass ein individueller Akteur jemals dazu in der Lage sein kann, dieses in strafrechtserheblicher Weise zu beeinträchtigen.

In der konkreten Anwendung bedeutet dies, dass liberales Strafrecht ein an der feststellbaren Rechtsgutsbeeinträchtigung orientiertes Tatstrafrecht sein muss und sich bei der Strafbegründung nicht an der Person des Täters orientieren darf, sondern nur am Ergebnis seines Verhaltens. Das Strafrecht als *ultima ratio* ist das staatliche Mittel zur Bewertung und Bestrafung bereits *begangener* Rechtsgutsbeeinträchtigungen und darf demnach nicht zur konkreten Verhütung ggf. bevorstehenden Unrechts oder einer Kriminalisierung „böser" Gesinnungen missbraucht werden. Um dies sicherzustellen, sollte das Verletzungsdelikt auch in Zukunft die regelmäßige Tatbestandsform, zumindest aber die Referenz zur Bewertung der Legitimität anderer Tatbestandsformen, insbesondere des abstrakten Gefährdungsdelikts, bleiben.[357]

Eine wichtige Rolle als Grundprinzip zum Schutz vor einer zu starken Ausdehnung strafrechtserheblicher Verantwortungsbereiche spielt ferner das Bestimmtheitsgebot. Die möglicherweise bestehende Unfähigkeit, komplexe Strukturen innerhalb von Kollektiven durchdringen zu können, darf der Gesetzgeber nicht dadurch zu umgehen versuchen, dass er es der Rechtsprechung mit Hilfe bewusst vager Tatbestandsformulierungen (etwa durch Verwendung unbestimmter bzw. eher offener Rechtsbegriffe)[358] ermöglicht, in immer weitreichenderem Maße Handlungsbereiche von Individuen straftatbestandlich erfassen zu können, nur um so mit Sicherheit einen „Verantwortlichen" ausfindig machen zu können.[359] Gleiches gilt für die Rechtsprechung selbst: Auch ihr muss es untersagt sein, die Verantwortungsproblematik innerhalb von Kollektiven mit Hilfe zu extensiver Auslegungsmethoden „lösen" zu wollen.

Des Weiteren ist streng auf die Einhaltung des Schuldprinzips in Form der individuellen Einzeltatschuld zu achten. Der durch das Strafrecht zu erhebende Vorwurf ist nur dann legitim, wenn das den Vorwurf auslösende Verhalten des Täters für diesen individuell vermeidbar gewesen ist. Allen naturwissenschaftlichen und philosophischen Bedenken hinsichtlich der Existenz menschlicher Willens- bzw. Entscheidungsfreiheit zum Trotz, ist ihre Annahme ein zentraler Bestandteil der sozialen aber auch der individuellen Realität, sodass ihre Beachtung für die Aufstellung von Verhaltensregeln in unserem Rechtsstaat unerlässlich ist. In besonderem Maße muss dies für das Strafrecht gelten. Die Strafrechtsschuld in einem liberalen Rechtsstaat ist zwingend eine individuelle Einzeltatschuld. Dies besagt, dass für die Begründung der Schuld weder die Lebensführung noch der Charakter des Täters von Bedeutung sein dürfen, sondern allein die von ihm verwirklichte Tat. Ferner erfolgt durch sie allein eine strafrechtliche, keine sittliche Bewertung. Schließlich darf die strafrechtliche Schuld niemals über die individuelle Schuld, wie sie in der einzelnen begangenen Tat zutage getreten ist, hinausgehen. Eine Zurechnung fremder Schuld hat

---

357 *Zaczyk* in: NK-StGB, § 22 Rn. 3; *Hillenkamp* in: LK-StGB, Vor. § 22 Rn. 6; *Hassemer* in NStZ 1989, 553, 558.

358 Vgl. *Hassemer*, Produktverantwortung, S. 10, 16; s. a. *Naucke*, Generalklauseln, S. 3 und *Schünemann*, Nulla poena sine lege?, S. 6.

359 Siehe Bsp. bei *Hassemer/Kargl* in: NK-StGB, § 1 Rn. 41.

ebenso zwingend zu unterbleiben, wie die Einbeziehung vermeintlicher gesellschaftlicher Notwendigkeiten.

Drittes Kapitel: Individualstrafrechtlicher Rechtsgüterschutz in Zeiten komplexer Bedrohungslagen

Nachdem zu Beginn dieser Arbeit der gesellschaftliche Hintergrund der modernen Kriminalpolitik sowie das liberale Fundament des Strafrechts vorgestellt wurden, soll nun auf die Versuche des Gesetzgebers eingegangen werden, das geltende Individualstrafrecht an die komplexe Struktur unserer Gesellschaft anzupassen und hierzu auf Grundlage der im zweiten Teil erläuterten Prinzipien des freiheitlichen Strafrechts kritisch Stellung genommen werden. Da im Rahmen dieser Arbeit keine abschließende Untersuchung des gesamten modernen Strafrechts geleistet werden kann, habe ich mich dazu entschlossen, mich dabei an der Kernaufgabe des Strafrechts zu orientieren, dem subsidiären Rechtsgüterschutz.

So wird im Folgenden zu analysieren sein, ob der Gesetzgeber diese Aufgabe in Hinblick auf die komplexen und regelmäßig kollektiv bedingten modernen Bedrohungslagen entgegen der traditionell engen, individualbezogenen Ausrichtung des Strafrechts zu weit ausdehnt.

Diese Ausweitungstendenzen des Rechtsgüterschutzes machen sich zunächst auf Ebene der für strafrechtlich schutzwürdig erklärten Rechtsgüter selbst bemerkbar. Immer häufiger werden Universalrechtsgüter dem Schutz des Strafrechts unterstellt. Ich werde deren Legitimität auf zwei Ebenen untersuchen: Auf erster Ebene hinsichtlich der Frage, ob diese überindividuellen Rechtsgüter bezogen auf den *ultima ratio*-Grundsatz des Strafrechts überhaupt schutzwürdige Träger aufweisen. Wo dies der Fall ist, wird sodann auf zweiter Ebene zu untersuchen sein, ob diese Straftatbestände auch Verhaltensweisen von Individuen unter Strafen stellen, durch die jene Rechtsgüter tatsächlich beeinträchtigt werden können.

Die Ausweitung des strafrechtlichen Rechtsgüterschutzes zeigt sich neben der Schaffung neuer Universalrechtsgüter ferner in der Tendenz, den Schutzbereich des Individualstrafrechts auch in zeitlicher Hinsicht immer weiter auszudehnen. Die zunehmende Präventionsorientierung des Strafrechts äußert sich dabei insbesondere durch eine extensive Pönalisierung rechtsgutsneutraler Vorbereitungshandlungen. Auch hierbei stellt sich die Frage, wie diese Inkriminierungen von Verhaltensweisen, die weit vor einer tatsächlichen Rechtsgutsbeeinträchtigung liegen, mit der eigentlich zurückhaltenden Konzeption des Strafrechts zu vereinbaren sind.

Zwar handelt es sich sowohl bei den Universalrechtsgütern als auch bei den Vorverlagerungen um allgemeine Tendenzen der modernen Strafgesetzgebung, jedoch scheint es, als ob diese Mittel besonders gerne dort eingesetzt werden, wo es um eine strafrechtliche Erfassung komplexer Bedrohungslagen geht also um Bereiche, die jenseits der klassischen, individuell verursachten Rechtsgutsbeeinträchtigung liegen. Auch die Gebiete, in denen auf diese Mittel in besonderem Umfang zurückgegriffen wird, erlauben diesen Rückschluss: Das Wirtschafts- und Umweltstrafrecht sowie das organisierte Verbrechen und der Terrorismus.

A. Universalrechtsgüter

I. Universalrechtsgüter im System des strafrechtlichen Rechtsgüterschutzes

Die klassischen Individualrechtsgüter wie das Leben, die körperliche Unversehrtheit oder das Vermögen finden sich aufgrund ihrer immensen Bedeutung für die Existenz jedes Einzelnen in nahezu allen bekannten Rechtsordnungen wieder.[360] Um lebens- und funktionsfähig zu sein, ist es für eine moderne Gesellschaft jedoch darüber hinaus notwendig, auch Rechtsgüter zu schützen, die nicht nur jedem Einzelnen individuell zustehen, sondern der Allgemeinheit als Ganzes. Man denke beispielsweise an die äußere Sicherheit des Staates oder das staatliche Besteuerungsrecht. Zur besseren Systematisierung der Rechtsgüter hat sich daher die Auffassung durchgesetzt, dass unsere Strafrechtsordnung sowohl Individual- als auch Universalrechtsgüter zu schützen habe.[361]

Damit ein Rechtsgut tatsächlich als überindividuell anerkannt wird, reicht es allerdings nicht aus, dass es von einem spezifischen Kollektiv (etwa einem einzelnen Verein) innerhalb der Gesellschaft getragen wird. Es ist vielmehr erforderlich, dass kein Mitglied der Gesellschaft davon ausgeschlossen werden darf, andernfalls bleibt es Individualrechtsgut.[362]

---

360 *Hassemer*, Theorie, S. 71; *Baumann/Weber/Mitsch*, Strafrecht AT, S. 12 f.

361 *Anastasopoulou*, Schutz kollektiver Rechtsgüter, S. 27 f. (vgl. dort zu den unterschiedlichen Bezeichnungen (Universalrechtsgüter, überindividuelle Rechtsgüter, Gesamtrechtsgüter usw.) Fn. 212 ff.); *Hefendehl* in: Die Rechtsgutstheorie, S. 121.

362 *Kuhlen* in ZStW 105 (1993), 697, 704; *Hefendehl*, Kollektive Rechtsgüter, S. 19.

Ein weiteres konstitutives Merkmal von Universalrechtsgütern ist ihre sog. „Nicht-Distributivität". Danach muss eine Teilbarkeit des Rechtsgutes unmöglich sein, denn soweit die Möglichkeit besteht, es anteilig Individuen zuordnen zu können, kann es nicht mehr der Allgemeinheit als Ganzes zustehen.[363]

Auch wenn in der Lehre über das Nebeneinander von Individual- und Universalrechtsgütern grundsätzlich Einigkeit herrscht, variieren die Begründungsansätze und Ausgestaltungen zur Trägerschaft von Universalrechtsgütern zum Teil erheblich. Hierbei tritt zu Tage, welch immense Bedeutung die Diskussion um die Legitimation der Rechtsgutträgerschaft jenseits rein strafrechtsdogmatischer Fragen[364] für die Ausrichtung des gesamten Strafrechtssystems hat. Im Wesentlichen lassen sich zwei Ausrichtungen unterscheiden, die dualistischen und die monistischen Rechtsgutstheorien:[365]

Die insbesondere von *Tiedemann* vertretene dualistische Sicht verzichtet darauf, einen gemeinsamen Oberbegriff der kollektiven und individuellen Rechtsgüter zu suchen und belässt es im Wesentlichen dabei, die faktisch bestehende Unterscheidung festzustellen. Danach werden die beiden unterschiedlichen Arten von Rechtsgütern ohne einen sie einenden Metabegriff gänzlich unabhängig voneinander einfach nebeneinander- bzw. gegenübergestellt, was eine klare und scheinbar präzise Trennung ermöglichen soll.[366]

Wenn man aber zwei so gegensätzliche Aufgaben wie den Schutz von Individualinteressen auf der einen und von Kollektivinteressen auf der anderen Seite durch das Strafrecht erfüllt wissen möchte, kommt man nicht umhin, auch bestimmen zu müssen, wozu sich der Staat überhaupt seiner Strafgewalt bedienen darf. Daher ist eine allgemeine Festlegung des *telos* strafrechtlichen Rechtsgüterschutzes unabhängig von seiner jeweiligen kollektiven oder individuellen Schutzrichtung vonnöten, weil dieser sonst beliebig und willkürlich zu werden droht. Zu Recht wirft die monistische Gegenansicht der dualistischen Rechtsgutskonzeption daher vor, dass ohne

---

363 *Hefendehl* in: Die Rechtsgutstheorie, S. 126; *Wittig* in ZStW 107 (1995), 251, 262 f.

364 Z. B. die Frage nach den Dispositions- oder Notwehrbefugnisse der jeweiligen Rechtsgutsträger.

365 *Hassemer*, Theorie, S. 68 ff.; *Hohmann*, Umweltdelikte, S. 58 ff.

366 *Tiedemann*, Tatbestandsfunktionen, S. 119 f.; *Hohmann*, Umweltdelikte, S. 58 ff.; *Hassemer/Neumann* in: NK-StGB, Vor. § 1 Rn. 128.

jenen gemeinsamen Oberbegriff weder klar werde, welche Aufgabe das Strafrecht verfolge, noch, wie diese rechtspolitisch und -philosophisch zu rechtfertigen sei.[367] Innerhalb der monistischen Rechtsgutslehren haben sich wiederum zwei Hauptlinien entwickelt, die beide die Rechtsgutsträgerschaft von einem einzigen Prinzip ausgehend erklären. Dabei wird entweder der Allgemein- oder der Individualschutz als zentrale Aufgabe des Strafrechts angesehen:[368]

Nach den überindividualistisch-monistischen Rechtsgutstheorien, wie sie ursprünglich insbesondere von *Binding*[369] und *Honig*[370] und in neuerer Zeit in gemäßigter Form etwa von *Jescheck*[371] und *Weigend*[372] vertreten werden, erfolgt die Konzeption der Rechtsgüter vom Gemeinwesen aus. Sie sind demnach „Güter der Gesamtheit oder des Staates."[373] Dies betrifft auch Individualrechtsgüter, die nur vom Staate zugeteilt und durch eine Funktionalisierung der Individualinteressen von den Gemeinwohlinteressen her geschaffen werden. Danach werden alle Güter nur insoweit als schützenswert angesehen, als ihnen ein Wert für das Sozialwesen zugesprochen werden kann.[374]

Die Gegenposition hierzu stellt die personale Rechtsgutstheorie dar, nach der die Schutzwürdigkeit eines Rechtsguts von seinem Wert für das Individuum und dessen freier Entfaltung her bestimmt wird.[375] Die Vorzugswürdigkeit dieser Ansicht wird deutlich, wenn man sich vergegenwärtigt, dass ein grundsätzlicher Gegensatz zwischen den Interessen der Einzelnen und denen der Allgemeinheit bzw. des Staates besteht.

---

367 *Hassemer/Neumann* in: NK-StGB, Vor. § 1 Rn. 128 ff.; *Hassemer*, Theorie, S. 78; *Hohmann*, Umweltdelikte, S. 60.

368 *Hassemer*, Theorie, S. 70.

369 *Binding*, Normen I, S. 357 ff.

370 *Honig*, Einwilligung, S. 70 und 115 ff., der eine Anwendung des Strafrechts zum Schutz von subjektiven Rechten als unzulängliche individualistische Zwecksetzung ablehnt.

371 *Jescheck/Weigend*, Strafrecht AT, S. 257 ff., wonach das Rechtsgut als ein rechtlich abstrakter Wert der Sozialordnung zu verstehen sei.

372 *Jescheck/Weigend*, Strafrecht AT, S. 257 ff.; *Weigend* in ZStW 98 (1986), 44, 54: „Wenn das Strafrecht Sozialinteressen dient, dann müssen auch deren spezifizierte Ausformungen, die Rechtsgüter, Sozialinteressen sein."

373 *Hassemer/Neumann* in: NK-StGB, Vor. § 1 Rn. 128.

374 *Anastasopoulou*, Schutz kollektiver Rechtsgüter, S. 35; zu dieser vereinfachten Darstellung etwas kritisch *Hefendehl*, Kollektive Rechtsgüter, S. 67.

375 Mit Nachdruck *Marx*, Rechtsgut, S. 79 ff.; *Hassemer/Neumann* in: NK-StGB, Vor. § 1 Rn. 128; *Roxin*, Strafrecht AT I, S. 17 f.

Bereits dogmengeschichtlich liegt den der gesellschaftsvertraglichen Tradition verpflichteten liberalen Rechtsgutstheorien der Gedanke zugrunde, die individuellen bürgerlichen Freiheitssphären sicherzustellen und den Bürger *durch* aber eben auch *vor* Strafrecht zu schützen.[376] Wenn der Staat oder das Recht selbst zu Rechtsgutsträgern erkoren werden, dann verliert das Rechtsgutsprinzip die bedeutende Aufgabe, gerade den Einzelnen vor den Interessen der Allgemeinheit zu schützen. Es wäre nur schwer vorstellbar, wie der verfassungsrechtliche *status negativus* des Bürgers, strafrechtlich gewährleistet werden kann, wenn das durch das Strafrecht zu schützende Rechtsgut nicht von ihm und seinen Interessen, sondern von denen des Staates bzw. der Allgemeinheit abgeleitet wird.[377] Es entspricht dem Grundcharakter unserer Verfassung, dass der Staat einzig dem Menschen zu dienen hat und all seine Legitimation aus dieser Aufgabe zieht.[378] Das hieraus folgende und dem gesamten öffentlichen Recht innewohnende Spannungsverhältnis zwischen staatlichem Eingriff und bürgerlichem Abwehrrecht, sollte seinem Wesen nach gerade auch beim Eingangstor zum intensivsten staatlichen Eingriffsinstrument zu spüren sein. Wenn der strafrechtliche Rechtsgüterschutz jedoch nicht mehr von den schützenswerten Interessen der Bürger, sondern nur von denen des Staates oder der Allgemeinheit abgeleitet wird, dann verliert das Rechtsgüterschutzprinzip seine strafbegrenzende, abwehrrechtliche Funktion und das Strafrecht denaturiert von einem Instrument des Bürgerschutzes zu einer illegitimen staatlichen Selbstverteidigungsanlage. Die Betonung des hohen Wertes eines personalen Bezuges beim strafrechtlichen Rechtsgüterschutz hat jedoch nicht zu bedeuten, dass die Vertreter dieser Lehre den Schutz von Universalrechtsgütern gänzlich aus dem Strafrecht ausgeklammert wissen möchten. Es soll jedoch sichergestellt sein, dass derartige Rechtsgüter individuellen, staatsbürgerlichen Interessen dienen und, so *Hassemer*, „sie sich als – vermittelte Interessen des Individuums nachweisen las-

---

376 So vollkommen zutreffend *Roxin* in JuS 1966, 377, 382; *Hassemer*, Theorie, S. 69.

377 *Hassemer*, Theorie, S. 69.

378 Vgl. *Marx*, Rechtsgut, S. 33 m. w. N.; *Hohmann*, Umweltdelikte, S. 70 f; *Hassemer/Neumann* in: NK-StGB, Vor. § 1 Rn. 133; *Hassemer* in: FS-Kaufmann (1989), S. 90.

sen."[379] Der wohl entschiedenste Verfechter der Notwendigkeit eines personalen Bezugs bei Rechtsgütern, *Marx*, hat hierzu Folgendes ausgeführt:

> „Zu achten ist freilich bei Staat und Recht als Gütern in besonderem Maße auf den konstitutiven Bezug zum Menschen: nur weil und nur soweit ihre Tätigkeit eingedenk ihres einzigen Zieles und darauf gerichtet ist, die Bedingung freier menschlicher Entfaltung zu fördern, sind sie wertvoll und schutzwürdig."[380]

Der liberale Rechtsstaat darf nur dann zum Strafrecht greifen, wenn dies zum Schutze der individuellen Freiheit seiner Bürger erforderlich ist. Die aus jener Freiheit entspringenden Interessen der Bürger müssen daher konsequenterweise Grundlage allen strafrechtlichen Rechtsgüterschutzes sein.

II. Zur Legitimität von Universalrechtsgütern

Um das eingangs[381] erläuterte Minimalziel einer negativen Ausgrenzung von Rechtsgütern im Sinne einer liberalen Strafbegrenzungswissenschaft zu erreichen, werde ich die Frage der Legitimität von Universalrechtsgütern im Folgenden auf zwei Ebenen untersuchen. Dabei werde ich zunächst eine Trennung von unechten und echten Universalrechtsgütern anhand der Schutzwürdigkeit ihrer Träger vornehmen, um mich sodann der Frage zu widmen, inwiefern Universalrechtsgüter durch natürliche Täter überhaupt beeinträchtigt werden können.

1. Zur Legitimität strafrechtlicher Universalrechtsgüter nach der Schutzwürdigkeit ihrer Träger

a. Die Bedeutung der personalen Rechtsgutslehre

Wie bereits aufgezeigt, bedarf es zur Sicherung der individuellen Freiheit jedes Einzelnen auch Rechtsgüter, die der Allgemeinheit als Ganzes zustehen. Dies wird auch von den Vertretern der personalen Rechtsgutslehre

---

379 *Hassemer*, Strafen, S. 166; *ders.* in: FS-Kaufmann (1989), S. 90 ff.; so auch *Hefendehl*, Kollektive Rechtsgüter, S. 60, nach dem es ohne Individualbezug keine Rechtsgüter der Allgemeinheit gebe.
380 *Marx*, Rechtsgut, S. 80.
381 Vgl. oben S. 75.

nicht infrage gestellt.[382] Anders als die vereinzelt gegen sie erhobene Kritik vermuten lässt,[383] ist die Notwendigkeit dieser Form des Rechtsgüterschutzes auch bzw. gerade unter Heranziehung der personalen Rechtsgutslehre zu begründen. Die auf sie zurückgehende Definition der Rechtsgüter, als „strafrechtlich schutzbedürftige menschliche Interessen",[384] dient „in Zeiten sich verdichtender Vergesellschaftung" dazu, sowohl am Rechtsgutskonzept festhalten zu können, als auch die immer weiterreichenderen modernen Universalrechtsgüter kritisch zu hinterfragen und auf diese Weise den strafbegrenzenden Zweck liberalen Rechtsgüterschutzes zu erfüllen.[385]

Ganz in der gesellschaftsvertraglichen Tradition, wonach der Sinn unseres liberalen Strafrechts in der Verteidigung der individuellen bürgerlichen Freiheit liegt, sollen Universalrechtsgüter deshalb nur insoweit strafrechtlichen Schutz verdienen, als durch sie auch individuelle Interessen geschützt werden.[386] Diese Verbindung besteht aber nur dann, wenn dem Einzelnen überhaupt ein eigenes Schutzinteresse zugesprochen werden kann. Der Unterschied zwischen Individual- und Universalrechtsgütern hebt sich dadurch quasi auf und wird auf die Frage reduziert, ob die Rechtsgutsträgerschaft allein oder gemeinsam ausgeübt wird. Entscheidend ist, ob einem Rechtsgut ein personales, menschliches Interesse zugrunde gelegt werden kann. Im Vergleich zu den Individualrechtsgütern, bei denen diese Individualbezogenheit stets gegeben ist, bedarf es zur Legitimierung von Universalrechtsgütern deshalb eines höheren Begründungsaufwandes, um die erforderliche Verbindung zu einem schützenswerten menschlichen Interesse herstellen zu können.[387]

---

382 *Hassemer* in: Die Rechtsgutstheorie, S. 57; *Hassemer/Neumann* in: NK-StGB, Vor. § 1 Rn. 138.; vgl. ferner die Darstellungen bei *Hassemer*, Theorie und *Marx*, Rechtsgut.

383 Vgl. etwa *Schünemann* in GA 1995, 201, 218.

384 *Hassemer* in: FS-Kaufmann (1989), S. 91.

385 *Hassemer/Neumann* in: NK-StGB, Vor. § 1 Rn. 131 ff.

386 Worauf bereits der eindeutig individualbezogene Charakter unserer Verfassung hinweist, so zu Recht *Hefendehl*, Kollektive Rechtsgüter, S. 82; vgl. ferner *Roxin*, Strafrecht AT I, S. 17 f.; *Hefendehl* in GA 1997, 119, 122 m. w. N.; *Hassemer/Neumann* in: NK-StGB, Vor. § 1, Rn. 132 ff.; *Hohmann*, Umweltdelikte, S. 63.

387 So zutreffend *Hassemer* in: FS-Kaufmann (1989), S. 89 u. 92.: „Rechtsgüter der Allgemeinheit müssen sich in einer besonderen Weise legitimieren, und ihr strafrechtlicher Schutz unterliegt besonderen Geboten der Zurückhaltung. (...) Je mehr Schritte man gehen muss, um eine Strafandrohung mit einem menschlichen Inter-

Dabei ist jedoch zur Feststellung der Legitimität von Universalrechtsgütern fundamental zu klären, ob ihnen auch *unmittelbar* spezielle Individualrechtsgüter zugrunde gelegt werden können.[388] Denn soweit Individualrechtsgüter als Grundlage eines Strafgesetzes unmittelbar festgestellt werden können, besteht kein Grund, weitere „kollektive Rechtsgüter zu hypostasieren".[389] In Fällen, in denen dies dennoch geschieht, stellen sie lediglich Scheinuniversalrechtsgüter dar, die keine über den unmittelbaren Schutz der jeweiligen Individualrechtsgüter hinausgehende Bedeutung haben.[390] Es ist zu betonen, dass dies nicht im Widerspruch zu der soeben getroffenen Feststellung steht, wonach auch Rechtsgüter der Allgemeinheit letzten Endes auf personale Interessen rückführbar sein müssen. Die Grenze zur Illegitimität von Universalrechtsgütern ist dann überschritten, wenn sie nur deklariert werden, um als eine Art Vehikel den Schutz von Individualrechtsgütern in Konstellationen durchzusetzen, in denen dieser aufgrund der zur Strafbegrenzung zu Recht aufgestellten hohen Hürden (etwa in Form von komplexen Tatbestandsmerkmalen, restriktiven Zurechnungsregelungen, Dispositionsbefugnissen der Rechtsgutsträger etc.) nicht zu erreichen ist. Wo Individuen der Status strafrechtsschutzwürdiger Rechtsgutsträger wegen einer hierfür nicht ausreichenden Bedrohungslage versagt werden muss, kann auch die nur vorgeschobene Allgemeinheit diesen nicht für sich beanspruchen. Im Ergebnis führt dies dazu, dass Universalrechtsgütern, denen dieser camouflierende Charakter nachzuweisen ist, mangels eines tatsächlich schutzwürdigen Trägers die Legitimität versagt werden muss. Eine Inanspruchnahme des Strafrechts zum Schutz von trägerlosen Scheinrechtsgütern stellt einen eindeutigen und nicht zu tole

---

esse legitimierend zu vermitteln, desto vorsichtiger muss man im Ob und Wie der Strafandrohung sein."

388 *Hefendehl*, Kollektive Rechtsgüter, S. 82 f.; ähnlich *Hohmann* in wistra 1992, 85, 86.

389 *Hefendehl*, Kollektive Rechtsgüter, S. 82; s. a. *Kuhlen* in ZStW 105 (1993), 697, 704: „Für Universal- oder Gemeingüter ist charakteristisch, daß jedermann sie nutzen darf, ohne von dieser Nutzung ausgeschlossen werden zu können. In dieser Nutzungsmöglichkeit besteht das individuelle Interesse an Gemeingütern. Daß ihre Anerkennung als Rechtsgüter der Allgemeinheit damit letztlich im schutzwürdigen Interesse von Individuen erfolgt, besagt aber nicht, daß sich diese Rechtsgüter von individuellen Rechtsgütern ableiten, auf diese zurückführen ließen."

390 Vgl. Darstellung bei *Anastasopoulou*, Schutz kollektiver Rechtsgüter, S. 237 ff.; *Roxin*, Strafrecht AT I, S. 37 f.

rierenden Verstoß gegen das eingangs beschriebene Subsidiaritätsprinzip dar.

Im Folgenden möchte ich diese Erkenntnisse und die hierdurch ermöglichte Unterscheidung echter und unechter Universalrechtsgüter anhand von drei Beispielen aus dem Bereich des Umwelt-, Wirtschafts- und Betäubungsmittelstrafrechts näher erläutern.

b. Echte Universalrechtsgüter am Beispiel des Umweltstrafrechts

Das heutige Umweltstrafrecht hat seinen Ursprung im ersten Gesetz zur Bekämpfung der Umweltkriminalität vom 01.07.1980.[391] Dabei wurde eine Reihe von vormals nebenstrafrechtlich geregelten Umweltstraftatbeständen ins StGB implementiert. Wie sich aus den Gesetzgebungsmaterialen ergibt, wurde hiermit das Ziel verfolgt, das gesellschaftliche Bewusstsein für die Sozialschädlichkeit von Umweltzerstörungen zu schärfen und die hierauf gerichtete Generalprävention zu stärken. Durch die Aufnahme der Tatbestände ins Kernstrafrecht sollte ferner die Gleichrangigkeit der Umweltstrafrechtsgüter mit den klassischen Rechtsgütern unterstrichen werden.[392] Ungeachtet der zahlreichen problematischen rechtstechnischen und -politischen Fragen, die das neue Umweltstrafrecht aufgeworfen hat,[393] scheint mir die Diskussion um die schützenswerten Rechtsgüter der §§ 324 ff. StGB im Hinblick auf die Aufgabe des Strafrechts als Mittel zum subsidiären Rechtsgüterschutz von herausragender Bedeutung. Anhand der im Folgenden darzustellenden Meinungen kann der Wert der personalen Rechtsgutslehre anschaulich demonstriert werden. In der Diskussion werden im Wesentlichen vier unterschiedliche Theorien vertreten: eine rein ökologische, eine ökologisch-anthropozentrische, eine rein anthropozentrische und eine administrative. An dieser Stelle möchte ich mich auf die Darstellung der drei erstgenannten Ansichten beschränken. Gegen den hierzu substanziell verschiedenen administrativen Ansatz, nach

---

391 18. StÄG vom 28.03.1980 (BGBl. I S. 373).

392 Vgl. Regierungsentwurf BT-Drs. 8/2382, S. 1 u 9 f.; vgl. ferner *Schall* in: SK-StGB (9. Aufl.), Vor. §§ 324 ff. Rn. 1; *Schmitz* in: MüKo-StGB, Vor. §§ 324 ff. Rn. 1.

393 Man denke etwa an die Problematik der Verwaltungsakzessorietät, die atypischen Zurechnungsstrukturen oder die Zunahme an Gefährdungs- und Fahrlässigkeitsdelikten, vgl. zum Überblick *Schulz* in: Kriminalpolitik, S. 210 ff.

dem ein strafrechtlicher Schutz der Umwelt nur dort angestrebt werden soll, wo deren öffentlich-rechtliche Zweckbestimmung bedroht ist und den §§ 324 ff. StGB folglich ein Verwaltungsrechtsgut zugrunde gelegt sein soll,[394] spricht bereits der Grundsatz, dass die Pönalisierung von Verwaltungsungehorsam Aufgabe des Ordnungswidrigkeiten- und nicht des Strafrechts ist, sodass ein Abstellen auf derartige Rechtsgüter eine Legitimation des Umweltstrafrechts von vornherein nicht zu leisten im Stande ist.[395]

aa. Die ökologischen, anthropozentrischen und ökologisch-anthropozentrischen Rechtsgutstheorien

Nach der *ökologischen Rechtsgutstheorie* soll durch das Umweltstrafrecht ein strafrechtlicher „Schutz der Umwelt vor dem Menschen"[396] ermöglicht werden. Dabei sollen die Umweltmedien nur um ihrer selbst willen geschützt werden und ein Bezug zu menschlichen Interessen allenfalls mittelbar bestehen bzw. nur miterfasst werden, sofern diese ausdrücklich zum Tatbestand der jeweiligen Normen zählen.[397] Das geschützte Rechtsgut des § 324 Abs. 1 StGB, der die Gewässerverunreinigung unter Strafe stellt, soll daher beispielsweise einzig die natürliche Gewässereigenschaft sein, vollkommen unabhängig von ihrer Bedeutung für den Menschen.[398]

Die radikale Gegenposition hierzu nimmt die rein *anthropozentrische Rechtsgutslehre* ein. Danach sind der Schutz des Menschen und seiner Bedürfnisse die zentrale Aufgabe des Umweltstrafrechts. Diese Auffassung schlug sich etwa in dem 1971 veröffentlichten Alternativentwurf zum StGB nieder, wonach die Umweltstraftatbestände bereits systematisch keinen eigenen Abschnitt bekommen, sondern den „Personengefährdungen"

---

394 *Schall* in: SK-StGB (9. Aufl.), Vor. §§ 324 ff. Rn. 1 m. w. N.; *Saliger*, Umweltstrafrecht, S. 15 m. w. N.; *Schmitz* in: MüKo-StGB, Vor. §§ 324 ff. Rn. 23 m. w. N.

395 Vgl. die ausführliche Kritik bei *Saliger*, Umweltstrafrecht, S. 15 ff.; *Schmitz* in: MüKo-StGB, Vor. §§ 324 ff. Rn. 23 f.

396 So *Rogall* in JZ-GD 1980, 101, 104.

397 Vgl. zusammenfassend *Saliger*, Umweltstrafrecht, S. 14 f.; hierzu *Hermann* in ZStW 91 (1979), 281, 296; *Rudolphi* in NStZ 1984, 193 ff.; *Schünemann* in: FS-Triffterer (1996), S. 452 f.

398 *Rudolphi* in NStZ 1984, 193 f.; *Schall* in: SK-StGB (9. Aufl.), Vor. §§ 324 ff. Rn. 21.

untergeordnet werden sollten.[399] Umweltschutz sollte nach dieser Ansicht nur vorgelagerter Menschenschutz sein und die Verletzung von Umweltmedien dann einen Straftatbestand erfüllen, soweit von ihr eine Gefährdung für Leib oder Leben von Menschen ausginge.[400] In ihrer wohl radikalsten Ausprägung führt diese Ansicht dazu, den Schutz durch die Umweltstraftatbestände einzig auf die klassischen Individualrechtsgüter Leben und Gesundheit zu beschränken und die Schaffung neuer, umweltbezogener Universalrechtsgüter als überflüssig abzulehnen.[401]

Zwischen diesen beiden Positionen vermittelnd hat sich in der Lehre der sog. *ökologisch-anthropozentrische Ansatz* als herrschend etabliert.[402] Dieser Meinung zufolge weisen die Umweltstraftatbestände einen doppelten Rechtsgutsbezug auf: Sie sehen zunächst in den einzelnen Medien der Umwelt (also Wasser, Boden, Luft) sowie in ihren „sonstigen Erscheinungsformen (die Tier- und Pflanzenwelt)"[403] eigenständige ökologische Rechtsgüter. Strafrechtlichen Schutz sollen diese Rechtsgüter jedoch nur in ihrer Funktion als Lebensgrundlage des Menschen genießen dürfen.[404] Diese Ansicht möchte sowohl der Staatszielbestimmung gem. Art. 20a GG, als auch dem Willen des Gesetzgebers Rechnung tragen, wonach die ökologischen Güter Wasser, Luft und Boden als eigenständige Rechtsgüter anerkannt werden sollen und durch deren Schutz jedenfalls mittelbar auch der Mensch mitgeschützt werden soll.[405] Der doppelte

---

399 Vgl. *Arzt/Backes/Baumann/u. a.*, AE StGB-BT-Straftaten gegen die Person-2. Halbb., §§ 151 ff.

400 So *Hohmann*, Umweltdelikte, S. 196; *Backes* in JZ 1973, 337, 340; vgl. ferner *Schmitz* in: MüKo-StGB, Vor. §§ 324 ff. Rn. 19 ff.; *Schall* in: SK-StGB (9. Aufl.), Vor. §§ 324 ff. Rn. 20.

401 Vgl. *Hohmann*, Umweltdelikte, S. 195 u. 231; *ders.* in GA 1992, 76, 80 ff. u 84 ff.; *Baumann* in ZfW 1973, 63, 69 f.; *Backes* in JZ 1973, 337, 340.

402 Vgl. *Saliger*, Umweltstrafrecht, S. 18 ff.; *Heine/Hecker* in: Schönke/Schröder, Vor. §§ 324 ff. Rn. 8; *Heger* in: Lackner/Kühl, Vor. § 324 Rn. 7; *Fischer*, StGB, Vor. § 324 Rn. 3a; *Ransiek* in: NK-StGB, Vor. §§ 324 ff. Rn. 7 ff.; *Schmitz* in: MüKo-StGB, Vor. §§ 324 ff. Rn. 18; *Kuhlen* in ZStW 105 (1993), 697, 704 f.; *Rengier* in NJW 1990, 2506.

403 So *Schall* in: SK-StGB (9. Aufl.), Vor. §§ 324 ff. Rn. 22.

404 *Saliger*, Umweltstrafrecht, S. 18; *Schall* in: SK-StGB (9. Aufl.), Vor. §§ 324 ff. Rn. 22; *Schmitz* in: MüKo-StGB, Vor. §§ 324 ff. Rn. 18; *Fischer*, StGB, § 324 Rn. 2.

405 So die Schlussfolgerung von *Rengier* in NJW 1990, 2506; vgl. BT-Drs. 8/2382, S. 9 f.: „Lebensraum und die natürlichen Lebensgrundlagen des Menschen – und zwar sowohl des einzelnen Menschen, als auch der gesamten Bevölkerung – verdienen den strafrechtlichen Schutz und die Beachtung, die im Kernbereich des

Rechtsgutsbezug soll es ferner ermöglichen, allen Tatbeständen der §§ 324 ff. StGB ein einheitliches Rechtsgutskonzept zugrunde zu legen. Demzufolge sollen einige Tatbestände einen größeren ökologischen und folglich überindividuellen, andere einen stärkeren anthropozentrischen und damit individuellen Rechtsgutsbezug aufweisen.[406]

bb. Stellungnahme

Zu Beginn dieser Stellungnahme ist festzuhalten, dass es weder sinnvoll noch möglich erscheint, allen Umwelttatbeständen der §§ 324 ff. StGB ein einheitliches Rechtsgut zugrunde zu legen. Die einzelnen Tatbestände verfolgen erkennbar so unterschiedliche Schutzzwecke, dass das Vorhaben, diese alle auf ein gemeinsames Rechtsgut zu beziehen von vornherein scheitern muss, wenn nicht der Rechtsgutsbegriff seiner Funktionen gänzlich entledigt werden soll. Das Umweltstrafrecht weist sowohl Tatbestände auf, die eindeutig den Schutz von Universalrechtsgütern verfolgen (so die §§ 324, 324a, 325, 329 Abs. 3 StGB), als auch solche, die einzig Individualrechtsgüterschutz bezwecken (§§ 330 Abs. 2, 330a StGB).[407] Ein einziges Rechtsgut zu finden, das den unterschiedlichen Grundkonzeptionen gerecht werden kann, halte ich für schlechterdings nicht realisierbar. Dagegen erscheint es mir aber durchaus möglich, die allgemeinschützenden Tatbestände auf ein einheitliches überindividuelles Rechtsgut zu betten. Keine der soeben dargestellten Theorien vermag es jedoch, auf eine zufriedenstellende Weise ein solch überindividuelles Rechtsgut zu begründen.

Strafrechts zum Schutze der klassischen, insbesondere individualrechtlichen Rechtsgüter seit langem selbstverständlich sind. Der strafrechtliche Umweltschutz darf sich nicht allein auf den Schutz menschlichen Lebens und menschlicher Gesundheit vor den Gefahren der Umwelt beschränken; er muss auch den Schutz elementarer Lebensgrundlagen wie Wasser, Luft und Boden als Bestandteile des menschlichen Lebensraumes einbeziehen und solche ökologischen Schutzgüter auch als Rechtsgüter anerkennen.“; vgl. ferner *Schall* in: SK-StGB (9. Aufl.), Vor. §§ 324 ff. Rn. 22; *Schmitz* in: MüKo-StGB, Vor. §§ 324 ff. Rn. 18.

406 *Saliger*, Umweltstrafrecht, S. 19; *Heine/Hecker* in: Schönke/Schröder, Vor. §§ 324 ff. Rn. 8; *Kuhlen* in ZStW 105 (1993), 697, 703.

407 So auch *Rengier* in NJW 1990, 2506, 2515; *Schmitz* in: MüKo-StGB, Vor. §§ 324 ff. Rn. 25 f.; *Schall* in: SK-StGB (9. Aufl.), Vor. §§ 324 ff. Rn. 22; *Rogall* in JZ-GD 1980, 101, 113; *Tiedemann/Kindhäuser* in NStZ 1988, 337, 338.

(1) Zur rein ökologischen Rechtsgutstheorie

Ein rein ökologisches Rechtsgutsverständnis ist mit einer liberalen Rechtsgutskonzeption nicht in Einklang zu bringen, nach der das Strafrecht nur intervenieren darf, soweit eine Verletzung menschlicher Freiheitssphären droht. Die Gesellschaft sollte nicht wegen außerhalb ihrer selbst liegenden „Interessen" der Strafverfolgung ausgesetzt werden. Einer Rechtsgutskonzeption, die auf den Schutz menschlicher Freiheitsinteressen verzichtet und *ausschließlich gegen* den Menschen gerichtet ist, ist folglich die Zustimmung zu versagen.[408] Doch dessen ungeachtet ist es auch gar nicht möglich, auf rechtsstaatlichem Wege zu begründen, worin ein eigenes strafrechtlich schützenswertes *Interesse der Natur* zu erblicken sein soll. Selbst der Schutz vor der Zerstörung unseres gesamten Planeten kann strafrechtlich nur durch unser eigenes Überlebensinteresse legitimiert werden. Wollte man auf die vage Annahme eines originären Interesses der Natur am eigenen Erhalt oder eines Gottes an der Wahrung seiner Schöpfung abstellen, würde man die strafrechtliche Rechtsgutsdebatte auf ein vorerkenntniskritisches Niveau zurücksetzen. Es ist unmöglich, dem Menschen eine strafbewehrte Pflicht der Natur gegenüber aufzubürden, ohne dabei auf einen wie auch immer gearteten göttlichen Auftrag abzustellen und so den Boden säkularer Rechtsstaatlichkeit zu verlassen. Der Natur als solcher kann schlicht kein eigenes schützenswertes Interesse am Erhalt ihrer Reinheit zugesprochen werden, da sie zu keiner eigenständigen Willensbildung fähig ist. Natur *ist*, ohne zu bewerten und ohne ein Ziel zu verfolgen, dessen Realisierung durch das deutsche Strafrecht zu schützen wäre. Ein Schutz der Natur um ihrer selbst *willen*, muss daher bereits an der fehlenden bzw. jedenfalls nicht nachweisbaren Willensbildungsfähigkeit der Natur scheitern. Eine Rechtsgutsträgerschaft der Natur ist folglich nicht zu konstruieren.

(2) Zu den anthropozentrischen Rechtsgutstheorien

Noch einmal an die Ausgangsfrage erinnernd, ist es an dieser Stelle die Aufgabe zu untersuchen, welches Universalrechtsgut den überindividual-

---

408 So auch *Hohmann*, Umweltdelikte, S. 188 f., der in dem ökologischen Rechtsgutsbegriff ein abzulehnendes überindividualistisch-monistisches Rechtsgutsverständnis erblickt; *Schmitz* in: MüKo-StGB, Vor. §§ 324 ff. Rn. 22.

bezogenen Straftatbeständen des Umweltstrafrechts zugrunde gelegt werden kann, das, wegen der soeben erläuterten Unmöglichkeit, eine Rechtsgutsträgerschaft jenseits menschlicher Interessensphären begründen zu können, ausschließlich menschliche Interessen umfassen darf. Dem von den anderen beiden Theorien zugrunde gelegten Anthropozentrismus ist dabei vom Ansatz her zuzustimmen, jedoch vermögen auch sie es nicht, ein taugliches Universalrechtsgut zu begründen:

Nach dem ökologisch-anthropozentrischen Rechtsgutsbegriff soll den Umweltrechtsgütern (nach dieser Auffassung die einzelnen Umweltmedien Luft, Boden, Wasser usw. selbst) zunächst ein vom Menschen losgelöster Eigenwert zugesprochen werden. Auf Ebene der Schutzwürdigkeit des jeweiligen Rechtsguts soll sodann eine Erörterung hinsichtlich der Frage erfolgen, ob ein hinreichender Bezug zu menschlichen Interessen besteht, der einen strafrechtlichen Schutz dieser Güter rechtfertigen kann.[409] Dadurch wird der strafrechtliche Schutzbereich dieser Umweltrechtsgüter zwar begrenzt, es bleibt jedoch bei deren grundsätzlicher Eigenständigkeit. Im Ergebnis besteht damit kein wesentlicher Unterschied zum rein ökologischen Rechtsgutsbegriff.[410] Im Widerspruch zum soeben dargestellten Grundsatz des ausschließlich menschenbezogenen strafrechtlichen Rechtsgüterschutzes sollen die Umweltdelikte auch hier zunächst auf den vom Menschen unabhängigen Umweltmedien als eigenständige Rechtsgüter basieren, welche es in dieser Form überhaupt nicht geben kann. An der Illegitimität des Abstellens auf derartige Rechtsgüter ändert auch der Versuch nichts, durch Herstellung eines Bezuges zum Menschen rückwirkend eine Eingrenzung des strafrechtlichen Schutzbereichs dieser originären Naturrechtsgüter zu erreichen. Beispielsweise soll im Rahmen des § 324 Abs. 1 StGB, der nach h. M. eine „besonders eindeutige ökologische Ausrichtung" aufweise,[411] über das Merkmal der *nachteiligen* Veränderung des Gewässers eine Bewertung mit dem Bezugspunkt Mensch, Tiere und Pflanzen erfolgen.[412] Die Beschränkung des Taterfolges auf diejenigen Veränderungen, die sich aus menschlicher Sicht nachteilig darstellen, schränkt zwar die Zahl strafrechtlich erheblicher Beeinträchtigungen des Rechtsguts ein, eine anthropozentrische Begrenzung erfährt das Rechtsgut

---

409 Vgl. nur *Schall* in: SK-StGB (9. Aufl.)Vor. §§ 324 ff. Rn. 22.
410 So auch *Schall* in: SK-StGB (9. Aufl.), Vor. §§ 324 ff. Rn. 27 und § 324 Rn. 4.
411 *Tiedemann/Kindhäuser* in NStZ 1988, 337, 340 f.
412 *Alt* in: MüKo-StGB, § 324 Rn. 21.

selbst dadurch aber nicht.[413] Die Idee eines zunächst unabhängigen ökologischen Rechtsgutes stellt einen offensichtlichen Fremdkörper im liberalen Strafrecht dar, der dergestalt bereits auf erster Ebene überhaupt nicht existieren dürfte. Auch seine nachträgliche Beschränkung kann ihm konsequenterweise keine Legitimation mehr verleihen. Bei genauer Betrachtung erscheint deshalb auch die Bezeichnung „ökologisch-anthropozentrisch" irreführend, da der Bezug zum Menschen hier weniger das eigentliche Ziel, als vielmehr Mittel zum Zweck ist. Das Streben, einen *Letzt*bezug zum Menschen herzustellen,[414] offenbart selbst, dass die Aufgabe des subsidiären strafrechtlichen Rechtsgüterschutzes verkannt wird: Strafrecht ist ein rein menschliches Institut zum Schutz menschlicher Interessen. Es reicht daher nicht zu versuchen, einen Letztbezug zu konstruieren, weil jedes strafrechtliche Handeln im Menschen seinen einzigen Bezugspunkt haben darf.[415] Bei der Frage, was alles strafrechtlich schützenswertes Rechtsgut sein kann, ist somit zu ergründen, wie weitreichend menschliche Interessen sind, und nicht, auf welche außermenschlichen Rechtsgüter man diese noch irgendwie *beziehen* kann. Dass hiermit der Pfad des klassischen Rechtsgüterstrafrechts verlassen wurde,[416] kann durch die dargestellten Versuche, eine wacklige Brücke zwischen den zunächst proklamierten eigenständigen ökologischen Rechtsgütern und den menschlichen Interessen zu schlagen, nicht kaschiert werden. Auch dass der Gesetzgeber, auf den sich die Vertreter dieser Meinung stets berufen,[417] den sog. Umweltrechtsgütern eine vom Menschen unabhängige Eigenständigkeit zuspricht,[418] kann dieses höchst zweifelhafte Rechtsgutskonzept kriminalpolitisch nicht überzeugend begründen, sondern dient als Beispiel dafür,

---

413 Vgl. bezogen auf die Verwaltungsakzessorietät den ähnlichen Ansatz von *Schall* in: SK-StGB (9. Aufl.), Vor. §§ 324 ff. Rn. 27 und § 324 Rn. 4; in diese Richtung auch *Steindorf* in: LK-StGB (11. Aufl.), § 324 Rn. 4.

414 Vgl. nur *Heine/Hecker* in: Schönke/Schröder, Vor. §§ 324 ff. Rn. 8 m. w. N.

415 Vgl. einführend zur Rechtsgutsproblematik beim strafrechtlichen Tierschutz *Pfohl* in: MüKo-StGB Nebenstrafrecht I, § 17 TierSchG Rn. 1 ff.

416 So *Herzog*, Gesellschaftliche Unsicherheit, S. 147 ff. in Bezugnahme auf die Feststellung von *Heine/Meinberg* in: 57. DJT-Gutachten, S. D 28 f., wonach das Kernstrafrecht durch die Weiterentwicklung der sozialen Verhältnisse an seine Schutzfähigkeitsgrenzen gestoßen sei.

417 Vgl. *Schmitz* in: MüKo-StGB, Vor. §§ 324 ff. Rn. 18; *Schall* in: SK-StGB (9. Aufl.), Vor. §§ 324 ff. Rn. 22.

418 Vgl. BT-Drs. 8/2382 S. 9 f; 8/3633.

wie ein liberales Rechtsgutsverständnis den Kern legislativer Entscheidungen kritisch zu hinterfragen im Stande ist.

Anders als die beiden erstgenannten Theorien basiert der rein anthropozentrische Rechtsgutsbegriff auf einem ausschließlichen Bezug zum Menschen. In seiner eingangs beschriebenen radikalen Ausprägung verkennt diese Ansicht jedoch leider, dass der Schutzzweck des Umweltstrafrechts nicht ausschließlich „auf die klassischen höchstpersönlichen Rechtsgüter ‚Leben', ‚Gesundheit' und ‚körperliche Integrität'" gerichtet sein kann.[419] Wie gezeigt, verfolgt zwar eine Reihe von Umweltdelikten ausschließlich direkten Individualrechtsgüterschutz, die offenkundig allgemeinbezogenen Tatbestände lassen sich hiermit aber nicht erklären. *Hohmann* selbst spricht vollkommen zutreffend von den „bloß mittelbar wirkenden Verletzungsmöglichkeiten" vor denen das Umweltstrafrecht in diesem Zusammenhang schützen soll.[420] Dies impliziert aber bereits, dass die Individualrechtsgüter selbst durch die jeweils zu inkriminierenden Handlungen nicht direkt verletzt und kaum je bedroht werden und folglich auch nicht als Fundament der Umweltdelikte taugen, weil die lediglich mittelbare Wirkung dieser Angriffe nach den geltenden strengen Zurechnungskriterien in aller Regel strafrechtlich unerheblich bleiben muss. Damit diese umwelterheblichen Angriffsformen strafrechtliche Relevanz erlangen können, müsste vielmehr das Schaffen jener zukünftigen Verletzungsmöglichkeiten selbst als direkter Angriff auf ein den Individualrechtsgütern vorgelagertes, nicht aber nur vorgeschobenes Universalrechtsgut gewertet werden.

(3) Ergebnis

Wenn nun die ökologischen Rechtsgüter, ob rein oder anthropozentrisch verstanden, abzulehnen sind und ein ausschließlicher Bezug auf die klassischen individuellen Rechtsgüter weder dem Unrechtsgehalt der als bestrafungswürdig erachteten Handlungen gerecht wird, noch eine Beeinträchtigung von Individualrechtsgütern in diesem Zusammenhang zurechenbar erscheint, stellt sich die Frage, ob nicht ein dritter Weg jenseits der Versu-

---

419 So aber *Hohmann*, Umweltdelikte, S. 195.
420 *Hohmann*, Umweltdelikte, S. 195.

che, auf ökologische Universal- bzw. anthropozentrische Individualrechtsgüter abzustellen, eingeschlagen werden kann.

Auch wenn es beinahe banal klingen mag, bietet sich als einzig schutz-
würdiges anthropozentrisches Universalrechtsgut des Umweltstrafrechts
die Umwelt selbst an und zwar verstanden als natürliche Grundlage zur
Gewährleistung menschlichen Lebens, vermittelt durch die Interdependenzen ihrer einzelnen Medien.[421] Durch die Beschränkung des Rechtsguts
Umwelt auf die Belange, die die natürlichen Lebensgrundlagen der Menschen repräsentieren, soll zunächst sichergestellt werden, dass nicht alle
umweltbezogenen menschlichen Interessen eines Schutzes durch das
Strafrecht bedürfen, sondern nur diejenigen, deren Beeinträchtigung massive Auswirkung auf das Leben der Menschheit hätte.[422] Dies trägt dem
Grundsatz des nur subsidiär wirkenden strafrechtlichen Rechtsgüterschutzes Rechnung und gebietet einem zu weiten strafrechtlichen Umweltbegriff Einhalt. Dass das Strafrecht nur dann eingreifen soll, wenn die übrigen Mittel der Sozialkontrolle versagen, muss auch im Umweltstrafrecht
gelten. Nicht jede Einwirkung auf die Umwelt bedarf folglich der *ultima
ratio* des Rechtsgüterschutzes, sondern nur die, bezogen auf das Leben
von Menschen, schwerwiegendsten.[423] Fragen bloßer Ästhetik sind so etwa von vornherein aus dem Schutzbereich auszuklammern. Ein zu exten-
sives Verständnis des Umweltbegriffs wird von weiten Teilen der Lehre zu
Recht als zu unbestimmt abgelehnt.[424] Soweit diese Sicht darauf gestützt
wird, dass die zumeist kumulativ wirkenden Einflüsse auf das Ökosystem,
die Umweltmedien und den Menschen noch weitgehend unerforscht sei-

---

421 Entgegen der oftmals vertretenen Auffassung, wonach die personale Rechtsgutslehre im Umweltstrafrecht ausschließlich auf Individualrechtsgüterschutz abstellen möchte (vgl. etwa *Steindorf* in: LK-StGB (11. Aufl.), Vor. § 324 Rn. 14
   (Fn. 226)) scheint das hier vorgeschlagene Rechtsgutkonzept wohl gerade dem
   von *Hassemer* vertretenen personalen Verständnis von Universalrechtsgütern nahe zu kommen: vgl. *Hassemer/Neumann* in: NK-StGB, Vor. § 1 Rn. 136; *Hassemer*, Produktverantwortung, S. 21 f.; *ders.* in ZRP 1992, 378, 383; *ders.* in: FS-
   Kaufmann (1989), S. 92.
422 A. A. *Ransiek* in: NK-StGB, Vor. §§ 324 ff. StGB Rn. 7 unter Bezugnahme auf
   Rogall.
423 Ähnlich, auch wenn hier strafrechtlicher Umweltschutz als Individualrechtsgüterschutz verstanden wird: *Arzt/Backes/Baumann/u. a.*, AE StGB-BT-Straftaten gegen die Person-2. Halbb., Vorbm. zu §§ 151 ff., S. 49.
424 *Fischer*, StGB, Vor. § 324 Rn. 3; *Steindorf* in: LK-StGB (11. Aufl.), Vor. § 324
   Rn. 9c.

en,[425] kann dem schwerlich widersprochen werden. Diese Kritik trifft aber bei genauer Betrachtung nicht das Rechtsgut an sich, sondern die Möglichkeit der Nachweisbarkeit von Angriffen auf jenes. Die hier angesprochene Problematik der Rechtsgutsbeeinträchtigungsmöglichkeit im Umweltstrafrecht wird weiter unten[426] noch ausführlich zu erörtern sein.

Entgegen möglicher Bedenken, die gegen den Begriff Umwelt als Rechtsgut im Hinblick auf seine Bestimmtheit erhoben werden könnten, scheint dieses Problem dagegen gerade beim Modell der h. M. zu bestehen: Wie oben gesehen, soll danach zwar nicht auf die Umwelt, aber auf deren einzelne Medien als Umweltrechtsgüter abgestellt werden und je nach Tatbestand eine unterschiedliche Akzentuierung des ökologischen bzw. des anthropozentrischen Rechtsgutsteils erfolgen. Es sei zugegeben, dass, indem statt auf die Umwelt in all ihren Wechselbezüglichkeiten, lediglich auf ihre einzelnen Umweltmedien abgestellt wird, der Radius erörterungsbedürftiger Umstände verkleinert wird und so, oberflächlich ein höheres Maß an Bestimmtheit zu erzielen sein könnte. Wenn man sich diesem Rechtsgutskonzept aber nähert, wird immer unklarer, wie und vor allem warum teils mehr auf die menschliche, teils mehr auf die ökologische Schutzrichtung, stets aber auf beide ein wenig, abgestellt werden soll. Einem feuchten Stück Seife gleich, scheint einem dieses Konzept umso schneller aus der Hand zu rutschen, je fester man es zu fassen versucht. Insbesondere der anthropozentrische Rechtsgutsanteil, der auf der pauschalen Behauptung fußt, der Schutz der Umweltmedien diene ganz grundsätzlich dem Erhalt der menschlichen Lebensbedingungen, sodass die dahingehenden Tatbestände stets durch ihre Schutzfunktion für die menschliche Existenz legitimiert seien,[427] wirkt vage und nichtssagend. Wozu bedarf es dieser sonderbaren Konstruktion eines doppelten Rechtsgutsbezuges, wenn die Letztbezüglichkeit zum Menschen ohnehin immer gegeben sein soll? Wie ist die Notwendigkeit der herrschenden Meinung zu erklären, gerade im Rahmen eines der bedeutsamsten Umweltstrafrechtstatbestände, der Gewässerverunreinigung gem. § 324 Abs. 1 StGB,

---

425 *Steindorf* in: LK-StGB (11. Aufl.), Vor. § 324 Rn. 9c und 16 m. w. N.

426 Siehe hierzu unten S. 142 ff.

427 So *Schmitz* in: MüKo-StGB, Vor. §§ 324 ff. Rn. 25; *Frisch*, Verwaltungsakzessorietät, S. 140 f. auch unter Bezugnahme auf „realistische Kumulationseffekte"; *Steindorf* in: LK-StGB (11. Aufl.), Vor. § 324 Rn. 9b m. w. N. und Rn. 18 m. w. N.; vgl. auch *Saliger*, Umweltstrafrecht, S. 161 (Rn. 338): „… stellt auch die ökologisch orientierte Auslegung den Letztbezug zum Menschen nicht in Frage."

auf eine rein ökologische Rechtsgutskonzeption abzustellen?[428] Zweifelt sie selbst daran, dass der Schutz eines Gewässers vor einer x-beliebigen nachteiligen Veränderung stets zugleich auch Schutz menschlicher Lebensbedingungen bedeutet? Ist die Doppelbezüglichkeit im Ergebnis nicht mehr Symptom als Lösung des Problems der Unbestimmtheit?

Eine Vorzugswürdigkeit des doppelten Rechtsgutsbezugs hinsichtlich eines Mehr an Bestimmtheit ist jedenfalls nicht festzustellen. Im Gegenteil wirkt gerade dieser besonders unbestimmt und ergebnisorientiert. Das strafrechtliche Rechtsgut Umwelt hat im Gegensatz dazu eine klare, eindeutige Schutzrichtung, wonach die Menschheit strafrechtlich vor massiven Umweltveränderungen, welche die elementarsten Grundlagen ihres Leben zu erschüttern im Stande sind, geschützt werden soll.

Wenn man sich die gewaltigen Probleme vergegenwärtigt, die Umweltverschmutzung international, regional und lokal hervorruft, gibt es keinen Grund an der Notwendigkeit zu zweifeln, Maßnahmen zum Schutz der Umwelt einzuleiten. Ziel des allgemeinen, gesamtgesellschaftlichen und letztlich nur global funktionierenden Umweltschutzes muss es sein, einen funktionsfähigen, ausbalancierten Naturhaushalt zu gewährleisten, um die Tierwelt und die Menschheit ausreichend mit natürlichen Ressourcen zu versorgen und den Eintritt anthropogener Naturkatastrophen zu verhindern. Wenn das Strafrecht hierzu unterstützend herangezogen werden soll, dann müssen zur Klärung seines Auftrags aber die Maßgaben des liberalen Individualstrafrechts bemüht werden und nicht die des allgemeinen Umweltschutzes. Ziel des strafrechtlichen Umweltschutzes muss es sein zu verhindern, dass durch klar abgrenzbare Taten natürlicher Personen in einer Weise auf die Umwelt eingewirkt wird, durch die die menschlichen Lebensbedingungen erheblich beeinträchtigt werden. Warum es daher vorzugswürdig ist, auf das Rechtsgut Umwelt als natürliche Grundlage zur Gewährleistung menschlichen Lebens abzustellen, sei im Folgenden erläutert:

Zunächst wird auf diese Weise ein exklusiver Schutz menschlicher Interessen erreicht und dadurch die wesentliche Voraussetzung des personalen Rechtsgutsbegriffs erfüllt. Im Zentrum steht der Schutz der Funktionsfähigkeit der natürlichen Ressourcen, durch die menschliches Leben auf diesem Planeten überhaupt erst möglich ist. Auf den ersten Blick scheint

---

428 Vgl. *Saliger*, Umweltstrafrecht, S. 161 m. w. N.; *Schall* in: SK-StGB (9. Aufl.), § 324 Rn. 4; vgl. *Rengier* in NJW 1990, 2506, 2507.

dies dem ökologisch-anthropozentrischen Rechtsgutsbegriff zu entsprechen, der die Umweltrechtsgüter ebenfalls nur insoweit schützen möchte, als sie die Lebensgrundlagen der Menschheit repräsentieren. In Abgrenzung hierzu stellen die einzelnen Umweltmedien jedoch keine eigenständigen Rechtsgüter dar, sondern erfüllen nur die Funktion von *Tatobjekten* und haben daher als bloße Tatbestandsmerkmale eine nur untergeordnete Bedeutung für das dahinterliegende Rechtsgut selbst: Die Umwelt als Lebensgrundlage, vermittelt durch die Interdependenzen ihrer einzelnen Medien.[429] All jene Medien stehen in einer sensiblen Wechselwirkung zueinander, deren natürlicher, ungestörter Ablauf menschliches Leben ermöglicht, indem ausreichend Trinkwasser, saubere Luft, gesunder Boden, erträgliches Klima usw. vorhanden sind. Damit ein die Lebensgrundlagen bedrohender Angriff vorliegt, reicht die bloße Feststellung der Veränderung eines wichtigen Mediums allein oftmals nicht aus, vielmehr müsste dargelegt werden, auf welche Weise dadurch in das Ökosystem eingegriffen wird und was dies für Konsequenzen für das Leben von Menschen hat. Dass diese Unterscheidung zwischen Verletzung des Tatobjekts und Beeinträchtigung des dahinterliegenden Rechtsgutes keine Rabulistik ist, wird weiter unten bei der Frage deutlich werden, inwiefern natürliche Täter überhaupt dazu in der Lage sind, durch ihre Handlung eine strafrechtserhebliche Rechtsgutsbeeinträchtigung herbeizuführen.[430] An dieser Stelle darf jedoch zunächst festgehalten werden, dass das Anerkennen der Umwelt als Rechtsgut nicht im Widerspruch zu einem freiheitlichen Rechtsgutsverständnis steht, da diese natürlichen Voraussetzungen die Grundlage aller bürgerlichen Freiheit und Entfaltungsmöglichkeiten darstellt und daher der Schutz der Überlebensmöglichkeiten der Menschheit grundsätzlich Aufgabe liberalen Strafrechts sein *kann*.[431]

Durch ein Abstellen auf das Rechtsgut der Umwelt wird ferner ausschließlich ein Schutz überindividueller Rechtsgüter verfolgt, sodass auch eine legitime Rechtsgutsträgerschaft sichergestellt ist. Ziel eines allge-

---

429 Ähnlich *Rogall* in: FS-Köln, S. 520: „Gewässer und Luft bzw. deren relative Reinheit sind allenfalls vorgelagerte Zwischenrechtsgüter. Der eigentliche Schutz gilt den Ökosystemen bzw. Bestandteilen des Naturhaushalts, die auf die relative Reinheit der Gewässer angewiesen sind."

430 Siehe unten S. 142 ff.

431 Für die Frage der Kriminalisierung von Angriffen auf dieses Rechtsgut, wird deren Rechtsgutsbeeinträchtigungspotential entscheidend sein. Aufgrund der Weite des Rechtsguts werden hieran besondere Anforderungen zu stellen sein: vgl. hierzu unten S. 166 ff.

meinbezogenen Umweltstrafrechts ist es, vor denjenigen Angriffen zu schützen, durch die sich der Zustand der natürlichen, menschlichen Lebensbedingungen global oder regional dergestalt ändert, dass *hieraus* eine tatsächliche Bedrohung für das Leben und die körperliche Unversehrtheit von Individuen erwächst. Die Bedrohung für menschliche Interessen ist dabei der entscheidende Anknüpfungspunkt für den nötigen menschlichen, personalen Bezug des Rechtsgutes, kann jedoch nicht mit einer bereits eingetretenen Individualrechtsgutsbeeinträchtigung gleichgesetzt werden. Denn eine Beeinträchtigung von Individualrechtsgütern ist allenfalls das strafrechtlich kaum zurechenbare mittelbare Ergebnis, der durch den jeweiligen Angriff unmittelbar eingetretenen Beeinträchtigung des Universalrechtsgutes. Dadurch liegt auch gerade keine Konstellation vor, in der wegen eines offenkundig ausschließlich gegen Individualrechtsgüter gerichteten Angriffs ein zusätzlicher Schutz von Universalrechtsgütern überflüssig und illegitim wäre.[432] Das Interesse am Erhalt der Natur, um uns vor den Gefahren sich verändernder Umweltbedingungen zu schützen und so ein Überleben aller heute lebenden Menschen zu sichern,[433] ist ein Gut, das ausschließlich kollektiv getragen und realisiert werden kann und daher nicht durch den Schutz individueller Rechtsgüter erreicht werden kann. Weder sollte es individuell möglich sein, in eine Verletzung dieses Rechtsgutes einwilligen zu dürfen, noch sollte es gestattet sein, Einzelne von seinem Gebrauch ausschließen zu können.

Zusammenfassend liegen der Vorzugswürdigkeit der Umwelt als Rechtsgut drei wesentliche Punkte zugrunde: *Erstens* wird der subsidiäre Charakter des strafrechtlichen Rechtsgüterschutzes gewahrt, indem auf einen eingeschränkten Umweltbegriff abgestellt wird, wonach strafrechtlicher Umweltschutz nur insoweit erfolgen darf, als die natürliche Grundlage zur Gewährleistung menschlichen Lebens betroffen ist. *Zweitens* wird eine ausschließlich menschlich orientierte Schutzrichtung gewährleistet, weil eine Gleichsetzung von außermenschlichen Tatobjekten und dem jeder Strafnorm zwingend zugrundeliegenden personal-menschlichen

---

432 Ähnlich *Wohlers*, Deliktstypen, S. 139.

433 Entgegen des so oft wiederholten Ziels auch noch nicht existierende, künftige Generationen mit in den Schutzbereich aufnehmen zu wollen (vgl. etwa *Heine/Hecker* in: Schönke/Schröder, Vor. §§ 324 ff. Rn. 8; *Heger* in: Lackner/Kühl, Vor. § 324 Rn. 7), scheint im Sinne einer rationalen, personalen Rechtsgüterlehre eine Begrenzung auf die jetzt lebenden Menschen passender: vgl. zutreffend *Prittwitz* in: Personale Rechtsgutslehre, S. 101 ff.

Rechtsgut verhindert wird. Und schließlich stellt die Umwelt, *drittens*, ein echtes überindividuelles Rechtsgut dar, weil sie als notwendig schützenswerter Allgemeinbelang ein *aliud* zu den klassischen Individualrechtsgütern ist.

Das Abstellen auf dieses anthropozentrische Universalrechtsgut hat weitreichende Folgen für die Einordnung der allgemeinbezogenen Umweltstraftatbestände in das System der Deliktstypen und damit auch hinsichtlich der weiter unten zu erörternden Frage der Legitimität ihrer Verbotswirkung. An dieser Stelle kann jedoch festgehalten werden, dass den überindividuell strukturierten Normen des Umweltstrafrechts zumindest der Schutz eines echten Universalrechtsgutes nachgewiesen werden kann und sie daher nicht bereits aufgrund des Fehlens eines prinzipiell schutzwürdigen Rechtsgutsträgers illegitim sind.

c. Unechte Universalrechtsgüter

aa. Das Rechtsgut des Subventionsbetrugs gem. § 264 StGB

Trotz der soeben aufgezeigten grundsätzlichen Vereinbarkeit eines strafrechtlichen Schutzes überindividueller Rechtsgüter mit einem liberalen Rechtsgutsverständnis, gibt es klare Anzeichen dafür, dass sich der Gesetzgeber immer häufiger bewusst sog. Scheinuniversalrechtsgüter bedient. Dies scheint ein beliebtes Mittel zu sein, um dem Individualstrafrecht, das hinsichtlich moderner Bedrohungsformen etwa im Bereich der Wirtschaftskriminalität oder des organisierten Verbrechens in seiner liberalen Zurückhaltung als unzureichend empfunden wird, zu neuer Durchschlagskraft zu verhelfen. Insbesondere steht zu befürchten, dass der Unfähigkeit des auf natürliche Täter und deren individuelle Schuld ausgerichteten deutschen Strafrechts, angemessen auf die von undurchsichtigen Täterkollektiven realisierten Handlungen reagieren zu können, beigekommen werden soll, indem über die Feststellung einer „Verletzung" jener illegitimen Universalrechtsgüter der Weg zur Bestrafung Einzelner vereinfacht wird. Dies sei im Folgenden anhand zweier Beispiele aus dem Wirtschafts- und dem Betäubungsmittelstrafrecht erläutert. Das Rechtsgut des Subventionsbetruges gem. § 264 StGB.

Bei Erlass des Reichsstrafgesetzbuches 1871 spielten Subventionen als Mittel zur Wirtschaftsförderung allenfalls eine untergeordnete Rolle. Es bestand daher keine Notwendigkeit, die missbräuchliche Inanspruchnahme von Subventionsmitteln bzw. ein Hinwirken hierauf speziell strafgesetzlich zu regeln. Im Laufe des 20. Jahrhunderts, insbesondere in der Zeit nach den beiden Weltkriegen, wurde staatliche Subventionierung jedoch ein immer beliebteres, wenn auch nie unumstrittenes Mittel, strukturschwache Wirtschaftszweige zu unterstützen.[434] Die dadurch entstandenen neuen Missbrauchsmöglichkeiten unter den klassischen Betrugstatbestand zu subsumieren, stellte die Rechtsanwendung sowohl auf objektiver als auch auf subjektiver Tatbestandsseite vor erhebliche Probleme:[435]

Nach Auffassung des Gesetzgebers hat sich in vielen Fällen keine für die Subventionsüberlassung kausale Irrtumserregung beim jeweiligen Amtswalter der zuständigen Behörde nachweisen lassen. Auch sei die Feststellung von betrugsrelevanten Vermögensschäden im Rahmen von missbräuchlichen Subventionserschleichungen nicht unbedenklich gewesen.[436] Die wohl größten Probleme bei Anwendung des § 263 StGB in diesem Zusammenhang hätten sich jedoch beim Nachweis der subjektiven Tatbestandsvoraussetzungen ergeben. Dies habe sich im Besonderen durch die zahlreichen, der Komplexität des Subventionsrechts geschuldeten Möglichkeiten geäußert, sich auf etwaige Irrtümer berufen und so, mangels Vorsatzes, einer Verurteilung nach § 263 StGB entgehen zu können.[437]

Um eine Umgehung der hohen Anforderungen des Betrugstatbestandes zu ermöglichen, erließ der Gesetzgeber 1976 im Zuge des 1. WiKG u. a. den neuen Tatbestand des Subventionsbetruges gem. § 264 StGB.[438] Zur Begehung eines einfachen Subventionsbetruges reicht es danach bereits aus, wenn der Täter vorsätzlich eine der in § 264 Abs. 1 Nr. 1–4 StGB genannten Täuschungshandlungen verwirklicht. Damit verzichtete der Gesetzgeber sowohl auf die für den Betrug erforderliche Irrtumserregung beim Opfer, als auch auf das zentrale Merkmal eines auf einer irrtumsbedingten Vermögensverfügung des Opfers (bzw. eines Dritten) selbst beru-

---

434 *Tiedemann* in: LK-StGB, § 264 Rn. 1 ff. m. w. N.; *Wohlers/Mühlbauer* in: MüKo-StGB, § 264 Rn. 19 ff.

435 *Eberle*, Subventionsbetrug, S. 3 ff.; *Wohlers/Mühlbauer* in: MüKo-StGB, § 264 Rn. 3 ff.; *Hellmann* in: NK-StGB, § 264 Rn. 5; BGH NJW 1990, 1921, 1922.

436 BT-Drs. 7/5291, S. 3.

437 BT-Drs. 7/3441, S. 16; BGHSt 36, 373, 375; *Tiedemann* in: LK-StGB, § 264 Rn. 5; *Wohlers/Mühlbauer* in: MüKo-StGB, § 264 Rn. 3 m. w. N.; *Hellmann* in: NK- StGB, § 264 Rn. 5; *Hoyer* in: SK-StGB, § 264 Rn. 3.

438 BGBl. I S. 2034.

henden Vermögensschadens.[439] Zur Vollendung des § 264 Abs. 1 StGB bedarf es somit nicht einmal aller Voraussetzungen eines versuchten Betruges.[440] Auf subjektiver Ebene wird auf das restriktive Merkmal der Bereicherungs*absicht* vollständig verzichtet. Für die Varianten Nr. 1-3 des Abs. 1 kann gem. § 264 Abs. 4 StGB bereits leichtfertiges Handeln ausreichen, was teils sogar als „Kernstück der Reform" begrüßt wurde.[441]

Hinsichtlich des durch § 264 StGB zu schützenden Rechtsguts müsste dieses bei Betrachtung der Herkunft und der Entstehungsgründe grundsätzlich im Vermögen des Subventionsgebers zu erblicken sein: Da § 263 StGB seine Aufgabe zum Schutz des Rechtsguts Vermögen in subventionstypischen Sachzusammenhängen auf Grund seiner zu sperrigen, regelrecht unpraktischen Komplexität scheinbar nicht in zufriedenstellender Weise erfüllen konnte, wurde § 264 StGB zu dessen Ergänzung erlassen. Auf Konkurrenzebene soll § 264 StGB den allgemeinen Betrugtatbestand als *lex specialis* sogar verdrängen bzw. § 263 StGB als subsidiär zurücktreten lassen,[442] was ebenfalls dafür sprechen müsste, dass beide Normen dem Schutz desselben Rechtsguts dienen.[443] Es mag daher erstaunen, dass § 264 StGB nach h. M. nicht bzw. nicht ausschließlich dem Schutz fremden Vermögens dient.[444] Um das Motiv der Einbeziehung von außerhalb des Vermögens liegenden Rechtsgütern in den Schutz von § 264 StGB nachvollziehen zu können, sei der Blick auf dessen Rechtsfolgen gerichtet:

---

439 Zu den Tatbestandsmerkmalen des § 263 StGB vgl. nur *Fischer*, StGB, § 263 Rn. 5 ff.

440 *Wohlers/Mühlbauer* in: MüKo-StGB, § 264 Rn. 4; *Wohlers*, Deliktstypen, S. 156; *Hassemer* in ZRP 1992, 378, 381 („opferlose Inkriminierung"); *Benthin* in KritV 2010, 288, 290.

441 Vgl. hierzu *Schubarth* in ZStW 92 (1980), 80, 100 und *Eberle*, Subventionsbetrug, S. 148 f. m. w. N.; *Tiedemann* in: LK-StGB, § 264 Rn. 144 m. w. N.; *Tiedemann*, Subventionskriminalität, S. 326 ff.

442 So die h. M.: BT-Drs. 7/5291, S. 5 f.; *Fischer*, StGB, § 264 Rn. 5, 54a; *Perron* in: Schönke/Schröder, § 264 Rn. 87; *Tiedemann* in: LK-StGB, § 264 Rn. 185; *Heger* in: Lackner/Kühl, § 264 Rn. 30; a.A: *Wohlers/Mühlbauer* in: MüKo-StGB, § 264 Rn. 123 (Idealkonkurrenz); *Hellmann* in: NK-StGB, § 264 Rn. 172 f. (Vorrang des § 263 StGB).

443 Siehe hierzu die i. E. zutreffende Ansicht von *Hellmann* in: NK-StGB, § 264 Rn. 172 f.

444 Vgl. *Fischer*, StGB, § 264 Rn. 2a ff. m. w. N.; *Hoyer* in: SK-StGB, § 264 Rn. 6 ff.; *Perron* in: Schönke/Schröder, § 264 Rn. 4; *Hefendehl*, Kollektive Rechtsgüter, S. 374 ff.

Nach § 264 Abs. 1-3 StGB hat der Subventionsbetrug den gleichen Strafrahmen, wie das Vermögens*verletzungs*delikt § 263 StGB. Ferner wird, wie gesehen, gem. § 264 Abs. 4 StGB auch leichtfertiges, also grob fahrlässiges,[445] Handeln mit Strafe bedroht. Aus § 15 StGB folgt, dass der Gesetzgeber die Fahrlässigkeitsstrafbarkeit ausdrücklich zu bestimmen hat. Hiervon hat er bis zu diesem Zeitpunkt jedoch nur bei besonders bedeutsamen Rechtsgütern, wie Leben oder körperlicher Unversehrtheit Gebrauch gemacht.[446] Nun wurde nicht nur eine leichtfertig begangene Täuschungshandlung gem. § 264 Abs. 4 StGB strafbewehrt, sondern zugleich mit einem erheblichen Strafrahmen versehen. So übersteigt die vorgesehene Strafandrohung von bis zu drei Jahren Freiheitsstrafe beispielsweise sogar den Strafrahmen des § 315c Abs. 3 StGB, der die fahrlässige Herbeiführung von Gefährdungen für Leib und Leben von Menschen mit bis zu zwei Jahren Freiheitsstrafe bedroht.

Weder der im Verhältnis zum Verletzungsdelikt „Betrug" gleichlautende Strafrahmen noch die bis dahin[447] nicht gegebene Inkriminierung bloß leichtfertiger, abstrakter Vermögensgefährdungen[448] und erst recht nicht die Höhe der Strafandrohung für leichtfertiges Verhalten lassen sich nach h. M. mit dem Ziel des Vermögensschutzes rechtfertigen.[449] Man möge sich an dieser Stelle daran erinnern, dass im 19. Jahrhundert selbst die Pönalisierung des vorsätzlichen Betruges kontrovers diskutiert wurde.[450] Stellte § 264 StGB ausschließlich auf das Rechtsgut Vermögen ab, würde es sich bei den inkriminierten Handlungen lediglich um abstrakte Vermögensgefährdungen handeln, die kein strafrechtliches Unrecht darstellen. Eine so weite strafrechtliche Vorverlagerung ist mit den zur Abgrenzung von Zivil- bzw. Verwaltungsrecht und Strafrecht üblichen Kategorien nicht in Einklang zu bringen. In besonderem Maße gilt dies für grob fahrlässig herbeigeführte abstrakte Vermögensgefährdungen. Auch der Hinweis, es handele sich bei den Subventionsmitteln um staatliches und damit besonders schützenswertes Vermögen, erscheint nicht sachgerecht.[451] Gerade

445 *Fischer*, StGB, § 15 Rn. 20 m. w. N.
446 Vgl. etwa §§ 222, 229, 306 d, 316 Abs. 2 StGB.
447 Siehe jedoch nunmehr auch § 261 Abs. 5 StGB.
448 *Fischer*, StGB, § 264 Rn. 3a, 36; *Schubarth* in ZStW 92 (1980), 80, 100, der „eine bisher unbestrittene Bastion ins Wanken" gebracht sieht.
449 *Hoyer* in: SK-StGB, § 264 Rn. 6.
450 Vgl. *Naucke* in KritV 1999, 336, 340.
451 So aber wohl *Hoyer* in: SK-StGB, § 264 Rn. 13: „Jeder Vermögensschutz wird schließlich um der Zwecke willen gewährt, zu denen das als ‚Vermögen' begriffe-

der Vergleich zu § 315c StGB zeigt, wie bedenklich die Annahme einer solch besonderen Schutzwürdigkeit ist. Dies hat wohl auch der Gesetzgeber erkannt, nach dessen Auffassung die Sozialschädlichkeit des strafbedrohten Verhaltens nicht in einer beabsichtigten Schädigung des Vermögens des Subventionsgebers, sondern in der Fehlleitung der zu Subventionszwecken vorgesehenen Mittel liege. Anders als bei privatem Vermögen handele es sich bei den zur Subventionsvergabe bestimmten Geldern nämlich um „staatliche Umlaufmittel", die „in jedem Fall zur Ausgabe" bestimmt seien, sodass die Sozialschädlichkeit der Handlung nicht in der Minderung staatlichen Vermögens, sondern in dessen Fehlleitung zu sehen sei. Die von der Rechtsprechung zur Lösung dieses Problems herangezogene Zweckverfehlungslehre sieht der Gesetzgeber im Hinblick auf die Einheit des Vermögensbegriffs und die Konturen des Betrugstatbestandes kritisch.[452] Es ist anzunehmen, dass er auf diesem Wege bereits in den Gesetzgebungsmaterialen den Vermögensschutz jedenfalls vordergründig aus § 264 StGB ausklammern wollte, um so dem Vorwurf einer etwaigen Besserstellung staatlichen Vermögens zuvorzukommen.[453]

Nach Sicht der h. M soll zur Lösung der geschilderten Legitimationsproblematik neben oder sogar an Stelle des Vermögens des Subventionsgebers ein Kollektivrechtsgut treten.[454] Umstritten ist allerdings, woraus dieses abgeleitet werden soll: Dabei werden u. a. das Institut des Subventionswesens,[455] die staatliche Planungs- und Dispositionsfreiheit bzw. das Allgemeininteresse an einer wirksamen staatlichen Wirtschaftsförderung[456] oder der Subventionszweck[457] als schutzwürdige Rechtsgüter diskutiert.

---

ne Potential von seinem Inhaber verwendet zu werden geeignet und bestimmt ist. Öffentliche Mittel, die unmittelbar bestimmten Zwecken der Allgemeinheit zugute kommen sollen, verdienen daher einen intensiveren Vermögensschutz als z. B. konsumtiven Luxusbedürfnissen gewidmetes Privatvermögen." A. A. *Anastasopoulou*, Schutz kollektiver Rechtsgüter, S. 249; *Schubarth* in ZStW 92 (1980), 80, 102.

452 BT-Drs. 7/5291, S. 3.
453 Vgl. *Weigend* in: FS-Triffterer (1996), S. 699 f.
454 *Hoyer* in: SK-StGB, § 264 Rn. 6; *Wohlers/Mühlbauer* in: MüKo-StGB, § 264 Rn. 6 f.
455 So *Perron* in: Schönke/Schröder, § 264 Rn. 4; *Wohlers/Mühlbauer* in: MüKo-StGB, § 264 Rn. 9.
456 So OLG Hamburg NStZ 1984, 218; OLG Karlsruhe NJW 1981, 1383; *Tiedemann* in: LK-StGB, § 264 Rn. 23; *Heger* in: Lackner/Kühl, § 264 Rn. 1.
457 Vgl. hierzu krit. *Hoyer* in: SK-StGB, § 264 Rn. 9.

Solange man das Rechtsgutprinzip als ein Mittel zur Strafbegrenzung versteht, mutet diese Schlussfolgerung der Literatur allerdings bedenklich an: Ungeachtet aller zweifellos bestehenden Unterschiede zwischen den diskutierten Universalrechtsgütern sowie der Möglichkeit jedes auch auf inhaltlicher Ebene kritisieren zu können,[458] ist keines von ihnen dazu in der Lage, darüber hinwegzutäuschen, dass der in der Täuschung liegende und durch § 264 StGB pönalisierte Angriff einzig gegen das Vermögen des Subventionsgebers gerichtet ist und eine Norm, die dem Betrug als Spezialgesetz vorgehen soll,[459] wohl schwerlich ein anderes Rechtsgut als das Vermögen schützen kann. Es handelt sich bei § 264 StGB offenkundig um ein Derivat des Betruges, was sich sowohl anhand der Entstehungsgeschichte als auch terminologisch belegen lässt. Dabei ist auch der Versuch des Gesetzgebers, mittels einer Ablehnung der Zweckverfehlungslehre das Vorliegen eines Vermögensschadens bei Subventionserschleichungen zu verneinen, nicht schlüssig: zum einen, weil die Zweckverfehlungslehre inhaltlich überzeugend einen Vermögensschaden durch die Verfehlung eines mit dem Geld erstrebten Zwecks begründen kann,[460] zum anderen, weil der Gesetzgeber sonst, sollte er die Zweckverfehlungslehre tatsächlich ablehnen, wissentlich Strafbarkeitslücken für alle Subventionen bzw. alle sonstigen gegenleistungsfreien Zuwendungen zu sozialen etc. Zwecken aufrechterhalten hätte, die nicht in § 264 StGB genannt werden.[461] Der beabsichtigte Schutz des § 264 StGB ist auf das Vermögen in Form seiner zweckgerechten Verwendung durch den Vermögensinhaber gerichtet, nicht etwa auf das Subventionswesen, dessen gesellschafts- und wirtschaftspolitischer Mehrwert ohnehin äußerst fraglich ist.[462] Die Subvention ist nur der Grund für die freiwillige Vermögensverfügung, darüber hinaus aber von keiner eigenen strafrechtlich schützenswerten Relevanz.[463]

---

458 Vgl. etwa *Hoyer* in: SK-StGB, § 264 Rn. 7 ff.; *Sannwald*, Rechtsgut, S. 59 ff.

459 So wie gesehen der Gesetzgeber in BT-Drs. 7/5291, S. 5 f.

460 So auch die h. M.: BGHSt 31, 93, 95; BGH NStZ 2006, 624, 625; *Fischer*, StGB, § 264 Rn. 2, § 263 Rn. 137 ff.; *Hoyer* in: SK-StGB, § 264 Rn. 11, § 263 Rn. 221 ff.; *Perron* in: Schönke/Schröder, § 264 Rn. 1; *Hellmann* in: NK-StGB, § 264 Rn. 3; *Tiedemann* in ZStW 86 (1974), 897, 910 ff.

461 *Hellmann* in: NK-StGB, § 264 Rn. 3; *Fischer*, StGB, § 264 Rn. 2; *Heger* in: Lackner/Kühl, § 264 Rn. 1; *Perron* in: Schönke/Schröder, § 264 Rn. 1.

462 *Wohlers*, Deliktstypen, S. 173 f.

463 So auch *Anastasopoulou*, Schutz kollektiver Rechtsgüter, S. 251.

Es ist ein Problem, dass der Gesetzgeber in seinem Streben, die „Beweisschwierigkeiten" des Betrugstatbestandes zu beheben,[464] so weit über das Ziel hinausgeschossen ist, dass sich § 264 StGB nicht mehr durch ein Abstellen auf Vermögensschutzaspekte rechtfertigen lässt. Ein anderes ist es, dass versucht wird, diese Legitimationslücke durch ein Abstellen auf kryptische Universalrechtsgüter zu beheben und sich die h. M. daran auch noch rege beteiligt. Der in der Literatur geführte Streit darüber, welches Rechtsgut denn noch durch § 264 StGB zu schützen sei, um diesem zu den Weihen eines legitimen Rechtsgüterschutzes zu verhelfen, erinnert beinahe an das längst überwunden geglaubte Rechtsgutsverständnis *Bindings*. Eine kritische Potenz kann ihm kaum entnommen werden. Besonders die Annahme, aus dem hohen Strafrahmen des § 264 StGB den Schutz von Universalrechtsgütern ableiten zu können, ist irreführend und aus rechtsstaatlicher Sicht besonders bedenklich. Nach einem liberalen Rechtsgüterschutzprinzip, das dem Strafrecht die Aufgabe des subsidiären Rechtsgüterschutzes zuspricht, müsste das zu schützende Rechtsgut vielmehr klar feststehen, da nur so seine strafrechtliche Schutzwürdigkeit überhaupt erörtert und anschließend normiert werden kann. Wenn jedoch erst nach Erlass einer Norm neuartige, vage und aufgrund ihres Allgemeinbezuges besonders schwer zu fassende Universalrechtsgüter geschaffen werden müssen, um als eine Art Strohmann für dahinterliegende, auf diese Weise jedoch nicht zu schützende Individualrechtsgüter zu fungieren, dann wird die strafbegrenzende und -legitimierende Aufgabe des liberalen Rechtsgüterschutzprinzips schlechterdings *ad absurdum* geführt.[465]

bb. Das Rechtsgut im Betäubungsmittelstrafrecht

Als zweites Beispiel eines unechten Universalrechtsgutes bietet sich eine Darstellung der Rechtsgutsdiskussion im Bereich des Betäubungsmittelstrafrechts an. Das heute[466] in der BRD geltende Betäubungsmittelgesetz von 1971 geht auf eine umfassende Novellierung des Opiumgesetzes von

---

464 *Weigend* in: FS-Triffterer (1996), S. 699 f.

465 Zutreffend *Hoyer* in: SK-StGB, § 264 Rn. 9: „Damit überschritte das Strafrecht aber seine legitime Rolle als Instrument zum Rechtsgüterschutz und denaturiere zu einem Instrument zwecks Rechtsgüterschaffung."

466 Vgl. zur geschichtlichen Entwicklung *Patzak* in: Körner/Patzak/Volkmer-BtMG, Einl. Rn. 1 ff.

1929 zurück und zeichnet sich insbesondere durch ausgedehnte Strafbestimmungen aus.[467] Der Gesetzgeber verfolgte damit das Ziel, die Gesellschaft und besonders Jugendliche vor den Gefahren des als „Seuche" empfundenen Konsums von Rauschgift zu schützen und die den Drogenhandel kontrollierenden Vereinigungen des organisierten Verbrechens wirksamer zu bekämpfen.[468] Anfang der 1980er Jahre wurde das BtMG grundlegend neu gefasst, wobei der Schwerpunkt der Gesetzesänderungen auf der Strafverschärfung für schwere Drogenkriminalität und einer Ausweitung von Therapiemöglichkeiten für „suchtkranke Straftäter"[469] lag.[470] Trotz der Tendenzen, vermehrt auch auf die Umstände der Süchtigen einzugehen, ist das Betäubungsmittelstrafrecht bis heute primär durch eine extensive Inkriminierung jeglichen Umgangs mit Betäubungsmitteln geprägt. So werden nahezu alle Handlungen, die hierauf bezogen sind, der Strafgewalt unterworfen. Oftmals mit drastischen Strafandrohungen.[471] Zwar bildet der Konsum der Betäubungsmittel selbst den letzten straflosen Bereich, in Anbetracht der Tatsache, dass alle dem Konsum zwangsläufig vorgelagerten Handlungen unter Strafe gestellt werden, hat dies aber faktisch keine strafbegrenzende Auswirkung.[472] Die Straffreiheit des Konsums ist deshalb weniger Ausdruck liberaler Gesetzgebung, als vielmehr fehlender Pönalisierungsnotwendigkeit.[473]

Die erhebliche Kriminalisierung durch das Betäubungsmittelstrafrecht scheint jedoch dem grundgesetzlich verankerten Recht auf Selbstgefährdung zuwiderzulaufen. Anders als bei den §§ 211 ff. StGB ist zur Schädigung der Gesundheit durch den Konsum von Betäubungsmitteln regelmäßig eine einverständliche Mitwirkungshandlung des „Opfers" erforder-

---

467 BGBl. I S. 2092; *Patzak* in: Körner/Patzak/Volkmer-BtMG, Einl. Rn. 29; *Weber*, BtMG, Einl. Rn. 7.

468 Vgl. hierzu den allgemeinen Teil der amtlichen Begründung des von der Bundesregierung eingebrachten Gesetzesentwurfs: BR-Drs. 665/70.

469 Zur Widersprüchlichkeit dieses Begriffs vgl. *Haffke* in ZStW 107 (1995), 761, 786.

470 Vgl. Gesetz vom 28.07.1981 (BGBl. I S. 287); *Patzak* in: Körner/Patzak/Volkmer-BtMG, Einl. Rn. 34; *Weber*, BtMG, Einl. Rn. 8.

471 *Wohlers*, Deliktstypen, S. 182 ff.; *Nestler* in: Kreuzer (Hrsg.), Betäubungsmittelstrafrecht, § 11 Rn. 98.

472 *Paeffgen* in: BGH-Festgabe IV, S. 701 (Fn. 29), 715; *Köhler* in ZStW 104 (1992), 3, 8; *Nestler* in: Kreuzer (Hrsg.), Betäubungsmittelstrafrecht, § 11 Rn. 23.

473 Vgl. BT-Prot. 9/38 v. 26.05.1981 S. 2018 (zitiert nach *Anastasopoulou*, Schutz kollektiver Rechtsgüter, S. 262 (Fn. 1676)); *Hohmann/Matt* in JuS 1993, 370, 371.

lich.[474] Wie sich aus Art. 2 Abs. 1 GG ergibt, steht es jedem der Eigenverantwortlichkeit fähigen Bürger frei, mit seinem Leben und seiner Gesundheit nach eigenen Vorstellungen zu verfahren.[475] Hierunter fällt auch das Recht, seinem Leben selbstbestimmt ein Ende zu setzen oder seinem eigenen Körper Verletzungen zuzufügen. Mangels tauglicher Haupttat sind zwingend auch alle hierauf gerichteten Unterstützungshandlungen strafrechtlich irrelevant.[476] Wesentlicher Bestandteil einer freien Gesellschaft ist es, dass das Strafrecht nur subsidiär zum Schutz vor Rechtsgutsbeeinträchtigungen durch andere(!) eingesetzt werden darf. Selbstgefährdungen können daher grundsätzlich kein strafrechtliches Unrecht begründen, weil ein so handelndes „Opfer" des Schutzes durch das Strafrecht überhaupt nicht bedarf.[477]

Nach h. M. wird die Legitimität der Bestrafung des unbefugten Umgangs mit Betäubungsmitteln durch den Grundsatz der Straflosigkeit selbstgefährdender Handlungen jedoch nicht in Frage gestellt. Zwar sieht auch der BGH, dass jemand, der einem eigenverantwortlich Handelnden Drogen überlässt, deren Einnahme zum Tode des Konsumenten führt, sich nicht gem. § 222 StGB strafbar macht, doch soll dies an der Anwendbarkeit der Straftatbestände des BtMG in derartigen Fällen nichts ändern.[478] Grund hierfür ist das im Unterschied zu den §§ 211 ff. StGB nicht zur Disposition des „Opfers" stehende Kollektivrechtsgut „Volksgesundheit".[479]

---

474 *Paeffgen* in: BGH-Festgabe IV, S. 711 (Fn. 80): „Man muß Drogen nicht konsumieren!"; *Hassemer* in JuS 1992, 110, 113; vgl. zu BTM-Fremdinjektion nach Aufforderung durch das Tatopfer: BGH NStZ 2004, 204, 205.

475 BVerwG 82, 45, 48; *Haffke* in ZStW 107 (1995), 761, 775; *Nestler* in: Kreuzer (Hrsg.), Betäubungsmittelstrafrecht, § 11 Rn. 93.

476 BGHSt 32, 262, 264; BGH NJW 1972, 1207, 1208; *Sternberg-Lieben/Schuster* in: Schönke/Schröder, § 15 Rn. 164; *Beulke/Schröder* in NStZ 1991, 393.

477 *Puppe* in JZ 2011, 911; *Schünemann* in: Die Rechtsgutstheorie, S. 146; *Wohlers*, Deliktstypen, S. 192 ff.; *Köhler* in ZStW 104 (1992), 3, 20 f.; *Hohmann/Matt* in JuS 1993, 370, 372 f. und 374, wo sie dies auch mit *Hegels* Verständnis von Unrecht belegen.

478 Vgl. *Roxin*, Strafrecht AT I, S. 404 ff.; *Eisele* in JuS 2012, 577, 582; *Köhler* in MDR 1992, 739; *Hohmann* in MDR 1991, 1117, 1118; BGH NJW 1984, 1469, 1470; BGH NJW 1991, 307, 308 f.; BGH NJW 2000, 2286, 2287; BGH NJW 2004, 1054, 1055; BGH NJW 2009, 2611; a. A. *Puppe* in JZ 2011, 911 f.; *Hardtung* NStZ 2001, 206 ff.

479 BGH NJW 1991, 307, 309; BGH NJW 1992, 2975, 2976; *Beulke/Schröder* in NStZ 1991, 393, 394; *Nestler* in: Kreuzer (Hrsg.), Betäubungsmittelstrafrecht, § 11 Rn. 30 ff.; *Weber*, BtMG, § 30 Rn. 146; *Rudolphi* in: SK-StGB, Vor. § 1 Rn. 79a; vgl. aber auch *Puppe* in JZ 2011, 912, wonach dies nicht durch das

Auf diesem Wege gelingt es, sich sowohl über das höchste Rechtsgut unserer Rechtsordnung, das Leben, als auch über die tradierten Zurechnungsgrundsätze hinwegzusetzen. Zum Wohle der Allgemeinheit wird es durch eine Abstrahierung vom eigentlichen „Opfer" möglich, dem eigenverantwortlichen Einzelnen paternalistisch die Freiheit zu nehmen, über seine eigene Gesundheit zu disponieren. So wird im Betäubungsmittelstrafrecht, ungeachtet des Grundsatzes der Straflosigkeit der eigenverantwortlichen Selbstgefährdung, der Schutz des mündigen Bürgers vor sich selbst legitimiert, dessen Realisierung mit Hilfe eines „exorbitanten Strafrahmens" [480] sichergestellt werden soll.[481]

Bei genauer Betrachtung erweist sich der schon terminologisch bedenkliche[482] Begriff „Volksgesundheit" im Sinne eines allen Bürgern zustehenden Kollektivrechtsgutes jedoch als inhaltsleer und geradezu irreführend. Es ist schlicht nicht zu erklären, was die Volksgesundheit mehr sein soll als eine bloße Summierung der Einzelgesundheit aller „Volksmitglieder". Damit handelt es sich bei ihr aber ausschließlich um eine Zusammenfassung von Individualrechtsgütern und somit um ein Scheinuniversalrechtsgut ohne eigenständige Legitimation.[483]

Die mit dem Rechtsgut der Volksgesundheit letztlich beabsichtigte „strafbewehrte Gesunderhaltungspflicht"[484] des Einzelnen kehrt das freiheitliche Rechtsgutsprinzips geradezu um. Anstatt zu untersuchen, durch was die Freiheit der Bürger (hier in Gestalt ihrer körperlichen Unversehrtheit) bedroht wird und wie diese mit den Mitteln des Strafrechts verteidigt werden kann, wird dem Einzelnen im Sinne der Volksgesundheit gerade das entzogen, was der Staat eigentlich zu schützen hat: Die Freiheit, sein

---

Rechtsgut Volksgesundheit zu begründen sei, sondern als Ausdruck eines legitimen Paternalismus.

480 BGH NStZ 1985, 319, 320 (Anm. *Roxin*).

481 *Nestler-Tremel* StV 1992, 278; *Nestler* in: Kreuzer (Hrsg.), Betäubungsmittelstrafrecht, § 11 Rn. 31; *Hohmann/Matt* in JuS 1993, 370, 373; *Köhler* in ZStW 104 (1992), 3, 26 ff.; *Paeffgen* in: BGH-Festgabe IV, S. 714; *Hohmann* in MDR 1991, 1117, 1118.

482 Man denke an nationalsozialistische Bestrebungen mit Hilfe des Strafrechts die Volksgesundheit der deutschen „Rasse" sicherzustellen: Vgl. hierzu *Schäfer* in: Das kommende deutsche Strafrecht BT, S. 160 ff.

483 So auch: *Roxin*, Strafrecht AT I, S. 38; *Köhler* in MDR 1992, 739; *ders.* in ZStW 104 (1992), 3, 27 ff.; *Paeffgen* in: BGH-Festgabe IV, S. 701 (Fn. 30); *Wohlers*, Deliktstypen, S. 191; *Schünemann* in: Die Rechtsgutstheorie, S. 146; *Hefendehl*, Kollektive Rechtsgüter, S. 142 f.

484 So zutreffend *Hohmann/Matt* in JuS 1993, 370, 372.

Leben ohne Zwänge gestalten zu dürfen, solange hierdurch keine anderen Freiheitssphären verletzt werden. Durch diesen „Grundrechtsschutz gegen sich selbst"[485] mutiert der Einzelne aber zum Garanten des Ganzen und dessen fehlende gesellschaftliche Nützlichkeit zum Pönalisierungsgrund.[486]

Auch Versuche auf andere, nicht minder diffuse Kollektivbelange abzustellen, müssen scheitern. So wird vertreten, der Volksgesundheit weitere, über die Kumulierung von Individualrechtsgütern hinausgehende Interessen zuzusprechen: Die Intaktheit der Familie, Belastungen der Allgemeinheit, ja letztlich die Funktionsfähigkeit der Gesellschaft.[487] Bei diesen durch das BtMG zu schützenden Werten und Interessen, handelt es sich um Begriffe, die „wolkiger" und unklarer kaum sein könnten.[488] Durch die uferlose Ausweitung des mit dem Betäubungsmittelstrafrecht verfolgten Rechtsgüterschutzes wird die strafrechtsbegrenzende Funktion des liberalen Rechtsgutsprinzips geradezu verhöhnt.[489]

Wenn der eigenverantwortliche Konsum von Drogen bzw. die Ermöglichung desselben, die Funktionsfähigkeit der Gesellschaft insgesamt zu bedrohen im Stande ist, müsste sich jene bereits in einem besorgniserregend fragilen Zustand befinden. Bei allem gebotenen Respekt vor dem Elend, das Drogenabhängigkeit den Konsumenten und ihrem Umfeld zufügen kann, bezweifle ich dies, insbesondere in Anbetracht der Akzeptanz den der enorme Tabak- und Alkoholkonsum in unserer Gesellschaft genießt.[490] Zwar können die sozialen Folgen schwerer Drogensucht in Einzelfällen ein drastischeres Ausmaß annehmen, als diejenigen der Alkoholabhängig-

---

485 So *Ipsen* vgl. Zitat bei *Haffke* in ZStW 107 (1995), 761, 778 (Fn. 61).
486 *Paeffgen* in: BGH-Festgabe IV, S. 713 f.; *Köhler* in ZStW 104 (1992), 3, 28 f.
487 *Beulke/Schröder* in NStZ 1991, 393, 394; *Nestler* in: Kreuzer (Hrsg.), Betäubungsmittelstrafrecht, § 11 Rn. 28; vgl. ferner die gesetzgeberischen Begründungen des BtMG von 1972 (BGBl I S. 2092), BR-Drs. 665/70, S. 2.
488 Vgl. hierzu: *Hassemer* in: Die Rechtsgutstheorie, S. 64.
489 Vgl. hierzu: *Nestler-Tremel* StV 1992, 278.
490 Vgl. hierzu Drogen- und Suchtbericht der Drogenbeauftragten der Bundesregierung 2015, S. 15 (drogenbeauftragte.de): Die BRD weist demnach einen jährlichen pro Kopf Konsum von 9,6 Liter reinen Alkohols, 1,7 Millionen Alkoholabhängige und mindestens 74.000 Alkoholtote pro Jahr aus; ferner sterben jedes Jahr ca. 110.000 Personen an den Folgen des Rauchens, vgl. Bericht zur Situation des Tabakkonsums in Deutschland (drogenbeauftragte.de (2)); zum Vergleich gab es im Jahr 2014 in der BRD 1032 drogenbedingte Todesfälle, vgl. Drogen- und Suchtbericht der Drogenbeauftragten der Bundesregierung 2015, S. 51 (drogenbeauftragte.de).

keit, doch ist dieser Umstand wohl weniger in der zweifellos bestehenden Gefährlichkeit der Substanzen selbst begründet, als vielmehr in ihrer Kriminalisierung.[491] Ähnliches gilt für den oftmals beschworenen Kampf gegen den organisierten Drogenhandel, der mit den Strafbestimmungen des BtMG geführt werden soll.[492] Es ist durchaus fraglich, ob man einem Kriminalitätszweig, den man durch den Erlass von Strafbestimmungen quasi selbst erschaffen hat, gerade mit einer weiteren Verschärfung jener Bestimmungen tatsächlich beikommen kann.

Die Funktionsfähigkeit unserer freiheitlichen Gesellschaft scheint durch strafrechtliche Rechtsgutskonzepte, die den Wert des Einzelnen nur über seine Nützlichkeit für die Gesellschaft definieren und denjenigen, die dem gesellschaftlichen Idealtypus eines funktionierenden Menschen nicht entsprechen, mit den Waffen der Strafgewalt begegnen wollen, in ungleich größerem Maße bedroht, als durch eigenverantwortlichen Drogenkonsum.

Die primären Konsequenzen des Drogenkonsums liegen in der Gesundheit der Konsumenten selbst. Sie sind es, die sich durch die Einnahme gewisser Substanzen der Gefahr aussetzen, physische und psychische Schäden zu erleiden. Daher sind selbstverständlich jene Personen, die der Eigenverantwortung nicht fähig sind, auch mit den Mitteln des Strafrechts vor den Gefahren des Betäubungsmittelkonsums zu schützen.[493] In allen anderen Fällen dagegen, bei denen nach dem Grundsatz der Straflosigkeit von Selbstgefährdungen kein strafrechtliches Unrecht vorliegt, können auch etwaige negative Sekundärfolgen für vage formulierte Universalrechtsgüter eine Strafbedrohung der den Konsum vorbereitenden Handlungen nicht begründen. Andernfalls ermöglicht man es dem Staat, durch die Hintertür die Lebensführung seiner Bürger zu bewerten und diejenigen, die vom Leitbild des strebsamen, gesunden, lebensbejahenden Bürgers abweichen, zu bestrafen.

---

491 *Wohlers*, Deliktstypen, S. 199; *Köhler* in ZStW 104 (1992), 3, 10 ff. u. 34 f.

492 Vgl. etwa BVerfG NJW 1994, 1577, 1584; *Paeffgen* in: BGH-Festgabe IV, S. 712 (Fn. 85); *Wohlers*, Deliktstypen, S. 198; vgl. auch Nachweise bei *Anastasopoulou*, Schutz kollektiver Rechtsgüter, S. 273 Fn. 1750.

493 Daher gibt es auch keinerlei Notwendigkeit zum Schutz von Jugendlichen auf die „Drogenverkehrshoheit als Zwischenrechtsgut" abzustellen, so aber: *Schünemann* in: Die Rechtsgutstheorie, S. 152 f.

cc. Ergebnis

Wie erwähnt, verfolgte der Gesetzgeber bei Erlass des Subventionsbetruges gem. § 264 StGB das Ziel, Beweisschwierigkeiten zu beheben, die sich bei der Anwendung des § 263 StGB ergaben.[494] Grund für das Auftreten dieser „Beweisschwierigkeiten" im Bereich des Subventionswesens sind die komplexen Strukturen, welche die Vorgänge in der Regel aufweisen. Wie schon aus § 264 Abs. 7 S. 1 Nr. 1 StGB folgt, sind die Empfänger von Subventionen in aller Regel arbeitsteilig handelnde Betriebe bzw. Unternehmen.[495] Bedarf es bereits bei natürlichen Einzeltätern oftmals großer Anstrengung die Erfüllung der Betrugstatbestandsmerkmale nachweisen zu können, erscheint dies gänzlich unmöglich, wenn, wie in einem Großbetrieb üblich, verschiedenste Personen an der Subventionsbeantragung mitwirken. Hierfür gibt es allerdings einen sehr plausiblen und schlichten Grund: Die Entscheidung des Gesetzgebers, nur natürliche Personen strafrechtlich zu verfolgen. Die erwähnten „Beweisschwierigkeiten" im Bereich des § 263 StGB liegen deshalb im eigentlichen Wortsinne auch nur selten vor. Dass es in diesen komplexen Konstellationen zu keiner Verurteilung gem. § 263 StGB kommen kann, liegt weniger daran, dass die Tatbestandsverwirklichung einer einzelnen natürlichen Person nicht nachgewiesen werden kann, als daran, dass oftmals überhaupt keine natürliche Person den gesamten Straftatbestand allein verwirklicht hat und somit von vornherein niemandem ein individueller Schuldvorwurf gemacht werden kann.

Die in derartigen Fällen nicht einmal theoretisch vorhandene Möglichkeit, einen Einzelnen für das Verhalten einer undurchsichtig handelnden Personenmehrheit bestrafen zu können, als „Beweisschwierigkeit" abtun zu wollen, ist daher fehlleitend. Solange der Gesetzgeber an dem Konzept des reinen Individualstrafrechts festhalten will, muss er auch damit leben, gewisse Lebenssachverhalte nicht erfassen zu können. Andernfalls kommt es zu schwer erträglichen Ergebnissen wie bei § 264 StGB:

---

494 *Tiedemann* in: LK-StGB, § 264 Rn. 5; *Fischer*, StGB, § 264 Rn. 2; *Perron* in: Schönke/Schröder, § 264 Rn. 2; *Weigend* in: FS-Triffterer (1996), S. 699 f.; BGH NJW 1990, 1921, 1922; *Benthin* in KritV 2010, 288, 289; vgl. auch *Wohlers/ Mühlbauer* in: MüKo-StGB, § 264 Rn. 5, wonach „die Gründe, die zur Ausgestaltung des § 264 geführt haben, durchgängig rein pragmatischer Natur waren".
495 Vgl. *Tiedemann* in ZStW 87 (1975), 253, 261; *Eberle*, Subventionsbetrug, S. 148.

Weil der „wahre Täter" aufgrund der Unmöglichkeit, auf Personenmehrheiten strafrechtlich zugreifen zu können, nicht zu erreichen ist und
einem natürlichen Täter aufgrund von „Beweisschwierigkeiten" kein Betrug zu Last gelegt werden kann, wurde § 264 StGB geschaffen, um einen
Einzelnen aus der Gesamtheit herausziehen zu können. Dies wird dadurch
erreicht, dass der ursprüngliche Betrugstatbestand auf die bloße Täuschungshandlung reduziert und so, bei gleichlautendem Strafrahmen,
seines eigentlichen Unrechtsgehalts beraubt wird. Um jedoch die Bestrafung dieser Handlung zu rechtfertigen, die im Hinblick auf den eigentlichen Betrugstatbestand allenfalls eine abstrakte Vermögensgefährdung
und somit kein pönalisierungswürdiges Unrecht darstellen würde, muss
diesem natürlichen Täter auch noch der Schutz eines völlig abstrakten und
in sich höchst umstrittenen Universalrechtsguts aufgebürdet werden.
Letztlich wird so ein Einzelner, nur weil er als Teil einer nicht verfolgba-
ren Personenmehrheit gehandelt hat, zum Schutz eines illegitimen Schein-
universalrechtsgutes für eine Handlung bestraft, die nach herkömmlichen
Kriterien überhaupt kein Unrecht darstellen würde. Diese viel zu weitreichende tatbestandliche Vorverlagerung kann auch nicht durch die lakoni-
sche Erklärung des Gesetzgebers gerechtfertigt werden, es sei schließlich
niemand gezwungen, Subventionen zu beantragen:[496] Zum einen sind eine
Vielzahl von Unternehmen zur Wahrung ihrer Wettbewerbsfähigkeit sehr
wohl darauf angewiesen, Subventionen zu erhalten, zum anderen ist derjenige, der die täuschende Handlung gem. § 264 StGB begeht, in den sel-
tensten Fällen auch derjenige, dem die Subventionen direkt zugute kommen. Insbesondere der Umstand, gerade diesem zum Schutz eines Schein-
universalrechtsgutes bereits eine bloß fahrlässig wahrheitswidrige Angabe
strafrechtlich zur Last legen zu wollen, überfordert das zulässige Maß
strafrechtlicher Verantwortungsverteilung in Unternehmen.

Eine ähnliche Situation zeigt sich beim Universalrechtsgut „Volksgesundheit" im Betäubungsmittelstrafrecht: In der BtM-Gesetzgebung ist es
zu einem Mantra geworden, auf die Bedrohung unserer Gesellschaft durch
das organisierte Verbrechen in Form international agierender Drogenhänd-

---

496 BT-Drs. 7/5291, S. 4: „Niemand gerät zwangsweise in die Situation des Subventi-
onsempfängers. Für denjenigen aber, der freiwillig zu seinem Vorteil eine unent-
geltliche Leistung des Staates in Anspruch nimmt, stellt die strafrechtliche Absi-
cherung der ohnehin selbstverständlichen Wahrheitspflicht keine unzumutbare
Belastung dar."

lernetzwerke hinzuweisen.[497] Auch hier ist es offenkundig, dass der Staat, der weder faktisch dazu befähigt ist, die Strukturen des international organisierten Verbrechens voll durchdringen zu können, noch rechtlich dazu in der Lage ist, sie in ihrer Gesamtheit strafrechtlich zur Verantwortung zu ziehen, versucht, zumindest alle natürlichen Personen, die daran irgendwie beteiligt sind, zu erfassen.[498] Es ist zwar nicht zu bestreiten, dass der Rauschgifthandel/-schmuggel das Hauptaktivitätsfeld der organisierten Kriminalität in Deutschland darstellt,[499] jedoch liegt dies nicht zuletzt an den immensen Gewinnspannen, die gerade aufgrund der Drogenprohibition zu erzielen sind. Es ist ein erschreckender legislatorischer Zirkelschluss, einen Kriminalitätszweig, den man durch die eigene Inkriminierung erst geschaffen hat, mit einer immer weitergehenden Ausdehnung der Strafgewalt bekämpfen zu wollen.[500] Dass hierzu auch noch auf das illegitime Kollektivrechtsgut „Volksgesundheit" abgestellt werden muss, komplettiert das schräge Bild. Um der Machtausdehnung der Gruppierungen der organisierten Kriminalität Herr zu werden, wird durch die notwendigerweise individualstrafrechtlichen Bestimmungen des BtMG im Ergebnis der Einzelne, der beabsichtigt, seine Gesundheit eigenverantwortlich zu beschädigen bzw. derjenige, der die eigenverantwortliche Selbstschädigung eines anderen befördert, zum Wohle der Allgemeinheit der Strafverfolgung ausgesetzt.[501] Der Gesetzgeber zieht folglich auch an dieser Stelle ein Scheinuniversalrechtsguts heran, um gegen eine diffuse Bedrohungsla-

---

497 BT-Drs. 8/3551 S. 35; vgl. Gesetz zur Bekämpfung des illegalen Rauschgifthandels und anderer Erscheinungsformen der Organisierten Kriminalität (OrgKG) vom 15.7.1992, BGBl. I, 1302; vgl. Gesetz zu dem Übereinkommen der Vereinten Nationen vom 20. Dezember 1988 gegen den unerlaubten Verkehr mit Suchtstoffen und psychotropen Stoffen, BGBl. II S. 1136; vgl. Gesetzentwurf der Bundestagsfraktionen von CDU/CSU und FDP vom 18.02.94, BT-Drs. 12/6853; BR-Drucks. 12/989 S. 1, 31; *Weber*, BtMG, Einl. Rn. 16 ff.; *Wohlers*, Deliktstypen, S. 38.

498 *Anastasopoulou*, Schutz kollektiver Rechtsgüter, S. 261 f.

499 Im Jahr 2014 hatte der Drogenhandel in der BRD einen Anteil von 32,9 % an der OK (2013: 35,2%); vgl. hierzu: Bundeslagebericht des BKA zur Organisierten Kriminalität 2014, S. 7 (bka.de).

500 Vgl. hierzu das plastische Bsp. bei *Paeffgen* in: BGH-Festgabe, S. 712 Fn. 85, wonach der einzige Erfolg der Alkoholprohibition in den USA die Stärkung der OK gewesen sei.

501 Ein Großteil der strafrechtlichen Verfolgung ist dabei gegen Kleinkonsumenten und Kleindealer gerichtet, vgl. auch insofern *Paeffgen* in: BGH Festgabe S. 712 f.; s. a.: *Krauß* in: Schuld, S. 381.

ge vorgehen zu können. Ohne die Volksgesundheit müsste ihm der Zugang zum Strafrecht auch in diesem Bereich verschlossen bleiben.

2. Zur Legitimität strafrechtlicher Universalrechtsgüter nach der Möglichkeit ihrer Beeinträchtigung

Neben der soeben untersuchten Frage der tauglichen Rechtsgutsträgerschaft universeller Rechtsgüter ist das Vorliegen einer tatsächlichen Rechtsgutsbeeinträchtigungsmöglichkeit im Hinblick auf den subsidiären Charakter strafrechtlichen Rechtsgüterschutzes von entscheidender Bedeutung. Der strafrechtliche Schutz eines Universalrechtsgutes kann dementsprechend nur vor solchen Handlungen erreicht werden, die das Rechtsgut auch tatsächlich beeinträchtigen können. Das abstrakte Gefährdungsdelikt hat sich als *der* Deliktstyp zum Schutz von Universalrechtsgütern etabliert. Im nun folgenden Abschnitt möchte ich in einem Exkurs zunächst aufzeigen, wie es zu dieser Entwicklung kam, um mich sodann der Frage zu widmen, wie die auch bei Universalrechtsgütern notwendige Beziehung zwischen strafbarer Handlung und zu schützendem Rechtsgut herzustellen sein kann bzw. wo die Grenzen legitimer Bezugnahme zu ziehen sind. Letzteres werde ich exemplarisch anhand der vorsätzlichen Gewässerverunreinigung gem. § 324 Abs. 1 StGB erörtern.

a. Das abstrakte Gefährdungsdelikt und die Universalrechtsgüter

Wie soeben angedeutet, steht die dargestellte Zunahme an Universalrechtsgütern in einem sehr engen Zusammenhang mit der Ausweitung der abstrakten Gefährdungsstrafbarkeit. Auch wenn dieser Verbrechenstyp selbstverständlich keine Erfindung der Gegenwart ist,[502] scheint sich der Gesetzgeber jedoch gerade in Hinblick auf aktuelle soziale Großstörungen dieses Mittels besonders gerne zu bedienen.[503] Nach Auffassung von *Has-*

---

502 *Schünemann* in GA 1995, 201, 212; vgl. zum rechtsgeschichtlichen Ursprung der Gefährdungsstrafbarkeit und deren Zusammenhang mit dem Polizeirecht *Herzog*, Gesellschaftliche Unsicherheit, S. 74 ff. und *Arzt/Weber*, Strafrecht BT LH 2 (1983), S. 14 ff.
503 Vgl. *Prittwitz*, Strafrecht und Risiko, S. 368 ff.; *Wohlers*, Deliktstypen, S. 33 ff.; *Herzog*, Gesellschaftliche Unsicherheit, S. 38 ff.; *Hefendehl*, Kollektive Rechts-

semer handelt es sich bei den abstrakten Gefährdungsdelikten um die entscheidende Deliktsform des modernen Strafrechts, da sie aufgrund der radikalen Reduzierung der Strafbarkeitsvoraussetzungen in erheblichem Maße zu einer Kapazitätserweiterung des Strafrechts beiträgt.[504] Auch *Kindhäuser* kommt in seiner umfassenden Untersuchung der Gefährdungsstrafbarkeit zu dem Schluss, dass abstrakte Gefährdungsdelikte die bevorzugte Deliktsart bei der Schaffung neuer Sanktionstatbestände bilden.[505]

Aufgrund dieser Entwicklung stellen abstrakte Gefährdungsdelikte mittlerweile einen weit verbreiteten Deliktstypus im StGB dar, der sich vielfach in neu eingefügten oder modifizierten strafgesetzlichen Regelungsbereichen wiederfindet.[506] In besonderem Maße trifft dies auf das Terrorismus-, Wirtschafts-, Umwelt- und Betäubungsmittelstrafrecht zu (vgl. bspw. §§ 129a, 264, 325 StGB und § 29 Abs. 1 S. 1 Nr. 1 Var. 3 BtMG). In genau jenen Bereichen also, in welchen auch eine Zunahme an Universalrechtsgütern zu verzeichnen ist, wird besonders häufig von abstrakten Gefährdungstatbeständen Gebrauch gemacht. Da die Zuteilung einer Strafnorm zu den Verletzungs- bzw. Gefährdungsdelikten von der Intensität des inkriminierten Rechtsgutsangriffs abhängt,[507] ist es, um den Zusammenhang zwischen der Zunahme an Universalrechtgütern und der Ausdehnung der abstrakten Gefährdungsstrafbarkeit nachvollziehen zu können, zunächst erforderlich, sich deren Tatbestandsferne zu vergegenwärtigen.

Zu Beginn muss hierfür die Notwendigkeit einer Unterscheidung zwischen dem im Tatbestand umschriebenen Tatobjekt[508] und dem jeweils zu

---

güter, S. 2 mit Hinweis auf *Frehsee* in StV 1996, 222, 225; *Zieschang*, Gefährdungsdelikte, S. 13; zum Umweltstrafrecht vgl. *Heine/Meinberg* in: 57. DJT-Gutachten, S. D 26 f; zum Wirtschaftsstrafrecht vgl. *Dannecker* in: Wirtschafts- und Steuerstrafrecht, Allg. 1. Kap. Rn. 106 ff.

504 *Hassemer*, Produktverantwortung, S. 10; *ders.* in ZRP 1992, 378, 381; *ders.* in HRRS 2006, 130, 134 ff. (insb. 136 f.).

505 *Kindhäuser*, Gefährdung, S. 225 ff.

506 *Kindhäuser* (*ders.*, Gefährdung, S. 225) meint in den abstrakten Gefährdungsdelikten bereits die größte Verbrechenskategorie erblicken zu können; *Roxin* (*ders.*, Strafrecht AT I, S. 338) sieht dagegen immer noch die Mehrzahl aller Tatbestände als Verletzungsdelikte ausgestaltet.

507 Vgl. *Maurach/Zipf*, Strafrecht AT I, S. 223 f. u. 286 f.; *Roxin*, Strafrecht AT I, S. 34 u. 337 f.; s. a. bereits *Binding*, Normen I, S. 364 ff. u. 368 ff.

508 Auch bezeichnet als „Handlungs-" (vgl. *Roxin*, Strafrecht AT I, S. 33; *Jescheck/Weigend*, Strafrecht AT, S. 260; *Maurach/Zipf*, Strafrecht AT I, S. 269) oder „An-

schützenden, dahinter liegenden Rechtsgut der Norm hervorgehoben werden, weil eine Gleichsetzung dieser Begriffe insbesondere bei Universalrechtsgütern fatale Folgen haben kann.[509] Nach allgemeiner Auffassung ist das Tatobjekt dasjenige im Tatbestand bezeichnete Objekt, an dem sich die Deliktsverwirklichung konkret körperlich vollzieht und „sich daher aus der Betrachtung des rein äußerlichen Verlaufs der inkriminierten Handlung ohne Rücksicht auf ihre Normwidrigkeit" [510] ergibt. Ungeachtet aller in der Lehre vorzufindenden terminologischen und inhaltlichen Unterschiede dieses alles andere als unumstrittenen Strafrechtsbegriffs,[511] kommt es vorliegend nur darauf an aufzuzeigen, in welchem Verhältnis das Tatobjekt zum Rechtsgut stehen kann. In der Gesetzgebung haben sich diesbezüglich drei unterschiedliche legislative Ansätze entwickelt:[512] Tatobjekt und Rechtsgut können demnach entweder miteinander identisch sein (so das „Vermögen" bei § 263 StGB), sich zweitens zwar formal unterscheiden, inhaltlich aber übereinstimmen (etwa bei den §§ 211 ff. StGB das Tatobjekt „Mensch" und das Rechtsgut „menschliches Leben") oder drittens sowohl inhaltlich als auch formal divergieren. Während die beiden erstgenannten Kategorien Tatbestände zum Schutz klassischer Individualrechtsgüter beschreiben, fallen in letztere größtenteils Strafnormen, die den Schutz universeller Rechtsgüter zur Aufgabe haben; mit anderen Worten gehören zwar auch gewisse Individualrechtsgüter der dritten Kategorie an (etwa die Beleidigungstatbestände der §§ 185 ff. StGB), Universalrechtsgüter können dagegen umgekehrt in der Regel nicht den ersten beiden zugeteilt werden.[513]

---

griffsobjekt" (vgl. *Eisele* in: Schönke/Schröder, Vor §§ 13 ff. Rn. 9; *Otto*, Grundkurs Strafrecht AT, S. 8).

509   Vgl. insofern *Maurach/Zipf*, Strafrecht AT I, S. 269 f.; *Otto*, Grundkurs Strafrecht AT, S. 8.

510   *Sieber*, Computerkriminalität, S. 255; vgl. ferner *Baumann/Weber/Mitsch*, Strafrecht AT, S. 15; *Maurach/Zipf*, Strafrecht AT I, S. 269; *Eisele* in: Schönke/Schröder, Vor §§ 13 ff. Rn. 9; *Graul*, Präsumtionen, S. 25 f.

511   Vgl. zum Überblick hierzu *Martin*, Umweltbeeinträchtigungen, S. 22 ff.

512   Vgl. *Hefendehl* in: Die Rechtsgutstheorie, S. 120; *ders.*, Kollektive Rechtsgüter, S. 40 f.

513   A. A. *Martin*, Umweltbeeinträchtigungen, S. 33, der im Sinne des ökologischen Rechtsgutsbegriffs in den sog. Umweltrechtsgütern „konkret-überindividuelle Rechtsgüter" sieht und diese aufgrund ihrer vermeintlichen Verkörperung für mit konkreten Individualrechtsgütern vergleichbar hält.

Überindividuelle Rechtsgüter ziehen ihre Schutzwürdigkeit als soziale Institute im Wesentlichen daraus, dass sie als Grundlage gesellschaftlichen Zusammenlebens gewährleistet werden müssen.[514] Im Unterschied zu klassischen Individualrechtsgütern, die in aller Regel substanzhaft sind, handelt es sich bei Universalrechtsgütern zumeist nur um „normative Konstrukte", denen nichts bereits vor ihrer Schaffung Existentes, Tatsächliches zugrundgelegt werden kann.[515] Dieser oftmals ausschließlich geistigen Natur überindividueller Rechtsgüter wohnt demzufolge nichts Gegenständliches inne, an dem eine nachteilige Veränderung des Rechtsgutes sichtbar werden kann. Dies erklärt, dass Universalrechtsgüter kaum selbst die im Tatbestand genannten Objekte sein können, an denen sich die Handlung des Täters unmittelbar vollzieht.

Dass zum Schutz von Universalrechtsgütern auf abstrakte Gefährdungsdelikte abgestellt werden muss, ergibt sich hieraus jedoch noch nicht zwangsläufig. Auch die Einwirkung auf ein gänzlich rechtsgutsverschiedenes Tatobjekt könnte grundsätzlich eine tatsächliche Verletzung des Rechtsguts selbst bedeuten (so bei den §§ 185 ff. StGB).[516] Eine konkret sicht- und feststellbare Verletzung von Universalrechtsgütern ist aber, anders als bei individuellen Rechtsgütern, wo sich z. B. eine Sachbeschädigung in einer tatsächlichen Zustandsänderung äußert und durch einen Vergleich der Lage vor und nach der Einwirkung beschreibbar und zurechenbar wird, zumeist ausgeschlossen.[517] *Wohlers* beschreibt diesen Umstand zutreffend, wenn er sagt, dass die Beeinträchtigung überindividueller Rechtsgüter in der Regel nicht an der Beeinträchtigung eines greifbaren Angriffsobjekts festgemacht werden könne, sondern sich allein in der von vornherein schwer fassbaren Desorganisation problemspezifisch strukturierter gesellschaftlicher Subsysteme niederschlage.[518]

---

514 *Tiedemann*, Wirtschaftsstrafrecht AT, S. 22; *Martin*, Umweltbeeinträchtigungen, S. 31; *Hassemer*, Theorie, S. 220.

515 *Hefendehl*, Kollektive Rechtsgüter, S. 61; *Wohlers*, Deliktstypen, S. 224.

516 Zur Unterscheidung von „Erfolg" und „Rechtsgutsverletzung" vgl. *Kindhäuser*, Gefährdung, S. 145; vgl. auch *Kuhlen* in ZStW 105 (1993), 697, 713 m. w. N.; ferner *Amelung*, Rechtsgüterschutz, S. 201 ff.

517 *Amelung* in: Die Rechtsgutstheorie, S. 168; *Martin*, Umweltbeeinträchtigungen, S. 30 f.; *Tiedemann*, Wirtschaftsstrafrecht AT, S. 23; *Hefendehl*, Kollektive Rechtsgüter, S. 174.

518 *Wohlers*, Deliktstypen, S. 224; vgl. außerdem *Amelung*, Rechtsgüterschutz, S. 365.

Würden Strafnormen zum Schutz überindividueller Rechtsgüter demnach als Verletzungsdelikte ausgestaltet, wären sie konsequenterweise auf diejenigen Fälle beschränkt, in denen es tatsächlich zu einer Zerstörung elementarer gesellschaftlicher Institutionen und so zu kaum vorstellbaren „Megaverstößen" käme.[519] In solchen Fällen wäre zunächst fraglich, ob sich unsere Gesellschaft dann nicht einem derart fragilen, funktionsunfähigen Zustand befände, der ihr die justizielle Ahndung jener Tat unmöglich machen würde. Dessen ungeachtet erscheint es darüber hinaus fraglich, ob ein individualisierbarer, natürlicher Täter zur Verwirklichung einer solchen Tat überhaupt fähig wäre und ob diese ihm dann rechtsstaatlich einwandfrei zugerechnet werden könnte.[520]

Der Gesetzgeber schlug daher einen anderen Weg ein, indem er diesen Universalgütern nicht erst im unwahrscheinlichen Fall einer Verletzung, sondern bereits bei deren Gefährdung den Schutz des Strafrechts angedeihen lassen möchte. Da, wie gesehen, keine grundsätzlichen Zweifel an der Legitimität von Universalrechtsgütern bestehen, ihnen ein geradezu konstitutiver Charakter für das Funktionieren unseres Gemeinwesens zugesprochen werden kann, ist diesen Bestrebungen im Hinblick auf die hohe Schutzwürdigkeit dieser Güter prinzipiell auch nicht zu widersprechen.[521]

Eine Verfolgung derartig institutionsgefährdender Taten mittels konkreter Gefährdungsdelikte wird jedoch abgelehnt.[522] Für ein konkretes Gefährdungsdelikt wäre die Voraussetzung eines tatsächlichen Gefahreneintritts für das durch den Tatbestand geschützte Rechtsgut zwingend.[523] Es müsste somit auch hier zu einer konkreten „Mega*gefährdung*" kommen. Aufgrund der bereits beschriebenen Schwierigkeit, Universalrechtsgüter körperlich greifbar zu machen, fehlt es aber auch insoweit in der Regel an einem Mittel, den Eintritt einer konkreten Gefährdung naturwissenschaftlich feststellen zu können.[524] Als vermeintlich letzter Ausweg, den Schutz universeller Rechtsgüter zu erreichen, verbleiben dem Gesetzgeber somit

---

519 Vgl. das Beispiel einer so immensen Überschwemmung des Geldverkehrs mit Falschgeld, die das Vertrauen der Gesellschaft in diesen gänzlich aufheben würde: *Hefendehl* in JR 1996, 353, 354.

520 Ähnlich *Wohlers*, Deliktstypen, S. 308; vgl. ferner *Arzt/Weber*, Strafrecht BT LH 2 (1983), S. 9 f.

521 Vgl. hierzu *Graßhof* in BVerfGE 90, 145, 204 f.

522 Vgl. etwa *Otto* in ZStW 1984, 339, 362 f.

523 Vgl. nur *Roxin*, Strafrecht AT I, S. 423 ff.

524 *Otto* in ZStW 1984, 339, 362 f.; *Tiedemann*, Wirtschaftsstrafrecht AT (1976), S. 81 ff.; *Wohlers*, Deliktstypen, S. 285; *Bohnert* in JuS 1984, 182, 185 (Fn. 41).

die abstrakten Gefährdungsdelikte.[525] Da die Alternative hierzu ein Verzicht jeglicher Strafandrohung bedeuten würde, wird dieser Schritt von weiten Teilen der Lehre als begrüßenswert, zumindest aber als angeblich „rechtspolitisch konsequent" und unvermeidlich angesehen.[526]

Hierfür stellvertretend sei die Feststellung von *Arzt/Weber* genannt, wonach angeblich stets dann auf ein Verletzungserfordernis verzichtet werde, wenn eine Rechtsgutsverletzung entweder schon theoretisch schwer zu postulieren sei oder deren Feststellung im Einzelfall auf praktische Schwierigkeiten stoße, was eben insbesondere bei überindividuellen Rechtsgütern der Fall sei, da Rechtsgutsverletzungen hier mitunter schon gedanklich nicht mit Sicherheit auszumachen seien.[527] Gemeinhin werden die abstrakten Gefährdungsdelikte nur in Abgrenzung zu den übrigen Deliktsformen und somit rein negativ definiert: Sie sollen deshalb immer dann vorliegen, wenn der Gesetzgeber weder eine Verletzung noch eine konkrete Gefährdung im Tatbestand vorsah.[528]

Wenn man sich das ursprüngliche *telos* abstrakter Gefährdungsstrafbarkeit in Erinnerung ruft, erscheint es zweifelhaft, ob ein derart opportunistischer Umgang mit ihr sowie ihre damit einhergehende immense Ausdehnung noch angemessen und sach-/gerecht ist. Zwar kann eine solche Verkürzung der Tatbestandsvoraussetzungen im Hinblick auf tatbestandsferne Rechtsgüter sicherlich „nützlich" sein. Aussagen zur Legitimation und zu

---

525 Solange man nach der h. M. nur zwischen Verletzungs- sowie konkreten und abstrakten Gefährdungsdelikten unterscheidet.: Vgl. *Kuhlen* in GA 1986, 389, 395; *Zieschang*, Gefährdungsdelikte, S. 15 ff.

526 Vgl. *Heine/Meinberg* in: 57. DJT-Gutachten, S. D 36 f.; *Otto* in ZStW 1984, 339, 362 ff., 375; *ders.*, Grundkurs Strafrecht BT, S. 300; *Tiedemann*, Wirtschaftsstrafrecht AT, S. 22 ff., der sich auch gegen eine restriktive Auslegung abstrakter Gefährdungstatbestände wendet; *ders.*, Wirtschaftsstrafrecht AT I, S. 81 f.; *Wohlers*, Deliktstypen, S. 285; *Martin*, Umweltbeeinträchtigungen, S. 55; sehr weitgehend: *Kindhäuser*, Gefährdung, S. 277 ff.; auch international soll sich diese Erkenntnis weitgehend durchgesetzt haben, vgl. erneut *Tiedemann*, Wirtschaftsstrafrecht AT, S. 24 unter Verweis auf: Empfehlungen des XIII. Internationalen Strafrechtskongresses des AIDP in ZStW 97 (1985), 731, 735 f.; *ders.* in ZStW 87 (1975), 253, 273 f.: „Will man in diesem Bereich (Anm. den überindividuellen Rechtsgütern) überhaupt den Begriff des abstrakten Gefährdungsdelikts beibehalten, so ist festzustellen, daß das abstrakte Gefährdungsdelikt das typische, dem Wesen des überindividuellen Rechtsguts entsprechende Mittel der Gesetzestechnik darstellt."

527 *Arzt/Weber*, Strafrecht BT LH 2 (1983), S. 9.

528 *Wohlers*, Deliktstypen, S. 284; *Graul*, Präsumtionen, S. 140 ff.

den Grenzen dieser Deliktsgruppe lassen sich hieraus jedoch noch nicht ableiten.

Hierzu haben sich aber in der Lehre im Wesentlichen zwei Theorien entwickelt: Die Theorie der sog. *generellen Gefahr* auf der einen und die *Präsumtionslehre* auf der anderen Seite. Ihnen ist zwar die Feststellung gemein, dass es bei abstrakten Gefährdungsdelikten im Einzelfall weder zu einem Gefahrenerfolg noch zu einer tatsächlich gefährlichen Handlung kommen muss, doch begründen sie dies auf unterschiedliche Weise.[529] Ohne an dieser Stelle auf die unterschiedlichen Argumentationen näher eingehen zu wollen, hängt nach beiden Ansichten die Legitimation der Inkriminierung von einer wie auch immer gearteten Gefährlichkeit der Handlung ab: So *muss* vom Erfordernis eines konkreten Verletzungserfolges bzw. Gefahreneintritts nicht nur deswegen abgesehen werden, weil strafrechtlicher Schutz von Universalrechtsgütern scheinbar auf anderem Wege nicht zu erreichen ist, sondern es *darf* hierauf verzichtet werden, wenn die zu bestrafende Handlung ein erhöhtes Gefährdungspotential im Hinblick auf das Rechtsgut aufweist. Diese Erkenntnis muss Dreh- und Angelpunkt bei der Untersuchung sein, ob ein abstraktes Gefährdungsdelikt tatsächlich in legitimer Weise überindividuelle Rechtsgüter zu schützen in der Lage ist. Solange man die Aufgabe des Strafrechts im subsidiären Rechtsgüterschutz erblickt, bedarf es daher stets eines unzweideutigen Rechtsgutsbezuges.[530] Dies muss für jede Strafnorm, unabhängig von ihrer Deliktsform und der Art ihres Rechtsgutes, zwingende Voraussetzung sein. Die Schwierigkeiten, welche diese notwendige Verbindung zwischen pönalisierter Handlung und geschütztem Rechtsgut bereitet, werden sogleich am Beispiel des § 324 StGB dargestellt. Die pauschale Schlussfolgerung, nur weil eine Feststellung von Universalrechtsgutsbeeinträchtigungen nicht möglich sei, müsse auf eine Tatbestandsform ausgewichen werden, die auf dieses Merkmal verzichtet, ist so jedenfalls nicht haltbar.

---

529 Vgl. Darstellungen bei *Graul*, Präsumtionen, S. 144 ff. und 151; *Brehm*, Dogmatik, S. 10 ff.
530 Ähnlich *Hassemer*, Theorie, S. 220.

b. Das Problem des Rechtsgutsbezuges am Beispiel von § 324 Abs. 1 StGB

Die Notwendigkeit, einen ausreichenden Bezug zwischen der strafbewehrten Handlung und dem zu schützenden Rechtsgut herstellen zu können, bereitet im Rahmen von Universalrechtsgütern erhebliche Schwierigkeiten und ist Gegenstand zahlreicher Diskussionen. Ich werde diese Problematik im Folgenden am Beispiel der Gewässerverunreinigung gem. § 324 Abs. 1 StGB näher erläutern. Dabei ist es zunächst erforderlich, die Deliktsstruktur des § 324 Abs. 1 StGB darzustellen. Aus ihr geht hervor, in welchem Verhältnis die Tathandlung zu dem durch die Norm zu schützenden Rechtsgut steht bzw. welche Art von Rechtsguteinwirkung durch die Norm überhaupt verhindert werden soll.

aa. Deliktsstruktur von § 324 Abs. 1 StGB

Nach ganz herrschender Meinung handelt es sich bei § 324 Abs. 1 StGB, der als tatbestandsmäßigen Erfolg eine nachteilige Gewässereigenschaftsveränderung fordert, um ein Verletzungsdelikt.[531] Allen Beteuerungen der h. M., einen angeblich ökologisch-anthropozentrischen Rechtsgutsbegriff zu vertreten,[532] zum Trotz, offenbart sich hierin ein rein ökologisches Rechtsgutsverständnis. Wie bei *Fischer* nachzulesen ist, müsste das Rechtsgut des § 324 Abs. 1 StGB nach ökologisch-anthropozentrischer Sicht folgendermaßen definiert werden: „Die Reinheit der Gewässer als Lebensgrundlage für Menschen, Tiere und Pflanzen, also die Erhaltung

---

531 Vgl. *Saliger*, Umweltstrafrecht, S. 160; *Sack*, Umweltschutz, § 324 Rn. 6d; *Schall* in: SK-StGB (9. Aufl.), § 324 Rn. 9; *Fischer*, StGB, § 324 Rn. 2; *Tiedemann/ Kindhäuser* in NStZ 1988, 337, 340; *Breuer* in NJW 1988, 2072, 2074; oftmals wird § 324 Abs. 1 StGB aber auch nur als „Erfolgsdelikt" bezeichnet: vgl. BGH NJW 1992, 122, 123; OLG Frankfurt a. M. NStZ-RR 1996, 103; *Steindorf* in: LK-StGB (11. Aufl.), § 324 Rn. 40; *Heine/Hecker* in: Schönke/Schröder, § 324 Rn. 1; *Alt* in: MüKo-StGB, § 324 Rn. 5. Die Notwendigkeit eines tatbestandlich vorausgesetzten Erfolges, sagt noch nichts über den Grad der Rechtsgutsbeeinträchtigung aus und dient folglich nicht zur Einordnung eines Delikts als Verletzungs- oder Gefährdungsnorm, vgl. *Kuhlen* in ZStW 105 (1993), 697, 713 m. w. N.; *Kindhäuser*, Gefährdung, S. 145; *Hefendehl*, Kollektive Rechtsgüter, S. 153.
532 Vgl. oben S. 108 ff.

ihres natürlichen Zustandes im Interesse der Allgemeinheit."[533] Dagegen stellt die h. M. auf eine ausschließlich ökologisch orientierte Auslegung ab, nach der das Rechtsgut des § 324 Abs. 1 StGB die „relative Gewässerreinheit bzw. -güte" sein soll.[534] Begründet wird dies damit, dass die ökologisch-anthropozentrische Rechtsgutsbestimmung die Möglichkeit eröffne, zwischen einer stärker ökologischen oder anthropozentrischen Interpretation der Rechtsgüter der §§ 324 ff. StGB zu wählen.[535] Folge dieser ökologischen Rechtsgutsbestimmung ist eine sehr weite Auslegung des Tatbestandes:[536] Der relevante Rechtsgutsverletzungserfolg soll demzufolge bereits dann vorliegen, wenn sich die Gewässereigenschaft nach erfolgter Tathandlung negativ darstelle, sich also im Verhältnis zur Beschaffenheit davor ein Minus der Wasserqualität (z. B. anhand einer Messung des pH-Wertes) feststellen lasse.[537] Weder sei dabei der Eintritt konkreter Nachteile erforderlich, noch müsse ein Mindestgrad an Verschmutzung eingetreten sein.[538] Einzig ganz geringfügige Verschmutzungen seien hiervon auszunehmen.[539] Beispielhaft hierfür hat das LG Kleve eine Einleitung in den Rhein als tatbestandliche Verunreinigung gewertet, obwohl

---

533 *Fischer*, StGB, § 324 Rn. 2.

534 *Saliger*, Umweltstrafrecht, S. 161 m. w. N.; auch „natürliche Gewässereigenschaft im physikalischen, chemischen und biologischen Sinn" (vgl. *Schall* in: SK-StGB (9. Aufl.), § 324 Rn. 4) oder „Gewässer in seinem ökologischen status quo" (vgl. *Rengier* in NJW 1990, 2506, 2507).

535 *Saliger*, Umweltstrafrecht, S. 18 f. und 161; *Rengier* in NJW 1990, 2506, 2515; *Heine/Hecker* in: Schönke/Schröder, Vor. §§ 324 ff. Rn. 8; *Schmitz* in: MüKo-StGB, Vor. §§ 324 ff. Rn. 25; vgl. auch BT-Drs. 8/2383 S. 10 f.

536 *Rengier* in NJW 1990, 2506, 2507; *Alt* in: MüKo-StGB, § 324 Rn. 21; *Heine/Hecker* in: Schönke/Schröder, § 324 Rn. 9; BT-Drs. 8/3633, S. 25; *Kuhlen* in GA 1986, 389, 392; BGH NStZ 1987, 323, 324; *Saliger*, Umweltstrafrecht, S. 166.

537 *Alt* in: MüKo-StGB, § 324 Rn. 30; *Schall* in: SK-StGB (9. Aufl.), § 324 Rn. 4, 22 ff.

538 OLG Celle NJW 1986, 2326; OLG Frankfurt a. M. NJW 1987, 2753, 2755; BGH NStZ 1987, 323; *Rengier* in NJW 1990, 2506, 2507; *Kuhlen* in GA 1986, 389, 390 f.; *Schall* in: SK-StGB (9. Aufl.), § 324 Rn. 5; *Alt* in: MüKo-StGB, § 324 Rn. 30; *Heine/Hecker* in: Schönke/Schröder, § 324 Rn. 9; *Saliger*, Umweltstrafrecht, S. 166.

539 Vgl. BGH NStZ 1987, 323, 324: „unbedeutende, vernachlässigbare kleine Beeinträchtigungen" oder OLG Karlsruhe ZfW 1996, 406, 407: „ganz geringfügige Verunreinigungen oder sonstige für die Wassergüte belanglose Beeinträchtigungen"; s. hierzu auch Kuhlen in GA 1986, 389, 391 (Fn. 17).

diese nur partiell und vorübergehend an der Einleitungsstelle feststellbar und bereits 100 Meter stromabwärts vollständig beseitigt war.[540] Entscheidend ist, dass es sich nach h. M. bei § 324 Abs. 1 StGB zwar um ein Rechtsgutsverletzungsdelikt handeln soll, es dabei aber auf eine Verletzung, Gefährdung oder sonstige Beeinträchtigung menschlicher Interessen und seiner Umwelt nicht ankomme.[541] Grundlage dieser Auffassung kann nur die Annahme sein, dass das Gewässer (in seinen verschiedensten Ausprägungen) als Tatobjekt der Norm mit dem zu schützenden Rechtsgut identisch ist. Es soll also ausschließlich ein Schutz des Gewässers vor dem Menschen und kein Schutz des Menschen durch Schutz des Gewässers erreicht werden. Auch soweit im Rahmen jener ökologischen Auffassung ein Bezug zum Menschen über das Merkmal der *nachteiligen* Veränderung hergestellt werden soll,[542] hat dies keine Auswirkung auf das Rechtsgut, sondern führt allenfalls zu einer Eingrenzung der strafrechtserheblichen Rechtsgutsbeeinträchtigungen. Eine anthropozentrische Beschränkung des rein ökologisch verstandenen Rechtsgutes selbst hat dies nicht zur Folge.

Dass ein solch radikal ökologischer Rechtsgutsbegriff mit den Grundsätzen eines personalen, menschenbezogenen Rechtsgutsverständnisses nicht in Einklang zu bringen ist, wurde bereits oben umfassend erörtert:[543] Rechtsgüterschutz, der losgelöst von menschlichen Interessen ist, ist zwangsläufig ausschließlich gegen sie gerichtet und steht so im Widerspruch zur freiheitsstiftenden und -sichernden Funktion des Strafrechts. Wie *Kuhlen* zu Recht ausführt, hätte diese „bizarre ökozentrische Konzeption" der h. M. eine mit dem archaischen Delikt des Baumfrevels vergleichbare Rechtsgutsträgerschaft des Gewässers zur Folge.[544] Mit dem restriktiven Verständnis des liberalen Strafrechts, nur dann einzugreifen, wenn menschliche Freiheitssphären bedroht sind, ist ein solcher Ansatz nicht zu vereinbaren. So unpopulär es auch klingen mag, darf strafrechtlicher Umweltschutz deshalb niemals mehr sein, als reiner Menschen-

---

540 LG Kleve NStZ 1981, 266; zustimmend *Alt* in: MüKo-StGB, § 324 Rn. 37.
541 *Schall* in: SK-StGB (9. Aufl.), § 324 Rn. 4 f.; *Steindorf* in: LK-StGB (11. Aufl.), § 324 Rn. 4; *Sack*, Umweltschutz, § 324 Rn. 28; *Alt* in: MüKo-StGB, § 324 Rn. 21; *Breuer* in NJW 1988, 2072, 2074 f.; *Saliger*, Umweltstrafrecht, S. 166; *Hohmann*, Umweltdelikte, S. 184; OLG Frankfurt a. M. NJW 1987, 2753, 2755.
542 Vgl. insoweit *Alt* in: MüKo-StGB, § 324 Rn. 21.
543 Siehe oben S. 111.
544 *Kuhlen* in ZStW 105 (1993), 697, 714 (vgl. dort Nachweise in Fn. 84).

schutz.[545] Nur solange ausreichend deutlich im zu schützenden Rechtsgut selbst auf originär menschliche Interessen Bezug genommen wird, kann es überhaupt gerechtfertigt sein, auf das Strafrecht als subsidiäres Mittel des Rechtsgüterschutzes zurückzugreifen.

Wenn man § 324 Abs. 1 StGB nun statt der rein ökologischen Rechtsgutsauffassung eine ausschließlich am Menschen orientierte Konzeption zugrunde legt, muss auch dessen Deliktscharakter neu bewertet werden. Aufbauend auf der klassischen dreistufigen Deliktsgliederung, ist zunächst zu erörtern, ob der Straftatbestand als Verletzungs- oder Gefährdungsdelikt ausgestaltet ist. Dies ist davon abhängig, wie intensiv das zu bestrafende Verhalten auf das jeweilige Rechtsgut einwirken muss.[546] Nach der von mir favorisierten Rechtsgutsbestimmung ist im Bereich der überindividuell konzipierten Straftatbestände des Umweltstrafrechts (wie § 324 Abs. 1 StGB) einheitlich auf das anthropozentrische Universalrechtsgut „Umwelt", verstanden als natürliche Grundlage zur Gewährleistung menschlichen Lebens, vermittelt durch die Interdependenzen ihrer einzelnen Medien, abzustellen.[547] Auf Grundlage dieser Rechtsgutskonzeption scheidet eine Charakterisierung der Gewässerverunreinigung als Verletzungsdelikt aus: Die nachteilige Veränderung eines Gewässers für sich genommen kann als tatbestandlicher Erfolg noch nicht zwangsläufig mit einer Verletzung der Umwelt als Rechtsgut im oben beschriebenen Sinne gleichgesetzt werden.[548] Der Tatbestand selbst geht auf die Rechtsgutsverletzung nicht ein. Zur Erfüllung des Tatbestandes kommt es mithin nicht auf eine tatsächliche Verletzung der Umwelt als natürlicher Lebensgrundlage der Menschheit an, sondern es wird einzig auf die negative Einwirkung auf das Tatobjekt „Gewässer" abgestellt. Dementsprechend kann es nur darum gehen, dass hierdurch ein Zustand geschaffen wird, der regelmäßig eine erhebliche Rechtsgutsgefährdung darstellt und daher bereits vor Eintritt einer Rechtsgutsverletzung ein Eingreifen des Strafrechts rechtfertigt.

---

545 Ähnlich *Arzt/Backes/Baumann/u. a.*, AE StGB-BT-Straftaten gegen die Person-2. Halbb., Vorbm. zu §§ 151 ff., S. 49: Strafrechtlicher Umweltschutz sei kein Schutz der Umwelt, „sondern allein Schutz des menschlichen Lebens und menschlicher Gesundheit vor den Gefahren der Umwelt."

546 Vgl. *Maurach/Zipf*, Strafrecht AT I, S. 223 f. u. 286 f.; *Roxin*, Strafrecht AT I, S. 34 u. 337 f.; s. a. bereits *Binding*, Normen I, S. 364 ff. u. 368 ff.

547 Vgl. oben S. 114.

548 Ähnlich *Rogall* in: FS-Köln, S. 520.

Auf Grundlage der traditionellen Dreiteilung der Deliktstypen kann die Gewässerverunreinigung als Straftatbestand zum Schutz der Umwelt, als natürliche Grundlage des menschlichen Lebens demzufolge nur als abstraktes Gefährdungsdelikt verstanden werden. Diese Betrachtung geht dabei nicht von den Tatbestandsmerkmalen aus, die die jeweiligen Deliktstypen üblicherweise aufweisen, sondern einzig von der Intensität der strafbewehrten Rechtsgutbeeinträchtigung. Dass es sich bei § 324 Abs. 1 StGB um ein Erfolgsdelikt handelt, schließt daher seine gleichzeitige Einordung als abstraktes Gefährdungsdelikt nicht aus.[549] Wenn man sich den Tatbestand des § 324 Abs. 1 StGB im Hinblick auf das Maß der Beeinträchtigung des anthropozentrischen Rechtsguts Umwelt ansieht, wird deutlich, dass der Tatbestand selber den Eintritt einer tatsächlichen Gefahr des geschützten Rechtsguts im Einzelfall nicht voraussetzt, woraus zu schließen ist, dass § 324 Abs. 1 StGB kein konkretes Gefährdungsdelikt darstellt. Ob die bloße Gewässerverunreinigung bezogen auf das Rechtsgut Umwelt als typischerweise besonders gefährlich anzusehen ist, sodass bei ihrem Vorliegen bereits von einer abstrakten Gefährdung des Rechtsguts Umwelt gesprochen werden kann oder ob ein derartiger Bezug zwischen der inkriminierten Handlung und diesem Rechtsgut überhaupt herzustellen ist, wird, ebenso wie die Frage, ob sich im Rahmen des § 324 Abs. 1 StGB eine Abkehr von der traditionellen Dreiteilung der Deliktstypen anbietet, noch zu erörtern sein. Vorerst muss § 324 Abs. 1 StGB durch eine rein negative Abgrenzung zu den Verletzungs- und den konkreten Gefährdungsdelikten[550] unter dem Oberbegriff „abstraktes Gefährdungsdelikt" zum Schutz des anthropozentrisch verstandenen Rechtsguts Umwelt eingeordnet werden.

bb. Beziehung zwischen Tathandlung und Rechtsgut

Solange man dem Rechtsgutskonzept der h. M. und ihrer hierauf basierenden Klassifikation des § 324 Abs. 1 StGB als Verletzungsdelikt folgt, bereitet die Verbindung zwischen der inkriminierten Handlung und dem geschützten Rechtsgut keine großen Schwierigkeiten. Immer, wenn eine Gewässerverunreinigung vorliegt, ist zugleich auch eine Verletzung des

---

549 So auch *Kuhlen* in ZStW 105 (1993), 697, 713.
550 Vgl. *Kindhäuser*, Gefährdung, S. 225.

Rechtsguts „Gewässerreinheit" zu bejahen. Anders und ungleich problematischer stellt sich dies dagegen bei Ablehnung des rein ökologischen Rechtsgutsbegriffs bei § 324 Abs. 1 StGB und der sich hieraus ergebenden Einordung der Gewässerverunreinigung in die Kategorie der abstrakten Gefährdungsdelikte dar. An dieser Stelle kommt die eingangs dargestellte Problematik, eine ausreichend zurechenbare Verbindung zwischen Verletzung des Tatobjekts und Beeinträchtigung des überindividuellen Rechtsguts herzustellen, zum Vorschein. Der bloße Verweis darauf, dass immer dann auf die tatbestandsmerkmalärmere abstrakte Gefährdungsstrafbarkeit auszuweichen ist, sobald keine Verletzung des Rechtsguts bzw. kein konkreter Gefährdungserfolg möglich oder nachweisbar erscheint,[551] übersieht, dass abstrakte Gefährdungsdelikte zum Schutz überindividueller Rechtsgüter eines gesteigerten Begründungsaufwandes in Hinblick auf ihren Rechtgutbezug bedürfen.

Um dies näher erläutern zu können, bedarf es einer Konkretisierung dessen, wie § 324 Abs. 1 StGB unter den vagen Oberbegriff „abstraktes Gefährdungsdelikt" eingeordnet werden kann. Zunächst können mit *Kindhäuser* zwei Gruppen abstrakter Gefährdungsdelikte unterschieden werden.[552] Zum einen diejenigen, die unabhängig vom Eintritt einer bestimmten Verhaltensfolge bloße Tätigkeiten betreffen, z. B. die Trunkenheit im Verkehr gem. § 316 StGB. Zum anderen Delikte, die zwar tatbestandlich eine Verhaltensfolge voraussetzen, die jedoch nicht als derjenige Schaden angesehen werden kann, den der jeweilige Normzweck gerade verhindern möchte, z. B. die schwere Brandstiftung gem. § 306 Nr. 2 StGB a. F. (nunmehr: § 306a Abs. 1 Nr. 1 StGB). Hiernach ist § 324 Abs. 1 StGB der zweiten Gruppe zuzuordnen: Die Gewässerverunreinigung als solche ist zwar eine tatbestandlich vorausgesetzte Verhaltensfolge, die aber nicht mit dem Schaden gleichzusetzen ist, deren Eintritt die Norm bereits im Vorfeld verhindern möchte, nämlich der negativen Beeinträchtigung der Umwelt als natürlicher Lebensgrundlage der Menschheit.

Nach *Hefendehl* sind die abstrakten Gefährdungsdelikte ebenfalls in zwei unterschiedliche Strukturen aufzuteilen. Er verfolgt dabei jedoch einen anderen Ansatz, indem er sie nach dem Grad ihrer Rechtsgutsrelevanz unterscheidet.[553] Auf der einen Seite stünden demzufolge Delikte de-

---

551 Vgl. oben S. 135.
552 *Kindhäuser*, Gefährdung, S. 225.
553 *Hefendehl*, Kollektive Rechtsgüter, S. 157 f.; so auch *Otto*, Grundkurs Strafrecht AT, S. 42.

nen, ungeachtet der tatsächlichen Wahrscheinlichkeit eines konkreten Gefahren- oder Verletzungseintritts, eine unmittelbare Rechtsgutsrelevanz zukomme: Hier verbiete der Gesetzgeber typischerweise gefährliches Verhalten, das ein Umschlagen in eine tatsächliche Rechtsgutsverletzung der Rechtsgutsträger nicht vermeiden könne. Durch Verbot dieser Verhaltensweisen solle „Rechtsgüterschutz durch Zufallsbeherrschung"[554] erreicht werden. Hierunter lassen sich sowohl die Trunkenheit im Verkehr, als auch die schwere Brandstiftung fassen. Auf der anderen Seite seien dagegen solche Delikte anzusiedeln, deren tatbestandsmäßige Handlung für sich genommen dem Rechtsgut nicht gefährlich werde, ohne dass dies mit einem lediglich vorverlagerten Rechtsgüterschutz zusammenhänge:[555] Hiermit soll ein Schutz elementarer Institutionen und Ordnungen erreicht werden. Es komme dabei nicht auf die Frage an, ob das Verhalten so gefährlich sei, dass bereits die bloße Möglichkeit eines zufälligen Umschlagens in eine Rechtsgutsverletzung bestraft werden müsse, sondern darauf, welche Bedeutung der tatbestandsmäßigen Handlung im Hinblick auf das Rechtsgut zuzumessen sei. Genau um einen solchen Schutz der überindividuellen Institution „Umwelt" handelt es sich bei § 324 Abs. 1 StGB. Die Inkriminierung einer schlichten Gewässerverunreinigung ist offensichtlich nicht darin begründet, dem gefährlichen Zufall zuvorkommen zu wollen. Vielmehr soll bereits im Vorfeld tatsächlicher Verletzungen des Rechtsguts Umwelt ein Schutz erreicht werden, indem Handlungen, die der Rechtsgutsverletzung lediglich vorgelagert sind, bereits als strafbewehrte Angriffe gewertet werden.

Im Lichte dieser beiden Einteilungsideen betrachtet, handelt es sich bei § 324 Abs. 1 StGB um ein abstraktes Gefährdungsdelikt, das auf eine von der Rechtsgutsbeeinträchtigung zu unterscheidende tatbestandliche Verhaltensfolge abstellt (die konkrete Verunreinigung) und einem vorgelagerten Strafrechtsschutz einer Institution (der Umwelt) dienen soll.

Nach dieser näheren Konkretisierung von § 324 Abs. 1 StGB stellt sich die Frage, ob die Strafbewehrung der bloßen Gewässerverunreinigung auch durch einen ausreichenden Bezug zum zu schützenden Rechtsgut legitimiert ist. Die kaum eingrenzbare Weite überindividueller Rechtsgüter und ihre daraus resultierende Vagheit, machen es nicht leicht, die engen Delikts- und Zurechnungsstrukturen des traditionellen Individualstraf-

---

554 So *Kratzsch* zitiert nach *Hefendehl*, Kollektive Rechtsgüter, S. 157 (Fn. 63).
555 *Hefendehl*, Kollektive Rechtsgüter, S. 158.

rechts auf sie anzuwenden. Insbesondere die Herstellung eines ausreichenden Rechtsgutsbezuges bereitet große Schwierigkeiten. Von einigen Seiten wird deshalb nicht zu Unrecht, wenn auch mit teilweise unvertretbaren Schlussfolgerungen, angezweifelt, ob die bisherigen Deliktsstrukturen noch auf die überindividuellen Rechtsgüter des modernen Strafrechts Anwendung finden können:[556] Eine Bestimmung des Ausmaßes der Universalrechtsgutsbeeinträchtigung sei nämlich oftmals überhaupt nicht möglich bzw. sei es regelmäßig ausgeschlossen, dass eine einzelne Tat das geschützte Rechtsgut überhaupt ernsthaft in Gefahr bringe. In der neueren strafrechtlichen Literatur findet sich eine Reihe von Konzepten, die deshalb auf einen unmittelbaren Rechtsgutsbezug verzichten oder diesen durch Schaffung neuer Deliktsformen jenseits des klassischen, abstrakten Gefährdungsdeliktes herzustellen versuchen. Im Folgenden werde ich mich mit einigen dieser Modelle kritisch auseinandersetzen und mich am Beispiel des § 324 Abs. 1 StGB der Frage widmen, welche Anforderungen nach dem klassischen, liberalen und auf natürliche Täter bezogenen Strafrecht an die Beziehung zwischen pönalisierter Handlung und einem Universalrechtsgut zu stellen sein müssten.

(1) Abstellen auf den reinen Aktunwert

Nach Auffassung von *Tiedemann* soll bei überindividuellen Rechtsgütern primär auf den sog. Aktunwert bzw. auf die Rechtspflicht an sich abgestellt werden.[557] Aufgrund ihres überindividuellen, ideellen und institutorischen Wesens seien Universalrechtsgüter einer unmittelbaren Verletzung durch tatbestandlich beschreibbare Tathandlungen nur schwerlich fähig.[558] Da sie ferner keine konkret greifbaren Tatobjekte aufwiesen, die gefährdet werden könnten, verliere auch die übliche Unterscheidung zwischen abstrakten und konkreten Gefährdungsdelikten hier ihren Sinn.[559] Das Rechtsgut trete gegenüber der Rechtspflicht in den Hintergrund und werde

---

556 *Martin*, Umweltbeeinträchtigungen, S. 37 u. 56; *Tiedemann*, Wirtschaftsstrafrecht AT (1976), S. 85 f.; *ders.*, Wirtschaftsstrafrecht AT, S. 23; *Fischer* in NStZ 1988, 159 ff.; *Hefendehl*, Kollektive Rechtsgüter, S. 157 ff. u. 174; *Heine/Bosch* in: Schönke/Schröder, Vor. §§ 306 ff. Rn. 6a; s. a. bereits BGHSt 17, 50, 58.
557 *Tiedemann*, Tatbestandsfunktionen, S. 169; *ders.*, Wirtschaftsstrafrecht AT (1976), S. 85; *ders.* in ZStW 87 (1975), 253, 273.
558 *Tiedemann*, Tatbestandsfunktionen, S. 169.
559 *Tiedemann* in: LK-StGB, § 264 Rn. 17.

primär nur für die Legitimierung dieser Pflicht relevant.[560] *Tiedmann* führt für diese „Kriminalisierungsverschiebung" im Wesentlichen zwei Argumente an:[561] Zum einen macht er geltend, dass die tatsächlichen Konsequenzen eines dahingehenden Verstoßes überhaupt nicht positiv ermittelt werden könnten. Sie müssten, da sie nur als Fernwirkungen greifbar seien, konkret nach generellen Erfahrungsmaßstäben beurteilt werden.[562] Zum anderen ergäben sich die für den Unrechtsgehalt erheblichen Gefährdungen und Verletzungen erst durch ein kompliziertes Zusammenspiel zahlreicher Einzelumstände, welche von den Beteiligten nur höchst ausnahmsweise verwirklicht werden könnten. In solchen Ausnahmefällen gefährdeten oder verletzten sie das (überindividuelle) Gut nicht nur, sondern beseitigten es im Sinne eines konkreten Tatobjektes ganz.[563]

Tiedemanns Hinweis, dass das Rechtsgut primär für die Legitimierung der Rechtspflicht relevant werde, macht deutlich, dass er nicht von der grundlegenden Rolle des Rechtsgutes im strafrechtlichen Sanktionierungssystem abweichen möchte. Wenn somit das Rechtsgut, insbesondere in dem von *Tiedemann* erörterten Bereich des Wirtschaftsstrafrechts, nun weiterhin von Bedeutung sein soll, so muss dies indirekt auch als Eingeständnis des rechtsgüterschützenden Wesens des Strafrechts gewertet werden,[564] womit sich das Modell auch an den Grundsätzen des subsidiären strafrechtlichen Rechtsgüterschutzes messen lassen muss. Die Ausgestaltung des strafrechtlichen Schutzes eines Rechtsgutes kann zwar umso weitreichender sein, je größer dessen Bedeutung ist, die Strafbewehrung einer Rechtspflicht kann jedoch niemals allein durch die Wertigkeit des jeweiligen Rechtsgutes legitimiert werden. Um eine tatsächlich schützende Aufgabe zu entfalten, bedarf es zur Legitimation einer Inkriminierung neben einem bedeutsamen Rechtsgut stets auch eines rechtsgutseinwirkenden Verhaltens vor dem überhaupt geschützt werden soll. Möchte man dagegen auf das Merkmal der Rechtsgutsbeeinträchtigung verzichten, weil die Handlung eines Einzelnen hierzu oftmals nicht ausreiche, so perver-

---

560 *Tiedemann*, Tatbestandsfunktionen, S. 126 f.

561 *Hefendehl* spricht von „drei sachlogischen Gründen", wobei meiner Ansicht nach, der von ihm zuerst und der zuletzt genannte Punkt untrennbar zusammengehören und es sich insbesondere bei *Tiedemann* selbst jene Dreiteilung nicht ausdrücklich finden lässt, vgl. *Hefendehl*, Kollektive Rechtsgüter, S. 173 f. und *Tiedemann*, Tatbestandsfunktionen, S. 123 f.

562 *Tiedemann*, Tatbestandsfunktionen, S. 123.

563 *Tiedemann*, Tatbestandsfunktionen, S. 124.

564 Ähnlich die Interpretation bei *Hefendehl*, Kollektive Rechtsgüter, S. 174.

tiert man damit geradezu den Sinn und Zweck des subsidiären Rechtsgüterschutzes, denn die Feststellung, dass die Realisierung einer tatbestandlichen Handlung allein nicht genüge, das jeweilige Rechtsgut zu beeinträchtigen, ist gerade das entscheidende Argument, von einer Bestrafung dieser Handlung abzusehen. Der Unwert einer Handlung kann überhaupt nur im Hinblick auf den Grad ihrer Einwirkung auf das Rechtsgut festgestellt werden, sodass die von *Tiedemann* vorgeschlagene Betonung des Aktunwertes, entweder nicht mehr als eine Selbstverständlichkeit des liberalen Strafrechts in Abgrenzung zu einer illegitimen Gesinnungsstrafbarkeit darstellt oder es sich eigentlich gar nicht um eine Betonung des Akt*unwertes* handelt, sondern um eine unhaltbare Reduzierung der Pönalisierungsvoraussetzungen auf die Verwirklichung eines rechtsgutsneutralen Aktes.

(2) Die vergeistigten Zwischenrechtsgüter

Neben dem Modell *Tiedemanns* ist in diesem Zusammenhang ferner die Theorie der sog. vergeistigten Zwischenrechtsgüter zu nennen, die unter gewissen Umständen zumindest von einem unmittelbaren Rechtsgutsbezug absehen möchte. Im Wesentlichen verfolgt dieses Konzept den Ansatz, Zwischenrechtsgüter, die dem eigentlichen Rechtsgut der Norm lediglich vorgeschaltet sind, zu eigenständigen Schutzobjekten zu erklären. So sollen diejenigen abstrakten Gefährdungsdelikte, bei denen sich nach sozialer Anschauung ein „vergeistigtes Zwischenrechtsgut" feststellen lasse, aus dem Kreis der übrigen abstrakten Gefährdungsdelikte ausgesondert werden, um dadurch eine „Brücke zu den Verletzungsdelikten i. e. S." zu schlagen.[565] Demzufolge soll es zu keiner Einschränkung der Strafbarkeit wegen einer möglichen Ungefährlichkeit der tatbestandlichen Handlung kommen, weil bereits die Verletzung des Zwischenrechtsgutes selbst strafwürdiges Unrecht darstelle.[566] Als Beispiele werden in diesem Zusammenhang die Reinheit der Amtsführung (§§ 331 ff. StGB), die Sicherheit des Rechtsverkehrs (§ 267 StGB), die gerichtliche Wahrheitsfindung (§§ 153 ff. StGB), die Ordnungsmäßigkeit von Bilanzen oder die Funkti-

---

565 So *Schünemann* in JA 1975, 787, 793; zust. *Wolter*, Zurechnung, S. 328; ebenfalls teilweise zust. *Roxin*, Strafrecht AT I, S. 431; siehe ferner zum Wirtschaftsstrafrecht *Tiedemann* in JuS 1989, 689, 691; *ders.* in ZStW 87 (1975), 253, 273.
566 So *Schünemann* in JA 1975, 787, 798.

onsfähigkeit der Institution Anwaltschaft (§ 356 StGB) genannt.[567] Andere erkennen auch das Funktionieren der Kreditwirtschaft[568] oder die Umweltmedien in Bezug auf das eigentlich zu schützende Ökosystem[569] als Zwischenrechtsgüter an. Obwohl dieser Begriff immer wieder in der Diskussion auftaucht, kann, mangels ausführlicher Erläuterungen, über Sinn und Zweck dieser Konzeption nur spekuliert werden.[570] Jedenfalls in Bezug auf die Ausführungen von *Schünemann* scheint die Interpretation *Hefendehls* am plausibelsten: Danach schöben sich die vergeistigten Zwischenrechtsgüter zwischen die Handlung des Täters und das eigentlich geschützte Rechtsgut. Ein möglicher Unterschied zum sonstigen Vorfeldschutz könne darin liegen, dass es sich bei ihnen als Sub-Rechtsgüter um Funktionseinheiten handele.[571] *Schünemann* selbst hat versucht, das Konzept anhand der Schutzfunktionen des Betäubungsmittelstrafrechts näher zu erläutern: Es gebe Fälle, in denen der Gesetzgeber zur Erreichung seiner endgültigen Schutzaufgabe eine Institution zwischengeschaltet habe, die nun ihrerseits des strafrechtlichen Schutzes bedürfe. Obwohl er das gegenwärtige Betäubungsmittelstrafrecht grundsätzlich kritisch sieht, meint er, auf diese Weise einen Schutz Jugendlicher über das Zwischenrechtsgut der staatlichen Drogenverkehrshoheit legitimieren zu können. Es könne so zum einen der Erwerb von Cannabis zum Eigenbedarf vollverantwortlich Handelnder ermöglicht, zum anderen aber anderweitiger Handel mit Betäubungsmitteln unterbunden werden.[572] Weiter unten führt er dann noch aus, dass die multiple Kausalität in der modernen Industriegesellschaft besonders im Bereich des Umweltstrafrechts die strafrechtliche Zurechnung erschwere. Er sehe darin einen der Hauptgründe dafür, dass die Strafbarkeit hier bereits in den Bagatellbereich vorverlagert werden müsse. Die auftretenden Probleme könnten dadurch entschärft werden, dass der Gesetzgeber ein Zwischenrechtsgut der Bewirtschaftungshoheit schaffe.[573] Vom Ergebnis her ähnlich sieht *Saal* den entscheidenden Vorzug der De-

---

567 *Schünemann* in JA 1975, 787, 793; *Wolter*, Zurechnung, S. 328.
568 Vgl. hierzu Darstellung bei *Martin*, Umweltbeeinträchtigungen, S. 94.
569 So *Rogall* in: FS-Köln, S. 520.
570 Vgl. etwa *Herzog*, Gesellschaftliche Unsicherheit, S. 34, der das Konzept *Schünemanns* dahingehend interpretiert, dass es sich bei den Zwischenrechtsgütern um Rechtsgüter handle, die sich weder den Individual- noch den Universalrechtsgütern eindeutig zuordnen ließen.
571 *Hefendehl*, Kollektive Rechtsgüter, S. 176 f.
572 *Schünemann* in: Die Rechtsgutstheorie, S. 152 f.
573 *Schünemann* in: Die Rechtsgutstheorie, S. 154.

likte mit vergeistigtem Zwischenrechtsgut darin, dass damit eine Konkretisierung und differenzierte Betrachtung der als zu abstrakt empfundenen überindividuellen Rechtsgüter möglich werde.[574]

Insgesamt ist das Konzept der vergeistigten Zwischenrechtsgüter abzulehnen. Zunächst bleibt unklar, wo die Delikte mit vergeistigtem Zwischenrechtsgut in der üblichen Deliktsordnung zwischen Verletzungs-, konkreten und abstrakten Gefährdungsdelikten anzusiedeln sind. Einerseits soll die Verletzung des Zwischenrechtsgutes das tatbestandserhebliche Unrecht darstellen, die jeweilige Norm insofern wohl Verletzungsdelikt sein.[575] Andererseits ist aber davon auszugehen, dass jene Tatbestände, hinsichtlich des i. E. allein schützenswerten „Endrechtsgutes", eine eigenständige Sondergruppe der abstrakten Gefährdungsdelikte darstellen sollen.[576] Diese verwirrende Sonderstellung offenbart, dass die Lehre vom vergeistigten Zwischenrechtsgut entscheidende Tatbestandsmerkmale durcheinanderwirft. So trifft die von *Hefendehl* geäußerte Kritik den Kern des Problems: Mit der Formulierung vergeistigter Zwischenrechtsgüter sei keine Frage des Rechtsgutes, sondern lediglich die einer adäquaten Beschreibung des Handlungsobjektes im Hinblick auf das Rechtsgut angesprochen. Die Sondergruppe der Zwischenrechtsgüter verweise zwar auf die Existenz von Erfolgsmomenten beim strafrechtlichen Schutz von Kollektivrechtsgütern, suggeriere aber fälschlicherweise deren Rechtsgutrelevanz.[577] Eine neben Rechtsgut, Handlungsobjekt und Tathandlung eigenständige Bedeutung kann dem Zwischenrechtsgut somit nicht zugesprochen werden.

Ferner kann das Argument, Zwischenrechtsgüter könnten die als zu abstrakt wahrgenommenen Universalrechtsgüter näher konkretisieren, nicht überzeugen.[578] Denn wäre es tatsächlich möglich, ohne Weiteres auf weniger abstrakte (Zwischen-)Rechtsgüter abzustellen, dann würde dies die fehlende Legitimation jener unzugänglichen Universalrechtsgüter erst

---

574 *Saal*, Vortäuschen, S. 106 f.

575 So die Einschätzung von *Meyer*, Gefährlichkeitsdelikte, S. 149 (zitiert nach *Anastasopoulou*, Schutz kollektiver Rechtsgüter, S. 149 Fn. 1004).

576 Vgl. Einschätzung von *Saal*, Vortäuschen, S. 110.

577 *Hefendehl*, Kollektive Rechtsgüter, S. 178; ebenso *Zieschang*, Gefährdungsdelikte, S. 370; siehe hierzu aber auch *Lüderssen*, Entkriminalisierung, S. 194, wonach sich mit den Zwischenrechtsgütern keine unnötige Begrifflichkeit verbinde, sondern damit vielmehr die Einsicht gesichert werde, dass für die entscheidende Bewertung ein weiterer Bezug hergestellt werden müsse.

578 So aber bei *Saal*, Vortäuschen, S. 106 f.

recht bestätigen.[579] Hiervon abgesehen, ist bei näherer Betrachtung auch nicht zu erkennen, dass sich jene *vergeistigten* Zwischenrechtsgüter, wie etwa die gerichtliche Wahrheitsfindung oder das Vertrauen in die Reinheit der Amtsführung und das Amtsethos der Beamtenschaft, überhaupt durch ein Mehr an Bestimmtheit auszeichnen. Jedenfalls wird nicht dargelegt, warum eine Beeinträchtigung bzw. Verletzung gerade dieser Zwischenrechtsgüter leichter festzustellen sein soll.[580] Zudem, so ein weiterer Einwand, könne man sich auch hier durchaus vorstellen, dass es im Einzelfall zu keiner Zwischenrechtsgutsverletzung komme und folglich die vorgeschlagene Konzeption zur Lösung der Problematik der Pönalisierung bei absoluter Ungefährlichkeit letztlich nicht weiterhelfe.[581] Insgesamt darf festgehalten werden, dass Subrechtsgüter, die nur „vergeistigt" zutage treten und zudem eine nicht näher definierte Zwischenstellung einnehmen sollen, nicht dazu beitragen, den Bereich strafwürdigen Verhaltens näher zu präzisieren.[582]

Wenn *Schünemann* schließlich mit Hilfe der Zwischenrechtsgüter auch noch die Problematik der multiplen Kausalitäten in der modernen Industriegesellschaft lösen möchte, dann betrifft dies nicht mehr nur rein dogmatische Fragen, sondern das Herz des liberalen Strafrechts. Die Überlegung, dass es aufgrund der erschwerten Zurechnungsstrukturen notwendig sei, die Strafbarkeit in den Bereich reinen Bagatellunrechts vorzuverlagern, und ein Abstellen auf Zwischenrechtsgüter hierzu beitragen könne, verwundert umso mehr, als ein paar Sätze weiter unten von der Erhaltungswürdigkeit des Rechtsgüterschutzprinzips „als hartem Felsen des liberalen Denkens" die Rede ist.[583] Soweit hierdurch an ein Verhalten angeknüpft werden soll, das im Sinne eines subsidiären, strafrechtlichen Rechtsgüterschutzes strafloses Bagatellunrecht darstellt und folglich nun über den Umweg der Zwischenrechtsgüter die Strafbewehrung in einen Bereich getragen werden soll, der bislang aus gutem Grund von den grundrechtsintensiven Werkzeugen staatlicher Strafgewalt verschont wurde, kann diesem Konzept kein liberaler Ansatz zugesprochen werden. Man müsste sich an diesem Punkt vielmehr fragen, ob man das klassische, enge Individualstrafrecht aufrechterhalten will oder ob man lieber ein Straf-

---

579 Ähnlich *Hefendehl*, Kollektive Rechtsgüter, S. 178.
580 Vgl. hierzu *Saal*, Vortäuschen, S. 110.
581 So *Zieschang*, Gefährdungsdelikte, S. 372.
582 Ähnlich *Herzog*, Gesellschaftliche Unsicherheit, S. 34.
583 Vgl. *Schünemann* in: Die Rechtsgutstheorie, S. 154.

rechtssystem erschaffen möchte, das multiple Kausalitäten erfassen und das letzte Glied solcher Kausalketten einzelnen natürlichen Personen als eigenes Unrecht zurechnen kann. Wenn letzteres das Ziel sein soll, dann wird dies nur durch eine grundlegende Abkehr vom engen Zurechnungsmaßstab des Individualstrafrechts zu erreichen sein. Eine auf Zwischenrechtsgütern basierende Argumentation kann hier jedenfalls keineswegs einen Mittler zwischen diesen divergierenden Zurechnungskonzepten spielen. *Herzogs* Einschätzung ist daher Recht zu geben, wonach es auf der Hand liege, dass für derartig diffuse Schutzobjekte keine präzisen Verletzungshandlungen zu bestimmen seien. Was jedoch in einem liberal-rechtsstaatlichen Strafrecht als Mangel angesehen werden müsste, werde in das Gebot umgemünzt, diese diffusen Schutzobjekte durch abstrakte Gefährdungstatbestände zu schützen.[584]

Letztlich gehen die Vertreter der vergeistigten Zwischenrechtsgüter auf das eigentliche Problem, nämlich die Frage, wie im Bereich überindividueller Rechtsgüter ein Bezug zwischen Tathandlung und Rechtsgut herzustellen sein kann, nicht ein, sondern versuchen stattdessen „eine aus pragmatischen Gründen für opportun gehaltene Pönalisierung mit einer Scheinbegründung zu legitimieren".[585]

(3) Der Kumulationsgedanke

Auch die Lehre der sog. „Kumulationsdelikte" möchte die herkömmliche Trias aus Verletzungs-, konkreten und abstrakten Gefährdungsdelikten durchbrechen.[586]

Loos war einer der ersten, der diese Idee unter dem Oberbegriff „Massengefährdungsdelikte" vorstellte.[587] Im Rahmen eines Aufsatzes zum Rechtsgut der Bestechungsdelikte hat er bei Tatbeständen, die eine abstrakte Gefährdung von „Potentialen" (wie Leib oder Leben) zum Gegenstand haben, zwei Hauptgruppen herausgearbeitet: Auf der einen Seite stünden solche, bei denen eine einzelne Gefährdungshandlung allein be-

---

584 *Herzog*, Gesellschaftliche Unsicherheit, S. 35.
585 So *Wohlers*, Deliktstypen, S. 301; siehe ferner *Herzog*, Gesellschaftliche Unsicherheit, S. 34: „Abstrakte Gefährdungskriminalisierungen sind berechtigt, weil es ‚vergeistigte Zwischenrechtsgüter' gibt."
586 *Kuhlen* in GA 1986, 389, 395; *Hefendehl*, Kollektive Rechtsgüter, S. 147.
587 *Loos* in: FS-Welzel (1974), S. 892.

reits die Verletzung des zu schützenden Potentials auslösen könne. Auf der anderen Seite seien auch Tatbestände denkbar, bei denen erst die Summierung von Gefährdungshandlungen zu einer Verletzung führen könne. Letzteres komme überall dort in Betracht, wo Gefahren nur aufgrund eines massenweisen menschlichen Verhaltens entstünden, wie z. B. im Bereich der Umweltbeeinträchtigungen durch Emissionen.[588]

Diesen Ansatz aufgreifend war es *Kuhlen,* der erstmals das sog. „Kumulationsdelikt" näher konkretisierte.[589] Ausgehend von der These, dass § 324 StGB kein Verletzungsdelikt darstellen könne und die einzelne tatbestandliche Gewässerverunreinigung in aller Regel nicht einmal dazu in der Lage sei, das Rechtsgut abstrakt zu gefährden,[590] kommt *Kuhlen* zu dem Schluss, dass es erforderlich sei einzusehen, dass strafrechtlicher Rechtsgüterschutz heute nicht nur mit Verletzungs- und Gefährdungsdelikten betrieben werde, dass insbesondere das abstrakte Gefährdungsdelikt nicht die weiteste Vorverlagerung des Rechtsgüterschutzes darstelle, sondern dass bei § 324 StGB ein solcher Schutz jenseits der abstrakten Gefährdung stattfinde.[591] Dieser Schutz solle seiner Auffassung nach über Kumulationstatbestände erreicht werden, die nicht forderten, dass eine Einzelhandlung zu einer Verletzung oder Gefährdung führe, sondern nur, dass die Einzelhandlung zu einer Art von Handlungen gehöre, die, wenn sie in großer Zahl vorgenommen würden, eine Verletzung oder Gefährdung herbeiführen würden.[592] Eine „zentrale Pointe" der Ausgestaltung des § 324 StGB als Kumulationsdelikt sieht *Kuhlen* darin, dass sie die im Umweltstrafrecht notorisch schwierigen Kausalitätsfragen weitgehend obsolet machten.[593] Reagierend auf die von *Ronzani* geäußerte Kritik, wonach sich Kumulationseffekte nicht auf die bloße Summierung gleichartiger Handlungen reduzieren ließen,[594] präzisierte *Kuhlen* später seine Formulierung des § 324 StGB als Kumulationsdelikt dahingehend, dass der Kumulationstatbestand auch für sich genommen ungefährliche Einzelhandlungen deshalb erfasse, weil bei einer realistischen Beurteilung damit

---

588 *Loos* in: FS-Welzel (1974), S. 891.
589 Zuerst: *Kuhlen* in GA 1986, 389, 399.
590 Vgl. Darstellung bei *Kuhlen* in GA 1986, 389, 392 ff.; *ders.* in ZStW 105 (1993), 697, 711 ff.
591 *Kuhlen* in GA 1986, 389, 398.
592 *Kuhlen* in GA 1986, 389, 399.
593 *Kuhlen* in GA 1986, 389, 399 (Fn. 56).
594 *Ronzani*, Erfolg, S. 60 (Fn. 134).

zu rechnen sein müsse, dass ohne ein sanktionsbewehrtes Verbot bestimmter Handlungen diese wirklich so zahlreich vorgenommen würden, dass eine insgesamt gravierende Beeinträchtigung entstünde.[595]

Ein erheblicher Teil der Literatur hat sich dieser Meinung mittlerweile angeschlossen. So ist bei *Wohlers* zu lesen, dass ein auf den Schutz kollektiver Rechtsgüter abzielender Gesetzgeber sich nicht auf den Deliktstypus des Erfolgsdelikts zurückziehen könne, sondern auch Verhaltensweisen erfassen müsse, die zwar für sich gesehen das jeweils betroffene kollektive Interesse nicht in relevanter Art und Weise beeinträchtigen könnten, die aber, wenn und soweit es zu einer Vielzahl gleichgerichteter Handlungen komme, als Teilbeitrag zu einem „Megaverstoß" anzusehen seien. Zur Verhinderung eben jenes Megaverstoßes sei es daher erforderlich, bereits alle Kumulationsbeiträge zu erfassen.[596] Ferner sieht *Hefendehl*, ausgehend von einer umfassenden Analyse der „Kollektivrechtsgüter", deren Wesenskern gerade in ihrer grundsätzlichen Immunität gegenüber den Handlungen Einzelner.[597] Universalrechtsgüterschützende Straftatbestände zeichneten sich daher durch das Fehlen einer realen Verletzungskausalität zwischen Tathandlung und (Universal-)Rechtsgut aus, für das es eines materiellen Äquivalentes bedürfe. Dieses Äquivalent sei durch eine Betrachtung jener Tatbestände als Kumulationstatbestände zu erreichen.[598] Neben dem Umweltstrafrecht, das wegen seiner oftmals kaum zu durchschauenden Kausalverläufe besondere Zurechnungsproblematiken hervorruft, hat sich der Kumulationsgedanke zur Legitimation einer Reihe abstrakter Gefährdungsdelikte zum Schutz überindividueller Rechtsgüter etabliert. Her-

---

595 *Kuhlen* in ZStW 105 (1993), 697, 716 (Fn. 91).

596 *Wohlers*, Deliktstypen, S. 308; ähnlich *Martin*, Umweltbeeinträchtigungen, S. 56, der diese Delikte als „reine Tätigkeitsdelikte" verstanden wissen möchte. Da die Wirkung einer einzelnen Handlung in der Regel nicht messbar sei, könne ihr nicht die typische Eignung, die Verletzung des geschützten Rechtsgutes herbeizuführen, zugesprochen werden.; vgl. ferner *Saal*, Vortäuschen, S. 96 u. 111; *Hefendehl* in JR 1996, 353, 354.

597 *Hefendehl*, Kollektive Rechtsgüter, S. 36.

598 Vgl. die umfassende Darstellung bei *Hefendehl*, Kollektive Rechtsgüter, S. 182 ff.; *ders.* in: Die Rechtsgutstheorie, S. 131 f.

vorzuheben sind dabei insbesondere die „Vertrauensrechtsgüter"[599] der Geldfälschungs-[600] und Rechtspflegedelikte.[601]

Der Kumulationsgedanke sieht sich in der Literatur aber auch großer Kritik ausgesetzt: So wird ihren Anhängern entgegengehalten, dass sie bisher weder erläutern konnten, anhand welcher Kriterien die als notwendige Voraussetzung genannte „realistische Erwartbarkeit"[602] der Kumulationseffekte ausgemacht werden kann,[603] noch, wo die Grenze zwischen dem angeblich strafrechtlich relevanten „minimalen Eigengewicht"[604] des Kumulationsbeitrages und dem straflosen Bagatellbereich zu ziehen ist.[605]

Der zentrale Kritikpunkt an den Kumulationsdelikten ist aber, dass eine derartige Strafbarkeitsbegründung auf dem Grundsatz „Wenn das jeder täte!"[606] fuße und der Täter somit für ein möglicherweise schädigendes Verhalten Dritter hafte. Dies führe im Ergebnis zu einer Bestrafung *ex iniuria tertii*, die mit dem Schuldprinzip nicht zu vereinbaren sei.[607] Die Vertreter der Kumulationsdelikte ließen sich von diesen Vorwürfen jedoch kaum beeindrucken. So hält *Kuhlen* fest, dass die Ausgestaltung des § 324 StGB

---

599 *Hefendehl*, in: Die Rechtsgutstheorie, S. 132; *ders.*, Kollektive Rechtsgüter, S. 193 ff.

600 *Erb* in: MüKo-StGB, Vor. §§ 146 ff. Rn. 7; *Puppe* in: NK-StGB, Vor. §§ 146 ff. Rn. 4.

601 *Hefendehl*, Kollektive Rechtsgüter, S. 199; *Saal*, Vortäuschen, S. 96.

602 *Hefendehl*, Kollektive Rechtsgüter, S. 185; *ders.* in: Die Rechtsgutstheorie, S. 131; *Wohlers*, Deliktstypen, S. 322 ff.; *Kuhlen* in ZStW 105 (1993), 697, 716 (Fn. 91).

603 *Daxenberger*, Kumulationseffekte, S. 64.

604 *Hefendehl*, Kollektive Rechtsgüter, S. 187 f.; *ders.* in: Die Rechtsgutstheorie, S. 131; *Wohlers*, Deliktstypen, S. 324 ff.; *Kuhlen* in ZStW 105 (1993), 697, 717 f.

605 *Kindhäuser* bei *Vitt* in ZStW 105 (1993), S 810; *Rogall* in: FS-Köln, S. 520; *Daxenberger*, Kumulationseffekte, S. 63; *Samson* in ZStW 99 (1987), 617, 635; vgl. ferner zum Grundsatz der Straflosigkeit von Minimalbeiträgen: BGH NStZ 1991 281, 282; NStZ 1987, 323, 324; OLG Hamburg in ZfW 1983, 112, 113; *Schall* in: SK-StGB (9. Aufl.), § 324 Rn. 28 f.; *Steindorf* in: LK-StGB (11. Aufl.), § 324 Rn. 37 m. w. N.

606 So etwa *Seelmann* in NJW 1990, 1257, 1259; *Hassemer/Kargl* in: NK-StGB, Vor. § 1 Rn. 137; *Herzog*, Gesellschaftliche Unsicherheit, S. 144: „Wo kämen wir denn hin, wenn das jeder tun würde?"; zust. *Lagodny*, Schranken, S. 25 f.

607 *Roxin*, Strafrecht AT I, S. 39; *Rogall* in: FS-Köln, S. 520; *Seelmann* in NJW 1990, 1257, 1259; *Steindorf* in: LK-StGB (11. Aufl.), § 324 Rn. 40; *Papamoschou/Bung* in: Irrwege, S. 258; *Müller-Truckfeld* in: Vom unmöglichen Zustand des Strafrechts, S. 466; *Daxenberger*, Kumulationseffekte, S. 66; *Herzog*, Gesellschaftliche Unsicherheit, S. 146 f.

keine Haftung für fremdes Unrecht zur Folge habe. Ob ohne sanktionsbewehrtes Verbot Handlungen anderer in so großer Zahl vollzogen würden, dass dies schädliche Auswirkungen hätte, sei wichtig für die Frage, ob ein solches Verbot erlassen werden sollte. Ist die gesetzgeberische Entscheidung zum Erlass jenes Verbotes aber einmal gefallen, so komme es nur noch auf die Einzelhandlung an, die auch dann verbotswidrig sei, wenn es nur bei dieser einen Handlung bleiben sollte.[608] Auch nach Auffassung von *Hefendehl* liege keine Unrechtsbegründung *ex iniuria tertii* vor, da dies nur dann zuträfe, wenn ein haftungsbegründender Verweis auf das Unrecht Dritter im Rahmen der konkreten tatbestandlichen Ausgestaltung erfolgen würde, was nicht der Fall sei. Des Weiteren bemüht er sich auch um eine moralphilosophische Begründung des Kumulationsdeliktes: Stehe fest, dass der Verhaltensverstoß einer hinreichend großen Zahl von Adressaten das Rechtsgut verletze, so sei die Verteidigung des Einzelnen, sein Beitrag allein sei rechtsgutsirrelevant, unzulässig. Es sei kein Grund ersichtlich, warum die Rechtsordnung diesen Normadressaten vor anderen bevorzugen solle.[609] Die Kollision zwischen dem Schutz eines überindividuellen Rechtsgutes und der Freiheit des Einzelnen sei immer dann zugunsten der Gemeinschaft aufzulösen, solange der Einzelne Freiheit im Sinne einer Ausnahme für sich erstrebe und zugleich vom Rechtsgüterschutz der Allgemeinheit profitieren wolle.[610]

Hierzu kann zunächst festgehalten werden, dass es formal-positiv zutrifft, dass nach dem Konzept der Kumulationsdelikte tatbestandlich nicht unmittelbar auf ein konkretes Verhalten Dritter abgestellt werden soll und eine Bestrafung *ex iniuria tertii* i. e. S. daher nicht vorliegt.[611] An der Illegitimität dieses Konzeptes ändert dies jedoch nichts. *Papamoschou/Bung* haben hierzu zutreffend ausgeführt, dass es zwar theoretisch nicht unvertretbar sei, den Schuldgrundsatz in einem nackten Gesetzespositivismus zu absorbieren. Es sei aber unvertretbar, ein Handeln zu kriminalisieren, das nichts und niemanden verletze oder gefährde.[612]

---

608 *Kuhlen* in ZStW 105 (1993), 697, 718 f.
609 *Hefendehl*, in: Die Rechtsgutstheorie, S. 131; *ders.*, Kollektive Rechtsgüter, S. 189 ff.
610 *Hefendehl*, Kollektive Rechtsgüter, S. 191; *Arzt/Weber*, Strafrecht BT, S. 910 f.
611 Vgl. auch *Samson* bei *Perron* in ZStW 99 (1987), 637, 663.
612 *Papamoschou/Bung* in: Irrwege, S. 258; so i. E. auch *Müller-Truckfeld* in: Vom unmöglichen Zustand des Strafrechts, S. 466.

Solange man den Täter noch als „die Zentralgestalt des handlungsmäßigen Geschehens"[613] betrachtet, ist es daher zwingend erforderlich, seinen persönlichen Beitrag zur Rechtsgutsbeeinträchtigung genau festzustellen. Nur auf diese Weise lässt sich seine strafrechtliche Schuld überhaupt bemessen. Hiervon kann auch die Komplexität moderner Sachzusammenhänge nicht entbinden.[614] Im Gegenteil fordert gerade sie zu einer besonders exakten Bestimmung dessen heraus, was als einzeltäterschaftliches Unrecht anzusehen ist.

Auch generalpräventive Aspekte, die in begrenztem Maße als Strafzweck von Bedeutung sein können, müssen als Legitimation der Kumulationsdelikte ausscheiden, denn es gilt hierbei genau zu unterscheiden: Wird mit der Generalprävention bezweckt, durch die Bestrafung eines Einzeltäters für dessen negative Rechtsguteinwirkung andere potenzielle Einzeltäter von einer dahingehenden Tatbegehung abzuschrecken, so wird beim Kumulationsdelikt eine rechtsgutsneutrale Handlung durch die Bezugnahme auf das mögliche Verhalten Dritter überhaupt erst zu strafrechtlich relevantem Unrecht erhoben. Wie *Papamoschou/Bung* ferner richtigerweise feststellen, ist die Bezugnahme auf möglicherweise zu erwartende Taten anderer daher straf*begründender* Natur.[615]

Bei genauer Betrachtung ist der Einwand, Kumulationsdelikte würden auf eine Bestrafung *ex iniuria tertii* hinauslaufen aber tatsächlich terminologisch und inhaltlich unzutreffend:

Zum einen müssen weder der Dritte oder besser die Dritten in Erscheinung getreten sein, noch bereits rechtsgutserheblich zusammengewirkt haben. Die abstrakte Möglichkeit hierzu allein soll ausreichen, die Bestrafung eines Einzelnen zu begründen. Es müsste daher allenfalls von einer unzulässigen Strafbegründung *ex facultate iniuriae multorum ignotorum* gesprochen werden. Neben der Tatsache, dass dies eine noch viel unbestimmtere Strafgrundlage darstellt, als die ohnehin schon unzulässige Zurechnung eines bekannten und bereits realisierten Unrechts eines Dritten jemals sein könnte, geht eine derartige Strafbegründung mit einer verfassungswidrigen Herabwürdigung des Täters „zum bloßen Objekt staatlicher Sanktionierung"[616] einher.

---

613 *Roxin*, Täterschaft, S. 25.
614 Ähnlich *Daxenberger*, Kumulationseffekte, S. 66 f.
615 *Papamoschou/Bung* in: Irrwege, S. 258.
616 So zu § 265 StGB *Rzepka* in: Irrwege, S. 282; s. a. *Heine* in ZStW 101 (1989), 722, 739 (Fn. 32): „Doch wenn man dies (Anm. das Prinzip der großen Zahl)

Zum anderen ist die von den Gegnern der Kumulationsdelikte ange-
führte Annahme, das Konzept der Kumulationsdelikte beruhe auf einer
Bestrafung *ex iniuria tertii*, deshalb nicht korrekt, da das zuzurechnende
Verhalten der unbekannten Dritten selbst überhaupt kein (strafrechtliches)
Unrecht darstellen muss. Der Einzelne soll für sein rechtsgutsirrelevantes
Verhalten bestraft werden, damit andere nicht ebenfalls rechtsgutsirrele-
vant handeln. Die rechtsgüterschützende Aufgabe des subsidiären Strafrechts kann auf diese Weise nicht erfüllt werden.[617]
Auch die von *Hefendehl* angeführten moralphilosophischen Argumente
vermögen nicht überzeugend darzulegen, weshalb möglicherweise in der
Zukunft auftretende und in ihrer Singularität strafrechtlich unerhebliche,
weil rechtsgutsirrelevante Handlungen einer Vielzahl Unbekannter die
Strafe eines Einzelnen begründen sollen. Es ist nicht ersichtlich, weshalb
die Schlussfolgerung moralphilosophisch zwingend sein soll, dass die Verteidigung eines Einzelnen mit dem Argument, seine Handlung sei rechtsgutsirrelevant, deshalb unzulässig sein soll, weil das Rechtsgut durch
einen Verhaltensverstoß einer hinreichend großen Zahl von Adressaten
verletzt werde. Zwar lässt sich wohl zur Legitimation aller Straftatbestände eine regelutilitaristische Argumentation finden, wonach die Ausführung einer Handlung stets dann unterbleiben solle, wenn ihre Ausführung
durch alle – infolge des engen Zusammenhangs zwischen den einzelnen
Handlungen – schlechte Folgen habe,[618] jedoch kann sich eine rechtsstaatliche Begründung von Strafnormen hierin nicht erschöpfen. In einem liberalen Strafrecht muss Strafe auf mehr basieren als der Funktion, „negati-
ves Spiegelbild des kategorischen Imperativs" zu sein.[619] Jedenfalls kann
es nicht ernsthaft zur Debatte stehen, dass einem Einzelnen der Verweis
auf die Rechtsgutsirrelevanz seiner Handlung auch weiterhin als Mittel zur
Verteidigung vor strafrechtlichem Zwang zustehen muss. Wollte man dies
aufgeben, ist man tatsächlich nicht mehr weit entfernt von *Samsons* pole-

---

konsequent zu Ende denkt (und strafrechtlich auch umsetzt), muss einem unter
rechtsstaatlichen Gesichtspunkten schwindlig werden."

617 Vgl. hierzu auch das Sondervotum von *Graßhof* in BVerfGE 90, 145, 201.
618 Siehe Zusammenfassung bei *Anastasopoulou*, Schutz kollektiver Rechtsgüter,
S. 188; sowie einleitend *Hoerster*, Utilitaristische Ethik, S. 9 ff. und 20 ff. (zitiert
nach *Anastasopoulou*, Schutz kollektiver Rechtsgüter, S. 187, Fn. 1226 f.).
619 *Steindorf* in: LK-StGB (11. Aufl.), § 324 Rn. 40.

misch vorgetragener Kriminalisierung des Pfeifens auf der Straße[620] oder *Herzogs* Spazierfahrt in den Odenwald.[621]

(4) Stellungnahme

Diejenigen, die das Strafrecht auch in Zeiten neuartiger, moderner Großgefahren und unübersichtlicher Gesellschaftsstrukturen weiterhin als lediglich subsidiäres Instrument des Staates zum Schutz personaler Rechtsgüter verstanden wissen möchten, können die soeben vorgestellten Konzeptionen bereits von ihrem Ansatz her nicht überzeugen. In einem liberalen Individualstrafrecht muss notwendiger Ausgangspunkt jeglicher Pönalisierungserwägungen stets sein, dass Rechtsgüterschutz ausschließlich über eine Inkriminierung von Verhaltensweisen natürlicher Personen zu erreichen ist. Zu dieser rechtsgüterschützenden Aufgabe ist eine Strafnorm daher nur dann geeignet, wenn das von ihr strafbewehrte Verhalten das jeweilige Rechtsgut überhaupt relevant beeinträchtigen kann.

Die Frage des Rechtsgutsbeeinträchtigungspotentials eines Verhaltens hat eine zentrale Bedeutung für die verfassungsrechtliche Legitimation seiner Pönalisierung.[622] Bundesverfassungsrichterin *Graßhof* hat dies in ihrem Sondervotum zur sog. Cannabisentscheidung des BVerfG anschaulich hervorgehoben. Ein Straftatbestand sei demnach nur insoweit zum Schutz eines Rechtsgutes geeignet, als die von ihm jeweils umschriebenen tatbestandsmäßigen Handlungen dieses Rechtsgut überhaupt bedrohten. Wenn ein Straftatbestand Handlungen verbiete, die dem Rechtsgut nicht schadeten, könne dieses Rechtsgut mit einem Verbot solcher Handlungen nicht geschützt werden; insoweit sei bereits auf dieser Stufe der Verhältnismäßigkeitsprüfung die Verfassungswidrigkeit einer Strafnorm festzustellen.[623] An anderer Stelle zeigt *Graßhof* zwar auch Verständnis für die Erwägungen des Gesetzgebers, überindividuelle Rechtsgüter durch abstrakte Gefährdungstatbestände schützen zu wollen, weil die Gefahr für das Rechtsgut in derartigen Fällen erst durch die Kumulierung einzelner Verstöße verwirklicht werde, während die Gefährdungsintensität der einzelnen Handlung oft gering sei und ein Abstellen auf Verletzungs- oder

---

620 *Samson* bei *Perron* in ZStW 99 (1987), 637, 663.
621 *Herzog*, Gesellschaftliche Unsicherheit, S. 147.
622 Siehe hierzu *Hassemer* in: Die Rechtsgutstheorie, S. 60 f.
623 *Graßhof* in BVerfGE 90, 145, 201.

konkrete Gefährdungsdelikte hier daher keinen ausreichenden Schutz ermögliche. Das strafbewehrte Verbot abstrakt gefährlichen Handelns sei allerdings nur dann geeignet,[624] wenn das jeweilige Rechtsgut eines Schutzes vor abstrakter Gefährdung bedürfe *und* die verbotenen Handlungsformen für das geschützte Rechtsgut typischerweise die naheliegende Möglichkeit einer Gefahr begründeten.[625]

Übertragen auf das Umweltstrafrecht bedeutet dies, dass Strafnormen, die das eingangs dargestellte und im Sinne einer liberalen, personalen Rechtsgüterlehre letztlich einzig vertretbare Rechtsgut der Umwelt als natürliche Lebensgrundlage der Menschheit[626] schützen wollen, entscheidend darauf abzustellen haben, inwiefern jenes Rechtsgut durch die Handlung eines natürlichen Täters in individualstrafrechtserheblicher Art und Weise beeinträchtigt werden kann. Generell darf dabei zunächst festgestellt werden, dass die Schaffung von abstrakten Gefährdungsdelikten im Umweltstrafrecht im Hinblick auf die große Bedeutung des Rechtsguts Umwelt auf keine grundsätzlichen Bedenken stoßen kann. Deutlich schwieriger erscheint dagegen der Nachweis, dass die verbotenen Verhaltensweisen auch tatsächlich bereits die naheliegende Möglichkeit einer Gefahr für das geschützte Rechtsgut begründen.

Um zu bestimmen, wie die Handlung natürlicher Personen beschaffen sein muss, damit sie durch einen umweltstrafrechtlichen Tatbestand untersagt werden darf, muss der Blick zunächst auf die Angreifbarkeit des zu schützenden Rechtsguts gerichtet werden. Wie oben bereits dargestellt, gilt die oft wiederholte Annahme, dass die Feststellung einer Beeinträchtigung von Universalrechtsgütern nicht möglich sei,[627] nicht absolut: Bei überindividuellen Rechtsgütern, die lediglich als sog. „normative Konstrukte"[628] in Erscheinung treten, mag es tatsächlich von vornherein keinerlei Möglichkeit geben, eine Beeinträchtigung in Form einer physischen Veränderung des Rechtsgutes festzustellen. Besonders problematisch stellt sich dies bei den „Vertrauensrechtsgütern" dar.[629] So ist es beispielsweise

---

624 Im Sinne einer verfassungsrechtlichen Verhältnismäßigkeitsprüfung.

625 *Graßhof* in BVerfGE 90, 145, 204 f.

626 Vgl. oben S. 114.

627 Siehe oben S. 135; *Wohlers*, Deliktstypen, S. 224 f.; *Amelung*, Rechtsgüterschutz, S. 356; *Tiedemann*, Tatbestandsfunktionen, S. 123 f.

628 *Hefendehl*, Kollektive Rechtsgüter, S. 61.

629 Vgl. *Hefendehl*, Kollektive Rechtsgüter, S. 124 ff.; kritisch hierzu: *Roxin*, Strafrecht AT I, S. 39 f.; *Wohlers*, Deliktstypen, S. 227 (Fn. 87).

kaum vorstellbar, wie die Reinheit der Amtsführung oder gar das Vertrauen der Bevölkerung in die Ordnungsmäßigkeit der staatlichen Verwaltung durch die Bestechung eines Amtsträgers *messbar* beeinträchtigt werden könnte. Es muss jedoch darauf geachtet werden, die zweifellos bestehende Problematik der Beeinträchtigungsfähigkeit einer Reihe von Universalrechtsgütern speziell anhand des jeweiligen Tatbestandes zu erörtern und sie nicht allen überindividuellen Rechtsgütern pauschal zu unterstellen. Es sei ferner noch erwähnt, dass sich diese Frage zwar gehäuft, aber nicht ausschließlich bei Universalrechtsgütern stellt. Auch bei Individualrechtsgütern kann der Nachweis einer tatsächlichen Rechtsgutsbeeinträchtigung nach dem Wesen des Rechtsguts erhebliche Probleme bereiten.[630]

Die Situation beim Rechtsgut Umwelt stellt sich grundlegend anders dar. Dass es sich bei der Umwelt als natürliche Lebensgrundlage der Menschheit vermittelt durch die Interdependenzen seiner Medien lediglich um ein nicht greifbares Gedankenkonstrukt handelt, kann nicht ernsthaft vertreten werden. Schädigungen der Umwelt und die hieraus resultierenden Folgen für das Leben der Menschheit sind in vielfacher Form feststell- und messbar, man denke an die Ausdünnung der Ozonschicht, atomare Verseuchungen oder die globale Erwärmung. Die negativen Einwirkungen menschlichen Handelns auf die Umwelt lassen sich dank der Fortschritte in der Forschung immer genauer naturwissenschaftlich nachweisen. Argumentationen, die auf eine Feststellung der Beeinträchtigung der Lebensgrundlagen der Menschheit als entscheidendes Rechtsgut der Umweltstraftaten verzichten wollen und dabei auf eine vermeintlich allgemeine Problematik der Unangreifbarkeit überindividueller Rechtsgüter hinweisen, verkennen daher den Wesenskern des umweltstrafrechtlichen Rechtsgutes. Dieses ist bezogen auf seine Angreifbarkeit weniger mit den üblicherweise sehr abstrakten Universalrechtsgütern vergleichbar, als vielmehr mit klassischen Individualrechtsgütern.[631]

Die Strafbewehrung individueller Verhaltensweisen muss sich an genau dieser physischen Angreifbarkeit des Rechtsguts Umwelt orientieren. Nur so kann sichergestellt werden, dass das strafrechtliche Handlungsverbot auch wirklich nur Einwirkungen von Individuen umfasst, die aufgrund

---

630 So z. B. bei der Ehrverletzung der §§ 185 ff. StGB.
631 So auch *Martin*, Umweltbeeinträchtigungen, S. 33, wenngleich er nicht auf die Umwelt in ihrer Gesamtheit, sondern auf ihre einzelnen Medien abstellt und diese als „konkret-überindividuelle Rechtsgüter" bezeichnet.

ihrer Intensität überhaupt zu einer physisch greifbaren Beeinträchtigung des Rechtsgutes führen können.

Ungeachtet der rechtsstaatlich unvertretbaren Schlüsse, die die Vertreter des Kumulationsgedankens daraus ziehen, weisen sie in ihrem zentralen Argument gerade auf den Kern dessen hin, was in legitimer Weise von einem an der individuellen Einzeltat ausgerichteten Umweltstrafrecht erfasst werden darf. Nach ihrer Auffassung soll ein einzelner Täter bereits für eine rechtsgutsirrelevante Handlung bestraft werden, da er es *grundsätzlich* nicht vermag, die Gesamtheit zu schädigen. Im Fall einer von ihm verwirklichten tatsächlichen Schädigung überindividueller Rechtsgüter käme es aber zu einem „Megaverstoß", durch den der Täter der Gesellschaft nicht mehr schaden würde, weil sie dann nämlich überhaupt nicht mehr existieren würde.[632] Dass das Interesse an der Strafverfolgung mit Untergang unserer Zivilisation merklich abnähme, ist kaum zu bestreiten. Eine Erlaubnis, deshalb bereits völlig harmloses Verhalten zu verfolgen, kann daraus jedoch nicht erwachsen. Vielmehr zeigt diese Argumentation zu Recht auf, wozu Einzeltäter heutzutage in der Lage sein können. In unserer modernen, hochentwickelten Wissensgesellschaft können Individuen durchaus die technischen und intellektuellen Fähigkeiten besitzen, die Gesellschaft und ihre entscheidenden Institutionen allein massiv zu schädigen oder in Teilen sogar zu vernichten. Es darf davon ausgegangen werden, dass das individuelle Schädigungspotential noch nie in der Menschheitsgeschichte größer war als heutzutage.[633] Man stelle sich nur die verheerenden Auswirkungen eines gezielten Hackerangriffs auf informationstechnische Knotenpunkte und Versorgungsleitungen oder eines missbräuchlichen Umgangs mit atomaren Brennstoffen vor. Beides kann grundsätzlich von einem natürlichen Täter verwirklicht werden und Universalrechtsgüter massiv gefährden und schädigen. Der glückliche Umstand, dass unsere Gesellschaft bislang vor den massivsten kollektivschädigenden Handlungen Einzelner bewahrt wurde, macht weder eine Orientierung am individuellen Schädigungspotential überflüssig, noch rechtfertigt es ein Ansetzen an ein rechtsgutsirrelevantes Verhalten.

Im Ergebnis müssen sich bei Ausgestaltung und Anwendung umweltschützender Straftatbestände sowohl die grundsätzliche Möglichkeit, an-

---

632 Vgl. zudem etwa *Papageorgiou*, Schaden, S. 284; ferner *Tiedemann*, Tatbestandsfunktionen, S. 124.

633 Vgl. hierzu *Anastasopoulou*, Schutz kollektiver Rechtsgüter, S. 192; *Kühne* in: FS-Schwind (2006), S. 105.

thropogene Verletzungen des Rechtsguts Umwelt naturwissenschaftlich feststellen zu können, als auch der Umstand, dass auch der Einzelne in Ausnahmefällen ein erhebliches Schädigungspotential aufweisen kann, niederschlagen. Wie in allen Bereichen des Individualstrafrechts, darf auch hier die Strafgewalt nur bei Schutzbedürftigkeit des Rechtsgutes und somit frühestens bei dessen abstrakter Gefährdung eingreifen. Bei der Strafbewehrung ist daher das Rechtsgutsbeeinträchtigungspotential der zu inkriminierenden Handlung zu untersuchen und die Reichweite der Verbotsaussage genau hierauf zu beschränken. Eine Pönalisierung von Handlungen, die nicht einmal theoretisch dazu in der Lage sind, das Rechtsgut zu verletzten, kann niemals in legitimer Weise subsidiären Rechtsgüterschutz bewirken.

cc. Zwischenergebnis

Um an dieser Stelle zu einem Zwischenergebnis hinsichtlich der Frage des Rechtsgutsbezuges bei § 324 Abs. 1 StGB zu gelangen, seien die soeben getroffenen Feststellungen zum legitimen Umfang individualbezogenen Umweltstrafrechts noch einmal zusammengefasst: Das Rechtsgut Umwelt ist physisch verletzbar. Aufgrund der immensen Bedeutung dieses Rechtsguts ist sein Vorfeldschutz durchaus angezeigt. Maßstab für die Reichweite dieses Vorfeldschutzes muss aber stets das Rechtsgutsbeeinträchtigungspotential der Einzelhandlung eines natürlichen Täters sein. Infolge der immer weitreichenderen Verfügbarkeit von Technik und Wissen erscheint es unzweifelhaft, dass das Rechtsgut Umwelt grundsätzlich auch durch massive Taten Einzelner geschädigt und somit als Minus hierzu auch abstrakt bedroht werden kann. Damit ein natürlicher Täter legitimer Adressat einer dahingehenden Strafandrohung sein kann, ist ein Abstellen genau hierauf zwingend erforderlich. Wenn der Einzelne also zu einer Schädigung des Rechtsgutes Umwelt in der Lage ist, dann muss auch durch den Erlass einer Strafnorm der Schutz des Rechtsguts vor dieser, aber auch nur vor dieser Schädigungsfähigkeit angestrebt werden.

Nach dem Willen des Gesetzgebers und der Rechtsprechung bewegt sich die Gewässerverunreinigung gem. § 324 Abs. 1 StGB aber weit außerhalb dieser Grenzen. Deutlich wird dies bei Betrachtung der Erfolgsdefinition von § 324 Abs. 1 StGB: Um der Strafbarkeit keine zu hohen Hürden zu setzen, hat sich der Gesetzgeber bewusst dazu entschieden, als tatbestandlichen Erfolg keine *schädliche* Verunreinigung und somit keine

konkreten negativen Folgen zu verlangen.[634] Vielmehr solle die bloße Verunreinigung als negative Konsequenz der täterschaftlichen Handlung ausreichen, solange sie nicht ganz geringfügig und unerheblich sei.[635] Die
Rechtsprechung setzt dies mit einer sehr weiten Auslegung der Tatbestandsmerkmale um, was sich u. a. darin äußert, dass sich keine Entscheidung finden lässt, bei der eine Verurteilung ausdrücklich an der Erheblichkeitsschwelle scheitert. Zwar kann dies zum Teil auch mit den Erledi-
gungsvorschriften gem. §§ 153, 153a StPO erklärt werden,[636] meines Erachtens tritt hier aber hauptsächlich die Realisierung des vollkommen
überzogenen gesetzgeberischen Willens zu Tage, jegliche Einwirkung auf
Gewässer zu verbieten, um so die komplizierte Feststellung tatsächlicher
Gefährdungen bzw. Schädigungen zu umgehen. Es spricht Bände, dass
sich Stimmen in der Literatur bemüht fühlen, ausdrücklich darauf hinzuweisen, dass etwa das Baden in einem natürlichen Gewässer ohne sich
vorher gereinigt zu haben oder das Einwerfen eines Apfelgehäuses ins
Wasser als Bagatellfälle ausscheiden.[637] Eine hinsichtlich des aufgezeigten
Umfangs individualstrafrechtlichen Umweltschutzes ernstgemeinte Eingrenzung der Erfolgsdefinition bei § 324 Abs. 1 StGB kann die oft bemühte Minima-Klausel auf diese Weise nicht bewirken. Anschaulich zeigt dies
das einfache Beispiel eines Frachters, der Altöl in die Nordsee ver-
klappt.[638] Die Beantwortung der Frage, ob dabei bereits die strafrechtliche
Erheblichkeitsschwelle überschritten wurde, hängt entscheidend davon ab,
was man als Tatobjekt betrachtet.[639] Für das unmittelbare Umfeld des
Frachters ließe sich wohl eine solche Überschreitung feststellen, bezogen
auf die gesamte Nordsee oder die mit ihr verbundenen Ozeane dagegen
nicht. Verlangt man entgegen dem mit dem personalen Rechtsgutsverständnis unvereinbaren rein ökologischen Rechtsgutskonzept der h. M.[640]
zudem noch eine von der Einwirkung auf das Tatobjekt ausgehende abstrakte Gefährdung, so wird deutlich, wie vage und unbestimmt die tatbe-

---

634 *Saliger*, Umweltstrafrecht, S. 103.
635 BT-Drs. 8/2382 S. 14.
636 So *Schall* in: SK-StGB (9. Aufl.), § 324 Rn. 28; *Alt* in: MüKo-StGB, § 324
     Rn. 36.
637 Vgl. Auflistung bei *Schall* in: SK-StGB (9. Aufl.), § 324 Rn. 29 m. w. N. und bei
     Alt in: MüKo-StGB, § 324 Rn. 36 m. w. N.
638 Beispiel nach *Saliger*, Umweltstrafrecht, S. 103 f.
639 Vgl. zu dieser Problematik *Samson* in ZStW 99 (1987), 617, 625; *Rotsch* in wis-
     tra 1999, 321, 323; *Daxenberger*, Kumulationseffekte, S. 52 f.
640 Vgl. oben S. 108.

standliche Ausgestaltung jener Strafnorm ist: Wo nicht einmal zweifelsfrei festgestellt werden kann, was überhaupt als erhebliche Einwirkung auf das Tatobjekt zu werten ist, dort kann der jeweiligen Handlung auch nicht ohne Weiteres der Charakter einer naheliegenden Gefährdung für das Rechtsgut Umwelt unterstellt werden.

Möchte man mit diesem Tatbestand also nicht nur den reinen „Gewässerfrevel"[641] verfolgen, so muss klargestellt werden, dass die Frage, ob eine Veränderung der Gewässereigenschaften „nachteilig" ist, überhaupt nur über eine Untersuchung ihrer möglichen Auswirkungen auf das Rechtsgut beantwortet werden kann. Eine von einem natürlichen Täter verwirklichte Gewässerverunreinigung bzw. nachteilige Veränderung der Gewässereigenschaften muss daher als notwendige Pönalisierungsvoraussetzung die naheliegende Möglichkeit einer Gefahr für das Rechtsgut Umwelt aufweisen.[642] Auch wenn es in der Natur des abstrakten Gefährdungsdeliktes liegt, dass eine Verletzung bzw. konkrete Gefährdung im Einzelfall nicht eingetreten sein muss, so folgt zumindest aus der übergeordneten Stellung des Verletzungsdelikts als zentrale Deliktsform des liberalen Strafrechts,[643] dass sich auch die Strafbewehrung der weniger beeinträchtigenden abstrakten Gefährdung an der grundsätzlichen Verletzbarkeit des Rechtsguts zu orientieren hat. Solange es aber bezogen auf das Rechtsgut nicht auf das Schädigungspotential der einzelnen Handlung ankommt und bereits minimale, kurzfristige Veränderungen der Gewässerqualität zur Erfüllung des Tatbestandes ausreichen, kann über die tatsächliche Nachteiligkeit der Handlung und somit über deren Beeinträchtigungspotential allenfalls spekuliert werden. Anders als bei abstrakten Gefährdungsdelikten üblich, bei denen bereits die bloße Ausführung der tatbestandlichen Handlung bestraft wird, weil sie leicht in eine konkrete Gefährdung oder Verletzung umschlagen kann, kann im vorliegenden Fall nicht unmittelbar von der nachteiligen Veränderung der Gewässereigenschaften auf eine abstrakte Gefährdung des Rechtsguts Umwelt geschlos-

---

641 *Kuhlen* in ZStW 105 (1993), 697, 714 (Zum sog. „Baumfrevel" vgl. dort Nachweise in Fn. 84).

642 Vgl. hierzu auch *Rogall* in: FS-Köln, S. 519 f., *Heger* in: Lackner/Kühl, § 324 Rn. 1; *Zieschang*, Gefährdungsdelikte, S. 236; *Horn* in: SK-StGB (Band 2, 4. Aufl. 1991), § 324 Rn. 4.

643 Vgl. oben S. 80; *Hassemer* in ZRP 1992, 378, 379 f.

sen werden.[644] Die Nachteiligkeit der einzelnen Einwirkung auf ein Gewässer muss umgekehrt gerade anhand ihrer individuellen Gefahrengeneigtheit bezüglich des Rechtsguts beurteilt werden.[645] Soll der Tatbestand (allen Bedenken gegen die Legitimität von § 324 Abs. 1 StGB zum Trotz) in seiner jetzigen Form beibehalten werden, bedarf es folglich der Feststellung, dass die konkrete Einzelhandlung überhaupt dazu geeignet ist, *potentiell* das Rechtsgut Umwelt konkret gefährden oder verletzen zu können, denn nur dann kann sie das Rechtsgut auch abstrakt gefährden und ihre Strafbewehrung wäre gerechtfertigt. Zuzustimmen sind daher denjenigen Stimmen in der Literatur, die § 324 Abs. 1 StGB als potentielles Gefährdungsdelikt einstufen, wonach eine Veränderung der Gewässereigenschaft nur dann tatbestandsmäßig ist, sofern sie überhaupt zu einer Rechtsgutsschädigung geeignet ist.[646] Auf dieser Weise kann es gelingen, die nicht zu tolerierende Weite der derzeitigen generellen Gefährdungsvermutung jeglicher Gewässerverunreinigung entgegenzuwirken und den Anwendungsbereich auf ein Verhalten zu beschränken, welches sich noch innerhalb der Grenzen dessen befindet, was durch das Individualstrafrecht erfasst werden darf.

Wann und ob die Einwirkung eines Einzelnen auf ein Gewässer das Niveau einer abstrakten Gefährdung für das Rechtsgut Umwelt als natürlicher Lebensgrundlage der Menschheit erreicht, ist mit Sicherheit eine komplexe Frage, die wohl nur interdisziplinär auf Grundlage naturwissenschaftlicher Erkenntnisse beantwortet werden kann. Möchte man das Individualstrafrecht als Mittel zum Umweltschutz einsetzen, führt jedoch kein Weg daran vorbei, die tatsächlichen Auswirkungen der einzelnen Handlung bzw. ihr grundsätzliches Schädigungspotential peinlich genau zu untersuchen. Man kann mit Recht daran zweifeln, ob dies nach dem heutigen Stand der Wissenschaft und in Anbetracht der Arbeitslast der Gerichte in zufriedenstellender Art und Weise gelingen kann. Als Alternative jedoch bewusst darauf zu verzichten und Einzelne auf Grundlage von Tatbe-

---

644 Vgl. zu den Erfordernissen abstrakter und potentieller Gefährdungsdelikte *Fischer*, StGB, Vor. § 13 Rn. 19 m. w. N.

645 Vgl. die Ausführungen des BGH zu § 5 HeilpraktikerG: BGH NJW 2011, 3591; ferner BGH NJW 1999, 2129.

646 Vgl. hierzu *Rogall* in: FS-Köln, S. 519 f.; *Heger* in: Lackner/Kühl, § 324 Rn. 1; *Zieschang*, Gefährdungsdelikte, S. 236 (wenngleich dieser wohl eine konkrete Gefährdung verlangt); s. a. *Frisch*, Verwaltungsakzessorietät, S. 140 (wenn auch letztlich mit anderem Ergebnis).

ständen mit vagen Erfolgsdefinitionen strafrechtlich zu verfolgen, erscheint aus rechtsstaatlicher Sicht nicht akzeptabel. Wie überall sonst im liberalen Strafrecht muss es auch im Umweltstrafrecht um den Schutz vor nachweisbaren Einwirkungen durch natürliche Täter auf klar abgrenzbare Rechtsgüter gehen. In legitimer Weise kann dies nur dann realisiert werden, solange der Einzelne dabei auch vor ungerechtfertigten Eingriffen in seine verfassungsrechtlich garantierte Freiheit geschützt wird. Solange aber keine sichere Prognose über die möglichen Auswirkungen individuellen Handelns erstellt werden kann, helfen weder die legislative Erhebung außermenschlicher Tatobjekte in den Stand von Rechtsgütern noch der Versuch weiter, mittels gewagter Theorien vom Erfordernis der Rechtsgutsrelevanz einer Handlung abzusehen. Kann einem Verhalten die Fähigkeit zur negativen Einwirkung auf ein Rechtsgut nicht zweifelsfrei nachgewiesen werden, so ist dies das entscheidende Argument dafür, dass das Strafrecht zur Regelung dieses Lebensbereichs nicht geeignet ist.

c. Ergebnis

Ein Blick in die historischen Gesetzgebungsmaterialien zeigt, dass es dem Gesetzgeber daran gelegen war, durch die Implementierung umweltschützender Strafnormen in das StGB das gesellschaftliche Bewusstsein für den Stellenwert der Umwelt und deren Schutzwürdigkeit zu steigern.[647] In Anbetracht der immer größer werden Bedeutung der Umwelt- und Friedensbewegung in der BRD der späten 1970er und frühen 1980er Jahre könnte man den gesetzgeberischen Impuls, sich zunehmend auf dem Gebiet der Umwelt zu betätigen, auch als Reaktion auf ein längst vorhandenes umweltpolitisches Bewusstsein der Bevölkerung werten.[648] Die guten Umfragewerte der frisch gegründeten „Grünen", hatten sicherlich auch ihren Einfluss auf die rasche Verabschiedung des Umweltstrafrechts im Bundestagswahljahr 1980.[649] Mithilfe des Strafrechts sollte jedenfalls die generalpräventive Wirkung der bislang lediglich nebenstrafrechtlich geregelten Umweltstraftatbestände entscheidend vergrößert werden.[650] Bei dem Versuch, das Umweltstrafrecht in das StGB einzufügen, offenbaren sich aber,

---

647 BT-Drs. 8/2382 S. 9 ff.; BT-Drs. 8/3633 S. 19.
648 *Steindorf* in: LK-StGB (11. Aufl.), Vor. § 324 Rn. 1 m. w. N.
649 *Herzog*, Gesellschaftliche Unsicherheit, S. 141 m. w. N.
650 BT-Drs. 8/2382 S. 1; *Fischer*, StGB, Vor. § 324 Rn. 5.

allem politischen Willen zum Trotz, erhebliche grundlegende dogmatische Probleme. Insbesondere die Anwendung der klassischen individualstrafrechtlichen Zurechnungsstrukturen bereitete große Schwierigkeiten.[651] Vor diesem Hintergrund lassen sich die oben aufgezeigten Bestrebungen des Gesetzgebers, sich vom klassischen anthropozentrischen Rechtsgutsbegriff zu distanzieren, leicht erklären:

> „Je weiter man sich von einer anthropozentrischen Sichtweise (...) zu einer ökologischen (...) hinbewegt, desto eher lässt sich eine Beeinträchtigung des relevanten Schutzgutes konstatieren und desto früher greift eine entsprechend ausgerichtete Strafnorm ein, ohne daß es des Nachweises auch nur einer Gefährdung von Individuen bedürfte."[652]

Auf diese Weise gelingt es, die ungleich komplexere Frage, ob es tatsächlich zu einer Gefährdung oder Bedrohung der Umwelt als Lebensgrundlage der Menschheit gekommen ist, zu umgehen.

Doch auch wenn man sich das eigentliche gesetzgeberische Ziel vor Augen führt, mithilfe des Individualstrafrechts Umweltschutz zu betreiben, so kann nicht festgestellt werden, dass dies hiermit zu erreichen ist: Weder kann nachvollzogen werden, wie ein Straftatbestand, der auf die Feststellung der tatsächlichen Auswirkungen der jeweiligen Handlung auf die natürlichen Lebensgrundlagen der Menschheit verzichtet, überhaupt dazu in der Lage sein soll, effektiv dem Schutz der Umwelt zu dienen, noch ist ersichtlich, warum gerade das Strafrecht hierzu geeignet sein soll, wenn seine Anwendung offensichtlich nur unter Aufgabe seiner elementaren Prinzipien möglich ist.

Das geltende Umweltstrafrecht steht beispielhaft für einen gefährlichen gesetzgeberischen Versuch, eine komplexe gesellschaftliche Problematik mit dem vermeintlich einfachen Mittel der Strafgesetzgebung beheben zu wollen. Deutlich wird dies, wenn man sich die Hauptursachen der Umweltverschmutzung vergegenwärtigt: Die allmähliche Zerstörung der natürlichen Lebensgrundlagen ist in einem globalgesellschaftlichen Fehlver-

---

651 Vgl. *Schall* in: SK-StGB (9. Aufl.), Vor. §§ 324 ff. Rn. 38 f. (Fn. 167, 168; 172; 173).

652 So die zutreffende Feststellung von *Weigend* in: FS-Triffterer (1996), S. 700 f.; s. a. *Kuhlen* in ZStW 105 (1993), 697, 713: „Das wirft in der Tat die Frage auf, ob nicht im Umweltstrafrecht rechtsstaatlich bedenkliche neuartige Zurechnungsstrukturen entwickelt werden. Dieser Frage kann man sich nicht dadurch entziehen, daß man mit der herrschenden Meinung § 324 StGB als Verletzungstatbestand einordnet und damit aus der Schusslinie der Kritik nimmt."

halten begründet und lässt sich in weiten Teilen auf den spätestens mit der Industrialisierung beginnenden ressourcenausbeutenden Lebensstandard der westlichen Welt zurückzuführen.[653] Der neuralgische Punkt beim Versuch, dieser Situation mithilfe des individualbezogenen Umweltstrafrechts Herr zu werden, liegt darin, dass regelmäßig erst die Kumulierung einzelner und für sich genommen, rechtsgutsirrelevanter Handlungen dem Rechtsgut Umwelt gefährlich wird. Anders als im klassischen Individualstrafrecht üblich, geht folglich die Bedrohung des Rechtsguts Umwelt nicht primär von einzelnen zurechenbaren Handlungen natürlicher Täter aus. Das „anonyme Schädigerkollektiv" in seiner Gesamtheit ist es, das die Umwelt tatsächlich bedroht, nicht bereits die voneinander unabhängigen Einzelhandlungen seiner Teile. Rechtssoziologisch gesehen, sind Umweltbeeinträchtigungen folglich in aller erster Linie ein Systemproblem und damit den individuellen strafrechtlichen Zurechnungsstrukturen überhaupt nicht zugänglich.[654] Der ganz überwiegende Teil der negativen Einwirkungen auf die Umwelt wird daher auch (zu Recht) von den Tatbeständen des Umweltstrafrechts nicht umfasst.[655]

Die nachgewiesenermaßen rechtsgutsirrelevante Pönalisierung individueller Einwirkungen auf Gewässer gem. § 324 Abs. 1 StGB stellt hierzu eine Ausnahme dar. Unter Aufhebung der tradierten Mechanismen des liberalen Rechtsgüterschutzes wird dort versucht, eine individuelle Zurechnung systemischer Gefahren zu erreichen. Individuen werden in Anbetracht der zweifellos bestehenden, allgemeinen Gefahr, die von einer kollektiven Überbeanspruchung der Gewässer[656] für das Rechtsgut Umwelt ausgeht, für Einzelhandlungen verantwortlich gemacht, ohne dass dabei auch nur versucht wird, die (möglichen) Folgen ihrer einzelnen Handlungen zu untersuchen. Nun könnte man einwenden, dass das Strafrecht oh-

---

653 Vgl. hierzu *Schünemann* in GA 1995, 201, 206 ff., wenn auch letztlich mit verfehlter Schlussfolgerung.

654 Vgl. *Ronzani*, Erfolg, S. 129 ff.

655 Bsp.: Auch wenn an der schädigenden Wirkung des von der Verbrennung fossiler Brennstoffe ausgehenden CO^2-Ausstosses für das globale Klima kein Zweifel mehr besteht, würde wohl niemand auf den Gedanken kommen, Marketingmanager, die Vielfliegerprogramme einführen lassen, wegen eines Aufrufes zu einem umweltgefährdenden Verhalten strafrechtlich verfolgen zu wollen. Vgl. ferner *Hefendehl*, Kollektive Rechtsgüter, S. 310 ff.; *ders.* in GA 1997, 119, 131.

656 So werden z. B. allein in Berlin jedes Jahr ca. 5,3 Milliarden Liter ungeklärte Abwässer in die Spree geleitet, um bei starkem Regen ein Überlaufen der Gullys zu verhindern, vgl. *Prechtel* in Zeit Magazin Nr. 46/2014, S. 31.

nehin nur vor unzulässigen Umweltbeeinträchtigungen schützen wolle[657] und es deshalb zulässig sei, eine Grenze zwischen sozialadäquaten Verschmutzungen (individueller Autoverkehr) und sozialinadäquaten Verschmutzungen (die Abwassereinleitung in den Rhein) zu ziehen. Auch wenn einem derartigen Einwand von seinem Ansatz her zugestimmt werden kann, vermag er es dennoch nicht, die letztlich entscheidende Gemeinsamkeit beider Verschmutzungsformen aufzuheben: In beiden Fällen versagen die strengen Zurechnungsmechanismen des Individualstrafrechts gleichermaßen dabei, eine tatsächliche Verantwortung des Einzelnen für eine nachweisbare Rechtsgutsbeeinträchtigung festzustellen. Gleichgültig, wie sozialverwerflich ein Verhalten auch erscheinen mag, solange dem Handelnden keine Beeinträchtigung *schützenswerter* Rechtsgüter nachgewiesen werden kann, so lange muss sich der Staat mit einer Anwendung seines grundrechtsintensivsten Mittels zurückhalten.

Die Diskrepanz zwischen dem erheblichen kollektiven Schädigungspotential und den stark begrenzten Möglichkeiten eines notwendigerweise rein individualbezogenen Umweltstrafrechts hierauf angemessen reagieren zu können, zeigt sich auch an anderer Stelle deutlich. Neben der soeben dargestellten Problematik des anonymen Schädigerkollektivs, vermag das geltende Umweltstrafrecht auch nicht vor der erheblichen Bedrohung der natürlichen Lebensgrundlagen durch bekannte, abgrenzbare Kollektive, wie etwa Unternehmen der Großindustrie, zu schützen. Abgesehen von den in größeren Betrieben üblichen Zurechnungsproblemen,[658] ist der zentrale Grund hierfür das umweltstrafrechtliche Prinzip der Verwaltungsakzessorietät,[659] das insbesondere potentielle Großschädiger in einer Weise privilegiert, die sowohl am Sinn als auch an der Rechtsgleichheit des Umweltstrafrechts zweifeln lassen. Zunächst kann festgehalten werden, dass die Legitimation des Abstellens auf verwaltungsrechtliche Genehmigungen, ungeachtet der Streitfragen, die die Verwaltungsakzessorietät im Einzelnen aufwirft,[660] zumindest nicht grundsätzlich angezweifelt werden

---

657 So *Kuhlen* in ZStW 105 (1993), 697, 709 f.

658 Vgl. Darstellung bei *Schall* in: SK-StGB (9. Aufl.), Vor. §§ 324 ff. Rn. 131 ff.; *Rotsch* in wistra 1999, 321, 325 ff.

659 *Kloepfer/Heger*, Umweltstrafrecht, S. 166; *Schall* in: SK-StGB (9. Aufl.), Vor. §§ 324 ff. Rn. 131; *Müller-Truckfeld* in: Vom unmöglichen Zustand des Strafrechts, S. 468 und 470; siehe umfassend zur Verwaltungsakzessorietät im Umweltstrafrecht: *Frisch*, Verwaltungsakzessorietät.

660 Etwa über den Umgang mit fehlerhaften Genehmigungen, Probleme mit dem Bestimmtheitsgebot etc.

kann, soweit damit strafrechtsbegrenzende Tatbestandsausschlüsse oder Rechtfertigungsgründe geschaffen werden.[661] Die Auswirkungen der Genehmigungspraxis auf die Rechtswirklichkeit sind dagegen höchst bedenklich: Während sich ein Großteil der Urteile im Umweltstrafrecht im Bagatellbereich ohne bedeutenden Schädigungscharakter bewegt,[662] werden gerade die von der Großindustrie verursachten und häufig massiv gefährdenden Umweltverschmutzungen regelmäßig nicht erfasst.[663] Gerade die besagten Großemittenten sind es, die sich in erheblichem Maße auf Genehmigungen stützen können und so mit verwaltungsrechtlichem Segen die Umwelt verschmutzen dürfen. Es steht ferner zu befürchten, dass die Umweltbehörden diese Genehmigungen vielfach zu großzügig an die Industrie vergeben: Die Gründe hierfür reichen von „sachfremden Rücksichtnahmen" durch die Behörde,[664] um etwa den Verlust von Arbeitsplätzen in der Gemeinde oder Einbußen bei den Gewerbesteuereinnahmen zu verhindern, über „korporatistische Absprachen" zwischen den Betrieben und der Behörde, wonach die zulässigen Grenzwerte partnerschaftlich abgesprochen werden,[665] bis hin zur tatsächlichen Einflussnahme auf einzelne Amtswalter im Wege der Korruption.[666] Werden die festgelegten Grenzwerte trotz allem einmal überschritten, scheitert eine Verfolgung der Taten oftmals dennoch: Zum einen erfolgt bei Kenntnis der zuständigen Genehmigungsbehörden aus den eben genannten Gründen nur selten eine Weiterleitung an die Staatsanwaltschaft,[667] zum anderen ist eine Überschrei-

---

661 So auch die h. M. vgl. *Fischer*, StGB, Vor. § 324 Rn. 6 m. w. N.

662 Bspw. die illegale Lagerung von Autowracks, übergelaufene Güllebecken oder Hundekot auf Spielplätzen, vgl. *Ransiek* in: NK-StGB, Vor. §§ 324 ff. Rn. 29 f. (Aufzählung bei Rn. 31); s. a. Statistik zur Strafzumessungspraxis im Umweltstrafrecht bei *Kloepfer/Heger*, Umweltstrafrecht, S. 161 f.: Danach wurden im Jahr 2012 ca. 97 % aller wegen einer Umweltstraftat verurteilten Erwachsenen zu einer Geldstrafe verurteilt (bei Gesamtkriminalität lag dieser Anteil bei etwa 82 %); vgl. hierzu auch Feststellungen von *Hassemer* bei *Hassemer/Meinberg* in NK 1989, 46, 47.

663 So bereits das Ergebnis der Arbeitsgruppe 3 des 12. StV-Tages in StV 1988, 275, 276; *Ransiek* in: NK-StGB, Vor. §§ 324 ff. Rn. 30; *Schall* in: SK-StGB (9. Aufl.), Vor. §§ 324 ff. Rn. 131; *Schmitz* in: MüKo-StGB, Vor. § 324 ff. Rn. 16; *Fischer*, StGB, Vor. § 324 Rn. 5a; *Herzog*, Gesellschaftliche Unsicherheit, S. 142 f.; *Hohmann*, Umweltdelikte, S. 205 f.

664 *Schall* in wistra 1992, 1, 5; s. a. *Herzog*, Gesellschaftliche Unsicherheit, S. 142.

665 *Müller-Truckfeld* in: Vom unmöglichen Zustand des Strafrechts, S. 468 und 470.

666 Vgl. hierzu *Schmitz* in: MüKo-StGB, Vor. § 324 ff. Rn. 48.

667 *Müller-Truckfeld* in: Vom unmöglichen Zustand des Strafrechts, S. 470.

tung von Grenzwerten ungleich schwieriger nachweis- und feststellbar, als beispielsweise die sinnlich wahrnehmbare Verunreinigung eines Spielplatzes mit Hundekot.[668] Letztlich führt das Prinzip der Verwaltungsakzessorietät dazu,

> „dass die Verurteilungswahrscheinlichkeit mit steigendem sozialen Status des Angeklagten rapide abnimmt und sich ein geradezu klassisch schichtspezifisches Entscheidungsverhalten zu Lasten niedriger Berufsgruppen ergibt."[669]

Noch einmal zusammengefasst, ergibt sich, dass sich gerade die massivsten und somit im Sinne der *ultima ratio*-Funktion des Strafrechts letztlich relevanten Beeinträchtigungen der Umwelt „typischerweise als Fehlleistungen von Kollektiven und Systemen"[670] präsentieren. Auf den ersten Blick verwundert es sehr, dass der Gesetzgeber meinte, gerade durch eine Implementierung des Umweltstrafrechts in das StGB, das Bewusstsein der Bevölkerung für den Umweltschutz steigern zu können, wenn das einzeltatbezogene Individualstrafrecht von seinem Wesen her gänzlich ungeeignet ist, jene Beeinträchtigungsformen überhaupt erfassen zu können. Der so offenkundige Widerspruch zwischen der beschriebenen Problemlage und dem gewählten Lösungsmittel, kann nur den Rückschluss zulassen, dass sich der Gesetzgeber bewusst für diesen Weg des geringsten Widerstandes entschieden hat: Der Erlass neuer Strafgesetze ist wesentlich schneller und vor allem (kurzfristig) kostengünstiger realisiert, als eine Evaluierung der Wirksamkeit denkbarer Umweltschutzmaßnahmen und eine darauffolgende langfristig ausgerichtete umweltpolitische Steuerung gesellschaftlicher und wirtschaftlicher Abläufe.[671] Die angestrebte zeitliche und finanzielle Einsparung entpuppt sich bei genauer Betrachtung jedoch als legislative Milchmädchenrechnung, da hierbei die tatsächlichen Kosten für die Umwelt aber auch für das Strafrecht ausklammert werden. Erschöpfen sich die wesentlichen gesetzgeberischen Maßnahmen zum Schutz der Umwelt darin, Strafnormen zu erlassen, die Handlungen inkriminieren, ohne dabei auf deren tatsächliches Schädigungspotential hinsichtlich des Rechtsgutes Umwelt abzustellen, und werden gleichzeitig

---

668 *Ransiek* in: NK-StGB, Vor. §§ 324 ff. Rn. 31; *Steindorf* in: LK-StGB (11. Aufl.), Vor. § 324 Rn. 30; *Müller-Truckfeld* in: Vom unmöglichen Zustand des Strafrechts, S. 470.

669 So *Meinberg* in: *Meinberg/Möhrenschläger/Link*, Umweltstrafrecht, S. 223 f.; s. a. *Fischer*, StGB, Vor. § 324 Rn. 5a.

670 So die zutreffende Analyse bei *Ronzani*, Erfolg, S. 132.

671 So auch *Hassemer* bei *Hassemer/Meinberg* in NK 1989, 46, 47.

massive, singuläre Schädigungsereignisse auf Grundlage verwaltungs-rechtlicher Genehmigungen hiervon ausgenommen, so kann kaum von einem effektiven strafrechtlichen Umweltschutz die Rede sein.[672] Die mit dem Erlass jener Straftatbestände forcierte Generalprävention ist zum Scheitern verurteilt, wenn sie im Wesentlichen von einer Strafbewehrung von Bagatelldelikten ausgehen soll und die Umwelt gleichzeitig durch eine kollektive und systemische Inanspruchnahme auf legalem Wege mas-siv geschädigt wird. Insbesondere ist nicht ersichtlich, wie hiermit der po-sitive Aspekt der Generalprävention, die Bestärkung der Rechtstreuen da-rin, dass sie zu Recht in die Normgeltung vertrauen,[673] umgesetzt werden soll. Während dem Umweltschutz damit kaum geholfen ist, wird gleich-zeitig die Glaubwürdigkeit und Legitimation des Strafrechts als *ultima ra-tio* des Rechtsgüterschutzes schwer erschüttert.[674] Um die Unfähigkeit bzw. den fehlenden Willen von Politik und Wirtschaft zu kaschieren, mit dem Umweltschutz ernst zu machen,[675] wird letztlich eine Symbolpolitik betrieben, deren Folgen auf der einen Seite die Gesellschaft in Form fort-laufender Umweltzerstörung und auf der anderen Seite der Einzelne durch ungerechtfertigte strafrechtliche Einwirkungen in seine Grundrechte für bloßes Bagatellunrecht tragen müssen.

So kann man feststellen, dass sich das geltende Umweltstrafrecht als in-effektives, inkonsequentes und in hohem Maße ungerechtes Instrument zur „Volkspädagogik"[676] präsentiert, welches den hohen Anforderungen, die an den Gebrauch der staatlichen Strafgewalt zu stellen sind, nicht ge-recht wird.

Fraglich ist, welche Schlüsse hieraus zu ziehen sind. Nach der bisheri-gen Analyse liegt es nahe, für eine komplette Aufhebung des geltenden

---

672 Vgl. *Heger* in: Lackner/Kühl, Vor. § 324 Rn. 5 m. w. N.

673 Allg. hierzu *Bung* in HRRS 2006, 63, 67 m. w. N.

674 Ähnlich *Frisch*, Verwaltungsakzessorietät, S. 143; *Hassemer* bei *Hassemer/Mein-berg* in NK 1989, 46, 47; *ders.* in NStZ 1989, 553, 558; *Müller-Truckfeld* in: Vom unmöglichen Zustand des Strafrechts, S. 476; *Herzog*, Gesellschaftliche Unsi-cherheit, S. 141 ff.

675 Zum Strafrecht als parteipolitisches Machtmittel vgl. *Naucke* in KritV 1993, 135, 154 ff.

676 So die treffende Umschreibung bei *Herzog*, Gesellschaftliche Unsicherheit, S. 146; auch *Hassemer* in ZRP 1992, 378, 380.

Umweltstrafrechts zu plädieren.[677] Angesichts der herausragenden Bedeutung des Rechtsguts Umwelt ist eine derart radikale Lösung jedoch mit Skepsis zu betrachten. Um seine Legitimität zu wahren, muss ein rechtsstaatliches Umweltstrafrecht aber den Schutz dieses Rechtsguts durch eine restriktive Strafbewehrung tatsächlich gefährdender Handlungen natürlicher Personen bezwecken (wollen).

Damit individualstrafrechtlicher Umweltschutz wirksam durchgesetzt werden kann, muss zuvörderst der lediglich subsidiäre Charakter des Strafrechts deutlich zum Vorschein kommen: Der Staat hat zu allererst eine kritische Auseinandersetzung mit unserem Gesellschafts- und Wirtschaftssystem zu führen und entschieden auf einen Wandel im Umgang mit den natürlichen Ressourcen hinzuwirken, damit die in ihrer Summe zweifellos gefährlichen Kumulationseffekte eingedämmt werden. Dabei kann etwa der Versuch unternommen werden, künftig ökologische Folgekosten in betriebswirtschaftliche Bilanzen und volkswirtschaftliche Wachstumsberechnungen miteinzubeziehen.[678] Ferner kann eine Vielzahl gesellschaftspolitischer, zivil- und verwaltungsrechtlicher Maßnahmen ergriffen werden, die einem wirksamen Schutz der Umwelt dienen können: Verstärkte Aufklärung der Bevölkerung, eine Subventionierung umweltfreundlichen Verhaltens bzw. eine stärkere finanzielle Belastung umweltschädigenden Verhaltens usw. Die Zukunft unserer Lebensgrundlagen wird letztlich aber nur über gemeinsame, internationale Anstrengungen wirklich zu sichern sein. Diese globale Dimension in der effektiver Umweltschutz umgesetzt werden muss, zeigt bereits den beschränkten Rahmen, den das deutsche Umweltstrafrecht dabei innehaben kann.

Dennoch kann ihm ein subsidiärer Aufgabenbereich zugestanden werden, solange die strengen Prinzipien des Individualstrafrechts dabei nicht missachtet werden: In Anbetracht der Unbestimmtheit des durch das geltende Umweltstrafrecht bezweckten Rechtsgüterschutzes muss das zu pönalisierende Verhalten dabei konsequent auf tatsächlich rechtsgutsbeeinträchtigende Verhaltensweisen beschränkt werden. Dies kann zum einen durch ein verstärktes Abstellen auf einen unmittelbaren Schutz klassischer

---

677 So etwa *Albrecht* in KritV 1988, 182; *Müller-Truckfeld* in: Vom unmöglichen Zustand des Strafrechts, S. 461 ff.; *Rotsch*, Individuelle Haftung, S. 17 ff.; s. a. Nachweise bei *Schall* in wistra 1992, 1, 2.

678 Vgl. etwa die Überlegungen zum „GPI" (*Cobb/Goodman/Wackernagel*, "Why bigger isn't better: The genuine progress Indicator – 1999 Update" (users.nber.org)) oder zum „HPI" (happyplanetindex.org).

personaler Individualrechtsgüter (Leben, körperliche Unversehrtheit etc.) vor den Folgen schädigender Einwirkungen auf Umweltmedien erreicht werden.[679] Zu denken wäre dabei etwa an eine mit § 325 Abs. 1 StGB vergleichbare Regelung,[680] wonach eine negative Einwirkung auf das *Tatobjekt* „Luft" unter Strafe gestellt werden könnte, soweit diese zu einer Beeinträchtigung des Individualrechtsguts Gesundheit eines anderen Menschen führt oder eine konkrete Gefahr hiervon ausgeht. Zum anderen muss, soweit ein strafrechtlicher Schutz des allen Individualrechtsgütern vorgelagerten personalen Universalrechtsguts „Umwelt" angestrebt wird, klargestellt werden, dass nur Handlungsweisen von natürlichen Tätern umfasst werden dürfen, die die natürlichen Lebensgrundlagen der Menschheit rechtsstaatlich nachweisbar auch bedrohen. Gerade die beschriebene, physische Verletzbarkeit der natürlichen Lebensgrundlagen zeigt, dass dieses Rechtsgut die anderen Universalrechtsgütern zum Teil innewohnende Vagheit nicht teilt. Dass es dennoch nur in extremen Ausnahmefällen tatsächlich von singulären Taten von Individuen bedroht werden kann, ist seiner Widerstandsfähigkeit und Größe geschuldet. Diesem besonderen Charakter des Rechtsguts Umwelt muss das Strafrecht gerecht werden. Eine Normierung umweltschützender Straftatbestände muss sich deshalb auf diejenigen individuellen Handlungen beschränken, die tatsächlich dazu geeignet sind, die Lebensgrundlagen zu beschädigen oder in einem hinreichend bestimmten Maße zu gefährden. Sowohl die enorme Bedeutung der Umwelt als Garant aller menschlicher Freiheit, als auch die große Gefahr, die von Taten ausgeht, die zu einer Schädigung dieses Rechtsguts führen können, rechtfertigen eine restriktive Strafbewehrung in diesem Bereich. Trotz der grundsätzlich bestehenden Schädigungsmöglichkeit durch Einzelne wird es sich dabei aber letztlich nur um einige wenige Verhaltensweisen handeln, wie beispielsweise Bedrohungen durch weitreichende chemische oder atomare Verseuchungen. Überall dort, wo es nicht gelingt, einer singulären Handlung ein so erhebliches Rechtsguts-

---

679 So etwa bei *Arzt/Backes/Baumann/u. a.*, AE StGB-BT-Straftaten gegen die Person-2. Halbb., §§ 151 ff.; *Hohmann*, Umweltdelikte, S. 196; *Backes* in JZ 1973, 337, 340.

680 Nach h. M. soll die aktuelle Fassung des § 325 Abs. 1 StGB dem Schutz des Rechtsguts „Luft" dienen und allenfalls zusätzlich auch die in Abs. 1 genannten „Rechtsgüter" (Gesundheit, Tiere, Pflanzen und Sachen von bedeutendem Wert) mitumfassen, vgl. *Heine/Hecker* in: Schönke/Schröder, § 325 Rn. 1 m. w. N.; *Schall* in: SK-StGB (9. Aufl.), § 325 Rn. 5 f.; *Ransiek* in: NK-StGB, § 325 Rn. 3.

beeinträchtigungspotential nachzuweisen, muss, dem *ultima ratio*-Grundsatz folgend, die Tür zur *strafrechtlichen* Sanktion verschlossen bleiben. Nur wenn dies aufrichtig berücksichtigt wird, kann eine saubere Grenzziehung zwischen Strafrecht und bloßem Ordnungswidrigkeitenrecht gelingen.

B. *Vorverlagerung des Rechtsgüterschutzes*

Im Anschluss an die Ausführungen zur Legitimität von Universalrechtsgütern, möchte ich mich nun der Frage widmen, ab welchem Zeitpunkt individualstrafrechtlicher Rechtsgüterschutz ansetzten darf, ohne dabei in Konflikt mit seinem traditionell subsidiären Charakter zu geraten.

Hierzu werde ich zunächst auf die aktuelle kriminalpolitische Tendenz eingehen, das Strafrecht zunehmend als ein Mittel zur Einzelgefahrabwendung zu verstehen, um mich sodann am Beispiel des geltenden Terrorismusstrafrechts einer kritischen Untersuchung der Folgen dieser Akzentverlagerung zuwenden.

I. Akzentverlagerung im Strafrecht hin zur Prävention

1. Das „Feindstrafrecht"

Um in die Problematik des folgenden Abschnitts einzuführen, möchte ich mich zu Beginn dem Konzept des sog. „Feindstrafrechts" widmen.

Die Idee eines Feindstrafrechts geht ursprünglich zurück auf einen Vortrag von *Jakobs* auf der Strafrechtslehrertagung in Frankfurt am Main im Jahre 1985.[681] Ausgangspunkt seiner Überlegungen war die Beobachtung, dass sich das moderne Strafrecht durch eine verstärkte Kriminalisierung des Vorfeldes tatsächlicher Rechtsgutsverletzungen auszeichne. Die Schaffung immer neuer Gefährdungsdelikte sowie die Pönalisierung schlichter Vorbereitungshandlungen führten zu einer Entfernung von der rechtsgutsverletzenden Handlung als entscheidendem strafrechtlichen Anknüpfungspunkt. Stattdessen seien die *gefährlichen Gedanken* des Täters ins Zen-

---

681 *Jakobs* in ZStW 97 (1985), 751.

trum gerückt worden.[682] Dies stünde aber im Widerspruch zur grundgesetzlichen Ordnung, die den Menschen zum Bürger mache und dadurch dessen Privatheit garantiere. Verhaltensweisen, die in dieser internen bürgerlichen Sphäre stattfänden, könnten keine Störung des Zusammenlebens abgeben.[683] Durch das staatliche Eindringen in diesen Bereich habe der Täter aber keine Privatsphäre mehr, keine Sphäre noch-nicht-sozial-relevanten Verhaltens und er sei insofern letztlich (nur noch) als Feind des Rechtsgutes anzusehen.[684] Eine solche Diminuierung des Subjekts gehöre zu einem Strafrecht eigener Art, das vom bürgerlichen zu trennen sei: „Das Feindstrafrecht optimiert Rechtsgüterschutz, das bürgerliche Strafrecht optimiert Freiheitssphären."[685] Als Beispiele feindstrafrechtlicher Bestimmungen nennt *Jakobs* u. a. die Vorfeldtatbestände des § 30 StGB sowie die Bildung krimineller bzw. terroristischer Vereinigungen[686] gem. §§ 129, 129a StGB.[687] Während diese Ausführungen *Jakobs'* noch überwiegend als kritische Beschreibung der aktuellen Lage des Strafrechts bewertet wurden,[688] entbrannte die Diskussion um das Feindstrafrecht infolge eines 1999 von ihm gehaltenen Vortrages bei der Tagung „Die Deutsche Strafrechtswissenschaft vor der Jahrtausendwende"[689] und seiner sich daran anschließenden Aufsätze, in denen er seine Auffassung zum Feindstrafrecht weiter präzisierte.[690] Das Feindstrafrecht sei demzufolge durch eine weite Vorverlagerung der Strafbarkeit ohne eine hierzu proportionale Reduktion der Strafe, den Übergang von einer Strafgesetzgebung zu einer Bekämpfungsgesetzgebung sowie den Abbau strafprozessualer Garantien gekennzeichnet:[691] „In dieser Sprache (...) spricht der Staat nicht mit seinen Bürgern, sondern droht seinen Feinden."[692] Daraus zieht *Jakobs* so-

---

682 *Jakobs* in ZStW 97 (1985), 751, 752 f.; vgl. ferner *Heinrich* in ZStW 121 (2009), 94, 96 ff.

683 *Jakobs* in ZStW 97 (1985), 751, 756.

684 *Jakobs* in ZStW 97 (1985), 751, 753.

685 *Jakobs* in ZStW 97 (1985), 751, 756.

686 Die wohl nunmehr um den § 129b StGB zu ergänzen wären: So auch *Heinrich* in ZStW 121 (2009), 94, 96 und *Bung* in HRRS 2006, 63, 65.

687 *Jakobs* in ZStW 97 (1985), 751, 752 u. 757.

688 Vgl. Nachweise bei *Greco* in GA 2006, 96, 100.

689 *Jakobs* in: Deutsche Strafrechtswissenschaft, S. 47.

690 U. a. *Jakobs* in HRRS 2004, 88; *ders.* in ZStW 117 (2005), 839; *ders.* in HRRS 2006, 289.

691 *Jakobs* in: Deutsche Strafrechtswissenschaft, S. 51 f.; siehe ferner: *ders.* in HRRS 2004, 88, 95; *ders.*, ZStW 117 (2005), 839, 851.

692 *Jakobs* in: Deutsche Strafrechtswissenschaft, S. 52.

dann eine das Feindstrafrecht legitimierende Schlussfolgerung: In der Gesellschaft würden auch weiterhin Feinde umherziehen. Diese Problematik könne eine risikobewusste Gesellschaft nicht einfach beiseite schieben und auch nicht nur mit polizeirechtlichen Mitteln lösen. Eine ersichtliche Alternative zu einem Feindstrafrecht bestehe deshalb heute nicht. Es gehe um die Herstellung erträglicher Umweltbedingungen dadurch, dass diejenigen kaltgestellt (sic) würden, die nicht die kognitive Mindestgarantie böten, die nötig sei, um sie praktisch aktuell als Personen behandeln zu können.[693]

> „Gewiß wird das Verfahren zur Behandlung der feindlichen Individuen rechtlich geregelt, aber es handelt sich dabei um die rechtliche Regelung einer Exklusion: Feinde sind aktuell Unpersonen."[694]

Jakobs' strafrechtlichem Grundverständnis liegen diese Überlegungen unmittelbar zugrunde. Seiner Ansicht nach lässt sich eine Straftat nicht als Güterverletzung, sondern nur als Verletzung der Rechtlichkeit charakterisieren. Die Normverletzung sei demzufolge das entscheidende Merkmal der Straftat.[695] Durch Ahndung der Straftat solle das in die Normgeltung gerichtete und durch den Täter erschütterte Vertrauen der Bevölkerung wiederhergestellt werden:

> „Die Tat als Tat einer vernünftigen Person bedeutet etwas, nämlich eine Desavouierung der Norm, einen Angriff auf ihre Geltung, und die Strafe bedeutet gleichfalls etwas, nämlich die Behauptung des Täters sei unmaßgeblich und die Norm gelte unverändert fort, die Gestalt der Gesellschaft bleibe also erhalten."[696]

Im Schuldspruch solle zugunsten der Normgeltung der Behauptung des Täters widersprochen werden.[697] Um als Bürger (bzw. „Person") angesprochen zu werden, sei es entscheidend, dass der Täter eine gewisse kognitive Garantie dafür geben könne, dass er sich als Person verhalten werde,[698] er also der Kommunikation durch Strafe zugänglich sei.[699]

---

693 *Jakobs* in: Deutsche Strafrechtswissenschaft, S. 53.
694 *Jakobs* in: Deutsche Strafrechtswissenschaft, S. 53.
695 *Jakobs* in: Deutsche Strafrechtswissenschaft, S. 49.
696 *Jakobs* in HRRS 2004, 88.
697 Vgl. hierzu Ausführungen bei *Bung* in HRRS 2006, 63, 67 ff. m. w. N.
698 *Jakobs* in: Deutsche Strafrechtswissenschaft, S. 51.
699 So Interpretation bei *Asholt* in ZIS 2011, 180, 181.

„Bleibt diese Garantie aus oder wird sie sogar ausdrücklich verweigert, wandelt sich das Strafrecht von einer Reaktion der Gesellschaft auf die Tat eines ihrer Mitglieder zu einer Reaktion gegen einen Feind."[700]

Dieser „Feind" ist, nach *Jakobs*, jedes Individuum, das sich in einem nicht nur beiläufigen Maß in seiner Haltung (Sexualdelikte usw.) oder seinem Erwerbsleben (Wirtschaftskriminalität, OK usw.) oder, hauptsächlich durch seine Einbindung in eine Organisation (Terrorismus usw.), jedenfalls vermutlich dauerhaft vom Recht abgewandt habe und insoweit die kognitive Mindestgarantie personellen Verhaltens nicht garantiere und dieses Defizit durch sein Verhalten demonstriere.[701] Um dem Bürgerstrafrecht seine rechtsstaatlichen Eigenschaften nicht zu nehmen, solle man die gegen Feinde gerichteten Maßnahmen anders nennen, eben Feindstrafrecht, gebändigter Krieg.[702] Letztlich soll das Feindstrafrecht auf diese Weise dem Erhalt des Bürgerstrafrechts dienen.

Jakobs' Thesen sind auf großen Widerstand im strafrechtlichen Schrifttum gestoßen:[703] Im Zentrum der Kritik steht der Begriff „Feind" und die kriegsbezogene Terminologie. So wird angeführt, dass bereits durch die Wortwahl eine bedenkliche Nähe zur nationalsozialistischen Ideologie und gewissen Konzepten *Mezgers* oder *Carl Schmitts* hergestellt werde.[704] Ungeachtet der Fragwürdigkeit des Begriffs in terminologischer Hinsicht wird diesem zudem auch die Fähigkeit abgesprochen, überhaupt dazu geeignet zu sein, eine hinreichend präzise Abgrenzung der „Feinde" zu den „Bürgern" zu erreichen.[705] Ferner wird bestritten, dass das Bürgerstrafrecht nur durch eine Einführung des Feindstrafrechts zu retten sei.[706] Schließlich erscheint zweifelhaft, ob es sich bei dem Konzept *Jakobs'* überhaupt noch um Recht im eigentlichen Sinne handele.[707]

---

700 *Jakobs* in: Deutsche Strafrechtswissenschaft, S. 51.
701 *Jakobs* in: Deutsche Strafrechtswissenschaft, S. 52; vgl. ferner *ders.* in HRRS 2004, 88, 92; *ders.* in HRRS 2006, 289, 293.
702 *Jakobs* in HRRS 2004, 88, 92.
703 Ausführlich hierzu *Greco*, Feindstrafrecht, S. 31 ff.; *Asholt* in ZIS 2011, 180, 185.
704 Siehe hierzu Nachweise bei: *Greco*, Feindstrafrecht, S. 24 (Fn. 90) und S. 27 m. w. N.; *Sauer* in NJW 2005, 1703; zur Nähe zu *Carl Schmitt* vgl. auch *Paeffgen* in: FS-Amelung (2009), S. 85 ff. m. w. N.
705 Vgl. *Hefendehl* in StV 2005, 156, 158 f.; *Bung* in HRRS 2006, 63, 68 f.; *Hörnle* in GA 2006, 80, 89 f.; *Schünemann* in GA 2001, 205, 212.
706 *Arnold* in HRRS 2006, 303, 314 m. w. N.
707 *Bung* in HRRS 2006, 63; *Sauer* in NJW 2005, 1703, 1704; *Paeffgen*, in: NK-StGB, Vor. § 32 Rn. 223; vgl. ferner *Heinrich* in ZStW 121 (2009), 94, 104 (Fn. 51 und 52).

Auf die angeführten Kritikpunkte, deren wesentliche Argumente ich teile, möchte ich an dieser Stelle inhaltlich nicht näher eingehen. Es ist jedenfalls offensichtlich, dass eine gesetzlich geregelte Ausgrenzung Einzelner aus der bürgerlichen Gesellschaft und deren Vorverurteilung als Unpersonen, um so, jenseits der Garantien des rechtsstaatlichen Strafrechts, auf sie einwirken zu können, mit der verfassungsrechtlichen Würde eines jeden Menschen unvereinbar ist.[708] Das vergangene Jahrhundert ist reich an Beispielen dafür, zu welch totalitärem Machtmissbrauch eine Exklusion bestimmter Gesellschaftsmitglieder führen kann.[709] In Anbetracht der Tatsache, dass sich weite Teile der Lehre dennoch dazu bemüßigt fühlen, zu diesem klar verfassungswidrigen Konzept Stellung zu beziehen, zeigt sich aber, dass *Jakobs* mit seinen Ausführungen einen wunden Punkt getroffen hat. Denn er beschreibt zutreffend eine seit Jahrzehnten stattfindende Entfremdung des Strafrechts von seiner rechtsstaatlichen Tradition, die in der Tat das Tor zu einer Art Feindstrafrecht allmählich öffnen könnte:

In einer Zeit, in der die StPO immer häufiger „Täter" aus bloßen Beschuldigten macht,[710] sich der Jakobsschüler *Pawlik* in der FAZ für die Einführung eines „Präventionsrechts mit kriegsrechtlichen Elementen" ausspricht, durch das etwa bei rein präventiven Befragungen von Terroristen schon einmal auf die engen Voraussetzungen des § 136a StPO verzichtet werden könne und eine ans Kriegsrecht und die Sicherungsverwahrung angelehnte Präventivhaft ermöglicht werden solle;[711] in einer Zeit, in der Politiker auf gesellschaftliche Empörung reflexartig mit der Forderung nach einer Verschärfung des Strafrechts reagieren und die Unschuldsvermutung dem Wunsch nach klaren Ab- und Ausgrenzungen immer schneller geopfert wird, scheint sich der undefinierte Trampelpfad zum Feindstrafrecht tatsächlich rasant zu verfestigen und seine schleichende Etablierung mehr als eine unwahrscheinliche Dystopie zu sein.

---

708 So auch *Gössel* in: FS-Schröder (2006), S. 41 ff.; *Kindhäuser* in: FS-Schroeder (2006), S. 98; *Schünemann* in GA 2001, 205, 211 f.; *ders.* in: FS-Nehm (2006), S. 226; *Greco* in GA 2006, 96, 106 f.; *Roxin*, Strafrecht AT I, S. 56; *Paeffgen*, in: NK-StGB, Vor. § 32 Rn. 223.; vgl. ferner die Diskussionsbeiträge der Strafrechtslehrertagung 2005 in Frankfurt/Oder bei *Heger* in ZStW 117 (2005), 865, 882 ff.

709 Vgl. ausführlich *Werle*, Justizstrafrecht, S. 619 ff.; *Paeffgen*, in: NK-StGB, Vor. § 32 Rn. 223; *Greco*, Feindstrafrecht, S. 33 f.; *Aponte* in HRRS 2006, 297, 299 f.; *Dencker* in StV 1988, 262, 264.

710 Vgl. §§ 98a Abs. 1, 163d Abs. 1, 163e Abs. 1 StPO.

711 *Pawlik* in FAZ Nr. 47 am 25.02.2008, S. 40; vgl. ferner *ders.*, Terrorist, S. 22 f. und 42 ff.

Eine wesentliche Ausprägung dieser Entwicklung ist die immer tiefergehende Festsetzung des Präventionsgedankens im Strafrecht, die im folgenden Abschnitt kritisch beleuchtet werden soll.

2. Zum Sicherheits- und Präventionsparadigma im modernen Strafrecht

Der anschließenden kritischen Auseinandersetzung mit dem Einfluss des Sicherheits- und Präventionsparadigmas auf das moderne deutsche Individualstrafrecht[712] möchte ich Folgendes vorwegschicken: Es ist mir nicht an einer grundsätzlichen Abkehr von allen präventiven Erwägungen im Strafrecht gelegen. Ohne ein gewisses Maß an präventiver Zweckgebundenheit wäre liberales Strafrecht schlechterdings undenkbar. Es ist zweifellos als großer zivilisatorischer Fortschritt zu bewerten, dass unsere Gesellschaft Strafe nicht mehr nur absolut, einzig um der Vergeltung und Rache willen, verhängt, sondern mit ihr auch eine präventiv orientierte Zielrichtung verfolgt: die Resozialisierung des Täters, positive und negative Generalprävention im Hinblick auf die übrige Gesellschaft usw. *Hassemer* kann somit nur zugestimmt werden, wenn er sagt:

> „Ich mag mir nicht vorstellen, dass ein Strafrecht sich durchsetzen könnte, welches ‚absolut‘ wirkt, das also freigestellt von der Verpflichtung auf irdische Ziele der Weltverbesserung, in zweckgelöster Majestät in den Grundrechten von Menschen herumfuhrwerkt."[713]

Die kritische Betrachtung der präventiven Ausrichtung des modernen Strafrechts, der dieser Abschnitt gewidmet ist, richtet sich daher nicht gegen den mit der Strafe beabsichtigten Versuch, mittel- bis langfristig auf eine Reduzierung strafbaren Verhaltens in der Gesellschaft hinzuwirken, sondern bezieht sich darauf, dass das Strafrecht zunehmend zu einem Werkzeug der unmittelbaren Einzelgefahrabwendung degeneriert. Im Zentrum dieser Entwicklung steht ein kriminalpolitisches Streben nach Sicherheit und die naive Hoffnung, gerade im Strafrecht das effektivste Mittel zu ihrer Gewährleistung gefunden zu haben. Manch einer interpretiert

---

712 Vgl. hierzu einleitend: *Hassemer* in JuS 1987, 257 ff.
713 *Hassemer* in WestEnd: Neue Zeitschrift für Sozialforschung 2006, 75, 77; vgl. auch zur „Konkurrenzlosigkeit" der Prävention in diesem Zusammenhang *ders.* in ZIS 2006, 266, 268; s. a. BVerfG NJW 1977, 1525, 1531 und NJW 1972, 327, 330.

Sicherheit gar als „Supergrundrecht"[714] und die Debatten um die richtige Abwägung von „Freiheit" und „Sicherheit"[715] verlieren sich in den immer gleichen Endlosschleifen. Die fundamentalen Unterschiede dieser beiden Prinzipien werden dabei entweder nicht gesehen oder bewusst geleugnet.

Sinnvollerweise kann man nur wesentlich Gleiches überhaupt vergleichend gegenüberstellen. Der Versuch „Freiheit" und „Sicherheit" gegeneinander abwägen zu wollen, unterstellt demnach deren Wesensgemeinschaft.[716] Wie das BVerfG schon mehrfach betont hat, stellt das menschliche Leben innerhalb der grundgesetzlichen Ordnung einen Höchstwert dar. Aus Art. 2 Abs. 2 S. 1 i. V. m. Art. 1 Abs. 1 S. 2 GG folge daher die umfassende, im Hinblick auf den Wert des Lebens besonders ernst zu nehmende Pflicht des Staates, jedes menschliche Leben zu schützen, es vor allem vor rechtswidrigen Eingriffen von Seiten anderer zu bewahren.[717] Dem ist zweifellos zuzustimmen. In konkreten Einzelfallabwägungen mit anderen Grundrechten ist dieser hohe Wert des menschlichen Lebens zwingend zu berücksichtigen. Doch ist „Sicherheit" hiervon zu trennen. Für sich genommen stellt diese nur ein Mittel zur Gewährleistung des menschlichen Lebens als „höchsten Rechtswert" dar und kann daher nicht mit diesem gleichgesetzt werden.[718] Dies mag ein kleiner Unterschied sein, in der Debatte um die Abwägung zwischen Sicherheit und Freiheit ist er jedoch von entscheidender Bedeutung.

Betrachtet man die beiden „Güter" Freiheit und Sicherheit näher, so ist zunächst festzustellen, dass es sich bei „Freiheit" um ein subjektives Recht handelt, das den einzelnen Bürgern individuelle Abwehrrechte vor staatli-

---

714 So Bundesminister des Inneren a. D. *Friedrich*, vgl. *Meidick/Wittrock,* NSA-Affäre: Innenminister Friedrich versagt als Aufklärer (spiegel.de); vgl. zum Ganzen auch *Isensee*, Grundrecht auf Sicherheit.

715 Siehe zum Ganzen *Haffke* in KJ 2005, 17 ff.; *Denninger* in StV 2002, 96, 101 f.; *Frankenberg* in KJ 2005, 370, 375 f.

716 So auch *Frankenberg* in KJ 2005, 370, 375.

717 BVerfG NJW 1978, 2235, 2236; ferner BVerfG NJW 1975, 573, 575; NJW 2006, 1939, 1942; NJW 2008, 822, 829.

718 So aber *Radtke/Steinsiek* in ZIS 2008, 383, 387 unter Bezugnahme auf BVerfG NJW 1978, 2235, 2237; sowie *Hungerhoff*, Vorfeldstrafbarkeit, S. 37; an der zitierten Stelle heißt es jedoch: „Die Sicherheit des Staates als verfasster Friedens- und Ordnungsmacht und die von ihm zu gewährleistende Sicherheit seiner Bevölkerung sind Verfassungswerte, die *mit anderen im gleichen Rang stehen* und unverzichtbar sind, weil die Institution Staat von ihnen die eigentliche und letzte Rechtfertigung herleitet." Einen „Höchstwert" innerhalb der grundgesetzlichen Ordnung stelle das menschliche Leben dar, vgl. BVerfG NJW 1978, 2235, 2236.

chen Eingriffen gewährt. Aus der Verknüpfung mit dem verfassungsrecht-lichen Gleichheitssatz folgt eine automatische Beschränkung der Freiheits-rechte in sich:[719] Allen Bürgern steht dasselbe Maß an „Freiheit" und folg-lich auch an Unfreiheit zu. „Sicherheit" ist im Gegensatz hierzu weniger ein individuelles Recht, als vielmehr ein öffentliches Gut, das dem Staat die Möglichkeit eröffnet, die individuellen Freiheitsrechte seiner Bürger beschneiden zu können. Im Unterschied zur „Freiheit", die dem einzelnen Bürger eines Gemeinwesens zwangsläufig nicht absolut gewährt werden kann, fehlt dem Prinzip der Sicherheit gerade diese im Gleichheitsgrund-satz begründete interne Begrenzung. Das Streben nach Sicherheit ist von seinem Wesen her grenzenlos.[720] Wie sollte auch hinreichend genau be-stimmt werden können, ab welchem Grad von Unsicherheit bereits von Si-cherheit gesprochen werden kann?

Der Ansatz, ein individuelles „Grundrecht auf Sicherheit" zu schaffen, hat dementsprechend zum Ziel, „Sicherheit" einer Abwägung zur „Frei-heit" überhaupt erst zugänglich zu machen.[721] Während bei Freiheitsrech-ten etwa im Wege der praktischen Konkordanz eine derartige Abwägung möglich ist, da hier lediglich untersucht werden muss, welche von zwei bereits bestehenden Freiheitssphären in verfassungsrechtlich legitimer Weise zugunsten der jeweils anderen eingeschränkt werden darf, steht eine „Abwägung" zwischen einem Freiheitsgrundrecht und einem „Grundrecht auf Sicherheit" unter gänzlich anderem Vorzeichen. Freiheitsrechte sollen den Einzelnen vor zu harschen Eingriffen in seine individuelle ursprüngli-che Freiheit bewahren. „Sicherheit" muss im Gegensatz dazu immer wie-der aufs Neue geschaffen werden. Einer tatsächlichen Abwägung sind die-se grundlegend unterschiedlichen Arten von „Grundrechten" daher nicht zugänglich.[722] Denn solange es darum geht, durch die Einschränkung des einen (Freiheit), das andere (Sicherheit) überhaupt erst herzustellen, hat dies nichts mit einer Abwägung im eigentlichen Sinne gemein, da zum Abwägungszeitpunkt nur eines der Abwägungsobjekte (die Freiheit der

---

719   So zutreffend *Frankenberg* in KJ 2005, 370, 375.

720   Vgl. *Frankenberg* in KJ 2005, 370, 375 f.; siehe hierzu passend auch *Prantl*, Der Terrorist als Gesetzgeber, S. 117: „Präventive Logik ist expansiv: Wer vorbeugen will, weiß nie genug."; ferner *Cancio Meliá* in GA 2012, 1, 5 f.

721   *Frankenberg* in KJ 2005, 370, 376: „Freiheit und Sicherheit treten also erst dann in normativ gleicher Augenhöhe auf und werden kommensurabel, wenn beide *be-wertet*, in Werte übersetzt werden."

722   Erneut ähnliche Schlussfolgerung bei *Frankenberg* in KJ 2005, 370, 376 f.

Bürger) vorhanden ist. Diese Form der „Abwägung" ist zwangsläufig eine Einbahnstraße. Meines Erachtens dient die Debatte um die „Abwägung" von „Freiheit" und „Sicherheit" deshalb nur der Verschleierung. Denn für diejenigen, die Sicherheit zum Gradmesser ihres Handelns machen, können freiheitliche Aspekte zwangsläufig nur eine untergeordnete Rolle spielen und zwar unabhängig davon, wie oft sie die Trivialität, Freiheit könne nur durch Sicherheit gewährleistet werden,[723] auch wiederholen mögen. Dass die freie Entfaltung des Einzelnen in einem vollkommen unsicheren Rahmen unmöglich ist, ist schwerlich zu bestreiten. Gleichwohl kann absolute Sicherheit auch nur über eine maximale Beschränkung der Freiheit und damit einer Verkürzung dessen, was sie zu schützen vorgibt, erreicht werden oder, um es mit den Worten *Benjamin Franklins* zu sagen: „Those who would give up essential liberty, to purchase a little temporary safety, deserve neither liberty nor safety."[724] Sollte es dagegen tatsächlich vorrangig um einen Schutz der Freiheit gehen, so ist dies, geradezu entgegengesetzt zum aktuellen Ansatz, nur durch eine aktive Aufrechterhaltung eines gewissen Maßes an Unsicherheit und durch Betonung ihres Wertes für den Rechtsstaat zu erreichen: Schutz der Freiheit durch Unsicherheit!

Das derzeitige Sicherheitsstreben von Politik und Gesellschaft ist hiervon meilenweit entfernt. Dem Strafrecht scheint dabei die unrühmliche Aufgabe zuteilzuwerden, zum Sicherheitsgaranten dieser von Angst beherrschten Zeit zu avancieren. Um einen möglichst „absoluten" Schutz der Bevölkerung vor jeder noch so abstrakten Bedrohung zu gewährleisten, wandelt es sich ganz allmählich von der einstigen *ultima ratio* staatlicher Gewalt zur legislativen Waffe erster Wahl.

Diese neue, primär sicherheitsbezogene Ausrichtung des Strafrechts manifestiert sich bereits im Sprachgebrauch des Gesetzgebers. Strafrecht soll nicht mehr dazu dienen, subsidiär zur Lösung gesellschaftlicher Probleme beizutragen, vielmehr sollen jene mit seiner Hilfe „bekämpft" werden.[725] Viele strafrechtliche Änderungsgesetze tragen diese kriegerische

---

723 Vgl. *Hassemer* in ZIS 2006, 266, 269 m. w. N.; so etwa Bundesminister des Inneren a. D. *Schäuble* auf einem Vortrag an der Freien Universität Berlin am 19.09.2009: „Was ist Freiheit ohne Sicherheit?" (bmi.bund.de).

724 Zitiert nach *Haffke* in KJ 2005, 17, 18 (Fn. 7).

725 Siehe hierzu *Hettinger* in NJW 1996, 2263 f.; *Zaczyk* in StV 1993, 490, 491; *Frankenberg* in KJ 2005, 370, 373 und 375 ff.; *Hassemer* in ZIS 2006, 266, 269; *Hefendehl* in StV 2005, 156 ff.; *Naucke* in KritV 1999, 336, 339; *Heinrich* in ZStW 121 (2009), 94, 122; *Wohlers*, Deliktstypen, S. 36 f.; In europäischen Rechtsakten ist eine ähnliche Tendenz zu verzeichnen, z. B. bei Art. 325 Abs. 1

Konnotation im Namen, etwa „das Gesetz zur Bekämpfung des illegalen Rauschgifthandels und anderer Erscheinungsformen der Organisierten Kriminalität"[726], „das Steuerverkürzungsbekämpfungsgesetz"[727], „das Gesetz zur Bekämpfung des internationalen Terrorismus"[728] oder „das Gesetz zur Bekämpfung der Computerkriminalität"[729]. Auch im Schrifttum scheint sich die Auffassung, Strafrecht habe die Aufgabe sozialschädigendes Verhalten zu „bekämpfen", immer weiter durchzusetzen.[730]

Ob beabsichtigt oder nicht, führt diese Terminologie zu einer Entmenschlichung der Straftäter, die es einfacher macht, sie nicht mehr mit den komplizierten restriktiven Instrumentarien des rechtsstaatlichen Strafrechts behandeln zu müssen, sondern nur noch, wilden Tieren gleich, zu bändigen.[731] Wenn Straftäter nur „bekämpft" werden sollen, bedarf es keiner mühsamen Ergründung der Ursachen ihres kriminellen Verhaltens mehr. Dies wäre zu langwierig und der modernen Sicherheitslogik zufolge würde so nur die Gefahr weiterer Schäden in Kauf genommen. Es geht vielmehr darum, sich des Problemherdes möglichst schnell zu entledigen. So wird versucht, dem „Täter" schon im Vorfeld der eigentlichen Tat das Handwerk zu legen. Am besten bevor er selbst weiß, wann er die potentiell schädigende Handlung in Gang setzen wird. Der „pre-emptive strike" wird so zur Strategie der Stunde, Angriff zur besten Verteidigung.

Dies gelingt, und insoweit ist der Analyse von *Jakobs* zuzustimmen,[732] indem man den zu bekämpfenden „Schädling" sinnbildlich aus der Bürgergemeinschaft verbannt, ihn zum „Feind" erklärt. Zum Schutz der recht-

---

AEUV: „Die Union und die Mitgliedstaaten *bekämpfen* Betrügereien und sonstige gegen die finanziellen Interessen der Union gerichtete rechtswidrige Handlungen mit Maßnahmen nach diesem Artikel, die abschreckend sind und in den Mitgliedstaaten sowie in den Organen, Einrichtungen und sonstigen Stellen der Union einen effektiven Schutz bewirken."; vgl. hierzu ferner *Scheffler* in: FS-Schwind (2006), S. 127 ff.

726 Vom 15.07.1999, BGBl. I S. 1302.

727 Vom 19.12.2001, BGBl. I S. 3922.

728 Vom 09.01.2002, BGBl. I S. 361.

729 Vom 07.08.2007, BGBl. I S. 1786.

730 So etwa *Rudolphi* in: SK-StGB, § 1 Rn. 1: „Seine (Anm. des Strafrechts) Aufgabe ist ähnlich wie die des Polizeirechts auf Gefahrenabwehr beschränkt."; s. a. Nachweise bei *Naucke* in KritV 1999, 336, 339.

731 Sehr eindringlich *Haffke* in KJ 2005, 17, 19; *Frankenberg* in KJ 2005, 370, 382; *Hettinger* in NJW 1996, 2263, 2264.

732 *Jakobs* in: Deutsche Strafrechtswissenschaft, S. 51 f.; siehe ferner: *ders.* in HRRS 2004, 88, 95; *ders.*, ZStW 117 (2005), 839, 851.

streuen, bürgerlichen Mehrheit soll er sich nicht mehr vollumfänglich auf die liberalen Grundsätze rechtsstaatlichen Strafens berufen können. Der Zustimmung zu derartigen Maßnahmen von Seiten der verunsicherten Allgemeinheit, darf sich der Gesetzgeber dabei gewiss sein.

In den letzten Jahrzehnten hatte diese Präventionsorientierung einen erheblichen Einfluss auf die Entwicklung des Strafrechts: Nach Ansicht vieler führte sie dazu, dass sich das Strafrecht, nach einer Phase liberaler Reformen in den 1960er und -70er Jahren, wieder ausdehnt und auf diesem Wege immer weitere Bereiche menschlichen Lebens erfasst.[733] Bereits 1993 sprach *Hettinger* in diesem Zusammenhang von einer „Normlawine".[734] Blickt man auf die Gesetzgebungsaktivitäten, die seitdem stattgefunden haben,[735] so kann man feststellen, dass sie ihren Abgang ins Tal bislang weitgehend ungebremst fortgesetzt hat. Als Beispiele hierfür können etwa die „Vervollständigung von Strafandrohungen"[736] im Wirtschafts- und Umweltstrafrecht sowie die Entwicklung im Terrorismusstrafrecht[737] genannt werden. In engem Zusammenhang mit der Expansion strafrechtlicher Verbote steht auch eine deutliche Erhöhung der Strafrahmen.[738] Kombiniert mit der ebenfalls bemerkbaren schleichenden Abkehr vom Tat- zum Täterstrafrecht,[739] die sich insbesondere in der Pönalisierung bloßer Vorbereitungshandlungen äußert, präsentiert sich Strafe immer weniger als individuelle, schuldangemessene Sanktionierung, dafür zunehmend als eine Art „vorweggenommene Sicherungsverwahrung"[740]:

---

733 *Naucke* in KritV 1993, 135, 145 ff.; *ders.* in KritV 1999, 336, 340 f.; *Heinrich* in ZStW 121 (2009), 94, 112 ff.; *Scheffler* in: FS-Schwind (2006), S. 125 ff.; *Dencker* in StV 1988, 262, 264 f.; *Hassemer* in HRRS 2006, 130, 132; *Fischer*, StGB, Einl. Rn. 5 ff.; *Singelnstein* in: Präventionsstaat, S. 43 ff. und 48 ff.; dagegen den Zusammenhang zwischen Präventionsorientierung und Ausweitung des Strafrechts bezweifelnd *Kaspar* in: Präventionsstaat, S. 66 ff.

734 *Hettinger*, Entwicklungen im Strafrecht, S. 2 ff.; vgl. auch *Naucke* in KritV 1999, 336, 339.

735 Vgl. zur Entwicklung seit 1998 etwa *Joecks* in: MüKo-StGB, Einl. Rn. 93 ff.

736 So *Hassemer* in HRRS 2006, 130, 132; vgl. ferner *Wohlers*, Deliktstypen, S. 36 ff.; *Kaspar* in: Präventionsstaat, S. 66.

737 Vgl. hierzu Darstellung bei *Zöller* in StV 2012, 364 ff.

738 *Naucke* in KritV 1999, 336, 341; *Heinrich* in ZStW 121 (2009), 94, 117 f.; auch insofern kritisch *Kaspar* in: Präventionsstaat, S. 68 ff.

739 *Cancio Meliá* in ZStW 117 (2005), 267, 286 f.; *Hefendehl* in StV 2005, 156, 159 ff.

740 *Jakobs* in HRRS 2004, 88, 92; *ders.* in ZStW 117 (2005), 840, 844 f.; *Sinn* in ZIS 2006, 107, 108; zust. *Heinrich* in ZStW 121 (2009), 94, 117 ff.; aber auch die

wegsperren des Täters, nicht (nur) um diesen auf lange Sicht zu resozialisieren, sondern um die Gesellschaft vor dessen Gefährlichkeit zu schützen.

Ein ähnlicher Wandel ist auch auf strafverfahrensrechtlicher Ebene zu verzeichnen. Dort in Form einer merklichen Abkehr von der ehemals rein retrospektiven Orientierung des Strafverfahrens hin zu dessen Interpretation als Mittel zur Verhinderung künftiger Straftaten.[741] Diese Tendenz zeigte sich bereits durch das Gesetz zur Reform der Untersuchungshaft von 1964,[742] durch das die Untersuchungshaft nicht mehr nur ausschließlich zur Sicherung des Verfahrens verhängt werden kann, sondern auch um möglichst frühzeitig der Gefahr von Wiederholungstaten zu begegnen.[743] Auch die zu Zeiten des RAF-Terrorismus eingeführte und in den §§ 31 ff. EGGVG geregelte Kontaktsperre kann in diesem Kontext genannt werden. Nach dieser Regelung kann zur Gefahrenabwehr unter bestimmten Voraussetzungen eine Kontaktaufnahme der Gefangenen untereinander sowie zur Außenwelt, einschließlich ihrer Verteidiger, unterbunden werden.[744] Der gesamte strafprozessuale Bereich weist eine erhebliche Zunahme an Zwangsmitteln auf,[745] die insbesondere in Verbindung mit den Strafbarkeitsvorverlagerungen zu einem deutlich früheren Ansetzen der Ermittlungstätigkeiten führt.[746] Es gibt gute Gründe anzunehmen, dass diese zeitliche und sachliche Ausweitung der Ermittlungsmöglichkeiten der Behörden gerade im Bereich kollektiver Delinquenz (organisierte Kriminalität, Terrorismus etc.) dazu dienen soll, Licht ins Dunkel jener Organisationsstrukturen zu bringen.[747] Die mutmaßliche Tat des Einzelnen ist

---

Zahl der tatsächlich Sicherungsverwahrten ist erheblich gestiegen: Während sich 1995 noch 183 Personen in Sicherungsverwahrung befanden, erhöhte sich diese Zahl bis zum Jahr 2013 auf 475, vgl. Angaben des Statistischen Bundesamtes bei *Singelnstein* in: Präventionsstaat, S. 49 (Fn. 57).

741 Vgl. eingehend *Albrecht* in KritV 1993, 163, 171 ff.

742 BGBl. I S. 1067.

743 § 112a StPO; vgl. *Heinrich* in ZStW 121 (2009), 94, 125 f.; *Baumann* in StV 1986, 494, 495; *Brunhöber* in: Präventionsstaat, S. 10.

744 *Paeffgen* in: FS-Amelung (2009), S. 103; *Jakobs* in HRRS 2004, 88, 93; vgl. zur Entstehungsgeschichte *Böttcher* in: Löwe-Rosenberg-StPO, Vor. §§ 31 EGGVG Rn. 1 ff.

745 *Naucke* in KritV 1999, 336, 341; *Hettinger*, Entwicklungen im Strafrecht, S. 43 ff. (insb. S. 53 ff.).

746 Vgl. bspw. § 100c Abs. 2 Nr. 1b StPO; *Brunhöber* in: Präventionsstaat, S. 10; vgl. ferner kritisch zu den präventiven Tendenzen in der StPO bereits *Baumann* in StV 1986, 494 f.

747 So auch *Singelnstein* in: Präventionsstaat, S. 50 m. w. N.

somit weniger Gegenstand der Ermittlungen, als vielmehr Schlüssel dazu. Schließlich sei auch noch darauf hingewiesen, dass in einem immer größer werdenden Rahmen während eines Strafverfahrens bereits vorsorglich Informationen über den Beschuldigten gesammelt und gespeichert werden können, die für künftige Ermittlungstätigkeiten ggf. von Bedeutung sein können.[748]

All diese Entwicklungen zeigen, dass die vielfach geäußerte Befürchtung, die Grenze zwischen retrospektiv-präventivem Strafrecht und prospektiv-präventivem Gefahrenabwehrrecht werde immer unklarer,[749] durchaus ihre Berechtigung hat. So spricht das OLG München etwa in aller Deutlichkeit von „Polizeirecht in strafrechtlicher Gestalt".[750] Die Gefahren, die hieraus für das Strafrecht erwachsen, reichen von weitreichenden Aufweichungen seiner zum Schutz vor Willkür staatlicher Strafgewalt entwickelten rechtsstaatlichen Garantien,[751] bis hin zum Verlust seines Wesenskerns: der Orientierung an der Einzeltatschuld des Täters als einzig entscheidendem Maßstab allen strafrechtlichen Handelns.

Solange der Satz *nulla poena sine culpa*[752] seine Gültigkeit behalten soll, muss man sich *erstens* bereits beim Erlass einer Strafnorm stets fragen, ob überhaupt eine relevante individuelle Vorwerfbarkeit aus dem zu bestrafenden Verhalten erwachsen kann, *zweitens*, ob das Strafverfahren auch tatsächlich nur der einzelfallbezogenen Untersuchung des Vorliegens eines relevanten Schuldvorwurfs dient und *drittens*, ob bei der Strafzumessung nicht über die in der Tat zutage getretene individuelle Schuld des Täters hinausgeschossen wird. Wird hingegen ein nicht näher eingrenzbares Präventionsstreben zur entscheidenden Triebfeder staatlicher Strafgewalt, dann verfolgt sie ein ihr fremdes Ziel, das das Legitimationsfundament ihres Strafausspruches allmählich zersetzt.

---

748 Vgl. etwa § 81b Alt. 2 StPO hinsichtlich der Abgabe von Fingerabdrücken oder die vorsorgliche Speicherung von DNA-Material von Beschuldigten gem. § 81g Abs. 1 StPO; vgl. auch *Brunhöber* in: Präventionsstaat, S. 10 und *Singelnstein* in: Präventionsstaat, S. 50.

749 *Naucke* in KritV 1999, 336, 342; *ders.* in KritV 1993, 135, 145; *Heinrich* in ZStW 121 (2009), 94, 121 ff.; *Hassemer* in HRRS 2006, 130, 138 ff.; *ders.* in ZIS 2006, 266, 270.

750 So bzgl. der präventiven Zielsetzungen der §§ 129a und 129b StGB: OLG München NJW 2007, 2786, 2787.

751 *Naucke* in KritV 1999, 336, 345; vgl. zudem ausführlich *Albrecht* in KritV 1993, 163 ff.

752 Vgl. nur BGH NJW 1952, 593, 594.

II. Das Terrorismusstrafrecht

Terrorismus ist seit Jahren eines der bestimmenden Themen der Medienberichterstattung und der politischen Diskussion. Kaum ein Tag vergeht, ohne dass neue Bilder terroristisch motivierter Selbstmordattentate, von Entführungen, Amokläufen oder Bombenanschlägen um die Welt gehen und der Chor der Opfervertreter zu seinen Rufen nach Vergeltung anstimmt, denen die Täter nur die Ankündigung weiterer Anschläge entgegensetzen. In einigen Teilen der Welt prägt die permanente Bedrohung vor terroristischen Anschlägen den Alltag der Menschen. So sind beispielsweise im Jahr 2014 allein im Irak 9.929 Menschen durch terroristische Anschläge ums Leben gekommen und 15.137 Menschen verletzt worden.[753] Doch auch, wenn sich ca. 78% aller 2014 weltweit durch Terrorakte Getöteten auf nur fünf Länder verteilen[754] und statistisch 13mal mehr Personen „einfachen" Tötungsdelikten zum Opfer fielen,[755] so haben die Schreckensbotschaften des gewalttätigen und menschenverachtenden Handelns terroristischer Vereinigungen selbst in Gebieten, die weitgehend von Terror verschont bleiben, großen Einfluss auf das Sicherheitsgefühl der Bevölkerung.[756]

Es überrascht daher wenig, dass das Terrorismusstrafrecht in diesem Klima diffuser Angst zu den Bereichen gehört, in denen der Gesetzgeber in den letzten Jahrzehnten verstärkt aktiv geworden ist. Der Omnipräsenz des Themas zum Trotz, bleibt bei genauerer Betrachtung überwiegend unklar, was inhaltlich darunter zu verstehen ist. Nach *Zöller* gibt es für die begrifflichen Unsicherheiten auf diesem Gebiet zwei Hauptursachen:[757] Zum einen habe sich die Bedeutung des Wortes Terrorismus im Laufe der Geschichte immer wieder gewandelt, sodass sich unser heutiges Verständnis hiervon als Ausdruck privater Gewalt erst Mitte des 20. Jahrhunderts entwickelt habe. Zum anderen handele es sich um einen stark politisierten Begriff. Je nach politischer Auffassung können Personen für dieselben Ta-

---

753 Vgl. Global Terrorism Index (GTI) 2015, S. 20 (visionofhumanity.org).

754 Irak (9.929 Personen), Nigeria (7.512 Personen) Afghanistan (4.505 Personen), Pakistan (1.760 Personen), und Syrien (1.698 Personen), vgl. Global Terrorism Index (GTI) 2015, S. 2 und 20 ff. (visionofhumanity.org).

755 Vgl. Global Terrorism Index (GTI) 2015, S. 30 (visionofhumanity.org).

756 Siehe oben S. 40; vgl. ferner eingehend: *Bung* in WestEnd: Neue Zeitschrift für Sozialforschung 2006, 64 ff.

757 *Zöller* in GA 2010, 607, 610; *ders.*, Terrorismusstrafrecht, S. 101 ff.; vgl. hierzu auch *Weigend* in: FS-Nehm (2006), S. 151 f.

ten eben als Terroristen verfolgt oder als Freiheitskämpfer verehrt werden.[758]

Gerade diese dem Terrorismusbegriff immanente Notwendigkeit einer politischen Bewertung stellt ein der Unschuldsvermutung und dem Bestimmtheitsgebot verpflichtetes Strafrechtssystem vor große Herausforderungen. Bislang hat der deutsche Gesetzgeber sowohl auf eine Legaldefinition von Terrorismus, als auch auf einen speziellen Terrorismusstraftatbestand verzichtet.[759] Dabei ist jedoch unklar, ob auf diese Weise einer politischen Vorverurteilung von Mitgliedern bestimmter Interessensgruppen vorgebeugt oder nur eine möglichst große Flexibilität der Normen sichergestellt werden soll.

Um das Phänomen Terrorismus strafrechtlich greifbar zu machen, hat man sich hierzulande schwerpunktmäßig an der bereits bestehenden Norm der Bildung krimineller Vereinigungen gem. § 129 StGB orientiert. Im Unterschied zu einer gewöhnlichen kriminellen Vereinigung, wird eine terroristische Vereinigung gem. § 129a StGB dann gebildet, wenn mit ihr das Ziel verfolgt wird, bestimmte, in der Norm genannte Katalogtaten zu begehen. Dabei handelt es sich zumindest in der ursprünglichen Tatbestandsfassung um typischerweise besonders schwerwiegende Straftaten wie u. a. Mord, Totschlag und Völkermord. Zu den in Abs. 2 genannten Taten müssen weitere, insbesondere subjektive Elemente hinzutreten, so etwa der im Einzelnen verfolgte, verwerfliche Zweck.[760]

Pönalisierungsgrund des § 129a StGB ist wie bei § 129 StGB die abstrakte Gefahr, die von derartigen Zusammenschlüssen ausgeht. Diese soll zum einen in der Kapazitätserweiterung durch arbeitsteiliges Zusammenwirken der Mitglieder, zum anderen in der besonders gefährlichen Eigendynamik kollektiven Handelns liegen.[761]

Jene zumindest vordergründig ausschließlich an objektiven Maßstäben ansetzende Unterscheidung zwischen kriminellen und terroristischen Vereinigungen stößt in der Literatur vereinzelt auf Kritik: So wird die Ansicht vertreten, dass die getroffene Auswahl in § 129a StGB eher subjektiv-willkürlichen als objektiv-strukturellen Prinzipien folge. Terroristische Krimi-

---

758 So bereits *Ronald Reagan:* „One man's terrorist is another man's freedom fighter", zitiert nach *Zöller* in GA 2010, 607, 610.
759 *Zöller*, Terrorismusstrafrecht, S. 132 f.
760 Siehe sogleich S. 195 ff.
761 *Krauß* in: LK-StGB, § 129 Rn. 4; *Rudolphi/Stein*, SK-StGB, § 129 Rn. 3; *Schäfer* in: MüKo-StGB, § 129 Rn. 4; BGH NJW 1992, 1518; NJW 2010, 3042, 3044.

nalität sei die Begehung von Straftaten zur Verwirklichung eines nach Tätervorstellung legitimen Gesellschaftszustandes. Die ausschlaggebenden Abgrenzungskriterien zwischen allgemeiner und terroristischer Kriminalität könnten nicht im objektiven, sondern nur im subjektiven Bereich zu finden sein. Auch eine einfache Sachbeschädigung könne demnach grundsätzlich eine Erscheinung des Terrorismus sein, solange sie mit der entsprechenden Zielvorstellung begangen werde.[762]

Ungeachtet der zweifelhaften Konsequenzen, die eine derartige Sicht auf die konkrete Strafrechtsanwendung hätte, kann diesem Ansatz zumindest als soziologische und kriminologische Beschreibung des Wesens des Terrorismus ein gewisser Wert zugesprochen werden: Im Unterschied zu gewöhnlicher Kriminalität mache nicht so sehr der persönliche Vorteil die Motivation für die Tat aus, sondern die weltanschauliche Idee und das Bemühen, dieser Idee zum Durchbruch zu verhelfen.[763] Damit wird allerdings noch nicht beantwortet, ob es sich bei Terrorismus tatsächlich um eine Kriminalitätsform handelt, die durch ein an der Einzeltatschuld natürlicher Täter orientiertes Strafrecht adäquat greifbar ist und einen neben den in diesem Kontext regelmäßig auftretenden strafbaren Verhaltensweisen, wie Mord, Herbeiführung einer Sprengstoffexplosion oder Erpressung, eigenständig pönalisierungswürdigen Unwert aufweist.[764]

Von vielen Stimmen wird der zentrale Grund für den Erlass speziell am Terrorismus ausgerichteter Straftatbestände überhaupt nicht im Schließen etwaiger Strafbarkeitslücken gesehen, sondern darin, die strafprozessualen Eingriffsmöglichkeiten erweitern zu können.[765] In Anbetracht der Vielzahl an verfahrensrechtlichen Zwangsmitteln, die mit jenen Tatbeständen verknüpft sind,[766] ist dies sicherlich nicht abwegig. Gepaart mit der Tendenz

---

762 So *Zöller*, auch wenn er diese Übertreibung sogleich wieder eingrenzt, vgl. *Zöller*, Terrorismusstrafrecht, S. 146 ff. (vgl. a. a. O. ferner die weiteren Nachweise in Fn. 210 und 211); *ders.* in JZ 2007, 763, 764; siehe hierzu auch *Weigend* in: FS-Nehm (2006), S. 162; a. A. *Spinellis* in: GS-Schlüchter (2002), S. 829.

763 So die zutreffende Analyse von *Kühne* in: FS-Schwind (2006), S. 103.

764 Vgl. hierzu: *Kühne* in: FS-Schwind (2006), S. 103; *Weigend* in: FS-Nehm (2006), S. 151.

765 *Dencker* in StV 1987, 117, 119 f.; *Bubnoff* in: LK-StGB (11. Aufl.), § 129a Rn. 4; *Ostendorf* in: NK-StGB, § 129 a Rn.; *Fischer*, StGB, § 129a Rn. 3; *Rudolphi/ Stein* in: SK-StGB, § 129a StGB Rn. 1.

766 Vgl. nur zu § 129a StGB: §§ 98a Abs. 1 Nr. 2, 100a Abs. 2 Nr. 1 lit. d, 100c Abs. 2 lit. b, 100g, 100i, 103 Abs. 1 S. 2, 110a Abs. 1 Nr. 2, 111 Abs. 1, 163d Abs. 1 Nr. 1 StPO.

einer immer weiteren Vorverlagerung des strafbaren Verhaltens in einen letztlich noch nicht kritischen Bereich ist insgesamt eine deutliche Ausdehnung präventivstrafrechtlicher Interventionsmöglichkeiten durch das Terrorismusstrafrecht zu verzeichnen.[767]

In Anbetracht der mit dieser Arbeit verfolgten Untersuchung des Leistungspotentials des geltenden Individualstrafrechts hinsichtlich kollektiv verursachter Bedrohungen, werden bei der nachstehenden Auseinandersetzung mit dem Terrorismusstrafrecht insbesondere die Bedeutung der originären Gefährlichkeit des terroristischen Kollektivs, die Frage nach der Legitimität eines Abstellens auf kollektive Handlungsmotivationen und individuelle Tätergesinnungen sowie der zunehmend gefahrenabwehrrechtliche Charakter des Strafrechts auf diesem Gebiet im Zentrum stehen. Hierzu werde ich zunächst einen Überblick über die Entwicklung des Terrorismusstrafrechts geben und mich sodann insbesondere den jüngsten Entwicklungen auf diesem Gebiet widmen.

1. Überblick über nationale und internationale Entwicklungen

Im Folgenden sollen nun die wesentlichen Eckpunkte der strafrechtlichen Terrorismusbekämpfung auf nationaler Ebene kursorisch dargestellt und beispielhaft einige internationale Entwicklungen aufgezeigt werden.

Auslöser für den Erlass der ersten ausdrücklichen Antiterrorgesetze in der BRD waren die Gewalttaten der Roten Arme Fraktion (RAF) in den 1970er Jahren. Mit dem Gesetz zur Änderung des StGB, der StPO, des GVG, der BRAO und des StVollzG[768] wurde 1976 unter anderem § 129a StGB neu eingeführt, der die Bildung terroristischer Vereinigungen unter Strafe stellte. Durch den weitgehend als Qualifikation[769] zu § 129 StGB ausgestalteten neuen Tatbestand sollten nunmehr speziell diejenigen kriminellen Vereinigungen erfasst werden, „deren Gefährlichkeit dadurch gekennzeichnet ist, dass ihre Tätigkeiten auf die Begehung schwerster Delik-

---

767 Vgl. hierzu *Radtke/Steinsiek* in JR 2010, 107 ff.; *Heinrich* in ZStW 121 (2009), 94, 121 ff.; *Deckers/Heusel* in ZRP 2008, 169, 171.

768 Vom 18.08.1976, BGBl. I S. 2181; zu den Änderungen durch das 14. StÄG vom 22.04.1976 (BGBl. I S. 1056) vgl. *Hilgendorf* in: Deutsche Strafrechtsentwicklung (Supplementbd. 1), S. 279 ff.

769 Vgl. *Schäfer* in: MüKo-StGB, § 129a Rn. 2 m. w. N.; BT-Drs. 10/6635, S. 4; BGH NStZ 1982, 198.

te gerichtet sind.[770]" Hierzu wurde das Gesetz mit einem Straftatenkatalog versehen. Das Gesetzgebungsverfahren war begleitet von einer sehr kontrovers geführten Diskussion, in der u. a. erörtert wurde, ob § 129a StGB als Verbrechen oder Vergehen ausgestaltet werden und welche Delikte der Straftatenkatalog umfassen soll.[771] Bei der ursprünglichen Fassung setzten sich noch die Stimmen durch, die in Anbetracht der Tatsache, dass es sich bei § 129a StGB um eine reine Vorfeldtat handelt, zumindest den Grundtatbestand gem. Abs. 1 als Vergehen fassen wollten.[772] 1986 kam es dann mit dem Gesetz zur Bekämpfung des Terrorismus[773] zu einer deutlichen Verschärfung von § 129a StGB. Anlass hierfür gab die Häufung terroristisch motivierter Anschläge.[774] Im Zuge der Gesetzesänderung wurden die Mitgliedschaft und Gründung einer terroristischen Vereinigung durch eine Erhöhung des Strafrahmens doch zum Verbrechen erklärt, die ursprünglich in Abs. 4 vorgesehene Möglichkeit des Absehens von Strafe für den bloßen Gründungsversuch wurde gestrichen und die §§ 305a, 315 Abs. 1 und 316b Abs. 1 StGB neu in den Straftatenkatalog aufgenommen.[775] Besonders der Umstand, dass es sich bei den neu aufgenommenen Tatbeständen lediglich um Vergehen handelte, stieß auf große Kritik:[776] Es wurde so die mit dem Schuldprinzip kaum zu vereinbarende Situation geschaffen,

---

770 BT-Drs. 07/5401, S. 4 f.

771 *Krauß* in: LK-StGB, § 129a „Entstehungsgeschichte" S. 386.

772 Vgl. ursprüngliche Fassung im Gesetz vom 18.08.1976, BGBl. I S. 2181; ferner RAussch.-Prot. 07/97 S. 14 ff.; *Krauß* in: LK-StGB, § 129a „Entstehungsgeschichte" S. 38; *Hilgendorf* in: Deutsche Strafrechtsentwicklung (Supplementbd. 1), S. 283.

773 Vgl. Gesetz vom 19.12.1986, BGBl. I S. 2566.

774 Vgl. BT-Drs. 10/6635, S. 11: „Die verbrecherischen Taten aus jüngster Zeit (Ermordung des MTU-Vorsitzenden Dr. Ernst Zimmermann am 1. Februar 1985, Ermordung des US-Soldaten Edward F. Pimental am 7./8. August 1985, Sprengstoffanschlag auf die Rhein-Main-Air-Base in Frankfurt am Main am 8. August 1985, Ermordung des Siemens-Vorstandmitgliedes Prof. Dr. Beckurts und seines Fahrers Groppler am 9. Juli 1986 und die Ermordung des Abteilungsleiters im Auswärtigen Amt, Dr. Gerold von Braunmühl, am 10. Oktober 1986) hätten die außerordentliche Brutalität und das menschenverachtende Vorgehen terroristischer Vereinigungen in erschreckender Weise verdeutlicht."

775 Vgl. Gesetz vom 19.12.1986, BGBl. I S. 2566; *Rudolphi/Stein* in: SK-StGB, § 129a Rn. 2; *Krauß* in: LK-StGB, § 129a „Entstehungsgeschichte" S. 387 m. w. N.; *Kühl* in NJW 1987, 737, 745 f.

776 So etwa bei *Achenbach* in Kriminalistik 1987, 296, 298; *Birkenmaier* in DRiZ 1987, 68; *Dencker* in KJ 1987, 36, 48 f.; *Rudolphi/Stein* in: SK-StGB, § 129a Rn. 2; *Kühl* in NJW 1987, 737, 746.

dass es nunmehr ein Verbrechen darstellen sollte, wenn man eine Vereinigung zur Begehung von Vergehen gründet bzw. Mitglied einer solchen ist. Die bloße Vorbereitungshandlung gem. § 129a StGB weist dabei einen bis zu dreimal so hohen Strafrahmen als das eigentliche Vollendungsdelikt auf.[777] Ferner ist stark zu bezweifeln, ob sich bei jenen Vergehen überhaupt die besondere Gefährlichkeit terroristischer Organisationen äußert oder ob es sich dabei nicht eher um Formen allgemeiner Kriminalität bzw. eines verfehlten, politisch motivierten Protests handelt, der jedoch nicht unmittelbar eine Beseitigung der freiheitlich-demokratischen Grundordnung anstrebt und dem folglich keine terroristische Motivation im engeren Sinne zugrunde liegt.[778] Zur Umsetzung der Vorgaben einer gemeinsamen Maßnahme des Europäischen Rates aus dem Jahr 1998[779] und als Reaktion auf die Terroranschläge vom 11.09.2001[780] wurde 2002 durch das 34. StrÄG[781] der § 129b StGB neu eingeführt, durch den die Anwendungsbereiche der §§ 129, 129a StGB auf Vereinigungen im Ausland erweitert wurden. Die Strafbarkeit der Beteiligung an einer derartigen Organisation ist somit nicht mehr vom Grad ihres „Inlandsbezuges" abhängig.[782] Bei Vereinigungen aus dem Nicht-EU-Ausland wird dagegen gem. § 129b Abs. 1 S. 2 StGB zusätzlich verlangt, dass die Tat „durch eine im räumlichen Geltungsbereich dieses Gesetzes ausgeübte Tätigkeit begangen wird oder wenn der Täter oder das Opfer Deutscher ist oder sich im Inland befindet."[783] Neben einer Reihe rechtstechnischer Probleme scheint hierbei insbesondere nicht unbedenklich zu sein, dass eine Strafverfolgung im Fall von § 129b Abs. 1 S. 2 StGB von einer Ermächtigung des Bundesministeriums der Justiz abhängig gemacht wurde (vgl. § 129b Abs. 1 S. 3 StGB).[784] Des Weiteren wurde durch das 34. StrÄG die bloße „Sympathiewerbung" als Tatbestandvariation der §§ 129 f. StGB gestrichen und auf das „Werben" um Mitglieder und Unterstützer reduziert.[785] Bereits 2003 kam es durch das Gesetz zur Umsetzung des Rahmenbeschlusses des Ra-

---

777 Vgl. *Fischer*, StGB, § 129a Rn. 10; *Rudolphi/Stein* in: SK-StGB, § 129a Rn. 2.
778 *Achenbach* in Kriminalistik 1987, 296, 298; *Birkenmaier* in DRiZ 1987, 68.
779 ABl. EG L 351, S. 1 vom 29.12.1998.
780 *Fischer*, StGB, § 129b Rn. 1; a. A. *Zöller* in StV 2012, 364 f.
781 Vom 22.08.2002, BGBl. I S. 3390.
782 *Zöller* in StV 2012, 364, 365.
783 Siehe Gesetzeswortlaut.
784 Vgl. ausführlich: *Zöller* in StV 2012, 364, 365 m. w. N.
785 *Zöller* in StV 2012, 364, 365 f.; *Krauß* in: LK-StGB, § 129a „Entstehungsgeschichte" S. 389 f.

tes vom 13.06.2002 zur Terrorismusbekämpfung und zur Änderung anderer Gesetze[786] erneut zu weitgehenden Umstrukturierungen des § 129a StGB. Durch die Einfügung weiterer Straftaten in den Katalog wurde der Tatbestand zum einen ausgedehnt, zum anderen aber dadurch eingeschränkt, dass die Strafbarkeit der Beteiligung bei Vereinigungen zur Begehung der in Abs. 2 Nr. 1-5 genannten Straftaten nunmehr von der Erfüllung weiterer objektiver und subjektiver Tatbestandsmerkmale abhängt.[787] So begrüßenswert diese Einschränkung auch ist, sind bezüglich der Ausgestaltung der Norm dennoch erhebliche Bedenken laut geworden: Aufgrund der Vielzahl an Tatbestandsmerkmalen, Querverweisungen und Verschachtelungen, die diese Norm aufweist, erscheint es zweifelhaft, ob sie den Voraussetzungen des Bestimmtheitsgebots gem. Art. 103 Abs. 2 GG noch ausreichend Rechnung trägt.[788] 2009 ist dann schließlich das umstrittene Gesetz zur Verfolgung der Vorbereitung schwerer staatsgefährdender Gewalttaten (GVVG)[789] in Kraft getreten, dessen zentraler Bestandteil die Einführung der §§ 89a, 89b und 91 n F. StGB war. Wie bereits der Name des Gesetzes in aller Deutlichkeit klarstellt, wurden durch diese Nomen in einem bis dato kaum vorstellbaren Maße schlichte Vorbereitungshandlungen in den Bereich des Strafbaren gerückt. Im Jahr 2015 kam es mit der Einfügung des Abs. 2a bei § 89a StGB und der Schaffung des § 89c StGB durch das GVVG-Änderungsgesetz zur bislang letzten Ausweitung des deutschen Terrorismusstrafrechts.[790] Auf die Änderungen durch diese Gesetze werde ich im folgenden Abschnitt näher eingehen.

Dieser kurze Überblick zeigt jedenfalls deutlich, in welche Richtung sich das Strafrecht auf dem Gebiet der Terrorismusbekämpfung bewegt: Es geht um die Pönalisierung von Handlungsformen, die einer tatsächlichen Rechtsgutsverletzung immer weiter vorgelagert sind. Im Sinne des *ultima ratio*-Grundsatzes wirken die zum Teil exorbitanten Strafrahmen, bezogen auf die Rechtsgutsverletzungsentfernung des kriminalisierten Verhaltens, disproportional.[791] Das deutsche Terrorismusstrafrecht kann

---

786 Vom 22.12.2003, BGBl. I S. 2836.
787 *Krauß* in: LK-StGB, § 129a „Entstehungsgeschichte" S. 391; *Schäfer*, in: MüKo-StGB, § 129a Rn. 21.
788 Vgl. etwa *Fischer*, StGB, § 129a Rn. 6a; *Schäfer*, in: MüKo-StGB, § 129a Rn. 21; *Rudolphi/Stein* in: SK-StGB, § 129a Rn. 10.
789 Vom 30.07.2009, BGBl. I S. 2437.
790 Vgl. Gesetz vom 12.06.2015, BGBl. I S. 926.
791 Siehe *Jakobs* in: Deutsche Strafrechtswissenschaft, S. 51; *ders.*, ZStW 117 (2005), 839, 850 f.

daher aus guten Gründen als eine „Sondergesetzgebung" beschrieben werden, in der Mittel zulässig sein sollen, die im Sinne eines klassischen bürgerlichen Strafrechts nicht zu rechtfertigen sind.[792]

Dass es sich bei der Tendenz, das Strafrecht zum entscheidenden Mittel
zur präventiven Bekämpfung des Terrorismus zu erklären, um alles andere
als eine Eigenheit der deutschen Strafrechtskultur handelt, zeigen die zahlreichen strafgesetzlichen Entwicklungen im Ausland deutlich:[793]

So führte etwa Kolumbien Anfang der 1990er Jahre hinsichtlich der Bedrohungen durch Terrorismus (und der damit eng verknüpften organisierten Kriminalität) eine Art Sonderstrafrecht ein, das sich unter anderem
durch eine starke Verkürzung strafprozessualer Garantien, eine Ausweitung präventiver Strafrechtselemente sowie eine Verschärfung der Strafrahmen auszeichnete.[794]

Auch das US-amerikanische Strafrecht weist, dem „war on terrorism"
verpflichtet, in jüngerer Zeit eine immer stärkere Orientierung an Gefah-
renprävention auf. Die Ereignisse des 11.09.2001 hatten eine erhebliche
Ausdehnung der Definition von Krieg zur Folge, wonach beispielsweise
Terroristen als „enemy combatants", Soldaten eines feindlichen Staates
gleich, nicht mehr der amerikanischen Strafgerichtsbarkeit unterworfen
werden, sondern direkt vor Militärgerichten angeklagt werden können;
dies ebenfalls unter Aufgabe fundamentaler strafprozessualer Abwehrrechte. Ferner wurde der sog. „US-Patriot-Act" erlassen, der u. a. die
Überwachungsmöglichkeiten der Strafverfolgungsbehörden und Geheim-
dienste erweiterte und die Einreisebestimmungen verschärfte. Aufgrund
verfassungsrechtlicher Bedenken wurden einige dieser Bestimmungen
mittlerweile wieder geändert.[795] Neben jenen zumindest demokratisch legitimierten Maßnahmen kam es aber auch zu einer administrativen Dul-
dung höchst fragwürdiger Gefängnisse und der Durchführung brutaler

---

792 So etwa *Hilgendorf* in: Deutsche Strafrechtsentwicklung (Supplementbd. 1),
S. 279.

793 Vgl. Überblick des Office for Democratic Institutions and Human Rights
(ODIHR) der Organisation für Sicherheit und Zusammenarbeit in Europa
(OSZE) (legislationline.org).

794 *Heinrich* in ZStW 121 (2009), 94, 106 f.; vgl. ausführlich hierzu *Aponte* in HRRS
2006, 297 ff.; *Sinn* in ZIS 2006, 107, 110 f. und 116.

795 *Heinrich* in ZStW 121 (2009), 94, 107 ff. (m. w. N.); *Sinn* in ZIS 2006, 107,
109 ff.

Foltermaßnahmen bei Verhören von Terrorverdächtigen.[796] Zu trauriger Berühmtheit gelangte dabei, neben dem berüchtigten „Foltergefängnis" Abu-Ghraib im Irak,[797] insbesondere das US-Militärgefängnis in Guantanamo Bay auf Kuba, in welches zahlreiche „unlawful combatants" eingesperrt wurden, ohne dass ihnen die Rechte der Genfer Konvention zugestanden wurden.[798]

Auch in vielen Staaten Europas wurden zu Beginn des Jahrtausends neue Anti-Terror-Gesetze erlassen, die zu einer deutlichen Verschärfung und Ausdehnung des Strafrechts führten.[799] Als Beispiel sei hier der britische „Anti-Terrorism, Crime and Security Act" (ATCSA) aus dem Jahre 2001 genannt.[800] Unter Berufung auf einen Notstandsfall gem. Art. 15 EMRK,[801] der eine Suspendierung des Art. 5 Abs. 1 lit. f EMRK ermöglichen kann, sah der ATCSA u. a. eine unbefristete, administrative

---

796 Vgl. hierzu den umfassenden US-Senatsbericht über CIA-Verhörmethoden von Dezember 2014: „Committee Study of the Central Intelligence Agency's Detention and Interrogation Program" (web.archive.org).

797 Vgl. *Vorsamer*, Chronologie des Folterskandals – Rumsfeld, Guantanamo und Abu Ghraib (süddeutsche.de.).

798 *Heinrich* in ZStW 121 (2009), 94, 109 m. w. N.

799 Zu feindstrafrechtlichen Tendenzen auf europäischer Ebene vgl. *Scheffler* in: FS-Schwind (2006), S. 127 ff.

800 *Heinrich* in ZStW 121 (2009), 94, 112; *Sinn* in ZIS 2006, 107, 110.

801 Vgl. hierzu den *dissent* von *Lord Hofmann*, der eine Notstandslage als nicht gegeben ansah, bei *Paeffgen* in: FS-Amelung (2009), S. 109 (Fn. 104): „The Armada threatened to destroy the life of the nation, not by loss of life in battle, but by subjecting English institutions to the rule of Spain and the Inquisition. The same was true of the threat posed to the United Kingdom by Nazi Germany in the Second World War. This country, more than any other in the world, has an unbroken history of living for centuries under institutions and in accordance with values which show a recognisable continuity. (…) This is a nation which has been tested in adversity, which has survived physical destruction and catastrophic loss of life. I do not underestimate the ability of fanatical groups of terrorists to kill and destroy, but they do not threaten the life of the nation. Whether we would survive Hitler hung in the balance, but there is no doubt that we shall survive Al-Qaeda. The Spanish people have not said that what happened in Madrid, hideous crime as it was, threatened the life of their nation. Their legendary pride would not allow it. Terrorist violence, serious as it is, does not threaten our institutions of government or our existence as a civil community. (...) The real threat to the life of the nation, in the sense of a people living in accordance with its traditional laws and political values, comes not from terrorism, but from laws like these. That is the true measure of what terrorism may achieve. It is for the Parliament to decide whether to give the terrorists such a victory."

Festnahme ausländischer Terrorverdächtiger vor. 2004 erklärte das House of Lords diese Regelung für rechtswidrig, woraufhin 2005 der sog. „Prevention of Terrorism Act" (PTA) erlassen wurde, der ebenfalls eine Vielzahl präventiver Eingriffsmöglichkeiten in Form sog. „control orders" vorsieht. Diese können beispielsweise als Hausarreste ergehen oder die Kontaktaufnahme zu gewissen Personen untersagen.[802] Wenngleich diese Regelung wohl insgesamt mit Art. 14 EMRK in Einklang ist,[803] gelang es einer Reihe von Betroffenen gerichtlich gegen Einzelmaßnahmen vorzugehen.[804]

2. Das Gesetz zur Verfolgung der Vorbereitung schwerer staatsgefährdender Gewalttaten (GVVG)

Durch das Gesetz zur Verfolgung der Vorbereitung schwerer staatsgefährdender Gewalttaten (GVVG) vom 30.07.2009[805] wurden u. a. die §§ 89a, 89b und 91 n. F. StGB neu in das StGB eingefügt sowie die Straftatenkataloge einer Reihe von Vorschriften in der StPO um § 89a StGB erweitert.[806] Das GVVG entstand vor dem Hintergrund der Bedrohungen durch den internationalen islamistischen Terrorismus in Europa. Der Gesetzgeber setzte mit den §§ 89a, 89b und 91 StGB das UN-Übereinkommen zur Bekämpfung der Finanzierung des Terrorismus vom 09.12.1999[807], das Übereinkommen des Europarates zur Verhütung von Terrorismus vom 16.05.2005[808] sowie den EU-Rahmenbeschluss zur Terrorismusbekämpfung vom 28.11.2008[809] um. Bei der konkreten Ausgestaltung der Regelungen ging der deutsche Gesetzgeber jedoch weit über die Vorgaben der genannten Abkommen hinaus, sodass sich das GVVG im Wesentlichen als eigenständige Entscheidung darstellt, durch die jedenfalls *auch* die inter-

---

802 *Heinrich* in ZStW 121 (2009), 94, 112; *Sinn* in ZIS 2006, 107, 110; *Oehmichen* in ZIS 2011, 931, 935.
803 So *Oehmichen* in ZIS 2011, 931, 935.
804 Vgl. EGMR NJOZ 2010, 1903 (EGMR, Urt. v. 19.2.2009 – 3455/05).
805 BGBl. I S. 2437.
806 Vgl. zur Übersicht *Gazeas* in: AK-StGB, § 89a Rn. 4; BT-Drs. 16/12428 S. 9.
807 UN-Resolution 54/109 vom 09.12.1999.
808 SEV Nr. 196.
809 Rahmenbeschluss 2008/919/JI des Rates zur Änderung des Rahmenbeschlusses 2002/475/JI zur Terrorismusbekämpfung, vgl. ABl. 330.

nationalen Verpflichtungen erfüllt werden konnten.[810] Bereits im Koalitionsvertrag der Großen Koalition von 2005 war die Prüfung einer etwaigen Ausweitung des Terrorismusstrafrechts vereinbart worden.[811] Anstoß zur konkreten Ausgestaltung des sodann erlassenen GVVG gaben insbesondere die verhinderten Terroranschläge auf Regionalzüge in Dortmund und Koblenz sowie die geplanten Taten der sog. Sauerlandgruppe.[812] Primäres Ziel der Gesetzesänderung war es, „Strafbarkeitslücken" zu schließen, die sich speziell im Hinblick auf die Möglichkeiten zum Erlernen terroristischer Fertigkeiten („Terrorcamps") ergaben. Im Zentrum stand dabei eine Kriminalisierung von Vorbereitungshandlungen nicht bzw. noch nicht terroristisch organisierter Einzeltäter, also solcher, die bislang weder durch die §§ 129a oder 129b StGB noch durch § 30 StGB erfasst werden konnten.[813] Nach Auffassung des Gesetzgebers hätten besonders die modernen Möglichkeiten des beschleunigten Informationsaustauschs über das Internet und die zunehmende Dezentralisierung der hierarchischen Strukturen gewisser terroristischer Vereinigungen (so etwa bei Al Qaida) eine Anpassung des bis dahin geltenden Terrorismusstrafrechts nötig gemacht.[814]

Auch wenn im Rahmen des Gesetzgebungsverfahrens eine sehr kontroverse Debatte geführt wurde, in der von Seiten der Oppositionsparteien sowohl der Nutzen als auch die Verfassungsmäßigkeit der beabsichtigten Neukodifizierungen stark in Zweifel gezogen wurde,[815] realisierte sich in der endgültigen Fassung des GVVG nahezu wörtlich der Regierungsent-

---

810 So kann *Zöller* sicherlich zugestimmt werden, wenn er schreibt, dass die genannten Rechtsinstrumente das GVVG allenfalls inspiriert hätten: *Zöller* in: SK-StGB, § 89a Rn. 3; vgl. ferner: *Gazeas* in: AK-StGB, § 89a Rn. 5; *Paeffgen*, in: NK-StGB, § 89a Rn. 4; *Schäfer* in: MüKo-StGB, § 89a Rn. 13; s. a. Bsp. bei *Steinsiek*, Terrorabwehr durch Strafrecht?, S. 50.

811 Vgl. Koalitionsvertrag CDU, CSU und SPD vom 11.11.2005, S. 116.

812 *Mertens*, GVVG, S. 8 ff.; *Zöller* in: SK-StGB, § 89a Rn. 1; *Steinsiek*, Terrorabwehr durch Strafrecht?, S. 33.

813 BT-Drs. 16/12428, S. 2 u. 12; *Fischer*, StGB, § 89a Rn. 3; *Schäfer* in: MüKo-StGB, § 89a Rn. 1; *Gazeas* in: AK-StGB, § 89a Rn. 5; *Sternberg-Lieben* in: Schönke/Schröder, § 89a Rn. 1b.

814 BT-Drs. 16/12428, S. 1 f.; Referentenentwurf des BMJ vom 21.04.2008 S. 1; vgl. auch Darstellungen bei *Steinsiek*, Terrorabwehr durch Strafrecht?, S. 48 ff.; siehe ferner *Bader* in NJW 2009, 2853, 2855 (Fn. 21) mit Hinweis auf Urteil des Staatsschutzsenats des OLG Düsseldorf vom 5.12.2007 – III-VI10/05, S. 15, 19 ff.

815 Siehe die umfassende Darstellung bei *Mertens*, GVVG, S. 7 f.; BT-Prot. 16/224, S. 24546B–24572A, 24571B.

wurf,[816] der seinerseits bereits dem Referentenentwurf des Bundesministeriums der Justiz (BMJ)[817] im Wesentlichen entsprach.[818] Ein vom Bundesrat am 20.12.2007 eingebrachter Gesetzesentwurf,[819] der sich auf eine Änderung der §§ 129a und 129b StGB beschränkte, indem er diese um die Tatbestände der sog. Sympathiewerbung und der Wahrnehmung terroristischer Ausbildungsangebote erweitern wollte, wurde in einer Sitzung des Bundestages am 28.05.2009 einstimmig abgelehnt. In derselben Sitzung wurde der Regierungsentwurf gegen die Stimmen der Oppositionsparteien (FDP, Bündnis 90/Die Grünen und Die Linke) verabschiedet. Nachdem am 10.07.2009 auch der Bundesrat diesem seine Zustimmung erteilte, wurde das Gesetz am 30.07.2009 erlassen und die §§ 89a, 89b und 91 StGB zum 04.08.2009 ins StGB eingefügt.[820]

Durch einen Beschluss vom 17.08.2011 setzte die Bundesregierung eine Kommission zur Überprüfung der Sicherheitsgesetzgebung in Deutschland ein. Ziel der Kommission war es, „die Entwicklung der Gesetzgebung zur Terrorismusbekämpfung in der Bundesrepublik Deutschland kritisch (zu) untersuchen und hieraus Schlussfolgerungen für die Gesetze zum Vorgehen gegen Terrorismus im weiteren Sinne und für die künftige Ausgestaltung der Sicherheitsarchitektur in Deutschland" zu ziehen.[821] Bezogen auf die durch das GVVG eingeführten Straftatbestände kamen die Kommissionsmitglieder *Bäcker*, *Hirsch* und *Wolff* dabei zu folgendem Ergebnis:

> „Die weitreichende Kriminalisierung von Handlungen im Vorfeld terroristischer Anschläge durch das Gesetz zur Verfolgung der Vorbereitung von schweren staatsgefährdenden Gewalttaten sollte aus strafverfolgungspraktischer, verfassungsrechtlicher und rechtspolitischer Warte überprüft werden. Überprüfungsbedürftig sind die geschaffenen Tatbestände insbesondere insoweit, als sie äußerlich neutrale und nicht besonders schadensträchtige Vorfeldhandlungen unter Strafe stellen."[822]

---

816 Vgl. BT-Drs. 16/12428.
817 Vgl. Referentenentwurf des BMJ vom 21.04.2008.
818 Vgl. *Steinsiek*, Terrorabwehr durch Strafrecht?, S. 33 ff.; *Mertens*, GVVG, S. 8 ff.; *Schäfer* in: MüKo-StGB, § 89a Rn. 12; *Paeffgen* in NK-StGB § 89a Rn. 5.
819 BR-Drs. 827/07.
820 Vgl. Zusammenfassung bei *Steinsiek*, Terrorabwehr durch Strafrecht?, S. 33 f.
821 Vgl. Regierungskommission-Sicherheitsgesetzgebung (2013), S. 1 (bmi.bund. de).
822 Vgl. Regierungskommission-Sicherheitsgesetzgebung (2013), S. 55 (bmi.bund. de).

Die dem GVVG grundsätzlich befürwortend gegenüberstehenden Kommissionsmitglieder *Harms* und *Kaller* wiesen zumindest daraufhin, dass zum Zeitpunkt der Evaluierung noch kein ausreichendes Fall- und Rechtsprechungsmaterial vorgelegen habe.[823]

Ohne auf die Ergebnisse der Kommission und die in weiten Teilen des Schrifttums geäußerte Kritik zum GVVG einzugehen, verabschiedete der Bundestag im Jahr 2015 gegen die Stimmen der Opposition das GVVG-Änderungsgesetz und damit die bislang letzte Ausweitung des Terrorismusstrafrechts.[824] Nach dem Gesetzentwurf der Bundesregierung sollte durch das GVVG-Änderungsgesetz den Entwicklungen auf dem Gebiet des internationalen Terrorismus, speziell dem Erstarken der Terrororganisation „Islamischer Staat" (IS), begegnet werden. Ziel war es dabei zum einen, eine vom Weltsicherheitsrat am 24.09.2014 erlassene Resolution[825] umzusetzen, nach der das Reisen sowie der „Versuch des Reisens in einen Staat, der nicht der Staat der Ansässigkeit oder Staatsangehörigkeit der reisenden Person ist, in einer der Schwere der Tat angemessenen Form" strafrechtlich verfolgt werden solle, „wenn die Reise erfolgen soll, um terroristische Handlungen zu begehen, zu planen, vorzubereiten oder sich daran zu beteiligen oder Terroristen auszubilden oder sich zu Terroristen ausbilden zu lassen."[826] Nach Auffassung der Bundesregierung ist eine Umsetzung jener UN-Resolution auch vor dem Hintergrund der aktuellen Sicherheitslage in Deutschland geboten:

> „Die Reisetätigkeit junger Deutscher, die aus Deutschland in Richtung Syrien ausreisen, um sich dort islamischen Gruppierungen in Konfliktgebieten anzuschließen, hat in jüngerer Zeit weiter zugenommen. Aktuell halten sich mehrere hundert ausländische terroristische Kämpfer („Foreign Terrorist Fighters") aus Deutschland in Syrien auf. Hinzu tritt, dass die Rückkehr dieser ausländischen terroristischen Kämpfer oftmals mit einer weiteren Vernetzung mit anderen Personen und Gruppierungen mit terroristischem Hintergrund einhergeht. Hiervon geht eine eigenständige erhebliche Gefahr für die innere Sicherheit der Bundesrepublik Deutschland aus."[827]

Zum anderen beabsichtigte die Bundesregierung mit der Gesetzesreform einer Aufforderung der „Financial Action Task Force" nachzukommen,

---

823 Vgl. Regierungskommission-Sicherheitsgesetzgebung (2013), S. 56 (bmi.bund. de).
824 Vgl. Gesetz vom 12.06.2015, BGBl. I S. 926; BT-Drs. 18/4705.
825 UN-Resolution 2178 (2014).
826 BT-Drs. 18/4087 S. 1.
827 BT-Drs. 18/4087 S. 6 f.

wonach zum Zwecke einer besseren Bekämpfung der Finanzierung terroristischer Gruppierungen das Strafmaß für die Terrorismusfinanzierung heraufgesetzt und auf die in § 89a Abs. 2 Nr. 4 StGB a. F. vorgesehene Erheblichkeitsschwelle verzichtet werden solle.[828] Die aktuellen Entwicklungen zeigten, dass terroristische Organisationen über beträchtliche finanzielle Mittel zur Begehung terroristischer Straftaten verfügten. Sie bildeten den wirtschaftlichen Nährboden für zum Teil hochgradig organisierte terroristische Aktivitäten. Um eine effektive Bekämpfung dieser terroristischen Taten zu gewährleisten, sei es daher erforderlich, gegen entsprechende Finanzierungsmaßnahmen auch mit Mitteln des Strafrechts vorzugehen. Wegen dieser besonderen Bedeutung der Finanzierung sei es gerechtfertigt, einen eigenständigen Straftatbestand mit einer Mindestfreiheitsstrafe zu schaffen.[829]

Trotz erneut erheblichen Widerstands der Opposition[830] wurde das GVVG-Änderungsgesetz sodann wie folgt umgesetzt: In Abs. 2 des § 89a StGB wurde die Nr. 4 und damit die bis dahin dort geregelte Tatbestandsvariante der Terrorismusfinanzierung entfernt und stattdessen der Tatbestand der Terrorismusfinanzierung nach § 89c StGB neu eingefügt. Ferner wurde § 89a StGB um den Abs. 2a ergänzt.[831]

a. § 89a StGB

§ 89a StGB erfasst laut Gesetzgeber jene strafwürdigen Fälle,

> „in denen Handlungen zur Vorbereitung von schweren staatsgefährdenden Gewalttaten mangels Bestehens oder Nachweisbarkeit einer terroristischen Vereinigung bislang nicht als Beteiligung an oder Unterstützung einer solchen gemäß § 129a StGB verfolgt werden können. Erfasst werden ebenfalls diejenigen (Einzel-)Täter, die derzeit nicht bestraft werden können, weil auch die Voraussetzungen des § 30 StGB nicht vorliegen. Die Strafbarkeit wird dabei auf die Vorbereitung von Straftaten beschränkt, die dem terroristischen Kernbereich zuzurechnen sind.“[832]

---

828 BT-Drs. 18/4087 S. 1.
829 BT-Drs. 18/4087 S. 6.
830 Vgl. etwa Entschließungsantrag der Bundestagsfraktion Die Linke: BT-Drs. 18/4705 S. 6 ff.
831 Vgl. Gesetz vom 12.06.2015, BGBl. I S. 926.
832 BT-Drs. 16/12428, S. 12.

Im Zentrum des gesetzgeberischen Willens stand es, durch die Sanktionierung des bloßen Aufenthalts in sog. „Terrorcamps", die dort stattfindende Ausbildung zu unterbinden. Wie aber bereits der Lektüre des Gesetzestextes entnommen werden kann, ist der tatsächliche Anwendungsbereich der Norm deutlich weitreichender und weder örtlich noch inhaltlich auf Unterweisungen in Terrorcamps beschränkt.[833]

Bei dieser im Schrifttum äußerst kritisch aufgenommenen Regelung ist bereits das zu schützende Rechtsgut umstritten:[834] Nach einer Auffassung sind nur die in Abs. 1 genannten Staatsschutzgüter (Bestand oder Sicherheit eines Staates[835] oder einer internationalen Organisation; die Verfassungsgrundsätze der Bundesrepublik Deutschland) erfasst.[836] Nach anderer Auffassung sollen insbesondere im Hinblick auf die Konturlosigkeit der genannten Staatsschutzgüter einzig die von den §§ 211, 212, 239a, 239b StGB geschützten Individualrechtsgüter erfasst werden.[837] Wiederum andere wollen gewissermaßen vermittelnd die Staatsschutz- und Individualrechtsgüter gleichrangig durch § 89a StGB geschützt wissen.[838]

Systematisch lässt sich § 89a StGB in die folgenden Bereiche gliedern:[839] Sein Tatbestand ist in Abs. 1 S. 1 geregelt, wonach derjenige, der eine schwere staatsgefährdende Gewalttat vorbereitet, mit Freiheitsstrafe von sechs Monaten bis zu 10 Jahren bestraft wird. Diese reichlich unbestimmte Formulierung wird ergänzt durch eine Legaldefinition der schweren staatsgefährdenden Gewalttat in Abs. 1 S. 2 sowie durch Auflistung

---

833 Der deutsche Gesetzgeber geht dabei sogar weiter als vergleichbare Gesetze des US-amerikanischen Gesetzgebers vgl. hierzu: *Gazeas/Grosse-Wilde/Kießling* in NStZ 2009, 593 und 597; *Steinsiek*, Terrorabwehr durch Strafrecht?, S. 42 f.; *Kindhäuser*, LPK-StGB, § 89a Rn. 2.

834 Vgl. zur Übersicht: *Gazeas* in: AK-StGB, § 89a Rn. 3; *Zöller* in: SK-StGB, § 89a Rn. 8.

835 Der Schutz *jedes* Staates, ganz unabhängig von dessen Einstellung zu Menschenrechten und Rechtsstaatlichkeit, kann wohl kaum die Aufgabe liberalen Strafrechts sein. *Paeffgen* ist zuzustimmen, wenn er in diesem Zusammenhang von einer „kriminalpolitischen Ungeheuerlichkeit" spricht: *Paeffgen* in: NK-StGB § 89a Rn. 8.

836 Nur mittelbar seien dabei auch die Individualinteressen möglicher Opfer miteinbezogen: Vgl. *Schäfer* in: MüKo-StGB, § 89a Rn. 3; *Fischer*, StGB, § 89a Rn. 5; *von Heintschel-Heinegg* in: BeckOK-StGB, § 89a Rn. 3a.

837 So etwa *Zöller* in: SK-StGB, § 89a Rn. 8; *Bader* in NJW 2009, 2853, 2855.

838 *Kühl* in: Lackner/Kühl, § 89a Rn. 2; *Sternberg-Lieben* in: Schönke/Schröder, § 89a Rn. 1g; *Sieber* in NStZ 2009, 353, 361.

839 Vgl. hierzu auch *Fischer*, StGB, § 89a Rn. 10.

der Tathandlungsvarianten in Abs. 2, also derjenigen Handlungsformen, die ein strafwürdiges „Vorbereiten" (Nr. 1: Unterweisungen, Nr. 2: Umgang mit gefährlichen Handlungsgegenständen, Nr. 3: Umgang mit Grundstoffen) darstellen sollen.

Mit dem GVVG-Änderungsgesetz wurden 2015 die Tathandlungsvarianten des Abs. 2 um den Abs. 2a erweitert. Danach soll die Vorbereitung einer schweren staatsgefährdenden Gewalttat bereits dann vorliegen, wenn es der „Täter" zum Zwecke der Begehung einer solchen Tat unternimmt, aus der Bunderepublik Deutschland in einen Staat auszureisen, in dem Unterweisungen von Personen im Sinne des Abs. 2 Nr. 1 erfolgen.[840] Vereinfacht gesagt, soll hiermit bereits die Absicht, Deutschland zu verlassen, um sich im Ausland an schweren Gewalttaten zu beteiligen bzw. an Ausbildungsmaßnahmen hierzu teilzunehmen, eine Straftat darstellen.[841]

Des Weiteren enthält Abs. 3 eine in Abweichung zu den §§ 3 ff. StGB spezialgesetzlich geregelte Ausdehnung der deutschen Strafgewalt über das eigene Staatsgebiet hinaus.[842] Schließlich finden sich in Abs. 4 noch eine Strafverfolgungsermächtigungsvorschrift und in den Abs. 5-7 Regelungen zu den Rechtsfolgen (minder schwerer Fall, Führungsaufsicht, tätige Reue).

Mit der soeben beschriebenen Ausgestaltung des § 89a StGB werden also Verhaltensweisen weit im Vorfeld klassischer Rechtsgutsverletzungsdelikte pönalisiert. Nach Auffassung der wohl absolut herrschenden Meinung ist die Norm daher als abstraktes Gefährdungsdelikt[843] in Form eines sog. unechten Unternehmensdelikts[844] einzustufen. Diese große zeitliche Entfernung zwischen der strafbewehrten Vorbereitungshandlung und der hierdurch letztlich zu verhindernden Rechtsgutsbeeinträchtigung begegnet

---

840 Vgl. Gesetz vom 12.06.2015, BGBl. I S. 926.

841 Vgl. BT-Drs. 18/4087 S. 8.

842 Siehe Erläuterungen bei *Schäfer* in: MüKo-StGB, § 89a Rn. 60 ff.

843 *Schäfer* in: MüKo-StGB, § 89a Rn. 8; *Gazeas* in: AK-StGB, § 89a Rn. 3a; *Sternberg-Lieben* in: Schönke/Schröder, § 89a Rn. 1; *Zöller* in: SK-StGB, § 89a Rn. 8; *Kühl* in: Lackner/Kühl, § 89a Rn. 2; *Kindhäuser*, LPK-StGB, § 89a Rn. 1; *Gazeas/Grosse-Wilde/Kießling* in NStZ 2009, 593, 594; *Radtke/Steinsiek* in ZIS 383, 387.

844 *Kühl* in: Lackner/Kühl, § 89a Rn. 3 und § 11 Rn. 19; *Fischer*, StGB, § 89a Rn. 10, 41; *Schäfer* in: MüKo-StGB, § 89a Rn. 8; *Zöller* in: SK-StGB, § 89a Rn. 8.

großer Skepsis. Von weiten Teilen wird die Verfassungsmäßigkeit der Regelung stark bezweifelt.[845]

b. § 89b StGB

Mit § 89b StGB erfolgt eine noch weitere Vorverlagerung der Strafbarkeit. So wird nach dieser Norm bereits die bloße Kontaktaufnahme zu einer terroristischen Vereinigung, mit der Absicht sich gem. § 89a Abs. 2 Nr. 1 StGB unterweisen zu lassen, mit Freiheitsstrafe bis zu drei Jahren oder Geldstrafe bedroht. Im Ergebnis hat dies eine Pönalisierung von Verhaltensweisen zur Folge, die Vorbereitungshandlungen selbst lediglich vorbereiten.[846] Nach Auffassung des Gesetzgebers ist eine derart weit vorgelagerte Strafbewehrung dadurch gerechtfertigt, dass bereits in diesem Zeitpunkt eine abstrakte Gefahr für Leib und Leben der potentiellen Opfer begründet wird.[847]

Zur Systematik: In Abs. 1 wird der Tatbestand geregelt. Objektiv wird dabei die Aufnahme bzw. das Unterhalten von Beziehungen zu einer Vereinigung gem. § 129a StGB ggf. i. V. m. § 129 b StGB verlangt. Subjektiv muss neben bloßem Eventualvorsatz hinsichtlich des objektiven Tatbestandes auch *dolus directus* 1. Grades bezogen auf die Unterweisung zur Begehung einer Tat gem. § 89a StGB vorliegen. In Abs. 2 ist ein Tatbestandsausschluss für Konstellationen vorgesehen, in denen rechtmäßige berufliche oder dienstliche Pflichten erfüllt werden. Wie bei § 89a StGB finden sich bei § 89b StGB ferner sowohl eine von den §§ 3 ff. StGB abweichende Regelung zum Anwendungsbereich bei Auslandstaten (Abs. 3), als auch eine spezielle Verfolgungsermächtigung (Abs. 4). Schließlich sind die Rechtsfolgen neben dem Strafrahmen in Abs. 1, noch in Abs. 5 (Absehen von Strafe bei geringer Schuld) geregelt.

---

845 Vgl. nur Überblick bei *Gazeas* in: AK-StGB, § 89a Rn. 6 ff. m. w. N; zum GVVG-Änderungsgesetz vgl. BT-Drs. 18/4705 S. 10.

846 In manchen Konstellationen kommt es sogar zur Bestrafung der Vorbereitung der Vorbereitung der Vorbereitung, vgl. *Gazeas* in: AK-StGB, § 89b Rn. 1; *Gazeas/Grosse-Wilde/Kießling* in NStZ 2009, 593, 601; *Schäfer* in: MüKo-StGB, § 89b Rn. 3; *Paeffgen* in: NK-StGB § 89b Rn. 2; ferner *Fischer*, StGB, § 89b Rn. 3; *Sternberg-Lieben* in: Schönke/Schröder, § 89b Rn. 1; *Zöller* in: SK-StGB, § 89b Rn. 3; *Landau* in ZStW 121 (2009), 965, 967; *Gierhake* in ZIS 2008, 397, 403.

847 BT-Drs. 16/12428 S. 16.

Hinsichtlich der Deliktsnatur und der zu schützenden Rechtsgüter kann im Wesentlichen auf die Ausführungen zu § 89a StGB verwiesen werden. Die sich bereits dort stellenden Fragen im Hinblick auf die Legitimität der Vorverlagerung sowie bezüglich der schützenswerten Rechtsgüter sind dabei im Rahmen von § 89b StGB von noch größerer Brisanz.[848]

c. § 89c StGB

Im Zuge des GVVG-Änderungsgesetzes wurde die vormals in § 89a Abs. 2 Nr. 4 StGB a. F. vorgesehene Terrorismusfinanzierung entfernt und durch den neu eingefügten Straftatbestand § 89c StGB eigenständig geregelt.[849]

Dessen Abs. 1 umfasst zunächst die Finanzierungshandlungen fremder Taten. Hierzu wird auf die bereits in § 89a Abs. 2 Nr. 4 StGB a. F. vorgesehenen Tathandlungsvarianten des Sammelns, Entgegennehmens oder Zurverfügungstellens von Vermögenswerten abgestellt, soweit diese von einer anderen Person zur Begehung einer der in Abs. 1 Nr. 1-8 enumerativ aufgeführten Straftaten verwendet werden sollen. Durch Auflistung dieser Straftaten beabsichtigte der Gesetzgeber alle „Taten zu erfassen, deren Finanzierung nach Artikel 2 Nummer 1 des Terrorismusfinanzierungsabkommens der Vereinten Nationen (...) unter Strafe zu stellen sind".[850] Es handelt sich hierbei größtenteils um die in § 129a Abs. 1 StGB aufgeführten Katalogtaten. Ergänzt wurden diese zudem durch die gefährliche Körperverletzung nach § 224 StGB, den unerlaubten Umgang mit radioaktiven Stoffen und anderen gefährlichen Stoffen und Gütern nach § 328 Abs. 1 oder 2 StGB, die Vorbereitung eines Explosions- oder Strahlungsverbrechens nach § 310 Abs. 1 oder 2 StGB sowie um Reisehandlungen nach § 89a Abs. 2a StGB.[851] Die Reichweite der Finanzierungsstrafbarkeit soll durch eine in Abs. 1 S. 2 vorgesehene Regelung eingeschränkt werden, nach der „nur die Finanzierung solcher Delikte tatbestandlich erfasst

---

848 *Zöller* in: SK-StGB, § 89b Rn. 2; *Schäfer* in: MüKo-StGB, § 89b Rn. 3; *Sternberg-Lieben* in: Schönke/Schröder, § 89b Rn. 1; *Gazeas* in: AK-StGB, § 89b Rn. 4 ff.; *Gazeas/Grosse-Wilde/Kießling* in NStZ 2009, 593, 601; *Backes* in StV 2008, 654, 658 (zum vergleichbaren § 91 Abs. 2 Nr. 2 des Referentenentwurfs).

849 Vgl. Gesetz vom 12.06.2015, BGBl. I S. 926.

850 BT-Drs. 18/4087 S. 8.

851 BT-Drs. 18/4087 S. 11.

wird, welche die terroristische Qualifikation entsprechend der in § 129a Abs. 2 StGB bereits verwendeten Definition erfüllen".[852] Es kommt damit auf das Einschüchterungs-, Nötigungs- und Beeinträchtigungspotential der zu finanzierenden Tat sowie auf ihr konkretes, anhand ihrer Begehung oder Auswirkungen zu bemessendes Schädigungspotential an. Hinsichtlich des subjektiven Tatbestandes stellt Abs. 1 auf einen *dolus directus* 2. Grades ab und damit auf die bewusste Finanzierung jener Straftaten. Nach Zielsetzung des Gesetzgebers soll hiermit erreicht werden, dass § 89c Abs. 1 StGB über die bislang (jenseits von § 89a Abs. 1 Nr. 4 StGB a. F.) nur als Beihilfe zu allgemeinen Straftaten strafrechtlich erfassbare Finanzierung terroristischer Taten hinausgeht. Insbesondere sei so auch der Fall abgedeckt, in dem der finanzierte Täter eine der Katalogtaten plane, diese Tat jedoch nicht einmal bis in das Versuchsstadium gelange.[853] Der Strafrahmen von Abs. 1 beträgt sechs Monate bis zehn Jahre Freiheitsstrafe.

Nach Abs. 2 wird ebenso bestraft, wer die Finanzierung einer eigenen terroristischen Tat gem. Abs. 1 S. 1 Nr. 1-8 beabsichtigt und hierzu Vermögenswerte sammelt, entgegennimmt oder zur Verfügung stellt.

Die subjektiven Tatbestandsvoraussetzungen der Abs. 1 und 2 stellten nach Auffassung des Gesetzgebers sicher, dass Alltagsgeschäfte, die auf einer Rechtspflicht beruhten (Bsp. Gehaltszahlungen), nicht erfasst würden.[854]

Die Abs. 3 und 4 entsprechen den Regelungen für Auslandstaten bei § 89a Abs. 3 und 4 StGB.

Eine mit der in § 89a Abs. 1 Nr. 4 StGB a. F. vorgesehenen vergleichbaren Regelung zur Erheblichkeit der Vermögenszuwendung enthält § 89c StGB nicht. Zur Wahrung der Verhältnismäßigkeit entschied sich der Gesetzgeber stattdessen, in Abs. 5 einen minder schweren Fall für geringwertige Vermögenswerte sowie in Abs. 6 eine Strafmilderung nach § 49 Abs. 1 StGB bzw. die Möglichkeit eines Absehens von Strafe bei geringer Schuld zu normieren.[855]

---

852 BT-Drs. 18/4087 S. 8.
853 BT-Drs. 18/4087 S. 11.
854 BT-Drs. 18/4087 S. 11 f.
855 BT-Drs. 18/4087 S. 12.

d. § 91 StGB n. F.

Schließlich wurde durch das GVVG noch der § 91 StGB gänzlich neu gefasst (§ 91 StGB a. F. wurde zu § 91a StGB).[856] Nach Einschätzung des
Gesetzgebers sei zunehmend zu beobachten, dass vor allem durch islamis-
tische Kreise detaillierte Anleitungen u. a. zur Herstellung von Sprengsät-
zen und anderen Vorrichtungen im Internet verbreitet würden, die dem
Zweck dienten, für strafbare Handlungen genutzt zu werden. Die bestehenden Straftatbestände (etwa des Waffengesetzes oder der §§ 111, 130a
StGB) reichten nicht aus, um diesen Entwicklungen gerecht zu werden.[857]
Um diese Lücke zu schließen, wird nunmehr mit Freiheitsstrafe bis zu
drei Jahren oder Geldstrafe bestraft, wer gem. Abs. 1 Nr. 1 eine objektiv
geeignete Anleitung (1. Eignungsklausel) zu einer schweren staatsgefährdenden Gewalttat verbreitet, sofern diese auch abstrakt die Eignung
(2. Eignungsklausel) aufweist, die Tatbereitschaft fördern zu können.[858]
Nach Abs. 1 Nr. 2 macht sich gleichermaßen strafbar, wer sich eine solche
Schrift, in der Absicht eine Straftat gem. § 89a Abs. 1 StGB zu begehen,
verschafft. Bezogen auf Abs. 1 Nr. 1 findet sich in Abs. 2 eine Regelung
zu einem Tatbestandsausschluss, soweit sich das Verhalten als sozialadäquat darstellt. In Fällen geringer Schuld kann nach Abs. 3 von Strafe abgesehen werden.

§ 91 StGB n. F. ist ebenfalls als abstraktes Gefährdungsdelikt ausgestal-
tet und weist dieselbe Rechtsgüterschutzrichtung auf wie die §§ 89a ff.
StGB. Auch im Hinblick auf die Verfassungsmäßigkeit begegnete es den
oben angesprochenen Bedenken.[859] Im Zentrum der Kritik steht § 91
Abs. 1 Nr. 2 StGB, da hierunter auch das Sich-Verschaffen einer neutralen
Schrift fallen kann, solange sie nur auch als Anleitung geeignet ist.[860]

---

856 BGBl. 2009 I S. 2438.
857 BT-Drs. 16/12428 S. 17.
858 *Fischer*, StGB, § 91 Rn. 12 ff.; *Zöller* in: SK-StGB, § 91 Rn. 6 ff. und 9 ff.; *Gaze-
       as* in: AK-StGB, § 91 Rn. 9 f. und 16 ff.
859 *Fischer*, StGB, § 91 Rn. 1 ff. m. w. N.
860 Nach Auffassung von *Fischer* sei dies ein an Sozialadäquanz und Neutralität
       kaum zu übertreffender Vorgang, vgl. *Fischer*, StGB, § 91 Rn. 19; ferner *Gazeas*
       in: AK-StGB, § 91 Rn. 5; *Schäfer* in: MüKo-StGB, § 91 Rn. 3 und Rn. 6; *Zöller*
       in: SK-StGB, § 91 Rn. 12.

3. Die Diskussion um das GVVG

a. Kritik am GVVG

Bereits während des Gesetzgebungsverfahrens wurde sowohl aus Reihen der Oppositionsparteien[861] als auch aus dem überwiegenden Schrifttum[862] erhebliche Kritik am GVVG laut. Auch nach Erlass der §§ 89a, 89b und 91 StGB und den durch das GVVG-Änderungsgesetz realisierten Ausweitungen ist diese nicht verstummt.[863]

Zentraler Kritikpunkt an denen durch das GVVG eingeführten Normen ist, dass hierdurch Verhaltensweisen pönalisiert würden, die klassischerweise dem straflosen Vorfeldbereich zuzuordnen seien und es auf diese Weise zu einer extrem weiten Vorverlagerung von Strafbarkeit komme. So würden hierdurch Handlungen erfasst, die allenfalls dem Anwendungsbereich der ausschließlich präventiv wirkenden Gefahrenabwehr zugerechnet werden dürften.[864] Nach wohl allgemeiner Ansicht der Lehre stellen reine Vorbereitungshandlungen, d. h. solche, die noch nicht die Schwelle zur tatbestandlichen Versuchsstrafbarkeit[865] überschritten haben, i. d. R. kein strafrechtlich relevantes Unrecht dar.[866]

Nichtsdestotrotz sah das StGB auch vor dem Erlass des GVVG Pönalisierungen bloßer Vorbereitungshandlungen vor, was sich insbesondere

---

861 Vgl. etwa die Stellungnahme von *Montag* in DRiZ 2008, 141; siehe ferner die umfassende Darstellung bei *Mertens*, GVVG, S. 7 f.; BT-Prot. 16/224, S. 24546B–24572A, 24571B.

862 U. a. *Radtke/Steinsiek* in ZIS 2008, 383; *Landau* in ZStW 121 (2009), 965, 967; *Deckers/Heusel* in ZRP 2008, 169 ff.; *Backes* in StV 2008, 654; *Gierhake* in ZIS 2008, 397.

863 Vgl. nur Übersichten bei *Paeffgen* in NK-StGB § 89a Rn. 5 (Fn. 18) und *Gazeas* in: AK-StGB, § 89a Rn. 6 (Fn. 32).

864 *Becker* in Kriminalistik 2010, 568; *Beck* in: FG-Paulus (2009), S. 26 ff.; *Sieber* in NStZ 2009, 353, 357 f. und 363 f.; *Zöller* in: SK-StGB, § 89a Rn. 5; *Fischer*, StGB, § 89a Rn. 8; *Gierhake* in ZIS 2008, 397, 402; *Heinrich* in ZStW 121 (2009), 94, 123; *Radtke/Steinsiek* in ZIS 2008, 383, 387; *Schäfer* in: MüKo-StGB, § 89a Rn. 5; vgl. auch *Steinsiek*, Terrorabwehr durch Strafrecht?, S. 145.

865 Bsp. bei *Herzberg/Hoffmann-Holland* in: MüKo-StGB, § 22 Rn. 114 ff.

866 Vgl. *Maurach/Gössel/Zipf*, Strafrecht AT II, S. 5 f.; *Zaczyk* in: NK-StGB, § 22 Rn. 3; *Eser* in: Schönke/Schröder, Vor. § 22 Rn. 13; *Fischer*, StGB, § 22 Rn. 3 ff.; *Hillenkamp* in: LK-StGB, Vor. § 22 Rn. 5 ff.; *Gierhake* in ZIS 2008, 397 f. (s. a. Nachweise in Fn. 4); *Deckers/Heusel* in ZRP 2008, 169, 170; *Jescheck/Weigend*, Strafrecht AT, S. 518 ff.

durch die in den letzten Jahrzehnten verstärkt stattgefundene Ausweitung abstrakter Gefährdungsdelikte gezeigt hat.[867] Zur Legitimation der Strafbewehrung von Vorbereitungshandlungen komme es auf zwei wesentliche Merkmale an: zum einen auf den Rang des jeweils zu schützenden Rechtsguts, zum anderen auf eine erhöhte Gefährlichkeit, die bereits der schlichten Vorbereitungshandlung innewohnen müsse.[868] Insbesondere letzteres wird im Hinblick auf die Vielzahl gänzlich neutraler, sozialadäquater Handlungen, die durch jene neu eingeführten Straftatbestände pönalisiert werden, in der Literatur stark bezweifelt: Zur Veranschaulichung wird hierzu häufig ein Vergleich der Normen des GVVG mit § 30 StGB sowie den §§ 129a, 129b StGB gezogen. Während diese Tatbestände, die ebenfalls rein vorbereitende Verhaltensweisen unter Strafe stellten, ihre Legitimation aus der besonderen Gefährlichkeit gruppendynamischer Prozesse zögen und der daraus folgenden erhöhten Wahrscheinlichkeit, dass aus solchen Zusammenschlüssen heraus Straftaten begangen würden, fehle diese Art der Gefährlichkeit bei den Tatbeständen des GVVG gerade.[869] Die Strafbewehrung von Vorbereitungshandlungen nicht-organisierter Einzeltäter stelle demnach eine Umwälzung von Fundamentalprinzipien dar.[870] Wenn durch die neuen Straftatbestände somit keine besonders gefährlichen Verhaltens- oder Organisationsformen bestraft würden, dann bleibe nur noch die subjektive Ebene zur Herstellung des Gefährlichkeitserfordernisses: die gefährliche Motivation des Täters.[871] Ein zur Unrechtsbegründung ausschließliches Anknüpfen hieran stünde aber in deutlichem Widerspruch zur generellen Tatorientierung des StGB. Besondere subjek-

---

867 Vgl. hierzu *Zöller* in: SK-StGB, § 89a Rn. 5; *Heinrich* in ZStW 121 (2009), 94, 115; vgl. auch bereits *Hassemer* in ZRP 1992, 378, 381.

868 So *Radtke/Steinsiek* in ZIS 2008, 383, 387 und 390; vgl. ferner BVerfG NJW 1994, 1577, 1586; *Deckers/Heusel* in ZRP 2008, 169, 170 ff.

869 *Zöller* in: SK-StGB, § 89a Rn. 5; vgl. ferner: BGH NJW 1972, 172 ff.; NJW 1992, 1518; NJW 2010, 3042, 3044; *Schäfer* in: MüKo-StGB, § 129 Rn. 4; *Rudolphi/Stein* in: SK-StGB, § 129 Rn. 3; *Backes* in StV 2008, 654, 655; *Gierhake* in ZIS 2008, 397; *Radtke/Steinsiek* in JR 2010, 107, 108; *dies.* in ZIS 2008, 383, 390 *Becker* in Kriminalistik 2010, 568, 569; *Zöller* in GA 2010, 607, 617; *Sieber* in NStZ 2009, 353, 361; *Weißer* in ZStW 121 (2009), 131, 137 f.

870 So *Gierhake* in ZIS 2008, 397 f.; siehe aber auch *Sternberg-Lieben* in: Schönke/Schröder, § 89a Rn. 1 f., wonach der Vorbereitungstäter in der Regel kein Einzelkämpfer sein werde, da hinter ihm eine, wenn auch unstrukturierte, „Interessengemeinschaft" stehe, deren Ziele er entweder teile oder denen er sich unterwerfe.

871 *Radtke/Steinsiek* in ZIS 2008, 383, 393; *Beck* in: FG-Paulus (2009), S. 27 ff.; *Gierhake* in ZIS 2008, 397, 400 ff.

tive Elemente können stets nur zu tatsächlich rechtsgutsbeeinträchtigendem Verhalten hinzutreten, nie jedoch allein oder nur in Verbindung mit neutralem Verhalten Strafe begründen.[872] Viele erblicken in den Straftatbeständen des GVVG daher zumindest stellenweise ein mit dem Schuldprinzip und dem Verhältnismäßigkeitsgrundsatz nicht zu vereinbarendes Gesinnungs- bzw. Täterstrafrecht.[873] Hierzu trage ferner, jedenfalls bei § 89a StGB, auch die Höhe der Strafandrohung bei, die im Verhältnis zur vorgesehenen Vorverlagerung deutlich zu weit geraten sei.[874]

Auch bezüglich der Bestimmtheit der §§ 89a ff. StGB werden vielfach schwerwiegende Bedenken geäußert.[875] Es finde sich in diesen Normen eine regelrechte Bündelung unbestimmter Rechtsbegriffe. Durch deren gehäufte Verwendung werde dem Bestimmtheitsgebot aus Art. 103 Abs. 2 GG, das für den Durchschnittsbürger Vorhersehbarkeit hinsichtlich Anwendbarkeit der Norm sowie Art der Strafe und des Strafrahmens verbürgen solle, nicht mehr Genüge getan.[876] Die Gesetzesbegründung helfe bei der Auslegung vielfach nicht weiter.[877] Auch die soeben dargestellte

---

872 Vgl. *Dencker* in StV 1988, 262, 263; *Jakobs* in ZStW 97 (1985), 751, 761 f.: „Die Frage nach den Interna ist nur zur Interpretation sowieso schon störender Externa erlaubt. (...) Ein Verhalten, das erst auffällt, wenn man die Interna des Täters kennt, darf nie als Delikt behandelt werden; denn Strafgrund wären ansonsten einzig die Interna."

873 Ausführlich hierzu *Steinsiek*, Terrorabwehr durch Strafrecht?, S. 239 ff. und 247 f.; *Radtke/Steinsiek* in ZIS 2008, 383, 392 ff.; *Sieber* in NStZ 2009, 353, 360; *Landau* in ZStW 121 (2009), 965, 967; *Paeffgen* in NK-StGB § 89a Rn. 2; *ders.* in: FS-Amelung (2009), 112; *Pawlik* in FAZ vom 25.02.2008, 40; *ders.*, Terrorist, S. 35; *Gazeas* in: AK-StGB, § 89a Rn. 7; *Schäfer* in: MüKo-StGB, § 89a Rn. 7; *Fischer*, StGB, § 89a Rn. 35 f.; *Rackow* in: FS-Maiwald (2010), S. 626 ff.; vgl. auch *Heinrich* in ZStW 121 (2009), 94, 117 f.

874 *Radtke/Steinsiek* in ZIS 383, 390 ff.; *Zöller* in: SK-StGB, § 89a Rn. 5, 41; *Paeffgen* in NK-StGB § 89a Rn. 53a; *Gazeas* in: AK-StGB, § 89a Rn. 73; *Schäfer* in: MüKo-StGB, § 89a Rn. 77; *Fischer*, StGB, § 89a Rn. 45; *Sternberg-Lieben* in: Schönke/Schröder, § 89a Rn. 1c.

875 *Radtke/Steinsiek* in ZIS 383, 388 f.; *Backes* in StV 2008, 654, 659; *Gazeas* in: AK-StGB, § 89a Rn. 9; *Gazeas/Grosse-Wilde/Kießling* in NStZ 2009, 593, 597; *Zöller* in: SK-StGB, § 89a Rn. 6; *ders.* in StV 2012, 364, 370; *ders.* in GA 2010, 607, 615; *Sieber* in NStZ 2009, 353, 359; *Beck* in: FG-Paulus (2009), S. 23 ff.; *Fischer*, StGB, § 89a Rn. 7, 29, 36.; *Landau* in ZStW 121 (2009), 965, 967; *Becker* in Kriminalistik 2010, 568, 569.

876 So etwa *Zöller* in: SK-StGB, § 89a Rn. 6.

877 So etwa beim „nicht unerheblichen Vermögenswert" gem. § 89a Abs. 2 Nr. 4 StGB, siehe *Beck* in: FG-Paulus (2009), S. 25 f.: „Nicht unerheblich können auch solche Vermögenswerte sein, die isoliert betrachtet, nicht bedeutend erscheinen

Problematik, dass die Tatbestände zum Teil auch gänzlich sozialadäquates, neutrales Verhalten erfassen, bringe erhebliche Probleme mit dem Bestimmtheitsgebot mit sich, weil objektiv nicht erkennbar werde, wann die Schwelle zur Strafbarkeit überschritten sei.[878]

Ferner wird am GVVG kritisiert, dass mit seinen Vorfeldstraftatbeständen eine Art Instrumentalisierung des materiellen Strafrechts zum Zwecke der Eröffnung strafprozessualer Ermittlungsverfahren erreicht werden solle.[879] Dies sei geradezu der Hauptzweck jener neuen Straftatbestände, da eine Anpassung des Polizeirechts zum einen an der fehlenden Gesetzgebungskompetenz des Bundes scheitere und zum anderen die Kompetenzen der StPO auch weitreichender seien.[880] Wie bereits erwähnt, wurde durch das GVVG auch eine Reihe strafprozessualer Zwangsmaßnahmen um § 89a StGB als Anlasstat erweitert.[881] Es bestehe insofern die Gefahr, dass dieser Straftatbestand durch die Strafverfolgungsbehörden als „Hebel" für die Durchführung von Ermittlungen missbraucht werde, die letztlich wegen anderer Straftaten (z. B. §§ 211, 212, 129a, 129b StGB) geführt wer-

---

(...), jedoch im Rahmen einer wertenden Gesamtschau einen nicht unbedeutenden Beitrag zur Vorbereitung der schweren Gewalttat leisten (...). Dabei muss der Täter nicht sicher wissen und es muss ihm nicht darauf ankommen, dass seine finanzielle Unterstützung einen nicht unerheblichen Beitrag für eine schwere Gewalttat darstellt."

878 *Gazeas* in: AK-StGB, § 89a Rn. 9.

879 *Zöller* in: SK-StGB, § 89a Rn. 7; *ders.* in StV 2012, 364, 372; *ders.* in GA 2010, 607, 620; *Schäfer* in: MüKo-StGB, § 89a Rn. 9; *Beck* in: FG-Paulus (2009), S. 31 ff.; *Backes* in StV 2008, 654, 660; *Radtke/Steinsiek* in JR 2010, 107, 109; *Prantl*, Der Terrorist als Gesetzgeber, S. 143; *Weißer* in ZStW 121 (2009), 131, 153; *Gazeas/Grosse-Wilde/Kießling* in NStZ 2009, 593; *Fischer*, StGB, § 89a Rn. 8; *Paeffgen* in NK-StGB § 89a Rn. 3; *Sieber* in NStZ 2009, 353, 354 f.; *Deckers/Heusel* in ZRP 2008, 169, 170 u. 172; sehr instruktiv auch *Rackow* in: FS-Maiwald (2010), S. 618.: „Dass das Strafrecht und seine Anwendung dazu beitragen, dass künftige Straftaten unterbleiben, verspricht man sich herkömmlich davon, dass die auf eine zurückliegende Straftat bezogene Strafe den Täter oder Dritte von zukünftigen Straftaten abhält. Solchermaßen individual- bzw. generalpräventive Wirkungen (retrospektiv ausgerichteter Strafe) unterscheiden sich aber grundlegend von der unmittelbar handgreiflichen Verhinderung schwerer Straftaten durch Festnahme des Täters in spe, welche (erst) dadurch möglich wird, dass man bestimmte Vorbereitungshandlungen bei Strafe verbietet, um dann auf Verstöße (bzw. den Verdacht von Verstößen) mit behördlichen Interventionen reagieren zu können."

880 So *Beck* in: FG-Paulus (2009), S. 31 ff.

881 Vgl. zur Übersicht *Gazeas* in: AK-StGB, § 89a Rn. 4; BT-Drs. 16/12428 S. 9.

den sollten, für die sich aber nach dem Ermittlungsstand noch kein Anfangsverdacht ergebe.[882] Ein auf § 89a StGB bezogener Anfangsverdacht solle daher vermutlich ein Türöffner für eine Reihe schwerwiegender strafprozessualer Ermittlungsinstrumente sein, mit denen Gefahren abgewehrt und Straftaten verhindert werden sollten. Ein solches Deklarieren polizeirechtlicher Eingriffstatbestände als Straftatbestände sei strikt abzulehnen.[883]

Großen Bedenken begegnet schließlich auch die in den §§ 89a Abs. 3 und 89b Abs. 3 StGB (sowie nunmehr auch in § 89c Abs. 3 StGB) abweichend zu den §§ 3 ff. StGB spezialgesetzlich geregelte Ausdehnung des deutschen Strafrechts auf Auslandssachverhalte.[884] Der völkergewohnheitsrechtlich anerkannte Nichteinmischungsgrundsatz untersage eine willkürliche Ausdehnung der nationalen Strafgewalt über die eigenen Staatsgrenzen hinaus. Eine derartige Ausdehnung sei nur dann völkerrechtskonform, wenn ihr ein sinnvoller Anknüpfungspunkt („genuine link") zugrunde liege.[885] Da es an einem solchen aber vorliegend gerade fehle, seien die Vorschriften folglich völkerrechtswidrig und nicht anzuwenden.[886] In diesem Zusammenhang werden ferner auch die in den §§ 89a Abs. 4 und 89b Abs. 4 StGB (sowie nunmehr auch in § 89c Abs. 4 StGB) vorgesehenen Ermächtigungserfordernisse durch das BMJ als sehr bedenklich eingeschätzt, da sie die Gefahr einer Vermischung von Strafverfolgungsinteressen mit außenpolitischen Erwägungen bergen.[887]

---

882 So *Zöller* in: SK-StGB, § 89a Rn. 7; vgl. auch *Rackow* in: FS-Maiwald (2010), S. 616 ff.

883 So *Gazeas* in: AK-StGB, § 89a Rn. 8.

884 *Zöller* in: SK-StGB, § 89a Rn. 32 ff.; *ders.*, Terrorismusstrafrecht, S. 576 ff. und 584; *ders.* in StV 2012, 364, 370; *Paeffgen* in NK-StGB § 89a Rn. 57; *Gazeas/Grosse-Wilde/Kießling* in NStZ 2009, 593, 600; *Deckers/Heusel* in ZRP 2008, 169, 172.

885 *Zöller* in: SK-StGB, § 89a Rn. 32 m. w. N.; *Deckers/Heusel* in ZRP 2008, 169, 172.

886 Siehe hierzu *Zöller*, Terrorismusstrafrecht, S. 576 ff. und 584; *ders.* in: SK-StGB, § 89a Rn. 33 ff.

887 Vgl. *Zöller* in: SK-StGB, § 89a Rn. 40 und § 89b Rn. 10.

b. Positionen der Befürworter des GVVG

Wenngleich das GVVG vom überwiegenden Schrifttum äußerst kritisch aufgenommenen wurde, finden sich auch einige Autoren, die es unterstützen. Der Großteil von ihnen war bei seiner Entstehung unmittelbar beteiligt,[888] sodass ihre Argumente in weiten Teilen denen des Gesetzgebers ähneln.

Im Mittelpunkt steht dabei die Ansicht, dass mit der zuvor bestehenden Rechtslage nicht mehr adäquat auf die veränderte Bedrohungssituation reagiert werden konnte, mithin Strafbarkeitslücken entstanden waren. Durch das GVVG sollte sowohl auf die gewandelten Organisationsstrukturen im islamistischen Terrorismus reagiert, als auch den Möglichkeiten der Vernetzung und des Austausches von Informationen über das Internet begegnet werden.[889] So würden die Erfahrungen der letzten Jahre zeigen, dass insbesondere im islamistischen Milieu die Vorbereitung von Terroranschlägen nicht mehr nur durch organisationsgebundene Personen erfolge. Vor dem Hintergrund der medialen Verbreitung entsprechender Ideologien sähen sich immer mehr einzelne Personen dazu veranlasst, sich mit dem Ziel einer von ihnen so definierten Teilnahme am internationalen Djihad auf die Begehung von Terroranschlägen vorzubereiten. Mit der Begründung einer Strafbarkeit derartiger Verhaltensweisen sei eine Lücke im Strafrecht geschlossen worden, die vor dem Hintergrund der aktuellen Bedrohungssituation nicht länger hinnehmbar gewesen sei. Damit sei der Gesetzgeber seinen staatlichen Schutzpflichten nachgekommen.[890] Ein Abwarten, bis entweder hinreichende Verdachtsmomente für ein Vereinigungsdelikt vorlägen oder aber die Schwelle zum strafbaren Versuch oder zum Anwendungsbereich des § 30 StGB überschritten sei, hieße einerseits die Augen vor den sich ständig wandelnden Veränderungen im Bereich des internationalen Terrorismus zu verschließen und andererseits eine nicht unerhebliche Gefährdung der Sicherheit des Staates und seiner Bürger hinzunehmen.[891]

---

888 So etwa *Uhl, Wasser, Piaszeck, Bader* und *Kauder*, vgl. *Zöller* in: SK-StGB, § 89a Rn. 4.

889 BT-Drs. 16/12428 S. 1 f. und 9 f.; BT-Drs. 16/11735 S. 2; *Griesbaum/Wallenta* in NStZ 2013, 369, 372; *Kauder* in ZRP 2009, 20 f.; *Wasser/Piaszeck* in DRiZ 2008, 315, 316; *Uhl* in DRiZ 2008, 140; *Bader* in NJW 2009, 2853, 2856.

890 So *Griesbaum/Wallenta* in NStZ 2013, 369, 372.

891 *Kauder* in ZRP 2009, 20 f.

Dass mit den gefundenen Regelungen eine sehr weite Vorverlagerung der Strafbarkeit erreicht wurde, halten die Befürworter des GVVG größtenteils für unbedenklich. Sie verweisen hierzu zunächst einmal darauf, dass die erfolgte Inkriminierung bloßer Vorbereitungshandlungen dem StGB nicht fremd sei und damit keine Systemwidrigkeit bedeute.[892] So habe der Gesetzgeber schon in anderen Fällen (gerade auch im Bereich des Staatsschutzstrafrechts) ein Strafbedürfnis für Vorbereitungshandlungen angenommen.[893] Darüber hinaus seien Art und Weise der Vorverlagerung auch verhältnismäßig. Hierzu trage neben der großen Bedeutung der zu schützenden Rechtsgüter die besonders hohe Gefährlichkeit dieser Tätergruppe bei.[894] Bei den nunmehr unter Strafe gestellten Verhaltensweisen lasse der Täter bereits in einem sehr frühen Stadium erkennen, dass er eine entsprechende Rechtsgüterverletzung zumindest in Kauf nehme und/oder unterstütze. Die Dezentralisierung bis hin zu Einzeltätern führe ferner dazu, dass von den Tätern bereits im Vorbereitungsstadium ein nicht kalkulierbares bzw. kaum beherrschbares Risiko ausgehe.[895] In diesem Zusammenhang ist immer wieder von der besonderen Gefährlichkeit des Selbstmordattentäters die Rede. Gerade bei diesem sei die Zeitspanne zwischen Vorbereitung, Versuchsbeginn und Vollendung regelmäßig sehr kurz, sodass es eines möglichst frühzeitigen Einsetzens des Strafrechts bedürfe.[896]

Dass die besondere Gefährlichkeit in den Tatbeständen der §§ 89a ff. StGB nur über die Zugrundelegung spezieller subjektiver Elemente erzielt werden kann, wird nicht kritisiert.[897] Im Gegenteil müsse Ausgangspunkt der Beurteilung der Vorbereitungshandlungen gerade die subjektive Tatseite des handelnden Täters sein. Auf diese Weise werde der Vorwurf entkräftet, dass hiermit „Alltagshandlungen" bzw. rechtsgutsneutrale Handlungen kriminalisiert würden, weil eben nicht auf die rein äußere Erschei-

---

892 *Kauder* in ZRP 2009, 20, 21; *Wasser/Piaszeck* in DRiZ 2008, 315, 319; *Bader* in NJW 2009, 2853, 2854.

893 *Wasser/Piaszeck* in DRiZ 2008, 315, 319.

894 *Bader* in NJW 2009, 2853, 2854 f.; *Wasser/Piaszeck* in DRiZ 2008, 315 ff. u. 319; *Becker/Steinmetz* in: Matt/Renzikowski-StGB, § 89a Rn. 4; *Kauder* in ZRP 2009, 20, 21; *Uhl* in DRiZ 2008, 140; dies ebenfalls, zumindest bei restriktiver Auslegung der Tatbestandsmerkmale bejahend: *Hungerhoff*, Vorfeldstrafbarkeit, S. 69.

895 So *Bader* in NJW 2009, 2853, 2854 f.

896 BT-Drs. 16/12428, S. 1; *Bader* in NJW 2009, 2853, 2855; *Wasser/Piaszeck* in DRiZ 2008, 315, 316; *Hungerhoff*, Vorfeldstrafbarkeit, S. 54.

897 *Kauder* in ZRP 2009, 20, 21; *Wasser/Piaszeck* in DRiZ 2008, 315, 320.

nungsform abgestellt werden dürfe.[898] Der subjektiven Tatbestandsseite soll folglich eine strafbegrenzende Funktion innewohnen.[899] Um praxistauglich zu bleiben, soll es nach dem Willen des Gesetzgebers allerdings bei § 89a StGB nicht auf eine konkrete Anschlagsabsicht ankommen.[900] Weder müsse diese im Sinne eines *dolus directus* ersten Grades vorliegen,[901] noch müsse sich der Vorsatz auf ein im Detail geplantes Verbrechen beziehen. Es genüge, dass der Deliktstyp der vorbereiteten Tat hinreichend bestimmt sei.[902] Dem bereits während des Gesetzgebungsverfahrens immer wieder erhobenen Vorwurf, die besondere Bedeutung der subjektiven Tatseite rücke die Straftatbestände des GVVG in die Nähe verfassungswidrigen Gesinnungs- bzw. Täterstrafrechts, wird entgegnet, dass Anknüpfungspunkt der Strafbarkeit nicht allein der bloße Plan des Täters sei, sondern der Täter selbst und seine konkreten Handlungen zur Vorbereitung einer Tat.[903] Nicht Gedanken, sondern deren rechtsgutsgefährdende Betätigung würden durch das GVVG unter Strafe gestellt.[904]

Auch bezüglich der vom Gesetzgeber getroffenen Rechtsfolgen seien die neuen Normen nicht unverhältnismäßig: Sozialadäquanzklauseln, die Zulassung tätiger Reue und die Normierung minder schwerer Fälle ließen ausreichend Spielraum für eine einzelfallgerechte Beurteilung.[905]

Im Übrigen widersprechen die Befürworter des GVVG der Vermutung der h. L. nicht, dass ein wesentlicher Grund für die Einführung jener Strafnormen in der Ermöglichung der Aufnahme von Ermittlungstätigkeiten liegen könnte, sondern begrüßen dies gerade.[906] Bereits im Gesetzentwurf der Bundesregierung heißt es hierzu:

„So wäre es schwer vermittelbar, wenn Strafverfolgungsbehörden zunächst von der Festnahme einer Person, die bereits konkrete Anschlagsvorbereitungen getroffen hat (sich zum Beispiel explosionsgefährliche Stoffe in erhebli-

---

898 So etwa *Kauder* in ZRP 2009, 20, 21.
899 Vgl. kritisch zum Referentenentwurf: *Radtke/Steinsiek* in ZIS 2008, 383, 390.
900 Vgl. Ausführungen bei *Zöller* in: SK-StGB, § 89a Rn. 31 m. w. N.
901 *Zöller* in: SK-StGB, § 89a Rn. 30; *Schäfer* in: MüKo-StGB, § 89a.
902 *Kauder* in ZRP 2009, 20, 21; *Uhl* in DRiZ 2008, 140.
903 *Bader* in NJW 2009, 2853, 2855; *Hungerhoff*, Vorfeldstrafbarkeit, S. 55; *Wasser/Piaszeck* in DRiZ 2008, 315, 319.
904 *Becker/Steinmetz* in: Matt/Renzikowski-StGB, § 89a Rn. 4.
905 *Becker/Steinmetz* in: Matt/Renzikowski-StGB, § 89a Rn. 4; *Hungerhoff*, Vorfeldstrafbarkeit, S. 57 ff.
906 *Uhl* in DRiZ 2008, 140; *Bader* in NJW 2009, 2853, 2855; *Wasser/Piaszeck* in DRiZ 2008, 315, 319.

chem Umfang beschafft hat), absehen müssten, da das Stadium des strafbaren Versuchs möglicherweise noch nicht erreicht und somit eine Verurteilung im Falle eines Zugriffs fraglich wäre. Ziel des Gesetzes ist es daher, bestimmte Fälle im Bereich der Vorbereitungshandlungen von organisatorisch nicht gebundenen Gewalttätern zu erfassen, die bislang strafrechtlich nicht verfolgt werden können."[907]

Nach einer Ansicht erscheint zudem die Durchführung von Ermittlungen im Vorfeld terroristischer Straftaten auf dem Boden der Strafprozessordnung mit ihren tendenziell umfassenden Verfahrensgarantien grundrechtsschonender verortet.[908]

Schließlich werden auch die Probleme hinsichtlich der Bestimmtheit der Normen bestritten. Die Bestimmungen des GVVG seien einer vorhersehbaren Auslegung zugänglich.[909] Die neuen Straftatbestände legten nicht nur die Tatfolgen, sondern auch deren tatbestandliche Voraussetzungen mit ausreichender Bestimmtheit fest. Dies gelte insbesondere da, wo Formulierungen Verwendung fänden, die aus geltenden Strafnormen übernommen und insoweit bereits durch die Rechtsprechung konkretisiert worden seien. Die §§ 89a ff. StGB erlaubten dem Normadressaten eine Prognose dahin, ob ein bestimmtes Verhalten strafbar sei.[910]

c. BGH zur Verfassungsmäßigkeit von § 89a StGB

Der 3. Strafsenat des BGH hatte über die Revision eines Angeklagten zu entscheiden, der in erster Instanz vom LG Frankfurt a. M. wegen Vorbereitung einer schweren staatsgefährdenden Gewalttat gem. § 89a Abs. 1, Abs. 2 Nr. 3 StGB in Tateinheit mit fahrlässiger Herbeiführung einer Sprengstoffexplosion gem. § 308 Abs. 1 und Abs. 6 StGB zu einer Freiheitsstrafe von drei Jahren verurteilt wurde.[911] Im Rahmen der Prüfung des Urteils ging der BGH den von der Revision geäußerten Zweifeln an der Verfassungsmäßigkeit des § 89a StGB nach und erörterte die Frage, ob diesbezüglich ein Normenkontrollverfahren gem. Art. 100 Abs. 1 S. 1 GG

---

907 BT-Dr. 16/11735 S. 10.
908 *Wasser/Piaszeck* in DRiZ 2008, 315, 319.
909 *Becker/Steinmetz* in: Matt/Renzikowski-StGB, § 89a Rn. 4; s. a. *Uhl* in DRiZ 2008, 140.
910 *Bader* in NJW 2009, 2853, 2855.
911 LG Frankfurt a. M., Urt. v. 27.02.2013 – 5/30 KLs – 6120 Js 208420/11 (8/12), BeckRS 2014, 18021.

einzuleiten sei. Im Einklang mit der bis dahin ergangenen obergerichtlichen Rechtsprechung[912] kam er dabei zu dem Ergebnis, dass § 89a StGB weder gegen das Bestimmtheitsgebot gem. Art. 103 Abs. 2 GG noch – jedenfalls bei verfassungskonformer Auslegung des subjektiven Tatbestandes – gegen den verfassungsrechtlichen Grundsatz der Verhältnismäßigkeit verstoße.[913]

Die Ausführungen des BGH zum Bestimmtheitsgebot fielen dabei relativ knapp aus: § 89a StGB genüge dem Bestimmtheitsgebot, da die Vorschrift trotz einer Vielzahl von Tatbestandsmerkmalen, die der Auslegung bedürfen, dem Normadressaten insgesamt noch eine ausreichende Prognose dahin erlaube, ob ein bestimmtes Verhalten strafbar ist. Nach dem Hinweis des Gesetzgebers könne auf die höchstrichterlichen Entscheidungen zu anderen Gesetzen zurückgegriffen werden, durch welche die einzelnen tatbestandlichen Elemente bereits eine Konturierung erfahren hätten. Daher gewährleiste der Gesetzeswortlaut eine Auslegung der Vorschrift, die dem Normunterworfenen deren Inhalt erkennbar mache. Ferner werde die Tathandlung des Vorbereitens durch die abschließende Aufzählung der Tatvarianten in § 89a Abs. 2 Nr. 1-4 StGB näher eingegrenzt, was wesentlich dazu beitrage, dass die Grenze zwischen strafbarem und straflosem Verhalten erkennbar werden könne.[914]

Deutlich umfangreicher äußerte sich der BGH zur Frage, ob § 89a StGB auch dem verfassungsrechtlichen Grundsatz der Verhältnismäßigkeit entspreche: Zunächst stellte er hierzu fest, dass der Gesetzgeber mit dem Ziel die Verfolgung der Vorbereitung schwerwiegender Straftaten und damit deren Verhinderung zu erreichen, keinen verfassungswidrigen Zweck verfolgte.[915] In Anbetracht des weiten Beurteilungsspielraums des Gesetzgebers sei gerichtlich nicht zu überprüfen, ob er mit dem gewählten Mittel die zweckmäßigste, vernünftigste oder gerechteste Lösung getroffen habe, sondern einzig, ob hierdurch die Verfassung verletzt werde. Danach sei es vorliegend unzweifelhaft, dass mit Hilfe der Norm der vom Gesetzgeber erstrebte Erfolg gefördert werden könne. Hinsichtlich der Frage, ob dies auch durch mildere Mittel erreicht werden könne, sei nicht ersichtlich,

---

912 Vgl. OLG Stuttgart, Beschl. vom 04.02.2014 – 4 Ws 16/14, BeckRS 2014, 18036; OLG Karlsruhe NStZ 2012, 390; KG StV 2012, 345, 346 ff.
913 BGH NJW 2014, 3459.
914 BGH NJW 2014, 3459, 3460 f.
915 BGH NJW 2014, 3459, 3461.

dass der Gesetzgeber mit dem gewählten Mittel die Grenzen seines ihm von Verfassung wegen eingeräumten Spielraums überschritten habe.[916]

Auch die Verhältnismäßigkeit im engeren Sinne sei nach Auffassung des BGH gewahrt. Hierzu trage neben den hochrangigen Rechtsgütern, die von § 89a StGB geschützt werden sollen, auch der weite Strafrahmen mit seinen Milderungsmöglichkeiten (minder schwerer Fall, tätige Reue) bei. Selbst die mögliche Höchststrafe von 10 Jahren sei nicht in allen Fällen unangemessen.[917] Ferner sei, wie die in den letzten Jahrzehnten erfolgte stetige Ausweitung der Verfolgung von „Vorfeldkriminalität" durch Einführung entsprechender Tatbestände zeige, die Vorverlagerung der Strafbarkeit in das Stadium der Deliktsvorbereitung dem materiellen deutschen Strafrecht nicht fremd (vgl. §§ 80, 83, 87, 149, 202c, 234a Abs. 3, 263a Abs. 3, 275, 310, 316c Abs. 4 StGB).[918]

Aus Sicht des Senats sei in der Regelung zudem kein singuläres Sonderstrafrecht enthalten: Weder handele es sich um ein reines Gesinnungs- noch um ein Täterstrafrecht. So sei es den vom Gesetzgeber unter Strafe gestellten Vorbereitungsdelikten dem Grunde nach gemein, dass objektive, äußere, unter Umständen für sich genommen neutrale Handlungen erst im Zusammenhang mit dem subjektiven Kontext, den Plänen und Absichten des Täters, strafbares Unrecht begründen. Ähnliches gelte für die Rolle des Tatentschlusses bei der Versuchsstrafbarkeit oder bei Delikten mit überschießender Innentendenz wie Diebstahl oder Betrug. Maßgebend komme hinzu, dass die Strafandrohung im Falle des § 89a StGB an ausreichend konkret umschriebene Tathandlungen anknüpfe, die in Verbindung mit den tatbestandlich vorausgesetzten Beweggründen, die dem Tun des Täters zu Grunde liegen, bereits eine Gefahr für die genannten Rechtsgüter begründeten. Unter Strafe gestellt seien somit nicht bestimmte Gedanken, sondern deren rechtsgutsgefährdende Betätigung.[919]

Die Unverhältnismäßigkeit der Vorschrift folge auch nicht daraus, dass die vom Täter ins Auge gefasste vorbereitete Tat i. S. d. § 89a Abs. 1 StGB in seinen Vorstellungen noch nicht im Einzelnen konkretisiert sein muss. Nach dem Willen des Gesetzgebers setze § 89a Abs. 1 StGB nicht voraus, dass der Täter ein schon im Detail geplantes Verbrechen vorbereitet. Danach brauchten weder die konkrete Art der Ausführung noch Zeit und Ort

---

916 BGH NJW 2014, 3459, 3462.
917 BGH NJW 2014, 3459, 3462.
918 BGH NJW 2014, 3459, 3462 f.
919 BGH NJW 2014, 3459, 3463 f.

sowie potenzielle Opfer festgelegt zu sein. Vielmehr solle es genügen, dass der Deliktstyp der vorbereiteten Tat hinreichend bestimmt sei. § 89a StGB solle in dieser Hinsicht weiterreichen als etwa die Strafausdehnungsvorschrift des § 30 StGB. Ob die Anknüpfung der Strafbarkeit allein an eine derart vage Vorstellung von der vorbereiteten Tat dem Verhältnismäßigkeitsgrundsatz noch genügen könnte, sei nach Auffassung des BGH von ihm nicht zu entscheiden, da die entsprechenden Erwägungen des Gesetzgebers schon aus einfach-rechtlichen Gründen in der praktischen Rechtsanwendung nicht vollständig umgesetzt werden könnten. Bereits die Gesetzessystematik schließe aus, es für die Begründung der Strafbarkeit genügen zu lassen, dass der Täter in sein Vorstellungsbild lediglich den allgemeinen Deliktstypus der von ihm vorbereiteten Tat aufnehme. Die Vorbereitungshandlungen des Täters müssten auf die Begehung einer schweren staatsgefährdenden Gewalttat i. S. d. § 89a Abs. 1 S. 2 StGB gerichtet sein. Systematisch unabdingbar sei es deshalb, dass die geplante Tat jedenfalls bereits so weit konkretisiert sei, dass überprüft werden könne, ob sie die Voraussetzungen der Staatsschutzklausel erfülle. Hieraus folge, dass es Feststellungen bedürfe, die ausreichen, um daraus entnehmen zu können, dass die ins Auge gefasste Tat neben den in § 89a Abs. S. 2 StGB aufgeführten Deliktstypen auch die dort genannten weiteren Voraussetzungen der Norm erfülle. Weitergehende, über das dargelegte Maß hinausgehende Anforderungen an die Konkretisierung der künftigen Tat – etwa mit Blick auf Tatort, Tatzeit und Tatopfer – ergäben sich weder aus dem Gesetzeswortlaut noch nach dem Gesetzeszweck; auch von Verfassung wegen seien sie nicht zu fordern.[920]

Im Ergebnis sieht der BGH jedoch, dass durch § 89a StGB – jedenfalls in Teilen – auch objektiv neutrale Verhaltensweisen unter Strafe gestellt würden, die für sich genommen unverdächtig sowie sozialadäquat seien und sich allein wegen der mit ihnen verbundenen, auf irgendeine Weise manifest gewordenen Intention des Täters als tatbestandsmäßig erwiesen. Daher sei die Grenze zur Unverhältnismäßigkeit überschritten, wenn es zur Begründung der Strafbarkeit auf der subjektiven Tatseite lediglich erforderlich wäre, dass es der Täter nur für möglich hält und billigend in Kauf nimmt, das von ihm ins Auge gefasste Vorhaben auch umzusetzen. Zur Wahrung der Grundsätze des Tatstrafrechts sowie des Schuldprinzips sei daher eine verfassungskonforme Einschränkung des subjektiven Tatbe-

---

920 BGH NJW 2014, 3459, 3465.

stands vonnöten, wonach der Täter bei der Vornahme der in § 89a Abs. 2 StGB normierten Vorbereitungshandlungen zur Begehung der schweren staatsgefährdenden Gewalttat bereits fest entschlossen sein müsse. Bezüglich des „Ob" der Begehung einer schweren staatsgefährdenden Gewalttat genüge bedingter Vorsatz somit nicht.[921]

d. Stellungnahme

aa. Das Problem der rechtsgutsneutralen Tathandlungsvarianten

Wie bereits angeklungen, führt die mit den §§ 89a, 89b und 91 StGB sowie den durch das GVVG-Änderungsgesetz eingeführten Tatbeständen des § 89a Abs. 2a StGB und § 89c StGB verfolgte, extrem weite Vorverlagerung der Strafbarkeit zu einer Kriminalisierung einer Reihe objektiv neutraler, sozialadäquater, teilweise gar wünschenswerter Verhaltensweisen. Nicht zu verkennen ist dabei zunächst, dass aufgrund der Vielzahl neu inkriminierter Handlungsformen kaum alle Normen und Tatbestandsvarianten des GVVG pauschal beurteilt werden können. Soweit sich unter den normierten Tathandlungsvarianten auch solche finden lassen, denen eine originäre Grundgefährlichkeit innewohnt, ihnen folglich ein eigener spezifischer Unrechtsgehalt zugesprochen werden kann, so mag diesbezüglich eine andere Bewertung möglich sein.[922] Bei Betrachtung der Normen fällt allerdings auf, dass sich unter den Wortlaut der genannten Vorfeldhandlungen oftmals zumindest auch objektiv neutrale, für das zu schützende Rechtsgut ungefährliche Verhaltensweisen subsumieren lassen: Als Beispiele können hier etwa das Unterweisen bzw. das Sich-Unterweisen-Lassen in „sonstigen Fertigkeiten" gem. § 89a Abs. 2 Nr. 1 StGB genannt werden, worunter auch „die Absolvierung der Führerscheinprüfung, das Erlernen von Fremdsprachen, die Ableistung der Grundausbildung bei der Bundeswehr" oder „die Steigerung der körperlichen Fitness"[923] fallen kann oder die Einbeziehung inhaltlich neutraler Schriften bei § 91 Abs. 1

---

921 BGH NJW 2014, 3459, 3465 f.
922 Siehe diff. *Sternberg-Lieben* in: Schönke/Schröder, § 89a Rn. 1d.
923 Vgl. *Zöller* in: SK-StGB, § 89a Rn. 22; weitere Beispiele bei *Deckers/Heusel* in ZRP 2008, 169, 171; *Montag* in DRiZ 2008, 141; *Radtke/Steinsiek* in ZIS 2008, 383, 388; *Gazeas/Grosse-Wilde/Kießling* in NStZ 2009, 593, 597; *von Heintschel-Heinegg* in: BeckOK-StGB, § 89a Rn. 12.

Nr. 1 und Nr. 2 StGB, wie etwa „Unterlagen zum Erwerb einer Fahrerlaubnis, eines Flugscheins, einer gängigen Waffenzeitschrift, eines Handbuchs für Mobiltelefone".[924] Zwar kann eine Einschränkung dieser und vergleichbarer Tathandlungsvarianten im Wege einer verfassungskonformen Auslegung überlegt werden, wonach, um bei den Beispielen zu bleiben, gem. § 89 Abs. 1 Nr. 1 StGB nur solche Fertigkeiten erfasst sind, denen ein spezifischer Bezug zur Begehung gefährlicher Gewalttaten anhafte[925] oder der Anwendungsbereich der „Schriften" gem. § 91 Abs. 1 Nr. 1 und Nr. 2 StGB auf gewaltinitiierende, -legitimierende oder -fördernde Schriften[926] zu beschränken wäre. In Anbetracht des sich gerade in der festgelegten Weite der erwähnten Tatbestände äußernden gesetzgeberischen Willens wird dies jedoch allenfalls teilweise gelingen.[927]

Diesen Willen hat der Gesetzgeber durch das GVVG-Änderungsgesetz von 2015 erneut bestätigt: § 89a Abs. 2a StGB wurde „als formelles Unternehmensdelikt gemäß § 11 Nummer 6 StGB ausgestaltet. Hiernach ist als Unternehmen einer Tat deren Versuch und deren Vollendung anzusehen". Im Ergebnis bedeutet dies, dass der bloße Versuch des Reisens zur strafrechtlichen Verfolgung ausreicht, es also nur darauf ankommt, ob „die Ausreise aus der Bundesrepublik Deutschland ohne weitere Zwischenschritte unmittelbar bevorsteht".[928] Dass das Verlassen des deutschen Staatsgebietes in einem Zug, rein objektiv betrachtet, keinerlei Rechtsgutsrelevanz aufweist, ist schwerlich zu bestreiten. Dass diese für sich genommen vollkommen harmlose Handlung aber bereits in ihrem Versuchsstadium strafrechtserheblich sein soll, macht deutlich, wie wenig den Gesetzgeber die in der Literatur, aber auch die in der von der Bundesregierung selbst eingesetzten Kommission zur Überprüfung der Sicherheitsgesetzgebung geäußerte Kritik[929] zur Kriminalisierung rechtsgutsneutralen Verhaltens berührt. Er hält es nicht einmal für notwendig, in seiner Geset-

---

924 Vgl. *Schäfer* in: MüKo-StGB, § 91 Rn. 20 und 11; ferner *Fischer*, StGB, § 91 Rn. 19; *Gazeas* in: AK-StGB, § 91 Rn. 5; *Zöller* in: SK-StGB, § 91 Rn. 7 und 12.

925 So Auffassung von *Zöller* in: SK-StGB, § 89a Rn. 22.

926 *Zöller* in: SK-StGB, § 91 Rn. 7.

927 Vgl. hierzu: *Gazeas* in: AK-StGB, § 89a Rn. 32 ff.; *Schäfer* in: MüKo-StGB, § 89a Rn. 41; *Gazeas/Grosse-Wilde/Kießling* in NStZ 2009, 593, 597 f.; *Zöller* in: SK-StGB, § 91 Rn. 7; BT-Drs. 16/12428 S. 18.

928 Vgl. BT-Drs. 18/4087 S. 10 f.

929 Vgl. Regierungskommission-Sicherheitsgesetzgebung (2013), S. 55 (bmi.bund. de).

zesbegründung zum GVVG-Änderungsgesetz hierzu Stellung zu nehmen.[930]

Das Problem der Rechtsgutsneutralität einer Vielzahl der Vorfeldstraftatbestände lässt weder die Befürworter des GVVG noch den BGH an der Legitimität der Normen zweifeln. Ihrer Auffassung nach stellen die Strafbewehrung schlichter Vorbereitungshandlungen bzw. von Delikten mit sog. überschießender Innentendenz kein Novum im deutschen Strafrecht dar, womit auch die neuen Regelungen systemkonform seien.[931] Bezogen auf die vorliegende Problematik erweist sich dieser Einwand allerdings als wenig sachdienlich. Zum einen sagt der Hinweis auf die bisherige Praxis wenig über deren Legitimität aus, zum anderen sind insbesondere die vom BGH genannten Beispiele nicht mit den Regelungen des GVVG vergleichbar. Die Strafbarkeit der Vorbereitung des Angriffskrieges gem. § 80 StGB soll beispielsweise belegen, dass die Vorverlagerung des Strafrechts in den Bereich der Vorbereitung von Rechtsgutsverletzungen nicht ohne Weiteres mit dem Grundgesetz unvereinbar sei. Auch wenn dies eine mit dem Regelungsbereich des § 89a StGB nicht unmittelbar vergleichbare Konstellation betreffe, lasse sich der Regelung entnehmen, dass aus verfassungsrechtlicher Sicht nichts Grundlegendes dagegen spreche, Handlungen im Vorfeld einer Rechtsgutsverletzung unter Strafe zu stellen.[932] Der Gesetzgeber zieht zur Unterstreichung der Legitimität der neuen Norm ebenfalls einen Vergleich zu § 80 StGB und meint sogar feststellen zu können, bei § 89a StGB engere Voraussetzungen geschaffen zu haben: Danach erfasse § 89a StGB im Gegensatz zu § 80 StGB nicht grundsätzlich jede Art von Vorbereitungshandlungen, sondern zähle in Absatz 2 konkret umschriebene Handlungen auf, die als Vorbereitungshandlung im Sinne des Absatzes 1 unter Strafe stünden.[933]

Der Vergleich mit § 80 StGB kann jedoch nicht überzeugen, da die beiden Normen eine unterschiedliche Deliktsnatur aufweisen. Während § 89a StGB lediglich als abstraktes Gefährdungsdelikt ausgestaltet wurde,[934]

---

930 Vgl. BT-Drs. 18/4087 S. 6 f.
931 *Kauder* in ZRP 2009, 20, 21; *Wasser/Piaszeck* in DRiZ 2008, 315, 319; *Bader* in NJW 2009, 2853, 2854; BGH NJW 2014, 3459, 3463.
932 BGH NJW 2014, 3459, 3463.
933 BT-Drs. 16/11735, S. 10.
934 *Schäfer* in: MüKo-StGB, § 89a Rn. 8; *Gazeas* in: AK-StGB, § 89a Rn. 3a; *Sternberg-Lieben* in: Schönke/Schröder, § 89a Rn. 1; *Zöller* in: SK-StGB, § 89a Rn. 8; *Kühl* in: Lackner/Kühl, § 89a Rn. 2; *Kindhäuser*, LPK-StGB, § 89a Rn. 1; *Gaze-*

muss nach allgemeiner Ansicht zur Erfüllung des § 80 StGB ein Gefährdungserfolg in Form einer konkreten Kriegsgefahr für die Bundesrepublik
Deutschland hinzutreten.[935] Der objektive Unwertgehalt des § 80 StGB erschöpft sich also nicht in der bloßen Ausführung der Vorbereitungshandlung, vielmehr muss diese in einen konkreten Unrechtserfolg münden, was
der Strafbarkeit im Ergebnis deutlich engere Grenzen setzt als die „Beschränkung" auf einen mit Generalklauseln und Auffangtatbeständen ge-
spickten Katalog von Tathandlungsvarianten. Auch soweit der BGH einen
Vergleich zu bereits vorhandenen Delikten bzw. Deliktsformen zieht, die
eine große Betonung der subjektiven Tatseite aufweisen, trägt dies nicht
zu einer Klärung der Legitimation von § 89a StGB bei. So sei es den vom
Gesetzgeber unter Strafe gestellten Vorbereitungsdelikten dem Grunde
nach gemein, dass objektive Handlungen erst im Zusammenhang mit dem
subjektiven Kontext, den Plänen und Absichten des Täters, strafbares Unrecht begründeten. Ähnliches gelte auch, wenn die Tat das Vorbereitungsstadium verlasse und den Bereich des strafbaren Versuchs erreiche. Der
dort erforderliche Tatentschluss gehe notwendigerweise über den Vorsatz
hinaus, unmittelbar zur Tat anzusetzen. Ferner enthalte das deutsche materielle Strafrecht zahlreiche Delikte wie etwa den Diebstahl oder den Betrug, die auch im Falle ihrer Vollendung eine überschießende Innentendenz aufwiesen, indem sie zum Beispiel eine bestimmte Absicht des Täters voraussetzten, die sich im objektiven Tatbestand nicht widerspiegeln
müsse.[936] Ohne Zweifel finden sich eine Reihe von Tatbeständen im deutschen Strafrecht, die der subjektiven Tatseite eine große Bedeutung beimessen, wie die vom BGH genannten Beispiele zu Recht zeigen. Übersehen wird dabei jedoch, dass sowohl beim Versuch, als auch bei Diebstahl
bzw. Betrug objektiv an Handlungen angeknüpft wird, die alles andere als
neutral für das zu schützende Rechtsgut sind. Denn nach Auffassung des
BGH selbst ist ein unmittelbares Ansetzen im Rahmen der Versuchsstrafbarkeit gegeben, wenn der Täter subjektiv die Schwelle zum „Jetzt-geht's-
los" überschreitet und objektiv zur tatbestandsmäßigen Handlung derge-

---

as/*Grosse-Wilde/Kießling* in NStZ 2009, 593, 594; *Radtke/Steinsiek* in ZIS 383,
387.

935 *Radtke/Steinsiek* in ZIS 2008, 383, 385; *Rackow* in: FS-Maiwald (2010), S. 634;
Rudolphi in: SK-StGB, § 80 Rn. 7; *Sternberg-Lieben* in: Schönke/Schröder, § 80
Rn. 7; *Schäfer* in: MüKo-StGB, § 80 Rn. 2 und 31; *von Heintschel-Heinegg* in:
BeckOK-StGB, § 80 Rn. 8; *Kühl* in: Lackner/Kühl, § 80 Rn. 3.

936 BGH NJW 2014, 3459, 3463 f.

stalt ansetzt, dass sein Tun ohne wesentliche Zwischenakte in die Tatbestandserfüllung mündet.[937] Zusätzlich zu allen subjektiven Merkmalen liegt die besondere Gefährlichkeit des unmittelbaren Ansetzens im Rahmen der Versuchsstrafbarkeit folglich gerade darin, dass hier im Unterschied zur schlichten Vorbereitung eine deutlich erhöhte Nähe zum Rechtsgut vorliegt. Auch die bei § 242 StGB und § 263 StGB erforderlichen objektiven Tatbeiträge, nämlich die fremdschädigende Wegnahmehandlung bzw. die Veranlassung der selbstschädigenden Vermögensverfügung, stellen bezogen auf das jeweils zu schützende Rechtsgut, bereits für sich genommen, also unabhängig von der subjektiven Tatseite, eine erhebliche Gefährdung dar, sodass sicherlich nicht von rechtsgutsneutralen Verhaltensweisen die Rede sein kann.

Die §§ 89 a ff. StGB lassen sich demnach, zumindest soweit sie offenkundig sozialadäquates Verhalten erfassen, nicht ohne Weiteres in die bereits bestehende Systematik einfügen. Insbesondere von den seitens des BGH genannten Beispielen unterscheiden sie sich deutlich. Die Frage, ob das von den besagten Normen erfasste „Unrecht" tatsächlich schon das Eingreifen des subsidiären strafrechtlichen Rechtsgüterschutzes rechtfertigt, bleibt daher weiterhin ungeklärt und von größter Relevanz.

bb. Das Kollektiv als konstitutives Merkmal des Terrorismus

Während der allgemein gehaltene Verweis auf die bisherige Praxis die enorme Weite der durch das GVVG verwirklichten Vorverlagerung nicht in adäquater Weise erklären und rechtfertigen kann, kann es zur Klärung der Legitimität der §§ 89 a ff. StGB möglicherweise erfolgversprechender sein, einen Vergleich zu Normen mit einem ähnlichen Regelungszweck, nämlich der Verhinderung terroristisch motivierter Gewalt, zu ziehen. Es stellt sich also die Frage, worin die Eigentümlichkeit terroristischer Kriminalität zu sehen ist, die es bereits vor Erlass des GVVG notwendig erscheinen ließ, zusätzlich zu den regelmäßig im Zusammenhang mit Terrorismus realisierten Tatbeständen (§§ 211 ff., 223 ff., 239 ff., 306 ff. usw. StGB) spezielle Strafnormen zu erlassen, die gerade auf das Vorfeld terroristisch motivierter Taten zugeschnitten sind.

---

937 BGH NStZ 1997, 83; NStZ 2001, 415, 416; NStZ 2002, 433, 435; NJW 2003, 150, 153; NJW 2003, 3068, 370.

Wie oben bereits erwähnt,[938] beschränkte sich das deutsche Terrorismusstrafrecht i. e. S. bis zum Erlass des GVVG, im Wesentlichen auf die §§ 129a und 129b StGB. Auch diese Normen befassen sich lediglich mit bloßen Vorbereitungshandlungen, indem sie bereits die Beteiligung an terroristischen Organisationen mit Strafe bewehren, ohne dass dabei schon konkret rechtsgüterverletzende Gewalttaten verwirklicht sein müssen.[939]

Nach allgemeiner Ansicht wird die hier erreichte Abweichung vom üblicherweise für Einzeltäter geltenden Grundsatz der Straflosigkeit von Vorbereitungshandlungen mit der besonderen Gefährlichkeit gruppendynamischer Prozesse begründet.[940] Zu § 129 StGB, welcher als Grundtatbestand zu den §§ 129a und 129b StGB den gleichen Unrechtsgehalt umfasst, führen *Rudolphi/Stein* aus:

> „Es sind nicht nur die von solchen Vereinigungen drohenden Straftaten aufgrund ihrer gemeinschaftlichen Begehungsweise typischerweise besonders gefährlich, sondern es ist vor allem auch die Begehungswahrscheinlichkeit erhöht, weil solche Vereinigungen in der Regel eine auf die Begehung der vom Vereinigungszweck umfassten Taten hindrängende Eigendynamik entfalten, die das persönliche Verantwortungsgefühl der einzelnen Mitglieder reduziert. Dies wiederum beruht erstens auf gruppendynamischen Prozessen, die bei den Mitgliedern individuelle Hemmungsfaktoren abbauen und nicht selten zusätzliche Motive zur Begehung von Straftaten beisteuern, zweitens auf den Organisationsstrukturen der Vereinigungen, die typischerweise zweckrational auf die Begehung von Straftaten ausgerichtet sind und dadurch ihren Mitgliedern die Planung und Ausführung der Straftaten erleichtern."[941]

Das Gefährdungspotential liege in der Möglichkeit, dass diejenigen Straftaten, die vom Vereinigungszweck erfasst seien, tatsächlich begangen würden.[942] Die Legitimation der Strafbewehrung der bloßen Beteiligung an einer terroristischen Vereinigung soll sich somit zentral aus der Gefährlichkeit speisen, die derartigen Zusammenschlüssen innewohnt. Mit den

---

938 Vgl. oben S. 195.

939 Vgl. nur *Zöller*, Terrorismusstrafrecht, S. 500.

940 *Gierhake* in ZIS 2008, 397; *Becker* in Kriminalistik 2010, 568, 569; *Radtke/Steinsiek* in JR 2010, 107, 108; *dies.* in ZIS 383, 390; *Steinsiek*, Terrorabwehr durch Strafrecht?, S. 64 ff.; *Weißer* in ZStW 121 (2009), 131, 132; *Zöller* in GA 2010, 607, 617 f.; dagegen für eine Streichung der sog. Organisationsdelikte vgl. *Cobler* in KJ 1984, 407, 410 ff.

941 *Rudolphi/Stein*, SK-StGB, § 129 Rn. 3.

942 So *Rudolphi/Stein*, SK-StGB, § 129 Rn. 3; vgl. ferner auch: BGH NJW 1979, 172 f.; NJW 1992, 1518; NStZ 1995, 340, 341; *Schäfer* in: MüKo-StGB, § 129 Rn. 2; *Ostendorf* in: NK-StGB, § 129 Rn. 5; *Hohmann* in wistra 1992, 85, 86.

angeführten Argumenten soll dargelegt werden, dass bereits zum Zeitpunkt der Gründung einer solchen Vereinigung die Wahrscheinlichkeit deutlich erhöht ist, dass die zu schützenden Rechtsgüter zukünftig verletzt werden, mithin eine größere Nähe zu ihnen besteht. Ähnlich wie bei der Abgrenzung zwischen strafloser Vorbereitung und unmittelbarem Ansetzen im Rahmen der Versuchsstrafbarkeit, könnte man sagen, dass das vorbereitende Handeln im Rahmen krimineller bzw. terroristischer Kollektive (wozu ja bereits deren Schaffung selbst zählen soll) dem unmittelbaren Ansetzen zur Tat näher steht, als die üblicherweise straflosen Vorbereitungshandlungen Einzelner, die sich weder dem Druck eines Corpsgeistes ausgesetzt sehen, noch über vergleichbare technische, finanzielle und organisatorische Mittel verfügen.

Unter anderem *Cancio Meliá* hat sich darum bemüht, die strafrechtliche Relevanz terroristischer Phänomene weiter auszudifferenzieren. Seiner Auffassung nach soll die Gefährlichkeit des Kollektivs für sich genommen noch nicht ausreichen, um spezielle Terrorismusstraftatbestände rechtfertigen zu können, da die Beschränkung auf Gefährlichkeitsaspekte ausschließlich einer polizeirechtlichen Logik entspreche. Eine eigenständige verschärfte Behandlung könne nicht nur auf das gegründet werden, was kommen könne und abgewendet werden müsse, sondern sollte, da Strafrecht eine Reaktion auf eine Tat sei, die besondere Unrechtsdimension desjenigen aufweisen, was getan worden sei.[943] Für *Cancio Meliá* bestehen die besonderen deliktischen Eigenschaften, um einen „Begriff des Terrorismus als Straftat zu formulieren", aus drei wesentlichen Elementen:[944] Notwendiger Dreh- und Angelpunkt sei dabei erstens das Kollektiv einer terroristischen Organisation, da Terrorismus bereits begrifflich politische organisierte Kriminalität sei. Dies zeige sich u. a. dadurch, dass die Empirie der Phänomene, die man als „Terrorismus" bezeichnen könne, ganz überwiegend von einer Organisation geprägt sei.[945] Dabei stelle das besondere Unrecht der (allgemeinen) organisierten Kriminalität, die Infragestellung des staatlichen Gewaltmonopols, die notwendige Grundlage des

---

943 *Cancio Meliá* in GA 2012, 1, 4 ff.; vgl. auch *ders.* in: FS-Jakobs (2007), S. 37 und 40 ff.
944 *Cancio Meliá* in GA 2012, 1, 8 ff.
945 *Cancio Meliá* in GA 2012, 1, 8; vgl. zur Beziehung zwischen Mitglied und krimineller Organisation *ders.* in: FS-Jakobs (2007), S. 44 ff.

Unrechtsbegriffs der terroristischen Straftaten dar.[946] Zweitens handele es sich bei Terrorismus um eine „Kommunikationsstrategie": Durch die Auswahl der Opfer und die mediale Multiplikation der Bedrohung solle eine militärische Konfrontation simuliert werden, wodurch die terroristische Organisation als kriegsführende Partei legitimiert und etabliert werden solle.[947] Der Mechanismus der massiven Bedrohung funktioniere aber nur, wenn schwerwiegende Straftaten gegen höchstpersönliche Rechtsgüter verübt würden. Deshalb habe es keinen Sinn politisch orientierte Organisationen in den Terrorismusbereich hineinzuziehen, wenn keine Gewalt gegen Menschen zum Aktionsprogramm der Organisation gehöre.[948] Eng hiermit verbunden ist schließlich das dritte Element, die Notwendigkeit einer politischen Zielsetzung, zu deren Erreichung die Organisation aufgebaut und die massive Bedrohung benutzt werde.[949] Ohne die politische Zielsetzung, ohne das Programm politischen Agierens, gebe es keinen Terrorismus, sondern nur schwere organisierte Kriminalität.[950] *Cancio Meliá* geht es im Ergebnis darum, die gesellschaftliche Bedeutung krimineller Organisationen im Allgemeinen und terroristischer Organisationen im Speziellen zu verdeutlichen, um hieraus diejenige Elemente herauszudestillieren, die seiner Meinung nach ihr originäres Unrecht darstellen und eine auf sie zugeschnittene Anwendung des Strafrechts rechtfertigen: „erstens, ihre kollektive Dimension; zweitens, die durch ihr Bestehen begründete besondere Bedrohung gewisser politischer Werte, die ihre Bedeutung darstellt".[951] Die Integration des Mitglieds in eine solche Organisation könne diesem daher in einer strafrechtlich relevanten Weise zugerechnet werden.[952]

Bezogen auf das vor Einführung des GVVG geltende Terrorismusstrafrecht (§§ 129a und 129b StGB), besteht folglich, jedenfalls im Hinblick auf die zentrale Bedeutung der terroristischen Vereinigung als Pönalisierungsgrundlage, überwiegend Einigkeit: Sowohl, wenn man mit der h. M. den Fokus auf die besondere Gefährlichkeit gruppendynamischer Prozesse

---

946 *Cancio Meliá* in GA 2012, 1, 9; *ders.* in: FS-Jakobs (2007), S. 48 ff. (speziell zum Terrorismus vgl. S. 50).

947 *Cancio Meliá* in GA 2012, 1, 10; zur Kommunikationsstrategie s. a. *Zöller* in GA 2010, 607, 612 f.

948 *Cancio Meliá* in GA 2012, 1, 11.

949 *Cancio Meliá* in GA 2012, 1, 12.

950 *Cancio Meliá* in GA 2012, 1, 13.

951 *Cancio Meliá* in: FS-Jakobs (2007), S. 44.

952 *Cancio Meliá* in: FS-Jakobs (2007), S. 48.

legt, als auch bei einer zusätzlichen Einbeziehung der verfolgten Ziele und der dazu verwendeten Mittel, dient das spezielle Wesen des terroristischen Kollektivs der Legitimation der Strafbarkeit bloßer Vorbereitungshandlungen seiner Mitglieder.

Die §§ 89a ff. StGB wurden nach ausdrücklich geäußertem Willen des Gesetzgebers indes gerade dazu eingeführt, auch die Vorbereitungshandlungen derjenigen Personen zu erfassen, die nicht bzw. noch nicht als Mitglieder in einer terroristischen Vereinigung organisiert sind.[953] Die soeben erörterten Eigenschaften und Besonderheiten des terroristischen Kollektivs und seiner speziellen Dynamiken können aber gerade nicht als Legitimationsgrundlage zur Bestrafung hiervon unabhängiger Einzelner herangezogen werden.

Auch der Hinweis auf die veränderte Bedrohungslage[954] ändert daran nichts. Die Beeinflussung durch moderne Medien etwa, ist trotz der vereinfachten Möglichkeiten der Verbreitung und des Konsums von einschlägigem Propagandamaterial keinesfalls mit einer tatsächlichen, persönlichen Einbindung in die Dynamiken eines Kollektivs vergleichbar. Während man sich dem zweifellos gefährlichen Einfluss von Hetzpropaganda im Internet jederzeit mit nur einem Klick wieder entziehen kann, stehen jedem freiwilligen Ausscheiden aus einer terroristischen Organisation erhebliche Risiken gegenüber. Die vielfach beschworene Dezentralisierung der hierarchischen Strukturen[955] des modernen islamistischen Terrorismus scheint manchmal geradezu nur ein Vorwand dafür zu sein, die nicht zuletzt aufgrund der Globalisierung immer undurchsichtiger werdenden Strukturen jener transnational agierenden Vereinigungen nicht mehr durchdringen zu müssen. Doch auch soweit die Feststellungen zutreffen mögen und es tatsächlich immer mehr unabhängige, ideologisch motivierte Einzeltäter geben sollte, können die soeben für das terroristische Kol-

---

953 BT-Drs. 16/12428, S. 2 u. 12; BT-Drs. 18/4087, S. 6; *Fischer*, StGB, § 89a Rn. 3; *Schäfer* in: MüKo-StGB, § 89a Rn. 1; *Gazeas* in: AK-StGB, § 89a Rn. 5; *Sternberg-Lieben* in: Schönke/Schröder, § 89a Rn. 1b.

954 BT-Drs. 16/12428 S. 1 f. und 9 f.; BT-Drs. 16/11735 S. 2; *Griesbaum/Wallenta* in NStZ 2013, 369, 372; *Kauder* in ZRP 2009, 20 f.; *Wasser/Piaszeck* in DRiZ 2008, 315, 316; *Uhl* in DRiZ 2008, 140; *Bader* in NJW 2009, 2853, 2856.

955 BT-Drs. 16/12428, S. 1 f.; Referentenentwurf des BMJ vom 21.04.2008 S. 1; vgl. auch Darstellungen bei *Steinsiek*, Terrorabwehr durch Strafrecht?, S. 48 ff.; siehe ferner *Bader* in NJW 2009, 2853, 2855 (Fn. 21) mit Hinweis auf Urteil des Staatsschutzsenats des OLG Düsseldorf vom 5.12.2007 – III-VI 10/05, S. 15, 19 ff.

lektiv aufgestellten Erwägungen auf diese nicht, auch nicht in modifizierter Form, angewendet werden. Weder kann ihnen die geschilderte Gefährlichkeit gruppendynamischer Prozesse zugerechnet werden, noch sind Einzelne dazu imstande, jene u. a. von *Cancio Meliá* zu Recht hervorgehobene „politische Kommunikationsstrategie in Gang zu setzen"[956] und der Gesellschaft als eine ernste, dauerhafte Bedrohung ihrer Werte entgegenzutreten. Denn so fürchterlich die Taten politisch motivierter Einzelner auch sein können – man denke etwa an die vom norwegischen Rechtsextremisten Breivik durchgeführten Anschläge am 22.07.2011 in Oslo und auf der Insel Utøya, denen 77 Menschen zum Opfer fielen[957] – so sind die von diesen Tätern ausgehenden Bedrohungen dennoch nicht mit denen terroristischer Organisationen vergleichbar. Letztere verdanken einen Großteil ihrer Bedrohungspotenz gerade dem Umstand, auf einen Mitgliederpool zur Ausführung ihrer Taten zurückgreifen zu können. Die „Ausschaltung" Einzelner, sei es durch Todeseintritt am Tatort oder durch anschließende Verhaftungen, bedeutet demzufolge nicht das Ende der vom Kollektiv ausgehenden Gefahr. Gerade hierin liegt ein bedeutender Teil ihrer „Kommunikationsstrategie" und ein wesensbestimmender Aspekt ihrer „Macht": Der Vorsprung gegenüber Staat und Gesellschaft, als einzige zu wissen, wann und wo der nächste Anschlag bevorsteht. Ferner trägt auch die übrige Infrastruktur, über die jene Gruppierungen verfügen, dazu bei, dass sich die Gesellschaft insgesamt von ihnen bedroht fühlen kann, ihnen mithin ein objektives Gefährdungspotential innewohnt.[958] Ein Einzeltäter kann demzufolge nach niemals „Terrorist" sein. Er kann sich eben nicht auf ein diesen Begriff überhaupt erst konstituierendes Kollektiv berufen.[959] Er mag Amokläufer, Attentäter oder Massenmörder sein, zum Terroristen fehlt ihm stets der notwendige Hintergrund, der seine Taten auf

---

956 *Cancio Meliá* in GA 2012, 1, 9.

957 Vgl. Meldung vom 10.04.2012, Redaktion Beck-Aktuell (ebibliothek.beck.de): „Massenmord: Norwegischer Attentäter Breivik ist zurechnungsfähig".

958 Letztlich ebenfalls auf ein objektives Gefährdungspotential abstellend: *Symeonidou-Kastanidou* in European Journal of Crime, Criminal Law and Criminal Justice (12) 2004, 14, 22; zustimmend *Spinellis* in: GS-Schlüchter (2002), S. 839.

959 So auch zutreffend *Cancio Meliá* in GA 2012, 1, 9; vgl. a. a. O. auch das Zitat von *Lutz/Lutz:* „For political violence to be terrorism there must be an identificable organization. An individual is unable to carry out the actions, reach the target audience, and present the political demands that are necessary to end the violence."; siehe ferner *Symeonidou-Kastanidou* in European Journal of Crime, Criminal Law and Criminal Justice (12) 2004, 14, 21: „The crimes committed are

ein durch die jeweilige Organisation vermitteltes Bedrohungsszenario bettet, das dazu in der Lage ist, eine Gesellschaft dauerhaft in ihren Grundfesten zu erschüttern. Anders ausgedrückt, kauft man es einem Einzelnen, aufgrund seines fehlenden objektiven Gefährdungspotentials schlicht nicht ab, das friedliche Zusammenleben aller und die herrschende Gesellschaftsordnung jenseits der von ihm, aber auch von jedem anderen, stets realisierbaren Einzeltaten, ernsthaft bedrohen zu können.

cc. Die besondere Gefährlichkeit des „Einzelterroristen"?

Das bis hierhin Festgestellte zusammengefasst, wohnt den durch die §§ 89a ff. StGB pönalisierten rechtsgutsneutralen Verhaltensweisen unabhängiger Einzeltäter weder eine eigene zur Unrechtsbegründung notwendige Gefährlichkeit inne, noch kann eine solche über das bislang zur Legitimation spezieller Terrorismusstraftatbestände herangezogene Gefährdungspotential terroristischer Kollektive konstruiert werden. Wenn somit weder die Handlungen selbst noch ein täterexterner, diesem aber zurechenbarer Kontext, ein den Einsatz des Strafrechts rechtfertigendes Maß an Rechtsgutsbeeinträchtigung aufweisen, so kann diese allenfalls durch eine im Täter selbst zu verortende Gefährlichkeit begründet werden. Es ist jedoch zu fragen, ob eine solch starke Täterorientierung noch mit den Grundsätzen des deutschen Einzeltatschuldstrafrechts zu vereinbaren ist.

Entgegen meiner soeben dargelegten Auffassung sollen, nach wohl vorherrschender Meinung in der Literatur, grundsätzlich auch organisationsunabhängige Einzeltäter „Terroristen" sein können.[960] Dabei soll in der besonderen Motivation des Terroristen das entscheidende Charakteristikum liegen, das ihn vom gewöhnlichen Straftäter unterscheide.[961] Betont wird dies insbesondere, um einer zu ausufernden Terrorismusdefinition

---

always planned by groups that match the profile of a 'criminal organization' (...). "; *Spinellis* in: GS-Schlüchter (2002), S. 839.

960 So etwa bei *Sternberg-Lieben* in: Schönke/Schröder, § 89a Rn. 1; *Kauffmann* in Jura 2011, 257, 262 f.; vgl. bspw. den Definitionsversuch bei *Schmalenbach* in NZWehrr 2000, 15, 20: „Terrorismus ist jedes nach innerstaatlichem Recht und Völkerrecht rechtswidrige kriminelle Verhalten von Individuen bzw. einer Gruppe von Individuen, das subjektiv darauf gerichtet ist, mit dem Mittel der Angstverbreitung (gesellschafts-)politische Ziele bzw. Veränderungen zu erreichen."

961 *Zöller* in GA 2010, 607, 611 f.; *ders.*, Terrorismusstrafrecht, S. 146; *Weigend* in: FS-Nehm (2006), S. 162 f.; *Herzog*, Terrorismus, S. 93 ff.; *Schmalenbach* in NZ-

entgegenzuwirken. Die mit Terrorismusstraftatbeständen verbundene Steigerung und Ausdehnung der Strafbarkeit lasse sich nur rechtfertigen, wenn der Täter beabsichtige oder wisse, dass sein Handeln die terroristische Wirkung einer nachhaltigen Verunsicherung der Bevölkerung und einer Destabilisierung der öffentlichen Ordnung haben werde.[962] Soweit es um die Strafbarkeit von Handlungen im Zusammenhang mit einer terroristischen Vereinigung geht, kann dieser Einschränkung auf subjektiver Tatseite nur zugestimmt werden, denn das außerhalb des Einzelnen liegende objektive Gefährdungspotential des terroristischen Kollektivs darf diesem nur dann zugerechnet werden, wenn er die im Zusammenhang mit der jeweiligen Organisation stehende Handlung mit einer terroristischen Zielsetzung verfolgt. Problematisch wird eine starke Betonung der subjektiven Tatseite aber, wenn auf objektiver Seite überhaupt kein Unrecht vorliegt. Es ist zweifelhaft, ob die Tätermotivation auch dann noch eine strafrechtseinschränkende Rolle einnehmen kann.

Auch nach Auffassung des Gesetzgebers sollen ungebundene Einzeltäter aufgrund ihrer speziellen Motivation Terroristen sein können:

„Ungeachtet der Ausprägung von festen Organisationsstrukturen handelt es sich gerade bei religiös motivierten Terroristen oder Terroristinnen um sehr gefährliche Täter, deren Gewaltbereitschaft nach wohl allgemeiner Einschätzung besonders hoch ist."[963]

Ohne dass hierfür näherer Belege geliefert werden, wird dabei gerne auf das Beispiel des sog. Selbstmordattentäters verwiesen, bei dem angeblich die Phase zwischen Vorbereitung, Versuch[964] und Vollendung außerordent-

---

Wehrr 2000, 15, 19 f.; *Cryer/Friman/Robinson/Wilmshurst*, International Criminal Law, S. 340 f.

962 *Weigend* in: FS-Nehm (2006), S. 163; so auch *Zöller*, Terrorismusstrafrecht, S. 148.

963 BT-Drs. 16/12428, S. 2.; sowie a. a. O. S. 19 f.: „Die Gefährlichkeit der Vorbereitung schwerer Verbrechen hängt letztlich nicht davon ab, ob der oder die Täter in eine Vereinigung im Sinne des § 129a StGB eingebunden sind. Auch so genannte terroristische Einzeltäter oder in nur losen „Vereinigungen" agierende Täter können erklärtermaßen das Ziel verfolgen, die freiheitlich-demokratische Grundordnung zu zerstören, und auch bereit sein, zu diesem Zweck planmäßig schwere staatsgefährdende Gewalttaten vorzubereiten und letztlich auch zu begehen."; vgl. nunmehr auch BT-Drs. 18/4087 S. 6.

964 So der etwas irreführende Wortlaut des Gesetzgebers; gemeint ist wohl der Zeitpunkt des Versuchsbeginns.

lich kurz sei und somit bereits von dessen Vorbereitungshandlung eine besondere Gefährdung ausgehe.[965]

Um eine Kriminalisierung bloßer Alltagshandlungen zu verhindern, soll nach Ansicht des Gesetzgebers und seiner Fürsprecher der subjektiven Tatseite der §§ 89a ff. StGB eine strafrechtseinschränkende Funktion zukommen.[966] Insbesondere im Hinblick auf die hierdurch strafbewehrten neutralen Vorbereitungshandlungen ist dies allerdings äußerst fraglich. Gerade dort scheinen die tatbestandlichen Handlungen erst über die spezielle Tätermotivation ihre Gefährlichkeit und damit das Fundament für ihre Strafbewehrung zu erhalten: Die terroristische Zielsetzung allein soll den Täter so gefährlich machen, dass hierdurch die Pönalisierung an sich rechtsgutsferner Verhaltensweisen gerechtfertigt werden kann.

Deutlich wird dies am Beispiel des § 89a StGB, der nach seinem eindeutigen Wortlaut keine gesteigerten Anforderungen an den subjektiven Tatbestand enthält. Zu dessen Erfüllung soll bereits ein bloßer Eventualvorsatz bezüglich der Voraussetzungen der schweren staatsgefährdenden Gewalttat (Eignung und Bestimmung) gem. Abs. 1 S. 2, sowie der Vorbereitungshandlung gem. Abs. 1 S. 1 und Abs. 2 ausreichen.[967] Dass der Gesetzgeber auf weitergehende Voraussetzungen verzichtete, sollte offenkundig dazu dienen, möglicherweise auftretenden „Beweisschwierigkeiten" vorzubeugen und die Norm, entgegen aller hehren Tatbestandsbeschränkungsabsichten „praxistauglich" auszugestalten.[968] Durch die zum Zeitpunkt der Vornahme der Vorbereitungshandlung noch große Entfernung zu einer möglicherweise in Zukunft hierdurch ermöglichten Rechtsgutsbeeinträchtigung wird jedoch selbst der Nachweis eines bloßen Eventualvorsatzes nur selten gelingen. Gerade im Fall sozialadäquater Verhaltensweisen wird ein tragfähiger Rückschluss von der bloßen Vornahme der jeweiligen Handlung auf das Vorliegen eines Vorsatzes somit kaum jemals möglich sein, ohne dabei in rechtsstaatlich bedenklicher Weise vage, äußere Umstände, wie etwa die Nähe zu einem bestimmten, als radikal eingestuften Milieu oder ein einschlägiges Erscheinungsbild, als Ausdruck einer ent-

---

965 BT-Drs. 16/12428, S. 1; *Bader* in NJW 2009, 2853, 2855; *Wasser/Piaszeck* in DRiZ 2008, 315, 316; *Hungerhoff*, Vorfeldstrafbarkeit, S. 54.

966 *Kauder* in ZRP 2009, 20, 21; *Wasser/Piaszeck* in DRiZ 2008, 315, 320; Vgl. kritisch zum Referentenentwurf: *Radtke/Steinsiek* in ZIS 2008, 383, 390.

967 Vgl. nur *Zöller* in: SK-StGB, § 89a Rn. 30 m. w. N.; anders § 89a Abs. 2a StGB der eine „Absicht" voraussetzt, vgl. BT-Drs. 18/4087 S. 10 f.

968 So *Zöller* in: SK-StGB, § 89a Rn. 31.

sprechenden subjektiven Einstellung der Vorbereitungshandlung gegen-über, hinzuzufügen.[969]

Wie dargestellt,[970] soll nach Ansicht des BGH eine verfassungskonfor-me Begrenzung des subjektiven Tatbestandes dahingehend erfolgen, dass zusätzlich der Nachweis erbracht werden muss, dass der Täter bei Vornah-me der in § 89a Abs. 2 StGB normierten Vorbereitungshandlungen zur Be-gehung der schweren staatsgefährdenden Gewalttat bereits fest entschlos-sen war.[971] Auch wenn eine solche Reduktion im Sinne der Strafrechtsbe-grenzung grundsätzlich zu begrüßen ist, zur Lösung des vorliegenden Kernproblems trägt sie nicht bei. Denn auch wenn die Notwendigkeit des Nachweises verschärfter subjektiver Voraussetzungen die Anwendbarkeit von § 89a StGB erheblich einschränken und die Norm (ähnlich wie § 89b StGB) damit wohl weitgehend auf eine rein symbolische Funktion[972] redu-ziert werden wird, besteht die Problematik fort, dass, um die Worte des KG Berlin[973] zu benutzen,

> „nicht das äußere Verhalten des Täters (...) den Ausgangspunkt der strafrecht-lichen Beurteilung bildet, sondern umgekehrt die „Tathandlungen unter der Voraussetzung des für sie erforderlichen Anschlagsvorsatzes zu sehen" sind, dieser Vorsatz mithin der „Ausgangspunkt" der Beurteilung der Vorberei-tungshandlung ist."

---

969 Das KG Berlin hat zu dieser Problematik zutreffend ausgeführt: „Die Besonder-heit der Vorschrift besteht darin, dass sich das strafbewehrte Verhalten in aller Regel nur dann als solches erkennen und bestimmen lässt, wenn man sein Ziel, also den Gegenstand der „Vorbereitung" bereits kennt. Äußerlich an sich neutra-le, insbesondere sozialadäquate Handlungen können also nur dann eine Grundla-ge für den Unrechtszusammenhang bieten, wenn man die Vorstellungen oder Ab-sichten des Täters kennt. (...) Bei der Anwendung des § 89a StGB ist zu beden-ken, dass nicht das äußere Verhalten des Täters, welches eine Unrechtsvertypung darstellt, den Ausgangspunkt der strafrechtlichen Beurteilung bildet, sondern um-gekehrt die „Tathandlungen unter der Voraussetzung des für sie erforderlichen Anschlagsvorsatzes zu sehen" sind, dieser Vorsatz mithin der „Ausgangspunkt" der Beurteilung der Vorbereitungshandlung ist (vgl. *Kauder* in ZRP 2009, 20, 21). Diese Besonderheit der Norm gebietet es, an die Feststellung der subjektiven Tatseite, der Motivation zu einem staatsgefährdenden Anschlag, strenge Anforde-rungen zu stellen." vgl. KG StV 2012, 345, 346 f.; *Radtke/Steinsiek* in ZIS 2008, 383, 389.
970 Vgl. oben S. 220 ff.
971 BGH NJW 2014, 3459, 3465 f.
972 Vgl. *Radtke/Steinsiek* in ZIS 2008, 383, 389; *Zöller* in: SK-StGB, § 89b Rn. 8.
973 KG StV 2012, 345, 346 f.

Das gleiche Bild zeigt sich bei der durch § 89b StGB vorgesehenen Straf-bewehrung der Vorbereitung von Vorbereitungshandlungen aber auch hinsichtlich des Problems neutraler Schriften bei § 91 StGB. Stets handelt es sich um rechtsgutsneutrale Tathandlungen, bei denen erst die spezielle subjektive Einstellung des Ausführenden, als Brücke zu seiner Strafbarkeit dienen soll. Eine originär strafrechtsbegrenzende Funktion des subjektiven Tatbestandes kann daher weder bei dessen verfassungskonformer Reduzierung noch in Fällen, in denen der Gesetzgeber eine solche Einschränkung bereits selbst vorgenommen hat (vgl. §§ 89b Abs. 1, 91 Abs. 1 Nr. 2 StGB und nunmehr auch die §§ 89a Abs. 2a und 89c StGB),[974] festgestellt werden. Wie grotesk der Verweis auf diese angeblich einschränkende Wirkung des subjektiven Tatbestandes ist, wird deutlich, wenn man sich das oft ge-nannte, plakative Beispiel der Führerscheinprüfung[975] als Vorbereitungs-handlung gem. § 89a Abs. 1 Nr. 1 StGB vor Augen führt. Es gibt wohl niemanden, der ernsthaft davon ausginge, dass eine so eindeutig soziala-däquate Alltagshandlung nach Einführung des GVVG nunmehr eine grundsätzlich verwerfliche Verhaltensweise darstellen soll, deren Strafbarkeit vom Gesetzgeber aber dankenswerterweise eine Einschränkung über die subjektive Tatseite erfahren hat. Es ist offenkundig, dass es die besondere Motivation desjenigen ist, der die Fahrprüfung absolviert, die aus jener äußerlich vollkommen harmlosen Situation eine strafbare Vorbereitungs-handlung für ein schweres Verbrechen machen soll. Die Annahme einer erhöhten und damit strafwürdigen Gefährdungslage, stützt sich damit weder auf äußere Umstände noch auf die Art der Handlung, sondern allein auf die Persönlichkeit desjenigen, der sie vornimmt. Es handelt sich daher auch nicht mehr um Delikte mit einer überschießenden, sondern um solche mit einer *ausschließlichen* Innentendenz.

Dieser Umstand ist es, der den genannten Tatbeständen vielfach den Vorwurf eingebracht hat, ein mit dem liberalen Tatschuldstrafrecht unvereinbares Gesinnungs- bzw. Täterstrafrecht darzustellen.[976] Im Gegensatz

---

974 Vgl. hierzu BT-Drs. 18/4087 S. 8, 10 ff.

975 Vgl. *Zöller* in: SK-StGB, § 89a Rn. 22.

976 Hierzu ausführlich: *Steinsiek*, Terrorabwehr durch Strafrecht?, S. 239 ff. und 247 f.; *Radtke/Steinsiek* in ZIS 2008, 383, 392 ff.; *Sieber* in NStZ 2009, 353, 360; *Landau* in ZStW 121 (2009), 965, 967; *Paeffgen* in NK-StGB § 89a Rn. 2; *ders.* in: FS-Amelung (2009), 112; *Pawlik* in FAZ vom 25.02.2008, 40; *ders.*, Terrorist, S. 35; *Gazeas* in: AK-StGB, § 89a Rn. 7; *Schäfer* in: MüKo-StGB, § 89a Rn. 7; *Fischer*, StGB, § 89a Rn. 36; *Rackow* in: FS-Maiwald (2010), S. 626 ff.; vgl. auch *Heinrich* in ZStW 121 (2009), 94, 117 f.

zum geltenden Prinzip des Tatstrafrechts, das als entscheidende Sanktionierungsgrundlage eine rechtswidrig und schuldhaft begangene und somit aus der reinen Vorstellungswelt des Täters nach außen getretene Tat voraussetzt, ist in einem reinen Gesinnungsstrafrecht die verwerfliche Motivation des „Täters", losgelöst von der tatsächlichen Begehung einer konkreten Tat, alleiniger Strafgrund.[977]

Mit dem Ziel ein größtmögliches Maß an Spezialprävention zu erreichen, wurde zunächst durch *von Liszts* sog. moderne Schule eine stärkere Orientierung des Strafrechts an der speziellen Persönlichkeit des jeweiligen Täters gefordert.[978] Zwar sollte auch hiernach der Täter künftig nur „wegen der von ihm begangenen Tat"[979] bestraft werden können, die Straftatbestände sollten allerdings so ausgestaltet werden, dass dabei

> „die möglichste Differenzierung nach der Persönlichkeit des Täters, genauer gesprochen, nach den Intensitätsgraden seiner verbrecherischen Gesinnung"

berücksichtigt werde.[980] Der Gedanke eines verstärkt täterbezogenen Strafrechts fand, wenn auch in Abkehr der spezialpräventiven Zielrichtung der modernen Schule, insbesondere in der Strafrechtslehre der 1930er und -40er Jahre zahlreiche Befürworter. Ihr Ziel bestand dabei nicht mehr darin, eine möglichst individuelle Einwirkung auf Straftäter erreichen zu können, vielmehr wurde das Verbrechen als „volksschädliches" Verhalten betrachtet, von dem das Volk befreit werden sollte. Hierzu entwickelte sich das nationalsozialistische Strafrecht zunehmend zu einem Gesinnungsstrafrecht, bei dem die Tat als solche nur als Bestätigung der gemeinschaftsfeindlichen Gesinnung des Täters gesehen wurde.[981] So wurden etwa, um einen Weg zu finden, die neue Tätertypenlehre mit dem bisher üblichen, an der Einzeltat orientierten Schuldbegriff in Einklang zu bringen, eine Reihe von Konzepten entworfen, jenseits der Einzeltatschuld auch die Persönlichkeit des Täters strafrechtlich relevant berücksichtigen zu können.[982] Hervorzuheben sind in diesem Zusammenhang die Konzep-

---

977 *Baumann/Weber/Mitsch*, Strafrecht AT, S. 32 ff.; *Joecks* in: MüKo-StGB, Einl. Rn. 39 ff.; *Hassemer/Neumann* in NK-StGB Vor. § 1 Rn. 71; *Roxin*, Strafrecht AT I, S. 178 f.
978 *Baumann/Weber/Mitsch*, Strafrecht AT, S. 33.
979 *von Liszt* in: Band 2 (1905), S. 16.
980 *von Liszt* in: Band 2 (1905), S. 391.
981 *Vormbaum*, Einführung, S. 185 ff.
982 *Roxin*, Strafrecht AT I, S. 182.

te zur Lebensführungs-,[983] Lebensentscheidungs-[984] und Charakterschuld.[985] Die zum Teil erheblichen Unterschiede dieser Lehren an dieser
Stelle außer Acht lassend, ist ihnen jedenfalls dem Grunde nach die Auffassung gemein, dass in der Persönlichkeit desjenigen, der eine Tat begangen hat, der entscheidende Schlüssel zu deren Bewertung liegt. In engem
Zusammenhang mit dieser durch die Tätertypenlehre und Persönlichkeits-
schuldformen forcierten Subjektivierung des Strafrechts stand auch die zunehmende Beseitigung des *nulla poena sine lege*-Grundsatzes,[986] aber
auch die Abkehr vom Gedanken der objektiv feststellbaren Rechtsgutsverletzung hin zur deutlich subjektiver geprägten Pflichtverletzungslehre.[987]
Die objektive Bedeutung der konkret verwirklichten Tat wurde so immer
weiter zurückgedrängt und eine analoge Anwendung zu Lasten des Täters
möglich, soweit eine Bestrafung durch richterliche Rechtsschöpfung nach
dem gesunden Volksempfinden und dem Grundgedanken eines Strafgesetzes geboten erschien (vgl. § 2 RStGB).[988]

In einem streng täterorientierten Strafrecht, wie dem des Nationalsozialismus, ist die einzelne Tat zur Bestimmung der Strafbarkeit des Täters damit höchstens noch der berühmte letzte Tropfen, der das Fass zum Überlaufen bringt, nicht mehr jedoch deren entscheidende Grundlage.[989] Auch
wenn das geltende deutsche Strafrecht von einer derartigen Überbetonung
der Täterpersönlichkeit zum Glück weit entfernt ist und Vergleiche mit
Rechtsystemen totalitärer Staatsformen stets mit Vorsicht zu genießen
sind, weisen die Straftatbestände des GVVG dennoch ein nicht mehr mit
dem geltenden Tatschuldprinzip zu vereinbarendes Maß an Täterorientierung auf:

---

983 Vgl. *Mezger* in ZStW 57 (1938), 675, 688 ff.; *ders.* in ZStW 60 (1941), 353,
372 f.; *ders.*, Lehrbuch, S. 275 ff.; *ders.*, Grundriss, S. 84 f.
984 *Bockelmann*, Täterstrafrecht II, S. 128 ff., 144 ff. und 154 ff.; *Lange* in ZStW 62
(1942), 175, 197 ff.
985 *Engisch* in ZStW 61 (1942), 166, 172 ff.
986 Eine unmittelbare Folge hiervon war etwa die Aufhebung des Analogieverbotes
1935, vgl. *Rüping/Jerouschek*, Grundriß, S. 119.
987 *Kelker*, Gesinnungsmerkmale, S. 114; vgl. hierzu: *Schaffstein* in: Grundfragen
(1935), S. 112 ff. und 120 ff; *Dahm*, Nationalsozialistisches und faschistisches
Strafrecht, S. 17 f.
988 Vgl. etwa Ausführungen bei *Schwarz*, StGB (1942) zu § 2 RStGB.
989 *Steinsiek*, Terrorabwehr durch Strafrecht?, S. 245; *Köhler*, Strafrecht AT, S. 41;
Gropp, Strafrecht AT, S. 81.

Es sei zwar durchaus zugegeben, dass bei Betrachtung des Aufbaus der fraglichen Straftatbestände zunächst festzustellen ist, dass diese nicht ausschließlich an die Gesinnung des Täters, an sein *forum interum* anknüpfen, sondern eine Bestrafung auch vom objektiven Merkmal der tatsächlichen Verwirklichung einer Vorbereitungshandlung abhängig machen und folglich kein reines Gesinnungsstrafrecht konstatiert werden kann.[990] An der Illegitimität der Strafbewehrung rechtsgutsneutraler Handlungen durch das GVVG ändert dies jedoch nichts. Wenn Voraussetzung für die Strafwürdigkeit eines Verhaltens dessen konkrete, nach außen sicht- und spürbare Manifestation ist,[991] dann kann die Durchführung u. U. wünschenswerter, sozialadäquater, jedenfalls aber neutraler Handlungen hierzu nicht ausreichen. Aufgrund der noch großen Entfernung zu einem schützenswerten Rechtsgut mangelt es ihnen zum Zeitpunkt ihrer Durchführung schlicht an der nötigen Beeinträchtigungsfähigkeit und damit an der äußerlich spürbaren und einen Strafzwang rechtfertigenden Gefährlichkeit.[992] Den einzigen Anknüpfungspunkt für einen Rückschluss auf die Strafwürdigkeit des Handelnden soll daher offenkundig dessen böser Wille bieten, hierdurch in Zukunft möglicherweise eine im Einzelnen noch nicht näher bestimmte Tat begehen zu können. Hieraus allein kann jedoch kein tauglicher Vorwurf erwachsen: Denn ein Abstellen auf eine besondere, rein interne Motivation des Täters[993] im Hinblick auf seine Vorbereitungshandlung allein bedeutet keinerlei Steigerung der Gefährlichkeit der außen sichtbaren harmlosen Handlung selbst, die eine Ausnahme vom Grundsatz der Straflosigkeit reiner Vorbereitungshandlungen rechtfertigen könnte.[994] Vielmehr ist die tatsächliche Gefahr vorliegend gerade darin zu erblicken,

---

990 So auch *Steinsiek*, Terrorabwehr durch Strafrecht?, S. 241 f.; jedenfalls bezüglich eines reinen Gesinnungsstrafrechts zutreffend auch *Hungerhoff*, Vorfeldstrafbarkeit, S. 55.

991 *Hassemer/Neumann* in NK-StGB Vor. § 1 Rn. 71.

992 Vgl. *Vogler* in: LK-StGB (10. Aufl.), Vor. § 22 Rn. 6: Die bloße Vorbereitungshandlung könne das Rechtsgefühl der Allgemeinheit nicht ernstlich erschüttern; vgl. ferner: *Zaczyk* in: NK-StGB, § 22 Rn. 3; *Eser/Bosch* in: Schönke/Schröder, Vor. § 22 ff. Rn. 13.

993 Vgl. *Jakobs* in ZStW 97 (1985), 751, 762.

994 Vgl. zutreffend *Rackow* in: FS-Maiwald (2010), S. 628: „Absichten, die eine bestimmte Handlung begleiten, werden diese in der Regel nicht gefährlicher machen als nach der objektiven Seite identische Handlungen (die ohne diese Absichten vorgenommen werden) und hinzu tritt, dass es nicht angehen kann, die strafwürdig gesteigerte Gefährlichkeit einer Handlung allein damit zu begründen, dass sie aus Sicht des Handelnden der Vorbereitung einer Straftat dient."

dass durch die Erhöhung der „Täter"-motivation zur letztlich alleinigen Strafgrundlage die mit Bedacht gezogene Grenze zwischen strafloser Vorbereitung und strafbarem Versuchsbeginn aufgehoben und so ein Höchstmaß an Rechtsunsicherheit erzeugt wird.

Die Idee, Prävention nicht mehr nur auf Rechtsfolgenseite als Strafzweck zu berücksichtigen, sondern ihr eine strafbegründende Funktion beimessen zu wollen, macht hingegen eine ausschließliche Täterorientierung[995] jener Tatbestände geradezu zwingend erforderlich. Da Gegenstand derartiger Normen nicht die Ahndung bereits eingetretener Beeinträchtigungen, sondern das Verhindern zukünftiger Ereignisse ist, muss das zur Abwehr dieser erwarteten Gefahren strafbewehrte Verhalten selbst noch harmlos sein.[996] Erst in jenem künftigen Ereignis, dem durch die präventive Bestrafung des Täters vorgebeugt werden soll, würde sich nämlich möglicherweise ein rechtsgutsbeeinträchtigendes Verhalten *manifestieren*. Bei rein präventiv ausgerichteten Strafnormen kann folglich die Strafrechtsrelevanz der durch die Ausführung der Vorbereitungshandlung realisierten Schuld auf objektiver Ebene nicht beurteilt werden. Bei Prüfung dieser Normen wird der Rechtsanwender daher zum einen zur Bestimmung der Gefährlichkeit der vom Täter oder Dritten möglicherweise für die Zukunft geplanten Rechtsgutseinwirkung gezwungen, zum anderen (und dies ist vorliegend entscheidend) zur Feststellung der subjektiven Einstellung des lediglich vorbereitend Handelnden sowohl bezüglich dieser künftigen Tat als auch bezüglich ihrer Verknüpfung mit der bloßen Vorbereitungshandlung. Die Strafwürdigkeit der Vornahme der in jenen Tatbeständen festgelegten Handlungsvarianten hängt damit in entscheidendem Maße von der Persönlichkeit des Handelnden selbst ab.

Auf die Vorfeldtatbestände des GVVG bezogen bedeutet dies, dass die Gefährlichkeit der dort strafbewehrten Tathandlungen ausschließlich darauf beruht, dass es sich bei der Person desjenigen, der dort vorbereitend tätig wird, bereits um einen staatsgefährdenden „Terroristen" handelt. Um eine Anwendung jener rein präventiv ausgerichteten Straftatbestände zu ermöglichen, bedarf es folglich einer Vorverurteilung des Täters unter Einbeziehung von noch nicht Eingetretenem und allenfalls in dessen Gedankenwelt und Persönlichkeit Befindlichem. Dies stellt jedoch eine Aufgabe dar, die von einem rechtsstaatlichen Strafverfahren weder erfüllt werden

---

995 Vgl. hierzu auch *Asholt* in ZIS 2011, 180, 188.
996 Siehe hierzu allgemein *Naucke* in KritV 1993, 135, 145 ff.

kann noch darf. Die Gerichte sehen sich hierbei der Herausforderung ausgesetzt, eine objektiv nicht zu realisierende Prognoseentscheidung treffen zu müssen. Sie müssen festlegen, über welche, außerhalb der konkreten, objektiv harmlosen Vorbereitungshandlung selbst liegenden Umstände eine Bewertung der gefährlichen Gesinnung des Handelnden erfolgen soll. Diese zwingend notwendige Entfernung von der eigentlich abzuurteilenden Tathandlung birgt die erhebliche Gefahr, richterlicher Willkür Tür und Tor zu öffnen.[997] Es ist kaum vorstellbar, wie diese Bewertung möglichst „objektiv" und unabhängig von den persönlichen Einstellungen und Moralvorstellungen der zuständigen Richter erfolgen sollte.[998] Aus dem Wortlaut jener Straftatbestände, lässt sich jedenfalls kein begrenzender Maßstab ableiten:[999] Egal, wie genau die zur Erfüllung des Tatbestandes erforderliche Gesinnung des Täters dort auch festgelegt werden würde, es fehlt stets an einer äußerlich wahrnehmbaren Referenzhandlung und somit an einem objektiven Beurteilungsmaßstab. Eine rechtsstaatlich einwandfreie Bestimmung von so weit und unkonkret in der Zukunft Liegendem ist durch keinen Straftatbestand zu realisieren. Ausschließlich präventiv ausgerichteten Straftatbeständen, bei denen kein rechtsgutsbeeinträchtigendes vergangenes Verhalten unter klar gefasste Tatbestandsmerkmale subsumiert werden kann, sondern nur objektiv ungefährliche Vorbereitungshandlungen über die subjektive Einstellung des Vorbereitenden hinsichtlich künftiger Rechtsgutsbeeinträchtigungen zu beurteilen sind, ist damit stets ein nicht zu tolerierendes Maß an Unbestimmtheit inhärent.

Im Ergebnis bleibt damit festzustellen, dass mit der durch die §§ 89a ff. StGB verwirklichten Strafbewehrung rechtsgutsneutraler Vorbereitungshandlungen eine die Einzeltatschuld weit überschreitende und damit deren strafbegrenzende Funktion konterkarierende Regelung getroffen wurde, der – der Weite der gesetzgeberischen Einschätzungsprärogative zum Trotz – nichts anderes als Verfassungswidrigkeit[1000] attestiert werden kann. Bereits 1836 schrieb *Zachariä* bezogen auf die legitimen Grenzen der Versuchsstrafbarkeit die folgenden Sätze, die über die Jahrhunderte hinweg nichts an ihrer Aktualität eingebüßt haben:

---

997 Ähnlich, wenn auch wohl etwas zu weit gehend *Lampe*, Unrecht, S. 257; vgl. auch *Steinsiek*, Terrorabwehr durch Strafrecht?, S. 246 (Fn. 1157) m. w. N.

998 Ähnlich *Steinsiek*, Terrorabwehr durch Strafrecht?, S. 246; s. a. *Dencker* in StV 1988, 262, 266.

999 Vgl. hierzu *Stratenwerth* in: FS-v.Weber (1963), S. 189.

1000 So im Ergebnis auch *Steinsiek*, Terrorabwehr durch Strafrecht?, S. 250.

„Der Richter würde gegen Jeden, der in eine Apotheke tritt und Gift fordert, gegen Jeden, der sich ein Gewehr kauft oder Leitern und Stricke angeschafft hat, zu inquiriren berechtigt seyn, ob dies nicht in der Absicht geschehen sey, ein Verbrechen zu verüben, und in tausend anderen Fällen auf eine empörende Weise in das Leben der Bürger eingreifen können. Wer freilich den Staat für ein Sittlichkeit erzwingendes Zuchthaus hält und gewissermaßen bedauert, daß nicht jeder Mensch einen seine Gedanken wiedergebenden und festhaltenden Spiegel auf der Brust hat, um jeden unsittlichen Gedanken erkennbar zu machen und demgemäß strafen zu können, der wird auch Gefallen daran finden, jedes mögliche Indizium des verbrecherischen Willens für strafbaren Versuch zu erklären. Hoffentlich werden aber solche Principien nie positive Anwendung finden!"[1001]

Es bleibt zu wünschen, dass sich das BVerfG bei einer Überprüfung der Verfassungsmäßigkeit des GVVG an diese Zeilen erinnern wird.

dd. Der „gefährliche" Einzelne als Schlüssel zu Ermittlungen im terroristischen Kollektiv

Der Gesetzgeber hat durch die soeben erörterte umfassende Pönalisierung rechtsgutsneutraler Vorfeldhandlungen durch das GVVG mit einer bislang nicht da gewesenen Ungeniertheit den Präventionsgedanken ins Strafrecht implementiert und damit im Bereich des Terrorismus die Grenzen zwischen Straf- und Polizeirecht weitgehend aufgelöst.

Neben der dargestellten materiell-strafrechtlichen Erfassung tatsächlichen Rechtsgutsbeeinträchtigungen weit vorgelagerter Sachverhalte, äußert sich die gefahrenabwehrrechtliche Zielrichtung des Gesetzes auch darin, dass eine Reihe strafprozessualer Zwangsmaßnahmen um § 89a StGB und nunmehr auch um § 89c StGB als Anlasstaten erweitert wurden:[1002] Bei Vorliegen eines entsprechenden Verdachtes können Maßnahmen zur Telekommunikationsüberwachung (§ 100a Abs. 2 Nr. 1 lit. a StPO) und zur akustischen Wohnraumüberwachung (§ 100c Abs. 2 Nr. 1 lit. a StPO) eingeleitet, Durchsuchungen bei anderen Personen durchgeführt (§ 103 Abs. 1 S. 2 StPO) und Kontrollstellen an öffentlich zugänglichen Orten errichtet werden (§ 111 Abs. 1 S. 1 StPO). Die §§ 89a, 89c StGB dienen ferner als Haftgründe für die Untersuchungshaft (§ 112a Abs. 1 Nr. 2 StPO)

1001 *Zachariä*, Vom Versuche der Verbrechen I, S. 210.
1002 BGBl. 2009 I S. 2439; BGBl. 2015 I S. 926.

und zur Beschlagnahmung des Beschuldigtenvermögens (§ 443 Abs. 1 S. 1 Nr. 1 StPO).

Viele Stimmen im Schrifttum gehen davon aus, dass in dieser Erweiterung der Ermittlungsbefugnisse der Strafverfolgungsbehörden geradezu das eigentliche Ziel des GVVG bestehe, was nicht zuletzt dem Namen des Gesetzes selbst zu entnehmen sei.[1003] Dem kann nur beigepflichtet werden. Es ist nicht zu erkennen, warum es zur Ermittlung bei einem Delikt wie § 89a StGB, das zu einem erheblichen Teil objektiv harmlose Verhaltensweisen kriminalisiert, einer derart weitreichenden Anwendung strafprozessualer Zwangsmittel bedarf. Ein Trugschluss wäre es, den vollkommen unangemessen Strafrahmen von § 89a StGB (Freiheitsstrafe von sechs Monaten bis zu zehn Jahren)[1004] hierbei als Gradmesser heranzuziehen. Eher scheint die Vermutung berechtigt, dass dieser Strafrahmen schlicht deshalb so hoch angesetzt wurde, um eine oberflächliche Legitimation dafür zu erlangen, derart tief mit den Mitteln der StPO in die Grundrechte der Tatverdächtigen einzudringen. Die übrigen durch das GVVG eingeführten Straftatbestände, mit Ausnahme des ebenfalls als Anlasstat in die StPO aufgenommenen § 89c StGB, weisen einen im Verhältnis zu § 89a StGB unproportional geringen Strafrahmen auf (je Freiheitsstrafe bis zu drei Jahren oder Geldstrafe).

Dass der Gesetzgeber die Notwendigkeit sah, zur Ermittlung bei nach §§ 89a und 89c StGB Tatverdächtigen den Strafverfolgungsbehörden die Möglichkeit zu eröffnen, auf all diese Zwangsmaßnahmen zurückzugreifen, liegt nicht an der besonderen Bedeutung der in den Normen selbst kriminalisierten Vorbereitungshandlungen, sondern allein an dem Interesse

---

1003 *Zöller* in: SK-StGB, § 89a Rn. 7; *ders.* in StV 2012, 364, 372; *ders.* in GA 2010, 607, 620; *Schäfer* in: MüKo-StGB, § 89a Rn. 9; *Beck* in: FG-Paulus (2009), S. 31 ff.; *Backes* in StV 2008, 654, 660; *Radtke/Steinsiek* in JR 2010, 107, 109; *Prantl*, Der Terrorist als Gesetzgeber, S. 143; *Weißer* in ZStW 121 (2009), 131, 153; *Gazeas/Grosse-Wilde/Kießling* in NStZ 2009, 593; *Fischer*, StGB, § 89a Rn. 8; *Paeffgen* in NK-StGB § 89a Rn. 3; *Sieber* in NStZ 2009, 353, 354 f.; *Deckers/Heusel* in ZRP 2008, 169, 170 u. 172; *Rackow* in: FS-Maiwald (2010), S. 617 ff.

1004 *Radtke/Steinsiek* in ZIS 2008, 383, 390 ff.; *Zöller* in: SK-StGB, § 89a Rn. 5, 41; *Paeffgen* in NK-StGB § 89a Rn. 53a; *Gazeas* in: AK-StGB, § 89a Rn. 73; *Schäfer* in: MüKo-StGB, § 89a Rn. 77; *Fischer*, StGB, § 89a Rn. 45; *Sternberg-Lieben* in: Schönke/Schröder, § 89a Rn. 1c.

an dem die Tat flankierenden Umfeld.[1005] Entgegen der zur Begründung der hier erfolgten Kriminalisierung von Vorbereitungshandlungen organisationsunabhängiger Einzeltäter angeführten besonderen Gefährlichkeit der durch die Norm zu erfassenden terroristischen Einzelkämpfer, ging es dem Gesetzgeber wohl nie um den allein Handelnden, sondern einzig darum, sich auch in Situationen, in denen ein Nachweis (bzw. ein zur Ermittlung ja ausreichender Verdacht) einer wie auch immer gearteten Organisationszugehörigkeit (§§ 129a und 129b StGB) nicht gelingen sollte, Zutritt zu den möglicherweise hinter dem Täter stehenden Strukturen verschaffen zu können. Um es den Behörden zu ermöglichen, auf den vermeintlich legitimen Pfaden der Strafprozessordnung zu Erkenntnissen über ggf. bevorstehende Gefährdungen durch terroristische Vereinigungen zu gelangen, wird der hierzu notwendige Umweg über das Individualstrafrecht hinein in die angeblich strafwürdige, weil besonders gefährliche Gedankenwelt des ungebundenen „Terroristen" gewählt. Ungeachtet aller bereits ausführlich erörterter Bedenken hinsichtlich der Verfassungsmäßigkeit der eindeutigen Täterorientierung jener Tatbestände, zeigt sich hierin eine nicht hinnehmbare Instrumentalisierung des Individualstrafrechts zur Durchsetzung ihm gänzlich fremder Aufgaben:

Das Strafverfahren eines liberalen Rechtsstaats sollte einzig und allein dazu dienen, den Anfangsverdacht bezüglich einer konkreten, möglicherweise verwirklichten Straftat zu erhärten oder zu verwerfen. Sollten im Zuge dieser strikt auf die einzelne Tat bezogenen Ermittlungen weitere Erkenntnisse (etwa über andere Tatvorwürfe, Beteiligte etc.) zutage treten, so kann diesen, im Rahmen der gesetzlichen Regelungen, selbstverständlich nachgegangen werden. Nicht jedoch darf die „Tat" von vornherein nur dazu dienen, die lästigen grundrechtlichen Schutzmauern Dritter durchbrechen zu wollen, um hierdurch, jenseits eines konkreten einzelfallbezogenen Aufklärungsinteresses, allgemein in einem für gefährlich erachteten Milieu präventiv intervenieren zu können.

Soweit von Befürwortern des GVVG angeführt wird, dass die Durchführung von Ermittlungen im Vorfeld terroristischer Straftaten auf dem Boden der Strafprozessordnung mit ihren „tendenziell" umfassenden Verfahrensgarantien grundrechts*schonender* verortet sei,[1006] äußert sich hierin

---

1005 Vgl. hierzu auch: *Singelnstein* in: Präventionsstaat, S. 50; *Krauß* in: Schuld, S. 381.

1006 So *Wasser/Piaszeck* in DRiZ 2008, 315, 319; in eine ähnliche Richtung weisend auch: *Zöller* in: SK-StGB, § 89a Rn. 5; *ders.* in GA 2010, 607; 617; *Sternberg-*

entweder blanker Zynismus oder eine komplette Aufgabe der Rolle des Strafrechts als *ultima ratio* des Rechtsgüterschutzes. Es zeigt sich an dieser Stelle jedenfalls besonders deutlich, wie tief der Präventionsgedanke im Stande ist, Sinn und Zweck des Straf- und Strafverfahrensrechts zu untergraben.

Wie kann ein Verfahren, das einzig dazu eingeleitet werden darf, das Vorliegen der Voraussetzungen für den Einsatz des schärfsten Mittels staatlicher Gewalt nachzuweisen und dem zur Umsetzung allein dieses Zwecks höchst grundrechtsintensive Werkzeuge zur Verfügung gestellt werden, ernsthaft als grundrechts*schonender* bezeichnet werden? Allein der Umstand, dass jedes Strafverfahren letztlich in die schwerste Sanktion des Staates münden kann, macht dessen Durchführung, ungeachtet aller mit dem Verfahren selbst einhergehenden Grundrechtseinschränkungen und negativen Auswirkungen auf das Sozialleben des Beschuldigten und seines persönlichen Umfeldes, stets hochgradig belastend. Strafprozessuale Zwangsmaßnahmen können daher niemals losgelöst von dem durch sie verfolgten Ziel betrachtet und schlichtem Gefahrenabwehrrecht vergleichend gegenübergestellt werden. Die ohne Zweifel erörterungswürdige Problematik der Reichweite der Eingriffsbefugnisse von Geheimdiensten und Gefahrenabwehrbehörden steht dabei auf einem gänzlich anderen Blatt. Die in diesem Bereich ggf. bestehenden Lücken des Grundrechtsschutzes (fehlender Richtervorbehalt, lückenhafte parlamentarische Kontrollmöglichkeiten, mangelnde Transparenz etc.) sind dringend aufzuzeigen und rechtsgebietsintern so schnell wie möglich zu beheben. Nicht jedoch können die Mängel des einen durch die Anwendung eines in seiner Zielrichtung gänzlich verschiedenen Instruments und einer damit einhergehenden Verstümmelung dessen Wesenskerns umgangen werden.

Im Ergebnis zeichnet der Erlass des GVVG insgesamt und von § 89a StGB im Speziellen das folgende, für den Rechtsstaat und sein liberales Strafrecht gefährliche Bild: Das Ziel, durch Anwendung strafprozessualer Zwangsmaßnahmen Einblick in die Strukturen eines für gefährlich erachteten Milieus zu bekommen, kann, wie auch sonst im Rahmen kollektiver Kriminalität nur über eine individualstrafrechtliche Anknüpfung erfolgen. Diese bedenkliche Instrumentalisierung des Individualstrafrechts wird vorliegend durch eine verfassungswidrige Vorverlagerung der Strafbarkeit

---

Lieben in: Schönke/Schröder, § 89a Rn. 1c; *Radtke/Steinsiek* in ZIS 2008, 383, 387 f.

in die reine Innenwelt des Einzelnen noch weiter verstärkt. Dem möglicherweise in seinen Gedanken vorbereitend tätig Werdenden, objektiv jedoch rechtsgutsneutral Handelnden werden die Belastungen eines Strafverfahrens auferlegt, nur um dadurch dem Staat die hohen grundgesetzlichen Hürden zu nehmen, die seinem Eindringen in die Privatsphäre Unverdächtiger zu Recht gesetzt sind. Es geht nicht mehr um den Einzelnen und eine strafrechtliche Ermittlung seiner möglicherweise begangenen Tat. Es geht nicht mehr um die einzelfallbezogene Feststellung seiner Tatschuld und die hierzu nötige Aufklärung von bereits Geschehenem, sondern um die Verhinderung künftiger Taten bzw. um die Aufklärung, ob solche überhaupt bevorstehen.[1007] Zwar ist sein Schutz und der seiner Bevölkerung ein vollkommen legitimes Ziel des Staates, es entbindet ihn aber nicht davon, sich hierzu auch legitimer Mittel zu bedienen. Wird ein Strafverfahren offenkundig nicht primär zur Aufklärung eines konkreten Tatvorwurfs eingeleitet, sondern wegen eines letztlich außerhalb der Person des Beschuldigten liegenden, rein präventiv orientierten Ermittlungsinteresses, so wird dieser zu einem bloßen Objekt staatlicher Gewalt herabgesetzt[1008] und das Strafrecht degeneriert vom äußersten Machtinstrument des Staates zum Steigbügelhalter der Gefahrenabwehr.

Der sich vorliegend offenbarende und weit über das GVVG hinausstrahlende Systembruch und die hiermit einhergehende Verletzung der Menschenwürde der Beschuldigten kann durch keine wie auch immer geartete, terroristische Bedrohung gerechtfertigt werden. Denn wenn dies die Waffen im Kampf gegen einen den liberalen pluralistischen Rechtsstaat bedrohenden Terrorismus sein sollen, was gilt es dann noch zu verteidigen?[1009]

1007 So auch *Naucke* in KritV 1993, 135, 145; *Landau* in ZStW 121 (2009), 965, 966.

1008 Siehe hierzu bereits *Naucke* in KritV 1999, 336, 338.

1009 Vgl. hierzu auch *Bung* in WestEnd: Neue Zeitschrift für Sozialforschung 2006, 64, 66: „Dass die Freiheit mehr gefürchtet wird als ihre terroristische Bedrohung, untergräbt die normative Substanz des demokratischen Rechtsstaats in einer Weise, wie es kein Anschlag vermöchte."

C. Zusammenfassung

Die in diesem Teil der Arbeit erörterten Beispiele machen deutlich, wie problematisch und gefährlich Anpassungen des geltenden Individualstrafrechts an die Bedrohungslagen der komplexen Gesellschaft sein können.

Dabei steht es außer Frage, dass sich die Entscheidungen eines demokratischen Gesetzgebers stets am gesellschaftlichen Wandel orientieren müssen. Nur solange er mit den Veränderungen Schritt hält und sich der konkreten Bedürfnisse seiner Zeit bewusst ist, kann er in legitimer Weise für sich beanspruchen, das gesellschaftliche Miteinander regeln zu können. Er muss jedoch sorgfältig darauf achten, welche der ihm zur Verfügung stehenden Mittel er dabei anwendet. In besonderer Weise gilt dies, wenn er sich für das Strafrecht entscheidet, das so eng wie kein anderes Rechtsgebiet am Individuum ausgerichtet und so eindeutig auf dieses begrenzt ist[1010] und dessen intensive Eingriffsmöglichkeiten stets zu einem besonders zurückhaltenden Gebrauch mahnen.

De lege lata ist der Anwendungsbereich des Strafrechts zwingend auf das Unrecht begrenzt, das einem Einzelnen als seine Tat zugerechnet werden kann. In Fällen in denen Rechtsgutsbeeinträchtigungen aus einem Kollektiv heraus realisiert werden, kann es daher unter Umständen große Schwierigkeiten bereiten, individuelles Unrecht erkennen zu können, das eine Anwendung des Individualstrafrechts rechtfertigen könnte. Dies gilt sowohl bei Korporationen, als auch bei anonymem Massenhandeln und kriminellen Organisationen.

Damit das Strafrecht in diesen Strukturen zur Anwendung kommen kann, bedarf es einer genauen Erörterung und Festlegung der Reichweite individualstrafrechtlicher Verantwortlichkeit. Hierzu zwingen sowohl dessen ausschließliche Individualbezogenheit als auch das *ultima ratio*-Prinzip. Die Ergebnisse dieses Abschnitts machen jedoch deutlich, dass es der Gesetzgeber vorzieht, durch einen extensiven Gebrauch vager Rechtsgüter und weitläufiger Deliktsformen, die Grenzen strafrechtserheblicher Individualverantwortlichkeit zu verwischen, anstatt sich auf diese dringend zu führende Auseinandersetzung einzulassen:

An der grundsätzlichen Legitimität und Notwendigkeit eines strafrechtlichen Schutzes überindividueller Rechtsgüter besteht kein Zweifel. Eine moderne Gesellschaft ist ohne Universalrechtsgüter, die allen gemeinsam

---

1010 Hierzu *Lampe* in ZStW 106 (1994), 683, 685.

zustehen, nicht vorstellbar. Die personale Rechtsgutslehre weist aber zu Recht darauf hin, dass ein strafrechtlicher Schutz überindividueller Rechtsgüter nur dann angestrebt werden darf, wenn diese auf konkreten menschlichen Interessen fußen. Universalrechtsgüter dürfen jedoch nicht nur vorgeschoben werden, wenn eigentlich ein unmittelbarer Schutz individueller Rechtsgüter angestrebt wird, dieser jedoch aufgrund der engen Zurechnungsstrukturen des Individualstrafrechts nicht erreicht werden kann. Genau dies ist aber bei den erörterten Rechtsgütern des Subventionsbetrugs und des Betäubungsmittelstrafrechts der Fall: Keines der Beispiele weist einen durch das Strafrecht zu schützenden Träger auf. Sie sind deshalb beide als unechte und damit illegitime Universalrechtsgüter zu bezeichnen. Die Träger der jeweils tatsächlich betroffenen Rechtsgüter, nämlich das Vermögen des Subventionsgebers und die individuelle Gesundheit des Drogenkonsumenten, sind im Hinblick auf die inkriminierten Handlungen nicht schutzwürdig. Das Abstellen auf Universalrechtsgüter zur Umgehung dieser Tatsache stellt einen Verstoß gegen das strafrechtliche Subsidiaritätsprinzip dar.

Geht es bei einem Universalrechtsgut dagegen tatsächlich einzig um den Schutz originärer Allgemeininteressen, so ist es dem Grunde nach legitim, diesen auch über das Strafrecht erreichen zu wollen. Aufgrund der immensen Größe und der sich hieraus ergebenden Robustheit der Universalrechtsgüter bedarf es aber einer äußerst gründlichen Überprüfung, ob und wann einem Individuum in strafbegründender Weise vorgeworfen werden kann, diese beeinträchtigt zu haben. Bewertungsmaßstab hierfür darf nicht die abstrakte Schutzwürdigkeit des jeweiligen Rechtsguts sein, sondern allein das Beeinträchtigungspotential der einzelnen natürlichen Person. Insbesondere der aufgrund der großen Bedeutung vieler Universalrechtsgüter durchaus angezeigte Vorfeldschutz durch abstrakte Gefährdungsdelikte muss sich deshalb daran orientieren, ob der Einzelne durch das zu bestrafende Verhalten theoretisch dazu in der Lage wäre, das jeweilige Rechtsgut zu verletzen. Ist dies nicht feststellbar oder gar auszuschließen, dann kann auch keine abstrakte Gefährdung vorliegen, die eine Bestrafung zu rechtfertigen im Stande ist. Durch diese strikte Orientierung am Beeinträchtigungspotential des Einzelnen wird zugleich den Tendenzen entgegengetreten, bei komplexen, kaum überschaubaren Sachverhaltskonstellationen eine Strafbarkeit Einzelner schlicht durch Anwendung merkmalarmer abstrakter Gefährdungsdelikte zu erreichen. Gerade dort, wo es an der Sichtbarkeit des zu bestrafenden Unrechts fehlt, muss ein besonderes Augenmerk auf die Erörterung des Verletzungspotentials des zu bestrafenden Verhaltens gerichtet werden. Im Sinne des Subsidiaritätsprinzips sollte daher ein Schutz überindividueller Rechtsgüter zum Großteil nicht über das Strafrecht, sondern über das Ordnungswidrigkeitenrecht angestrebt werden, das aufgrund seiner erheblich geringeren Eingriffsintensität einen größeren Spielraum bei der Definierung sanktionierungswürdigen Gefährdungsunrechts bieten kann.

Wie dieses Kapitel ferner gezeigt hat, sieht sich der subsidiäre strafrechtliche Rechtsgüterschutz auch in zeitlicher Hinsicht zum Teil massiven Aufweichungen ausgesetzt, durch die die Grenzen zum klassischen Gefahrenabwehrrecht in gefährlicher Weise verwischt werden. Durch die besonders im Terrorismusstrafrecht anzutreffende Tendenz, den strafrechtlichen Verantwortungsbereich von Individuen in den zumindest nach klassischem Verständnis zwingend straflosen Bereich bloßer Vorbereitungshandlungen auszudehnen, entfernt sich das Strafrecht vom Rechtsgut und damit von dem, was es eigentlich zu schützen beabsichtigt. Durch den allein zukunftsbezogenen und damit präventionsorientierten Ansatz jener Tatbestände kommt es nämlich zu Pönalisierungen gänzlich rechtsgutsneutraler Verhaltensweisen. Auch durch diese Degradierung des Strafrechts zu einem Mittel zur Abwehr vermeintlich konkreter Gefahren gerät es in Konflikt mit seinem subsidiären Grundcharakter. Seine massiven Eingriffsinstrumente sind nicht auf eine kurzfristige Gefahrenabwehr ausgerichtet, sondern nur als Reaktion auf bereits eingetretenes Unrecht konzipiert und deren Anwendung auch nur insoweit legitimiert. Hinzu tritt, dass damit die Vorbereitungshandlungen bereits als strafwürdiges Unrecht interpretiert werden können, wobei aufgrund des fehlenden Rechtsgutsbezugs nicht auf das eigentlich zu bestrafende Verhalten selbst, sondern allein auf die innere Einstellung des vorbereitend tätig Werdenden bzw. dessen unterstellte Gefährlichkeit abgestellt werden muss. Dies ist jedoch weder mit dem geltenden Einzeltatschuldprinzip noch mit den Ansprüchen eines rechtsstaatlichen Strafrechts vereinbar.

So unterschiedlich die diskutierten Beispiele auch sind, weisen sie doch alle in die gleiche Richtung: Durch die Umgehung klassischer strafbegrenzender Prinzipien wird immer unklarer, wo individualstrafrechtliche Verantwortung beginnt und wo sie endet. Falls vom Gesetzgeber hiermit tatsächlich das Ziel verfolgt wird, den Bedrohungslagen der komplexen Gesellschaft zu begegnen, diese gar einzudämmen, so bezweifele ich stark, dass dies auf diesem Wege gelingen kann. Gerade der mit der Strafe verfolgte präventive Zweck der resozialisierenden Einwirkung auf den Täter erscheint nur für ein Verhalten sinnvoll, für das eine natürliche Person überhaupt in legitimer Form verantwortlich sein kann. Nur dort kann die staatliche Strafe ihren präventiven Zweck erfüllen und mit dazu beitragen, die Gesellschaft ein wenig sicherer zu machen. Die Forderung nach einer genauen Definierung des Bereichs individueller strafrechtlicher Verantwortung und einer anschließenden strengen Orientierung daran ist gerade in Zeiten kaum noch überschaubarer gesellschaftlicher Funktionszusammenhänge von herausragender Bedeutung. Dort, wo dieser Bereich (noch) nicht geklärt ist, muss der Staat auf eine Anwendung des Strafrechts verzichten.

Viertes Kapitel: Zur strafrechtlichen Verantwortung von Verbänden

Im letzten Teil dieser Arbeit möchte ich auf die aktuellen Überlegungen eingehen, den klassischerweise nur auf natürliche Personen ausgerichteten strafrechtlichen Verantwortungsbegriff auch für Personenverbände zu öffnen und dabei auch die Frage erörtern, ob hierdurch möglicherweise den im vorstehenden Abschnitt dargestellten Ausdehnungstendenzen des Individualstrafrechts zumindest in einigen Bereichen entgegengetreten werden könnte.

Hierzu werde ich zunächst einleitend den rechtshistorischen Hintergrund der Individualausrichtung des geltenden Strafrechts sowie die aktuelle Diskussion um die Einführung eines Verbandsstrafrechts darstellen. Im Zentrum dieses Kapitels wird sodann die Problematik um die Schaffung eines verbandsspezifischen Schuldbegriffs stehen.

Um begrifflichen Unklarheiten vorzubeugen, möchte ich an dieser Stelle vorwegschicken, dass ich mich bewusst zur Verwendung des Begriffs „Verband" zur allgemeinen Umschreibung dieses neben der natürlichen Person neu einzuführenden strafrechtlichen Subjekts entschieden habe. Unter „Verband" verstehe ich eine Individuen übergeordnete und rechtlich anerkannte Einheit, die zu organisiert-korporativen Verhaltensweisen fähig ist. Anonymes Kollektivverhalten (sog. Massenhandeln) scheidet danach ebenso von vornherein aus, wie rein kriminell ausgerichtete Organisationen.[1011] Zugleich beschränkt sich dieser Begriff jedoch weder auf spezielle rechtliche Ausgestaltungsformen (bspw. nur juristische Personen) noch auf bestimmte Tätigkeitsbereiche (bspw. nur Wirtschaftsunternehmen). Soweit ich also den übergeordneten Begriff „Verband" verwende, fasse ich hierunter im Wesentlichen all diejenigen Vereinigungen, die bereits nach geltendem Recht von § 30 OWiG erfasst werden, also juristische Personen (auch des öffentlichen Rechts) und sonstige Personenvereinigungen, wie rechtsfähige Personengesellschaften oder nicht rechtsfähige Vereine.[1012]

1011 Vgl. aber zu Tendenzen auch organisiertes Verbrechen unter der Verbandskriminalität zu erfassen: *Mittelsdorf*, Unternehmensstrafrecht, S. 18 m. w. N.

1012 Vgl. Übersicht bei *Rogall* in: KK-OWiG, § 30 Rn. 33 ff.

Ich halte die Verwendung dieser eher weiten Fassung des Verbandsbegriffs für die im Folgenden zentral zu erörternde, grundlegende Frage, ob und wie eine überindividuelle strafrechtliche Verantwortlichkeit neben der traditionellen individualstrafrechtlichen Kategorie der Schuld geschaffen werden kann, für ausreichend und im Ergebnis auch für am besten geeignet, um zum Kernunterschied zwischen individueller und kollektiv-korporativer strafrechtlicher Verantwortung vordringen zu können.

A. Rechtshistorischer Hintergrund des geltenden Individualstrafrechts

Zu Beginn der Auseinandersetzung mit der Frage der strafrechtlichen Verantwortung von Verbänden möchte ich einen groben Überblick über den rechtshistorischen Hintergrund unseres heute geltenden Individualstrafrechts geben. Bevor sich im Laufe des 19. Jahrhunderts die Auffassung durchsetzen konnte, dass nur natürliche Personen strafrechtlich verantwortlich sein sollen, waren Bestrafungen bzw. Sanktionierungen mit strafähnlichem Charakter ganzer Personenverbände lange Zeit Teil der mitteleuropäischen Rechtskultur:

Aufgrund einer nur rudimentär ausgeprägten hoheitlichen Gewalt war in germanischen Gesellschaften die Sippe Grundlage und Mittelpunkt des gesellschaftlichen Lebens und hatte dadurch auch erheblichen Einfluss auf das Rechtssystem.[1013] So stand der Sippe eines Geschädigten in Fällen sog. schlichter Friedensbrüche[1014] ein Wahlrecht zu: Sie konnte sich entscheiden, Fehde gegen die Sippe des Schädigers zu führen oder ein sog. Wergeld[1015] von ihnen zu verlangen.[1016] Hierin kann man frühe Formen einer kollektiven Haftung erblicken, da es Pflicht einer jeden Sippe war, ihre Mitglieder in Fällen einer Fehde zu schützen[1017] bzw. gemeinsam das

---

1013 Vgl. die umfassende Darstellung zur Entwicklung und Stellung der Sippe in der germanischen Gesellschaft bei *Brunner*, Rechtsgeschichte, S. 111 ff.

1014 So etwa Ehebruch, „kleiner" Diebstahl oder Totschlag, siehe zur Unterscheidung zu den *ungeheuren Friedensbrüchen: Gerland*, Reichsstrafrecht, 1922, S. 36 f.

1015 Von „vir" (lat.) – Mensch, Mann; auch *Manngeld* oder *leudi* genannt, vgl. *Brunner*, Rechtsgeschichte, S. 119 f.

1016 *Brunner*, Rechtsgeschichte, S. 226.

1017 *Busch*, Grundfragen, S. 32.

Wergeld aufzubringen.[1018] Dem einzelnen Sippenmitglied stand es, sofern sich nicht die gesamte Sippe gegen den Missetäter aus ihren Reihen wandte, nicht frei, sich dem zu entziehen, ohne selbst den Schutz durch seine Sippe einzubüßen.[1019] Indem die Sippe nicht von der Möglichkeit Gebrauch machte, den Täter auszuschließen, könnte man sogar eine Anerkennung der Tat als eigene erblicken.[1020] Rückschlüsse für die heutige Diskussion lassen sich hieraus jedoch noch nicht ziehen: Die Haftung der Sippe beruhte nämlich nicht auf einer dogmatischen bzw. legislativen Entscheidung, sondern auf praktischen Erwägungen.[1021] In einer Gesellschaft mit einer kaum entwickelten zentralen Hoheitsgewalt ist Selbstjustiz und Schutz durch Angehörige hiervor eine schlichte Notwendigkeit.

Erst im weiteren Verlauf des Mittelalters bekam die Verantwortlichkeit ganzer Personenverbände für durch sie oder durch einzelne Mitglieder begangene Straftaten eine Bedeutung, die mit unserer heutigen Auffassung des Problems eher vergleichbar ist. Ausschlaggebend hierfür war die immer größer werdende Macht der hoheitlichen Gewalt, welche allmählich[1022] die privaten Auseinandersetzungen unter den einzelnen Sippen zugunsten einer auf ihrer Autorität beruhenden Strafe zurückdrängte.[1023] Ein explizit strafrechtliches Vorgehen gegen Personenverbände hatte in der damaligen Zeit erhebliche Bedeutung für die Festigung der landesherrlichen bzw. kaiserlichen Macht gegenüber dem Volk und den zunehmend selbständig werdenden Städten.[1024] So findet sich eine Reihe von Bestimmungen, die eine Bestrafung ganzer Gemeinden,[1025] Burg- oder Stadtverbän-

---

1018 Siehe zur Verteilung und Aufbringung des Wergeldes *Brunner*, Rechtsgeschichte, S. 119 ff.; sowie *His*, Friesen, S. 53 f.

1019 *Brunner*, Rechtsgeschichte, S. 129.

1020 So etwa *Busch*, Grundfragen, S. 35.

1021 *Busch*, Grundfragen, S. 34; *Brunner*, Rechtsgeschichte, S. 112 ff.

1022 Dies war ein langwieriger Prozess, da das Fehderecht und die damit einhergehende Haftung aller Sippenmitglieder im Bewusstsein der damaligen Bevölkerung noch lange Zeit eine enorme Rolle spielte, vgl. hierzu *His*, Friesen, S. 54 und 60; sowie *Gerland*, Reichsstrafrecht, S. 41.

1023 *Busch*, Grundfragen, S. 35; *Gerland*, Reichsstrafrecht, S. 38; *Ehrhardt*, Unternehmensdelinquenz, S. 26.

1024 *Busch*, Grundfragen, S. 37 und 43.

1025 Etwa im Sachsenspiegel: *Kaller*, Sachsenspiegel, Landrecht III. Buch, 86 § 2, S. 141; *His*, Friesen, S. 61.

de[1026] sowie weiterer Körperschaften[1027] vorsahen.[1028] Rechtstheoretische Grundlage fand die Strafbarkeit von Personenverbänden hauptsächlich in der Rezeption des italienischen Strafrechts,[1029] konkret in den Lehren des oberitalienischen Rechtswissenschaftlers *Bartolus*.[1030] *Bartolus'* Verdienst bestand vorliegend im Wesentlichen darin, die von ihm in Hinblick auf das Körperschaftsrecht entwickelte Fiktionslehre auch für das Strafrecht zu öffnen und so die Fiktion einer Strafrechtsfähigkeit von Verbänden zu kreieren.[1031] Dies hatte zur Folge, dass die strafrechtliche Verantwortung von Körperschaften Einzug in die Rechtsprechung des Reichskammergerichts,[1032] in die Territorialgesetzgebung[1033] sowie in die Reichskammergerichtsordnung von 1555 fand.[1034] Obwohl dies nie ganz unumstritten war,[1035] blieb die Verbandsstrafe bis weit ins 18. Jahrhundert wichtiger Bestandteil des gemeinen deutschen Rechts.[1036]

Im 19. Jahrhundert vollzog sich dann ein bedeutender Wandel in der Strafrechtswissenschaft, der zu einer radikalen Abkehr vom Gedanken eines Kollektivstrafrechts führte. Grundlage der veränderten Auffassung

---

1026 Siehe hierzu *Busch*, Grundfragen, S. 37, der klarstellt, dass die Verhängung der Reichsacht gegenüber einer ganzen Stadt und die daraufhin erfolgende Zerstörung selbiger strafrechtlicher Natur und kein bloß politischer Akt war (so aber etwa *Temme*, Lehrbuch, S. 63); vgl. auch Beispiele in *Busch*, Grundfragen, S. 44 (Fn. 42); *von Bar*, Gesetz und Schuld II, S. 134 f.

1027 Bspw. in den Stadtrechten einiger italienischer Städte: *Dahm*, Das Strafrecht Italiens, S. 169.

1028 Vgl. hierzu auch *von Bar*, Gesetz und Schuld II, S. 134 f.

1029 *Gerland*, Reichsstrafrecht, S. 40.

1030 Vgl. die umfassenden Darstellung des Streits zwischen Glossatoren und Kanonisten, sowie der Rolle *Innocenz'* IV. und *Bartolus'* bei *von Gierke*, Das deutsche Genossenschaftsrecht III, S. 234 ff., 280 ff., 364 ff. und *Dahm*, Das Strafrecht Italiens, S. 151 ff.; Zusammengefasst auch bei *Ehrhardt*, Unternehmensdelinquenz, S. 27.

1031 *Busch*, Grundfragen, S. 41 f.; *Schaffstein*, Lehren vom Verbrechen, S. 46.

1032 Siehe Beispiel bei *von Gierke*, Das deutsche Genossenschaftsrecht III, S. 739.

1033 *Ehrhardt*, Unternehmensdelinquenz, S. 27 unter Hinweis auf *Hafter*, Personenverbände, S. 19.

1034 Vgl. Reichskammergerichtsordnung von 1555, 2. Teil, Tit. 10, § 1 f.

1035 Einer der wichtigsten Kritiker war *Carpzov* vgl. *Busch*, Grundfragen, S. 43; ebenso ist bemerkenswert, dass die Körperschaftsdelikte in der Carolina von 1532 keine Erwähnung finden, vgl. *Schaffstein*, Lehren vom Verbrechen, S. 47.

1036 *Heinitz* in: Verhandlungen des 40. Deutschen Juristentages (Band 1), S. 70 unter Hinweis auf *Malblanc*, Opuscula, § 6 S. 13 ff.; *Schaffstein*, Lehren vom Verbrechen, S. 47.

waren die gesellschaftlichen Umwälzungen, die der Absolutismus und die aus ihm resultierende Aufklärung mit sich brachten. Diente die Möglichkeit, gegen Personenverbände strafrechtlich vorzugehen im Mittelalter den Herrschenden noch dazu, deren Macht einzudämmen, waren die Könige und Fürsten im Absolutismus derart machterfüllt, dass sie in den verbliebenen, schwachen Körperschaften keine Bedrohung mehr für ihre Herrschaft erblickten. Für ein Verbandsstrafrecht bestand in solch einem starken Staat keine Notwendigkeit mehr. Von da an waren nur noch die einzelnen Untertanen selbst unmittelbar der zentralen Staatsgewalt unterworfen. Parallel hierzu führten die Aufklärung und die Lehren des Naturrechts zu einer veränderten Bewertung des Verhältnisses Individuum – Kollektiv. Das Individuum war ab diesem Zeitpunkt „der bestimmende Wert der sozialen Ordnung".[1037] Dies hatte erheblichen Einfluss auf die (Straf-) Rechtswissenschaft. Hervorzuheben sind an dieser Stelle die Werke *Malblancs*,[1038] *Feuerbachs*[1039] und *von Savignys*,[1040] nach deren Meinung Personenverbände im Wesentlichen kein taugliches Subjekt des Strafrechts darstellen, da es ihnen an der Möglichkeit fehle, *selbst* handeln zu *wollen* und ihnen daher kein Schuldvorwurf gemacht werden könne. Ferner seien sie nicht strafempfänglich.[1041]

Während sich *Bartolus* zur Erklärung der Strafrechtsfähigkeit von Verbänden auf eine Fiktion stützte, war für *von Savigny* geradezu entgegengesetzt deren nur fingierte Rechtsfähigkeit, Ausgangspunkt seiner Argumentation, eine Bestrafung von Verbänden abzulehnen.[1042] Die Grundlage dieser romanistischen Sicht liegt in der Annahme, dass zunächst nur einzelne Individuen rechtsfähig seien. Jedoch sah *von Savigny* auch die Möglichkeit dieses ursprünglich nur an der natürlichen Person orientierten Verständnis von Rechtsfähigkeit Modifikationen zu unterwerfen, wodurch es auch auf außermenschliche Gebilde übertragen werden kann, um auf diese Weise juristische Personen künstlich zu bilden.[1043] Demnach sei die juristische Person ein „des Vermögens fähiges, künstlich angenommenes Sub-

---

1037 *Busch*, Grundfragen, S. 44 ff.
1038 *Malblanc*, Opuscula.
1039 *Feuerbach*, Feuerbach, Lehrbuch (1801), S. 29.
1040 *von Savigny*, System (Band 2), S. 2, 310 ff.
1041 So *von Savigny*, System (Band 2), S. 312; vgl. zu *Malblanc* auch *Busch*, Grundfragen, S. 46.
1042 Kritisch zur Verwendung des Begriffs „Fiktionstheorie" zur Beschreibung der Lehre *von Savignys*, *Flume* in: FS-Wieacker (1978), S. 340 ff.
1043 *von Savigny*, System (Band 2), S. 2.

ject".[1044] Nach Ansicht *von Savignys* hat die Annahme dieser „fingierten Person"[1045] nur für das Zivilrecht Bedeutung, woraus er folgendes Ergebnis hinsichtlich der Strafrechtsfähigkeit von Verbänden zog:

> „Das Criminalrecht hat zu thun mit dem natürlichen Menschen, als einem denkenden, wollenden, fühlenden Wesen. Die juristische Person ist aber kein solches, sondern nur ein Vermögen habendes Wesen, liegt also ganz außerhalb des Bereichs des Criminalrechts. Ihr reales Daseyn beruht auf dem vertretenden Willen bestimmter einzelner Menschen, der ihr, in Folge einer Fiction, als ihr eigener Wille angerechnet wird. Eine solche Vertretung aber, ohne eigenes Wollen, kann überall nur im Civilrecht, nie im Criminalrecht, beachtet werden. (...) Alles, was man als Verbrechen der juristischen Person ansieht, ist stets nur das Verbrechen ihrer Mitglieder oder Vorsteher, also einzelner Menschen oder natürlichen Personen. (...) Wollte man nun irgend ein Verbrechen an der juristischen Person bestrafen, so würde dadurch ein Grundprincip des Criminalrechts, die Identität des Verbrechers und des Bestraften, verletzt werden."[1046]

Die klassische germanistische Gegenposition hierzu nehmen die Vertreter der Theorie der realen Verbandspersönlichkeit ein. Allen voran ist *von Gierke* in diesem Zusammenhang zu nennen, der die von *Beseler* begründete Theorie stark vorantrieb:

> „Den Kern der Genossenschaftstheorie bildet die von ihr dem Phantom der persona ficta entgegengestellte Auffassung der Körperschaft als realer Gesamtperson."[1047]

> „(...) die veränderte Auffassung des Wesens der Körperschaftspersönlichkeit (...) drängte zu einer neuen Lehre von der Entstehung und Beendigung der Körperschaften; sie führte zu einer Revision der Sätze über den Umfang der korporativen Rechtsfähigkeit; sie trieb zur Bejahung der von den Gegnern hartnäckig bestrittenen Willens- und Handlungsfähigkeit der Gemeinheiten."[1048]

Obwohl auch nach der Realitätstheorie die Rechtsfähigkeit der juristischen Personen erst durch die Rechtsordnung verliehen werde, handle es sich bei ihr schon davor um eine „real existierende Person", die nicht erst fingiert werden müsse.[1049]

1044 *von Savigny*, System (Band 2), S. 239.
1045 *von Savigny*, System (Band 2), S. 241.
1046 *von Savigny*, System (Band 2), S. 312 f.
1047 *von Gierke*, Genossenschaftstheorie, S. 5.
1048 *von Gierke*, Genossenschaftstheorie, S. 9.
1049 *Lütolf*, Strafbarkeit, S. 103 f.; *von Gierke*, Genossenschaftstheorie, S. 603 ff.

Von Gierkes Theorie der realen Verbandspersönlichkeit gelang es jedoch nicht, sich gegen die Lehre von der *universitas* als untauglichem Strafsubjekt durchzusetzen, die letztlich zur damals absolut herrschenden Meinung avancierte.[1050]

Dieser Auffassung schloss sich auch die Gesetzgebung an, sodass in einzelnen Territorialstrafgesetzen ausdrücklich ein Ausschluss der Strafbarkeit von Verbänden normiert wurde. Kurze Zeit später wurde auf einen solchen Hinweis, da mittlerweile schon als überflüssig erachtet, sogar ganz verzichtet; so auch im Reichsstrafgesetzbuch von 1871.[1051]

Zu Beginn des 20. Jahrhunderts bekamen die Befürworter des Verbandsstrafrechts wieder vermehrt Zulauf. Im Zuge der Industrialisierung erlangten private Personenverbände, insbesondere in Gestalt von Unternehmen, eine immer größere Bedeutung in der Gesellschaft. Um ihrer sich rasch ausdehnenden Macht Einhalt zu gebieten, wurde in Teilen der Literatur wieder verstärkt um die Einführung einer Kollektivstrafe geworben.[1052] Ihren sicherlich prominentesten Befürworter fand sie in *von Liszt*.[1053] Auch der Gesetzgeber sah sich gezwungen, vereinzelt im Nebenstrafrecht eine Art strafrechtlicher Verantwortlichkeit juristischer Personen festzulegen.[1054]

1050 Vgl. *Feuerbach*, Lehrbuch (1801), S. 29; *von Grolman,* Grundsätze der Criminalwissenschaft (4. Aufl., 1825), S. 25 ff.; *Berner,* Lehrbuch des deutschen Strafrechts (5. Aufl., 1871), S. 115 f.; *Schütze*, Lehrbuch des deutschen Strafrechts (2. Aufl., 1874), S. 88 f.; *Temme,* Lehrbuch, S. 62 f.; a. A.: *Tittmann*, Handbuch der Strafrechtswissenschaft – Band 1 (2. Aufl., 1822), S. 64; *Merkel,* Lehrbuch des deutschen Strafrechts (1899), S. 49 ff.; *von Liszt*, Lehrbuch (1899), S. 113 f.

1051 Vgl. Bayerisches StGB von 1813 Art. 71; Hannoverisches StGB von 1840 Art. 56; Hessisches StGB von 1841 Art. 44; siehe Erläuterungen in *Breidenbach*, Commentar über das Grossherzoglich Hessische Strafgesetzbuch, Art. 44; *Ehrhardt*, Unternehmensdelinquenz, S. 29; *Busch*, Grundfragen, S. 49 f.; *Goltdammer*, Die Materialien zum Straf-Gesetzbuche für die Preußischen Staaten I, S. 331 f.

1052 *Eidam*, Straftäter Unternehmen, S. 26 f.

1053 *von Liszt*, Lehrbuch (1899), S. 113 f.; aber auch die bereits zitierten Werke *Buschs* (Grundfragen) und *Hafters* (Personenverbände) setzten sich für eine Einführung der Verbandsstrafe ein.

1054 Vgl. siehe eingehend zur RAO vom 13.12.1919 *Heinitz* in: Verhandlungen des 40. Deutschen Juristentages (Band 1), S. 73 ff.

Im Nationalsozialismus erstickte diese wiederaufflammende Diskussion jedoch erneut, da in jenem totalitären Staat keine Notwendigkeit dazu bestand, Personenverbänden auf dem Wege des Strafrechts zu begegnen.[1055]

Erst in den Nachkriegsjahren kehrte die Thematik, beeinflusst durch den Kontakt mit dem anglo-amerikanischen Recht, in die Fachdiskussion zurück. Während sich im Rahmen der Nürnberger Prozesse gegen den Gedanken einer Kollektivschuld gewandt und in der Einzelperson das taugliche Subjekt des Völkerstrafrechts erblickt wurde,[1056] sah das Besatzungsrecht Verbandsstrafen vor.[1057] So kam es, dass selbst der BGH die Zulässigkeit der Bestrafung juristischer Personen aufgrund besatzungsrechtlicher Bestimmungen anerkannte, da dies nach seiner Auffassung weder einen Verstoß gegen den inländischen *ordre public* noch gegen Art. 43 der Haager Landkriegsordnung darstellte.[1058]

Auf das in der Folgezeit wieder in vollem Umfang geltende Strafrecht der BRD hatte dies indes keine Auswirkungen.[1059] Das Credo der Unvereinbarkeit des Schuldprinzips mit dem Wesen des Personenverbandes und der daraus gefolgerten Annahme, nicht die Verbände selbst, sondern nur ihre natürlichen Mitglieder könnten durch das Strafrecht getroffen werden, setzte sich vollends durch.[1060]

Dies hatte die Manifestierung eines zweigleisigen Systems zur Folge, nach welchem der Staat auf strafrechtlicher Ebene lediglich gegen die handelnden natürlichen Mitglieder des jeweiligen Verbandes vorgehen kann. Um des Verbandes habhaft zu werden, wurde eine Reihe von ordnungswidrigkeits- und verwaltungsrechtlichen Maßnahmen zur Regulierung eingeführt, für deren Eingreifen es nicht auf das Vorliegen eines „schuldhaften" Handelns im strafrechtlichen Sinne ankommt.[1061] Dieses System hat bis heute Bestand.

1055 *Eidam*, Straftäter Unternehmen, S. 27.
1056 *Heinze/Schilling*, Nürnberger Militärtribunale, S. 57 ff. und 99 ff.
1057 *Engisch* in: Verhandlungen des 40. Deutschen Juristentages (Band 2), S. E10 f.
1058 Im sog. Berliner Stahlprozess BGH NJW 1953, 1838.
1059 Vgl. Beschlussfassung des Sitzungsberichts der Verhandlungen der strafrechtlichen Abteilung beim vierzigsten deutschen Juristentag 1953, S. E87: „Es empfiehlt sich nicht Kriminalstrafen gegen juristische Personen oder andere Personenverbände vorzusehen."
1060 *Eidam*, Straftäter Unternehmen, S. 28; Grundsatzentscheidung des BGH zum Schuldprinzip: BGHSt 2, 194; BVerfGE 110, 1.
1061 *Eidam*, Straftäter Unternehmen, S. 29.

B. Aktuelle Situation

I. Geltende Rechtslage

Das deutsche Strafrecht sieht *de lege lata* keine kriminalstrafrechtliche Sanktionierungsmöglichkeit von Verbänden vor. Strafrechtlich können bislang allein deren Repräsentanten verfolgt werden.

Allerdings enthält das geltende Strafrecht Maßnahmen zur Gewinnabschöpfung, die auch direkt gegenüber Verbänden angeordnet werden können: Namentlich der Verfall des aus einer rechtswidrigen Tat Erlangten gem. §§ 73 ff. StGB sowie die Einziehung von Verbandseigentum nach § 75 StGB.[1062] Aufgrund ihrer Ausgestaltung als schuldunabhängige Maßnahmen, dürfen sie jedoch nicht als eine Anerkennung der Schuldfähigkeit von Personenverbänden missverstanden werden.[1063] Sie stellen daher, anders, als vereinzelt behauptet, auch gerade keinen „Anwendungsfall strafrechtlicher Verantwortlichkeit juristischer Personen" dar.[1064]

Sanktionsrechtlichen Charakter hat indes der in § 30 OWiG geregelte Verbandsgeldbußtatbestand. Nach Abs. 1 kann gegen juristische Personen und Personenvereinigungen eine Geldbuße verhängt werden, soweit feststeht, dass eine ihrer Leitungspersonen durch Begehung einer Ordnungswidrigkeit oder Straftat eine Bereicherung der juristischen Person angestrebt oder erreicht bzw. dadurch eine Betriebspflicht verletzt hat.[1065] Daneben besteht nach § 30 Abs. 4 OWiG auch die Möglichkeit einer selbständigen Anordnung der Geldbuße gegen den Verband. Auch in diesem Fall bedarf es aber zunächst der Feststellung, *dass* eine Leitungsperson eine Straftat bzw. Ordnungswidrigkeit schuldhaft (bzw. vorwerfbar) begangen hat. Ist dies der Fall, kann die genaue Identität des Täters ungewiss bleiben. Gleiches gilt, wenn die Anlasstat aus anderen Gründen nicht verfolgt werden kann, solange keine rechtlichen Verfolgungshindernisse, wie etwa Verjährung, bestehen.[1066] Infolge der Empfehlungen eines OECD Prüfberichts aus dem Jahr 2011 wurde das Höchstmaß der Verbandsgeldbuße nach § 30 OWiG 2013 auf zehn Millionen Euro im Falle vorsätzlich

---

1062 Vgl. *Heine/Weißer* in: Schönke/Schröder, Vor. §§ 25 ff. Rn. 121; *Eser* in: Schönke/Schröder, § 75 Rn. 1; *Roxin*, Strafrecht AT I, S. 263.

1063 Zur Verfassungsmäßigkeit des § 73d StGB vgl. BVerfGE 110, 1.

1064 So aber *Eser* in: Schönke/Schröder, § 75 Rn. 1.

1065 Vgl. *Rogall* in: KK-OWiG, § 30 Rn. 1 ff.

1066 *Gürtler* in: Göhler-OWiG, § 30 Rn. 39 ff.

begangener Taten bzw. auf fünf Millionen Euro bei lediglich fahrlässigen Taten heraufgesetzt.[1067]

Eine weitreichende Ergänzung erfährt § 30 OWiG durch das Zusammenspiel mit den §§ 9, 130 OWIG. Wie gesehen, ist eine Sanktionierung des Verbandes nach § 30 OWiG stets an die Begehung einer Anlasstat durch eine Leitungsperson gebunden. Taten von Nicht-Repräsentanten können demnach dem Verband nicht zugerechnet werden. Über die Verbindung mit den §§ 9, 130 OWIG wird dies aber mittelbar möglich: Nach § 130 OWiG stellt es eine Ordnungswidrigkeit dar, wenn der Inhaber eines Betriebes oder Unternehmens Aufsichtsmaßnahmen unterlässt, wodurch die Begehung einer Tat auf unterer Betriebsebene hätte verhindert werden können. Ist der Inhaber eine Personenmehrheit oder eine juristische Person, so kann die Inhaberstellung als besonderes persönliches Merkmal gem. § 9 Abs. 1 OWiG auf seine Organe und Vertreter übertragen werden, womit die eigene Handlungsunfähigkeit der juristischen Person umgangen wird und es nunmehr auf die Aufsichtspflichtverletzung dieser Leitungspersonen ankommt. Indem die Aufsichtspflichtverletzung nach § 130 OWiG eine taugliche Anlasstat nach § 30 OWiG darstellt und damit eine Sanktionierung des Verbandes auslösen kann, schließt sich der Kreis.[1068]

Bedeutung hat diese Normtrias auch für das Kartellrecht, insbesondere für § 81 GWB, der nach Abs. 1 die Verstöße gegen europäisches und nach Abs. 2 Verstöße gegen deutsches Kartellrecht ahndet.[1069] Die Bußgeldtatbestände des § 81 GWB richten sich als Sonderdelikte ausschließlich gegen Pflichten juristischer Personen und Personenvereinigungen und nicht gegen deren tatsächlich handelnde Organe. Zur Täterbestimmung kommen daher auch im Rahmen von § 81 GWB die §§ 9, 30, 130 OWiG zur Anwendung.[1070]

Schließlich findet sich auch eine Vielzahl von Maßnahmen, durch die die Tätigkeiten von Personenverbänden auf anderem Weg als durch die

---

1067 Vgl. BT-Drs. 17/11053 S. 9 und 27 ff.

1068 Vgl. hierzu *Többens* in NStZ 1999, 1, 7 f.; *Walter* in JA 2011, 481, 485 f.; *Gürtler* in: Göhler-OWiG, § 130 Rn. 3.

1069 Zur Systematik vgl. *Sackreuther* in: BeckOK-OWiG, § 81 GWB Rn. 3 f. m. w. N.

1070 *Meyer-Lindemann* in: Loewenheim/Meessen/Riesenkampff-Kartellrecht, § 81 GWB Rn. 12; *Seitz* in: Berg/Mäsch-Kartellrecht, § 81 GWB Rn. 14.

bloße Auferlegung von Geldbußen beschränkt werden können:[1071] Zu nennen sind hierbei etwa die Gewerbeuntersagung wegen Unzuverlässigkeit nach § 35 GewO oder die Untersagung, Stilllegung und Beseitigung genehmigungsbedürftiger Anlagen nach § 20 BimSchG. Ferner besteht auch die Möglichkeit gewisse juristische Personen auflösen zu lassen, etwa Aktiengesellschaften nach § 395 AktG oder GmbHs nach § 62 GmbHG.

II. Entwicklungen und Tendenzen

Während anders als in der anglo-amerikanischen Rechtskultur der Satz *societas non delinquere potest* in Kontinentaleuropa lange Zeit als nahezu unantastbar galt, ist in den vergangenen Jahrzehnten auf dem Gebiet des Kollektivstrafrechts ein deutlicher Wandel zu verzeichnen, der auch in Deutschland die Diskussion um die Einführung eines Verbandsstrafrechts neu belebt hat. In vielen Mitgliedsstaaten der Europäischen Union wurde die vormals mit ähnlichen Argumenten wie in der deutschen Rechtswissenschaft abgelehnte Strafbarkeit von Personenverbänden neu eingeführt: So etwa 1994 in Frankreich, 1999 in Belgien, 2006 in Österreich oder 2010 in Spanien.[1072]

Diese Entwicklung ist maßgeblich auf eine lange Reihe europarechtlicher Vorgaben in Form von Richtlinien und Rahmenbeschlüssen zurückzuführen, in denen die Mitgliedsstaaten zur Einführung von Modellen strafrechtlicher (i. w. S.) Verantwortlichkeit von Personenverbänden auf-

---

1071 Vgl. hierzu etwa *Trüg* in wistra 2011, 241; *Leipold* in NJW-Spezial 2008, 216.
1072 *Heine/Weißer* in: Schönke/Schröder, Vor. §§ 25 ff., Rn. 122; *Fischer*, StGB, § 14 Rn. 1c unter Hinweis auf BT-Drs. 13/11425.

gefordert wurden.[1073] Auch vom Europarat[1074] und der OECD[1075] wurden Übereinkommen mit gleichlautenden Forderungen erlassen. Keiner dieser Vorgaben lässt sich jedoch eine völkerrechtliche Verpflichtung zur Einführung einer Kriminalstrafe von Personenverbänden entnehmen. Um den in einigen Staaten weiterhin bestehenden Bedenken gegen ein Verbandsstrafrecht zu begegnen, werden nach den genannten Rechtsakten auch zivil- bzw. verwaltungsrechtliche Sanktionierungsmöglichkeiten als ausreichend angesehen.[1076]

Im Jahr 1998 wurde vom deutschen Gesetzgeber eine Kommission zur Reform des strafrechtlichen Sanktionensystems einberufen, welche u. a. der Frage nachging, ob die Einführung einer Strafbarkeit juristischer Personen und sonstiger Personenvereinigungen erstrebenswert sei. Die Kommission lehnte dies aber letztendlich mehrheitlich ab. Hierzu führte sie u. a. auf, dass das bestehende Instrumentarium (§§ 30, 130 OWiG) zur Unternehmenssanktionierung ausreiche, dass das Strafrecht ohnehin schon

---

1073 Vgl. Darstellung bei *Heine/Weißer* in: Schönke/Schröder, Vor. §§ 25 ff., Rn. 126 und bei *Böse* in ZStW 126 (2014), 132, 134 (Fn. 10 und 11): Das 2. Protokoll zum Übereinkommen über den Schutz der finanziellen Interessen der EU vom 19.6.1997, ABl. C 221 vom 19.7.1997, S. 12; Art. 8 und 9 des Rahmenbeschlusses über die Verstärkung des mit strafrechtlichen und anderen Sanktionen bewehrten Schutzes gegen Geldfälschung im Hinblick auf die Einführung des Euro vom 29.5.2000, ABl. EU L 140 vom 14.6.2000, S. 1; EU L 329 vom 14.12.2001, S. 3; Art. 7 und 8 des Rahmenbeschlusses zur Terrorismusbekämpfung vom 13.6.2002, ABl. EU L 164 vom 22.6.2002, S. 3; Art. 5 und 6 des Rahmenbeschlusses zur Bekämpfung der Bestechung im privaten Sektor vom 22.7.2003, ABl. EU L 192 vom 31.7.2003, S. 54; Art. 8 und 9 des Rahmenbeschlusses über Angriffe auf Informationssysteme vom 24.2.2005, ABl. EU L 69 vom 16.3.2005, S. 67; Art. 5 und 6 des Rahmenbeschlusses zur Bekämpfung der organisierten Kriminalität vom 24.10.2008, ABl. EU L 300 vom 11.11.2008 S. 42; 11 Art. 6 und 7 der Richtlinie 2008/99/EG über den strafrechtlichen Schutz der Umwelt vom 19.11.2008, ABl. EU L 328 vom 6.12.2008, S. 28; Art. 5 und 6 der Richtlinie zur Verhütung und Bekämpfung des Menschenhandels und zum Schutz seiner Opfer vom 5.4.2011, ABl. EU L 101 vom 15.4.2011, S. 1.

1074 *Heine/Weißer* in: Schönke/Schröder, Vor. §§ 25 ff., Rn. 126: Übereinkommen zum strafrechtlichen Schutz der Umwelt vom 4.11.1998, ETS Nr. 172.

1075 *Heine/Weißer* in: Schönke/Schröder, Vor. §§ 25 ff., Rn. 126: Übereinkommen zur Bekämpfung von Bestechung von ausländischen Amtsträgern im internationalen Geschäftsverkehr, vgl. BT-Drs. 13/10428.

1076 *Heine/Weißer* in: Schönke/Schröder, Vor. §§ 25 ff., Rn. 126; *Böse* in ZStW 126 (2014), 132, 135; *von Freier* in GA 2009, 98, 100; *Rogall* in GA 2015, 260, 261; *Trüg* in wistra 2011, 241, 245.

überlastet sei und ein strafrechtliches Regelungsmodell zudem erhebliche Bedenken hinsichtlich des Schuldprinzips aufwerfe. Ferner sei die Argumentation, mit einem internationalen Trend eine strafrechtliche Unternehmenssanktionierung einzuführen, verfehlt, da beispielsweise im anglo-amerikanischen Bereich das Verwaltungsrecht eher „unterentwickelt" sei, sodass dort das Strafrecht Sachverhalte erfasse, die in Deutschland in anderen Rechtsbereichen geregelt seien.[1077]

Die internationalen Vorgaben hatten jedoch eine Reihe von Anpassungen der bestehenden ordnungswidrigkeitsrechtlichen Sanktionsmöglichkeiten nötig gemacht:[1078] So wurde 2002 der Täterkreis der Bezugstaten bei § 30 Abs. 1 OWiG um sog. „sonstige Leitungspersonen" (Nr. 5) erweitert,[1079] 2005 der im Kartellrecht vorgesehene Bußgeldtatbestand um die Möglichkeit einer umsatzbezogenen Geldbuße ergänzt (§ 81 Abs. 4 S. 2 GWB)[1080] und 2013 der Bußgeldrahmen von § 30 Abs. 2 OWiG auf 10 Millionen Euro für vorsätzliche Bezugstaten bzw. auf 5 Millionen Euro für fahrlässige Taten erhöht.[1081]

Zu einer Beendigung der Diskussion um die Einführung einer tatsächlichen Kriminalstrafe von Verbänden trugen diese Gesetzesänderungen indes nicht bei. Zwar setzte sich auch der von der Konferenz der Justizministerinnen und Justizminister vom 09.11.2011 gefasste Beschlussvorschlag, eine Art Verbandsstrafe einzuführen, aufgrund der damals ablehnenden Haltung des Bundesjustizministeriums nicht durch,[1082] jedoch wurde die Einführung eines Unternehmensstrafrechts aufgrund eines Gesetzgebungsvorstoßes des Landes Nordrhein-Westfalen[1083] bereits 2013 auf der Herbstkonferenz ebenjener Justizminister-/innen erneut diskutiert und das Gesetzesvorhaben von den Ländern zumindest als Diskussionsgrundlage begrüßt.[1084] Auch im Koalitionsvertrag von CDU/CSU und SPD zur 18. Legislaturperiode fand sich eine Erklärung der Parteien, die

---

1077 Abschlussbericht der Kommission zur Reform des strafrechtlichen Sanktionensystems – März 2000, Kap 12.2.1 (bib.uni-mannheim.de).

1078 *Böse* in ZStW 126 (2014), 132, 133; *Rogall* in: KK-OWiG, § 30 Rn. 29 ff.

1079 Vgl. Gesetz vom 22.08.2002, BGBl. I S. 3387.

1080 Vgl. Gesetz vom 07.05.2005, BGBl. I S. 1954.

1081 Vgl. Gesetz vom 26.6.2013, BGBl. I S. 1738; vgl. ferner die Erweiterungen bei § 30 Abs. 2a OWiG sowie bei § 81a GWB.

1082 *Leipold* in ZRP 2013, 34, 36.

1083 Vgl. NRW-VerbStrG-E von 2013 (justiz.nrw.de).

1084 NJW-Spezial 2013, 730.

Einführung einer Unternehmensstrafe für multinationale Konzerne prüfen zu lassen.[1085]

In der aktuellen Debatte verfolgen die Befürworter der Einführung eines Verbandsstrafrechts zwei rechtspolitische Kernanliegen: Zum einen die Erhöhung des Sanktionsdrucks auf den Verband im Sinne einer Steigerung der Präventionseffizienz,[1086] zum anderen die Behebung von Zurechnungslücken,[1087] die sich in Verbänden immer wieder durch das Phänomen der sog. organisierten Unverantwortlichkeit zeigt und die individualstrafrechtliche Ahndung von Rechtsgutsbeeinträchtigungen stark erschwert und zum Teil gänzlich unmöglich macht. Gut zusammengefasst finden sich diese beiden Aspekte in der Einleitung des Entwurfs eines Verbandsstrafgesetzbuches des Landes NRW:

> „Die individuelle Schuld von Einzelpersonen, die im Verbandsinteresse bei der Verwirklichung eines Straftatbestandes mitgewirkt haben, ist häufig gering – trotz oftmals gravierender Tatfolgen für eine Vielzahl von Geschädigten oder für die Allgemeinheit. (...) Daher muss das Unternehmen selbst in das Zentrum der Strafverfolgung rücken. Das bisherige Recht der Ordnungswidrigkeiten (§§ 30, 130 OWiG) wird den Anforderungen der Organisationsgesellschaft nicht mehr gerecht. Bußgelder erzeugen keine hinreichende Präventivwirkung, weil sie insbesondere für große Wirtschaftsunternehmen ein kalkulierbares Risiko bleiben. Es ist unbefriedigend, wenn es aufgrund komplexer organisatorischer Unternehmensstrukturen (Arbeitsteilung, Outsourcing etc.) weder möglich ist, die Tat einer Individualtäterin bzw. einem Individualtäter zuzuordnen noch das schuldhafte Versagen entsprechender Aufsichtsstrukturen zu belegen. In diesen Fällen der "organisierten Unverantwortlichkeit" kann die Verbandsstraftat im Ergebnis überhaupt nicht sanktioniert werden."[1088]

Daneben wird mit Einführung eines Verbandsstrafrechts zum Teil auch die Hoffnung verbunden, die derzeit im Individualstrafrecht stattfindenden Ausdehnungstendenzen eingrenzen zu können.[1089] So heißt es etwa bei *Heine/Weißer*, dass die derzeitige Rechtsentwicklung tendenziell dazu neige die individualstrafrechtliche Verantwortung einzelner Führungsperso-

---

1085 Vgl. Koalitionsvertrag zwischen CDU, CSU und SPD zur 18. Legislaturperiode, S. 145 (bundesregierung.de).

1086 Vgl. Darstellung bei *Mittelsdorf*, Unternehmensstrafrecht, S. 14 ff. m. w. N.; *Trüg* in wistra 2011, 241, 246 m. w. N.

1087 Vgl. Darstellung bei *Mittelsdorf*, Unternehmensstrafrecht, S. 10 ff. m. w. N.; *Trüg* in wistra 2011, 241, 246 f. m. w. N.

1088 So die Einleitung zum NRW-VerbStrG-E, S. 1 f. (justiz.nrw.de).

1089 Vgl. bspw. *Haeusermann*, Der Verband, S. 113; *Trüg* in wistra 2011, 241, 245 f.

nen zu überspannen, etwa durch die Ableitung täterschaftlicher Verantwortlichkeit aus einer hierarchischen Position im Wege der pauschalen
Zuschreibung von Organisationsherrschaft. Diese Umstände ließen eine
strafrechtliche Verantwortlichkeit des Verbandes als Mittel der Wahl erscheinen.[1090] Kritisiert werden in diesem Zusammenhang beispielsweise
die Tendenzen in der Rechtsprechung, die Verantwortlichkeit unternehme-
rischer Führungspersonen möglichst umfassend auszuweiten, um eine
Stärkung der strafrechtlichen Produkthaftung zu erreichen.[1091] Dies zeigt
sich u. a. in der Ausdehnung der ursprünglich nur auf mafiaähnliche Organisationsstrukturen angewandten Figur des „Täters hinter dem Täter" zur
Begründung einer mittelbaren Täterschaft trotz dolosen Werkzeugs auf
Unternehmen und andere Personenvereinigungen[1092] oder in den berühmten Holzschutzmittel-[1093] und Lederspray-Verfahren,[1094] die zu einer Abkehr vom traditionellen Kausalitätsbegriff[1095] und zu einer Ausdehnung
des Handlungsbegriffs[1096] sowie zu einer Erweiterung der Garantenstel-
lung aus Ingerenz führten.[1097]

1090 *Heine/Weißer* in: Schönke/Schröder, Vor. §§ 25 ff. Rn. 128; siehe hierzu auch
       Heine in ÖJZ 1996, 211, 214; *ders.* in ZStrR 119 (2001), 22, 35 f.
1091 Vgl. hierzu *Eidam*, Straftäter Unternehmen, S. 3 ff.
1092 So der BGH erstmals in einem der Mauerschützenprozesse, vgl. BGH NJW
       1994, 2703, 2706: „Es gibt aber Fallgruppen, bei denen trotz eines uneinge-
       schränkt verantwortlich handelnden Tatmittlers der Beitrag des Hintermannes
       nahezu automatisch zu der von diesem Hintermann erstrebten Tatbestandsver-
       wirklichung führt. Derartige Rahmenbedingungen mit regelhaften Abläufen
       kommen insbesondere bei staatlichen, unternehmerischen oder geschäftsähnli-
       chen Organisationsstrukturen und bei Befehlshierarchien in Betracht." Sodann:
       BGH NStZ 1997, 544; BGH NJW 1998, 767; BGH v. 3. 7. 2003 – 1 StR
       453/02; BGH NStZ 2004, 559, 561.
1093 BGH NJW 1995, 2930.
1094 BGH NJW 1990, 2560.
1095 *Eidam*, Straftäter Unternehmen, S. 5 f.
1096 Vgl. hierzu *Schünemann* in: BGH-Festgabe IV, S. 623 ff.
1097 *Heine* in ÖJZ 1996, 211, 212 (Fn. 7).

C. Die strafrechtliche Verbandsschuld

I. Die strafrechtliche Verbandsschuld als zentrales Problem

Trotz der soeben skizzierten Stimmungslage steht die Mehrheit der Lehre der Einführung einer Verbandsstrafe weiterhin kritisch gegenüber. Im Zentrum der Argumentation stehen dabei weniger kriminalpolitische, als vielmehr strafrechtsdogmatische Erwägungen:

Zunächst wird von vielen Seiten die strafrechtliche Handlungsfähigkeit von Verbänden bezweifelt. Ein Verband, als künstliches Konstrukt, könne niemals selbst handeln, sondern sei stets auf die Handlungen seiner Mitglieder angewiesen.[1098]

Zur Umgehung der fehlenden „natürlichen" Handlungsfähigkeit von Verbänden haben sich unter den Befürwortern einer kollektiven Strafhaftung im Wesentlichen drei unterschiedliche Lösungsansätze entwickelt: Zunächst wird eine Zurechnung von Handlungen der Organe des Verbandes vertreten. Auch die Zurechnungsformen der Mittäterschaft und der mittelbaren Täterschaft beruhten schließlich auf der Zurechnung von Handlungen anderer Personen.[1099] Dieser Meinung wird jedoch entgegengehalten, dass die genannten Täterschaftsformen stets auch an ein eigenes Verhalten anknüpften und sie somit die Frage der Handlungsfähigkeit des Verbandes nicht abschließend beantworten könnten.[1100] So wird von den Vertreten einer originären Verbandsstrafbarkeit vielmehr die eigenständige Handlungsfähigkeit von Verbänden bejaht.[1101] Auch in der Rechtsprechung wird dies grundsätzlich für möglich gehalten, wie etwa die „Ledersprayentscheidung" gezeigt hat.[1102] Ferner wird auf das sog. Systemunrecht und damit auf die bloße Verursachung von Rechtsgutsbeeinträchtigungen als tauglichem Anknüpfungspunkt verwiesen. Danach komme es

---

1098 BVerfGE 20, 323, 335 f.; *Laue* in Jura 2010, 339 m. w. N.; *Löffelmann* in JR 2014, 185, 188 f. m. w. N.

1099 *Scholz* in ZRP 2000, 435, 438; *Ehrhardt*, Unternehmensdelinquenz, S. 185; bereits *Jescheck* in ZStW 65 (1953), 211, 212 f.

1100 *Eidam*, Straftäter Unternehmen, S. 103.

1101 Bereits bei *Hafter*, Personenverbände, S. 76; *Busch*, Grundfragen, S. 27 f.; *Tiedemann* in NJW 1988, 1169, 1172.

1102 BGH NJW 1990, 2560; aber auch bereits in BGH NJW 1971, 1093 und NJW 1973, 1379, wobei hier gerade der umgekehrte Weg gewählt wurde und Handlungen von Unternehmen ihren natürlichen Mitgliedern zugerechnet wurden.

zur Begehung eines Unrechts nicht zwingend auf eine Handlung des Täters an.[1103]

Des Weiteren wird bestritten, dass der Verband überhaupt dazu fähig
sei, eine gegen ihn verhängte Strafe „empfinden" zu können. Strafe bedeute „Leiden" und nur eine natürliche Person sei hierfür empfänglich.[1104]
Einige Befürworter des Verbandsstrafrechts widersprechen dieser Auffassung etwa damit, dass man bezüglich der Möglichkeit der Leidempfin-
dung auf die hinter dem Verband stehenden natürlichen Personen abstellen
könne, die mittelbar durch die Strafe getroffen werden.[1105] Diese Ansicht
wirft aber Fragen hinsichtlich des Verbots der Bestrafung Unschuldiger
auf.[1106] Ferner ist zweifelhaft, ob eine derartige Strafbegründung nicht zu
einer unzulässigen Doppelbestrafung (*ne bis in idem*, Art. 103 Abs. 3 GG)
führe, wenn bereits ein Einzeltäter aus dem Verband strafrechtlich sanktioniert wurde.[1107] Es wird daher auch versucht, die Straffähigkeit von Verbänden damit zu begründen, dass nach heute vorherrschender Meinung,
Strafe nicht im Sinne einer „psycho-physischen" Leidzufügung zu verstehen sei, sondern als Rechtseinbuße. Diese könne jeden treffen, der Inhaber
von Rechten sei, also auch juristische Personen.[1108]

1103 *Lampe* in ZStW 106 (1994), 683, 703 ff.; *Dannecker* in GA 2001, 101, 111.
1104 *Peglau* in JA 2001, 406, 409; *Vogel* in StV 2012, 427, 428; vgl. auch *Edward,
First Baron Thurlow* (zitiert nach *Jahn/Pietsch* in ZIS 2015, 1, 2 (Fn. 12)): „Did
you ever expect a corporation to have a conscience, when it has no soul to be
damned, and no body to be kicked"; *Engisch* in: Verhandlungen des 40. Deutschen Juristentages (Band 2), S. E 12 ff.; auch bereits *Kohler* in GA 1917, 500,
503 (zitiert nach *Vogel* in StV 2012, 427, 428): „Genugtuung und Sühne aber
sind mit dem Begriff des Leidens und Schmerzes untrennbar verbunden; dies
gilt von allen Strafen (...) dieses soll als Genugtuung dienen für die unethischen
Übergriffe der Person. All dieses beruht aber auf seelischen Vorgängen, die nur
der Einzelpersönlichkeit möglich sind."
1105 *Dannecker* in GA 2001, 101, 115; *Hirsch*, Personenverbände, S. 19 ff.; *Scholz* in
ZRP 2000, 435, 438; *Ehrhardt*, Unternehmensdelinquenz, S. 202 f.
1106 Vgl. hierzu: *Engisch* in: Verhandlungen des 40. Deutschen Juristentages (Band
2), S. E 26 ff.; *Heinitz* in: Verhandlungen des 40. Deutschen Juristentages
(Band 1), S. 88 f.; *Ehrhardt*, Unternehmensdelinquenz, S. 208; *von Freier*, Kritik, S. 242 ff. und S. 255 f.
1107 Das Vorliegen einer Doppelbestrafung verneinend: *Ehrhardt*, Unternehmensdelinquenz, S. 208; *Hirsch* in ZStW 107 (1995), 285, 297 f.; *Rotberg* in: Deutsches
Rechtsleben, S. 206 f.; *Ackermann*, Strafbarkeit, S. 195.
1108 Hierzu kritisch *von Freier* in GA 2009, 98, 102 ff.; *Heinitz* in: Verhandlungen
des 40. Deutschen Juristentages (Band 1), S. 86.

Ungeachtet dieser im Einzelnen dogmatisch und rechtsphilosophisch hochinteressanten Problemfelder, ist jedoch die Frage, ob gegenüber Personenverbänden überhaupt ein strafrechtserheblicher Vorwurf erhoben werden kann, von größter Bedeutung. Im Zentrum der Debatte um die Einführung eines Verbandsstrafrechts steht und stand daher seit jeher das Problem der Schuld- bzw. Verantwortlichkeitsfähigkeit überindividueller Einheiten.[1109] Da es der wohl allgemeinen Auffassung entspricht, dass das Schuldprinzip auch in einem Verbandsstrafrecht gelten müsse,[1110] ist die Frage, wie eine sanktionsbegründende Verbandsschuld ausgestaltet sein kann bzw. ob eine solche Verbandsbezogenheit der Schuld im Strafrecht überhaupt möglich ist, von vorrangiger Bedeutung. Ich habe mich daher dazu entschieden, die Darstellung der kaum noch überschaubaren Diskussion um Für und Wider der Verbandsstrafe vorliegend auf den Aspekt der Möglichkeit der Schaffung einer Verbandsschuld zu begrenzen. Denn solange unklar ist, ob Verbänden überhaupt die Realisierung von Rechtsgutsbeeinträchtigungen vorgeworfen werden kann, solange mag es auch dahin stehen, wie es um ihre Strafempfänglichkeit bestellt ist.

II. Zur Diskussion um die strafrechtliche Verbandsschuld

1. Kollektive Intentionalität und Verantwortung

Bevor ich mich der strafrechtlichen Diskussion um die Möglichkeit der Schaffung eines strafbegründenden Verbandsschuldbegriffs zuwende, möchte ich vorwegschicken, dass die Auseinandersetzung mit der Frage einer Verantwortlichkeit von Personenmehrheiten, nicht ausschließlich auf dem Boden der (Straf-)Rechtswissenschaft geführt wird.

Seit einiger Zeit wird in der Gegenwartsphilosophie der Versuch unternommen, die Grundlagen gemeinsamen Handelns systematisch zu analysieren. Unter dem Stichwort „kollektive Intentionalität", wird dabei davon ausgegangen, dass der Unterschied zwischen individuellem und kollekti-

---

1109 *Sachs* in: Unternehmensstrafrecht S. 199; *Jahn/Pietsch* in ZIS 2015, 1, 2; *Mittelsdorf*, Unternehmensstrafrecht, S. 77 ff.
1110 *Jahn/Pietsch* in ZIS 2015, 1, 2.

vem Handeln in der Struktur der leitenden Absicht der Beteiligten zu verorten sei.[1111]

Maßgeblich angestoßen hat diese Debatte ein Aufsatz von *Tuomela* und *Miller* aus dem Jahr 1988, in dem sie das Konzept der „Wir-Absichten" eingeführt haben. Grundlegend für ihr Konzept ist zunächst die Annahme, „dass die Gruppe zu der man gehört, (...) die eigenen Gedanken und Handlungen beeinflusst und umgekehrt". Im Kontext gemeinschaftlichen Handelns könne sich im Gegensatz zu eigennützigem Handeln Willensschwäche einstellen, die einen Konflikt zwischen Wir-Absichten und der rein persönlichen Ich-Absicht impliziere.[1112] Absichtliches gemeinsames Handeln involviere notwendigerweise relevante Wir-Absichten.[1113] Diese Wir-Absichten spiegelten im Wesentlichen die Idee einer Gruppe auf der Ebene des Individuums wider.[1114]

Auf dieser Grundlage wird vereinzelt der Versuch unternommen, auch den Inhalt kollektiver Verantwortung zu ergründen. So sieht etwa *Mathiesen* das Fundament jeder Verantwortung in der Möglichkeit zu moralischem Handeln, zu dem auch Kollektive fähig seien: Um Subjekt der Zuschreibung moralischer Verantwortung zu sein, müsse man zunächst ein Akteur sein, der für moralische Gründe empfänglich ist.[1115] Ferner müsse ein passendes Verhältnis zwischen dem Handeln des Akteurs und der Handlung, für die dieser verantwortlich gemacht werde, bestehen. Akteur sei jeder, der Absichten entwickeln und auf deren Grundlage handeln könne, was wiederum zwei Hauptmerkmale des Handelns voraussetze: „(1) ein System von Überzeugungen, Wünschen und Zielen sowie (2) eine Fähigkeit zu Reflexion zweiter Ordnung".[1116] *Mathiesen* ist der Auffassung, dass gewisse Kollektive diese Bedingungen erfüllen und daher auch für ihre Handlungen verantwortlich sein können:[1117] Mitglieder eines Kollektivs könnten einen Begriff der kollektiven Perspektive teilen, der präge, welche Überzeugungen, Absichten oder Ziele die Mitglieder im „Wir-Modus" annähmen. Wenn eine Anzahl von Personen eine geteilte Perspektive

---

1111 *Schmid/Schweikard* in: *Schmid/Schweikard* (Hrsg.), Kollektive Intentionalität, S. 12 f.
1112 *Tuomela/Miller* in: *Schmid/Schweikard* (Hrsg.), Kollektive Intentionalität, S. 73.
1113 *Tuomela/Miller* in: *Schmid/Schweikard* (Hrsg.), Kollektive Intentionalität, S. 79.
1114 *Tuomela/Miller* in: *Schmid/Schweikard* (Hrsg.), Kollektive Intentionalität, S. 78.
1115 *Mathiesen* in: *Schmid/Schweikard* (Hrsg.), Kollektive Intentionalität, S. 743.
1116 *Mathiesen* in: *Schmid/Schweikard* (Hrsg.), Kollektive Intentionalität, S. 743.
1117 *Mathiesen* in: *Schmid/Schweikard* (Hrsg.), Kollektive Intentionalität, S. 747.

ihres Kollektivs habe und wenn sie auf Grundlage dieser Perspektive als Mitglieder handelten, dann erfülle ein solches Kollektiv die erste Bedingung für moralisches Handeln.[1118] Ferner könne ein Kollektiv auch die Fähigkeit zur Reflexion zweiter Ordnung haben, also dazu, „seine Absichten, Überzeugungen und Ziele als eigene anzuerkennen" und zu hinterfragen, auch wenn dies im Unterschied zu individuellen Reflexion mehr Zeit und Kommunikationsaufwand erfordere und daher ein eher langsamer Prozess sei.[1119] Schließlich könnten Handlungen auch aus der Perspektive des Kollektivs stammen und das Kollektiv damit hierfür auch als moralischer Akteur verantwortlich sein:

> „Auch wenn das Kollektiv nicht denken, überlegen, beabsichtigen oder handeln kann, ohne dass die Mitglieder dies tun, ohne dass die Mitglieder als Mitglieder, das heißt als durch die kollektive Perspektive bestimmt handeln, können wir das Kollektiv als den primären Akteur jener Handlungen bezeichnen. Es ist primär in dem Sinn, dass es die Perspektive des Kollektivs ist und zwar als die Perspektive, die die Mitglieder verstanden und zur Handlungsgrundlage gemacht haben, die durch die Handlungen der Mitglieder zum Ausdruck gebracht wird und die Gründe für diese Handlungen liefert."[1120]

Mathiesen übersieht dabei nicht, dass es in jedem Kollektiv auch Personen geben kann, die nicht zu der fraglichen Handlung beigetragen haben oder ihr Bestes getan haben, die schädliche Perspektive des Kollektivs zu verändern.[1121] Eine Beschuldigung des Kollektivs könnte daher auch zu einer Beschuldigung unschuldiger Mitglieder führen.[1122] Einer solchen Auffassung läge aber, ein Missverständnis zugrunde, das daher rühre, dass ein Kollektiv bloß als Menge von Individuen angesehen werde. Aus dem Umstand, dass Zuschreibungen von Verantwortlichkeit in der Tatsache gründeten, dass die fragliche Handlung aus der Perspektive eines moralischen Akteurs stamme, folge, dass in Fällen, in denen eine falsche Handlung aus der kollektiven Perspektive stamme, das Kollektiv der tadelnswerte Akteur sei.[1123]

Eine umfassende Rekonstruktion der fachphilosophischen Diskussion über kollektive Verantwortung kann hier nicht geleistet werden. Wie ich

---

1118 *Mathiesen* in: *Schmid/Schweikard* (Hrsg.), Kollektive Intentionalität, S. 750 f.
1119 *Mathiesen* in: *Schmid/Schweikard* (Hrsg.), Kollektive Intentionalität, S. 744 und 751.
1120 *Mathiesen* in: *Schmid/Schweikard* (Hrsg.), Kollektive Intentionalität, S. 754.
1121 *Mathiesen* in: *Schmid/Schweikard* (Hrsg.), Kollektive Intentionalität, S. 757.
1122 *Mathiesen* in: *Schmid/Schweikard* (Hrsg.), Kollektive Intentionalität, S. 757 f.
1123 *Mathiesen* in: *Schmid/Schweikard* (Hrsg.), Kollektive Intentionalität, S. 758.

versucht habe anzudeuten, sind hier womöglich gewinnbringende Perspektiven auch für die strafrechtliche Diskussion zu finden. Unmittelbare Rückschlüsse auf die Legitimität eines strafrechtlichen Verbandsschuldbegriffs lassen sich ihnen jedoch nicht entnehmen.

2. Pro strafrechtliche Verbandsschuld

Im folgenden Abschnitt möchte ich zunächst auf die Kernargumente der Befürworter einer strafrechtlichen Verbandsschuld eingehen und daran anschließend einige der in der Literatur diskutierten sowie in der Rechtswirklichkeit anzutreffenden Modelle strafrechtlicher Verbandsverantwortlichkeit vorstellen. Um bereits an dieser Stelle Unklarheiten vorzubeugen, möchte ich noch darauf hinweisen, dass ich die in den Konzepten verwendeten Begrifflichkeiten auch im Hinblick auf die Frage, welche Arten von Personenmehrheiten von ihnen erfasst werden, unverändert präsentiere. Es wird im Folgenden daher von juristischen Personen, Verbänden, Unternehmen usw. die Rede sein.

a. Allgemeine Argumente

aa. Die soziale Wirklichkeit der Verbände

Als wesentliches Argumentationsfundament vieler Literaturmeinungen, die die Schaffung eines verbandsspezifischen Schuldbegriffs befürworten, dient die Annahme, dass es sich beim Verband um ein selbstständiges Subjekt der sozialen Wirklichkeit handelt, wodurch diesem auch ein eigener strafrechtlicher Verantwortungsbereich zugeschrieben werden kann. Von der kaum zu überblickenden Vielzahl dahingehender Äußerungen[1124] seien im Folgenden einige Meinungen stellvertretend dargestellt:
Nach Auffassung *Rotbergs* gibt es in der modernen Massengesellschaft zivilisierter Staaten kaum noch politische oder wirtschaftliche Einzelinteressen, die ohne eine verbandsmäßige Zusammenfassung vieler verwandter Belange durchgesetzt werden können.[1125] Alle wirklichen Kraftzentren bedürften daher zur nachhaltigen Entwicklung der im Riesengetriebe der

---

1124 Vgl. etwa Übersicht bei *Lütolf*, Strafbarkeit, S. 107.
1125 *Rotberg* in: Deutsches Rechtsleben, S. 195 f.

heutigen sozialen Wirklichkeit erforderlichen Stoßkräfte einer organisierten Zusammenfassung vieler Einzelner. Ausgehend von dieser konstitutiven Bedeutung, welche Verbänden in den heutigen Massengesellschaften zukommt, argumentiert *Rotberg*, dass es sich förmlich aufdränge, dass keine Rechtsordnung mehr an der Einbeziehung der Verbände als handelnde Subjekte des Soziallebens vorbeigehen könne.[1126] Die Möglichkeiten eines verbandsbezogenen Schuldvorwurfs könne folglich nur von dem geleugnet werden, der das sozial vorgegebene Faktum des selbständigen gesellschaftlichen Geltungswertes eines Verbandes mit seinem darin steckenden ethischen Bedeutungssinn nicht anerkennen will.[1127]

Auch *Rogall* erblickt im Verband ein eigenständiges Subjekt der sozialen Realität.[1128] Unter Zugrundelegung der Erkenntnisse der Systemtheorie heißt es bei ihm, dass zwischen dem delinquenten Verhalten einer Person und dem Verhalten eines Verbandes keine wesentlichen Unterschiede bestünden, da in beiden Fällen ein systemisches Verhalten vorliege, das als Sinnausdruck verstanden werden könne und damit einer strafrechtlichen Bewertung sowohl zugänglich als auch bedürftig sei. Von der sich hieraus ergebenden strafrechtlichen Handlungsfähigkeit von Verbänden schließt *Rogall* letztlich auf die Möglichkeit, dass auch der Verband Schuld auf sich laden könne.[1129]

Hirsch definiert Personenverbände als menschliche Organisationsformen, die vom Wechsel der Mitglieder unabhängige, eigenständige Subjekte in der Wirklichkeit des Soziallebens darstellen.[1130] Die Rechtsordnung trage dieser Realität dadurch Rechnung, dass sie die Personenverbände mit Rechtsfähigkeit ausstatte bzw. ihnen wenigstens passive Verfahrensfähigkeit zubillige.[1131] Hinsichtlich der Frage nach der Schuldfähigkeit eines Verbandes falle bei Betrachtung der sozialen Wirklichkeit auf, dass durchaus von der Schuld einer Korporation gesprochen werde. Als Beispiele hierzu nennt *Hirsch* etwa Diskussionen um umweltschädigende Verhal-

---

1126 *Rotberg* in: Deutsches Rechtsleben, S. 196 f.
1127 *Rotberg* in: Deutsches Rechtsleben, S. 201 f.
1128 *Rogall* in: KK-OWiG, § 30 Rn. 10.
1129 *Rogall* in: KK-OWiG, § 30 Rn. 10 f. m. w. N.; i. E. ähnlich *Lampe* in ZStW 106 (1994), 683, 732.
1130 *Hirsch*, Personenverbände, S. 9.
1131 *Hirsch*, Personenverbände, S. 9; *ders.* in ZStW 107 (1995), 285, 307.

tensweisen von Chemieunternehmen oder die Frage, welche Kriegspartei, also welcher Staat, Schuld am Ausbruch eines Krieges habe.[1132]

Auch *Eidam* nimmt zur Untermauerung seiner Thesen zur Schuldfähigkeit juristischer Personen Bezug auf die Wahrnehmung der Gesellschaft und die Darstellungen in den Medien.[1133] Immer wieder berichte die Presse von strafrechtlichen Ermittlungstätigkeiten gegen juristische Personen. Die Öffentlichkeit betrachte daher in den meisten Fällen das Unternehmen als den eigentlich schuldigen Straftäter.[1134]

Gerade Unternehmen und deren Kultur sind es, die die aktuelle Diskussion um die Frage der Schuldfähigkeit von Verbänden maßgebend prägen. Die diesbezüglich geäußerten Argumente decken sich aber weitgehend mit dem bereits allgemeiner zu den Verbänden ausgeführten. So meint etwa *Dannecker*, dass eine rationale Konzeption der strafrechtlichen Steuerung von Unternehmen von der Einsicht her zu entwickeln ist, dass die Gefahren nicht nur und nicht zwingend von dem Unternehmensträger ausgehen, sondern von dem sozialen System Unternehmen.[1135] Diese seien reale eigenständige soziale Subjekte. Sie träten im Wirtschaftsverkehr als Träger von Vermögenswerten auf, verfolgten eigene Interessen, hätten eine eigene „corporate identity" bzw. „corporate culture". Gerade dass sie eigene, also von ihren Mitgliedern unabhängige Interessen verfolgten, könne der Begründung von Rechtspflichten sowie der Ausgestaltung und Bemessung der Rechtsfolgen zugrunde gelegt werden.[1136]

Was heutzutage als „corporate identity" oder „corporate culture"[1137] bezeichnet wird, deckt sich in weiten Teilen mit dem, was *Busch* in seiner umfangreichen und bis heute bedeutsamen Schrift zu den „Grundfragen der strafrechtlichen Verantwortlichkeit der Verbände" aus dem Jahre 1933 noch als „Verbandsgeist" beschrieben hat.[1138] Er sah im Verbandsgeist die Pflege einer Gesinnung, deren wichtigste Elemente Solidaritätsgefühl und

---

1132 *Hirsch*, Personenverbände, S. 15.
1133 *Eidam*, Straftäter Unternehmen, S. 118.
1134 *Eidam*, Straftäter Unternehmen, S. 118; *Münn,* Diskussionsbeitrag in: Verhandlungen des 40. Deutschen Juristentages (Band 2), E 72; ähnlich bereits *Busch*, Grundfragen, S. 113.
1135 *Dannecker* in GA 2001, 101, 108.
1136 *Dannecker* in GA 2001, 101, 108 f.
1137 Vgl. hierzu *Ehrhardt*, Unternehmensdelinquenz, S. 144 ff.; *Eidam*, Straftäter Unternehmen, S. 118; vgl. auch „Unternehmensphilosophie" bei *Lampe* in ZStW 106 (1994), 683, 732.
1138 *Busch*, Grundfragen, S. 103.

Unterordnung des Einzelnen unter die Verbandsinteressen und unter bestimmte grundsätzliche Anschauungen seien.[1139] Hierdurch werde eine geistige Atmosphäre geschaffen, die strafbare Handlungen überhaupt erst ermögliche und deshalb im Sinne einer psychischen Wirksamkeit für sie ursächlich werde.[1140] *Engisch* griff *Buschs* Verständnis vom Verbandsgeist später auf und definierte ihn als Inbegriff der Werte, Güter und Zwecke, um die sich das verbandsbezügliche Denken, Fühlen, Streben und Handeln der Verbandsmitglieder drehe. Zwischen dem Verband und dem Verbandsgeist einerseits und dem Eigenleben der Verbandsgenossen und Verbandsorgane andererseits finde eine Wechselwirkung dergestalt statt, dass der Verband das innere und äußere Verhalten der Verbandsgenossen und Verbandsorgane inhaltlich bestimme und präge, aber dann auch wieder durch es bestimmt und geprägt werde.[1141]

Busch bemühte sich in jenem Werk in besonderer Weise darum, die eigenständige soziale Bedeutung von Verbänden hervorzuheben. Deutlich ist er dabei auf den Aspekt der fehlenden Körperlichkeit des Verbandes bzw. seines Mangels an „psychophysischer Lebenswirklichkeit" eingegangen und versuchte, wie auch einige andere Autoren seiner Zeit, „die Vergeistigung des Verbandsbegriffs weiter voranzutreiben und doch den Verband als eine Realität anzuerkennen".[1142] Nach Ansicht *Buschs* stellt die Tatsache, dass der Verband *keine natürliche* Lebenseinheit ist, weder ihre Wirklichkeit als Lebenseinheit noch die Wirklichkeit ihrer Persönlichkeit in Frage, da Sinn und Bedeutung des Gesellschaftslebens nicht im Vegetativen, sondern im Geistigen, in der Verfolgung kultureller Zwecke, in der Wertverwirklichung beschlossen liegen. Jener Mangel an „psychophysischer Verbundenheit" werde bei der organisierten Gemeinschaft durch das positive Moment der überindividuellen Verbundenheit aufgewogen".[1143] *Busch* meinte mit diesem Verständnis vom Wesen des Verbandes auch die ewige Auseinandersetzung zwischen den Fiktions- und Realitätstheorien auflösen zu können. Beide beruhten nämlich fälschlicherweise auf eben jener psychophysischen Wirklichkeit. Sie suchten die körperliche Erschei-

---

1139 *Busch*, Grundfragen, S. 102 f.
1140 *Busch*, Grundfragen, S. 165.
1141 *Engisch* in: Verhandlungen des 40. Deutschen Juristentages (Band 2), S. E 19.
1142 So die Interpretation *Engischs* in: Verhandlungen des 40. Deutschen Juristentages (Band 2), S. E 18.
1143 *Busch*, Grundfragen, S. 10 f.

nung[1144] und stellten daher auch die Streitfrage nach Fiktion oder Realität falsch, da sie die Wirklichkeit auf der falschen Ebene suchten.[1145]

Es zeigt sich, dass die Anerkennung der sozialen Realität von Verbänden, die sich heute weitgehend durchgesetzt zu haben scheint,[1146] für die Frage der Ausgestaltung der strafrechtlichen Schuld von Personenverbänden als einer übergeordnete Verantwortungsebene jenseits der Schuld der einzelnen Verbandsangehörigen von fundamentaler Bedeutung ist. *Hirsch* führt hierzu aus:

„ (...) das Wesen der Korporation besteht (...) gerade darin, daß sie nicht eine bloße Addition von Einzelpersonen ist, sondern ein von diesen sich abhebendes, eigenständiges Gebilde darstellt. Schuld einer Körperschaft ist deshalb nicht gleichbedeutend mit Schuld ihrer Mitglieder. Vielmehr ist über beide gesondert zu entscheiden."[1147]

Darauf, dass es sich bei strafrechtlicher Verbandsschuld nicht um eine bloße Kollektivschuld handelt und hierfür gerade die Anerkennung des Verbandes als ein reales eigenständiges Gebilde erforderlich ist, hat auch *Ehrhardt* hingewiesen: Der gegen den Verband erhobene Vorwurf richte sich eben nicht gegen die einzelnen Gesellschafter oder die Gesamtheit der Mitglieder sondern allein gegen das demgegenüber rechtlich verselbständigte Wesen „Verband".[1148]

1144 So etwa bei *Hafter*, Personenverbände, S. 47: „Ein Personenverband ist kein Wesen aus Fleisch und Blut, aber er bildet trotzdem eine in sich geschlossene, wirkliche Einheit dadurch, dass eine Anzahl Menschen einen Teil ihres Individualwillens gleichsam ablösen und einheitlich aufgehen lassen in einem außerhalb ihrer Individualsphäre liegenden Betätigungskreis. (...) Dieses Wesen bedeutet trotz seiner Verschiedenheit vom Einzelindividuum eine ebenso *natürliche* und wirkliche Lebenseinheit wie jeder einzelne Mensch."

1145 *Busch*, Grundfragen, S. 12; zustimmend *Jescheck* in ZStW 65 (1953), 210, 212.

1146 So jedenfalls die Einschätzung *Hirschs* in Personenverbände, S. 9 m. w. N.; s. a. *Tiedemann*, Wirtschaftsstrafrecht AT, S. 107 (Rn. 244a).

1147 *Hirsch* in ZStW 107 (1995), 285, 293 f.; *ders.*, Personenverbände, S. 15.

1148 *Ehrhardt*, Unternehmensdelinquenz, S. 189; so auch *Rotberg* in: Deutsches Rechtsleben, S. 202; anders sah dies dagegen *Busch*, der sich für eine „kollektive Bestrafung aller Genossen" einsetzte. Nicht der Verband, sondern alle seine Angehörigen sollten strafrechtlich verantwortlich sein, vgl. hierzu *Busch*, Grundfragen, S. 177 und 198.

bb. Distanzierung von der individualethischen Prägung des strafrechtlichen Schuldbegriffs

Ein weiterer wichtiger Argumentationsstrang für viele Befürworter verbandsspezifischer Schuldbegriffe ist die Distanzierung vom klassischen Verständnis der Schuld als individuell-sittlichem Vorwurf,[1149] das den Gegnern der Verbandsschuld oft dazu dient, auf die Unanwendbarkeit des strafrechtlichen Schuldbegriffs auf Verbände hinzuweisen.[1150] Da die Schaffung eines speziellen *sittlich* ausgestalteten Verbandsschuldbegriffs jedoch mit erheblichen Schwierigkeiten verbunden ist, sind in der Literatur vielfach Stimmen zu vernehmen, die eine Abkehr von der moralischen Prägung des Schuldbegriffs hin zu einer sozialen Ausgestaltung befürworten oder zumindest keine Bedenken hinsichtlich der Vereinbarkeit der Verbandsschuld mit einem ausschließlich sozialethischen Schuldbegriff befürworten:[1151]

Nach Auffassung *Baumanns* handelt es sich im Strafrecht gerade nicht um eine sittliche, sondern um eine strafrechtliche Schuld, womit das Argument, nur der Mensch sei sittlich verantwortlich, für die Frage der Schuldfähigkeit juristischer Personen fehl gehe.[1152] Einzig entscheidend sei, an wen sich die jeweilige Strafnorm richte, denn das Recht bestimme seine Adressaten selbstherrlich, womit Verschulden im rechtlichen Sinne auch bei einer juristischen Person liegen könne.[1153] Auch im von *Baumann* begründeten Lehrbuch zum allgemeinen Teil des Strafrechts heißt es, dass es im Strafrecht nicht um eine sittliche, sondern um eine soziale Verantwortung gehe und der Gesetzgeber Schuldfähigkeit auch im Sinne

---

1149 Vgl. nur BGH NJW 1954, 593, 594: „Der innere Grund des Schuldvorwurfes liegt darin, daß der Mensch auf freie, verantwortliche, sittliche Selbstbestimmung angelegt und deshalb befähigt ist, sich für das Recht und gegen das Unrecht zu entscheiden (...).“

1150 So etwa *Heinitz* in: Verhandlungen des 40. Deutschen Juristentages (Band 1), S. 84 ff.; *Engisch* in: Verhandlungen des 40. Deutschen Juristentages (Band 2), S. E 24 f.; *Jescheck* in ZStW 65 (1953), 210, 213; nachdrücklich auch *Kaufmann*, Schuldprinzip, S. 116 ff.; vgl. ferner Darstellungen bei *Baumann/Weber/ Mitsch*, Strafrecht AT, S. 438 m. w. N. und bei *Ackermann*, Strafbarkeit, S. 54 f. m. w. N.

1151 *Lütolf*, Strafbarkeit, S. 136; vgl. hierzu etwa *Kühl* in: Lackner/Kühl, Vor. § 13 Rn. 23; *Tiedemann* in NJW 1986, 1842; ders. in NJW 1988, 1169, 1172; *von Weber*, in GA 1954, 237, 239 f.

1152 *Baumann*, Grundbegriffe, S. 98 f.

1153 *Baumann*, Grundbegriffe, S. 98 f.

einer originären Verantwortlichkeit von Verbänden nicht für individuelle, sondern für „Betriebsführungsschuld" normieren könne.[1154]

Jene Äußerungen *Baumanns* aufgreifend, führt *Ackermann* aus, dass der Schuldbegriff des Strafrechts sozialethisch geprägt sei, also zu tun habe mit den Pflichten des Menschen gegenüber der Gesellschaft, während der sittliche Schuldbegriff mit der Individualethik verknüpft sei, also mit der Lehre der Ethik, die nur die Pflichten gegen sich selbst berücksichtige.[1155] Würden im Handlungsrahmen einer juristischen Person Pflichten gegenüber der Gesellschaft verletzt und falle die Gesellschaft deswegen ein Unwerturteil, so sei es durchaus denkbar, dass das Unwerturteil die juristische Person als solche treffe; ein sittliches Unwerturteil könne dagegen nur über Einzelpersonen ausgesprochen werden.[1156]

In eine ähnliche Richtung weist die Position *Danneckers*. Auch seiner Auffassung nach, ist Ethik, soweit sie Korporationen in den Blick nimmt, nicht Individual- sondern ausschließlich Sozialethik, nach der auch einem System der Vorwurf mangelnder Richtigkeit gemacht werden kann.[1157] Komme der Verband seiner sozialethischen Verantwortung nicht nach, könne sein Verhalten sozialethisch missbilligt werden. Der Inhalt von Strafe werde stets vom Recht her bestimmt und sei deshalb nicht auf einen individualethischen Vorwurf angewiesen. Wenn der Gesetzgeber Strafe gegen Verbände einführe, löse er sich vom Vorwurf der höchstpersönlichen Schuld und schaffe damit eine Sanktion, die ausschließlich einen sozialethischen Tadel beinhalte.[1158]

Es sei aber schließlich noch darauf hingewiesen, dass sich in der Literatur ferner sowohl Stimmen finden, die zwar einen sozialen Schuldbegriff befürworten, der Verbandsschuld dennoch kritisch gegenüberstehen, als auch solche, die einen sittlichen Schuldbegriff auch auf juristische Personen für anwendbar und begrüßenswert halten.[1159] Für Letzteres setzt sich

---

1154 Vgl. die nunmehr von *Weber* bearbeitete Stelle in *Baumann/Weber/Mitsch*, Strafrecht AT, S. 438.

1155 *Ackermann*, Strafbarkeit, S. 230.

1156 *Ackermann*, Strafbarkeit, S. 230 f.

1157 *Dannecker* in GA 2001, 101, 113.

1158 *Dannecker* in GA 2001, 101, 113; vgl. hierzu auch *Böse* in: FS-Jakobs (2007), S. 25: „Allerdings kann an einen Verband – anders als bei der Individualstrafe – kein höchstpersönlicher Schuldvorwurf in dem Sinne gerichtet werden, dass in der Tat eine fehlerhafte innere Einstellung zur verletzten Norm zum Ausdruck kommt."

1159 Vgl. hierzu *Lütolf*, Strafbarkeit, S. 138 f.

z. B. *Ehrhardt* ein: Aus der Prämisse, dass jede Rechtspflicht auch sittlich verpflichte, folge bereits, dass auch juristische Personen als Adressaten sittlicher Pflichten in Betracht kommen. Verbände würden gleich Individuen von der Rechtsordnung danach bewertet, ob ihnen ein ethischer Mangel zur Last zu legen sei. Es sei deshalb nicht grundsätzlich ausgeschlossen, ihnen im Fall der schuldhaften Nichterfüllung ihnen obliegender Pflichten ein sittliches Versagen vorzuwerfen.[1160]

cc. Die Beleidigungsfähigkeit der Verbände

Einen weiteren Anhaltspunkt für die Schuldfähigkeit von Verbänden erblicken viele in der Tatsache, dass die h. M. alle Personenvereinigungen, unabhängig von deren rechtlicher Ausgestaltung, als beleidigungsfähig ansieht, soweit sie „eine rechtlich anerkannte gesellschaftliche Funktion erfüllen und einen einheitlichen Willen bilden können"[1161]. Maßgeblich zurückzuführen ist diese Auffassung auf ein Urteil des BGH aus dem Jahr 1954:

> „Die Ansicht, Ehre stehe nur der Einzelperson zu, ist zu individualistisch; sie hat einige Zeit überwogen, aber weder gesellschaftlich (in sozialer Beziehung) noch rechtlich trifft sie zu. (...) Im täglichen Leben tritt diese Tatsache vielfach so unverkennbar hervor, daß ein Bedürfnis nach angemessener rechtlicher Anerkennung besteht, soweit das Gesetz nicht das Gegenteil ausspricht. (...) Der Schutz der persönlichen Ehre im geschriebenen Strafgesetz besagt nicht, daß Personengesamtheiten, deren Ehrfähigkeit im Leben allgemein jedermann annimmt, kein Ehrenschutz zukomme (...). Mensch und Gemeinschaft stehen in unlösbarer Beziehung. Die Beleidigungsfähigkeit gewisser Personengesamtheiten ist deshalb anzuerkennen."[1162]

Als einer der ersten griff *Bockelmann* dieses Urteil auf und erläuterte hieran seine gewandelte Auffassung bezüglich der Strafbarkeit von Verbänden. Stand er dieser zuvor lange Zeit ablehnend gegenüber, so sah er nunmehr in der Bejahung der Beleidigungsfähigkeit von Verbänden jedenfalls einen Ansatz für eine dogmatische Entwicklung des Gedankens der Be-

---

1160 *Ehrhardt*, Unternehmensdelinquenz, S. 190 f., ferner S. 196 und 202.
1161 *Lenckner/Eisele* in: Schönke/Schröder, Vor. §§ 185 ff. Rn. 3 m. w. N.; *Ackermann*, Strafbarkeit, S. 227 ff.
1162 BGH NJW 1954, 1412 f.

strafung von Verbänden. Wer Ehrschutz genieße, müsse auch bestraft werden können. Beides stünde in Wechselwirkung.[1163]

Im Anschluss an *Bockelmann* kam auch *Rotberg* zu der Überzeugung, dass demjenigen, der Träger einer Ehre sei, also einen sozialethischen Wert für sich in Anspruch nehme und seinen Schutz von Rechts wegen fordern könne, dieser Wert im Falle des Missbrauchs seiner Rechtsstellung auch abgesprochen werden könne.[1164] Das hierzu erforderliche Unwerturteil setze aber die Möglichkeit eines entsprechenden Vorwurfs voraus. Er richte sich gegen die Personengesamtheit als solche. Diese besitze kraft ihrer sozialen Aufgabe und Leistung einen über die Person ihrer Mitglieder hinausgreifenden und von ihr unabhängigen Eigenwert. Ihr „Ansehen" in der Öffentlichkeit sei ein nicht geringer Teil ihrer gesellschaftlichen Wirkkraft. Der Verband stehe als Teilhaber am sozialen Potential genauso wie der Einzelne unter dem Gesetz der Verpflichtung an das Ganze, der Wahrung der Grundnormen sittlichen Zusammenwirkens. Er müsse es sich deshalb ebenso wie der Bürger gefallen lassen, im Bedarfsfalle zur Ordnung gerufen, d. h. bei unanständigem (sprich: sozialethisch vorwerfbaren) Verhalten mit den hierfür nötigen Mitteln, in groben Fällen mit der Strafe zurechtgewiesen zu werden.[1165]

Ferner argumentieren gerade auch die Befürworter einer sittlichen Prägung des Verbandsschuldbegriffs mit der Beleidigungsfähigkeit des Verbandes. So schreibt *Hirsch*, dass dadurch, dass man den Personenverbänden Ehre zuerkenne, deutlich werde, dass bei deren negativer Seite, der Unehre, auch ethische Maßstäbe angelegt würden.[1166]

Zur Unterstreichung seiner Sicht des natürlichen Wesens der Verbände verwies auch bereits *Hafter* auf deren Beleidigungsfähigkeit: Dadurch, dass Körperschaften und Gesellschaften beleidigt werden könnten, als soziale Wesen gälten und als solche in ihrer Ehre geschützt würden, erkenne das Strafrecht die wirkliche Existenz der Verbände an.[1167] Eine Fiktion könnte der Ehre nicht fähig und des Ehrenschutzes nicht teilhaftig sein.[1168]

1163 *Bockelmann* in: Sitzungen der Großen Strafrechtskommission (4. Band), S. 329.
1164 *Rotberg* in: Deutsches Rechtsleben, S. 201.
1165 *Rotberg* in: Deutsches Rechtsleben, S. 201.
1166 *Hirsch*, Personenverbände, S. 14; *ders.*, in ZStW 107 (1995), 285, 292; vgl. auch *Ehrhardt*, Unternehmensdelinquenz, S. 190 f.
1167 *Hafter*, Personenverbände, S. 45.
1168 *Hafter*, Personenverbände, S. 45.

Schließlich sei noch *von Liszt* erwähnt, der ganz allgemein darauf abstellte, dass der Verband Träger von Rechtsgütern sein könne und diese daher auch strafweise geschmälert oder vernichtet werden könnten.[1169]

dd. Vergleich mit Haftungs- und Verantwortungsbereichen von Verbänden im öffentlichen und bürgerlichen Recht

Auch das Bestehen von Haftungs- und Verantwortungsbereichen von Personenverbänden und juristischen Personen außerhalb des Strafrechts wird gerne als Bestätigung der grundsätzlichen Möglichkeit strafrechtlich ausgestalteter Verbandsverantwortlichkeit gesehen. In der Debatte wird insoweit vornehmlich auf zwei Aspekte abgestellt: Auf die im geltenden Recht ausgestaltete Schuldfähigkeit von juristischen Personen und Personenvereinigungen im Ordnungswidrigkeitenrecht einerseits sowie auf deren zivilrechtliche Deliktsfähigkeit andererseits.

Zu ersterem äußerte *Münn* im Rahmen einer Diskussionsrunde des 40. Deutschen Juristentags, dass auch im Recht der Ordnungswidrigkeiten das Schuldprinzip gelte und es letztlich gleich bleibe, ob man eine juristische Person „bestrafe" oder ob man ihr durch andere Maßnahmen verleide, dass Menschen zu ihren Gunsten Straftaten begingen.[1170] Mit etwas polemischem Unterton führte – im Anschluss an *Münn* – auch *Wilfferodt*, seines Zeichens Angehöriger der damaligen Devisenüberwachungsstelle Berlin, aus, dass er sich vor jeder Unterschrift unter einen Bußgeldbescheid klar sein müsse, ob objektiv und subjektiv ein Verstoß vorliege und er in jeder Woche in einigen Bußgeldbescheiden feststelle, dass eine GmbH oder AG schuldhaft gehandelt habe, ohne sich dabei groß Gedanken darüber zu machen, dass dies nicht möglich sei.[1171]

Diese Ansicht, in der im Ordnungswidrigkeitenrecht ausdrücklich ausgestalteten Vorwerfbarkeit bzw. Schuld von Verbänden[1172] auch einen Beleg für die Möglichkeit der Einführung eines Verbandsschuldbegriffs strafrechtlichen Charakters zu erkennen, wird wesentlich getragen von einem

---

1169 *von Liszt*, Lehrbuch (1919), S. 117 f. (Fn. 3).

1170 *Münn*, Diskussionsbeitrag in: Verhandlungen des 40. Deutschen Juristentages (Band 2), S. E71 f.

1171 *Wilfferodt*, Diskussionsbeitrag in: Verhandlungen des 40. Deutschen Juristentages (Band 2), S. E71 f.

1172 Vgl. BVerfGE 20, 323, 333.

Verständnis des Ordnungswidrigkeitenrechts als einem nur graduell vom Strafrecht verschiedenen Regelungsbereich.[1173] Während nach der h. M. die Ordnungswidrigkeit nach Art der angedrohten Rechtsfolge gegenüber der Straftat ein *aliud* ist, da die Geldbuße zwar einen repressiven Charakter habe, ihr aber das mit der Strafe verbundene Unwerturteil und damit der „Ernst des staatlichen Strafens" fehle,[1174] wird gerade dies von einigen Stimmen bezweifelt:

Nach Ansicht von *Lang-Hinrichsen* zeigt ein Überblick über die Gesetzgebung, dass Bußgeldtatbestände nicht nur Bagatellunrecht, sondern häufig auch Unrecht großen Ausmaßes enthalten.[1175] Als Beispiel nennt er diesbezüglich das Kartellrecht. Heute könnte man hierzu sicherlich auch die Ausweitung des Geldbußerahmens bei § 30 OWiG auf bis zu zehn Millionen Euro hinzufügen, die es schwer macht, hierin lediglich eine „nachdrückliche Pflichtenmahnung"[1176] zu erkennen. *Lang-Hinrichsen* kommt letztlich zu dem Ergebnis, dass das Rechtsgebiet der Ordnungswidrigkeiten aufgehört habe, eine einheitliche Materie zu sein, da es nunmehr auch sozialethisch unwertbehaftetes Unrecht enthalte.[1177]

Hierauf bezugnehmend führt *Ackermann* aus, dass eine an derartiges Unrecht anknüpfende Geldbuße nicht wertneutral sein könne, was zur Folge habe, dass man entweder eine darauf basierende Geldbuße gegen juristische Personen als unzulässig ansehe, da der damit verbundene sozialethische Tadel gegen jene eben nicht ausgesprochen werden könne; oder man gerade umgekehrt argumentiere, dass, wenn eine derartige Geldbuße zulässig sei, dieser Vorwurf die juristische Person auch im Bereich der Strafe treffen können müsse.[1178] *Ackermann* geht von Letzterem aus, womit es ihrer Ansicht nach dem Gesetzgeber auch nicht verwehrt ist, gegen die juristische Person mittels Kriminalstrafe vorzugehen.[1179]

Neben dem Argument der ordnungswidrigkeitsrechtlichen Schuldfähigkeit von Verbänden wird auch auf die zivilrechtliche Ausgestaltung der

---

1173 Siehe hierzu *Lang-Hinrichsen* in: FS-Mayer (1966), S. 56 f. m. w. N.
1174 *Gürtler* in: Göhler-OWiG, Vor. § 1 Rn. 6 ff.; BVerfGE 45, 272, 288; 27, 18, 30; 22, 78, 81.
1175 *Lang-Hinrichsen* in: FS-Mayer (1966), S. 58.
1176 BVerfGE 27, 18, 23.
1177 *Lang-Hinrichsen* in: FS-Mayer (1966), S. 59.
1178 *Ackermann*, Strafbarkeit, S. 222.
1179 *Ackermann*, Strafbarkeit, S. 231.

sog. Repräsentantenhaftung[1180] gem. § 31 BGB verwiesen, wonach einer juristischen Person[1181] die schadensersatzauslösende Handlung eines ihrer verfassungsgemäßen Vertreter als eigene Handlung zugerechnet werden kann.[1182]

So versucht beispielsweise *Rotberg* auf die Parallelen zwischen dem strafrechtlichen und dem zivilrechtlichen Verschuldensbegriff hinzuweisen.[1183] Die vorsätzliche unerlaubte Handlung gem. § 823 Abs. 1 BGB richte sich u. a. gegen hohe und höchste Werte. Sie könne sehr wohl, ohne dass die Grenze der Strafbarkeit dem Tatbestande, nicht dem Schuldgrad nach überschritten sein müsste, in hohem Maße sittlich vorwerfbar, weil sozial durchaus verwerflich sein.[1184] Es sei daher keineswegs notwendigerweise der Gesichtspunkt der sozialethischen Vorwerfbarkeit, der die Grenze zwischen bürgerlich-rechtlicher und strafrechtlicher Haftung finden lasse. Vom Wesen der Schuld her gesehen, sollte es keine dogmatisch unüberwindlichen Schwierigkeiten machen, die schon nach geltendem Recht mit bürgerlich-rechtlicher Schadenshaftung belasteten Verbände mit entsprechender Strafhaftung im Zaume zu halten.[1185]

Auch *Heinitz*, wenngleich er die Einführung einer Verbandsstrafe im Ergebnis ablehnt, vermag zumindest im Wesen der juristischen Personen keine „zwingenden Gründe gegen die Möglichkeit ihrer Bestrafung" zu erblicken:[1186] Pflichten könnten nicht verliehen werden, ohne die Möglichkeit sie zu verletzen, Rechte nicht ohne die Möglichkeit des Missbrauchs. Wie eine zivilrechtliche unerlaubte Handlung der juristischen Person zugerechnet werde und diese dafür schadensersatzfähig gemacht werde, so wäre es nicht undenkbar, bestimmte Strafen gegen die juristische Person zu verhängen, ohne dabei gegen logische Gesetze zu verstoßen.[1187]

1180 Vgl. zur Entwicklung von der Organ- zur Repräsentantenhaftung *Arnold* in: MüKo-BGB, § 31 Rn. 3 ff.

1181 Vgl. zur zumindest analogen Anwendung außerhalb juristischer Personen *Arnold* in: MüKo-BGB, § 31 Rn. 12 ff.

1182 *Mansel* in: Jauernig-BGB, § 31 Rn. 1.

1183 *Rotberg* in: Deutsches Rechtsleben, S. 200 f.

1184 *Rotberg* in: Deutsches Rechtsleben, S. 200.

1185 *Rotberg* in: Deutsches Rechtsleben, S. 201.

1186 *Heinitz* in: Verhandlungen des 40. Deutschen Juristentages (Band 1), S. E84.

1187 *Heinitz* in: Verhandlungen des 40. Deutschen Juristentages (Band 1), S. E84; vgl. insofern auch bereits die Ausführungen von *von Liszt* zur seiner Meinung nach eher unproblematischen rechtlichen Möglichkeit des „Körperschaftsverbrechens": „Wer Verträge schließen kann, der kann auch betrügerische oder wu-

Obwohl *Ackermann* die dargestellte Sichtweise *Rotbergs* mit dem Argument ablehnt, dass Zivil- und Strafrecht unterschiedliche Zielsetzungen verfolgen, insbesondere der dem Strafrecht immanente Gedanke der Sanktion im Sinne einer Reaktion der Rechtsordnung auf das Unrecht als solches dem Zivilrecht fremd sei, da letzteres vom Gedanken des Ausgleichs getragen und damit am Interesse des Geschädigten und nicht am Verhalten des Ersatzpflichtigen orientiert sei, erkennt auch sie die zivilrechtliche Schuldfähigkeit juristischer Personen zumindest als ein Indiz für die Möglichkeit ihrer strafrechtlichen Schuldfähigkeit an.[1188]

ee. Die Unbedenklichkeit der Verbandsschuld in verfassungsrechtlicher Hinsicht

Schließlich wird die Verbandsschuld von ihren Befürwortern auch in verfassungsrechtlicher Hinsicht als unbedenklich angesehen. Ausgangspunkt dieser Position ist die Betrachtung der verfassungsrechtlichen Ausgestaltung des im Individualstrafrecht geltenden Schuldprinzips (*nulla poena sine culpa*).[1189]

Nach Ansicht des BVerfG setzt sich das Schuldprinzip aus der Menschenwürdegarantie gem. Art. 1 Abs. 1 GG, aus Art. 2 Abs. 1 GG und aus dem Rechtsstaatsprinzip zusammen,[1190] wobei die Verfassungsrichter diese drei Aspekte in ihren Entscheidungen jeweils unterschiedlich gewichten.[1191] Aus dem Umstand, dass zumindest Art. 1 Abs. 1 GG auf Verbände generell nicht anwendbar ist (Art. 19 Abs. 3 GG),[1192] wird geschlossen,

---

cherische Verträge schließen oder die geschlossenen Verträge nicht halten." *von Liszt*, Lehrbuch (1919), S. 117 f. (Fn. 3).

1188 *Ackermann*, Strafbarkeit, S. 226 f.

1189 Vgl. BVerfGE 123, 267, 413; 20, 323, 331; *Eisele* in: Schönke/Schröder, Vor. §§ 13 ff. Rn. 103/104 m. w. N.; *Dreier* in: GGK (Band 1), Art. 1 Abs. 1 Rn. 141; *Mittelsdorf*, Unternehmensstrafrecht, S. 78.

1190 Vgl. etwa BVerfG NJW 1977, 1525, 1532.

1191 Vgl. Übersicht bei *Lagodny*, Schranken, S. 387 (Fn. 99).

1192 *Dreier* in: GGK (Band 1), Art. 19 Abs. 3 Rn. 36; BVerfG NJW 1997, 1841, 1843 f.

dass das Schuldprinzip in einem Verbandsstrafrecht entweder überhaupt keine Anwendung finden soll[1193] oder nur in abgeschwächter Form:[1194]

Dannecker führt hierzu aus, dass die Menschenwürde, aus welcher nur das Erfordernis einer Individualschuld hergeleitet werden könne, einer Verbandsschuld nicht entgegenstehe.[1195] Wenn nämlich gegen ein Unternehmen ein Schuldvorwurf erhoben werde, richte sich dieser nicht gegen ein Individuum und könne deshalb auch die allein dem Individuum zukommende Menschenwürde nicht verletzen. Unternehmensschuld könne deshalb nicht aus der Menschenwürde, sondern nur aus den allgemeinen rechtsstaatlichen Anforderungen an eine gerechte Strafe hergeleitet werden.[1196]

Auch *Heine* sieht keine grundlegenden verfassungsrechtlichen Bedenken, „Schuld" als spezifische Verantwortlichkeit des Verbandes anzuerkennen. Da ein eigenständiger Vorwurf gegenüber dem Verband weder in das allgemeine Persönlichkeitsrecht noch die Menschenwürde eingreife, könne dieser nur noch Spezialgrundrechte (Art. 12 oder Art. 14 GG) und das Rechtsstaatsprinzip berühren.[1197] Jedenfalls seien die Abwägungskriterien und damit die Grenze der Verantwortung im Vergleich zum Individualstrafrecht funktional anders zu bestimmen.[1198]

Nach Meinung *Achenbachs* trifft das Argument, Schuld habe etwas mit Menschenwürde zu tun und könne daher nur dem Einzelmenschen, nicht aber überindividuellen Einheiten eigen sein, die Problematik nicht.[1199] Er sieht darin eine Gleichbehandlung ungleicher Phänomene, die einer sachlichen Begründung entbehre. Was wir im Strafrecht „Schuld" nennen, bedeute individuelle Zurechenbarkeit, also die Möglichkeit, ein Individuum persönlich für sein deliktisches Handeln verantwortlich zu machen. Diese sei notwendig an andere Zurechnungssachverhalte gebunden als die Möglichkeit, eine überindividuelle Einheit für eine aus ihrem Organisationskreis hervorgehende rechtswidrige Verwirklichung von Straftatbeständen verantwortlich zu machen.[1200]

1193 So etwa *Lagodny*, Schranken, S. 415.
1194 Vgl. hierzu *Mittelsdorf*, Unternehmensstrafrecht, S. 79; *Vogel* in StV 2012, 427, 429.
1195 *Dannecker* in GA 2001, 101, 113 f.
1196 *Dannecker* in GA 2001, 101, 113 f.
1197 *Heine*, Verantwortlichkeit, S. 265 (Fn. 77).
1198 *Heine*, Verantwortlichkeit, S. 265 (Fn. 77).
1199 *Achenbach* in: Unternehmensstrafrecht, S. 272.
1200 *Achenbach* in: Unternehmensstrafrecht, S. 272.

Entgegen einer Vielzahl anderslautender Stimmen[1201] soll nach Ansicht *Vogels* auch das „Lissabon"-Urteil des BVerfG, in welchem es das Schuldprinzip ausdrücklich als Teil der gem. Art. 79 Abs. 3 GG unverfügbaren Verfassungsidentität geadelt hat,[1202] an der Unerheblichkeit dieses Grundsatzes für ein Verbandsstrafrecht nichts ändern.[1203] Das BVerfG habe auch in diesem Urteil das Schuldprinzip aus der Menschenwürde abgeleitet, also jener Garantie, auf die sich Personenverbände gerade nicht berufen könnten.[1204]

Zur Gewährleistung der Verfassungsmäßigkeit eines an Verbänden orientierten Schuldbegriffs soll es demzufolge nur auf Wahrung derjenigen Grundrechte und Verfassungsprinzipien ankommen, auf die sich Personenverbände auch berufen können.[1205] *Böse* stellt hierbei insbesondere auf eine Einhaltung des Rechtsstaatsprinzips ab, das auch Verbänden zuteilwerde.[1206] Nach Ansicht des BVerfG folgt aus der Bedeutung der Strafe als eines von Seiten des Staates erhobenen Vorwurfs, dass dem Täter der vorgehaltene Rechtsvorstoß auch vorwerfbar sein muss. Das Schulderfordernis sei damit bereits in dem Vorwurfscharakter der Strafe angelegt. Bliebe der gegenüber Verbänden zu erhebende Vorwurf auf ein äußeres Verhalten bezogen und werde der Täter nicht als „sittliche" Person angesprochen, so könne dieser Vorwurf nicht an die gleichen Voraussetzungen geknüpft werden wie der höchstpersönliche Vorwurf gegenüber der natürlichen Person.[1207] Die Unterschiede zwischen Verbands- und Individualstrafe ließen es zu, das angesichts der geringeren Eingriffsintensität der Verbandsstrafe an diese geringere Anforderungen gestellt werden als an die Individualstrafe.[1208]

Da Unternehmensstrafen in grundrechtlich geschützte Positionen (Art. 2, 12 und 14 GG) eingreifen, erweist sich, nach Ansicht *Vogels,* der Verhältnismäßigkeitsgrundsatz als entscheidende verfassungsrechtliche

---

1201 *Meyer* in NStZ 2009, 657, 661; vgl. auch Nachweise bei *Neumann* in: Unternehmensstrafrecht, S. 14 (Fn. 12).
1202 BVerfGE 123, 267, 413.
1203 *Vogel* in StV 2012, 427, 429.
1204 *Vogel* in StV 2012, 427, 429; vgl. hierzu ferner den NRW-VerbStrG-E, S. 30 (justiz.nrw.de); *Böse* in ZIS 2010, 76, 80.
1205 Vgl. hierzu den NRW-VerbStrG-E, S. 31 (justiz.nrw.de).
1206 *Böse* in: FS-Jakobs (2007), S. 18 f.
1207 *Böse* in: FS-Jakobs (2007), S. 18 f.
1208 *Böse* in: FS-Jakobs (2007), S. 18 f.

Schranke für ein mögliches Unternehmensstrafrecht.[1209] Um Schuldausgleich oder Vergeltung in einem moralisch aufgeladenen Sinne könne es eher nicht oder allenfalls in dem Ausmaß gehen, in dem eine Unternehmensethik bestehe und gelebt werde.[1210] Vielmehr stehe Prävention kraft ökonomischer Rationalität im Vordergrund. Das Übermaßverbot begrenze vor allem Art und Umfang der Unternehmensstrafen, die tat- und schuldangemessen seien und besonderer Rechtfertigung bedürften, wenn sie sich als unternehmensbedrohend darstellten.[1211] Zudem sei die dogmatische Frage, ob und wie ein Unternehmen rechtswidrig und schuldhaft im strafrechtlichen Sinne handeln könne, für die kriminalpolitische Frage der möglichen positiv-rechtlichen Gestaltung eines materiellen Unternehmensstrafrechts nicht von maßgebender Bedeutung. Wenn der Gesetzgeber eine Unternehmensstrafbarkeit einführe, begründe er die Möglichkeit rechtswidriger und schuldhafter Unternehmenshandlungen im strafrechtlichen Sinne und gestalte die Voraussetzungen hierfür aus, ohne an eine bestimmte Dogmatik gebunden zu sein.[1212]

Schließlich sei noch die Auffassung von *Mittelsdorf* genannt, die einen an Unternehmen orientierten Schuldbegriff auch aus dem allgemeinen Persönlichkeitsrecht ableiten möchte.[1213] Gerade bei Wirtschaftsunternehmen sei der bei juristischen Personen über Art. 19 Abs. 3 GG herzustellende verfassungsrechtliche Funktionsschutz unvollständig, wenn die Unternehmensehre nicht erfasst sei. Da der gute Ruf eines Wirtschaftsunternehmens auf diese Weise dem Schutz des Art. 2 Abs. 1 i. V. m. Art. 19 Abs. 3 GG unterfalle, stelle sich die Frage, unter welchen verfassungsrechtlichen Voraussetzungen ein Eingriff in die Ehre des Unternehmens durch das Strafrecht möglich sei. Aus Gründen des Persönlichkeitsrechts sei in der Regel zu fordern, dass die Vermeidbarkeit der Verletzung auch im Unternehmensbereich Voraussetzung der Strafe ist. Allerdings gelte das Schuldprinzip aufgrund der andersartigen Abwägung im Unternehmensbereich nicht kategorisch. Ausnahmen seien etwa im Hinblick auf die Beweislast möglich.[1214]

1209 *Vogel* in StV 2012, 427, 429.
1210 *Vogel* in StV 2012, 427, 429.
1211 *Vogel* in StV 2012, 427, 429; *ders.* in: Unternehmensstrafrecht, S. 209.
1212 *Vogel* in StV 2012, 427, 427 f.; *ders.* in: Unternehmensstrafrecht, S. 205 f.
1213 *Mittelsdorf*, Unternehmensstrafrecht, S. 79 ff.
1214 *Mittelsdorf*, Unternehmensstrafrecht, S. 79 ff.

b. Modelle zur Ausgestaltung der strafrechtlichen Verbandsschuld

Wenngleich sich die einzelnen vorgeschlagenen Verbandstäterschaftskonzepte im Laufe der Jahrzehnte weit verästelt haben und sich die Modelle in immer feineren Ausprägungen präsentieren, wird ihr Ursprung in der im 19. Jahrhundert mit großer Heftigkeit geführten Diskussion zwischen den Anhängern der sog. Fiktionstheorie und den Vertreten der Theorie der realen Verbandsperson gesehen.[1215]

Haeusermann sieht die Unterscheidung der einzelnen Verbandsstrafmodelle auf Grundlage dieser beiden Theorien kritisch.[1216] Seiner Ansicht nach hilft eine solche Einteilung zumindest nur begrenzt weiter, da mittlerweile relative Einigkeit darüber besteht, dass Verbände weder eine real existierende physische Existenz im Sinne einer abscheidbaren Persönlichkeit hätten noch reine Rechtsfiktionen sind. Er plädiert daher für eine Einordnung der Verbandstäterschaftsmodelle unter Abstellen auf die Frage, wie diese den Täter „Verband" konstruieren: Ob sie sich ausschließlich oder vorwiegend an den für den Verband Tätigen ausrichteten oder ob sie den Verband als solches, als Kollektivität betrachteten. Die Unterteilung nach *Haeusermann* erfolgt daher in Modelle, in denen das individuelle und solche, in denen das kollektive Element überwiegt.[1217]

Haeusermann darf in seiner Annahme sicherlich zugestimmt werden, dass keine der beiden Theorien absolute Geltung für sich beanspruchen kann und es deshalb in der Tat nicht sonderlich sinnvoll erscheint, jene als entscheidende Quellen der unterschiedlichen Strömungen zur Begründung von Verbandstäterschaftsmodellen zu bezeichnen. An dieser Stelle kommt es mir aber weniger darauf an, festzulegen, auf welcher dogmatischen Grundlage die Unterteilung genau zu erfolgen hat, als vielmehr darauf,

---

1215 So schlussfolgert etwa *Lütolf* aus ihrer Darstellung der beiden Theorien, dass bei konsequenter Anwendung der Realitätstheorie die juristische Person voll schuldfähig sei und folglich direkt als strafbar betrachtet werden müsse. Gemäß der Fiktionstheorie sei die juristische Person dagegen noch nicht ohne weitere Überlegungen schuldfähig, vielmehr solle dies über den Umweg der Zurechnung erreicht werden, vgl. *Lütolf*, Strafbarkeit, S. 102 ff. u. 130 f.; *Schünemann* in: LK-StGB, Vor. § 25 Rn. 22; vgl. ferner auch *Haeusermann*, Der Verband, S. 15 f.

1216 *Haeusermann*, Der Verband, S. 15 ff.

1217 *Haeusermann*, Der Verband, S. 15 ff.; siehe ferner kritisch zur Unterteilung der Modelle nach der Fiktions- und Realitätstheorie: *Ackermann*, Strafbarkeit, S. 207 f.

durch welche Merkmale sich die Modelle unterscheiden und welche gemeinsamen Schnittmengen sich zur Schaffung relevanter Einteilungskategorien finden lassen. Der anschließenden Darstellung wird daher die folgende Frage zugrunde liegen: Wird zur Begründung der Strafbarkeit des Verbandes ausschließlich auf externe ihm zuzurechnende Handlungen einzelner Individuen abgestellt oder soll die verbandsstrafrechtliche Bewertung zusätzlich oder gar ausschließlich Kollektivverhalten des Verbandes selbst berücksichtigen?

Bezogen auf die hier zu erörternde Möglichkeit einer strafrechtlichen Schuldfähigkeit[1218] von Verbänden bedeutet dies, dass sich diese entweder bereits durch eine schlichte Zurechnung der strafrechtlichen Schuld eines für ihn tätig gewordenen Verbandsmitglieds ergeben, eine solche Zurechnung nur bei zusätzlichem eigenem Verschulden des Verbandes erfolgen oder unmittelbar auf eine eigene Schuld des Verbandes, etwa in Form einer sog. Betriebsführungsschuld, abgestellt werden soll.[1219]

aa. Zurechnungsmodelle

Als zentrales Argument führen die Befürworter der Zurechnung der Organschuld an den Verband auf, dass der Verband nicht selbst, sondern nur durch seine menschlichen Organe (verstanden i. w. S.) handeln könne und sich deshalb auch deren Verschulden anrechnen lassen müsse.[1220]

In diesem Sinne sprach sich auch das BVerfG in seinem berühmten „Bertelsmann-Lesering-Beschluss" aus dem Jahre 1966[1221] grundsätzlich für ein Zurechnungsmodell aus. Zur Erörterung der Frage der Schuldfähigkeit juristischer Personen gelangte das BVerfG über die Feststellung,

---

1218 In diesem Zusammenhang werden häufig auch die sog. Maßregelmodelle aufgeführt, nach denen Verbände mit strafschuldunabhängigen Maßregeln belegt werden sollen. Ich habe ich mich dazu entschlossen, diese hier noch auszuklammern und mich zunächst nur mit denjenigen Modellen zu befassen, die sich tatsächlich zum Ziel setzen, einen strafrechtlichen Schuldbegriff für Verbände auszugestalten. Zu den Maßregelmodellen vgl. unten S. 329 ff.

1219 So auch der Abschlussbericht der Kommission zur Reform des strafrechtlichen Sanktionssystems (März 2000), S. 200 (bib.uni-mannheim.de); *Schünemann* in: LK-StGB, Vor. § 25 Rn. 22 ff.; *Neumann* in: Unternehmensstrafrecht, S. 17; *Hirsch*, Personenverbände, S. 25.

1220 Vgl. etwa bei *Schünemann* in: Madrid-Symposium (1994), S. 279.

1221 BVerfGE 20, 323.

dass der verfassungsrechtliche Grundsatz *nulla poena sine culpa* allgemein bei jeder Strafe oder strafähnlichen Sanktion anzuwenden sei und nicht auf klassisches kriminelles Unrecht beschränkt sei und sich damit auch nicht nur natürliche Personen, sondern alle dem Strafzwang i. w. S. unterworfenen Subjekte auf Einhaltung dieses Grundsatzes berufen können.[1222] Da eine juristische Person selbst allerdings nicht handlungsfähig sei, könne, sobald sie für schuldhaftes Verhalten im strafrechtlichen[1223] Sinne in Anspruch genommen werde, nur die Schuld der für sie verantwortlich handelnden Personen maßgebend sein. Auf die Frage, ob dieser Personenkreis auf die Organe der juristischen Person beschränkt sei, ging das BVerfG ausdrücklich nicht ein.[1224] Ob sich aus diesen Ausführungen jedoch tatsächlich auch eine generelle Anerkennung der Strafbarkeit von Verbänden ergibt, ist umstritten.[1225]

Zur besseren Übersicht teile ich, im Anschluss an *Haeusermann*, die vorgeschlagenen Zurechnungsmodelle in zwei Unterkategorien auf. Nach seiner überzeugenden Analyse gibt es bei den Zurechnungsmodellen[1226] sowohl solche, die auf „zusätzliche Elemente aus dem Kollektivverhalten verzichten"[1227], als auch solche, die „zusätzlich kollektive Elemente berücksichtigen"[1228]. Wegen der hier auf die Möglichkeit einer strafrechtlichen Schuldfähigkeit von Verbänden begrenzten Fragestellung, halte ich es aber für angemessener, die Unterteilung nicht anhand des Grades ihrer individualistischen Ausrichtung, sondern nach der Art und Weise des Zurechnungsaktes zu treffen. So werden die nachfolgenden Modelle danach aufgeteilt, ob die Zurechnung der Schuld des für den Verband strafbar handelnden Organs direkt erfolgen soll oder ob sie zusätzlich von einer der Tat des Organs vorgelagerten im Kollektiv begründeten Bedingung abhängen soll.

1222 BVerfGE 20, 323, 331 ff.

1223 Beachte: Den Begriffen „schuldhaft" und „strafrechtlich" liegt hier ein weiter, verfassungsrechtlicher Bedeutungsgehalt zugrunde, vgl. *Haeusermann*, Der Verband, S. 32.

1224 BVerfGE 20, 323, 336.

1225 Vgl. *Haeusermann*, Der Verband, S. 32 (Fn. 89).

1226 Bzw. bei den von *Haeusermann* als „individualistisch" bezeichneten Modellen.

1227 *Haeusermann*, Der Verband, S. 82; vgl. auch *Schmitt-Leonardy*, Unternehmenskriminalität, S. 360.

1228 *Haeusermann*, Der Verband, S. 95; vgl. auch *Schmitt-Leonardy*, Unternehmenskriminalität, S. 368.

(1) Schlichte Zurechnungsmodelle

Wie bereits erwähnt, kommt es bei der Bestimmung der Verbandsschuld nach den schlichten Zurechnungsmodellen ausschließlich auf das Organverhalten und die bei dieser Person in der jeweiligen Tat zutage getretenen Schuld an. Als Grundlage dieser Ansicht kann die zivilrechtliche Repräsentantenhaftung gem. § 31 BGB gesehen werden.[1229] Nach dieser Vorschrift, die nicht als eigenständige Anspruchsgrundlage, sondern als Zurechnungsnorm ausgestaltet wurde, ist ein Verband[1230] für alle schadensersatzauslösenden Handlungen, die seine Repräsentanten[1231] im Rahmen ihrer verbandsbezogenen Aufgabenkreise begehen, verantwortlich, da ihm diese als eigene zugerechnet werden.[1232] In der Regel tritt die Haftung des Verbands kumulativ neben die des Repräsentanten.[1233] Dem Verband muss dabei weder ein eigenes Verschulden nachgewiesen werden,[1234] noch steht ihm eine mit § 831 Abs. 1 S. 2 BGB vergleichbare Exkulpationsmöglichkeit zu.[1235] Hiermit vergleichbare schlichte Schuldzurechnungsmodelle werden in der aktuellen Diskussion in der deutschen Strafrechtswissenschaft nur noch vereinzelt vertreten.[1236] Es finden sich derartige Konzepte aber in einigen Verbandsstrafgesetzen im Ausland sowie im deutschen Ordnungswidrigkeitenrecht.

1229 *Heine*, Verantwortlichkeit, S. 221 (Fn. 27); *Schmitt-Leonardy*, Unternehmenskriminalität, S. 361.

1230 Der Verband muss nicht als juristische Person organisiert sein. Es reicht aus, wenn es sich bei ihm um eine rechtlich verselbstständigte Organisation handelt vgl. *Arnold* in: MüKo-BGB, § 31 Rn. 3; *Ellenberger* in: Palandt, § 31 Rn. 3.

1231 Zur Entwicklung von der Organ- zur Repräsentantenhaftung vgl. *Arnold* in: MüKo-BGB, § 31 Rn. 3 ff.; s. a. zur weiten Auslegung des Begriffs „verfassungsmäßig berufener Vertreter" durch die Rspr. *Ellenberger* in: Palandt, § 31 Rn. 6.

1232 *Dörner* in: Schulze-BGB, § 31 Rn. 1 ff.; *Mansel* in: Jauernig-BGB, § 31 Rn. 1 ff.; *Schöpflin* in: BeckOK-BGB, § 31 Rn. 17.

1233 *Arnold* in: MüKo-BGB, § 31 Rn. 45 f.; *Ellenberger* in: Palandt, § 31 Rn. 13; *Haeusermann*, Der Verband, S. 92.

1234 Eigenes Verschulden des Verbandes i. S. v. Organisationsmängeln kann dagegen dazu führen, dass auch nicht verfassungsmäßige Vertreter (Verrichtungsgehilfen) eine Haftung des Verbandes gem. § 31 BGB auslösen können vgl. *Ellenberger* in: Palandt, § 31 Rn. 7; *Dörner* in: Schulze-BGB, § 31 Rn. 6.

1235 *Dörner* in: Schulze-BGB, § 31 Rn. 1; *Mansel* in: Jauernig-BGB, § 31 Rn. 1.

1236 *Heine/Weißer* in: Schönke/Schröder, Vor. §§ 25 ff. Rn. 129.

(a) Rotberg

Rotberg darf zu den Vertretern einer schlichten Organschuldzurechnung gezählt werden.[1237] Um den Bedenken gegen die Bestrafung von Verbänden („rechtsstaatswidrige Verdachts- und Gesinnungsstrafe" bzw. „Sippen- oder Kollektivhaftung nicht nachweisbarer Schuldiger") zu begegnen, möchte er die Strafbarkeit von Verbänden möglichst einschränken. Hierfür erscheint ihm gerade die Schuld als passender Anknüpfungspunkt: Seiner Auffassung nach, ist eine strafbare Schuld des Verbandes ohne ein Verschulden der für ihn handelnden natürlichen Person nicht denkbar. Da der Verband nur durch das Handeln natürlicher Personen einen rechtsbrecherischen Willen objektivieren könne, sei seine Bestrafung vom schuldhaften Handeln der zu Willensäußerung berufenen Einzelperson abhängig. So sei bei schuldlos handelnden Verbandsmitgliedern ein Verschulden des Verbandes erst dann gegeben, wenn sich nachweisen lasse, dass ein selbst mit dem zur Schuld erforderlichen Unrechtsbewusstsein tätiger Verbandsfunktionär den tatsächlich Handelnden als unwissendes Werkzeug zu dessen rechtswidrigem Tun angehalten habe.[1238] Auf ähnliche Weise sei es so auch möglich, eine Verbandsschuld selbst dann zu bejahen, wenn eine handelnde Person nicht individualisiert werden kann, die Umstände aber ergäben, dass der äußere Straftatbestand von einem Angestellten des Verbandes im Rahmen seiner allgemeinen Aufgabe und im Interesse des Verbandes schuldhaft herbeigeführt worden sei. Auch hier sei aber Voraussetzung, dass zunächst ein verfügungsbefugter Bediensteter des Verbandes in Wahrnehmung seiner Belange schuldhaft rechtswidrig gehandelt haben muss (z. B. Verletzung der Aufsichtspflicht für den Verband). Nach *Rotberg* kommt es demnach für die Schuld des Verbandes in allen Konstellationen nur auf die Schuld einer für ihn tätig werdenden natürlichen Person an und zwar entweder auf den die Tathandlung Ausführenden selbst, oder, sollte dieser nicht ermittelt werden können bzw. persönlich schuldlos handeln, auf eine diese Tat ermöglichende vorgesetzte Person und die in dieser realisierten Schuld. Auf ein überindividuelles Verschulden des Verbandes selbst wird dagegen nicht abgestellt.[1239]

1237 *Rotberg* in: Deutsches Rechtsleben, S. 208 f.
1238 *Rotberg* in: Deutsches Rechtsleben, S. 208.
1239 *Rotberg* in: Deutsches Rechtsleben, S. 208 f.

(b) Ackermann

Ackermann[1240] hat sich den Ausführungen *Rotbergs* größtenteils angeschlossen. Auch ihrer Ansicht nach ist es naheliegend, die Verantwortlichkeit der juristischen Person auf das Handeln ihrer Organe zu gründen, da sie hierdurch berechtigt und verpflichtet wird. Zur Legitimierung der Zurechnung der Organschuld an den Verband hält sie insbesondere das „Kriterium des Handelns im Rahmen der übertragenen Befugnisse bzw. des Beschäftigungsverhältnisses" und „die Absicht der juristischen Personen (...) einen Vorteil zu verschaffen" von bedeutsam.[1241] Den Kreis der Positionen, die die handelnden natürlichen Personen innerhalb der juristischen Person innehaben müssen, um für eine Schuldzurechnung an selbige in Frage zu kommen, möchte *Ackermann* grundsätzlich auf die Betriebs- und Unternehmensleitung beschränken, da kleinere Angestellte nicht in einem Verhältnis zur juristischen Person stünden, das deren Verantwortlichkeit rechtfertigen könnte. Um aber dem Phänomen der organisierten Unverantwortlichkeit entgegenzuwirken, müsse die Frage, wer zu diesem Kreis der Führungsebene gehöre, aufgrund der konkreten Unternehmenssituation und konkreten Handhabung beantwortet werden. Wie *Rotberg* hält auch *Ackermann* eine Zurechnung der Schuld nicht näher individualisierter Personen an den Verband für möglich.[1242]

(c) Ehrhardt

In besonders deutlicher Form vertritt auch *Ehrhardt*[1243] ein schlichtes Schuldzurechnungsmodell. Den entscheidenden inneren Zusammenhang zwischen der schuldhaft begangenen Tat eines Individuums und dem durch ihn vertretenen Verband, der eine Zurechnung rechtfertigt, sieht sie schlicht in der Tatsache, dass die Tat in Verwirklichung der Verbandszwecke begangen wurde. Es sei dabei unerheblich, ob der Verband seine Repräsentanten zu derartigen Verhaltensweisen aktiv anhalte oder durch Einführung von Compliance-Regelungen versuche, den Mitarbeitern den An-

---

1240 *Ackermann*, Strafbarkeit, S. 239 ff.
1241 *Ackermann*, Strafbarkeit, S. 239.
1242 *Ackermann*, Strafbarkeit, S. 239 ff.
1243 *Ehrhardt*, Unternehmensdelinquenz, S. 192 ff.

reiz zu nehmen, sich zugunsten der Firma strafbar zu machen.[1244] Weil generell von einer Beeinflussung des für das Unternehmen handelnden Individuums durch die in der Gemeinschaft herrschenden Anschauungen und Ziele sowie von einer Begünstigung kriminellen Verhaltens auszugehen sei, sei es gerechtfertigt, in solchen Fällen, in denen sich diese Gesichtspunkte in einer Straftat realisiert hätten, die juristische Person verantwortlich zu machen, ihr also nicht nur das Verhalten ihres Repräsentanten, sondern auch die Modalitäten unter denen es erfolgt sei, als eigenes zuzurechnen. Aus denselben Erwägungen sei dem Verband auch keine Exkulpationsmöglichkeit etwa im Hinblick darauf einzuräumen, den Täter sorgfältig ausgewählt und überwacht oder ihm das entsprechende Verhalten verboten zu haben. Verantwortlich gemacht werde die juristische Person nicht für eine derartige Vernachlässigung innerbetrieblicher Zurüstungen, sondern für das Delikt des Repräsentanten, welches als ihr eigenes gewertet werde, weil die Tatsache von dessen Begehung zeige, dass es das Kollektiv jedenfalls an ausreichenden Maßnahmen zu Neutralisierung der kriminogenen Einflüsse habe fehlen lassen.[1245]

(d) Kodifizierungsbeispiele

Ferner lassen sich sowohl in einigen ausländischen Strafrechtsordnungen als auch im deutschen Ordnungswidrigkeitenrecht Verbandstäterschaftsmodelle finden, die auf einer schlichten Schuldzurechnung basieren.

Besonders weitgehend ist eine Konstruktion im US-amerikanischen Strafrecht. Unter Anwendung der ursprünglich für das Zivilrecht entwickelten *respondeat superior*-Lehre werden Unternehmen für die Straftaten aller Mitarbeiter verantwortlich gemacht, solange diese im Rahmen des Beschäftigungsverhältnisses und im Interesse des jeweiligen Unternehmens begangen wurden. Als Argument hierfür wird angeführt, dass sich das Unternehmen als Kollektiv das Wissen sämtlicher Mitarbeiter zurechnen lassen müsse. Die einzelnen Tatbestandmerkmale müssen dabei nicht durch einen Mitarbeiter allein verwirklicht worden sein. Vielmehr

---

1244 *Ehrhardt*, Unternehmensdelinquenz, S. 192 ff.
1245 *Ehrhardt*, Unternehmensdelinquenz, S. 194 f.

genügt es, wenn mehrere Mitarbeiter unabhängig voneinander einzelne Teile des Tatbestandes umsetzen.[1246]

In den Strafrechtsordnungen Kontinentaleuropas konnte sich eine derart ausufernde strafrechtliche Haftung von Unternehmen für ihre Mitarbeiter nicht durchsetzen. Zur Auslösung einer Haftung des Verbandes ist es hier regelmäßig erforderlich, dass es sich bei dem straffällig gewordenen Mitarbeiter um eine Person handelt, die aufgrund ihrer besonderen Verantwortung gegenüber dem Verband (Vertretungsbefugnisse etc.) als ihre Repräsentantin angesehen wird.[1247] Auf das Erfordernis einer die Zurechnung bedingenden zusätzlich kollektiven Voraussetzung wird dabei teilweise dennoch verzichtet:

Eine solches Modell schlichter Zurechnung sieht etwa das österreichische Recht in § 3 Abs. 1 i. V. m. Abs. 2 östVbVG für verbandsbezogene Straftaten von Entscheidungsträgern vor. Deutlich wird dies insbesondere durch den Vergleich mit § 3 Abs. 3 Nr. 2 östVbVG, nach dem auf Ebene einfacher Mitarbeiter für die Zurechnung zusätzlich ein Organisationsverschulden vorliegen muss. Für die Zurechnung einer Tat eines Entscheidungsträges, reicht es dagegen aus, wenn er diese „rechtswidrig und schuldhaft " und sie „zugunsten des Verbandes begangen hat" oder hierdurch „Pflichten verletzt wurden, die den Verband treffen".[1248] Art. 121-2

1246 *Böse* in ZStW 126 (2014), 132, 136 f.; hierzu tiefergehend *Beale* in ZStW 126 (2014), 27, 32 ff.

1247 *Böse* in ZStW 126 (2014), 132, 137 f.

1248 Vgl. § 3 östVbVG: (1) Ein Verband ist unter den weiteren Voraussetzungen des Abs. 2 oder des Abs. 3 für eine Straftat verantwortlich, wenn 1. die Tat zu seinen Gunsten begangen worden ist oder 2. durch die Tat Pflichten verletzt worden sind, die den Verband treffen. (2) Für Straftaten eines Entscheidungsträgers ist der Verband verantwortlich, wenn der Entscheidungsträger als solcher die Tat rechtswidrig und schuldhaft begangen hat. (3) Für Straftaten von Mitarbeitern ist der Verband verantwortlich, wenn 1. Mitarbeiter den Sachverhalt, der dem gesetzlichen Tatbild entspricht, rechtswidrig verwirklicht haben; der Verband ist für eine Straftat, die vorsätzliches Handeln voraussetzt, nur verantwortlich, wenn ein Mitarbeiter vorsätzlich gehandelt hat; für eine Straftat, die fahrlässiges Handeln voraussetzt, nur, wenn Mitarbeiter die nach den Umständen gebotene Sorgfalt außer Acht gelassen haben; und 2. die Begehung der Tat dadurch ermöglicht oder wesentlich erleichtert wurde, dass Entscheidungsträger die nach den Umständen gebotene und zumutbare Sorgfalt außer Acht gelassen haben, insbesondere indem sie wesentliche technische, organisatorische oder personelle Maßnahmen zur Verhinderung solcher Taten unterlassen haben. (4) Die Verantwortlichkeit eines Verbandes für eine Tat und die Strafbarkeit von Entscheides französischen Strafgesetzbuches weist ebenfalls eine Regelung mit einem schlichten Zurechnungskonzept auf.[1249]

Wenngleich es sich bei dieser Norm selbstverständlich nicht um eine strafrechtliche Regelung handelt, kann auch die in Deutschland normierte Geldbuße gegen juristische Personen und Personenvereinigungen gemäß § 30 OWiG, in diesem Zusammenhang genannt werden:[1250]

> „§ 30 (Anm. OWiG) gibt keinen eigenen Ahndungstatbestand. Er überträgt das Delikt einer natürlichen Person auf eine JP (Anm. juristische Person) oder PV (Anm. Personenvereinigung), als hätte diese das Delikt begangen. Die natürliche Person muss hierfür einen Deliktstatbestand erfüllt haben und Repräsentant der JP oder PV sein und eine betriebsbezogene Pflicht verletzt haben"[1251]

oder den Verband durch ihre Handlung bereichert bzw. dies beabsichtigt haben. Ferner ist in Abs. 4 die Möglichkeit einer selbständigen und einer anonymen Verbandsgeldbuße vorgesehen.[1252] Im Karlsruher Kommentar zum OWiG heißt es bezüglich der in der Literatur diskutierten zusätzlichen Voraussetzung eines „Organisationsverschuldens", dass diese nicht mit dem geltenden Recht vereinbar sei. § 30 OWiG verlautbare nichts von einem solchen Erfordernis, dessen subjektive Voraussetzungen im Übrigen ungeklärt seien. Seitens des Verbandes könne nur vorgebracht werden,

---

dungsträgern oder Mitarbeitern wegen derselben Tat schließen einander nicht aus.

1249 Vgl. Art. 121–2 Code Pénal: Les personnes morales, à l'exclusion de l'Etat, sont responsables pénalement, selon les distinctions des articles 121–4 à 121–7, des infractions commises, pour leur compte, par leurs organes ou représentants. Toutefois, les collectivités territoriales et leurs groupements ne sont responsables pénalement que des infractions commises dans l'exercice d'activités susceptibles de faire l'objet de conventions de délégation de service public. La responsabilité pénale des personnes morales n'exclut pas celle des personnes physiques auteurs ou complices des mêmes faits, sous réserve des dispositions du quatrième alinéa de l'article 121–3.

1250 Die dogmatische Einordnung dieser Norm ist umstritten, vgl. *Meyberg* in: BeckOK-OWiG, § 30 OWiG Rn. 17.1 f.; ähnlich wie hier etwa *Rettenmaier/Palm* in NJOZ 2010, 1414; *Rogall* lehnt dagegen eine Deutung der Konstruktion des § 30 OWiG als Zurechnungsmodell ab: Seiner Auffassung nach hätte hierzu dem Verband durch den Gesetzgeber die Möglichkeit eingeräumt werden müssen, Gründe gegen die Zurechenbarkeit vorzutragen, vgl. *Rogall* in GA 2015, 260, 264. Hiermit beschreibt er jedoch genau das Modell der schlichten Zurechnung, dem ich § 30 OWiG zuteile.

1251 *Bohnert/Krenberger/Krumm*, OWiG, § 30 Rn. 5.

1252 *Rogall* in: KK-OWiG, § 30 Rn. 118 ff.

dass der Vertreter keine Straftat oder Ordnungswidrigkeit begangen habe. Die Organisation sei ohne Belang.[1253] Die für die Zurechnung der Handlung des Verbandsangehörigen erforderliche kollektive Sinnkonstituierung sei im Falle der Verletzung von betrieblichen Pflichten oder bei Bereicherungstaten zugunsten des Verbandes stets gegeben.[1254]

(2) Qualifizierte Zurechnungsmodelle

Zwar orientieren sich auch die qualifizierten Zurechnungsmodelle primär an der Handlung des Verbandsrepräsentanten, jedoch verlangen sie zur Legitimierung der Schuldzurechnung weitere im Verband selbst begründete Voraussetzungen.[1255] Unter den diskutierten Zurechnungsmodellen können sie als vorherrschend betrachtet werden.[1256]

(a) Jakobs (früher)

Jakobs[1257] lehnt die schlichten Schuldzurechnungsmodelle strikt ab. Seiner Auffassung nach ist mit der Schuld ihrer Organe die Schuld der juristischen Person so wenig gegeben, wie bei Beteiligungen nach den §§ 25 ff. StGB an der Schuld der anderen Beteiligten teilgenommen wird (§ 29 StGB). Gleichzeitig sei es allerdings auch ausgeschlossen, auf die Feststellung von Schuld überhaupt zu verzichten. Dreh- und Angelpunkt in *Jakobs'* ursprünglichem Konzept bildete die Verfassung der jeweiligen juristischen Person: Die Möglichkeit einer Bestrafung der juristischen Person solle davon abhängen, ob das Organ mit Wirkung für die juristische Person handele, ohne dass die Kompetenz des Organs beschnitten werden könnte. In einem solchen Fall sei die juristische Person zu entschuldigen.[1258] Im Umkehrschluss bedeutet dies, dass eine Zurechnung der Organschuld an die juristische Person stets dann erfolgen muss, wenn ihre

---

1253 *Rogall* in: KK-OWiG, § 30 Rn. 6.; *ders.* in GA 2015, 260, 263; vgl. hierzu auch *Hirsch* in ZStW 107 (1995), 285, 315.
1254 *Rogall* in: KK-OWiG, § 30 Rn. 11.
1255 *Haeusermann*, Der Verband, S. 95, 108.
1256 *Heine/Weißer* in: Schönke/Schröder, Vor. §§ 25 ff. Rn. 129.
1257 *Jakobs*, Strafrecht AT, S. 149.
1258 *Jakobs*, Strafrecht AT, S. 149.

Verfassung dem kriminellen Verhalten des Organs zumindest nicht widerspricht.[1259]

Mittlerweile hat sich *Jakobs* unter Aufgabe seiner soeben dargestellten Meinung jedoch generell gegen die Möglichkeit einer strafrechtlichen Sanktionierung juristischer Personen gestellt.[1260]

(b) Hirsch

Auch nach Ansicht *Hirschs* ist die Schuld einer Korporation stets abhängig von dem Vorliegen einer schuldhaft, vorsätzlich oder fahrlässig begangenen Anknüpfungstat.[1261] Es sei aber zweifelhaft, ob eine solche schlichte Anknüpfung nach den Maßstäben strafrechtlich relevanter Schuld schon ausreiche, um einen Vorwurf auch gegen die Korporation erheben zu können. So sei es etwa möglich, dass der Repräsentant eine Straftat begehe, die völlig überraschend und unvermeidbar für sie sei.[1262] Die Erwägung, dass es Sache der Korporation sei, sich so zu organisieren, dass Straftaten absolut unterblieben, erscheine für einen strafrechtlichen Schuldvorwurf als nicht ausreichend. Strafrechtlich sei nichts zu ahnden, solange keine konkrete Vermeidbarkeit vorliege. Es müsse daher zur Schuld des Täters der Anknüpfungstat hinzukommen, dass diese Tat von der Körperschaft hätte vermieden werden können.[1263] Dabei gehe es nicht mehr, wie bei der Anknüpfungstat, darum, dass Vorsatz und Fahrlässigkeit notwendig seien, sondern um die Vermeidbarkeit von Mängeln bei der Auswahl und Überwachung der Repräsentanten, sonstige Organisationsmängel, kriminogene Geschäftspolitik etc.[1264] Ein allgemeiner Verzicht auf die Feststellung des Verschuldens des Täters der Anknüpfungstat sei dagegen nicht haltbar, da Schuld immer einen konkreten physischen Bezug zur Tat erfordere.[1265]

1259 Ähnliche Interpretation bei *Haeusermann*, Der Verband, S. 97.
1260 *Jakobs* in: FS-Lüderssen (2002), S. 573 ff.
1261 *Hirsch* in ZStW 107 (1995), 285, 314; *ders.*, Personenverbände, S. 27.
1262 *Hirsch* in ZStW 107 (1995), 285, 313; *ders.*, Personenverbände, S. 26.
1263 *Hirsch* in ZStW 107 (1995), 285, 313; *ders.*, Personenverbände, S. 26.
1264 *Hirsch* in ZStW 107 (1995), 285, 313; *ders.*, Personenverbände, S. 26.
1265 *Hirsch* in ZStW 107 (1995), 285, 314; *ders.*, Personenverbände, S. 26 f.

(c) Organisationsverschulden

Tiedemann hat als einer der ersten den Begriff des Organisationsverschuldens in die Diskussion eingeführt.[1266] In einem Aufsatz zum damals neu gefassten § 30 OWiG führt er aus, dass als eigener sozialer Vorwurf, der die „Verantwortlichkeit" des Verbandes begründe und der gegen den Verband selbst erhoben werden könne, der Organisationsfehler oder das Organisationsverschulden[1267] anzusehen sei. Die Anknüpfungstaten von Organpersonen würden deshalb und insoweit als Verbandsdelikte angesehen, weil und soweit der Verband Vorsorgemaßnahmen zu treffen unterlassen habe, die erforderlich seien, um einen ordentlichen, nicht deliktischen Geschäftsbetrieb zu gewährleisten. Allerdings erscheine auf Unternehmens- bzw. Verbandsebene jede Straftat oder Ordnungswidrigkeit der Organe und Vertreter als Fehler des Unternehmens bzw. des Verbandes, soweit nicht Exzesstaten vorlägen.[1268]

Dieses Konzept *Tiedemanns* stellt indes noch keine wirkliche Weiterentwicklung zu den oben genannten schlichten Zurechnungsmodellen dar, da *Tiedemann,* wie *Ehrhardt,* auf Exkulpationsmöglichkeiten des Verbandes verzichten will.[1269] Das Organisationsverschulden nach *Tiedemann* dient daher eher zur Begründung des Zurechnungsaktes, anstatt eine hierfür notwendige Voraussetzung darzustellen:

> „(Ebenso) braucht dem Verband für die Zwecke der Sanktionierung nicht nachgewiesen zu werden, dass die Anknüpfungstat kausal auf einen Organisationsmangel zurückzuführen ist. Vielmehr stellt der Gedanke des Organisationsverschuldens ein Haftungsprinzip dar (...)."[1270]

Von einem ähnlichen Ansatz ausgehend, möchte auch *E. Müller* zur Begründung der Verbandsschuld auf eine Art Organisationsverschulden abstellen, unterscheidet sich dabei jedoch in einem wesentlichen Punkt von

---

1266 *Tiedemann* in NJW 1988, 1169, 1172.

1267 Es war fraglich, ob *Tiedemann* das Organisationsverschulden, als eigene Verbandsschuld (so immer noch die Auffassung von *Schünemann* in: LK-StGB, Vor. § 25 Rn. 24) versteht oder nur als Zurechnungsgrund; nun mehr aber klarstellend: *Tiedemann* in: Freiburger Begegnungen, S. 48 f.

1268 *Tiedemann* in NJW 1988, 1169, 1172.

1269 A. A. *Haeusermann,* Der Verband, S. 100 (Fn. 148), der das Konzept *Tiedemanns* wegen der starken Betonung des Aspekts des Organisationsverschuldens, im Unterschied zum streng individualistischen Modell *Ehrhardts,* als eingeschränkt individualistisch einstuft.

1270 *Tiedemann* in NJW 1988, 1169, 1173.

Tiedemann.[1271] Um den Schuldbegriff auf Verbände anwendbar machen zu können, betont er zunächst insbesondere den sozialen Aspekt der Schuld: Die Gesellschaft erwarte auch von den Verbänden aufgrund ihrer Teilhabe an Rechtsgütern ein normgemäßes Verhalten. Diese Erwartungen gingen insbesondere dahin, dass der Verband durch interne Kontrollen kriminogenen Faktoren entgegenwirke, die mit der Eingliederung in die Organisation wirksam würden.[1272] Dem Verband falle die Aufgabe zu, die Bildung einer „kriminellen Verbandsattitüde", die in dem Täter entweder den Tatvorsatz hervorrufe oder ihn bei der Tatbegehung unterstütze, zu verhindern. Komme es dennoch zu einem Verbandsdelikt, so sei dies grundsätzlich Ausdruck für das Versagen der internen Verbandskontrolle. Bei Vorliegen einer solchen „kriminellen Verbandsattitüde" wirke der Verband an der von dem Täter begangenen Straftat mit, was es rechtfertige, ihn nach der verletzten Norm zu bestrafen.[1273] Dem Verband werde also nicht die Schuld des delinquierenden Verbandsmitglieds einfach zugerechnet, sondern er hafte für die Verletzung der Pflicht zur wirksamen innerbetrieblichen Kontrolle. Auch wenn *E. Müller* in der Organisationsschuld ebenfalls nur eine Legitimation der Zurechnung und keine Voraussetzungen für diese erblickt,[1274] so liegt der entscheidende Unterschied zu *Tiedemanns* Modell darin, dass er dem Verband die Möglichkeit einer Exkulpation gestatten will, wenn er nachweise, dass er seine Pflicht erfüllt habe und somit eine Exzesstat des Täters vorliege.[1275]

bb. Originäre strafrechtliche Verbandsschuld

Die nachfolgenden Konzepte schlagen eine originäre, von der Einzeltatschuld der Verbandsrepräsentanten losgelöste Verbandsschuld vor. Gemein ist diesen Modellen, dass sie zur Begründung der strafrechtlichen Verbandsverantwortlichkeit schwerpunktmäßig auf „korporative Prozesse" abstellen.[1276] Sofern sie dabei zum Teil auch an Rechtsgutsverletzungen bzw. -gefährdungen anknüpfen, die durch Handlungen von Verbandsange-

---

1271 *Müller*, Stellung, S. 23.
1272 *Müller*, Stellung, S. 23.
1273 *Müller*, Stellung, S. 23.
1274 Vgl. auch Interpretation bei *Haeusermann*, Der Verband, S. 103.
1275 *Müller*, Stellung, S. 23.
1276 *Heine* in ÖJZ 2000, 871, 875.

hörigen realisiert wurden, so bilden diese nicht mehr den zentralen Aspekt der strafrechtlichen Bewertung des Gesamtverbandes, sondern dienen nur noch als eine Art „objektive Ahndungsbedingung"[1277] für deren Strafbarkeit.

(1) Lampe

Lampe steht den oben dargestellten Schuldzurechnungsmodellen insgesamt sehr kritisch gegenüber:

> „ (...) eigene Schuld kann (...) niemals durch Zurechnung fremder Schuld entstehen, weil Schuld „Zurechenbarkeit" bedeutet und somit als sittliches Substrat eigene Schuldfähigkeit voraussetzt. Unternehmensschuld ist entweder Zurechnung eigenen fehlerhaften unternehmerischen Gepräges oder aber Zurechnung eigenen fehlerhaften unternehmerischen Handelns."[1278]

Die Verantwortlichkeit von Wirtschaftsunternehmen könne somit nur auf eigenes Systemunrecht gestützt werden.[1279] Dass aus Unternehmen heraus Straftaten begangen würden, liegt, seiner Ansicht nach daran, dass entweder die Philosophie des Unternehmens oder seine betriebliche Organisation dies begünstigt. Hieraus ergäben sich auch die für Unternehmen relevanten Verantwortungsbereiche:[1280]

Unternehmensphilosophie sei dann systemisches Unrecht, wenn sie Straftaten von Unternehmensangehörigen erzeuge oder begünstige.[1281] Die kriminogene Philosophie des Unternehmens allein reiche allerdings zur Begründung strafrechtlicher Verantwortlichkeit nicht aus, sondern bedürfe der Realisation durch das normverletzende Verhalten von Unternehmensangehörigen.[1282] Der entscheidende Unterschied zu § 30 OWiG liege dabei darin, dass dem Unternehmen das normverletzende Verhalten seines Mitglieds nicht mehr als personales *Handlungs-*, sondern als unternehmerisches *Erfolgs*unrecht zugerechnet und die Zurechnung mit dem Rechtswidrigkeitszusammenhang begründet werde, der zwischen der kriminoge-

---

1277 So etwa bei *Heine*, Verantwortlichkeit, S. 297; vgl. auch NRW-VerbStrG-E, S. 46 (justiz.nrw.de).
1278 *Lampe* in ZStW 106 (1994), 683, 730.
1279 *Lampe* in ZStW 106 (1994), 683, 730 f.
1280 *Lampe* in ZStW 106 (1994), 683, 728.
1281 *Lampe* in ZStW 106 (1994), 683, 728.
1282 *Lampe* in ZStW 106 (1994), 683, 731.

nen Philosophie des Unternehmens und dem normverletzenden Verhalten des Mitglieds bestehe.[1283] Neben dem Unternehmen müsse die strafrechtliche Verantwortung auch diejenigen Unternehmensmitglieder treffen, deren Wirken die Unternehmensphilosophie geprägt habe. Außerdem seien für konkrete Straftaten auch die sie unmittelbar ausführenden Personen verantwortlich.[1284]

Als zweiter relevanter Verantwortungsbereich sei die Organisationsstruktur des Unternehmens als systemisches Unrecht zu begreifen, wenn sie Straftaten von Unternehmensangehörigen begünstige, z. B. indem sie Kontrollen vernachlässige oder individuelle Verantwortung ausschließe, beschränke oder verwische. Komme es aus Gründen defizienter Organisation zu Rechtsgutsverletzungen, dann sei dafür aus den gleichen Gründen wie für die kriminogene Unternehmensphilosophie in erster Linie das Unternehmen selbst verantwortlich, und zwar wegen eigenen Unrechts und eigener Schuld.[1285]

(2) Heine

Wie *Lampe* lehnt auch *Heine* Vorschläge ab, die Problematik der Verbandsstrafbarkeit über Zurechnungsmodelle zu lösen.[1286] Sie hätten sich als zu eng und als zu weit erwiesen: Zu eng, weil dabei die Feststellung der Schuld einer natürlichen Person erforderlich sei (oder wenn darauf verzichtet werde, die Feststellung subjektiver Elemente praktisch unmöglich sei) und zu weit, da – wenn eine Straftat einer einschlägigen Person feststehe – die Verantwortlichkeit der juristischen Person automatisch eingreife und damit wiederum eine betriebliche Gefährdungshaftung drohe.[1287]

Um den großen Schwierigkeiten zu begegnen, die sich bei einer Anwendung der im deutschen Strafrecht bislang nur am Individuum ausgerichteten Strafrechtsystematik auf Kollektive stellen, schlägt *Heine* die

---

1283 *Lampe* in ZStW 106 (1994), 683, 732.
1284 *Lampe* in ZStW 106 (1994), 683, 733 f.
1285 *Lampe* in ZStW 106 (1994), 683, 734.
1286 *Heine* in: Schönke/Schröder (28. Aufl. 2010), Vor. §§ 25 ff. Rn. 127; *ders.* in ÖJZ 2000, 871, 875; *ders.* in ÖJZ 1996, 211, 214.
1287 *Heine* in: Schönke/Schröder (28. Aufl. 2010), Vor. §§ 25 ff. Rn. 127; *ders.* in ÖJZ 2000, 871, 875; *ders.* in ÖJZ 1996, 211, 214.

„Ausarbeitung eines vom Individualstrafrecht gedanklich getrennten Systems kollektiver Verantwortlichkeit" vor.[1288] Im Gegensatz zur primär retrospektiven Ausrichtung des Individualstrafrechts, müsse ein solches Kollektivstrafrecht prospektiv orientiert sein, da es bei der Verbandssanktion vor allem um die Aktivierung gefahrregulierender betrieblicher Kräfte für die Zukunft gehe.[1289]

Hinsichtlich der Kernfrage, nach welchen Kriterien kollektive Verantwortlichkeit zu formulieren sei, favorisiert *Heine* eine „funktions-analoge Übertragung der Zurechnungskategorien des Individualstrafrechts auf Kollektive".[1290] Fälle, in denen es um eine originäre Verbandsverantwortlichkeit gehe, seien regelmäßig Ergebnis betrieblicher Fehlentwicklungen, die über Jahre hinweg zur aktuellen Lage geführt haben. Es gehe daher typischerweise nicht mehr um einzelne Handlungen oder Unterlassungen, sondern um systemische Zustandsveränderungen oder -stabilisierungen, denen ein Defizit an betrieblicher Vorsorge entspreche.[1291] Thema sei also nicht eine Einzeltatschuld wie im Individualstrafrecht, sondern ein Schuldsachverhalt, den man als eine Betriebsführungsschuld bezeichnen könnte.[1292]

Eine derartige kollektive Verantwortlichkeit soll nach *Heine* unter zwei Voraussetzungen eintreten: Notwendige Bedingung sei ein fehlerhaftes Risikomanagement, zu der eine betriebstypische Gefahrenverwirklichung als hinreichend hinzukommen müsse.[1293] Für den Betrieb als Überwachungsgaranten ergäben sich Gefahrabwendungs- und Überwachungspflichten daraus, dass die betriebstypischen Risiken nur durch ein sachgerechtes Risikomanagement, nicht aber durch allgemeine staatliche Kontrollen oder Sicherheitsvorgaben hinreichend ausgesteuert werden können. Äußerer Anlass sei der Eintritt einer gravierenden sozialen Störung (bspw. die Tö-

---

1288 *Heine* in ÖJZ 2000, 871, 880; *ders.* in: Schönke/Schröder (28. Aufl. 2010), Vor. §§ 25 ff. Rn. 129.

1289 *Heine*, Verantwortlichkeit, S. 257.

1290 *Heine* in ÖJZ 2000, 871, 880; *ders.* in: Schönke/Schröder (28. Aufl. 2010), Vor. §§ 25 ff. Rn. 129; *ders.*, Verantwortlichkeit, S. 265 f.

1291 *Heine* in ÖJZ 2000, 871, 880; *ders.* in: Schönke/Schröder (28. Aufl. 2010), Vor. §§ 25 ff. Rn. 129; *ders.*, Verantwortlichkeit, S. 265 f.

1292 *Heine* in ÖJZ 2000, 871, 880; *ders.* in: Schönke/Schröder (28. Aufl. 2010), Vor. §§ 25 ff. Rn. 129; *ders.*, Verantwortlichkeit, S. 265 f.

1293 *Heine* in: Reform, S. 140.

tung einer Mehrzahl von Personen).[1294] Der Zusammenhang zwischen dem äußeren Anlass als objektive Ahndungsbedingung und dem fehlerhaften Risikomanagement bestimme sich (an Stelle strikter Kausalität) an einer verbandsspezifischen Risikoerhöhungslehre.[1295] Danach sei eine soziale Störung dem Betrieb dann zuzurechnen, wenn sie sich aus einer Missachtung betrieblicher Managementpflichten zur laufenden Überwachung betriebsspezifischer Gefahren ergebe.[1296]

(3) Verbandsschuld im Schweizer Strafrecht

Im Jahr 2003 wurde in der Schweiz die Strafbarkeit von Unternehmen eingeführt. Das Gesetz sieht zwei unterschiedliche Fälle strafrechtlicher Haftung von Unternehmen vor: Eine subsidiäre gem. Art. 102 Abs. 1 schwStGB sowie eine kumulative (u. U. auch primäre) gem. Art. 102 Abs. 2 schwStGB.

Die subsidiäre Haftung des Unternehmens nach Abs. 1 greift ein, wenn die notwendige Anlasstat „wegen mangelhafter Organisation des Unternehmens keiner bestimmten natürlichen Person zugerechnet werden" kann. Die Tat muss „in einem Unternehmen" und „in Ausübung geschäftlicher Verrichtung im Rahmen des Unternehmenszwecks" geschehen sein. Solange sich in der Tat ein betriebstypisches Risiko realisiert hat, ist es irrelevant, welche Position der nicht zu identifizierende Täter innerhalb des Unternehmens zum Tatzeitpunkt bekleidete. Auch die Handlungen betriebsfremder Dritter (z. B. Outsourcing) sind daher u. U. zurechenbar. Die in Abs. 2 vorgesehene kumulative Haftung wird ausgelöst, sofern eine der in der Norm angeführten Anlasstaten (z. B. Geldwäsche oder Bestechung) verwirklicht wurde. Das Unternehmen wird

> „unabhängig von der Strafbarkeit natürlicher Personen bestraft, wenn dem Unternehmen vorzuwerfen ist, dass es nicht alle erforderlichen und zumutbaren organisatorischen Vorkehren getroffen hat, um eine solche Straftat zu verhindern".[1297]

1294 *Heine* in: Reform, S. 140; vgl. hierzu auch Muster eines derartigen Straftatbestandes ebd. auf S. 152.

1295 *Heine* in ÖJZ 1996, 211, 218.

1296 *Heine*, Verantwortlichkeit, S. 293.

1297 Vgl. Erläuterungen bei *Wohlers*, Strafrecht Besonderer Teil Online, Abschn. 17 (rwi.uhz.ch).

Hinsichtlich der Schuld kommt es bei beiden Regelungsalternativen gem. Art. 102 schwStGB unmittelbar auf eine eigene Unternehmensschuld an, die sich aus dem Organisationsversagen ergibt. In Abs. 1 wird dem Unternehmen dabei ein „personenbezogener Organisationsmangel" angelastet, der darin besteht, dass die fehlerhafte Unternehmensorganisation eine Zurechnung der Tat an eine natürliche Person unmöglich gemacht hat. Bei Abs. 2 wird dagegen auf einen „tatbezogenen Organisationsmangel" abgestellt, wonach dem Unternehmen vorgeworfen wird, es organisatorisch versäumt zu haben, die Begehung einer der aufgelisteten Taten aus dem Unternehmen heraus zu verhindern. Da in diesem Modell eine Bestrafung des Unternehmens ausschließlich auf der eigenen Unternehmensschuld basiert und es daher auch keiner Schuldzurechnung bedarf, können auch schuldlos verwirklichte Anlasstaten eine strafrechtliche Haftung des Unternehmens auslösen.[1298]

(4) Verbandsschuld im NRW-Entwurf zur Einführung eines
Verbandsstrafgesetzbuches

Nach dem Entwurf eines Gesetzes zur Einführung der strafrechtlichen Verantwortlichkeit von Unternehmen und sonstigen Verbänden, den das Land NRW im Jahr 2013 ausgearbeitet hat, soll ebenfalls an eine originäre Verbandsschuld angeknüpft werden. Der Gesetzesentwurf wurde zwar zur Kabinettsreife geführt und der Justizministerkonferenz vorgelegt, bislang jedoch noch nicht in den Bundesrat eingebracht.[1299]

Zwei zentrale Anliegen sollen durch den Gesetzesentwurf realisiert werden: Zum einen soll durch ihn eine angemessene Sanktionierung verbandsbezogenen Unrechts ermöglicht werden. Derzeit könne zwar der Einzelne als „Bauernopfer" für persönliches Fehlverhalten zur Rechenschaft gezogen werden, die Verantwortung der Organisation selbst werde aber verschleiert. Die unter Berücksichtigung der persönlichen und wirtschaftlichen Voraussetzungen des Täters zu bestimmende Höhe einer Kriminalstrafe stehe ferner nicht in Relation zum Vermögen des begünstigenden Verbandes. Zum anderen soll hiermit dem Phänomen der „organisierten Unverantwortlichkeit" beigekommen werden.[1300]

1298 *Böse* in ZStW 126 (2014), 132, 139 f. m. w. N.
1299 *Jahn/Pietsch* in ZIS 2015, 1.
1300 NRW-VerbStrG-E, S. 1 f. (justiz.nrw.de).

Zur Lösung dieser Probleme wird in dem Entwurf die Schaffung eines materiell- und prozessrechtlich eigenständigen Verbandsstrafgesetzbuches vorgeschlagen,

> „welches die strafrechtliche Haftung von Verbänden für Zuwiderhandlungen ihrer Mitarbeiter oder Mitglieder gegen Strafgesetze begründet, wenn durch diese Zuwiderhandlungen Pflichten verletzt worden sind, die den Verband treffen, oder wenn durch sie der Verband bereichert worden ist oder bereichert werden sollte".[1301]

Die zentrale Norm dieses Gesetzesentwurfes ist § 2 VerbStrG-E, in welchem die zwei Verbandsstraftaten geregelt sind. In § 2 Abs. 1 VerbStrG-E heißt es:

> „Ist durch einen Entscheidungsträger in Wahrnehmung der Angelegenheiten eines Verbandes vorsätzlich oder fahrlässig eine verbandsbezogene Zuwiderhandlung begangen worden, so wird gegen den Verband eine Verbandssanktion verhängt".[1302]

Während das relevante Verbandsunrecht demzufolge in der „fehlerhaften Auswahl der Führungsperson" liegen soll, sieht § 2 Abs. 2 VerbStrG-E ein Anknüpfen an ein Überwachungsverschulden des Verbandes vor:[1303]

> „Ist in Wahrnehmung der Angelegenheiten eines Verbandes eine verbandsbezogene Zuwiderhandlung begangen worden, so wird gegen den Verband eine Verbandssanktion verhängt, wenn durch einen Entscheidungsträger dieses Verbandes vorsätzlich oder fahrlässig zumutbare Aufsichtsmaßnahmen (...) unterlassen worden sind, durch die die Zuwiderhandlung verhindert oder wesentlich erschwert worden wäre".[1304]

Zur Frage der Ausgestaltung des Schuldelements führt der Entwurf aus, dass die Tätigkeit des Verbandes spezifische Risiken generiere, die sich von denen unterscheiden, die einer Einzelperson zuzurechnen seien und die deshalb besondere Vorsorge und stetige Anpassung an Risiken erforderten. Werde dies versäumt und realisiere sich das so geschaffene Risiko in einer verbandsbezogenen Zuwiderhandlung, sei der Verband selbst zu sanktionieren. Die der Vorschrift zugrundeliegende originäre Verbandsschuld sei daher weder mit der Individualschuld des Täters identisch, noch erschöpfe sie sich in einer schlichten Zurechnung von Individualschuld. Ganz der Zielsetzung des Gesetzes entsprechend, ist in diesem Modell die

---

1301 NRW-VerbStrG-E, S. 3 (justiz.nrw.de).
1302 NRW-VerbStrG-E, S. 8 (justiz.nrw.de).
1303 NRW-VerbStrG-E, S. 3 (justiz.nrw.de).
1304 NRW-VerbStrG-E, S. 8 (justiz.nrw.de).

tatsächliche Strafbarkeit des handelnden Entscheidungsträgers daher ohne Belang.[1305]

Bei § 2 Abs. 1 VerbStrG-E bestehe der Vorwurf, der die Verbandsverantwortlichkeit begründe, in der mangelhaften Personalauswahl oder im unzureichenden Aufgabenzuschnitt auf der Leitungsebene des Verbandes.[1306] Die Verantwortung des Verbandes werde dadurch manifest, dass gerade die Personen, denen in Leitungsfunktion die Vermeidung von strafbarem Unrecht in besonderer Weise obliege, sich gegen Straftatbestände vergingen. Würden Zuwiderhandlungen mit Verbandsbezug von diesen Entscheidungsträgern begangen, so erweise sich deren Auswahl als von Anfang an fehlerhaft, soweit nicht Exzesstaten gänzlich ohne Verbandsbezug vorlägen.[1307] Da es nicht um eine Zurechnung von Handlung oder Verschulden des Einzeltäters an den Verband gehe, gebe der Gesetzesentwurf hiermit folglich das derzeit geltende Modell der „individualistischen Verbandstäterschaft" auf.[1308]

Auch § 2 Abs. 2 VerbStrG-E basiert auf einer ausschließlichen Strafhaftung des Verbandes: Diese Norm

> „knüpft (...) die Verbandssanktion an ein vorsätzliches oder fahrlässiges Aufsichts- oder Überwachungsverschulden eines Entscheidungsträgers. Haftungsgrund ist damit ein Organisationsmangel unterhalb der Auswahl der Entscheidungsträger".[1309]

Dass auch hier keine Organschuldzurechnung an den Verband erfolgen muss, sondern die Sanktionierung des Verbandes auch insoweit an eine originäre Verbandsschuld anknüpft, wird insbesondere dadurch deutlich, dass es sich bei der verbandsbezogenen Zuwiderhandlung nur um eine objektive Ahndungsbedingung handelt, die vom Vorsatz des aufsichtspflichtigen Entscheidungsträgers nicht umfasst sein muss.[1310] Ferner muss nicht nachgewiesen werden, ob die Überwachungsmaßnahme die Zuwiderhandlung im konkreten Fall mit an Sicherheit grenzender Wahrscheinlichkeit hätte verhindern können. Erforderlich, aber auch ausreichend für die Haftung des Verbandes soll sein, dass die Aufsichtsmaßnahme im Sinne eines

---

1305 NRW-VerbStrG-E, S. 43 (justiz.nrw.de).
1306 NRW-VerbStrG-E, S. 45 (justiz.nrw.de).
1307 NRW-VerbStrG-E, S. 45 (justiz.nrw.de).
1308 NRW-VerbStrG-E, S. 43 (justiz.nrw.de).
1309 NRW-VerbStrG-E, S. 45 (justiz.nrw.de).
1310 NRW-VerbStrG-E, S. 46 (justiz.nrw.de).

Schutzzweckzusammenhangs gerade zum Zwecke der Verhinderung der Zuwiderhandlung hätte durchgeführt werden müssen.[1311]

3. Contra strafrechtliche Verbandsschuld

a. Kritik an den vorgeschlagenen Modellen

Nach der Vorstellung der wichtigsten in der Diskussion stehenden Modelle zur Verbandsschuld möchte ich nun die hierzu in der Literatur angeführte Kritik darstellen und daran meine persönlichen Stellungnahmen anschließen.

aa. Zu den Zurechnungsmodellen

(1) Kritik an den Zurechnungsmodellen in der Literatur

Die dargestellten Organschuldzurechnungsmodelle begegnen in der Literatur vielfältiger Kritik. So wird gegen die Überlegung, im Zurechnungsakt die Grundlage zur Schaffung einer eigenen Verbandsschuld zu sehen, zunächst der ganz grundsätzliche Einwand erhoben, dass eine Zurechnung fremder Schuld der Systematik des Strafrechts zuwiderlaufe:
Die Möglichkeit einer Schuldzurechnung sei zwar aus dem zivilen Haftungsrecht bekannt, passe aber nicht auf den individuellen Vorwurf eines Strafgesetzes.[1312] Schuld verstehe sich als „höchstpersönlicher Sachverhalt". Genauso wenig wie Mittätern die Schuld der jeweils anderen Mittäter zugerechnet werden kann (§ 29 StGB), könne bspw. die Schuld von Unternehmensmitarbeitern die Schuld der juristischen Person begründen.[1313] Dass die natürliche Person für die juristische Person gehandelt habe oder dass die juristische Person von der Straftat ihrer Leistungsperson profitiert habe, möge einen Haftungszusammenhang begründen, der rechtfertige, dass der juristischen Person die so erlangten Vorteile entzogen würden. Ein Zurechnungsmechanismus, der die Strafbarkeit begründen

---

1311 NRW-VerbStrG-E, S. 47 (justiz.nrw.de).
1312 *Sachs* in: Unternehmensstrafrecht, S. 200.
1313 *Eidam*, Straftäter Unternehmen, S. 116.

könnte, sei aber nicht zu konstruieren.[1314] Während sich eine Handlung durch ihren Systemkontext als Handlung des jeweiligen Verbandes darstellen könne, müsse Schuld bzw. Verantwortlichkeit immer im Hinblick auf das zu betrachtende System spezifisch festgestellt werden, mithin immer in der Person des jeweiligen Sanktionsadressaten selbst gegeben sein.[1315] Bereits *von Savigny* diente die fehlende „Identität des Verbrechers und des Bestraften", als wesentliches Argument dafür, die Zurechnung von Organstraftaten an den Verband abzulehnen:

> „Alles, was man als Verbrechen der juristischen Person ansieht, ist stets nur das Verbrechen ihrer Mitglieder oder Vorsteher, also einzelner Menschen oder natürlicher Personen; auch ist es daher ganz gleichgültig, ob etwa das Corporationsverhältnis Beweggrund und Zweck des Verbrechens gewesen seyn mag. (...) Wollte man nun irgend ein Verbrechen an der juristischen Person bestrafen, so würde dadurch ein Grundprincip des Criminalrechts, die Identität des Verbrechers und des Bestraften, verletzt werden."[1316]

Letztlich könne die Übertragung fremder Schuld dem strafimmanenten Vorwurf des Normbruchs nicht mehr gerecht werden und sei daher im deutschen Strafrecht schlicht unzulässig.[1317]

Ferner wird kritisiert, dass die in den Schuldzurechnungsmodellen vorgesehene Anknüpfung der Bestrafung des Verbandes an das Verschulden natürlicher Personen nicht dazu geeignet sei, eines der zentralen Anliegen der Befürworter der Einführung eines Verbandsstrafrechts, nämlich die Eindämmung der „organisierten Unverantwortlichkeit", zu realisieren.[1318] *Heine* führt hierzu an, dass bei Unternehmen, die von wenigen ohne Weiteres feststellbaren Führungspersonen mit personaler Herrschaftsmacht geleitet würden, die Anknüpfung an eine Person kaum praktische Schwierigkeiten bereiten möge. Mit Zunahme der Komplexität des Verbandes und dem Übergang von personaler Herrschaftsmacht zu Systemfunktionen wachse jedoch die Schwierigkeit, eine Individualperson zu fixieren, der das Geschehen strafrechtlich zugerechnet werden könne.[1319] Ferner würden vor allem in Unternehmen kontinuierlich neue Risiken produziert, die typischerweise erst „in der Zeit" heranwüchsen. Ihre Realisierung in so-

---

1314 *Neumann* in: Unternehmensstrafrecht, S. 18.
1315 *Mittelsdorf*, Unternehmensstrafrecht, S. 82.
1316 *von Savigny*, System (Band 2), S. 313.
1317 *Mittelsdorf*, Unternehmensstrafrecht, S. 82 m. w. N.; vgl. zum Ganzen auch: *Otto*, Strafbarkeit, S. 15 ff.
1318 *Eidam*, Straftäter Unternehmen, S. 116.
1319 *Heine*, Verantwortlichkeit, S. 243 f.; *ders.* in ZStrR 119 (2001), 22, 35.

zialen Störungen beruhe oftmals nicht auf Entscheidungen einer einzigen Person, sondern auf betrieblichen Fehlentwicklungen.[1320] Die Abhängigkeit von der Ermittlung der verantwortlichen natürlichen Person habe daher entweder zur Folge, dass sich die Einstellungsquoten häuften oder der Gesetzgeber die Verantwortlichkeit von Leistungspersonen allein deshalb ausbaue, um Verbandsverantwortlichkeit zu sichern:[1321] „Je extensiver die Individualverantwortung, desto umfassender die Verbandsverantwortung." Dieses Modell fördere damit die aktuellen Tendenzen, das Individualstrafrecht zu nivellieren.[1322] Bei den Zurechnungsmodellen, die auf eine Feststellung eines bestimmten Täters verzichten und nur eine anonyme (generelle) Täterschaft verlangen, sei dagegen nicht klar, wie das Vorliegen der subjektiven Elemente einer Straftat festgestellt werden soll.[1323]

Des Weiteren wird speziell gegen die schlichte Schuldzurechnung angeführt, dass sie eine zu weite Haftung des Verbandes auslösen würde, weil sie beim Nachweis einer Straftatverwirklichung durch bestimmte Personen automatisch eine strafrechtliche Verantwortlichkeit der juristischen Person konstituiere.[1324] Ferner fehle es diesem Modell an einer die Zurechnung ausreichend legitimierenden dogmatischen Fundierung.[1325] Schließlich wendet *Schünemann* gegen dieses Modell ein, dass sie auf eine *quarternio terminorum* des Handlungsbegriffs wie des Schuldbegriffs hinausliefe und deshalb weder die Einfügung in das Strafrechtssystem leisten noch die Legitimationsfrage beantworten könne. Die Zurechnung fremder Schuld könne eine an sich fehlende Schuldvoraussetzung nicht schaffen, sodass das schlichte Zurechnungsmodell ontologisch und axiologisch auf einem reinen Zirkelschluss beruhe.[1326]

Gegen die qualifizierten Modelle der Organschuldzurechnung wird insbesondere der Einwand erhoben, dass bei den hierbei zusätzlich erforderlichen, im Verband selbst begründeten Voraussetzungen die Gefahr der Be-

---

1320 *Heine* in ÖJZ 1996, 211, 214.

1321 *Heine* in ÖJZ 2000, 871. 876.

1322 *Heine* in ÖJZ 1996, 211, 214; *ders.* in ZStrR 119 (2001), 22, 35 f.; vgl. hierzu auch *Haeusermann*, Der Verband, S. 110 und 113 m. w. N.; *Seelmann*, Kollektive Verantwortung, S. 16.

1323 *Heine* in ÖJZ 2000, 871. 875 f; *Heine/Weißer* in: Schönke/Schröder, Vor. §§ 25 ff. Rn. 129.

1324 *Heine/Weißer* in: Schönke/Schröder, Vor. §§ 25 ff. Rn. 129; vgl. ferner *Mittelsdorf*, Unternehmensstrafrecht, S. 97 f.; *Volk* in: Unternehmensstrafrecht, S. 254 f.

1325 Vgl. hierzu etwa *Haeusermann*, Der Verband, S. 110.

1326 *Schünemann* in: LK-StGB, Vor. § 25 Rn. 23.

liebigkeit drohe, nämlich soweit diese nicht auch als dogmatische Notwendigkeit zur Rechtfertigung einer Verbandsstrafe betrachtet würden, sondern nur als Möglichkeit, die Voraussetzungen, die das (schlichte) Individualmodell an das Vorliegen einer Straftat stelle, abzuschwächen. Es drohe eine Sanktionierung nach Minimalmaßstäben.[1327]

(2) Stellungnahme

Die vorgeschlagenen Modelle einer Schuldzurechnung an den Verband lehne ich ebenfalls ab. Die zur Systematik vorgetragenen Bedenken reichen für sich genommen allerdings noch nicht aus, eine auf Zurechnung beruhende Konstruktion der strafrechtlichen Verbandsschuld für generell unzulässig zu erklären. Zwar ist der Feststellung, die Zurechnung fremder Schuld passe nicht auf den individuellen Vorwurf eines Strafgesetzes,[1328] im Hinblick auf die durch das geltende Individualstrafrecht zu erreichenden Täter in Form natürlicher Personen mit Nachdruck zuzustimmen, bezogen auf die vorliegend relevante Frage einer Schuldzurechnung an einen Verband, ist sie indes nur von begrenzter Aussagekraft: Wie § 29 StGB unzweideutig festlegt, ist jeder Beteiligte an einer Straftat nach seiner eigenen Schuld zu bestrafen. Mittätern, Anstiftern oder Gehilfen kann daher die Schuld des bzw. der jeweils anderen nicht zugerechnet werden. Der Grund hierfür liegt im Schuldprinzip, das aus einer Verbindung der Menschenwürde (Art. 1 Abs. 1 GG) mit dem Rechtsstaatsprinzip (Art. 20 Abs. 3 GG) abgeleitet wird und besagt, dass eine Strafe nur gegenüber demjenigen verhängt werden darf, dem die Tat auch persönlich vorzuwerfen ist.[1329] Würde auf eine Feststellung der Einzeltatschuld der einzelnen Beteiligten verzichtet, könnte eine Verurteilung auf einem pauschal über alle Beteiligten gleichermaßen gefällten Schuldurteil basieren oder es könnten gar gänzlich schuldlos Handelnde wegen fremder Schuld bestraft werden. Die menschliche Würde, welche Garant dafür ist, dass man auch und gerade als Angeklagter in einem Strafverfahren kein bloßes Objekt staatlicher Willkür ist, macht es zwingend erforderlich, die individualstrafrechtliche Schuld als eine persönliche Verantwortung für eine Einzeltat auszugestalten.

1327 So *Haeusermann*, Der Verband, S. 116.
1328 So etwa *Sachs* in: Unternehmensstrafrecht, S. 200.
1329 Vgl. hierzu nur *Eisele* in: Schönke/Schröder, Vor. §§ 13 ff. Rn. 103 ff.

Zur Beantwortung der Frage, ob auch Verbände im strafrechtlichen Sinne schuldfähig sein können, können diese Aussagen des individualstrafrechtlichen Schuldprinzips jedoch nicht ohne Weiteres herangezogen werden. Anders als natürliche Personen können sie sich gem. Art. 19 Abs. 3 GG nicht auf die Menschenwürdegarantie aus Art. 1 Abs. 1 GG berufen.[1330] Ungeachtet aller weiter unten noch ausführlich darzustellenden Konsequenzen, die dieser fehlende Bezug zur Menschenwürde für die Bedeutung des Strafrechts als *ultima ratio* hat,[1331] kann an dieser Stelle noch davon ausgegangen werden, dass die Schaffung eines modifizierten, „allein" auf dem Rechtsstaatsprinzip basierenden Verbandsschuldprinzips zumindest nicht gänzlich auszuschließen ist.[1332] Es ist daher hier für die Frage, ob eine Schuldzurechnung dazu in der Lage wäre, eine Verbandsschuld zu begründen, zunächst nur von Bedeutung, ob die vorgeschlagenen Modelle den Anforderungen, die ein einzig am Rechtsstaatsprinzip orientiertes Schuldprinzip stellen würde, gerecht werden könnten.

Ohne an dieser Stelle ein derartiges Schuldprinzip ausformen zu wollen, kann zumindest eine wesentliche Grundvoraussetzung genannt werden, auf die eine auf Zurechnung basierende, überindividuell ausgestaltete Verbandsschuld nicht verzichten könnte, ohne aus rechtsstaatlicher Sicht illegitim zu sein: Auch wenn in einem Verbandsstrafrecht (anders als im Individualstrafrecht) die Zurechnung eines individuellen Vorwurfs an eine überindividuelle Einheit nicht zwingend unzulässig sein sollte, so wäre sie es spätestens dann, wenn der Verband auf die Auslösung der Zurechnung selbst keinerlei Einfluss nehmen kann bzw. ihm nicht einmal die Möglichkeit gegeben wird, den Zurechnungsakt zu verhindern.[1333]

1330 *Dreier* in: GGK (Band 1), Art. 19 Abs. 3 Rn. 36; BVerfG NJW 1997, 1841, 1843 f.

1331 Vgl. unten S. 325 ff.

1332 Ähnlich *Heine*, Verantwortlichkeit, S. 265 (Fn. 77); vgl. hierzu auch *Neumann* in: Unternehmensstrafrecht, S. 20: „(...) das Schuldprinzip ist verletzt, wenn man im Akt der Bestrafung gegenüber einer Person einen Vorwurf erhebt, den diese Person nach den Maßstäben des Schuldstrafrechts nicht „verdient". Ein persönlicher Vorwurf kann mit einer Strafe, die gegen einen Verband erhoben wird, aber logischerweise nicht verbunden sein. Die Frage heißt also: bekommt „Strafe" nicht notwendigerweise einen anderen Sinn, wenn sie gegen juristische Personen verhängt wird? Einen Sinn, der „Schuld" im Sinne des Schuldprinzips gerade nicht voraussetzt? Dann würde man der Juristischen Person mit der Bestrafung jedenfalls kein Unrecht tun, das gerade aus einer Verletzung des Schuldprinzips resultieren würde."

1333 Zumindest vom Ansatz her ähnlich *Mittelsdorf*, Unternehmensstrafrecht, S. 80.

Unter Zugrundelegung eines verbandsspezifischen Schuldgrundsatzes würde deshalb auch ein Zurechnungsmodell nicht um die Notwendigkeit umhinkommen, auf eine wie auch immer ausgestaltete eigene Verantwortlichkeit des Verbandes abstellen zu müssen. Nur auf diese Weise erscheint es möglich, eine Zurechnung der Organschuld an den Verband auch verfassungsrechtlich legitimieren zu können. Eine vom eigenen Verhalten gänzlich unabhängige Sanktionierung würde dagegen auch in einem etwaigen Verbandsstrafrecht als nicht hinnehmbarer Verstoß gegen elementarste Grundlagen der Rechtsstaatlichkeit gewertet werden müssen. Als Mindestvoraussetzung müsste der Zurechnungsakt daher auf im Kollektiv selbst begründeten Umständen beruhen. Nur dann erschiene eine Wahrung des Schuldprinzips im Hinblick auf Verbände möglich. Modelle, die hierauf verzichten und die Zurechnung an den Verband ausschließlich vom Verhalten des jeweils relevanten Verbandsmitglieds abhängig machen wollen, werden dieser Anforderung nicht gerecht und müssen daher als zwingend unzulässig betrachtet werden.

Als nicht ausreichend erscheinen mir ferner die Vorschläge, die den Verbänden nur die Möglichkeit einer Exkulpation gestatten wollen. Zwar finden sich vergleichbare Entschuldigungsmöglichkeiten in Haftungszurechnungsnormen des Zivilrechts und sind dort, bezogen auf den lediglich auf Ausgleich bedachten Regelungszweck, auch durchaus vertretbar. Für eine strafrechtliche Regelung kann in der bloßen Möglichkeit sich ggf. entschuldigen und sich so von einer strafrechtlichen Haftung nachträglich befreien zu können, aber noch keine die Zurechnung legitimierende, weil sie bedingende Voraussetzung gesehen werden. Sollte es sich bei der Exkulpationsmöglichkeit aber tatsächlich um die Kehrseite des zur Zurechnung erforderlichen kollektiven Elements handeln, so hieße dies, dass ohne eine Prüfung seiner Voraussetzungen stets von dessen Bestehen ausgegangen werden würde und dem Angeklagten so in einer für ein Strafverfahren unzulässigen Form die Beweislast übertragen würde. Es ist nicht vorstellbar, wie eine derartige Konstruktion mit einem am Rechtsstaatsprinzip ausgerichteten Verbandsschuldgrundsatz zu vereinbaren wäre.[1334]

Der entscheidende Grund, die Einführung eines auf Zurechnung der Organschuld beruhenden Verbandsschuldmodells letztlich abzulehnen, liegt aber in der verhängnisvollen Akzessorietät, die ein solches Modell zwischen dem Individual- und dem Kollektivstrafrecht schmieden würde. Es

---

1334 A. A. *Mittelsdorf*, Unternehmensstrafrecht, S. 80.

ist davon auszugehen, dass, wenn die Begründung der Schuld eines Verbandes von einer zunächst verwirklichten Einzeltatschuld eines Verbandsmitglieds abhängen würde, die bereits jetzt gerade im Wirtschaftsstrafrecht zum Teil erschreckenden Expansionstendenzen individueller Strafhaftung weiter befeuert werden würden.[1335] Eine Ausdehnung des Individualstrafrechts hätte dann nicht nur eine Vermehrung der von ihm erfassten Lebenssachverhalte zur Folge, sondern es würden damit zugleich auch die Möglichkeiten erweitert, auf eventuell hinter den natürlichen Personen liegende Personenvereinigungen strafrechtlich zugreifen zu können. Hängt die Bestrafung des Verbandes von der Bestrafung des einzelnen Verbandsmitgliedes ab, so erhält letztere aber eine Bedeutung, die den im traditionellen Individualstrafrecht für sie vorgesehenen Rahmen gefährlich weit übersteigt. Geht es bei der Bestrafung des Einzelnen nämlich nicht mehr nur um die Feststellung und Ahndung seiner in der Tat zutage getretenen Schuld, sondern dient diese zugleich als zentrale Voraussetzung dazu, die Bestrafung eines hinter ihm stehenden Verbandes zu ermöglichen, so birgt dies die erhebliche Gefahr, dass die Verurteilung des natürlichen Verbandsmitglieds zu einem Mittel zu einem außerhalb dieser Person selbst liegenden Zweck degeneriert.

Auch diejenigen Zurechnungsmodelle, die auf eine Feststellung des konkret straffällig gewordenen Organs verzichten wollen,[1336] stellen keine adäquate Lösung dieses Problems dar:[1337] Denn, wenn die Begründung einer Verbandsschuld schon auf einer Zurechnung beruhen soll, dann müsste zumindest feststehen, was(!) zugerechnet werden soll. Ohne die Feststellung der relevanten Organschuld ist eine rechtsstaatlich einwandfreie Festlegung dessen, was dem Verband zugerechnet werden soll, von vornherein unmöglich, da es jenseits von vagen Vermutungen keinen Anhaltspunkt zur Bestimmung der Reichweite und Schwere der anonymen Schuld geben würde. Ein derartiges Modell würde richterlicher Willkür zwangsläufig Tür und Tor öffnen und der Verteidigung die undankbare Aufgabe zuteilwerden lassen, das Nicht-Bestehen von etwas Unsichtbarem darlegen zu müssen.

1335 So auch *Heine* in ZStrR 119 (2001), 22, 35 f.

1336 Vgl. etwa *Rotberg* in: Deutsches Rechtsleben, S. 208.

1337 So auch *Lütolf*, Strafbarkeit, S. 360 f.; vgl. a. A. *Haeusermann*, Der Verband, S. 110 f., der in der „anonymen Verbandssanktion" einen „verbandsbezogenen Ausgleichsmechanismus für die gegenüber dem Verband insoweit nicht zu rechtfertigende Wirkung des *in dubio pro reo* erkennen will.

Es ist damit Folgendes festzuhalten: Obwohl auch mir die Idee einer Schuldzurechnung im Strafrecht zugegebenermaßen große Bedenken bereitet, sehe ich weder strafrechtssystematisch noch verfassungsrechtlich zwingende Argumente, eine solche in Bezug auf Verbände kategorisch ausschließen zu müssen. Die Einführung eines auf Schuldzurechnung basierenden Verbandsstrafrechts und die hierfür zwangsläufig notwendige Akzessorietät zwischen Organ- und Verbandsschuld ist vielmehr aus kriminalpolitischen Gesichtspunkten abzulehnen, da eine solche Konstruktion nicht dazu in der Lage wäre, zwei der wichtigsten Erwartungen, die an die Einführung eines Verbandsstrafrechts geknüpft werden, zu erfüllen:[1338] Durch die Abhängigkeit von einer zuvor festzustellenden Einzeltatschuld eines natürlichen Verbandsmitglieds könnte weder das Problem der sog. „organisierten Unverantwortlichkeit" gelöst werden, noch das Individualstrafrecht in Kollektivzusammenhängen durch eine „gerechte" Verteilung von Individual- und Kollektiv- bzw. Systemunrecht begrenzt werden. Im Gegenteil dürfte die Einführung eines Zurechnungsmodells zu einer weiteren Verschärfung jener Tendenzen führen.

Im Ergebnis liegen damit die Aufgaben, die sich bei den Zurechnungsmodellen im Hinblick auf den Schuldgrundsatz stellen, weniger in der Frage, ob eine verbandsspezifische strafrechtliche Verantwortlichkeit hierdurch überhaupt kreiert werden kann, als vielmehr darin, was für Konsequenzen dies für die Einhaltung der engen Grenzen der Einzeltatschuld hätte. Es steht zu befürchten, dass der Bestrafung Einzelner nach diesen Modellen eine noch größere Attraktivität zukommen würde.

bb. Zu den Modellen originärer Verbandsschuld

(1) Kritik an den Modellen originärer Verbandsschuld in der Literatur

Als Kernargument gegen die Schaffung eines auf einer originären Verbandsschuld beruhenden Verbandsstrafrechts wird angeführt, dass das traditionelle Verständnis der strafrechtlichen Schuld als sozial-ethischer Vorwurf nur gegenüber natürlichen Personen erhoben werden könne.[1339] So

---

1338 Siehe hierzu allgemein *von Freier* in GA 2009, 98, 101.
1339 Vgl. etwa *Engisch* in: Verhandlungen des 40. Deutschen Juristentages (Band 2), S. E25; *Heinitz* in: Verhandlungen des 40. Deutschen Juristentages (Band 1), S. 85; *Jescheck* in ZStW 65 (1953), 210, 213; *von Freier*, Kritik, S. 179 f.

heißt es etwa bei *Lang-Hinrichsen*, dass der Schuldvorwurf den Gedanken enthalte, dass der Adressat ein verantwortliches Subjekt sei, das sich anders hätte verhalten können und sollen, und der Schuldvorwurf daher an Voraussetzungen geknüpft sei, die nur bei natürlichen Personen gegeben seien, nicht aber beim Verband.[1340]

Grundlage dieser Sichtweise ist ein bis heute vorherrschendes Verständnis der Schuld als individueller Vorwerfbarkeit,[1341] wie bereits 1952 vom BGH definiert:

> „Der innere Grund des Schuldvorwurfs liegt darin, dass der Mensch auf freie, selbstverantwortliche, sittliche Selbstbestimmung angelegt und deshalb befähigt ist, sich für das Recht und gegen das Unrecht zu entscheiden."[1342]

Nach *Hellmuth Mayer* sei die sittliche Person daher etwas anderes als nur eine Individuation des objektiven Geistes, nämlich subjektiver Geist und personenhaft sittlicher Wille.[1343] In schuldhaften Taten setze sich der Verbandsgeist nur durch Vermittlung des Verhaltens der einzelnen Verbandsgenossen und der Verbandsorgane um; der Verbandsgeist werde als fehlerhaftes Motiv immer nur im Einzelnen existent.[1344]

Interessant ist in diesem Zusammenhang die Schlussfolgerung, die *Rothenpieler* aus der Vorstellung der Schuld als Willensschuld zieht. Seiner Ansicht nach kann sich ein Schuldvorwurf nur gegen einen unabhängigen Gemeinwillen richten. Zwar sei unbestreitbar, dass Kollektive Realität als elementare soziale Phänomene besitzen, aber ebenso wie die Gesamtheit nichts Selbständiges über den Gliedern sei, so könne auch der Gesamtwille nur als ein aus den Individualwillen abgeleiteter Wille gelten, der sich aus der Übereinstimmung der Einzelwillen herleite. Dem Gesamtwillen fehle als entscheidendes Merkmal des Individualwillens die relative Freiheit der Zielwahl, da diese schon durch die Einzelwillen determiniert und damit Merkmal des auf Verantwortlichkeit angelegten Individuums sei. Ein Verfehlen der richtigen Selbstbestimmung durch das Kollektiv selbst sei daher ausgeschlossen und eine Kollektivschuld im Sinne einer eigenständigen Schuld der Gesamtheit nicht denkbar.[1345]

1340 *Lang-Hinrichsen* in: FS-Mayer (1966), S. 53 (Fn. 21).
1341 Vgl. nur *Paeffgen*, in: NK-StGB, Vor. §§ 32 ff. Rn. 208.
1342 BGHSt 2, 194, 200.
1343 *H. Mayer* zitiert nach *Lang-Hinrichsen* in: FS-Mayer (1966), S. 53 (Fn. 21).
1344 *H. Mayer* zitiert nach *Lang-Hinrichsen* in: FS-Mayer (1966), S. 53 (Fn. 21).
1345 *Rothenpieler*, Kollektivschuld, S. 285 f.

Nach Ansicht von *Sachs* besteht zwar auch unter den Vertretern eines Verbandsstrafrechts Einigkeit darüber, dass es bei Unternehmen keine persönliche, „an psychische Abläufe auf neurophysiologischer Grundlage" anknüpfende Schuld geben kann.[1346] Allerdings müssten auch die Versuche, eine originäre strafrechtliche Unternehmensschuld (etwa über eine Verbindung zu Organisationsmängeln) zu konstruieren, scheitern. Auch sie könnten nicht darüber hinwegtäuschen, dass es letztlich auch in einem so engen Handlungsverbund eines Unternehmens nur Menschen seien und sein könnten, die persönlich entschieden, was im Namen des Unternehmens geschehen soll. Die originäre Verantwortlichkeit eines Unternehmens im Sinne des grundgesetzlichen Verständnisses von Strafe scheide damit aus.[1347]

Auf diesem Grundverständnis der Schuld als höchstpersönlichem Vorwurf beruht auch *Wohlers* Argumentation:[1348] Schuld betreffe, im Gegensatz zu Tatbestandsmäßigkeit und Rechtswidrigkeit nicht die Bewertung der Tat als solche, sondern den Täter als Person, weil ihm die Tat als individuelle Verfehlung vorzuwerfen sei. Für die Frage der Schuldfähigkeit von Unternehmen sei daher entscheidend, ob ein solch unmittelbarer Vorwurf auch ihnen gegenüber erhoben werden könne. Folge man dem normativen Schuldbegriff, nach dem Schuld die Möglichkeit des Andershandeln voraussetze, die Sollensanforderungen zu erkennen und sich dieser Erkenntnis gemäß zu verhalten, dann müsse die Schuldfähigkeit von Verbänden verneint werden.[1349] Es könne daher allenfalls ein spezifisch körperschaftlicher Schuldvorwurf gegenüber Unternehmen erhoben werden, bei dem auf jegliche Anknüpfung an eine Fähigkeit zu individuellem Andershandelnkönnen verzichtet werden müsste. Die Einführung eines derartigen Schuldbegriffs lehnt *Wohlers* jedoch strikt ab: Ein solcher bloß auf Zweckmäßigkeitsüberlegungen basierender Schuldbegriff habe keinen eigenen Inhalt und könne kaum verbergen, dass man der Sache nach die Voraussetzung der Schuld gestrichen habe. Dies habe aber zur Folge, dass auch die Strafe ihren Charakter als eigenständige Sanktion einbüße.[1350] Ferner müsse ein so modifizierter Schuldbegriff notwendigerweise Rück-

---

1346 *Sachs* in: Unternehmensstrafrecht, S. 200.
1347 *Sachs* in: Unternehmensstrafrecht, S. 201.
1348 Vgl. *Wohlers* in SJZ 2000, 381, 385 ff.
1349 *Wohlers* in SJZ 2000, 381, 385.
1350 *Wohlers* in SJZ 2000, 381, 386; vgl hierzu auch bereits *Seelmann* in ZStW 108 (1996), 656.

wirkungen auf das Individualstrafrecht haben, da es ausgeschlossen sei, langfristig mit zwei getrennten Schuldbegriffen zu arbeiten. Der Schuldbegriff stünde damit auch im Individualstrafrecht als Korrektiv zur Begrenzung präventiver Strafbedürfnisse nicht mehr zur Verfügung.[1351]

Schließlich lehnt auch *Schünemann* die Möglichkeit einer originären Verbandsschuld ab. In seiner Kommentierung im Leipziger Kommentar wendet er sich insbesondere gegen jüngere Versuche, mit Hilfe eines systemtheoretischen Modells „eine funktionale Äquivalenz zwischen Individual- und Unternehmensschuld" begründen zu wollen.[1352] Grundlage dieses Modells sei eine Verbindung der *Luhmann*'schen Theorie der autopoietischen Systeme mit dem amerikanischen Konzept des „good corporate citizen".[1353] Nach Ansicht *Schünemanns* besteht zwischen der Normtreue eines Individuums und derjenigen einer Organisation ein qualitativer Unterschied in der normativen Tiefenstruktur. Die Kommunikation im Unternehmen als Subsystem des Wirtschaftssystems sei als autopoietisch operativ geschlossenes System nicht am Codeprogramm Recht/Unrecht, sondern am Geld orientiert. Das Unternehmen könne die Anforderungen des Rechts immer nur in seine am Geldwert orientierten Kommunikationsakte autopoietisch umwandeln, also etwa zur Vermeidung von Geldbußen Rechtsverletzungen vermeiden, nicht aber den intrinsischen Wert des Rechts anerkennen. Dagegen könne im Bewusstsein der natürlichen Person die eigentlich verpflichtende Kraft des Rechts reproduziert werden. Unternehmen könnten deshalb in systemtheoretischer Perspektive nicht als selbständige Akteure an einer Debatte über den intrinsischen Wert von Rechtsnormen teilnehmen, folglich aber auch nicht deren Geltung in relevanter Weise bestreiten und damit auch nicht im Sinne des dies verlangenden systemtheoretischen Schuldbegriffs eigene Schuld auf sich laden.[1354]

1351 *Wohlers* in SJZ 2000, 381, 386; zu den Befürchtungen hinsichtlich möglicher negativer Auswirkungen auf das Individualstrafrecht s. a. *Heine/Weißer* in: Schönke/Schröder, Vor. §§ 25 ff. Rn. 131.
1352 *Schünemann* in: LK-StGB, Vor. § 25 Rn. 25.
1353 *Schünemann* in: LK-StGB, Vor. § 25 Rn. 25.
1354 *Schünemann* in: LK-StGB, Vor. § 25 Rn. 27.

(2) Stellungnahme

Zu Beginn dieser Arbeit stand ich der Frage, ob auch in Deutschland ein speziell gegen Verbände gerichtetes Strafrecht eingeführt werden soll, durchaus befürwortend gegenüber. Grundlegend geleitet war meine Sicht von der Überlegung, dass die Flexibilisierungstendenzen im modernen Strafrecht eine zum Teil erhebliche Nivellierung klassischer Zurechnungsmechanismen zur Folge haben und so zu einer Ausdehnung des strafrechtlichen Verantwortungsbereichs von Individuen führen, die im Widerspruch zu den Grundsätzen eines zurückhaltenden, auf schwerste individuelle Verfehlungen beschränkten Strafrechts stehen. In der Verbandsstrafe meinte ich eine Möglichkeit zu erkennen, zumindest in einigen Bereichen (etwa bei der Wirtschafts- oder Umweltkriminalität) eine Trennung von individuellem und kollektivem Unrecht herzustellen, um auf diese Weise das Individualstrafrecht von der vermeintlichen Notwendigkeit zu befreien, originär kollektiv bedingte Rechtsgutsbeeinträchtigungen bzw. solche, die nach einem klassischen, liberalen Strafrechtsverständnis jedenfalls keinem individualisierbaren Einzelnen zugerechnet werden dürften, mithilfe eines immer beliebiger werdenden strafrechtlichen Individualschuldbegriffs erfassen zu müssen.

In den dogmatischen Problemen, die die Einbettung einer Verbandsstrafbarkeit in die bestehende Systematik mit sich brächte, vermochte ich keine unüberwindbaren Hürden gegen ihre Einführung zu erkennen. Ich konnte weder strafrechtssystematisch noch verfassungsrechtlich zwingende Gründe zur Ablehnung einer überindividuellen strafrechtlichen Verantwortung finden.

Noch heute halte ich etwa *Heines* Vorschlag der Einführung eines separaten Systems, einer vom Individualstrafrecht losgelösten Verbandsstrafbarkeit als zweiter Spur, für grundsätzlich nachvollziehbar:

> „Schuld ist letztlich eine Systemkategorie, über deren Voraussetzungen auf sozial konsensfähiger Grundlage entschieden wird (...) und deren Begriffsinhalt sich bereits im Individualstrafrecht an den spezifischen Aufgaben (...) ausrichtet. Es spricht wenig dagegen, sich in einem separaten System für kollektive Verantwortlichkeit über Schuld von Verbänden zu verständigen."[1355]

Letztlich ist es doch Aufgabe des Gesetzgebers darüber zu befinden, wer für was auf welche Weise verantwortlich gemacht werden soll. Seine be-

---

1355 *Heine* in ÖJZ 1996, 211, 217.

rühmte weite Einschätzungsprärogative lässt sich zweifellos nicht durch eine in sich zerstrittene Strafrechtsdogmatik einschränken.[1356] Solange man die bundesdeutsche Strafrechtsdogmatik nicht als einzige Wahrheit anerkennt, lehrt sowohl ein Blick in ausländische Rechtsordnungen als auch ins deutsche bürgerliche und öffentliche Recht, dass die Einführung einer strafrechtlichen Kollektivverantwortung nicht komplett abwegig sein kann. Hinzu kommt, dass weder die Bedeutung noch die Wirkmacht von Verbänden als soziale Realität ernsthaft in Frage zu stellen sind.

All diesen Beobachtungen zum Trotz – deren inhaltliche Richtigkeit ich auch im Folgenden nicht in Frage stelle – schlichen sich bei mir mit zunehmender Beschäftigung mit diesem Thema immer mehr Zweifel ein. Gerade nach der intensiven Auseinandersetzung mit den Grundideen und wesensbestimmenden Merkmalen des liberalen Strafrechts, fiel es mir immer schwerer, diese Elemente auch in einem möglichen Verbandsstrafrecht verwirklicht zu sehen. Im Folgenden möchte ich erläutern, warum ich schließlich zur Überzeugung gelangte, die Einführung einer strafrechtlichen Verbandssanktionierung, auch auf Grundlage einer von der Organschuld unabhängigen, originären Verbandsschuld abzulehnen: Im Zentrum meiner Überlegungen stehen die mittelbaren Auswirkungen, die die Etablierung eines auf einer originären Verbandsschuld basierenden Kollektivstrafrechts, sowohl auf den im Individualstrafrecht geltenden, strafrechtsbegrenzenden Grundsatz der Einzeltatschuld, als auch auf den *ultima ratio*-Charakter des Strafrechts insgesamt hätten.

(a) Gefahr der Aufweichung des individualstrafrechtlichen Einzeltatschuldprinzips

In der Einführung eines korporativ ausgerichteten Schuldbegriffs sehe ich zunächst die erhebliche Gefahr einer Rückkopplung auf das im Individualstrafrecht geltende Einzeltatschuldprinzip. Insbesondere *Wohlers'* Befürchtung, dass es auf längere Sicht ausgeschlossen erscheine, mit zwei getrennten Schuldbegriffen zu arbeiten, sondern ein von der Fähigkeit zu individuellem Andershandelnkönnen befreiter Verbandsschuldbegriff vielmehr auch zu einer Unterwanderung der strafbegrenzende Funktion des

---

1356 Ähnlich *Vogel* in StV 2012, 427.

individualstrafrechtlichen Schuldprinzips führen würde,[1357] halte ich für sehr plausibel. Ich möchte dies anhand von *Heines* Modell einer „Betriebsführungsschuld" illustrieren:

Nach *Heines* Auffassung spielt die „Zeitdimension" im Verbandsstrafrecht eine gänzlich andere Rolle als im Individualstrafrecht. Zwar könne es auch im Verbandsstrafrecht um fehlerhafte Entscheidungen in einer konkreten Tatsituation gehen, ein großer Teil der Störfälle sei hier aber das Ergebnis einer betrieblichen Fehlentwicklung, die sich nicht punktuell auf einzelne Entscheidungen zurückführen lasse, sondern einem meist langjährigen Defizit an Risikobewusstsein und Risikovorsorge entspreche. Daher gehe es in einem Verbandsstrafrecht nicht nur um eine Einzeltatschuld, sondern um einen Sachverhalt, der als „Betriebsführungsschuld" bezeichnet werden könne. Zwar erkennt *Heine*, dass es durchaus Schwierigkeiten bereiten könnte, dieser allgemeinen zeitlichen Erstreckung der dogmatischen Perspektive Konturen zu geben, die dem Gebot der rechtsstaatlichen Bestimmtheit genügten, er glaubt aber, dass dieses Problem dadurch entschärft wird, dass auch das Individualstrafrecht längst Haftungskautelen entwickelt habe, die der Tatgenese auch bei der Ermittlung einer punktuellen Tatschuld verstärkte Bedeutung einräumten. Als Beispiele nennt er die Figuren der *actio illicita in causa* und der *actio libera in causa*.[1358]

Heines Idee einer „Betriebsführungsschuld" steht in eklatantem Widerspruch zum bisher im Individualstrafrecht geltenden Prinzip der Einzeltatschuld, nach dem „Anknüpfungspunkt für das Schuldurteil die konkrete Tat und die in ihr aktualisierte Schuld ist. (...) Der gegen den Täter erhobene Schuldvorwurf" knüpft damit „nicht an sein So-Sein oder So-Gewordensein" an, „sondern an die schuldhafte Begehung der konkreten Tat (...)".[1359] Gerade dieser strenge Einzeltatbezug zwingt zu einer genauen Bestimmung dessen, was dem Täter konkret als sein Unrecht zugerechnet und dann vorgeworfen werden kann. Wird hingegen die Einzeltat nur noch als Bestätigung eines bereits vor der Tat vorhandenen schlechten Charakters des Täters verstanden, dann verabschiedet sich das Merkmal der Schuld von seiner verantwortungsbegrenzenden und damit strafeinschränkenden Funktion und verkommt zu einer nichtssagenden Floskel, die

---

1357 Vgl. *Wohlers* in SJZ 2000, 381, 386 f.
1358 *Heine*, Verantwortlichkeit, S. 265 f.; vgl. ferner *ders.* in: Reform, S. 138; *ders.* in ZStrR 119 (2001), 22, 38; *ders.* in ÖJZ 1996, 211, 218.
1359 *Eisele* in: Schönke/Schröder, Vor. §§ 13 ff. Rn. 105/106.

einen gefährlichen Spielraum zu willkürlichen Verantwortungszuschreibungen eröffnet.

Zwar könnte zur Feststellung strafrechtlicher Verantwortlichkeit von Verbänden aufgrund der bei diesen im Verhältnis zum Individualstrafrecht weniger stark ausgeprägten Grundrechtskopplung (Argument: Art. 19 Abs. 3 GG) ggf. auf eine allzu strenge Anwendung des Einzeltatschuldprinzips verzichtet werden und so das Abstellen auf eine Betriebsführungsschuld u. U. nicht sofort gänzlich unvereinbar mit den Grundsätzen eines rechtsstaatlichen Sanktionsrechts sein. Zwingende Voraussetzung hierfür wäre aber eine rein isolierte Betrachtung des Verbandsstrafrechts, die zwar theoretisch möglich ist, in der Rechtspraxis aber nahezu unmöglich zu gewährleisten sein wird. Es ist nicht davon auszugehen, dass die Etablierung eines Verbandsstrafrechts als eine zweite Spur neben dem Individualstrafrecht frei von Rückwirkungen zu realisieren wäre. Daher besteht, so oft *Heine* auch auf die Unvereinbarkeit vergleichbarer Konzepte (z. B. Lebensführungsschuld) mit den Grundprinzipen des geltenden Individualstrafrechts hinweist,[1360] dennoch die große Gefahr, dass er mit seinem Modell einer weitestgehend von der Einzeltat losgelösten Betriebsführungsschuld unabsichtlich die Büchse der Pandora öffnet. Auch der Verweis auf die rechtsstaatlich zweifelhaften Figuren der *actio illicita in causa*[1361] und der *actio libera in causa*[1362] wirkt wenig beruhigend, sondern offenbart einmal mehr, in welch gefährliches Fahrwasser man sich hier begibt.

Man könnte die Hoffnung haben, die im dritten Kapitel dieser Arbeit dargestellte Entwicklung einer immer weiter fortschreitenden Ausdehnung der individualstrafrechtlichen Verantwortung durch Schaffung jener zweiten Spur eindämmen zu können und so durch eine Trennung dieser beiden Sphären klare Verantwortungszuschreibungen zu ermöglichen.[1363] Nach intensiver Beschäftigung mit diesen Tendenzen bin ich jedoch zur Überzeugung gelangt, dass, sollte sich der deutsche Gesetzgeber tatsächlich zur Einführung eines separaten Verbandsstrafrechts durchringen, diese sicherlich nicht von dem Wunsch nach Eindämmung des Individualstrafrechts getragen sein dürfte. Dem punitiven Klima der gegenwärtigen Kriminalpolitik entsprechend erscheint es weitaus naheliegender, dass die Einbe-

---

1360 *Heine*, Verantwortlichkeit, S. 266; vgl. ferner *ders.* in ÖJZ 1996, 211, 218.
1361 Vgl. zur Kritik *Erb* in: MüKo-StGB, § 32 Rn. 229 m. w. N.
1362 Vgl. zur Kritik *Salger* in NStZ 1993, 561 ff.
1363 Hierzu kritisch *Schünemann* in ZIS 2014, 1, 10 ff.

ziehung von überindividuellen Subjekten in den Kreis der Strafunterworfenen, nur dazu dienen würde, auch dort eine strafrechtliche Verantwortung herzustellen, wo eine solche selbst nach Preisgabe elementarster Strafrechtsbegrenzungsprinzipien keinem Individuum zugesprochen werden kann.[1364] Ein Verbandsstrafrecht würde demnach nur eine weitere Ausdehnung strafrechtlicher Verantwortung zur Folge haben, nicht aber für eine „gerechte" Aufteilung individueller und kollektiver Verantwortungsbereiche sorgen.

Sollte jenes Verbandsstrafrecht dann auch noch auf einem Schuldbegriff beruhen, der zentral auf eine Bewertung langjähriger Entwicklungen abstellt und die Frage der Verantwortung nicht auf das in der konkreten Einzeltat zutage getretene Unrecht begrenzt, dann bedarf es nicht viel Phantasie, um sich vorzustellen, wie schnell sich in Politik und Literatur Stimmen fänden, die versuchen würden, ein solches Verständnis von Schuld auch für das Individualstrafrecht fruchtbar zu machen. Selbst wenn die verpönten Begrifflichkeiten der Lebensführungs- bzw. Charakterschuld dabei vermieden werden sollten, könnte dieses Konzept insbesondere zur dogmatischen Untermauerung präventiv ausgerichteter Pönalisierung rechtsgutsferner bzw. -neutraler Handlungsweisen von großem Nutzen sein. Überall dort, wo es an einer physischen Referenz des Unrechts in Form einer bereits sicht- und spürbaren Rechtsgutsbeeinträchtigung fehlt, bspw. im Bereich der Kriminalisierung bloßer Vorbereitungshandlungen, könnte auf die hinter der Tat liegende gefährliche Gesinnung des Täters abgestellt werden. Es sei nur an die hitzig geführte Debatte um das Feindstrafrecht[1365] erinnert, um zu erkennen, wie naheliegend diese Befürchtung ist.

Angemerkt sei an dieser Stelle noch, dass die hier geäußerten Bedenken keinesfalls auf das soeben exemplarisch vorgestellte Konzept von *Heine* beschränkt sind. Sie lassen sich auf alle anderen Konzepte übertragen, denen kein mit dem höchstpersönlichen Vorwurf der individualstrafrechtlichen Einzeltatschuld vergleichbarer interner Verantwortungsbegrenzungsmechanismus innewohnt.

Letztlich, so scheint mir, wird in der Diskussion um die Verbandsschuld viel zu oft der eigentliche Wert der strafrechtlichen Schuld verkannt. Bei der Problematik des Verantwortungsbereichs von Verbänden sollte es we-

---

1364 Vgl. hierzu den NRW-VerbStrG-E, S. 24 f. (justiz.nrw.de).
1365 Vgl. oben S. 179 ff.

niger um die Frage gehen, was diesen alles vorgeworfen werden kann, als vielmehr darum, was ihnen jedenfalls *nicht* vorgeworfen werden *darf.* Nur über seine Grenzen definiert sich ein der liberalen Idee der Strafbegrenzung entsprechender Schuldbegriff. Dass gerade sie es sind, die immer mehr an Bedeutung verlieren, sagt viel über den Zustand des Strafrechts insgesamt aus.

(b) Keine strafrechtliche Schuld ohne Bezug zur Menschenwürde

Den zweiten und für mich letztlich entscheidenden Grund, eine überindividuelle strafrechtliche Verantwortung abzulehnen, sehe ich im Alleinstellungsmerkmal des geltenden Individualstrafrechts: Seiner *ultima ratio*-Funktion im System des Rechtsgüterschutzes.

Zur Unterstreichung der Bedeutung des *ultima ratio*-Grundsatzes für das gesamte Wesen des Strafrechts sei an dieser Stelle noch einmal an die weiter oben vorgenommene Vorstellung des *ultima ratio*-Prinzips als „konstitutives Merkmal des liberalen Strafrechts"[1366] erinnert: Die Sonderrolle, die das Strafrecht in der Rechtsordnung einnimmt, beruht fundamental auf der enormen Grundrechtsintensität seiner Eingriffsmöglichkeiten. Mit keinem anderen Mittel vermag der Staat derart tief in den „Kernbereich der bürgerlichen Freiheit"[1367] einzudringen. Die Gefahren, die von einem willkürlichen, ungerechtfertigten Gebrauch des Strafrechts für bürgerliche Existenzen ausgehen können, machen es daher zwingend erforderlich, dem Staat bei Anwendung des Strafrechts hohe Hürden zu setzen. Die Achtung der Menschenwürde seiner Bürger verpflichtet ihn stets dazu, diese zum einen überhaupt nur in absoluten Ausnahmefällen seinem Strafzwang auszusetzen und zum anderen sie auch während der Vollstreckung der Strafe nicht als bloße Objekte staatlicher Gewalt zu behandeln. Die Berücksichtigung der Menschenwürde im Rahmen der Schuld als dem zentralen Element sowohl zur Bewertung der Strafwürdigkeit menschlichen Verhaltens, als auch zur Festlegung der Reichweite des hierauf zu erfolgenden Strafausspruches, ist daher von einer kaum hoch genug einzustufenden Bedeutung für die Systematik der staatlichen Strafgewalt insge-

---

1366 Vgl. S. 59 ff.
1367 *Prittwitz* in: FS-Roxin (2011), S. 28 f. und 36 f.; s. a. *Schünemann* in: Die Rechtsgutstheorie, S. 143 f.

samt. Denn letztlich ist sie es, die aus dem Strafrecht jene *ultima ratio* macht, auf die der Staat nur in begrenztem Maße zurückgreifen darf.

Wie gesehen, dient vielen Befürwortern einer Verbandsschuld, unabhängig davon, ob sie diese nur durch Zurechnung der Organschuld begründet wissen wollen oder eine originäre Verbandsschuld bevorzugen, zur Begründung ihres verbandsspezifischen Schuldverständnisses das Argument, dass sich Verbände, anders als natürliche Personen, gem. Art. 19 Abs. 3 GG nicht auf die Menschenwürde berufen können und ein Verbandsschuldbegriff verfassungsrechtlich somit allenfalls im Rechtsstaatsprinzip verankert wäre.[1368] Aus dem Umstand, dass ein derartiger Schuldbegriff mutmaßlich an geringere verfassungsrechtliche Voraussetzungen geknüpft wäre, wird sodann der Schluss gezogen, dass auch an die konkrete Feststellung der Schuld eines Verbandes geringere Anforderungen zu stellen seien, etwa indem man dort auf Einhaltung des Koinzidenzprinzip verzichtet[1369] oder dem Verband gleich die Beweislast für seine Unschuld[1370] überträgt.

Ich halte diese Argumentation jedoch für bedenklich: Denn wenn die Sonderrolle des Strafrechts gerade in der Begrenztheit seines Anwendungsbereichs liegt und sich jene Begrenztheit wiederum zentral daraus ergibt, dass der Staat mit seinen strafrechtlichen Interventionsmöglichkeiten stets dazu in der Lage ist, die menschliche Würde seiner Bürger zu verletzen, dann senkt die Unmöglichkeit der Verbände, sich auf die Menschwürde berufen zu können, nicht die Hürden zur Anwendung des Strafrechts in diesem Bereich ab, sondern macht das Strafrecht, verstanden als absolutes Ausnahmerecht des Staates, schlicht unanwendbar.

Nur durch das Zusammenspiel zwischen strafwürdiger Rechtsgutsbeeinträchtigung, den Eingriffsmöglichkeiten staatlicher Strafgewalt mit ihrem Potenzial zur bürgerlichen Existenzvernichtung und den Prinzipien, die eine ungerechtfertigte oder zu starke Anwendung dieser Instrumentarien verhindern sollen, kann Strafrecht überhaupt als *ultima ratio*[1371] ge-

---

1368 Vgl. etwa *Dannecker* in GA 2001, 101, 113 f.; *Heine*, Verantwortlichkeit, S. 265 (Fn. 77).; *Achenbach* in: Unternehmensstrafrecht, S. 272.

1369 Vgl. etwa *Heine*, Verantwortlichkeit, S. 266.

1370 Vgl. etwa *Mittelsdorf*, Unternehmensstrafrecht, S. 80 f.

1371 Vgl. Bedenken hinsichtlich einer „Relativierung des *ultima ratio*-Charakters des Strafrechts durch Einführung einer kriminalrechtlichen Verbandsverantwortlichkeit" auch in *Heine/Weißer* in: Schönke/Schröder, Vor. §§ 25 ff. Rn 131 (a. A. die von *Heine* noch allein kommentierte Vorauflage: *Heine* in: Schönke/Schröder (28. Aufl. 2010), Vor. §§ 25 ff. Rn. 129).

dacht werden. Die schrankenlos gewährte Menschenwürde stellt hierbei sicher, dass der Einzelne dem staatlichen Strafanspruch niemals gänzlich machtlos ausgeliefert wird, der Staat vielmehr nur dann und nur soweit zu seiner schärfsten Waffe greifen darf, sofern sichergestellt ist, dass bei der Inanspruchnahme des Einzelnen dessen Würde als Mensch gewahrt bleibt. Hierin liegen Sinn und Zweck des Subsidiaritätsprinzips als Strafrechtsbegrenzungsprinzip erster Stufe und der ihm nachgeordneten Prinzipien[1372] begründet.

Eine vergleichbare Gefahr kann bei einem ausschließlich gegen Verbände gerichteten staatlichen Eingreifen jedoch niemals vorliegen.[1373] Man kann einen Verband zur Zahlung eines Geldbetrages zwingen, ihm Verhaltenspflichten auferlegen oder ihn sogar auflösen und dabei in verschiedenster Form in seine ihm grundgesetzlich garantierten Rechte eingreifen, niemals jedoch wird man damit seinen „menschlichen Geltungsanspruch" verletzen können. Zur Feststellung der Legitimität eines Eingreifens bedarf es daher auch nur einer gewöhnlichen Verhältnismäßigkeitsprüfung, nicht jedoch einer Einhaltung des strengen, dem *ultima ratio*-Grundsatz entspringenden Subsidiaritätsprinzips, nach dem der Einsatz des Strafrechts stets nur das allerletzte Mittel der Wahl sein darf.

Hieraus ergibt sich Folgendes: Ein als *ultima ratio* des Staates ausgestaltetes Strafrecht, ist ohne einen Bezug zur Menschenwürde weder notwendig noch begründbar. Ein „Strafrecht", das jedoch nicht *ultima ratio* ist, ist nicht mehr als ein beliebig austauschbares Sanktionsinstrument.

Ich sähe daher in der Bezeichnung eines gegen Verbände gerichteten Sanktionsrechts als „Strafrecht" einen Etikettenschwindel, der eine erhebliche Gefahr für das „echte", nur auf Individuen ausgerichtete Strafrecht bedeuten würde:[1374] Aufgrund des fehlenden Menschenwürdebezugs würden sich in einem reinen „Verbandsstrafrecht" neben dem bereits erwähnten Schuldbegriff eine Reihe weiterer Elemente des klassischen Individualstrafrechts finden lassen, deren Voraussetzungen an die eingeschränkte Anwendbarkeit von Grundrechten auf Verbände angepasst und damit herabgesetzt werden könnten. Die hierdurch in diesem neuen „Strafrecht"

1372 Vgl. S. 62 ff.
1373 Vgl. hierzu auch *Sachs* in: Unternehmensstrafrecht, S. 201.
1374 Vgl. hierzu auch *Neumann* in: Unternehmensstrafrecht, S. 20; *Schünemann* in ZIS 2014, 1, 10 ff.; BRAK, Stellungnahme 9/2013, S. 8 f. (brak.de); a. A. *Heine* in ÖJZ 2000, 871, 880; *Hirsch*, Personenverbände, S. 21.

möglich werdenden „Effektivitätssteigerungen"[1375] würden das klassische, enge Individualstrafrecht wie ein schwerfälliges, Bedenken tragendes Ur-tier aus grauer Vorzeit erscheinen lassen. In einer Zeit, in der die Sehn-sucht nach Verantwortung den Schutz der Freiheit mehr und mehr überlagert, droht bereits das heute geltende Strafrecht immer weiter an Enge zu verlieren und an Beliebigkeit zu gewinnen. Würde diesem Rechtsinstitut ein angeblicher, jüngerer Verwandter an die Seite gestellt, der sich, von lähmenden Strafrechtsbegrenzungsprinzipen weitgehend befreit, ungestört der Verantwortungszuschreibung und -ahndung widmen könnte, so würde es vermutlich nicht lange dauern, bis die ersten anfingen zu versuchen, Anleihen bei dessen Dogmatik zu nehmen, um die Ausdehnung des Indi-vidualstrafrechts weiter zu befeuern. Langsam aber stetig würde die An-passung an das neue Strafrecht fortschreiten, bis sich eine Verwandtschaft der beiden tatsächlich nur noch schwer leugnen ließe. Übersehen würde aber, dass hierdurch auch der freiheitliche Wesenskern des Individualstraf-rechts allmählich ausgehöhlt würde, mit all den unabsehbaren Auswirkun-gen auf die Menschenwürde seiner ihm unterworfenen Bürger.

(c) Zwischenergebnis

Als Zwischenergebnis darf an dieser Stelle Folgendes festgehalten wer-den: Das Abstellen auf einen derart weitgehenden, von der konkreten Ein-zeltat losgelösten Schuldbegriff, wie etwa den der Betriebsführungsschuld, wäre nicht mit dem geltenden Schuldbegriff des Individualstrafrechts ver-einbar. Ferner kann hierdurch kein Rückgang des individualstrafrechtli-chen Verantwortungsbereichs erwartet werden. Es ist geradezu im Gegen-teil davon auszugehen, dass ein derartiger Schuldbegriff ungeachtet aller auch bei rein verbandsinterner Betrachtungsweise bestehenden Zweifel hinsichtlich seiner Legitimation jedenfalls mittelbar auch den Individual-schuldbegriff beeinflussen und einer noch präventiveren Ausrichtung des Individualstrafrechts Vorschub leisten würde.

Des Weiteren wäre die Sonderrolle des Strafrechts als *ultima ratio* der Rechtsordnung ohne einen Bezug zur Menschenwürde nicht aufrechtzuer-halten. Eine „strafrechtliche" Verbandsverantwortlichkeit, die wegen Art. 19 Abs. 3 GG ohne einen solchen Bezug ausgestaltet werden müsste,

---

1375 Vgl. etwa *Ransiek*, Unternehmensstrafrecht, S. 326 ff.

würde eine Systematik nach sich ziehen, die geprägt wäre von erheblich gelockerten Zurechnungsmechanismen. Dieses im Hinblick auf die bloße Verantwortungszuschreibung sehr effektive Sanktionsinstrument würde vielen als Beispiel dienen, auch die Flexibilisierung des geltenden Individualstrafrechts weiter voranzutreiben. Das bereits jetzt mehr und mehr erodierende Individualstrafrecht klassisch-freiheitlicher Prägung sähe sich so einem Wettbewerb ausgesetzt, dem es im aktuellen kriminalpolitischen Klima kaum standhalten könnte.

b. Schuldunabhängige strafrechtliche Maßnahmemodelle

Nachdem eine strafrechtliche Schuldfähigkeit von Verbänden somit sowohl über die Zurechnungsmodelle, als auch im Wege der Schaffung einer originären Verbandsschuld abzulehnen ist, stellt sich die Frage, ob die strafrechtliche Sanktionierung von Verbänden auch hiervon unabhängig zu begründen wäre.

In der Literatur werden hierzu Maßregelmodelle für Verbände diskutiert, die es ermöglichen sollen, wie bei den vergleichbaren Regelungen über Maßregeln der Besserung und Sicherung im geltenden Individualstrafrecht (vgl. §§ 61 ff. StGB), unabhängig von der Frage der Schuldfähigkeit, präventiv auf Verbände einzuwirken, um auf diesem Wege die Begehung weiterer Rechtsgutbeeinträchtigungen aus dem Verband heraus zu unterbinden. Der Zweck der bisher geltenden individualstrafrechtlichen Maßregeln liegt nach Ansicht des BVerfG in der „Verhütung künftiger Rechtsbrüche des Täters unabhängig davon, ob seine Schuld für sich genommen einen solchen Eingriff rechtfertigen würde".[1376]

Die in der Literatur insoweit vorgeschlagenen Modelle orientieren sich hierbei an dem Risiko, das von den allgemein als abstrakt gefährlich bewerteten Verbandstätigkeiten ausgeht. Soweit die Modelle die schuldunabhängige Sanktionierung an die konkrete Begehung einer Straftat durch ein Verbandsmitglied knüpfen, soll diese nur eine objektive Bedingung darstellen. Ziel ist es, auf diesem Weg die für notwendig erachtete Sanktionierung von Verbänden zu ermöglichen, ohne dabei in Konflikt mit deren strafrechtlicher Schuldunfähigkeit zu geraten.[1377]

1376 BVerfG NJW 2004, 739, 746.
1377 Vgl. hierzu Zusammenfassung bei *Haeusermann*, Der Verband, S. 122 f.

aa. Vorgeschlagene Konzepte

(1) Schünemann

Schünemann darf zweifellos als der wichtigste Vertreter dieser Position bezeichnet werden. Seiner Auffassung nach ist es irreparabel falsch, die Verbandsgeldbuße in irgendeiner Weise mit dem Schuldprinzip in Verbindung zu bringen.[1378] Während er demzufolge sowohl die Zurechnungsmodelle als auch die Schaffung eines verbandseigenen Schuldbegriffs vehement ablehnt,[1379] hält er eine schuldunabhängige strafrechtliche Erfassung von Verbandsstraftaten dagegen für möglich. Zur Legitimation dienen ihm hierfür der sog. „Präventionsnotstand" und das „Veranlassungsprinzip".[1380]

In seinem erstmals 1979 vorgestellten Konzept knüpfte *Schünemann* die Verbandsgeldbuße an zwei Voraussetzungen: Zum einen daran, dass bei einer im Rahmen eines Unternehmens begangenen Rechtsgutsverletzung die Täterschaft einer bestimmten Person nicht nachgewiesen werden könne und zum anderen daran, dass ein Organisationsmangel des Unternehmens die Tat zumindest erleichtert bzw. ihre Nachweisbarkeit zumindest erschwert habe.[1381] Bei Vorliegen dieser beiden Voraussetzungen läge ein konkreter Beweisnotstand und damit ein Präventionsnotstand vor, der eine schuldunabhängige Sanktion legitimieren könne. Die von der Geldbuße letztlich getroffenen Anteilseigner könnten sich dabei im Sinne des Veranlassungsprinzips nicht unbillig behandelt fühlen, da sie schließlich den sozialschädlichen Unternehmensbetrieb veranlasst hätten.[1382]

Später rückte er von dieser ausschließlich auf die „anonyme Verbandsgeldbuße" beschränkten Sicht[1383] ab und setzt sich nunmehr für eine „kumulative Verbandsgeldbuße" ein, die neben die individuelle Sanktionierung des Anlasstäters treten soll. Entgegen seiner ursprünglichen Sicht sei die rein individualstrafrechtliche Sanktionierung nicht ausreichend, um

---

1378 *Schünemann*, Unternehmenskriminalität, S. 234.
1379 Vgl. etwa *Schünemann* in: Madrid-Symposium (1994), S. 283 ff. oder *ders.* in: LK-StGB, Vor. § 25 Rn. 23 ff.
1380 *Schünemann* in: LK-StGB, Vor. § 25 Rn. 28.
1381 *Schünemann* in: Madrid-Symposium (1994), S. 286; *ders.* in wistra 1982, 41, 49 f.; *ders.*, Unternehmenskriminalität, S. 235 ff.
1382 *Schünemann* in: Madrid-Symposium (1994), S. 286; *ders.* in wistra 1982, 41, 49 f.; *ders.*, Unternehmenskriminalität, S. 235 ff.
1383 So noch etwa *Schünemann* in wistra 1982, 41, 49 f.

den Präventionsnotstand zu beheben, denn es gelte hier, ein nicht allein einem einzelnen Menschen mehr zurechenbares und allein über ihn kontrollierbares kollektives Phänomen, die kollektive Verbandsattitüde, durch eine ebenfalls kollektiv wirkende Sanktion zu kompensieren. Die Legitimation hierfür liege in der Gefahrenpotenzierung, die die Installierung eines kollektiven Handlungssystems in dem Unternehmen bedeute, wenn und soweit dieses Kollektiv kriminelle Verhaltensmuster ausbilde.[1384]

Die gegen die Verbände zu erhebende und von *Schünemann* als „Ei des Kolumbus"[1385] bezeichnete Sanktion soll als sog. „Unternehmenskuratel" ausgestaltet werden. Danach sollen Unternehmen durch gerichtliche Entscheidung für begrenzte Zeit unter Aufsicht eines Kurators gestellt werden, wenn ein Unternehmensangehöriger, der dem Leitungsbereich des Unternehmens angehöre, für das Unternehmen eine erhebliche Straftat oder Ordnungswidrigkeit begehe und deshalb die Gefahr weiterer Zuwiderhandlungen bestehe.[1386]

(2) Wohlers

Auch *Wohlers* lehnt eine schuldabhängige Sanktionierung von Verbänden ab.[1387] Seiner Meinung nach liegen dagegen in der Ausgestaltung von Verbandssanktionen als Maßnahmen zwei entscheidende Vorteile: Zum einen entfalle hier gerade das Problem der Schuldfähigkeit, zum anderen zielten Maßnahmen ihrem Sinn und Zweck nach auf Prävention und träfen damit den entscheidenden Punkt, da Sanktionen gegen Unternehmen allein aus präventiven Gründen gefordert würden. Die Legitimationsgrundlage von Maßnahmen sei nicht das Schuldprinzip, sondern das Prinzip des „überwiegenden öffentlichen Interesses", wonach die jeweilige Bedrohung so schwerwiegend sein müsse, dass dem Schutz der Allgemeinheit – auch angesichts der zur Abwendung erforderlichen notwendigen Einschränkungen auf der Seite der von den Maßnahmen Betroffenen – Vorrang gebühre.[1388]

1384 *Schünemann* in: Madrid-Symposium (1994), S. 287.
1385 Vgl. etwa *Schünemann* in: Madrid-Symposium (1994), S. 290.
1386 *Schünemann* in: LK-StGB, Vor. § 25 Rn. 29; zu ähnlichen Tendenzen in den USA vgl. *Ehrhardt*, Unternehmensdelinquenz, S. 128 f.
1387 *Wohlers* in SJZ 2000, 381, 387.
1388 *Wohlers* in SJZ 2000, 381, 387 f.

Damit ein Unternehmen mit einer derartigen schuldunabhängigen Maßnahme belegt werden könne, müsse zunächst ein gefährlicher Zustand vorliegen, der ursächlich auf das Unternehmen zurückzuführen ist. Dies sei
der Fall, wenn ein Mitarbeiter eine unternehmensbezogene Straftat begehe. Ferner müsse die Gefahr zukünftiger Straftaten (Wiederholungsgefahr)
bestehen. Schließlich dürften die mit den Maßnahmen verbundenen Einschränkungen für das Unternehmen im Hinblick auf den Grad der drohenden Gefahren nicht unzumutbar sein.[1389]

Hinsichtlich der Rechtsfolgenseite, so *Wohlers*, sei zunächst zu beachten, dass es sich bei der Sanktion nicht um verkappte Strafen handele und
durch die Sanktionen kein vergangenes Fehlverhalten geahndet werde,
sondern künftigen Gefahren entgegengewirkt werden soll.[1390] Statt einer
Geldbuße sieht er daher Geldleistungen vor, die als Sicherheitsleistungen
an den Staat auszuzahlen seien und dem Unternehmen nach Ablauf eines
Bewährungszeitraums zurück überwiesen werden müssten. Ferner schlägt
Wohlers die von *Schünemann* propagierte „Unternehmenskuratel" vor,
aber als *ultima ratio* auch die Auflösung von Unternehmen, wobei beides
auch zur Bewährung ausgesetzt werden könne.[1391]

(3) Stratenwerth

Auch *Stratenwerth* kommt infolge seiner Ablehnung eines verbandsspezifischen Schuldbegriffs zu dem Schluss, dass Unternehmenssanktionen als
sichernde Maßregeln ausgestaltet werden müssten.[1392] Diese setzten keine
Schuld voraus, enthielten, wenigstens theoretisch, keinerlei sittlichen Tadel und dürften sich darauf beschränken, im Sinne der Spezialprävention
zweckmäßig zu sein.[1393]

Der im Rahmen der Maßregeln gegen Unternehmen zu erhebende Vorwurf bestehe in der abstrakten Vermeidbarkeit der Rechtsverletzung als
solcher. Gleichgültig, welche Person für das Unternehmen tätig werde, habe es dafür einzustehen, dass die Grenzen des erlaubten Risikos nicht

---

1389 *Wohlers* in SJZ 2000, 381, 389.
1390 *Wohlers* in SJZ 2000, 381, 388.
1391 *Wohlers* in SJZ 2000, 381, 388.
1392 *Stratenwerth* in: FS-Schmitt (1992), S. 303 ff.
1393 *Stratenwerth* in: FS-Schmitt (1992), S. 303.

überschritten würden.[1394] In Fällen, in denen es sich bei der relevanten Anlasstat um ein Vorsatzdelikt handle, müsse aber auch der Vorsatz des jeweils handelnden Mitarbeiters tatsächlich vorliegen.[1395]

bb. Stellungnahme

Auch in der Idee, die fehlende Schuldfähigkeit von Personenverbänden durch eine Sanktionierung über schuldunabhängige Maßregeln umgehen zu wollen, sehe ich keine taugliche Lösung der dargestellten Problematik.

Zunächst einmal halte ich einige der vorgeschlagenen Legitimationsgrundlagen für nicht ausreichend bzw. für ungeeignet, ein schuldunabhängiges strafrechtliches Maßregelmodell für Verbände überhaupt begründen zu können:

So ist nicht ersichtlich, dass der von *Schünemann* seit Ende der 1970er Jahre immer wieder proklamierte „Präventionsnotstand" tatsächlich existiert. Mehrere Jahrzehnte sind vergangen, ohne dass der Gesetzgeber die Vorschläge *Schünemanns* umgesetzt hat. Dennoch sind bis heute weder ein Zusammenbruch unseres Rechtssystems oder unserer Wirtschaft noch ein so signifikanter Vertrauensverlust der Gesellschaft in die Rechtsordnung zu verzeichnen, dass eine derart drastische Wortwahl gerechtfertigt wäre.[1396] Zwar kann eine Notstandslage durchaus ausnahmsweise auch die Anwendung ungewöhnlicher Mittel jenseits der geltenden Systematik legitimieren, diese muss dabei jedoch stets einzig auf Aufhebung eben jener konkret bestehenden Lage gerichtet sein. Trotz aller zweifellos vorhandenen Probleme im Bereich kollektiver Kriminalität fällt es mir sehr schwer, derzeit tatsächlich bereits eine notstandsähnliche Ausnahmesituation zu erkennen, die nur auf diese Weise zu beheben wäre.

Betrachtet man Sinn und Zweck des Maßregelrechts als zweiter Spur neben dem klassischen Schuldstrafrecht, so kann auch das Legitimationsmodell von *Stratenwerth* nicht überzeugen. Wie gesehen, sind Maßregeln, anders als Strafen, nicht an eine Schuldfeststellung gebunden.[1397] Maßgeblicher Anknüpfungspunkt ist hier die Gefährlichkeit des Täters.[1398] Die

---

1394 *Stratenwerth* in: FS-Schmitt (1992), S. 306 f.
1395 *Stratenwerth* in: FS-Schmitt (1992), S. 306.
1396 So auch *Haeusermann*, Der Verband, S. 136.
1397 Vgl. nur *Fischer*, StGB, Vor § 61 Rn. 1.
1398 *von Gemmeren* in: MüKo-StGB, § 61 Rn. 1.

Legitimation der Maßregeln wird daher überwiegend in der „Wahrung des überwiegenden Interesses der Allgemeinheit" gesehen: Der Staat sei verpflichtet, besonders wichtige Rechtsgüter gegen Angriffe Dritter zu schützen.[1399] Diese Schutzverpflichtung erfordere und rechtfertige den Eingriff in die Grundrechte des Täters, soweit die betroffenen Interessen der Allgemeinheit den deutlich überwiegenden Wert darstellten. Ferner werde in der Literatur etwa auf die Idee eines Sonderopfers, der Verwirkung, der Fürsorge abgestellt oder Parallelen zum Notwehr- und Notstandsrecht gezogen.[1400]

Wenn *Stratenwerth* „das kriminalpolitische Desiderat der Unternehmenshaftung" darin sieht,

> „daß das Unternehmen, gleichgültig, welche Personen für es tätig sind und wie seine Organisation beschaffen ist, dafür einzustehen hat, daß die Grenzen des erlaubten Risikos nicht überschritten werden",

sich der strafrechtliche Vorwurf hier also „auf die abstrakte Vermeidbarkeit der Rechtsverletzung als solche" reduzieren soll, dann kann ich nicht erkennen, wie das mit dem von Verantwortungsfragen gerade unabhängigen *telos* des Maßregelrechts zu vereinbaren ist. Sollte es sich beim Merkmal der „abstrakten Vermeidbarkeit" nicht um eine inhaltsleere Floskel handeln, muss hierin eine Art von Verantwortlichkeitsvorwurf gegen das sozialschädliche Verhalten veranlassende Unternehmen erkannt werden. Zwar ist dieser selbstverständlich keiner, der nach den Maßstäben des geltenden Individualstrafrechts bereits als „Schuld" bezeichnet werden könnte, mit dem Gedanken eines rein präventiv orientierten und von der Frage der Verantwortung gänzlich losgelösten, schuldunabhängigen Maßregelrechts ist er dennoch nicht zu vereinbaren.

Doch selbst wenn sich *Wohlers* bei seiner Argumentation bemüht, sich wirklich eng an den das Maßregelrecht prägenden Grundsatz des „überwiegenden öffentlichen Interesses" zu orientieren,[1401] ändert auch dies im Ergebnis nichts daran, dass der Versuch, strafrechtliche Sanktionen gegen Verbände über die *zweite* Spur des Strafrechts, die schuldunabhängigen Maßregeln, ermöglichen zu wollen, insgesamt scheitern muss:

1399 *von Gemmeren* in: MüKo-StGB, § 61 Rn. 2.
1400 *von Gemmeren* in: MüKo-StGB, § 61 Rn. 2 m. w. N.
1401 Was sich auch bei seinen Überlegungen hinsichtlich der Rechtsfolgenseite zeigt: *Wohlers* in SJZ 2000, 381, 387 f.

„Das Konzept der Zweispurigkeit des strafrechtlichen Sanktionsrechts basiert auf der Annahme, dass nicht alle Bedürfnisse der Allgemeinheit, sich vor gefährlichen Straftätern zu schützen, durch das Institut der Strafe zu erfüllen sind. Daher wird die Strafe von reiner Prävention freigehalten und den weitergehenden präventiven Notwendigkeiten durch besondere Maßregeln außerhalb der Strafe Rechnung getragen."[1402]

Die schuldunabhängigen strafrechtlichen Maßregeln können somit nur als Ergänzung zur Strafe des Schuldstrafrechts verstanden werden, womit letztlich in der strafrechtlichen Sanktionssystematik eine Art Stufenverhältnis vorliegt: Auf erster Stufe steht zwingend die auf Schuld basierende repressiv ausgestaltete Strafe. Nur als Ausnahme sollen hierzu ergänzend schuldunabhängige, rein spezialpräventive Maßregeln hinzutreten können. Geht man jedoch ganz grundsätzlich von der Unmöglichkeit strafrechtlicher Schuld von Verbänden aus, so müssen auch jene Ergänzungsmaßnahmen ausscheiden. Es liegt nämlich insofern gar keine die Systematik der Sanktionsordnung übergeordnet prägende Hauptsanktion (die Strafe) vor, die den Ausnahmecharakter der Maßregel erklären könnte und dadurch deren Grenzen definieren würde. Bereits semantisch erscheint es unmöglich, gerade dort auf eine *straf*rechtliche Ergänzungssanktion abstellen zu wollen, wo es das zu Ergänzende nicht geben kann.

Der Gedanke, Verbände über schuldunabhängige strafrechtliche Maßregeln *sanktionieren* zu wollen, läuft damit im Ergebnis ebenfalls auf einen „Etikettenschwindel" hinaus: Wie dargestellt, wohnt Maßregeln anders als herkömmlichen Sanktionen weder ein generalpräventiver noch ein repressiver, sondern allein ein spezialpräventiver Charakter inne.[1403] Dies rechtfertigt ihre Anwendung auch ohne den Nachweis einer hierfür sonst im Strafrecht erforderlichen Schuld. Sollten nun schuldunabhängige Maßregeln zur *Sanktionierung* schuldunfähiger Verbände herangezogen werden, so bedeutet dies, dass entweder den bisher existierenden Maßregeln ein neuer, generalpräventiv-repressiver Charakter zugesprochen werden müsste bzw. derartige Maßregeln neu einzuführen wären. In jedem Fall würde hierdurch ein repressives Eingreifen ermöglicht, ohne dass dieses von der rechtsstaatlich hierfür zwingend erforderlichen Beantwortung der Verant-

---

1402 *Stree/Kinzing* in: Schönke/Schröder, Vor. §§ 61 ff. Rn. 2; vgl. zur Entwicklung des Maßregelrechts auch *Schöch* in: LK-StGB, Vor. § 61 Rn. 1 ff.
1403 Vgl. hierzu Ausführungen bei *von Weber* in: Verhandlungen des 40. Deutschen Juristentages (Band 2), S. E63 f.; *Lütolf*, Strafbarkeit, S. 307.

wortungsfrage abhinge.[1404] Sollte es indes tatsächlich nur um *rein spezial-präventive* Maßnahmen gegen Verbände gehen und damit gerade nicht um eine repressive Sanktionierung, dann bestünde auch in diesem Fall, wie dargestellt, weder die Möglichkeit noch das Bedürfnis, diese als „straf-rechtlich" zu deklarieren.

D. Zusammenfassung und Ausblick

I. Zusammenfassung

Nach der soeben erfolgten Analyse der zur Diskussion stehenden Modelle einer strafrechtlichen Sanktionierung von Verbänden darf zunächst noch einmal zusammenfassend festgestellt werden, dass keines von ihnen den Anforderungen eines liberalen Strafrechtsverständnisses gerecht wird: Weder die Schuldzurechnungskonzepte mit ihrer verhängnisvollen Akzessori-etät zum Individualstrafrecht noch die Modelle einer originären Verbands-schuld mit ihrer Abkehr vom *ultima ratio*-Grundsatz als dem Alleinstel-lungsmerkmal des Strafrechts können in kriminalpolitisch überzeugender Weise eine strafrechtliche Verbandsschuld begründen. Aufgrund der hier-aus folgenden Unmöglichkeit, durch Strafe auf Verbände einwirken zu können, müssen zwingend auch die Versuche scheitern, eine Sanktionie-rung durch *straf*rechtliche, aber schuldunabhängige Ergänzungsmaßnah-men ermöglichen zu wollen.

Gleichwohl ist nicht von der Hand zu weisen, dass die im Verhältnis zum Individuum, ungleich größere Wirkmacht von Kollektiven prägenden Einfluss auf unsere Gesellschaft hat und dass gerade von diesem Machtpo-tential erhebliche Bedrohungen für eine Vielzahl von Rechtsgütern ausge-hen.[1405] So machen allein die Folgen von Wirtschaftsstraftaten über die Hälfte des in der polizeilichen Kriminalstatistik ausgewiesenen Gesamt-schadens in Höhe von ca. 8 Milliarden Euro aus.[1406] Weithin lassen sich schädigende Konsequenzen von Kollektivverhalten feststellen, etwa durch Verzerrungen des Wettbewerbs, Rechtsgutsbeeinträchtigungen von Ver-

---

1404 Ähnlich *Hirsch*, Personenverbände, S. 13 (insb. ebd. Fn. 38 und 41).
1405 Vgl. etwa *Hetzer* in Kriminalistik 2008, 284, 290.
1406 Vgl. NRW-VerbStrG-E S. 21 (justiz.nrw.de).

brauchern und Arbeitnehmern oder durch gefährliche Umweltimmissionen.[1407]

Auch kann nicht geleugnet werden, dass in der Gesellschaft ein erhebliches Interesse an der Feststellung von Verantwortung für Rechtsgutsbeeinträchtigungen sowie an einer Sanktionierung der für verantwortlich befundenen Subjekte besteht.

Die geltende Rechtslage wird dieser Situation aber nur unzureichend gerecht. Das Kernproblem liegt darin, dass in ihr der Unterschied zwischen individuellem und kollektivem Unrecht kaum bzw. nur in verfehlter Form Berücksichtigung findet:

Wenn das Strafrecht, das an der natürlichen Person orientiert ist, versucht, systemisch bedingtes Unrecht zu erfassen, dann ist dies zwingend zum Scheitern verurteilt.[1408] Weder ist es hierauf ausgerichtet, noch hierzu legitimiert. Im dritten Kapitel dieser Arbeit habe ich darauf hingewiesen, dass die derzeit stattfindenden Versuche, dies unter Verletzung wesentlicher Grundprinzipien durch eine massive Ausdehnung des strafrechtlichen Verantwortungsbereichs von Individuen zu umgehen, das Legitimationsfundament des Strafrechts als *ultima ratio* gefährden.

Aber auch ungeachtet der Folgen, die diese Tendenzen für das geltende Individualstrafrecht haben, erscheint es nicht möglich, durch die Ausdehnung eines allein auf Individuen ausgerichteten Sanktionsinstruments den von Kollektiven ausgehenden Bedrohungen zu begegnen.

Dies liegt zu einem großen Teil an der Einbettung des einzelnen Individuums in die Verbandstruktur selbst:[1409] Als Teil des Verbandes wird der Einzelne, sofern seine Tat verbandsbezogen war und von diesem zumindest nicht missbilligt wurde, in geringerem Maße für Verhaltensanforderungen ansprechbar sein, die außerhalb jener Verbandssphäre liegen. Während bei klassischen Individualstraftaten, der durch den Strafausspruch erfolgte Appell den Einzelnen unmittelbar trifft, können bei Taten, die aus einem Verband heraus begangen werden, die von diesem selbst aufgestellten Verhaltensanforderungen eine abschwächende Wirkung entfalten.[1410] Schon *Busch* führte insofern aus:

1407 Vgl. NRW-VerbStrG-E S. 21 f. (justiz.nrw.de).

1408 Vgl. Darstellung bei *Lampe* in ZStW 106 (1994), 683, 685 ff.

1409 Vgl. hierzu NRW-VerbStrG-E S. 24 f. (justiz.nrw.de).

1410 Vgl. hierzu NRW-VerbStrG-E, S. 24 (justiz.nrw.de); *Mittelsdorf*, Unternehmensstrafrecht, S. 15; a. A. *Lewisch/Parker*, Strafbarkeit der juristischen Person, S. 43 ff.

„Das Bewußtsein, den anvertrauten Verbandsinteressen zu dienen, macht den Verbandsvertreter, -gehilfen oder -angehörigen den rechtlichen Geboten gegenüber weniger empfänglich. Die persönliche Strafandrohung vermag ihre motivierende Kraft im Sinne der Abschreckung nicht mehr zur Geltung zu bringen, weil sich der Einzelne der Verbandsgemeinschaft tiefer verpflichtet fühlt als der staatlichen Gemeinschaft."[1411]

Die Eingliederung in einen Verband führt zudem dazu, dass – ungeachtet der Schwere der jeweiligen Tatfolgen – die strafrechtsrelevante Einzeltatschuld der an einer verbandsbezogenen Straftat beteiligten Verbandsmitglieder häufig als gering anzusehen ist.[1412] Demzufolge ist auch die individualstrafrechtliche Sanktionierung des jeweiligen Verbandsmitgliedes im Verhältnis zum Schädigungspotential des Verbandes und der im Einzelnen eingetretenen zumeist unproportional niedrig. Bezogen auf die tatsächlich von Verbänden ausgehenden Gefahren für die Gesellschaft entfaltet eine individualstrafrechtliche Bestrafung damit einen eher unerheblichen Präventionseffekt.[1413] Es wird hierdurch schlicht nicht der richtige bzw. nicht der entscheidende Adressat getroffen.[1414]

Diese fehlende Präventionswirkung wird auch nicht durch die im geltenden Ordnungswidrigkeitenrecht vorgesehenen, unmittelbar gegen den Verband gerichteten Sanktionsmöglichkeiten behoben,[1415] deren Hauptproblem, wie bereits dargestellt, in der dortigen Verbindung zur Tat des einzelnen Verbandsmitglieds besteht. Hierdurch wird jedoch nicht nur eine weitere Ausdehnung des Individualstrafrechts begünstigt, hinzu kommt, dass auch diese, die an sie gestellten Präventionserwartungen gerade im Hinblick auf komplexe und besonders schwerwiegende Fälle nicht erfüllen können. Denn trotz der derzeit stattfindenden Expansion individualstrafrechtlicher Haftung bleibt eine Vielzahl von Situationen übrig, in denen einzelnen Verbandsmitgliedern keine Verwirklichung von Straftatbeständen nachgewiesen werden kann. Gründe hierfür können in den Organisationsstrukturen der Verbände selbst liegen („organisierte Unverantwortlichkeit") oder darin, dass sich die aus einem Verband austretenden Gefährdungen als systemisches und damit von vornherein nicht als individuell zurechenbares Versagen darstellen.[1416]

1411 *Busch*, Grundfragen, S. 99.
1412 NRW-VerbStrG-E, S. 25 (justiz.nrw.de).
1413 *Hetzer* in Kriminalistik 2008, 284, 290.
1414 Vgl. auch insofern bereits *Busch*, Grundfragen, S. 107 f.
1415 A. A. *Rogall* in GA 2015, 260, 263.
1416 NRW-VerbStrG-E, S. 24 m. w. N. (justiz.nrw.de).

Hierdurch zeigt sich, wie verhängnisvoll und untauglich die zur Zeit bestehende Abhängigkeit zwischen der individuellen Tat des Verbandsmitgliedes und der Verhängung einer Verbandsgeldbuße ist, denn letztlich wird nach der geltenden Rechtslage auf Kosten des *ultima ratio*-Grundsatzes des Individualstrafrechts am eigentlichen Problem vorbeisanktioniert.

II. Möglicher Lösungsansatz

Wenn das Ergebnis ist, dass die Einführung eines Verbandsstrafrechts an der fehlenden Schuldfähigkeit der Verbände scheitert und von der derzeitigen Ausgestaltung der ordnungswidrigkeitsrechtlichen Verbandssanktionen keine Eindämmung des Individualstrafrechts erwartet werden kann, sondern die Abhängigkeit von der Organschuld vielmehr dessen weitere Ausdehnung begünstigt, dann stellt sich die Frage, ob nicht noch ein anderer Weg eingeschlagen werden könnte.

Unter Berücksichtigung der Schwere der von Kollektiven ausgehenden Gefährdungen sowie des in der Gesellschaft stark ausgeprägten Bedürfnisses nach Verantwortungszuschreibung ließe sich das diese Arbeit bestimmende Ziel einer Eindämmung des Individualstrafrechts wohl nicht ohne Etablierung einer alternativen Sanktionsform realisieren. Eine bloße Rückführung des Individualstrafrechts auf einen liberalen Kernbereich, ohne zugleich Möglichkeiten zur Erfassung jener verbandsbezogenen Kriminalität zu bieten, würde ein Vakuum hinterlassen, das, realistisch gesehen, nicht von der Gesellschaft getragen werden würde.

Nach den in diesem Kapitel getroffenen Ergebnissen sehe ich diese Möglichkeit allein in einer Anpassung der geltenden ordnungswidrigkeitsrechtlichen Lösung auf Grundlage einer originären Verbandsverantwortlichkeit.

Im Folgenden möchte ich auf die Vorzüge einer hierauf aufbauenden Verbandssanktion hinweisen. Hierzu werde ich zunächst die Vorteile einer ordnungswidrigkeitsrechtlichen Lösung darstellen, um sodann auf die Gründe für die Beschränkung auf eine originäre Verbandsverantwortlichkeit einzugehen.

1. Verbandssanktion im Ordnungswidrigkeitenrecht

Von vielen Seiten in der Literatur wird ein Abstellen auf eine Verbandsgeldbuße als „Etikettenschwindel" bezeichnet.[1417] So wird etwa behauptet, dass sich über § 30 OWiG längst de facto ein Unternehmensstrafrecht *praeter legem* eingerichtet habe.[1418] Dadurch habe sich auch die Problematik der strafrechtlichen Schuldfähigkeit von Verbänden erübrigt: Da auch im Ordnungswidrigkeitenrecht das Schuldprinzip gelte, gebe es keinen Grund, die Strafbarkeit der juristischen Person nicht im Strafrecht, sondern im Ordnungswidrigkeitenrecht zu statuieren.[1419]

Dieser Auffassung ist insofern zuzustimmen, als der lange Zeit geltende Satz *societas non delinquere potest* durch Einführung der Verbandsgeldbuße tatsächlich keine absolute Geltung mehr beanspruchen kann.[1420] Zudem bedarf es auch bei einer ordnungswidrigkeitsrechtlichen Sanktionierung zweifellos eines wie auch immer ausgestalteten Vorwurfs gegenüber dem zu bebußenden Subjekt. Es wäre aber falsch, hieraus zugleich den Schluss zu ziehen, dass dann auch eine strafrechtliche Sanktionierung von Verbänden möglich sein muss. Dies leugnet die Sonderrolle des Strafrechts:

Dass ich in meiner obigen Stellungnahme zu den Modellen einer originären Strafschuld von Verbänden eine solche abgelehnt habe, lag nicht daran, dass ich Verbänden generell die Fähigkeit abspreche, Empfänger eines sanktionsbegründenden Vorwurfs zu sein, sondern daran, dass der besondere Schuldvorwurf des Strafrechts mit seiner untrennbaren Verbindung zur Menschenwürde aus Art. 1 Abs. 1 GG unmöglich auf Verbände zu übertragen ist. Da es die Menschenwürde ist, die aus dem Strafrecht jenes unverwechselbare, absolute Ausnahmerecht des Staates macht, kann es ein Verbandsstrafrecht, das diesen Namen verdient, niemals geben.[1421] Dies bedeutet jedoch nicht, dass dadurch auch jede außerstrafrechtliche Sanktionierung von Verbänden ausscheiden muss.

1417 Vgl. hierzu: *Rogall* in: KK-OWiG, § 30 Rn. 13 m. w. N.; *ders.* in GA 2015, 260, 264 (Fn. 49).

1418 *Leitner* in StraFo 2010, 323, 328.

1419 *Lütolf*, Strafbarkeit, S. 383; so bereits *Münn*, Diskussionsbeitrag in: Verhandlungen des 40. Deutschen Juristentages (Band 2), S. E71 f.

1420 *Rogall* in: KK-OWiG, § 30 Rn. 8.

1421 Vgl. oben S. 325 ff.

Aus dem Rechtsstaatsprinzip folgt, dass es Grundlage jeder (und damit nicht nur der strafrechtlichen) staatlichen Sanktionierung ist, dass dem zu sanktionierenden Subjekt der sanktionsauslösende Sachverhalt überhaupt vorgeworfen werden kann.[1422] Der Grundsatz, *nulla poena sine culpa*, reicht demnach über das Strafrecht hinaus, nur bemisst sich das, was „Schuld" beinhalten soll, in jedem Sanktionsrecht anders. Dem steht auch die Aussage des BVerfG, dass § 30 OWiG weder einen Schuldvorwurf noch eine ethische Missbilligung enthalte, nicht entgegen, da mit „Schuld" in diesem Zusammenhang nur die (individual-)strafrechtliche gemeint sein kann. Ein paar Zeilen darüber heißt es nämlich, dass auch juristische Personen im Hinblick auf Straftaten oder Ordnungswidrigkeiten einer wenn auch nur eingeschränkten Verantwortlichkeit unterlägen.[1423]

Die Schaffung eines ordnungswidrigkeitsrechtlichen Verbandsverantwortlichkeitsbegriffs bei gleichzeitiger Ablehnung einer strafrechtlichen Verbandsstrafschuld ist damit nicht widersprüchlich und schon gar keine „Nomenklatur-Akrobatik",[1424] sondern schlicht Ergebnis der Bewertung zweier voneinander zu trennender Rechtsgebiete. Um es noch einmal zu wiederholen: Strafrecht, als *ultima ratio*, ist kein beliebig austauschbares Sanktionsinstrument. Definiert über die Intensität seiner Eingriffswerkzeuge, bei deren Einsatz stets die Gefahr einer Verletzung menschlicher Würde und damit des höchsten, das Zentrum unseres Rechtsstaats ausfüllenden Gutes droht, darf seine Anwendung dem Staat nur in Ausnahmefällen zustehen. Trotz seines repressiven Charakters kann und muss bloßes Ordnungswidrigkeitenrecht, das lediglich auf die Ahndung mit einer Geldbuße beschränkt ist (vgl. § 1 Abs. 1 OWiG), hiervon unterschieden werden.[1425] Weder droht es mit langjährigen Haftstrafen noch mit einem öffentlichen Strafausspruch und der damit verbundenen Beschädigung des sozialen Ansehens des Verurteilten.

Dadurch, dass das Ordnungswidrigkeitenrecht schlicht nicht dazu in der Lage ist, den Kernbereich der bürgerlichen Existenz zu verletzen und damit nicht mit dem Strafrecht als *ultima ratio* gleichgesetzt werden kann, wird deutlich, dass hier die Frage nach der Sanktionierungsfähigkeit von Verbänden auch anders beantwortet werden muss:

1422 Vgl. hierzu grundlegend BVerfGE 20, 323, 331 ff. m. w. N.
1423 BVerfGE 95, 220, 242.
1424 So aber *Schünemann* in: Madrid-Symposium (1994), S. 280.
1425 *Roxin*, Strafrecht AT I, S. 3.

Verbände haben keine bürgerliche Existenz, die durch den Grundsatz einer zurückhaltenden Anwendung von Maßnahmen, die diesen Bereich verletzen könnten, zu schützen wäre. Das Strafrecht müsste gegenüber Verbänden keine *ultima ratio* mehr sein. Losgelöst von Fragen der Menschenwürde, wäre ein solches Verbands-„Strafrecht" in seinen Zurechnungsstrukturen flexibler und effektiver. Dadurch, dass es sich allein am Rechtsstaatsprinzip und am Verhältnismäßigkeitsgrundsatz zu orientieren hätte, würden sich unter der Bezeichnung „Strafrecht" Spielräume eröffnen, die klassischen engen Zurechnungsstrukturen komplett entgegenlaufen würden. Zwar mögen Namen nur Schall und Rauch sein, doch sehe ich, wie oben ausgeführt, in der Schaffung eines Verbands-„Strafrechts" die erhebliche Gefahr von unausweichlichen Wechselwirkungen auf das Individualstrafrecht und damit eine Bedrohung für dessen traditionelle Ausnahmestellung.

Nur durch eine eindeutige dogmatische, aber auch semantische Trennung vom Strafrecht kann dessen selbst begrenzende Sonderrolle erhalten bleiben und das Risiko der Schaffung eines speziell am Wesen des Verbandes und nicht am Individuum ausgerichteten Sanktionsinstruments eingegangen werden.

2. Notwendigkeit der Schaffung einer originären Verbandsverantwortlichkeit

Dem vom Gesetzgeber bislang eingeschlagenen Weg, die Verbandssanktion im Ordnungswidrigkeitenrecht zu verorten, ist daher grundsätzlich zuzustimmen. Abzulehnen ist hingegen ihre Ausgestaltung, konkret die Abhängigkeit der Verbandverantwortlichkeit von der Begehung einer Bezugstat durch einen Verbandsrepräsentanten.

Nach der derzeitigen Fassung von § 30 OWiG müssen die Bezugstaten (also alle geltenden Straf- und Ordnungswidrigkeitstatbestände) durch Leitungspersonen des Verbandes volldeliktisch, rechtswidrig und schuldhaft begangen worden sein.[1426] Wie oben erläutert,[1427] sehe ich hierin ein Modell einer schlichten Zurechnung der Bezugstat und damit der dort zutage getretenen Schuld bzw. Vorwerfbarkeit der Leitungsperson an den

---

[1426] *Meyberg* in: BeckOK-OWiG, § 30 OWiG Rn. 59 ff.; *Rogall* in: KK-OWiG, § 30 Rn. 88.

[1427] Vgl. oben S. 295 ff.

Verband. Wenn die objektiven Bedingungen hierzu vorliegen, also eine betriebsbezogene, vollumfänglich realisierte Bezugstat durch eine Leitungsperson, dann soll diese Zurechnung erfolgen, ohne dass dem Verband die Möglichkeit gewährt wird, Gründe anzuführen, die eine derartige Zurechnung unterbinden könnten, wie etwa den Einwand der Unvermeidbarkeit. Da eine solche Ausgestaltung von § 30 OWiG aber unzulässig wäre, verbietet sich, nach Auffassung von *Rogall,* eine Interpretation von § 30 OWiG als Zurechnungsmodell.[1428] Stattdessen sei die Delinquenz der berufenen Vertreter in vollem Umfang als Eigendelinquenz des Verbandes zu werten. Die Verbandsgeldbuße werde so nicht durch Zurechnung fremden Unrechts und fremder Schuld begründet, sondern sie werde wegen der Bezugstat selbst festgesetzt, soweit diese eine fehlerhafte kollektive Sinnsetzung verlautbare, was durch die in § 30 OWiG enthaltenen Regulatorien gesichert erscheine. Hierin erkennt *Rogall* auch keine Verletzung des Schuldprinzips, da keine Trennung zwischen dem Verband und seinen berufenen Vertretern bestehe. Für den Verband sei die Bezugstat stets dann vermeidbar, wenn sie für das Organ oder den Vertreter vermeidbar gewesen wäre.[1429]

Ich halte diese Argumentation von *Rogall* für widersprüchlich und den Versuch, § 30 OWiG auf diese Weise auf ein vermeintlich legitimes Fundament zu stellen, für einen rechtsstaatlich bedenklichen und kriminalpolitisch verfehlten Ansatz:

Denn wenn eine auf Schuldzurechnung basierende Verbandssanktionierung wegen der fehlenden Möglichkeit des Verbandes, den Zurechnungsakt durch den Vortrag fehlender Verantwortlichkeit für die Bezugstat verhindern zu können, zutreffend als unzulässig zu bewerten ist, dann ändert sich hieran nichts, wenn auf die Berücksichtigung der Vermeidbarkeit für den Verband gänzlich verzichtet wird. Es würde so zwar nicht die Schuld des einen Subjekts einem anderen in sanktionsbegründender Weise zugerechnet werden, sondern die individuelle Einzeltatschuld des Vertreters zur Sanktionierung beider herangezogen. Dies hätte aber eine zweifache Bestrafung für eine einfache Schuld zur Folge und stünde somit im Widerspruch zu dem allgemeinen verfassungsrechtlichen Grundsatz, nach dem es keine staatliche Sanktionierung ohne Schuld- bzw. Verantwortlichkeits-

---

1428 *Rogall* in GA 2015, 260, 264.
1429 *Rogall* in: KK-OWiG, § 30 Rn. 13.

vorwurf geben darf.[1430] Wenn *Rogall* versucht, diesem Einwand mit der Behauptung entgegenzutreten, es gebe gar keine Trennung zwischen dem Verband und seinen berufenen Vertretern,[1431] fragt sich, wieso dann überhaupt neben die Bestrafung des Vertreters noch eine des Verbandes treten soll.

Ob man § 30 OWiG nun als schlichtes Zurechnungsmodell interpretiert oder der Ansicht *Rogalls* folgt, ändert am vorliegend relevanten Ergebnis nichts: Der Gesetzgeber hat es in der Ausgestaltung von § 30 OWiG versäumt, die Sanktionsbegründung von der Beantwortung der Frage der Vermeidbarkeit für den Verband selbst abhängig zu machen.

Dem Grunde nach teilt auch *Hirsch* diese kritische Sicht: Indem § 30 OWiG lediglich an die rechtswidrige und schuldhafte Handlung anknüpfe, könne noch nicht von einer wirklichen eigenen Schuld der Korporation die Rede sein.[1432] Es sei möglich, dass ein Repräsentant eine Straftat begehe, die für sie völlig überraschend und unvermeidbar sei. Obwohl *Hirsch* dabei zum Ergebnis kommt, dass die Schuld des Täters der Anknüpfungstat zur Begründung der Sanktionierung des Verbandes nicht ausreicht, sondern darüber hinaus auf deren Vermeidbarkeit für den Verband einzugehen ist, möchte er nicht allein auf diese abstellen. Seiner Ansicht nach erfordert Schuld immer einen konkreten psychischen Bezug zur Tat, sodass die Schuld der Korporation stets abhängig ist von dem Vorliegen einer schuldhaften oder fahrlässigen Anknüpfungstat.[1433]

In dieser Auffassung *Hirschs* tritt das ganze Dilemma der Diskussion um die Verbandsschuld zu Tage: Sie ist geprägt von dem vergeblichen Versuch, aus der bislang entwickelten Dogmatik, welche den Sanktionsordnungen entsprechend nur auf natürliche Personen ausgerichtet sein konnte, Rückschlüsse auf Art und Inhalt eines verbandsbezogenen Verantwortlichkeitsbegriffs zu ziehen. Die Schuld bzw. Verantwortlichkeit von überindividuellen Einheiten kann sich jedoch nicht an Kategorien orientieren, die ausschließlich auf Individuen zugeschnitten sind. Selbstverständlich ist es einem Verband unmöglich, eine mit natürlichen Personen vergleichbare, psychische Verbindung zu einer aus ihr heraus begangenen Tat

---

1430 Vgl. zum Schuldbegriff oben S. 88; siehe hierzu auch den grds. zutreffenden, wenn auch im Ergebnis verfehlten, Ansatz von *Hirsch* in ZStW 107 (1995), 285, 313 ff.

1431 *Rogall* in: KK-OWiG, § 30 Rn. 13.

1432 *Hirsch* in ZStW 107 (1995), 285, 315.

1433 *Hirsch* in ZStW 107 (1995), 285, 313 f.

zu entwickeln. Dies mag ein Anhaltspunkt dafür sein, wie ein verbandsbezogener Verantwortlichkeitsbegriff jedenfalls nicht ausgestaltet sein kann, ein Argument, deswegen zwingend eine Verbindung der Verbandsverantwortlichkeit mit der Schuld des Täters der Anknüpfungstat herstellen zu müssen, ist es nicht.

Sowohl um den Ausdehnungstendenzen des modernen Individualstrafrechts entgegenzutreten, als auch um die mit der Sanktionierung des Verbandes erhoffte Präventionswirkung erreichen zu können, erscheint es mir zwingend erforderlich, sich von der in der Anknüpfungstat zutage getretenen Schuld des einzelnen Verbandsangehörigen zu lösen und Kriterien zur Bestimmung einer originären Verbandsverantwortlichkeit als zentraler Voraussetzung für deren Sanktionierung zu finden. Dadurch, dass es durch ein Abstellen auf eine eigenständige Verantwortlichkeit des Verbandes nicht mehr auf eine Zurechnung der Organschuld ankäme, könnte bzw. müsste auf eine weitere Expansion der individualstrafrechtlichen Haftung verzichtet und müssten bereits erfolgte Ausdehnungen zurückgenommen werden, ohne hierdurch zugleich zu große Verantwortungslücken zu erzeugen.

Bei einer Abkehr vom geltenden akzessorischen Modell wäre der Gesetzgeber endlich dazu gezwungen, genau festzulegen, worin der Unterschied zwischen individuellem und kollektivem Unrecht besteht. Hierdurch würde zum einen der Reichweite des Individualstrafrechts auch von außen eine klare Grenze gesetzt werden und so eine unzulässige Ausdehnung des individualstrafrechtlichen Haftungsbereichs in jene für ihn fremde Sphäre schnell sichtbar werden. Zum anderen könnte durch eine genaue Bestimmung dessen, was kollektives Unrecht im Unterschied zu individuellem ausmacht, auch Inhalt und Umfang der sanktionsbegründenden Verbandsverantwortlichkeit genau festgelegt werden. Erst wenn diese konkret bestimmt ist, kann überprüft werden, wann eine Sanktionierung des Verbandes angezeigt ist und ob das mit ihr verfolgte Präventionsziel zu erreichen ist. Mit anderen Worten: Ohne eine genaue Festlegung des Bereichs, über den sich die originäre Verantwortlichkeit einer überindividuellen Einheit erstreckt, droht stets die Gefahr einer willkürlichen Sanktionierung, bei der nicht feststeht, ob sie dazu geeignet ist sicherzustellen, dass von dem sanktionierten Verband in Zukunft keine vergleichbaren Rechtsgutsbeeinträchtigungen ausgehen werden, weil bereits unklar ist, ob die sanktionierten Rechtsgutsbeeinträchtigungen für ihn überhaupt vermeidbar waren und damit in seinen Verantwortlichkeitsbereich fielen.

Die Schaffung einer originären Verbandsverantwortlichkeit und die hierzu zwingend vorgelagerte Klärung, was überhaupt unter kollektivem Unrecht zu verstehen ist, setzen daher eine langwierige, grundlegende Debatte über Sinn und Zweck, Legitimation und Reichweite staatlicher Sanktionierung voraus. Bislang, so scheint es, steht bei der Frage der Sanktionierung von Verbänden nur fest, *wer* sanktioniert werden soll. Vollkommen unklar dagegen ist, *was* eigentlich zu sanktionieren ist.

In Anbetracht der aktuellen kriminalpolitischen Grundstimmung wird eine solche Debatte wohl nur sehr schwer zu führen sein. Hält man sich jedoch die Konsequenzen der derzeitigen Ausuferungstendenzen vor Augen, insbesondere die immer großzügigere Verteilung von Verantwortlichkeiten, so scheint genau diese grundlegende Debatte umso notwendiger zu führen zu sein. In all seiner Ausdehnung droht der Verantwortlichkeitsbegriff sonst seinen ausschließenden Charakter immer weiter einzubüßen, bis sich unter seinem Deckmantel das Prinzip der reinen Erfolgshaftung vollends durchgesetzt hat.

Literaturverzeichnis

A. Aufsätze, Monographien, Lehr- und Praxishandbücher

Achenbach, Hans, Historische und dogmatische Grundlagen der strafrechtssystematischen Schuldlehre, Berlin 1974 (Zitiert: Schuldlehre).

ders., „Das Terrorismusgesetz 1986", Kriminalistik 1987, S. 296–299.

ders., „Gedanken zur strafrechtlichen Verantwortlichkeit des Unternehmens" in: von Kempf, Eberhard/Lüderssen, Klaus/Volk, Klaus (Hrsg.), Unternehmensstrafrecht, Berlin-Boston 2012, S. 271–276 (Zitiert: Unternehmensstrafrecht).

Ackermann, Bruni, Die Strafbarkeit juristischer Personen im deutschen Recht und in ausländischen Rechtsordnungen, Frankfurt am Main 1984 (Zitiert: Strafbarkeit).

Albrecht, Peter-Alexis, „Das Strafrecht auf dem Weg vom liberalen Rechtsstaat zum sozialen Interventionsstaat. Entwicklungstendenzen des materiellen Strafrechts.", KritV 1988, S. 182–209.

ders., „Erosionen des rechtsstaatlichen Strafrechts", KritV 1993, S. 163–182.

Amelung, Knut, Rechtsgüterschutz und Schutz der Gesellschaft: Untersuchungen zum Inhalt und zum Anwendungsbereich eines Strafrechtsprinzips auf dogmengeschichtlicher Grundlage. Zugleich ein Beitrag zur Lehre von der Sozialschädlichkeit des Verbrechens, Frankfurt am Main 1972 (Zitiert: Rechtsgüterschutz).

ders., „Der Begriff des Rechtsguts in der Lehre vom strafrechtlichen Rechtsgüterschutz" in: Hefendehl, Roland/von Hirsch, Andrew/Wohlers, Wolfgang (Hrsg.), Die Rechtsgutstheorie: Legitimationsbasis des Strafrechts oder dogmatisches Glasperlenspiel?, Baden-Baden 2003, S. 155–182 (Zitiert: Die Rechtsgutstheorie).

Anastasopoulou, Ioanna, Delikstypen zum Schutz kollektiver Rechtsgüter, München 2005 (Zitiert: Schutz kollektiver Rechtsgüter).

Aponte, Alejandro, „Krieg und Politik – Das politische Feindstrafrecht im Alltag", HRRS 2006, S. 297–303.

Appel, Ivo, Verfassung und Strafe: Zu den verfassungsrechtlichen Grenzen staatlichen Strafens, Berlin 1998 (Zitiert: Verfassung und Strafe).

ders., „Rechtsgüterschutz durch Strafrecht?", KritV 1999, S. 278–311.

Arnold, Jörg, „Entwicklungslinien des Feindstrafrechts in 5 Thesen", HRRS 2006, S. 304–315.

Arzt, Gunther/Weber, Ulrich, Strafrecht Besonderer Teil – LH2 : Delikte gegen die Person (Randbereich), Schwerpunkt: Gefährdungsdelikte, Bielefeld 1983 (Zitiert: Strafrecht BT LH 2 (1983)).

dies., Strafrecht Besonderer Teil – Ein Lehrbuch, Bielefeld 2000 (Zitiert: Strafrecht BT).

Asholt, Martin, „Die Debatte über das „Feindstrafrecht" in Deutschland", ZIS 2011, S. 180–192.

Backes, Otto, „Umweltstrafrecht", JZ 1973, S. 337–342.

ders., „Der Kampf des Strafrechts gegen nicht-organisierte Terroristen", StV 2008, S. 654–660.

Bader, Markus, „Das Gesetz zur Verfolgung der Vorbereitung von schweren staatsgefährdenden Gewalttaten", NJW 2009, S. 2853–2856.

von Bar, Carl Ludwig, Gesetz und Schuld im Strafrecht Band 2 – Die Schuld nach dem Strafgesetze, Berlin 1907 (Zitiert: Gesetz und Schuld II).

Baumann, Jürgen, Grundbegriffe und System des Strafrechts – Eine Einführung in die Systematik an Hand von Fällen, 3. Auflage, Stuttgart-Berlin-Köln-Mainz 1969 (Zitiert: Grundbegriffe).

ders., „Der strafrechtliche Schutz der menschlichen Lebensgrundlagen – Ein Beitrag zum Thema Umweltschutz", ZfW 1973, S. 63–77.

ders., „Einige Gedanken zu § 163d StPO und seinem Umfeld", StV 1986, S. 494–499.

Baumann, Jürgen/Weber, Ulrich/Mitsch, Wolfgang, Strafrecht: Allgemeiner Teil: Lehrbuch, 11. Auflage, Bielefeld 2003 (Zitiert: Strafrecht AT).

Beale, Sara Sun, „Die Entwicklung des US-amerikanischen Rechts der strafrechtlichen Verantwortlichkeit von Unternehmen", ZStW 126 (2014), S. 27–54.

Becker, Jörg-Peter, „Die Grenzen des Strafrechts bei der Terrorismusbekämpfung", Kriminalistik 2010, S. 568–569.

Beck, Susanne, „Rechtsstaatlichkeit – Bauernopfer im Krieg gegen den Terror?" in: Laubenthal, Klaus (Hrsg.), Festgabe des Instituts für Strafrecht und Kriminologie der Juristischen Fakultät der Julius-Maximilians-Universität Würzburg für Rainer Paulus zum 70. Geburtstag am 20. Januar 2009, Würzburg 2009, S. 15–34 (Zitiert: FG-Paulus (2009)).

Beck, Ulrich, Risikogesellschaft: Auf dem Weg in eine andere Moderne, Frankfurt am Main 1986 (Zitiert: Risikogesellschaft).

ders., Gegengifte: Die organisierte Unverantwortlichkeit, Frankfurt am Main 1988 (Zitiert: Gegengifte).

ders., „Der Konflikt der zwei Modernen" in: Zapf, Wolfgang (Hrsg.), Die Modernisierung moderner Gesellschaften: Verhandlungen des 25. Deutschen Soziologentages in Frankfurt am Main 1990, Frankfurt am Main-New York 1991, S. 40–53 (Zitiert: Modernisierung).

ders., Politik in der Risikogesellschaft: Essays und Analysen, Frankfurt am Main 1991 (Zitiert: Politik in der Risikogesellschaft).

ders., Weltrisikogesellschaft: Auf der Suche nach der verlorenen Sicherheit, Frankfurt am Main 2007 (Zitiert: Weltrisikogesellschaft).

Benthin, Sabine, „Subventionspolitik und Subventionskriminalität – Zur Legitimität und Rationalität des Subventionsbetruges (§ 264 StGB)", KritV 2010, S. 288–303.

Beulke, Werner/Schröder, S., „Anmerkung zu BGH Beschl. v. 25.9.1990 – 4 StR 359/90 (LG Saarbrücken)", NStZ 1991, S. 393–395.

Binding, Karl, Lehrbuch des Gemeinen Deutschen Strafrechts: Besonderer Teil, Band 1, 2. Auflage, Leipzig 1902 (Zitiert: Lehrbuch BT (1902)).

ders., Die Normen und ihre Übertretung: Eine Untersuchung über die rechtmäßige Handlung und die Arten des Delikts, Band 1, 3. Auflage, Leipzig 1916 (Zitiert: Normen I).

Birkenmaier, Werner, „Mit den falschen Mitteln gegen den Terror", DRiZ 1987, S. 68.

Birnbaum, Johann Michael Franz, „Über das Erforderniß einer Rechtsgutsverletzung zum Begriff des Verbrechens, mit besonderer Rücksicht auf den Begriff der Ehrenkränkung", Archiv des Criminalrechts, Neue Folge 1834, S. 149–194.

Bockelmann, Paul, Studien zum Täterstrafrecht – 2. Teil, Berlin 1940 (Zitiert: Täterstrafrecht II).

ders., „Behandlung der juristischen Person" in: Niederschriften über die Sitzungen der Großen Strafrechtskommission (4. Band – Allgemeiner Teil: 38. bis 52. Sitzung), Bonn 1958, S. 329–330 (Zitiert: Sitzungen der Großen Strafrechtskommission (4. Band)).

Bohnert, Joachim, „Die Abstraktheit der abstrakten Gefährdungsdelikte – BGH NJW 1982, 2329", JuS 1984, S. 182–187.

Böse, Martin, „Die Strafbarkeit von Verbänden und das Schuldprinzip" in: Pawlik, Michael/Zaczyk, Rainer (Hrsg.), Festschrift für Günther Jakobs: Zum 70. Geburtstag am 26. Juli 2007, Köln-München (u.a.) 2007, S. 15–26 (Zitiert: FS-Jakobs (2007)).

ders., „Die Entscheidung des Bundesverfassungsgerichts zum Vertrag von Lissabon und ihre Bedeutung für die Europäisierung des Strafrechts", ZIS 2010, S. 76–91.

ders., „Strafbarkeit juristischer Personen – Selbstverständlichkeit oder Paradigmenwechsel im Strafrecht", ZStW 126 (2014), S. 132–165.

Brehm, Wolfgang, Zur Dogmatik des abstrakten Gefährdungsdelikts, Tübingen 1973 (Zitiert: Dogmatik).

Breidenbach, Moritz/Wilhelm August, Commentar über das Grossherzöglich Hessische Strafgesetzbuch, Darmstadt 1842.

Breuer, Rüdiger, „Empfehlen sich Änderungen des strafrechtlichen Umweltschutzes insbesondere in Verbindung mit dem Verwaltungsrecht?", NJW 1988, S. 2072–2085.

Brunhöber, Beatrice, „Ohne Sicherheit keine Freiheit" oder „Umbau des Rechtsstaats zum Präventionsstaat" in: Brunhöber, Beatrice (Hrsg.), Strafrecht im Präventionsstaat, Stuttgart 2014, S. 9–15 (Zitiert: Präventionsstaat).

Brunner, Heinrich, Deutsche Rechtsgeschichte, Leipzig 1906 (Zitiert: Rechtsgeschichte).

Bude, Heinz, Gesellschaft der Angst, Hamburg 2014.

Bung, Jochen, „Feindstrafrecht als Theorie der Normgeltung und der Person", HRRS 2006, S. 63–71.

ders., „Terror als Gegenstand einer Phänomenologie der Angst", WestEnd: Neue Zeitschrift für Sozialforschung 2006, S. 64–74.

ders., „Nietzsche über Strafe", ZStW 119 (2007), S. 120–136.

von Buri, Maximilian, Ueber Causalität und deren Verantwortung, Leipzig 1873.

Busch, Richard, Grundfragen der strafrechtlichen Verantwortlichkeit der Verbände, Leipzig 1933 (Zitiert: Grundfragen).

Cancio Meliá, Manuel, „Feindstrafrecht?", ZStW 117 (2005), S. 267–289.

ders., „Zum Unrecht der kriminellen Vereinigung: Gefahr und Bedeutung" in: Pawlik, Michael/Zaczyk, Rainer (Hrsg.), Festschrift für Günther Jakobs: Zum 70. Geburtstag am 26. Juli 2007, Köln-München (u.a.) 2007, S. 27–52 (Zitiert: FS-Jakobs (2007)).

ders., „Zum strafrechtlichen Begriff des Terrorismus", GA 2012, S. 1–13.

Cobler, Sebastian, „Plädoyer für die Streichung der §§ 129, 129a StGB – Zur Revision der ‚Anti-Terrorismus-Gesetze'", KJ 1984, S. 407–417.

Cryer, Robert/Friman, Håkan/Robinson, Darryl/Wilmshurst, Elizabeth, An Introduction to International Criminal Law and Procedure, 3. Auflage, 2014 (Zitiert: International Criminal Law).

Dahm, Georg, Das Strafrecht Italiens im ausgehenden Mittelalter, Berlin 1931 (Zitiert: Das Strafrecht Italiens).

ders., Nationalsozialistisches und faschistisches Strafrecht, Berlin 1935 (Zitiert: Nationalsozialistisches und faschistisches Strafrecht).

Dannecker, Gerhard, „Zur Notwendigkeit der Einführung kriminalrechtlicher Sanktionen gegen Verbände – Überlegungen zu den Anforderungen und zur Ausgestaltung eines Verbandsstrafrechts", GA 2001, S. 101–130.

Daxenberger, Matthias, Kumulationseffekte-Grenzen der Erfolgszurechnung im Umweltstrafrecht, Baden-Baden 1997 (Zitiert: Kumulationseffekte).

*Deckers, Rüdiger/Heusel, Jo*hanna, „Strafbarkeit terroristischer Vorbereitungshandlungen – rechtsstaatlich nicht tragbar", ZRP 2008, S. 169–173.

Dencker, Friedrich, „Das Gesetz zur Bekämpfung des Terrorismus", StV 1987, S. 117–122.

ders., „Kronzeuge, terroristische Vereinigung und rechtsstaatliche Strafgesetzgebung", KJ 1987, S. 36–53.

ders., „Gefährlichkeitsvermutung statt Tatschuld? – Tendenzen der neueren Strafrechtsentwicklung", StV 1988, S. 262–266.

Denninger, Erhard, „Freiheit durch Sicherheit? Anmerkungen zum Terrorismusbekämpfungsgesetz", StV 2002, S. 96–102.

Depenheuer, Otto, „Bürgerverantwortung im demokratischen Verfassungsstaat", VVDStRL 55 (1996), S. 90–123.

Dreier, Horst, „Verantwortung im demokratischen Verfassungsstaat" in: Neumann, Ulfrid/Schulz, Lorenz (Hrsg.), Verantwortung in Recht und Moral: Referate der Tagung der Deutschen Sektion der Internationalen Vereinigung für Rechts- und Sozialphilosophie vom 2. bis zum 3 Oktober 1998 in Frankfurt am Main, Stuttgart 2000, S. 9–38 (Zitiert: Verantwortung in Recht und Moral).

Ebel, Friedrich/Thielmann, Georg, Rechtsgeschichte: Von der römischen Antike bis zur Neuzeit, 3. Auflage, Heidelberg 2003 (Zitiert: Rechtsgeschichte).

Eberle, Lutz, Der Subventionsbetrug nach § 264 – Ausgewählte Probleme einer verfehlten Reform, Göttingen 1983 (Zitiert: Subventionsbetrug).

Ehrhardt, Anne, Unternehmensdelinquenz und Unternehmensstrafe: Sanktionen gegen juristische Personen nach deutschem und US-amerikanischem Recht, Berlin 1994 (Zitiert: Unternehmensdelinquenz).

Eidam, Gerd, Straftäter Unternehmen, München 1997 (Zitiert: Straftäter Unternehmen).

Eisele, Jörg, „Freiverantwortliches Opferverhalten und Selbstgefährdung", JuS 2012, S. 577–584.

Engisch, Karl, „Zur Idee der Täterschuld", ZStW 61 (1942), S. 166–177.

ders., „Empfiehlt es sich, die Strafbarkeit der juristischen Person gesetzlich vorzusehen?" in: Ständige Deputation des Deutschen Juristentages (Hrsg.), Verhandlungen des 40. Deutschen Juristentages in Hamburg 1953 – Band 2 (Sitzungsberichte), Tübingen 1954, S. E 7–E 40 (Zitiert: Verhandlungen des 40. Deutschen Juristentages (Band 2)).

Engländer, Armin, „Revitalisierung der materiellen Rechtsgutslehre durch das Verfassungsrecht?", ZStW 127 (2015), S. 616–634.

Eser, Albin, „Schlußbetrachtungen" in: Eser, Albin/Hassemer, Winfried/Burkhardt, Björn (Hrsg.), Die Deutsche Strafrechtswissenschaft vor der Jahrtausendwende, München 2000, S. 437–448 (Zitiert: Deutsche Strafrechtswissenschaft).

Evers, Adalbert/Nowotny, Helga, Über den Umgang mit Unsicherheit: Die Entdeckung der Gestaltbarkeit von Gesellschaft, Frankfurt am Main 1987 (Zitiert: Unsicherheit).

Feuerbach, Paul Johann Anselm, Lehrbuch des gemeinen in Deutschland geltenden peinlichen Rechts, Gießen 1801 (Zitiert: Lehrbuch (1801)).

ders., Lehrbuch des gemeinen in Deutschland gültigen peinlichen Rechts, 14. Auflage, Gießen 1847 (Zitiert: Lehrbuch (1847)).

Fischer, Thomas, „Die Eignung, den öffentlichen Frieden zu stören – Zur Beseitigung eines "restriktiven" Phantoms", NStZ 1988, S. 159–165.

ders., „Bitte entschuldigen Sie, Herr Edathy", Die Zeit 10/2014, S. 4.

Flume, Werner, „Savigny und die Lehre von der juristischen Person" in: Behrends, Okko/Dießelhorst, Malte/Lange, Hermann/Liebs, Detlef/Wolf, Joseph Georg/Wollschläger, Christian (Hrsg.), Festschrift für Franz Wieacker zum 70. Geburtstag, Göttingen 1978, S. 340–360 (Zitiert: FS-Wieacker(1978)).

Frankenberg, Günther, „Angst im Rechtsstaat", KJ 1977, S. 353–374.

ders., „Kritik des Bekämpfungsrechts", KJ 2005, S. 370–386.

von Frank, Reinhard, Über den Aufbau des Schuldbegriffs (1907), Berlin 2009 (Zitiert: Schuldbegriff).

Frehsee, Detlev, „Die Strafe auf dem Prüfstand – Verunsicherungen des Strafrechts angesichts gesellschaftlicher Modernisierungsprozesse", StV 1996, S. 222–230.

von Freier, Friedrich, Kritik der Verbandsstrafe, Berlin 1998 (Zitiert: Kritik).

ders., „Zurück hinter die Aufklärung – Zur Wiedereinführung von Verbandsstrafen", GA 2009, S. 98–116.

Freud, Sigmund, Vorlesungen zur Einführung in die Psychoanalyse, 10. Auflage, Frankfurt am Main 2000 (Zitiert: Vorlesungen).

ders., Hemmung, Symptom und Angst, 7. Auflage, Frankfurt am Main 2014 (Zitiert: Hemmung).

Frisch, Wolfgang, Verwaltungsakzessorietät und Tatbestandsverständnis im Umweltstrafrecht – Zum Verhältnis von Umweltverwaltungsrecht und Strafrecht und zur strafrechtlichen Relevanz behördlicher Genehmigungen, Heidelberg 1993 (Zitiert: Verwaltungsakzessorietät).

ders., „Rechtsgut, Recht, Deliktsstruktur und Zurechnung im Rahmen der Legitimation staatlichen Strafens" in: Hefendehl, Roland/Hirsch, Andrew von/Wohlers, Wolfgang (Hrsg.), Die Rechtsgutstheorie: Legitimationsbasis des Strafrechts oder dogmatisches Glasperlenspiel?, Baden-Baden 2003, S. 215–238 (Zitiert: Die Rechtsgutstheorie).

Frommel, Monika, Präventionsmodelle in der deutschen Strafzweck-Diskussion: Beziehungen zwischen Rechtsphilosophie, Dogmatik, Rechtspolitik und Erfahrungswissenschaften, Berlin 1987 (Zitiert: Präventionsmodelle in der deutschen Strafzweck-Diskussion).

Gallas, Wilhelm, „Zum gegenwärtigen Stand der Lehre vom Verbrechen", ZStW 67 (1955), S. 1–47.

ders., „Zur Struktur des strafrechtlichen Unrechtsbegriffs" in: Kaufmann, Arthur (Hrsg.), Festschrift für Bockelmann zum 70. Geburtstag, München 1979, S. 155–180 (Zitiert: FS-Bockelmann (1979)).

Gazeas, Nikolaos/Grosse-Wilde, Thomas/Kießling, Alexandra, „Die neuen Tatbestände im Staatsschutzstrafrecht – Versuch einer ersten Auslegung der §§ 89a, 89b und 91 StGB", NStZ 2009, S. 593–604.

Gentz, Manfred, „Zur Verhältnismäßigkeit von Grundrechtseingriffen", NJW 1968, S. 1600–1607.

Gerland, Heinrich Balthasar, Deutsches Reichsstrafrecht, Berlin 1922 (Zitiert: Reichsstrafrecht).

Gierhake, Katrin, „Zur geplanten Einführung neuer Straftatbestände wegen der Vorbereitung terroristischer Straftaten", ZIS 2008, S. 397–405.

von Gierke, Otto, Das deutsche Genossenschaftsrecht: Rechtsgeschichte der deutschen Genossenschaft – Band 3: Die Staats- und Korporationslehre des Alterthums und des Mittelalters und ihre Aufnahme in Deutschland, Berlin 1881 (Zitiert: Genossenschaftsrecht III).

ders., Die Genossenschaftstheorie und die deutsche Rechtsprechung, Berlin 1887 (Zitiert: Genossenschaftstheorie).

Goltdammer, Hermann Theodor, Die Materialien zum Straf-Gesetzbuche für die Preußischen Staaten: Aus den amtlichen Quellen nach den Paragraphen des Gesetzbuches zusammengestellt und in einem Kommentar erläutert. 1. Das Einführungsgesetz und den allgemeinen Theil enthaltend, Berlin 1851 (Zitiert: Die Materialien I).

Gössel, Karl-Heinz, „Widerrede zum Feindstrafrecht – Über Menschen, Individuen und Rechtspersonen" in: Hoyer, Andreas/Müller, Henning Ernst/Pawlik, Michael/Wolter, Jürgen (Hrsg.), Festschrift für Friedrich-Christian Schroeder zum 70. Geburtstag, Heidelberg 2006, S. 33–50 (Zitiert: FS-Schröder (2006)).

Graul, Eva, Abstrakte Gefährdungsdelikte und Präsumtionen im Strafrecht, Berlin 1991 (Zitiert: Präsumtionen).

Greco, Luís, „Über das so genannte Feindstrafrecht", GA 2006, S. 96–113.

ders., Feindstrafrecht, Baden-Baden 2010.

Griesbaum, Rainer/Wallenta, Frank, „Strafverfolgung zur Verhinderung terroristischer Anschläge – Eine Bestandsaufnahme", NStZ 2013, S. 369–379.

Gropp, Walter, Strafrecht Allgemeiner Teil, 2. Auflage, Heidelberg 2001 (Zitiert: Strafrecht AT).

Großmann, Sven, „§ 1631d Abs. 2 BGB – Gelungener Ausgleich zwischen Grundrechten und Staatsräson?", HRRS 2013, S. 515–523.

Grünwald, Gerald, „Bedeutung und Begründung des Satzes ‚nulla poena sine lege'", ZStW 76 (1964), S. 1–18.

Haeusermann, Axel, Der Verband als Straftäter und Strafprozesssubjekt, Freiburg 2003 (Zitiert: Der Verband).

Haffke, Bernhard, „Drogenstrafrecht", ZStW 107 (1995), S. 761–792.

ders., „Vom Rechtsstaat zum Sicherheitsstaat", KJ 2005, S. 17–35.

Hafter, Ernst, Die Delikts- und Straffähigkeit der *Personenverbände, Berlin 1903 (Zitiert: Personenverbände).*

Hamm, Rainer, „Richten mit und über Strafrecht", NJW 2016, S. 1537–1542.

Hassemer, Winfried, Theorie und Soziologie des Verbrechens: Ansätze zu einer praxisorientierten Rechtsgutslehre, Frankfurt am Main 1973 (Zitiert: Theorie).

ders., „Prävention im Strafrecht", JuS 1987, S. 257–266.

ders., „Grundlinien einer personalen Rechtsgutslehre" in: Philipps, Lothar/Scholler, Heinrich (Hrsg.), Jenseits des Funktionalismus – Arthur Kaufmann zum 65. Geburtstag, Heidelberg 1989, S. 85–94 (Zitiert: FS-Kaufmann (1989)).

ders., „Symbolisches Strafrecht und Rechtsgüterschutz", NStZ 1989, S. 553–559.

ders., Einführung in die Grundlagen des Strafrechts, 2. Auflage, München 1990 (Zitiert: Einführung).

ders., „Kennzeichen und Krisen des modernen Strafrechts", ZRP 1992, S. 378–383.

ders., „Rauschgiftbekämpfung durch Rauschgift? – Anm. zu BGH NJW 1991, 2359", JuS 1992, S. 110–114.

ders., Produktverantwortung im modernen Strafrecht, 2. Auflage, Heidelberg 1996 (Zitiert: Produktverantwortung).

ders., Strafen im Rechtsstaat, Baden-Baden 2000 (Zitiert: Strafen).

ders., „Darf es Straftaten geben, die ein strafrechtliches Rechtsgut nicht in Mitleidenschaft ziehen?" in: Hefendehl, Roland/Hirsch, Andrew von/Wohlers, Wolfgang (Hrsg.), Die Rechtsgutstheorie: Legitimationsbasis des Strafrechts oder dogmatisches Glasperlenspiel?, Baden-Baden 2003, S. 57–64 (Zitiert: Die Rechtsgutstheorie).

ders., „Gefahrenabwehr durch Strafrecht – Eine Antwort auf aktuelle Sicherheitsbedürfnisse?", WestEnd: Neue Zeitschrift für Sozialforschung 2006, S. 75–85.

ders., „Sicherheit durch Strafrecht", HRRS 2006, S. 130–134.

ders., „Strafrecht, Prävention, Vergeltung", ZIS 2006, S. 266–273.

ders., „Strafrecht, Prävention, Vergeltung. Eine Beipflichtung." in: Hoyer, Andreas/ Müller, Henning Ernst/Pawlik, Michael/Wolter, Jürgen (Hrsg.), Festschrift für Friedrich-Christian Schroeder zum 70. Geburtstag, Heidelberg 2006, S. 51–65 (Zitiert: FS-Schroeder (2006)).

Hassemer, Winfried/Meinberg, Volker, „Umweltschutz durch Strafrecht", Neue Kriminalpolitik 1989, S. 46–49.

von Hayek, Friedrich August, Die Verfassung der Freiheit, Tübingen 1971

Hefendehl, Roland, „Zur Vorverlagerung des Rechtsgutsschutzes am Beispiel der Geldfälschungstatbestände", JR 1996, S. 353–357.

ders., „Die Popularklage als Alternative zum Strafrecht bei Delikten gegen die Gemeinschaft?", GA 1997, S. 119–134.

ders., Kollektive Rechtsgüter im Strafrecht, Köln 2002 (Zitiert: Kollektive Rechtsgüter).

ders., „Das Rechtsgut als materialer Angelpunkt einer Strafnorm" in: Hefendehl, Roland/Hirsch, Andrew von/Wohlers, Wolfgang (Hrsg.), Die Rechtsgutstheorie: Legitimationsbasis des Strafrechts oder dogmatisches Glasperlenspiel?, Baden-Baden 2003, S. 119–132 (Zitiert: Die Rechtsgutstheorie).

ders., „Organisierte Kriminalität als Begründung für ein Feind- oder Täterstrafrecht?", StV 2005, S. 156–161.

Heidbrink, Ludger, „Grundprobleme der gegenwärtigen Verantwortungsdiskussion", Information Philosophie Heft 3, 2000, S. 18–31.

ders., Kritik der Verantwortung: Zu den Grenzen verantwortlichen Handelns in komplexen Kontexten, Weilerswist 2003 (Zitiert: Kritik der Verantwortung).

ders., Handeln in der Ungewissheit: Paradoxien der Verantwortung, Berlin 2007 (Zitiert: Handeln).

Heidegger, Martin, Gesamtausgabe: 1. Abteilung – Band 2: Sein und Zeit (1927), Frankfurt am Main 1977 (Zitiert: Sein und Zeit).

Heine, Günter, „Zur Rolle des strafrechtlichen Umweltschutzes Rechtsvergleichende Beobachtungen zu Hintergründen, Gestaltungsmöglichkeiten und Trends", ZStW 101 (1989), S. 722–753.

ders., Die strafrechtliche Verantwortlichkeit von Unternehmen: Von individuellem Fehlverhalten zu kollektiven Fehlentwicklungen, insbesondere bei Großrisiken, Baden-Baden 1995 (Zitiert: Verantwortlichkeit).

ders., „Die strafrechtliche Verantwortlichkeit von Unternehmen: internationale Entwicklung – nationale Konsequenzen", ÖJZ 1996, S. 211–219.

ders., „Unternehmen, Strafrecht und europäische Entwicklungen", ÖJZ 2000, S. 871–881.

ders., „Europäische Entwicklungen bei der strafrechtlichen Verantwortlichkeit von Wirtschaftsunternehmen und deren Führungskräften", ZStrR 119 (2001), S. 22–39.

ders., „Modelle originärer (straf-)rechtlicher Verantwortlichkeit von Unternehmen" in: Hettinger, Michael (Hrsg.), Reform des Sanktionenrechts – Band 3: Verbandsstrafe, Baden-Baden 2002, S. 121–154 (Zitiert: Reform).

Heine, Günter/Meinberg, Volker, „Gutachten D – Empfehlen sich Änderungen im strafrechtlichen Umweltschutz, insbesondere in Verbindung mit dem Verwaltungsrecht?" in: Verhandlungen des 57. Deutschen Juristentages in Mainz 1988, München 1988, S. D1–D171 (Zitiert: 57. DJT-Gutachten).

Heinitz, Ernst, „Empfiehlt es sich, die Strafbarkeit der juristischen Person gesetzlich vorzusehen?" in: Ständige Deputation des Deutschen Juristentages (Hrsg.), Verhandlungen des 40. Deutschen Juristentages in Hamburg 1953 – Band 1 (Gutachten), Tübingen 1953, S. 65–90 (Zitiert: Verhandlungen des 40. Deutschen Juristentages (Band 1)).

Heinrich, Bernd, „Die Grenzen des Strafrechts bei der Gefahrprävention. Brauchen oder haben wir ein ,Feindstrafrecht'?", ZStW 121 (2009), S. 94–130.

Heinze, Kurt/Schilling, Karl, Die Rechtsprechung der Nürnberger Militärtribunale – Sammlung der Rechtsthesen der Urteile und gesonderten Urteilsbegründungen der dreizehn Nürnberger Prozesse, Bonn 1952 (Zitiert: Nürnberger Militärtribunale).

Hermann, Joachim, „Die Rolle des Strafrechts beim Umweltschutz in der Bundesrepublik Deutschland", ZStW 91 (1979), S. 281–308.

Herzberg, Rolf Dietrich, „Wann ist die Strafbarkeit „gesetzlich bestimmt" (Art. 103 Abs. 2 GG)?" in: Hefendehl, Roland (Hrsg.), Empirische und dogmatische Fundamente, kriminalpolitischer Impetus: Symposium für Bernd Schünemann zum 60. Geburtstag, Köln-Berlin-München 2005, S. 31–70 (Zitiert: Schünemann-Symposium (2005)).

Herzberg, Rolf Dietrich, „Der strafrechtliche Schuldbegriff im 21. Jahrhundert", GA 2015, S. 250–259.

Herzog, Felix, Gesellschaftliche Unsicherheit und strafrechtliche Daseinsvorsorge – Studien zur Vorverlegung des Strafrechtsschutzes in den Gefährdungsbereich, Heidelberg 1991 (Zitiert: Gesellschaftliche Unsicherheit).

Herzog, Thomas, Terrorismus – Versuch einer Definition und Analyse internationaler Übereinkommen zu seiner Bekämpfung, Frankfurt am Main-New York 1991 (Zitiert: Terrorismus).

Hettinger, Michael, „Das Strafrecht als Büttel? Fragmentarische Bemerkungen zum Entwurf eines Korruptionsbekämpfungsgesetzes des Bundesrats vom 3.11.1995", NJW 1996, S. 2263–2273.

ders., Entwicklungen im Strafrecht und Strafverfahrensrecht der Gegenwart: Versuch einer kritischen Bestandsaufnahme, Heidelberg 1997 (Zitiert: Entwicklungen im Strafrecht).

Hetzer, Wolfgang, „Korruption als Betriebsmodus? – Unternehmensstrafbarkeit in der Europäischen Union", Kriminalistik 2008, S. 284–292.

Hilgendorf, Eric, Strafrechtliche Produzentenhaftung in der Risikogesellschaft, Berlin 1993 (Zitiert: Produzentenhaftung).

ders., „Die deutsche Strafrechtsentwicklung 1975-2000" in: Vormbaum, Thomas/ Welp, Jürgen (Hrsg.), Das Strafgesetzbuch: Sammlung der Änderungen und Neubekanntmachungen, Berlin 2004, S. 258–380 (Zitiert: Deutsche Strafrechtsentwicklung (Supplementbd. 1)).

Hirsch, Hans Joachim, „Der Streit um Handlungs- und Unrechtslehre, insbesondere im Spiegel der Zeitschrift für die gesamte Strafrechtswissenschaft (Teil II)", ZStW 94 (1982), S. 239–278.

ders., Die Frage der Straffähigkeit von Personenverbänden, Opladen 1993 (Zitiert: Personenverbände).

ders., „Das Schuldprinzip und seine Funktion im Strafrecht", ZStW 106 (1994), S. 746–765.

ders., „Strafrechtliche Verantwortlichkeit von Unternehmen", ZStW 107 (1995), S. 285–323.

ders., „Zum Unrecht des fahrlässigen Delikts" in: Dölling, Dieter (Hrsg.), Jus humanum: Grundlagen des Rechts und Strafrecht: Festschrift für Ernst-Joachim Lampe zum 70. Geburtstag, Berlin 2003, S. 515–536 (Zitiert: FS-Lampe (2003)).

His, Rudolf, Das Strafrecht der Friesen im Mittelalter, Leipzig 1901 (Zitiert: Friesen).

Hohmann, Olaf, Das Rechtsgut der Umweltdelikte – Grenzen des strafrechtlichen Umweltschutzes, Frankfurt am Main-Bern-New York-Paris 1991 (Zitiert: Umweltdelikte).

ders., „Von den Konsequenzen einer personalen Rechtsgutsbestimmung im Umweltstrafrecht", GA 1992, S. 76–87.

ders., „Zur eingeschränkten Anwendbarkeit von § 129 StGB auf Wirtschaftsdelikte", wistra 1992, S. 85–89.

Hohmann, Ralf, „Betäubungsmittelstrafrecht und Eigenverantwortlichkeit?", MDR 1991, S. 1117–1118.

Hohmann, Ralf/Matt, Holger, „Ist die Strafbarkeit der Selbstschädigung verfassungswidrig? – Anm. zu BGH NJW 1992, 2975", JuS 1993, S. 370–374.

Honig, Richard, Die Einwilligung des Verletzten: Die Geschichte des Einwilligungsproblems und die Methodenfrage, Mannheim 1919 (Zitiert: Einwilligung).

Hörnle, Tatjana, „Deskriptive und normative Dimensionen des Begriffs ‚Feindstrafrecht'", GA 2006, S. 80–95.

dies., „Das Verbot des Geschwisterinzests – Verfassungsgerichtliche Bestätigung und verfassungsrechtliche Kritik", NJW 2008, S. 2085–2088.

dies., Kriminalstrafe ohne Schuldvorwurf – Ein Plädoyer für Änderungen in der strafrechtlichen Verbrechenslehre, Baden-Baden 2013 (Zitiert: Kriminalstrafe).

Hungerhoff, Henric, Vorfeldstrafbarkeit und Verfassung: Eine Untersuchung von § 89a StGB unter verfassungsrechtlichen Gesichtspunkten, Baden-Baden 2013 (Zitiert: Vorfeldstrafbarkeit).

Isensee, Josef, Das Grundrecht auf Sicherheit: Zu den Schutzpflichten des freiheitlichen Verfassungsstaates, Berlin 1983 (Zitiert: Grundrecht auf Sicherheit).

Jahn, Matthias/Pietsch, Franziska, „Der NRW-Entwurf für ein Verbandsstrafgesetzbuch – Einführung in das Konzept und seine Folgefragen", ZIS 2015, S. 1–4.

Jakobs, Günther, Schuld und Prävention, Tübingen 1976.

ders., „Kriminalisierung im Vorfeld einer Rechtsgutsverletzung", ZStW 97 (1985), S. 751–785.

ders., „Über die Behandlung von Wollensfehlern und von Wissensfehlern", ZStW 101 (1989), S. 516–537.

ders., Strafrecht, Allgemeiner Teil: Die Grundlagen und die Zurechnungslehre, 2. Auflage, Berlin-New York 1991 (Zitiert: Strafrecht AT).

ders., „Das Selbstverständnis der Strafrechtswissenschaft vor den Herausforderungen der Gegenwart (Kommentar)" in: Eser, Albin/Hassemer, Winfried/Burkhardt, Björn (Hrsg.), Die Deutsche Strafrechtswissenschaft vor der Jahrtausendwende, München 2000, S. 47–56 (Zitiert: Deutsche Strafrechtswissenschaft).

ders., „Strafbarkeit juristischer Personen?" in: Prittwitz, Cornelius/Baurmann, Michael/Günther, Klaus/Kuhlen, Lothar (Hrsg.), Festschrift für Klaus Lüderssen: Zum 70. Geburtstag am 2. Mai 2002, Baden-Baden 2002, S. 559–575 (Zitiert: FS-Lüderssen (2002)).

ders., „Was schützt das Strafrecht: Rechtsgüter oder Normgeltung?" in: Shiibashi, Takayuki (Hrsg.), Festschrift für Seiji Saito, Tokyo 2003, (Zitiert: FS-Saito (2003)).

ders., „Bürgerstrafrecht und Feindstrafrecht", HRRS 2004, S. 88–95.

ders., „Terroristen als Personen im Recht?", ZStW 117 (2005), S. 839–851.

ders., „Feindstrafrecht? – Eine Untersuchung zu den Bedingungen von Rechtlichkeit", HRRS 2006, S. 289–297.

ders., „Die Schuld der Fremden", ZStW 118 (2007), S. 831–854.

ders., „Drei Bemerkungen zum gesellschaftsfunktionalen Schuldbegriff" in: Heger, Martin/Kelker, Brigitte/Schramm, Edward (Hrsg.), Festschrift für Kristian Kühl: Zum 70. Geburtstag, München 2014, S. 281–293 (Zitiert: FS-Kühl (2014)).

Jareborg, Nils, "Criminalisation as ultima ratio" in: Arnold, Jörg/Burkhardt, Björn (u.a.) (Hrsg.), Menschengerechtes Strafrecht: Festschrift für Albin Eser zum 70. Geburtstag, München 2005, S. 1341–1353 (Zitiert: FS-Eser (2005)).

Jescheck, Hans-Heinrich, „Die strafrechtliche Verantwortlichkeit der Personenverbände", ZStW 65 (1953), S. 210–225.

Jescheck, Hans-Heinrich/Weigend, Thomas, Lehrbuch des Strafrechts: Allgemeiner Teil, 5. Auflage, Berlin 1996 (Zitiert: Strafrecht AT).

Jonas, Hans, Das Prinzip Verantwortung: Versuch einer Ethik für die technologische Zivilisation, Frankfurt am Main 1979 (Zitiert: Das Prinzip Verantwortung).

Kaller, Paul, Der Sachsenspiegel in hochdeutscher Übersetzung, München 2002 (Zitiert: Sachsenspiegel).

Kant, Immanuel, Was ist Aufklärung? (Zehbe, Jürgen (Hrsg.)), 2. Auflage, Göttingen 1975 (Zitiert: Was ist Aufklärung?).

ders., Metaphysische Anfangsgründe der Rechtslehre – Metaphysik der Sitten, Erster Teil (Ludwig, Bernd (Hrsg.)), Hamburg 1986 (Zitiert: Metaphysik der Sitten).

ders., Schriften zur theoretischen Philosophie: Kritik der reinen Vernunft, Band 1 Mohr, Georg (Hrsg.), Tübingen-Baden-Baden 2004 (Zitiert: Kritik der reinen Vernunft).

Kaspar, Johannes, „Schuldstrafrecht oder Präventionsstrafrecht?" in: Brunhöber, Beatrice (Hrsg.), Strafrecht im Präventionsstaat, Stuttgart 2014, S. 61–81 (Zitiert: Präventionsstaat).

Kauder, Siegfried, „Strafbarkeit terroristischer Vorbereitungshandlungen – Erwiderung zu Deckers/Heusel, ZRP 2008, 169", ZRP 2009, S. 20–22.

Kauffmann, Philipp Konstantin, „Terrorismus im Wandel – Auslegung des Begriffs Terrorismus im Lichte des Gesetzes zur Verfolgung der Vorbereitung von schweren staatsgefährdenden Gewalttaten (GVVG)", Jura 2011, S. 257–263.

Kaufmann, Armin, „Die Dogmatik im Alternativ-Entwurf", ZStW 80 (1968), S. 34–53.

ders., „Zum Stande der Lehre vom personalen Unrecht" in: Stratenwerth, Günter/Kaufmann, Armin/Geilen, Gerd (Hrsg.), Festschrift für Hans Welzel zum 70. Geburtstag am 25. März 1974, Berlin-New York 1974, S. 393–414 (Zitiert: FS-Welzel (1974)).

Kaufmann, Arthur, „Subsidiarität und Strafrecht" in: Roxin, Claus/Bruns, Hans-Jürgen/Jäger, Herbert (Hrsg.), Grundfragen der gesamten Strafrechtswissenschaft: Festschrift für Heinrich Henkel zum 70. Geburtstag, Berlin-New York 1974, S. 89–107 (Zitiert: FS-Henkel (1974)).

ders., Das Schuldprinzip – Eine strafrechtlich-rechtsphilosophische Untersuchung, 2. Auflage, Heidelberg 1976 (Zitiert: Schuldprinzip).

ders., Rechtsphilosophie: Eine Einführung in das rechtsphilosophische Denken, 2. Auflage, München 1997 (Zitiert: Einführung).

Kaufmann, Arthur/Hassemer, Winfried/Neumann, Ulfrid, Einführung in die Rechtsphilosophie und Rechtstheorie der Gegenwart, 8. Auflage, Heidelberg 2011 (Zitiert: Rechtsphilosophie).

Kaufmann, Ekkehard, Die Erfolgshaftung – Untersuchungen über die strafrechtliche Zurechnung im Rechtsdenken des frühen Mittelalters, Frankfurt am Main 1958 (Zitiert: Die Erfolgshaftung).

Kaufmann, Franz-Xaver, Der Ruf nach Verantwortung: Risiko und Ethik in einer unüberschaubaren Welt, Freiburg-Basel-Wien 1992 (Zitiert: Der Ruf nach Verantwortung).

Kelker, Brigitte, Zur Legitimität von Gesinnungsmerkmalen im Strafrecht, Frankfurt am Main 2007 (Zitiert: Gesinnungsmerkmale).

Kierkegaard, Sören, Der Begriff der Angst, Jena 1912 (Zitiert: Angst).

Kim, Jae-Yoon, Umweltstrafrecht in der Risikogesellschaft: Ein Beitrag zum Umgang mit abstrakten Gefährdungsdelikten, Göttingen 2004 (Zitiert: Umweltstrafrecht in der Risikogesellschaft).

Kindhäuser, Urs, Gefährdung als Straftat – Rechtstheoretische Untersuchungen zur Dogmatik der abstrakten und konkreten Gefährdungsdelikte, Frankfurt am Main 1989 (Zitiert: Gefährdung).

ders., „Schuld und Strafe: Zur Diskussion um ein ‚Feindstrafrecht'" in: Hoyer, Andreas/Müller, Henning Ernst/Pawlik, Michael/Wolter, Jürgen (Hrsg.), Festschrift für Friedrich-Christian Schroeder zum 70. Geburtstag, Heidelberg 2006, S. 81–98 (Zitiert: FS-Schroeder (2006)).

Kloepfer, Michael/Heger, Martin, Umweltstrafrecht, 3. Auflage, München 2014 (Zitiert: Umweltstrafrecht).

Koch, Claus, „Verantwortlich aber nicht schuldig: Anleitung zum aufgeklärten Katastrophismus", Merkur 56 2002, S. 1002–1011.

Köhler, Michael, „Betäubungsmittelstrafrecht: Rechtsgut, Tatbestandsstruktur und Rechtswidrigkeitszusammenhang", MDR 1992, S. 739–741.

ders., „Freiheitliches Rechtsprinzip und Betäubungsmittel-strafrecht", ZStW 104 (1992), S. 3–64.

ders., Strafrecht Allgemeiner Teil, Heidelberg 1997 (Zitiert: Strafrecht AT).

Krauß, Detlef, „Schuld und Sühne – Einige kritische Bemerkungen zum Strafrecht der Gegenwart" in: Heine, Günter/Pieth, Mark/Seelmann, Kurt (Hrsg.), Wer bekommt Schuld? Wer gibt Schuld? – Gesammelte Schriften von Detlef Krauß, Berlin 2011, (Zitiert: Schuld).

Kuhlen, Lothar, „Der Handlungserfolg der strafbaren Gewässerverunreinigung (§ 324 StGB)", GA 1986, S. 389–408.

ders., „Umweltstrafrecht – Auf der Suche nach einer neuen Dogmatik", ZStW 105 (1993), S. 697–726.

ders., „Zum Verhältnis vom Bestimmtheitsgrundsatz und Analogieverbot" in: Dannecker, Gerhard (Hrsg.), Festschrift für Harro Otto: zum 70. Geburtstag am 1. April 2007, Köln-Berlin-München 2007, S. 89–105 (Zitiert: FS-Otto (2007)).

Kühl, Kristian, „Neue Gesetze gegen terroristische Straftaten", NJW 1987, S. 737–747.

Kühne, Hans-Heiner, „Unzeitgemäße Betrachtungen zum Problem des Terrorismus" in: Feltes, Thomas/Pfeiffer, Christian/Steinhilper, Gernot (Hrsg.), Kriminalpolitik und ihre wissenschaftlichen Grundlagen: Festschrift für Professor Dr. Hans-Dieter Schwind zum 70. Geburtstag, Heidelberg 2006, S. 103–110 (Zitiert: FS-Schwind (2006)).

Lagodny, Otto, Strafrecht vor den Schranken der Grundrechte: Die Ermächtigung zum strafrechtlichen Vorwurf im Lichte der Grundrechtsdogmatik dargestellt am Beispiel der Vorfeldkriminalisierung, Tübingen 1996 (Zitiert: Schranken).

Lampe, Ernst-Joachim, Das personale Unrecht, Berlin 1967 (Zitiert: Unrecht).

ders., „Systemunrecht und Unrechtssysteme", ZStW 106 (1994), S. 683–745.

Landau, Herbert, „Die deutsche Strafrechtsdogmatik zwischen Anpassung und Selbstbehauptung–Grenzkontrolle der Kriminalpolitik durch die Dogmatik?", ZStW 121 (2009), S. 965–976.

Lange, Richard, „Täterschuld und Todesstrafe.", ZStW 62 (1942), S. 175–232.

Lang-Hinrichsen, Dietrich, „Verbandsunrecht – Zugleich ein Beitrag zur Lehre von den Ordnungswidrigkeiten" in: Geerds, Friedrich/Naucke, Wolfgang (Hrsg.), Beiträge zur gesamten Strafrechtswissenschaft – Festschrift für Hellmuth Mayer zum 70. Geburtstag am 01. Mai. 1965, Berlin 1966, S. 49–78 (Zitiert: FS-Mayer (1966)).

Lau, Christoph, „Risikodiskurse: Gesellschaftliche Auseinandersetzungen um die Definition von Risiken", Soziale Welt 1989, S. 418–436.

Laue, Christian, „Die strafrechtliche Verantwortlichkeit von Verbänden", Jura 2010, S. 339–346.

Leipold, Klaus, „Strafbarkeit von Unternehmen", NJW-Spezial 2008, S. 216–217.

ders., „Unternehmensstrafrecht – Eine rechtspolitische Notwendigkeit?", ZRP 2013, S. 34–37.

Leitner, Werner, „Unternehmensstrafrecht in der Revision", StraFo 2010, S. 323–328.

Lenckner, Theodor, „Wertausfüllende Begriffe im Strafrecht und der Satz ‚nulla poena sine lege'", JuS 1968, S. 304–310.

Lenk, Hans, Konkrete Humanität: Vorlesungen über Verantwortung und Menschlichkeit, Frankfurt am Main 1998 (Zitiert: Konkrete Humanität).

Lewisch, Peter/Parker, Jeffrey, Strafbarkeit der juristischen Person – Die Unternehmensstrafe in rechtspolitischer und rechtsdogmatischer Analyse, Wien 2001 (Zitiert: Strafbarkeit der juristischen Person).

von Liszt, Franz, „Der Begriff des Rechtsgutes im Strafrecht und in der Encyklopädie der Rechtswissenschaft", ZStW 8 (1888), S. 133–156.

ders., Lehrbuch des Deutschen Strafrechts, 10. Auflage, Berlin 1900 (Zitiert: Lehrbuch (1900)).

ders., „Die Zukunft des Strafrechts" in: Strafrechtliche Vorträge und Aufsätze, Band 2: 1892-1904, Berlin 1905, S. 1–24 (Zitiert: Band 2 (1905)).

ders., „Nach welchen Grundsätzen ist die Revision des Strafrechts in Aussicht zu nehmen? (1902)" in: Strafrechtliche Vorträge und Aufsätze, Band 2: 1892-1904, Berlin 1905, S. 356–410 (Zitiert: Band 2 (1905)).

ders., Lehrbuch des Deutschen Strafrechts, 21. und 22. Auflage, Berlin-Leipzig 1919 (Zitiert: Lehrbuch (1919)).

Löffelmann, Markus, „Der Entwurf eines Gesetzes zur Einführung einer strafrechtlichen Verantwortlichkeit von Unternehmen und sonstigen Verbänden", JR 2014, S. 185–199.

Löffler, Alexander, Die Schuldformen des Strafrechts in vergleichend-historischer und dogmatischer Darstellung, Leipzig 1895 (Zitiert: Die Schuldformen des Strafrechts).

Loos, Fritz, „Zum Rechtsgut der Bestechungsdelikte" in: Stratenwerth, Günter/Kaufmann, Armin/Geilen, Gerd (Hrsg.), Festschrift für Hans Welzel zum 70. Geburtstag am 25. März 1974, Berlin-New York 1974, S. 879–895 (Zitiert: FS-Welzel (1974)).

Löwer, Wolfgang, „Rechtspolitische und verfassungsrechtliche Bedenken gegenüber dem Ersten Wirtschaftskriminalitätsgesetz", JZ 1979, S. 621–631.

Lübbe, Weyma, Verantwortung in komplexen kulturellen Prozessen, Freiburg 1998 (Zitiert: Verantwortung).

Lüderssen, Klaus, Entkriminalisierung des Wirtschaftsstrafrechts, Baden-Baden 1998 (Zitiert: Entkriminalisierung).

ders., „Das moderne Strafrecht – Eine Zerreißprobe zwischen ultima ratio, Pragmatismus und kulturellem Hochgefühl", StV 2004, S. 97–101.

Luhmann, Niklas, Soziale Systeme: Grundriß einer allgemeinen Theorie, Frankfurt am Main 1984 (Zitiert: Soziale Systeme).

ders., Die Gesellschaft der Gesellschaft, Frankfurt am Main 1997 (Zitiert: Gesellschaft).

ders., Ökologische Kommunikation: Kann die moderne Gesellschaft sich auf ökologische Gefährdungen einstellen?, 4. Auflage, Wiesbaden 2004 (Zitiert: Ökologische Kommunikation).

Lütolf, Sandra, Strafbarkeit der juristischen Person, Zürich 1997 (Zitiert: Strafbarkeit).

Mahlmann, Matthias, Rechtsphilosophie und Rechtstheorie, 2. Auflage, Baden-Baden 2012 (Zitiert: Rechtsphilosophie).

Maiwald, Manfred, „Zum fragmentarischen Charakter des Strafrechts" in: Maurach, Reinhart/Schroeder, Friedrich-Christian/Zipf, Heinz (Hrsg.), Festschrift für Reinhart Maurach zum 70. Geburtstag, Karlsruhe 1972, S. 9–23 (Zitiert: FS-Maurach (1970)).

Malblanc, Julius Friedrich, Opuscula ad jus criminale spectania, Erlangen 1793 (Zitiert: Opuscula).

Maring, Matthias, „Modelle korporativer Verantwortung", Conceptus XXIII 1989, S. 25–41.

Martin, Jörg, Strafbarkeit grenzüberschreitender Umweltbeeinträchtigungen – Zugleich ein Beitrag zur Gefährdungsdogmatik und zum Umweltvölkerrecht, Freiburg 1989 (Zitiert: Umweltbeeinträchtigungen).

Marxen, Klaus, Der Kampf gegen das liberale Strafrecht: eine Studie zum Antiliberalismus in der Strafrechtswissenschaft der zwanziger und dreißiger Jahre, Berlin 1975 (Zitiert: Kampf).

Marx, Michael, Zur Definition des Begriffs „Rechtsgut" – Prolegomena einer materialen Verbrechenslehre, Köln-Berlin-Bonn-München 1972 (Zitiert: Rechtsgut).

Maurach, Reinhart/Gössel, Karl Heinz/Zipf, Heinz, Strafrecht: Allgemeiner Teil, Band 2, 7. Auflage, Heidelberg 1989 (Zitiert: Strafrecht AT II).

Maurach, Reinhart/Zipf, Heinz, Strafrecht: Allgemeiner Teil, Band 1, 8. Auflage, Heidelberg 1992 (Zitiert: Strafrecht AT I).

Meinberg, Volker/Möhrenschläger, Manfred/Link, Wolfgang, Umweltstrafrecht – Gesetzliche Grundlagen, verwaltungsrechtliche Zusammenhänge und praktische Anwendung, Düsseldorf 1989 (Zitiert: Umweltstrafrecht).

Merten, Detlef, „Bürgerverantwortung im demokratischen Verfassungsstaat", VVDStRL 55 (1996), S. 7–43.

Mertens, Verena Cäcilia, Das Gesetz zur Verfolgung der Vorbereitung von schweren staatsgefährdenden Gewalttaten (GVVG) vom 30. Juli 2009: Über (Vor- und) Nachteile des Paragraph 89a StGB, Hamburg 2012 (Zitiert: GVVG).

Mewes, Marc Lothar, Öffentliches Recht und Haftungsrecht in der Risikogesellschaft, Frankfurt am Main 2006 (Zitiert: Risikogesellschaft).

Meyer, Frank, „Die Lissabon-Entscheidung des BVerfG und das Strafrecht", NStZ 2009, S. 657–663.

Mezger, Edmund, Strafrecht – Ein Lehrbuch, 2. Auflage, München-Leipzig 1933 (Zitiert: Lehrbuch).

ders., „Die Straftat als Ganzes.", ZStW 57 (1938), S. 675–701.

ders., „Tatstrafe und Täterstrafe, insbesondere im Kriegsstrafrecht.", ZStW 60 (1941), S. 353–373.

ders., Deutsches Strafrecht – Ein Grundriss, 3. Auflage, Berlin 1943 (Zitiert: Grundriss).

Mittelsdorf, Kathleen, Unternehmensstrafrecht im Kontext, Heidelberg 2007 (Zitiert: Unternehmensstrafrecht).

Montag, Jerzy, „Strafbarkeit des Besuchs terroristischer Ausbildungslager – Von der Vorfeldstrafbarkeit einer Vorfeldstrafnorm", DRiZ 2008, S. 141.

Müller, Ekkehard, Die Stellung der juristischen Person im Ordnungswidrigkeitenrecht, Köln 1985 (Zitiert: Stellung).

Müller-Truckfeld, Jens Christian, „Traktat für die Abschaffung des Umweltstrafrechts" in: Institut für Kriminalwissenschaften Frankfurt a.M. (Hrsg.), Vom unmöglichen Zustand des Strafrechts, Frankfurt am Main 1995, S. 461–481 (Zitiert: Vom unmöglichen Zustand des Strafrechts).

Mylonopoulos, Christos, Über das Verhältnis von Handlungs- und Erfolgsunwert im Strafrecht – Eine Studie zur Entwicklung der personalen Unrechtslehren, Köln-Berlin-Bonn-München 1981 (Zitiert: Handlungs- und Erfolgsunwert).

Naucke, Wolfgang, Über Generalklauseln und Rechtsanwendung im Strafrecht, Tübingen 1973 (Zitiert: Generalklauseln).

ders., „Die Kriminalpolitik des Marburger Programms 1882", ZStW 94 (1982), S. 525–564.

ders., „Über die Zerbrechlichkeit rechtsstaatlichen Strafrechts", KritV 1990, S. 244–259.

ders., Strafrecht: Eine Einführung, 6. Auflage, Neuwied 1991 (Zitiert: Einführung).

ders., „Schwerpunktverlagerungen im Strafrecht", KritV 1993, S. 135–162.

ders., „Konturen eines nachpräventiven Strafrechts", KritV 1999, S. 336–354.

ders., Über die Zerbrechlichkeit des rechtsstaatlichen Strafrechts: Materialien zur neueren Strafrechtsgeschichte, Baden-Baden 2000 (Zitiert: Zerbrechlichkeit).

ders., Strafrecht: Eine Einführung, 10. Auflage, Neuwied 2002 (Zitiert: Strafrecht).

Neumann, Franz, Angst und Politik, Tübingen 1954.

Neumann, Ulfrid, „Strafrechtliche Verantwortlichkeit von Verbänden – rechtstheoretische Prolegomena" in: Kempf, Eberhard von/Lüderssen, Klaus/Volk, Klaus (Hrsg.), Unternehmensstrafrecht, Berlin-Boston 2012, S. 13–20 (Zitiert: Unternehmensstrafrecht).

Nietzsche, Friedrich, Zur Genealogie der Moral (1887). Götzen-Dämmerung (1889) – Philosophische Werke in sechs Bänden (Scheier, Claus-Artur (Hrsg.)), Hamburg 2013 (Zitiert: Zur Genealogie der Moral).

Oehmichen, Anna, „Entwicklungen strafprozessualer Maßnahmen in Europa im Rahmen der Terrorfurcht", ZIS 2011, S. 931–939.

Otto, Harro, „Konzeption und Grundsätze des Wirtschaftsstrafrechts (einschließlich Verbraucherschutz)", ZStW 96 (1984), S. 339–375.

ders., Die Strafbarkeit von Unternehmen und Verbänden: Vortrag, gehalten vor der Juristischen Gesellschaft zu Berlin am 26. Mai 1993, Berlin 1993 (Zitiert: Strafbarkeit).

ders., Grundkurs Strafrecht: Allgemeine Strafrechtslehre, 7. Auflage, Berlin 2004 (Zitiert: Grundkurs Strafrecht AT).

Paeffgen, Hans-Ullrich, „Betäubungsmittel-Strafrecht und der Bundesgerichtshof" in: Roxin, Claus (Hrsg.), 50 Jahre Bundesgerichtshof: Festgabe aus der Wissenschaft – Band IV Strafrecht, Strafprozessrecht, München 2000, S. 695–735 (Zitiert: BGH-Festgabe IV).

ders., „Bürgerstrafrecht, Vorbeugestrafrecht, Feindstrafrecht?" in: Amelung, Knut/ Böse, Martin/Sternberg-Lieben, Detlev (Hrsg.), Grundlagen des Straf- und Strafverfahrensrechts: Festschrift für Knut Amelung zum 70. Geburtstag, Berlin 2009, S. 81–123 (Zitiert: FS-Amelung (2009)).

Papageorgiou, Konstantinos, Schaden und Strafe – Auf dem Weg zu einer Theorie der strafrechtlichen Moralität, Baden-Baden 1994 (Zitiert: Schaden).

Papamoschou, Marsha/Bung, Jochen, „§ 265 StGB: Eine legislative Entgleisung" in: Institut für Kriminalwissenschaften und Rechtsphilosophie Frankfurt a.M. (Hrsg.), Irrwege der Strafgesetzgebung, Frankfurt am Main 1999, S. 241–270 (Zitiert: Irrwege).

Pawlik, Michael, Der Terrorist und sein Recht – Zur rechtstheoretischen Einordnung des modernen Terrorismus, München 2008 (Zitiert: Terrorist).

ders., „Der Terrorist will nicht resozialisiert werden", FAZ vom 25.2.2008, S. 40.

Peglau, Jens, „Unbeantwortete Fragen der Strafbarkeit von Personenverbänden", ZRP 2001, S. 406–409.

Pieroth, Bodo/Schlink, Bernhard/Kingreen, Thorsten/Poscher, Ralf, Grundrechte: Staatsrecht II, 29. Auflage, Heidelberg 2013 (Zitiert: Grundrechte).

Prantl, Heribert, Der Terrorist als Gesetzgeber: Wie man mit Angst Politik macht, München 2008 (Zitiert: Der Terrorist als Gesetzgeber).

Prechtel, Sandra, „Der Wassermann", Zeit Magazin Nr. 46/2014., S. 31–39.

Prittwitz, Cornelius, Strafrecht und Risiko: Untersuchungen zur Krise von Strafrecht und Kriminalpolitik in der Risikogesellschaft, Frankfurt am Main 1993 (Zitiert: Strafrecht und Risiko).

ders., „Subsidiär, fragmentarisch, ultima ratio? – Gedanken zu Grund und Grenzen von Strafrechtsbeschränkungspostulaten" in: Institut für Kriminalwissenschaften Frankfurt a.M. (Hrsg.), Vom unmöglichen Zustand des Strafrechts, Frankfurt am Main 1995, S. 387–405 (Zitiert: Vom unmöglichen Zustand des Strafrechts).

ders., „Personale Rechtsgutslehre und die ‚Opfer von morgen'" in: Neumann, Ulfrid/ Prittwitz, Cornelius (Hrsg.), Personale Rechtsgutslehre und Opferorientierung im Strafrecht, Frankfurt am Main 2007, S. 97–111 (Zitiert: Personale Rechtsgutslehre).

ders., „Strafrecht als propria ratio" in: Heinrich/Jäger/Schünemann (Hrsg.), Strafrecht als scientia universalis: Festschrift für Claus Roxin zum 80. Geburtstag, Berlin 2011, S. 23–38 (Zitiert: FS-Roxin (2011)).

Rackow, Peter, „Strafrechtliche Terrorismusbekämpfung durch Pönalisierung von Vorbereitungshandlungen" in: Bloy, René/Böse, Martin/Hillenkamp, Thomas/Momsen, Carsten/Rackow, Peter (Hrsg.), Gerechte Strafe und legitimes Strafrecht: Festschrift für Manfred Maiwald zum 75. Geburtstag, Berlin 2010, S. 617–641 (Zitiert: FS-Maiwald (2010)).

Radbruch, Gustav, Einführung in die Rechtswissenschaft, 9. Auflage, Stuttgart 1958 (Zitiert: Einführung).

Radtke, Henning/Steinsiek, Mark, „Bekämpfung des internationalen Terrorismus durch Kriminalisierung von Vorbereitungshandlungen? – Zum Entwurf eines Gesetzes zur Verfolgung der Vorbereitung von schweren Gewalttaten (Referentenentwurf des BMJ vom 21.4. 2008)", ZIS 2008, S. 383–396.

dies., „Terrorismusbekämpfung durch Vorfeldkriminalisierung? – Das Gesetz zur Verfolgung der Vorbereitung schwerer staatsgefährdender Gewalttaten", JR 2010, S. 107–109.

Ransiek, Andreas, Unternehmensstrafrecht: Strafrecht, Verfassungsrecht, Regelungsalternativen, Heidelberg 1996 (Zitiert: Unternehmensstrafrecht).

Rengier, Rudolf, „Zur Bestimmung und Bedeutung der Rechtsgüter im Umweltstrafrecht", NJW 1990, S. 2506–2515.

ders., Strafrecht Allgemeiner Teil, 5. Auflage, München 2013 (Zitiert: Strafrecht AT).

Rettenmaier, Felix/Palm, Lisa, „Das Ordnungswidrigkeitenrecht und die Aufsichtspflicht von Unternehmensverantwortlichen", NJOZ 2010, S. 1414–1419.

Reus, Katharina, Das Recht in der Risikogesellschaft: Der Beitrag des Strafrechts zum Schutz vor modernen Produktgefahren, Berlin 2010 (Zitiert: Das Recht in der Risikogesellschaft).

Rogall, Klaus, „Das Gesetz zur Bekämpfung der Umweltkriminalität (18 StRÄG)", JZ-GD 1980, S. 101–115.

ders., „Gegenwartsprobleme des Umweltstrafrechts" in: Universität Köln (Hrsg.), Festschrift der Rechtswissenschaftlichen Fakultät zur 600-Jahr-Feier der Universität zu Köln, Köln-Berlin-Bonn-München 1988, S. 505–529 (Zitiert: FS-Köln).

ders., „Kriminalstrafe gegen juristische Personen?", GA 2015, S. 260–266.

Ronzani, Marco, Erfolg und individuelle Zurechnung im Umweltstrafrecht – Eine Studie zur Funktionalität der Strafrechtsdogmatik im Umweltschutz unter besonderer Berücksichtigung des Schweizer Rechts, Freiburg 1992 (Zitiert: Erfolg).

Roosevelt, Franklin Delano, The Public Papers and Addresses of Franklin D. Roosevelt, Band 2, New York 1938 (Zitiert: The Public Papers).

Rotberg, Hans Eberhard, „Für Strafe gegen Verbände! – Einige Grundsatzfragen" in: Caemmerer, Ernst von/Friesenhahn, Ernst/Lange, Richard (Hrsg.), Hundert Jahre Deutsches Rechtsleben – Festschrift zum hundertjährigen Bestehen des Deutschen Juristentages 1860-1960 (Band II), Karlsruhe 1960, S. 193–228 (Zitiert: Deutsches Rechtsleben).

Rothenpieler, Friedrich Wilhelm, Der Gedanke einer Kollektivschuld in juristischer Sicht, Berlin 1982 (Zitiert: Kollektivschuld).

Rotsch, Thomas, Individuelle Haftung in Großunternehmen – Plädoyer für den Rückzug des Umweltstrafrechts, Baden-Baden 1998 (Zitiert: Individuelle Haftung).

ders., „Unternehmen, Umwelt und Strafrecht – Ätiologie einer Misere (Teil 1)", wistra 1999, S. 321–327.

Roxin, Claus, „Sinn und Grenzen staatlicher Strafe", JuS 1966, S. 377–387.

ders., Strafrechtliche Grundlagenprobleme, Berlin-New York 1973 (Zitiert: Grundlagenprobleme).

ders., Täterschaft und Tatherrschaft, 7. Auflage, Berlin-New York 2000 (Zitiert: Täterschaft).

ders., „Das strafrechtliche Unrecht im Spannungsfeld von Rechtsgüterschutz und individueller Freiheit", ZStW 116 (2004), S. 929–944.

ders., Strafrecht Allgemeiner Teil – Band 1, Band 1, 4. Auflage, München 2006 (Zitiert: Strafrecht AT I).

Rudolphi, Hans-Joachim, „Straftaten gegen das werdende Leben", ZStW 83 (1971), S. 105–139.

ders., „Primat des Strafrechts im Umweltschutz? Teil 1", NStZ 1984, S. 193–199.

Rüping, Hinrich/Jerouschek, Günter, Grundriss der deutschen Strafrechtsgeschichte, 4. Auflage, München 2002 (Zitiert: Grundriss).

Rzepka, Dorothea, „Der neue Straftatbestand des Versicherungsmissbrauchs (§ 265 StGB) – Auf dem Weg zum lückenlosen Strafrecht?" in: Institut für Kriminalwissenschaften und Rechtsphilosophie Frankfurt a.M. (Hrsg.), Irrwege der Strafgesetzgebung, Frankfurt am Main 1999, S. 271– 284 (Zitiert: Irrwege).

Saal, Martin, Das Vortäuschen einer Straftat (§ 145d StGB) als abstraktes Gefährdungsdelikt, Berlin 1997 (Zitiert: Vortäuschen).

Sachs, Michael, „Ziele eines Unternehmensstrafrechts und die Frage seiner Vereinbarkeit mit dem Verfassungsrecht" in: Kempf, Eberhard von/Lüderssen, Klaus/Volk, Klaus (Hrsg.), Unternehmensstrafrecht, Berlin-Boston 2012, S. 195–204 (Zitiert: Unternehmensstrafrecht).

Salger, Hannskarl, „Die actio libera in causa – eine rechtswidrige Figur", NStZ 1993, S. 561–565.

Saliger, Frank, Umweltstrafrecht, München 2012 (Zitiert: Umweltstrafrecht).

Samson, Erich, „Kausalitäts- und Zurechnungsprobleme im Umweltstrafrecht", ZStW 99 (1987), S. 617–636.

Sancinetti, Marcelo, Subjektive Unrechtsbegründung und Rücktritt vom Versuch: Zugleich eine Untersuchung der Unrechtslehre von Günther Jakobs, Köln 1995 (Zitiert: Subjektive Unrechtsbegründung).

Sannwald, Detlef, Rechtsgut und Subventionsbegriff § 264 StGB, Berlin 1982 (Zitiert: Rechtsgut).

Satzger, Helmut, „Die Anwendung des deutschen Strafrechts auf grenzüberschreitende Gefährdungsfälle", NStZ 1998, S. 112–117.

Sauer, Dirk, „Das Strafrecht und die Feinde der offenen Gesellschaft", NJW 2005, S. 1703–1705.

von Savigny, Friedrich Carl, System des heutigen römischen Rechs – Band 2, Berlin 1840 (Zitiert: System (Band 2)).

Schäfer, Leopold, „Angriffe auf die Volksgesundheit" in: Gürtner, Franz (Hrsg.), Das kommende deutsche Strafrecht – Besonderer Teil, Berlin 1936, S. 160–178 (Zitiert: Das kommende deutsche Strafrecht BT).

Schaffstein, Friedrich, Die allgemeinen Lehren vom Verbrechen in ihrer Entwicklung durch die Wissenschaft des gemeinen Strafrechts, Berlin 1930 (Zitiert: Lehren vom Verbrechen).

ders., „Das Verbrechen als Pflichtverletzung" in: Larenz, Karl (Hrsg.), Grundfragen der neuen Rechtswissenschaft, Berlin 1935, (Zitiert: Grundfragen (1935)).

Schall, Hero, „Möglichkeiten und Grenzen eines verbesserten Umweltschutzes durch das Strafrecht", wistra 1992, S. 1–10.

Scheffler, Uwe, „Freund- und Feindstrafrecht" in: Feltes, Thomas/Pfeiffer, Christian/Steinhilper, Gernot (Hrsg.), Kriminalpolitik und ihre wissenschaftlichen Grundlagen – Festschrift für Professor Dr. Hans-Dieter Schwind zum 70. Geburtstag, Heidelberg 2006, S. 123–146 (Zitiert: FS-Schwind (2006)).

Schimank, Uwe, Theorien gesellschaftlicher Differenzierung, 2. Auflage, Opladen 2000 (Zitiert: Theorien).

ders., „Die funktional differenzierte kapitalistische Gesellschaft als Organisationsgesellschaft – eine theoretische Skizze" in: Endreß, Martin/Matys, Thomas (Hrsg.), Die Ökonomie der Organisation – die Organisation der Ökonomie, Wiesbaden 2010, S. 33–61 (Zitiert: Organisation).

Schmalenbach, Kirsten, „Der internationale Terrorismus – Ein Definitionsversuch", NZWehrr 2000, S. 15–20.

Schmid, Hans Bernhard/Schweikard, David, „Einleitung: Kollektive Intentionalität – Begriff, Geschichte, Probleme" in: Schmid, Hans Bernhard/Schweikard, David P. (Hrsg.), Kollektive Intentionalität – Eine Debatte über die Grundlagen des Sozialen, Frankfurt am Main 2009, S. 11–65 (Zitiert: Kollektive Intentionalität).

Schmidhäuser, Eberhard, Vom Sinn der Strafe, 2. Auflage, Göttingen 1971

Schmitt-Leonardy, Charlotte, Unternehmenskriminalität ohne Strafrecht?, Heidelberg-Hamburg 2013 (Zitiert: Unternehmenskriminalität).

Schnapp, Friedrich, „Die Verhältnismäßigkeit des Grundrechtseingriffs", JuS 1983, S. 850–855.

Schröder, Horst, „Die Gefährdungsdelikte im Strafrecht", ZStW 81 (1969), S. 7–28.

Schubarth, Martin, „Das Verhältnis von Strafrechtswissenschaft und Gesetzgebung im Wirtschaftsstrafrecht", ZStW 92 (1980), S. 80–106.

Schulz, Lorenz, „Strafrecht als Rechtsgüterschutz – Probleme der Mediatisierung am Beispiel „ökologischer" Güter" in: Lüderssen, Klaus (Hrsg.), Aufgeklärte Kriminalpolitik oder Kampf gegen das Böse?, Baden-Baden 1998, (Zitiert: Kriminalpolitik).

Schünemann, Bernd, „Moderne Tendenzen in der Dogmatik der Fahrlässigkeits- und Gefährdungsdelikte", JA 1975, S. 787–798.

ders., Nulla poena sine lege? – Rechtstheoretische und verfassungsrechtliche Implikationen der Rechtsgewinnung im Strafrecht, Berlin-New York 1978 (Zitiert: Nulla poena sine lege?).

ders., Unternehmenskriminalität und Strafrecht: Eine Untersuchung der Verantwortlichkeit der Unternehmen und ihrer Führungskräfte nach geltendem und geplantem Straf- und Ordnungswidrigkeitenrecht, Köln-Berlin-Bonn-München 1979 (Zitiert: Unternehmenskriminalität).

ders., „Strafrechtsdogmatische und kriminalpolitische Grundfragen der Unternehmenskriminalität", wistra 1982, S. 41–50.

ders., „Strafbarkeit der juristischen Person aus deutscher und europäischer Sicht" in: Schünemann, Bernd/Suárez González, Carlos (Hrsg.), Bausteine des europäischen Wirtschaftsstrafrechts – Madrid-Symposium für Klaus Tiedemann, Köln-Berlin-Bonn-München 1994, S. 265–295 (Zitiert: Madrid-Symposium (1994)).

ders., „Kritische Anmerkungen zur geistigen Situation der deutschen Strafrechtswissenschaft", GA 1995, S. 201–229.

ders., „Zur Dogmatik und Kriminalpolitik des Umweltstrafrechts" in: Schmoller, Kurt (Hrsg.), Festschrift für Otto Triffterer zum 65. Geburtstag, Wien-New York 1996, S. 437–456 (Zitiert: FS-Triffterer (1996)).

ders., „Unternehmenskriminalität" in: Roxin, Claus/Widmaier, Gunter (Hrsg.), 50 Jahre Bundesgerichtshof: Festgabe aus der Wissenschaft – Band IV Strafrecht, Strafprozessrecht, München 2000, S. 621–646 (Zitiert: BGH-Festgabe IV).

ders., „Die deutsche Strafrechtswissenschaft nach der Jahrtausendwende", GA 2001, S. 205–225.

ders., „Das Rechtsgüterschutzprinzip als Fluchtpunkt der verfassungsrechtlichen Grenzen der Straftatbestände und ihrer Interpretation" in: Hefendehl, Roland/Hirsch, Andrew von/Wohlers, Wolfgang (Hrsg.), Die Rechtsgutstheorie: Legitimationsbasis des Strafrechts oder dogmatisches Glasperlenspiel?, Baden-Baden 2003, S. 133–154 (Zitiert: Die Rechtsgutstheorie).

ders., „Feindstrafrecht ist kein Strafrecht!" in: Griesbaum, Rainer/Hannich, Rolf/Schnarr, Karl-Heinz (Hrsg.), Strafrecht und Justizgewährung: Festschrift für Kay Nehm zum 65. Geburtstag, Berlin 2006, (Zitiert: FS-Nehm (2006)).

ders., „Die aktuelle Forderung eines Verbandsstrafrechts – Ein kriminalpolitischer Zombie", ZIS 2014, S. 1–18.

ders., „Das Schuldprinzip und die Sanktionierung von juristischen Personen und Personenverbänden – Lehren aus dem deutsch-spanischen Strafrechtsdialog", GA 2015, S. 274–283.

Seelmann, Kurt, „Atypische Zurechnungsstrukturen im Umweltstrafrecht", NJW 1990, S. 1257–1262.

ders., Kollektive Verantwortung im Strafrecht: Vortrag gehalten vor der Juristischen Gesellschaft zu Berlin am 18. April 2001, Berlin 2002 (Zitiert: Kollektive Verantwortung).

Sieber, Ulrich, Computerkriminalität und Strafrecht, 2. Auflage, Köln-Berlin-Bonn-München 1980 (Zitiert: Computerkriminalität).

ders., „Legitimation und Grenzen von Gefährdungsdelikten im Vorfeld von terroristischer Gewalt – Eine Analyse der Vorfeldtatbestände im ‚Entwurf eines Gesetzes zur Verfolgung der Vorbereitung 2009, von schweren staatsgefährdenden Gewalttaten'", NStZ 2009, S. 353–364.

Sina, Peter, Die Dogmengeschichte des strafrechtlichen Begriffs „Rechtsgut", Basel 1962 (Zitiert: Dogmengeschichte).

Singelnstein, Tobias, „Logik der Prävention" in: Brunhöber, Beatrice (Hrsg.), Strafrecht im Präventionsstaat, Stuttgart 2014, S. 41–57 (Zitiert: Präventionsstaat).

Sinn, Arndt, „Moderne Verbrechensverfolgung – auf dem Weg zu einem Feindstrafrecht?", ZIS 2006, S. 107–117.

Spatschek, Rainer/Wulf, Martin, „‚Schwere Steuerhinterziehung' gemäß § 370a AO", NJW 2002, S. 2983–2987.

Spinellis, Dionysios, „Der Rahmenbeschluss zur Terrorismusbekämpfung" in: Duttge, Gunnar/Geilen, Gerd/Meyer-Goßner, Lutz/Warda, Günther (Hrsg.), Gedächtnisschrift für Ellen Schlüchter, Köln 2002, S. 823–838 (Zitiert: GS-Schlüchter (2002)).

Steinsiek, Mark, Terrorabwehr durch Strafrecht? Verfassungsrechtliche und strafrechtssystematische Grenzen der Vorfeldkriminalisierung, Baden-Baden 2012 (Zitiert: Terrorabwehr durch Strafrecht?).

Stratenwerth, Günter, „Zur Funktion strafrechtlicher Gesinnungsmerkmale" in: Welzel, Hans/Hermann, Conrad/Kaufmann, Armin/Kaufmann, Hilde (Hrsg.), Festschrift für Hellmuth von Weber zum 70. Geburtstag, Bonn 1963, S. 171–191 (Zitiert: FS-v. Weber (1963)).

ders., „Strafrechtliche Unternehmenshaftung?" in: Geppert, Klaus/Bohnert, Joachim/ Rengier, Rudolf (Hrsg.), Festschrift für Rudolf Schmitt zum 70. Geburtstag, Tübingen 1992, S. 295–307 (Zitiert: FS-Schmitt (1992)).

Stratenwerth, Günter/Kuhlen, Lothar, Strafrecht Allgemeiner Teil: Die Straftat, 6. Auflage, München 2011 (Zitiert: Strafrecht AT).

Symeonidou-Kastanidou, Elisabeth, "Defining terrorism", European Journal of Crime, Criminal Law and Criminal Justice (12) 2004, S. 14–35.

Temme, Joducus Dedatus Hubertus, Lehrbuch des gemeinen deutschen Strafrechts, Stuttgart 1876 (Zitiert: Lehrbuch).

Tiedemann, Klaus, Tatbestandsfunktionen im Nebenstrafrecht, Tübingen 1969 (Zitiert: Tatbestandsfunktionen).

ders., „Der Subventionsbetrug", ZStW 86 (1974), S. 897–920.

ders., Subventionskriminalität in der Bundesrepublik: Erscheinungsformen, Ursachen, Folgerungen, Reinbek 1974 (Zitiert: Subventionskriminalität).

ders., „Der Entwurf eines Ersten Gesetzes zur Bekämpfung der Wirtschaftskriminalität", ZStW 87 (1975), S. 253–328.

ders., Wirtschaftsstrafrecht und Wirtschaftskriminalität – Allgemeiner Teil 1, Hamburg 1976 (Zitiert: Wirtschaftsstrafrecht AT (1976)).

ders., „Die strafrechtliche Vertreter- und Unternehmenshaftung", NJW 1986, S. 1842–1846.

ders., „Die ‚Bebußung' von Unternehmen nach dem 2. Gesetz zur Bekämpfung der Wirtschaftskriminalität", NJW 1988, S. 1169–1174.

ders., „Wirtschaftsstrafrecht – Einführung und Übersicht", JuS 1989, S. 689–698.

ders., „Strafbarkeit von juristischen Personen? – Eine rechtsvergleichende Bestandsaufnahme mit Ausblicken für das deutsche Recht" in: Die Träger der Juristischen Studiengesellschaft (Hrsg.), Freiburger Begegnung: Dialog mit Richtern des Bundesgerichtshofs, Heidelberg 1996, S. 30–54 (Zitiert: Freiburger Begegnungen).

ders., Wirtschaftsstrafrecht – Einführung und Allgemeiner Teil mit wichtigen Rechtstexten, 3. Auflage, Köln 2010 (Zitiert: Wirtschaftsstrafrecht AT).

Tiedemann, Klaus/Kindhäuser, Urs, „Umweltstrafrecht – Bewährung oder Reform?", NStZ 1988, S. 337–346.

Többens, Hans, „Die Bekämpfung der Wirtschaftskriminalität durch die Troika der §§ 9, 130 und 30 des Gesetzes über Ordnungswidrigkeiten", NStZ 1999, S. 1–8.

Treibel, Annette, Einführung in soziologische Theorien der Gegenwart, 7. Auflage, Wiesbaden 2006 (Zitiert: Soziologische Theorien).

Trüg, Gerson, „Zu den Folgen der Einführung eines Unternehmensstrafrechts", wistra 2011, S. 241– 249.

Uhl, Hans-Peter, „Strafbarkeit des Besuchs terroristischer Ausbildungslager – Deutschland im Focus des islamistischen Terrorismus", DRiZ 2008, S. 140.

Vogel, Joachim, Norm und Pflicht bei den unechten Unterlassungsdelikten, Berlin 1993 (Zitiert: Norm und Pflicht).

ders., „Unrecht und Schuld in einem Unternehmensstrafrecht", StV 2012, S. 427–432.

ders., „Unrecht und Schuld in einem Unternehmensstrafrecht" in: Kempf, Eberhard von/Lüderssen, Klaus/Volk, Klaus (Hrsg.), Unternehmensstrafrecht, Berlin-Boston 2012, S. 205–215 (Zitiert: Unternehmensstrafrecht).

Volk, Klaus, „Akzessorische, subsidiäre oder exklusive strafrechtliche Haftung des Unternehmens" in: Kempf, Eberhard von/Lüderssen, Klaus/Volk, Klaus (Hrsg.), Unternehmensstrafrecht, Berlin-Boston 2012, S. 253–262 (Zitiert: Unternehmensstrafrecht).

Vormbaum, Thomas, „‚Politisches' Strafrecht", ZStW 107 (1995), S. 734–760.

ders., Einführung in die moderne Strafrechtsgeschichte, 2. Auflage, Berlin-New York 2011 (Zitiert: Einführung).

Wabnitz, Heinz-Bernd/Janovsky, Thomas, Handbuch des Wirtschafts- und Steuerstrafrechts, 3. Auflage, München 2007 (Zitiert: Wirtschafts- und Steuerstrafrecht).

Walter, Tonio, „Sanktionen im Wirtschaftsstrafrecht", JA 2011, S. 481–486.

Wasser, Detlef/Piaszeck, Alexander, „Strafrechtsschutz in Bewegung?", DRiZ 2008, S. 315–320.

von Weber, Otto Hellmuth, „Über die Strafbarkeit juristischer Personen – Bemerkungen zum Berliner Stahlhändler Urteil", GA 1954, S. 237– 242.

Weigend, Thomas, „Über die Begründung der Straflosigkeit bei Einwilligung des Betroffenen", ZStW 98 (1986), S. 44–72.

ders., „Bewältigung von Beweisschwierigkeiten durch Ausdehnung des materiellen Strafrechts?" in: Triffterer, Otto/Schmoller, Kurt (Hrsg.), Festschrift für Otto Triffterer zum 65. Geburtstag, Wien-New York 1996, (Zitiert: FS-Triffterer (1996)).

ders., „Terrorismus als Rechtsproblem" in: Griesbaum, Rainer/Hannich, Rolf/Schnarr, Karl Heinz (Hrsg.), Strafrecht und Justizgewährung: Festschrift für Kay Nehm zum 65. Geburtstag, Berlin 2006, S. 151–167 (Zitiert: FS-Nehm (2006)).

Weißer, Bettina, „Über den Umgang des Strafrechts mit terroristischen Bedrohungslagen", ZStW 121 (2009), S. 131–161.

Werle, Gerhard, Justizstrafrecht und polizeiliche Verbrechensbekämpfung im Dritten Reich, Berlin 1989 (Zitiert: Justizstrafrecht).

Wessels, Johannes/Beulke, Werner/Satzger, Helmut, Strafrecht allgemeiner Teil: Die Straftat und ihr Aufbau, 43. Auflage, Heidelberg-München-Landsberg (u.a.) 2013 (Zitiert: Strafrecht AT).

Wittig, Petra, „Die Aufrechterhaltung gesellschaftlicher Stabilität bei John Rawls", ZStW 107 (1995), S. 251–284.

Wohlers, Wolfgang, Deliktstypen des Präventionsstrafrechts: Zur Dogmatik „moderner" Gefährdungsdelikte, Berlin 2000 (Zitiert: Deliktstypen des Präventionsstrafrechts).

ders., „Die Strafbarkeit des Unternehmens", SJZ 2000, S. 381–390.

Wolter, Jürgen, Objektive und personale Zurechnung von Verhalten, Gefahr und Verletzung in einem funktionalen Straftatsystem, Berlin 1981 (Zitiert: Zurechnung).

Zachariä, Heinrich Albert, Die Lehre vom Versuche der Verbrechen: Erster Theil, Göttingen 1836 (Zitiert: Vom Versuche der Verbrechen I).

Zaczyk, Rainer, „Prozeßsubjekte oder Störer? Die Strafprozessordnung nach dem Org-KG – dargestellt an der Regelung des Verdeckten Ermittlers", StV 1993, S. 490–498.

Zielinski, Diethart, Handlungs- und Erfolgsunwert im Unrechtsbegriff – Untersuchungen zur Struktur von Unrechtsbegründung und Unrechtsausschluss, Berlin 1973 (Zitiert: Handlungs- und Erfolgsunwert).

Zieschang, Frank, Die Gefährdungsdelikte, Berlin 1998 (Zitiert: Gefährdungsdelikte).

Zöller, Mark, „Der Rechtsrahmen der Nachrichtendienste bei der Terrorimus-‚Bekämpfung'", JZ 2007, S. 763–771.

ders., Terrorismusstrafrecht: Ein Handbuch, Heidelberg 2009 (Zitiert: Terrorismusstrafrecht).

ders., „Willkommen in Absurdistan – Neue Straftatbestände zur Bekämpfung des Terrorismus", GA 2010, S. 607–621.

ders., „Zehn Jahre 11. September – Zehn Jahre Gesetzgebung zum materiellen Terrorismusstrafrecht in Deutschland", StV 2012, S. 364–373.

Zwierlein, Eduard, „Verantwortung in der Risikogesellschaft" in: Zwierlein, Eduard (Hrsg.), Verantwortung in der Risikogesellschaft – Ethische Herausforderung in einer veränderten Welt, Idstein 1994, S. 19–44 (Zitiert: Verantwortung in der Risikogesellschaft)

B. Kommentare

Arzt, Gunther/ Backes, Otto/ Baumann, Jürgen (u.a.), Alternativ-Entwurf eines Strafgesetzbuches (AE), Besonderer Teil, Abschnitt: Straftaten gegen die Person, Zweiter Halbband, Tübingen 1971 (Zitiert: AE StGB-BT-Straftaten gegen die Person-2. Halbb.).

Bamberger, Heinz Georg/Roth, Herbert (Hrsg.), Beck'scher Online Kommentar zum BGB, 39. Edition, München 2016 (Zitiert: BeckOK-BGB).

Bassenge, Peter/ Brudermüller, Gerd (u.a.) (Bearb.), Palandt Bürgerliches Gesetzbuch – Mit Nebengesetzen, 75. Auflage, München 2016 (Zitiert: Palandt).

Berg, Werner/Mäsch, Gerald (Hrsg.), Deutsches und Europäisches Kartellrecht – Kommentar, 2. Auflage, Köln 2015 (Zitiert: in: Berg/Mäsch-Kartellrecht).

Bohnert, Joachim(Begr.)/Krenberger, Benjamin/Krumm, Carsten, OWiG: Kommentar zum Ordnungswidrigkeitengesetz, 4. Auflage, München 2016 (Zitiert: OWiG).

Dreier, Horst (Hrsg.), Grundgesetz Kommentar – Band 1: Präambel, Artikel 1-19, 3. Auflage, Tübingen 2013 (Zitiert: GGK (Band 1)).

Epping, Volker/Hillgruber, Christian (Hrsg.), Beck'scher Online Kommentar zum Grundgesetz, 29. Edition, München 2016 (Zitiert: BeckOK-GG).

Erb, Volker/Esser, Robert/Franke, Ullrich (u.a.) (Hrsg.), Die Strafprozeßordnung und das Gerichtsverfassungsgesetz: Großkommentar, Band 10: GVG; EGGVG, 26. Auflage, Berlin 2010 (Zitiert: Löwe-Rosenberg-StPO).

Fischer, Thomas, Strafgesetzbuch und Nebengesetze, 63. Auflage, München 2016 (Zitiert: StGB).

Göhler, Erich/Gürtler, Franz/Seitz, Helmut (Hrsg.), Gesetz über Ordnungswidrigkeiten, 16. Auflage, München 2012 (Zitiert: Göhler-OWiG).

Graf, Jürgen-Peter (Hrsg.), Beck'scher Online Kommentar zum OWiG, 11. Edition, München 2016 (Zitiert: BeckOK-OWiG).

von Heintschel-Heinegg, Bernd (Hrsg.), Beck'scher Online Kommentar zum StGB, 31. Edition, München 2016 (Zitiert: BeckOK-StGB).

Jauernig, Othmar (Begr.)/Stürner, Rolf (Hrsg.), Bürgerliches Gesetzbuch – Kommentar, 16. Auflage, München 2015 (Zitiert: Jauernig-BGB).

Jescheck, Hans-Heinrich/Ruß, Wolfgang/Willms, Günther (Hrsg.), Strafgesetzbuch: Leipziger Kommentar, Band 1: Einleitung, §§ 1–31, 10. Auflage, Berlin 1985 (Zitiert: LK-StGB (10. Aufl.).

Joecks, Wolfgang/Miebach, Klaus (Hrsg.), Münchener Kommentar zum Strafgesetzbuch, Band 1: §§ 1–37, 2. Auflage, München 2011 (Zitiert: in: MüKo-StGB).

dies., Münchener Kommentar zum Strafgesetzbuch, Band 2: §§ 38–79b, 2. Auflage, München 2012 (Zitiert: in: MüKo-StGB).

dies., Münchener Kommentar zum Strafgesetzbuch, Band 3: §§ 80–184g, 2. Auflage, München 2011 (Zitiert: in: MüKo-StGB).

dies., Münchener Kommentar zum Strafgesetzbuch, Band 5: §§ 263–358, 2. Auflage, München 2014 (Zitiert: in: MüKo-StGB).

dies., Münchener Kommentar zum Strafgesetzbuch, Band 6: Nebenstrafrecht I, 2. Auflage, München 2013 (Zitiert: MüKo-StGB Nebenstrafrecht I).

Kindhäuser, Urs, Strafgesetzbuch Lehr- und Praxiskommentar, 6. Auflage, Baden-Baden 2015 (Zitiert: LPK-StGB).

Kindhäuser, Urs/Neumann, Ulfrid/Paeffgen, Hans-Ullrich (Hrsg.), Nomos Kommentar Strafgesetzbuch, Band 1: §§ 1–79b, 4. Auflage, Baden-Baden 2013 (Zitiert: in: NK-StGB).

dies., Nomos Kommentar Strafgesetzbuch, Band 2: §§ 80–241a, 4. Auflage, Baden-Baden 2013 (Zitiert: in: NK-StGB).

dies., Nomos Kommentar Strafgesetzbuch, Band 3: §§ 232–358, 4. Auflage, Baden-Baden 2013 (Zitiert: in: NK-StGB).

Körner, Harald Hans (Begr.)/Patzak, Jörg/Volkmer, Mathias, Betäubungsmittelgesetz Arzneimittelgesetz, Grundstoffüberwachungsgesetz, 8. Auflage, München 2016 (Zitiert: Körner/Patzak/Volkmer-BtMG).

Kreuzer, Arthur (Hrsg.), Handbuch des Betäubungsmittelstrafrechts, München 1998 (Zitiert: Kreuzer (Hrsg.), Betäubungsmittelstrafrecht).

Lackner, Karl/Kühl, Kristian (Hrsg.), Strafgesetzbuch: Kommentar, 28. Auflage, München 2014 (Zitiert: Lackner/Kühl).

Laufhütte, Heinrich Wilhelm/ Rissing-van Saan, Ruth/ Tiedemann, Klaus (Hrsg.), Strafgesetzbuch: Leipziger Kommentar, Band 1: §§ 1–31, 12. Auflage, Berlin 2007 (Zitiert: in: LK-StGB).

dies., Strafgesetzbuch: Leipziger Kommentar, Band 3: §§ 56–79b, 12. Auflage, Berlin 2008 (Zitiert: LK-StGB).

dies., Strafgesetzbuch: Leipziger Kommentar, Band 5: §§ 110–145d, 12. Auflage, Berlin 2009 (Zitiert: LK-StGB).

dies., Strafgesetzbuch: Leipziger Kommentar, Band 9/1: §§ 263–266b, 12. Auflage, Berlin 2012 (Zitiert: in: LK-StGB).

Laufhütte, Heinrich Wilhelm/Jähnke, Burkhard/Odersky, Walter (Hrsg.), Strafgesetzbuch: Leipziger Kommentar Band 1: §§ 1–31, 11. Auflage, Berlin-New York 2003 (Zitiert: LK-StGB (11. Aufl.)).

dies., Strafgesetzbuch: Leipziger Kommentar, Band 4: §§ 80–145d, 11. Auflage, Berlin-New York 2005 (Zitiert: LK-StGB (11. Aufl.)).

dies., Strafgesetzbuch: Leipziger Kommentar, Band 8: §§ 302a–335a, 11. Auflage, Berlin-New York 2005 (Zitiert: in: LK-StGB (11. Aufl.)).

Leipold, Klaus/Tsambikakis, Michael/Zöller, Mark (Hrsg.), AnwaltKommentar StGB, 2. Auflage, Heidelberg-München-Landsberg (u.a.) 2015 (Zitiert: AK-StGB).

Loewenheim, Ulrich/Meessen, Karl/Riesenkampff, Alexander (u.a.) (Hrsg.), Kartellrecht-Kommentar, 3. Auflage, München 2016 (Zitiert: Loewenheim/Meessen/ Riesenkampff-Kartellrecht,).

Matt, Holger/Renzikowski, Joachim (Hrsg.), Strafgesetzbuch, München 2013 (Zitiert: Matt/Renzikowski-StGB).

Maunz, Theodor/Düring, Günter (Begr.), Grundgesetz Kommentar, 76. Ergänzungslieferung, München 2015 (Zitiert: Maunz/Düring).

Rudolphi, Hans-Joachim/Horn, Eckhard/Samson, Erich (Begr.), Systematischer Kommentar zum Strafgesetzbuch, Band 1: §§ 1–45b, 8. Auflage, München 2012 (Zitiert: SK-StGB).

dies., Systematischer Kommentar zum Strafgesetzbuch, Band 2: §§ 46–122, 8. Auflage, München 2012 (Zitiert: SK-StGB).

dies., Systematischer Kommentar zum Strafgesetzbuch, Band 3: §§ 123–211, 8. Auflage, München 2012 (Zitiert: SK-StGB).

dies., Systematischer Kommentar zum Strafgesetzbuch, Band 4: §§ 212–266b, 8. Auflage, München 2012 (Zitiert: SK-StGB).

dies., Systematischer Kommentar zum Strafgesetzbuch, Band 6: §§ 303–358, 9. Auflage, München 2016 (Zitiert: SK-StGB (9. Aufl.))

Säcker, Franz Jürgen (Hrsg.), Münchener Kommentar zum Bürgerlichen Gesetzbuch, Band 1: §§ 1–240 BGB; ProsG; AGG, 7. Auflage, München 2015 (Zitiert: in: MüKo-BGB).

Sack, Hans-Jürgen, Umweltschutz – Strafrecht (37. Lieferung), 5. Auflage (40. Ergänzungslieferung), Stuttgart 2015 (Zitiert: Umweltschutz).

Schönke, Adolf (Begr.), Strafgesetzbuch: Kommentar, 29. Auflage, 2014 (Zitiert: Schönke/Schröder).

Schulze, Reiner/Dörner, Heinrich (u.a.) (Hrsg.), Bürgerliches Gesetzbuch: Handkommentar, 8. Aufl. Auflage, Baden-Baden 2014 (Zitiert: Schulze-BGB).

Schwarz, Otto, Strafgesetzbuch Kommentar, 11. Auflage, München 1942 (Zitiert: StGB (1942)).

Senge, Lothar (Hrsg.), Karlsruher Kommentar zum Gesetz über Ordnungswidrigkeiten, 4. Auflage, München 2014 (Zitiert: KK-OWiG).

Weber, Klaus, BtMG – Betäubungsmittelgesetz Kommentar, 3. Auflage, München 2009 (Zitiert: BtMG).

C. Online-Ressourcen

Bundeskriminalamt, „Organisierte Kriminalität Bundeslagebild des BKA 2014" in: https://www.bka.de/SharedDocs/Downloads/DE/Publikationen/JahresberichteUndL agebilder/OrganisierteKriminalitaet/organisierteKriminalitaetBundeslagebild2014.h tml Abruf: 1.8.2016.

Bundesministerium des Inneren, „Bericht der Regierungskommission zur Überprüfung der Sicherheitsgesetzgebung in Deutschland" in: https://www.bmi.bund.de/SharedD ocs/Downloads/DE/Broschueren/2013/regierungskommission-sicherheitsgesetzgeb ung.pdf?__blob=publicationFile Abruf: 1.8.2016 (Zitiert: Regierungskommission-Sicherheitsgesetzgebung (2013)).

dass., „Was ist Freiheit ohne Sicherheit?" in: http://www.bmi.bund.de/SharedDocs/Kur zmeldungen/DE/2009/10/ringvorlesung_fu.html Abruf: 1.8.2016.

Bundesrechtsanwaltskammer, „Stellungnahme 9/2013 – Zur Einführung einer Unternehmensstrafe" in: http://www.brak.de/zur-rechtspolitik/stellungnahmen-pdf/stellun gnahmen-deutschland/2013/mai/stellungnahme-der-brak-2013-09.pdf Abruf: 1.8.2016, (Zitiert: BRAK Stellungnahme 9/2013).

Bundesregierung, „Koalitionsvertrag zwischen CDU, CSU und SPD zur 18. Legislaturperiode" in: http://www.bundesregierung.de/Content/DE/_Anlagen/2013/2013-1 2-17-koalitionsvertrag.pdf?__blob=publicationFile Abruf: 1.8.2016.

Cobb, Clifford/Goodman, Garry Sue/Wackernagel, Mathis, "Why bigger isn't better: The genuine progress Indicator – 1999 Update" in: http://users.nber.org/~rosenbla/e con302/lecture/GPI-GDP/gpi1999.pdf Abruf: 1.8.2016.

Die Drogenbeauftragte der Bundesregierung, „Drogen- und Suchtbericht 2015" in: http://www.drogenbeauftragte.de/fileadmin/dateien-dba/Service/Publikationen/2015 _Drogenbericht_weboptimiert_010715.pdf Abruf: 1.8.2016. (Zitiert: drogenbeauftragte.de);

dies., „Situation des Tabakkonsums in Deutschland" in: http://www.drogenbeauftragte.
de/drogen-und-sucht/tabak/situation-in-deutschland.html Abruf: 1.8.2016. (Zitiert:
drogenbeauftragte.de (2));

Fraunhofer-Gesellschaft, „Virtuelles Untertagelabor hilft bei der Endlager-Suche" in:
https://www.fraunhofer.de/de/presse/presseinformationen/2014/Maerz/virtuelles-un
tertagelabor.html Abruf: 1.8.2016.

Happy Planet Index, "Happy Planet Index" in: http://www.happyplanetindex.org/
Abruf: 1.8.2016.

Institute for Economics and Peace, "Global Terrorism Index Report 2015" in: Abruf:
http://static.visionofhumanity.org/sites/default/files/2015%20Global%20Terrorism
%20Index%20Report_2.pdf Abruf: 1.8.2016.

Justizministerium Nordrhein-Westfalen, „Bundesrat – Gesetzesantrag des Landes
Nordrhein-Westfalen: ‚Entwurf eines Gesetzes zur Einführung der strafrechtlichen
Verantwortlichkeit von Unternehmen und sonstigen Verbänden'" in: https://www.ju
stiz.nrw.de/JM/leitung/jumiko/beschluesse/2013/herbstkonferenz13/TOP_II_5_Ges
etzentwurf.pdf Abruf: 1.8.2016 (Zitiert: NRW-VerbStrG-E).

Kommission zur Reform des strafrechtlichen Sanktionensystems, „Abschlussbericht der
Kommission zur Reform des strafrechtlichen Sanktionensystems – März 2000" in:
http://www.bib.uni-mannheim.de/fileadmin/pdf/fachinfo/jura/abschlussber-der-kom
m-strafreform.pdf Abruf: 1.8.2016.

Meidick, Veit/Wittrock, Phillipp, „NSA-Affäre: Innenminister Friedrich versagt als
Aufklärer" in: http://www.spiegel.de/politik/deutschland/nsa-affaere-innenminister-
friedrich-versagt-als-aufklaerer-a-911471.html Abruf: 1.8.2016.

OSZE Office for Democratic Institutions and Human Rights, "Counter-Terrorism – Le-
gislationline" in: http://legislationline.org/topics/topic/5 Abruf: 1.8.2016.

Redaktion Beck-Aktuell, „becklink 1019737 – beck-eBibliothek" in: https://ebibliothek
.beck.de/Default.aspx?vpath=bibdata/reddok/becklink/1019737.htm&pos=0&hlwor
ds=breivik%c3%90+breivik+#xhlhit Abruf: 1.8.2016 (Zitiert: Norwegischer Attentäter Breivik ist zurechnungsfähig)

Senate Select Committee on Intelligence, "Committee Study of the Central Intelligence
Agency's Detention and Interrogation Program" in: https://web.archive.org/web/20
141209165504/http://www.intelligence.senate.gov/study2014/sscistudy1.pdf Abruf:
1.8.2016.

Süddeutsche Zeitung, „US-Senatsbericht: Unschuldige Folteropfer finden Gehör – Politik – Süddeutsche.de" in: http://www.sueddeutsche.de/politik/nach-senatsbericht-z
u-cia-verhoermethoden-unschuldige-folteropfer-finden-gehoer-1.2266001 Abruf:
1.8.2016.

Vorsamer, Barbara, „Chronologie des Folterskandals – Rumsfeld, Guantanamo und
Abu Ghraib – Süddeutsche.de" in: http://www.sueddeutsche.de/politik/chronologie-
des-folterskandals-rumsfeld-guantanamo-und-abu-ghraib-1.361176 Abruf:
1.8.2016.

Wohlers, Wolfgang, „17.2 Subsidiäre Haftung des Unternehmens (Art. 102
Abs. 1 StGB)" in: http://www.rwi.uzh.ch/elt-lst-wohlers/strafrechtbt/unternehmen/d
e/html/unit_Abs1.html Abruf: 1.8.2016 (Zitiert: Strafrecht Besonderer Teil Online).